Mario Vargas Llosa

Jak ryba w wodzie

wspomnienia

przekład Danuta Rycerz

Wydawnictwo Znak · Kraków 2010

Tytuł oryginału
El pez en el agua

Copyright © Mario Vargas Llosa, 1993

Projekt okładki
Katarzyna Borkowska
kb-design@o2.pl

Fotografia na okładce
Copyright © Rex/East News

Redakcja
Klementyna Suchanow

Adiustacja
Urszula Horecka

Korekta
Katarzyna Onderka

Opracowanie typograficzne
Daniel Malak

Łamanie
Piotr Poniedziałek

Copyright © for the translation by Danuta Rycerz

ISBN 978-83-240-1497-2

 Książki z dobrej strony: www.znak.com.pl
Społeczny Instytut Wydawniczy Znak, 30-105 Kraków, ul. Kościuszki 37
Dział sprzedaży: tel. (12) 61 99 569, e-mail: czytelnicy@znak.com.pl
Druk: Drukarnia Colonel, Kraków, ul. Dąbrowskiego 16. Wydanie I, 2010.

20-12-2020
Kraków

Jak
ryba
w wodzie
wspomnienia

Dedykuję tę książkę:

Frederickowi Cooperowi Llosie
Miguelowi Cruchadze Belaundemu
Luisowi Miró Quesadzie Garlandowi
i Fernandowi de Szyszlo,

z którymi wszystko się zaczęło,

a także moim przyjaciółkom i przyjaciołom
z Ruchu Wolność.

Również prymitywni chrześcijanie bardzo dobrze wiedzieli, że światem rządzą demony i że ten, kto bierze się do polityki, czyli przyłącza się do używania władzy i przemocy, ten podpisał pakt z diabłem i nie jest już pewien, czy w jego działaniu dobro rodzi dobro, a zło jest przyczyną zła, bo często dzieje się na odwrót. Kto tego nie widzi, jest jak dziecko mówiące językiem polityki.

Max Weber, *Polityka jako zawód* (1919)

I. Pan, który był moim tatą

Mama wzięła mnie za rękę i przez służbowe wyjście z prefektury wyciągnęła na ulicę. Poszliśmy w kierunku nabrzeżnego bulwaru Eguiguren. Działo się to w ostatnich dniach 1946, a może w pierwszych dniach 1947, bo w szkole u Salezjanów było już po egzaminach, ja skończyłem piątą klasę podstawówki, a do Piury nadeszło lato o bladym świetle i dusznym upale.

– Na pewno już o tym wiesz – powiedziała do mnie mama, przy czym głos jej wcale nie zadrżał. – Prawda?

– O czym?

– Że twój tata nie umarł. Tak?

– No pewnie. Pewnie, że tak.

Jednak nic nie wiedziałem ani w ogóle niczego nie przypuszczałem i poczułem się tak, jakby cały świat zamienił się przede mną w słup soli ze zdumienia. Mój tata żyje? Więc gdzie się podziewał przez cały ten czas, kiedy myślałem, że umarł? To długa historia, do tej pory, do tego najważniejszego dnia, jaki dotąd przeżyłem, i zapewne najważniejszego także pośród tych, jakie miałem przeżyć jeszcze w przyszłości, przede mną starannie ukrywana przez matkę, dziadków, cioteczną babkę Elwirę – Mamaé – oraz moich wujków i ciotki, całą liczną rodzinę, z którą spędziłem dzieciństwo najpierw w Cochabambie, a potem tutaj w Piurze, odkąd dziadka Pedra mianowano prefektem tego miasta. Historia jak z powieści w odcinkach, okrutna i wulgarna – odkryłem to później, w miarę jak odtwarzałem ją sobie na podstawie faktów zaobserwowanych w obu tych miastach i uzupełniałem wyobraźnią tam, gdzie nie było można inaczej wypełnić pustych miejsc, historia, która napawała wstydem moją rodzinę (moją jedyną prawdziwą rodzinę) i zniszczyła życie matce, kiedy była jeszcze młodą dziewczyną.

Historia zaczęła się trzynaście lat wcześniej w miejscu odległym ponad dwa tysiące kilometrów od nabrzeża Eguiguren, na którym dokonało się to wielkie odkrycie. Moja matka miała wtedy dziewiętnaście lat. Wyjechała z Arequipy, gdzie mieszkała jej rodzina, do Tacny, aby towarzyszyć pochodzącej stamtąd babci Carmen w podróży na ślub jakiegoś krewniaka, a działo się to pamiętnego dnia 10 marca 1934, kiedy na tymczasowym i od niedawna funkcjonującym lotnisku w małym prowincjonalnym mieście ktoś przedstawił jej Ernesta J. Vargasa reprezentującego stację radiową Panagra, pierworodną wersję Panamerican. Miał dwadzieścia dziewięć lat i był przystojnym mężczyzną. Moja matka od razu się w nim zakochała bez pamięci. On też musiał się w niej zakochać, bo kiedy po kilkutygodniowych wakacjach w Tacnie wróciła do Arequipy, napisał do niej wiele listów i nawet przyjechał, żeby się pożegnać, bo ze stacji radiowej Panagra przeniesiono go do Ekwadoru. W czasie jego krótkiego pobytu w Arequipie zostali formalnie parą narzeczonych. Narzeczeństwo było korespondencyjne, bo spotkali się dopiero rok później, kiedy mój ojciec, którego Panagara znowu przeniosła, tym razem do Limy, pojawił się ponownie w Arequipie, aby wziąć ślub. Pobrali się 4 czerwca 1935 w domu dziadków na bulwarze Parra wspaniale przystrojonym na tę okazję. Na ślubnej fotografii, którą pokazali mi dopiero po upływie wielu lat, Dorita pozuje w białej sukni z długim trenem przybranej przezroczystymi tiulami i widać, że wcale nie ma rozpromienionego wyrazu twarzy, że jest raczej poważna, a w jej wielkich ciemnych oczach maluje się zastanawiający cień, jakby przewidywała, co zgotuje jej przyszłość.

A ta przyniosła klęskę. Po ślubie od razu wyjechali do Limy, gdzie ojciec był radiooperatorem w stacji Panagra. Zamieszkali w niedużym domu na ulicy Alfonsa Ugartego, w dzielnicy Miraflores. Od pierwszej chwili ojciec zaprezentował to, co rodzina Llosów nazwała eufemistycznie „złym charakterem Ernesta". Dorita została poddana reżimowi więziennemu, zabronił jej spotykać się z przyjaciółmi, a zwłaszcza z krewnymi, więc musiała stale przebywać w domu. Mogła wychodzić tylko w towarzystwie ojca, a wyjścia te polegały na wyprawach do kina albo na wizytach u najstarszego szwagra Césara i jego żony Orieli, którzy też mieszkali w dzielnicy Miraflores. Sceny zazdrości pod byle pretekstem, a czasem bez żadnego powodu, potrafiły przeradzać się w akty przemocy.

Po upływie wielu lat, kiedy już posiwiałem i mogłem z nią rozmawiać o pięciu i pół miesiącach trwania jej małżeństwa, matka wciąż powtarzała mi rodzinne wyjaśnienie swojej matrymonialnej klęski, mówiła, że spowodował ją zły charakter Ernesta i jego diabelna zazdrość. I obwiniała trochę samą siebie, twierdząc, że była dziewczyną bardzo rozpieszczoną, której życie w Arequipie płynęło tak łatwo i wygodnie, że nie została przygotowana do trudnej próby przebywania od rana do wieczora w obcym mieście, w towarzystwie osoby tak dominującej i różniącej się od ludzi, którzy ją do tej pory otaczali.

Jednak prawdziwym powodem klęski jej małżeństwa nie była chorobliwa zazdrość ani zły charakter mego ojca, tylko narodowa choroba nieuleczalnego braku dopasowania, która gnębi wszystkie warstwy społeczne i wiele rodzin w naszym kraju i wyciska na nich piętno w postaci pretensji i kompleksów społecznych, które zatruwają życie Peruwiańczykom. Bo Ernesto J. Vargas, mimo białej skóry, jasnych oczu i przystojnej twarzy, należał – a może zawsze czuł, że należy, co oznacza to samo – do rodziny o niższym statusie społecznym niż rodzina jego żony. Przygody, niepowodzenia i wybryki mego dziadka Marcelina sprawiły, że rodzina Vargasów zubożała i ranga jej obniżyła się do poziomu bliżej niesprecyzowanego marginesu społecznego, jaki mieszczaństwo zaczyna mylić z tymi, których ludzie z wyższych sfer nazywają ludem, a tych Peruwiańczycy uważający się za białych traktują jak mieszańców, to znaczy Metysów, a więc biednych i godnych pogardy. W zróżnicowanym społeczeństwie peruwiańskim, podobnie jak we wszystkich społeczeństwach składających się z wielu ras i ogromnych nierówności, określenia b i a ł y i m i e s z a n i e c znaczą więcej niż r a s a i e t n i a, bo opisują osobę pod względem społecznym i ekonomicznym, a te czynniki najczęściej decydują o zaszeregowaniu człowieka. A klasyfikacja jest elastyczna i zmienna, zależnie od okoliczności i zróżnicowania poszczególnych losów. Ktoś jest b i a-ł y m lub m i e s z a ń c e m dlatego, że jest lepiej lub gorzej sytuowany materialnie od innych, że jest biedniejszy lub ważniejszy, albo ma rysy mniej więcej zachodnie lub metyskie, indiańskie, afrykańskie, azjatyckie – w większym stopniu niż inni. A całe to nieuprawnione definiowanie, które w dużym stopniu decyduje o indywidualnych ludzkich losach, utrzymuje się dzięki nienormalnej strukturze przesądów i emocji – takich jak lekceważenie, pogarda, zazdrość, urazy, podziw, chęć rywalizacji – które bez względu na ideologię, wartości, ich dewaluację często pozostają głównym wytłumaczeniem konfliktów i frustracji mieszkańców Peru. Poważnym błędem jest mówić o przesądach rasowych i społecznych funkcjonujących tylko z góry na dół. Analogicznie bowiem do pogardy, z jaką biały traktuje Metysa, Indianina czy Murzyna, taką samą Metys żywi do białego, Indianina i Murzyna, a każdy z tej trójki – do wszystkich innych, okazując im swoją niechęć, napastliwość czy gniew ukryty pod osłoną rywalizacji politycznej, ideologicznej, zawodowej, kulturalnej i osobistej zgodnie z procesem, którego nawet nie można nazwać udawaniem, bo rzadko występuje jawnie i z otwartą przyłbicą. W większości przypadków jest nieuświadomiony, bierze początek z własnego j a skrywanego i ślepego wobec rozumu, a owo ja, karmione mlekiem matki, zaczyna się kształtować od najwcześniejszych niemowlęcych lat Peruwiańczyka.

Taki był prawdopodobnie przypadek mego ojca. Bardziej intymne i decydujące niż jego zły charakter, czy zazdrość niszcząca pożycie z matką, było przekonanie, jakie nigdy go nie opuściło, że żona pochodzi ze świata o znanych nazwiskach – tych rodzin z Arequipy, które chlubiły się swoim hiszpańskim rodowodem, dobrymi manierami, czystym hiszpańskim językiem, co znaczyło, że wywodziły się ze świata lepszego niż jego rodzina pochodząca z warstwy zubożałej i zrujnowanej polityką.

Mój dziadek ze strony ojca, Marcelino Vargas, urodził się w Chancay i wyuczył zawodu radiooperatora, który przekazał potem mojemu ojcu w krótkich okresach spokojnych przerw w swojej burzliwej egzystencji. Jednak pasją jego życia była polityka. Wkroczył do Limy przez bramę Cocharcas z oddziałem konnym rebeliantów z Piéroli, 17 marca 1885, kiedy jeszcze był młokosem. A później został wiernym admiratorem liberalnego *caudillo* Augusta Durána, któremu towarzyszył w jego politycznych perypetiach, na skutek czego wiódł życie niespokojne, od stanowiska prefekta w Huánuco do statusu deportowanego w Ekwadorze, i wielokrotnie bywał więźniem i dezerterem. Takie nerwowe życie zmusiło moją babkę Zenobię Maldonado – kobietę, która na fotografiach wygląda jak osoba o niezwykle surowym charakterze i o której mój ojciec mówił ze wzruszeniem, że nie wahała się chłostać aż do krwi jego i braci, kiedy coś nabroili – do dokonywania prawdziwych cudów, aby nakarmić pięcioro dzieci, które niemal sama wychowała i wykształciła (miała ich ośmioro, ale troje zmarło niedługo po urodzeniu).

Zapewne żyli dosyć biednie, bo mój ojciec uczył się w Państwowym Gimnazjum imienia Guadalupe, które opuścił w wieku trzynastu lat, ponieważ musiał pomagać w utrzymaniu rodziny. Pracował jako uczeń w warsztacie szewskim pewnego Włocha, a potem, dzięki umiejętnościom z dziedziny radiotelegrafii, których nauczył go don Marcelino, pracował na poczcie jako radiooperator. W roku 1925 zmarła moja babka Zenobia i w tym samym roku mój ojciec był zatrudniony w Pisco jako radiotelegrafista. Pewnego dnia na spółkę z kolegą kupił los na loterię w Limie, który przyniósł im najwyższą wygraną – sto tysięcy soli! Z kwotą pięćdziesięciu tysięcy, które były jego udziałem, a w tamtych czasach stanowiło to prawdziwą fortunę, pojechał do Buenos Aires – bardzo zamożna Argentyna była w latach dwudziestych dla Ameryki Łacińskiej tym, czym Paryż dla Europy – i tam prowadził rozrzutne życie, na skutek czego pieniądze szybko się wyczerpały. Miał jeszcze na tyle rozsądku, że resztkami fortuny płacił za pogłębianie swoich studiów w dziedzinie radiotelefonii w Trans Radio i zdobył dyplom zawodowca. Rok później wygrał konkurs na drugiego radiooperatora w argentyńskiej marynarce handlowej i przepracował na tym stanowisku pięć lat, podróżując po wszystkich morzach świata. (Z tych czasów pochodzi jego fotografia jako bardzo przystojnego mężczyzny w granatowym mundurze, która zdobiła mój nocny stolik przez całe dzieciństwo w Cochabambie i na której, jak opowiadają, całowałem na dobranoc wizerunek „mego tatusia, który jest w niebie").

Ojciec wrócił do Peru około 1932 albo 1933 zakontraktowany przez Panagrę jako telegrafista lotniczy. W małych pionierskich samolotach latał ponad rok po niezbadanym peruwiańskim niebie, do czasu, kiedy w 1934 został skierowany do pracy na lotnisku w Tacnie, gdzie w marcu 1934 doszło do tamtego pamiętnego spotkania, dzięki któremu przyszedłem na świat.

Wędrowne i urozmaicone życie nie uwolniło mego ojca od zawiłych urazów i kompleksów, które składają się na portret psychologiczny Peruwiańczyków. Z jakiegoś skomplikowanego powodu rodzina mojej matki wciąż reprezentowała dla niego w pewien sposób to, czego jego własna rodzina nigdy nie posiadała, albo to, co utraciła – stabilizację mieszczańskiego domu, stałość w relacjach z innymi podobnymi rodzinami, związek z tradycją i pewien wyróżnik społeczny, więc w rezultacie czuł wobec Llosów wrogość, która dawała o sobie znać pod byle pretekstem i wyrażała się obelgami pod ich adresem, wypowiadanymi w atakach złości. Taka postawa była w tamtych czasach – mowa o połowie lat trzydziestych – niezbyt uzasadniona, ponieważ rodzina Llosów, zamożna i z arystokratycznymi tytułami, odkąd przybył do Arequipy pierwszy członek rodu mistrz don Juan de la Llosa y Laguno, zaczęła podupadać i w pokoleniu moich dziadków stała się w Arequipie rodziną należącą do klasy średniej, o skromnych dochodach. Naturalnie miała koneksje i była mocno osadzona w świecie miejscowej społeczności. Prawdopodobnie tego właśnie nie mógł wybaczyć mojej matce ów osobnik wykorzeniony, bez rodziny i bez przeszłości, jakim był mój ojciec. Po śmierci doñi Zenobii dziadek Marcelino wspiął się na szczyty swoich awanturniczych perypetii, doprowadzając do czegoś, co napełniało wstydem mego ojca: otóż związał swoje życie z noszącą warkocze Indianką, która handlowała drobiem w jakimś małym miasteczku w środkowych Andach, gdzie zakończył żywot jako obarczony dziećmi dziewięćdziesięciolatek, kierownik stacji Kolei Centralnej. Nawet rodzina Llosów nie skłaniała ojca do obrzucania jej takimi inwektywami jak te, którymi miotał w don Marcelina zawsze wtedy, kiedy o nim wspominał, co zdarzało się niezbyt często. Imię dziadka stanowiło w domu tabu, podobnie jak wszystko, co dotyczyło jego osoby. (I zapewne dlatego zawsze żywiłem skrywaną sympatię do dziadka ze strony ojca, którego nigdy nie znałem).

Matka zaszła w ciążę niedługo po zawarciu małżeństwa i oczekiwała moich urodzin. Pierwsze miesiące spędziła sama w Limie w przypadkowym towarzystwie swojej szwagierki Orieli. Kłótnie w domu nie ustawały i takie życie było dla mojej matki bardzo trudne, ale mimo wszystko jej gorąca miłość do ojca wcale nie ostygła. Pewnego dnia babcia Carmen dała znać z Arequipy, że przyjedzie, żeby być przy matce w czasie porodu. Ojca skierowano właśnie do La Paz, aby otworzył tam biuro Panagry. A tymczasem on najnormalniej w świecie powiedział wtedy do żony: „To ty wyjedziesz do Arequipy i tam urodzisz dziecko". Zorganizował wszystko w taki sposób, żeby moja matka nie mogła podejrzewać uknutej intrygi. Tego listopadowego ranka 1935 pożegnał się jak czuły małżonek z żoną w piątym miesiącu ciąży.

Nigdy więcej do niej nie zadzwonił ani nie napisał, ani nie dał znaku życia przez jedenaście lat, aż do tamtego popołudnia, kiedy na bulwarze nabrzeżnym Eguiguren w Piurze mama oznajmiła mi, że ojciec, którego do tej pory widziałem w niebie, wciąż chodzi po tej ziemi i wywija ogonem.

– Mówisz prawdę, mamusiu?
– Myślisz, że mogłabym kłamać?
– On naprawdę żyje?
– Tak.
– Zobaczę go? Poznam? Gdzie jest?
– Jest tutaj, w Piurze. Zaraz go poznasz.

Kiedy już mogliśmy o tym rozmawiać, wiele lat później po tamtym popołudniu, dłuższy czas po śmierci mego ojca, głos matki ciągle drżał i oczy napełniały jej się łzami na wspomnienie smutku tamtych lat w Arequipie, kiedy to, wobec kompletnego milczenia ze strony męża – nie było od niego telefonów, telegramów, listów ani żadnej wiadomości o adresie w Boliwii – zaczęła podejrzewać, że ją porzucił i biorąc pod uwagę jego słynny zły charakter, że na pewno nigdy go już nie zobaczy ani niczego się o nim nie dowie. „Najgorsze w tym wszystkim – mówiła – było ludzkie gadanie. To, co ludzie opowiadali, jakieś dowcipy, kłamstwa, plotki. Tak mi było wstyd! Nie miałam odwagi wychodzić z domu! Kiedy ktoś przychodził do rodziców z wizytą, zamykałam się w swoim pokoju i chowałam klucz”. Dobrze, że dziadzio Pedro, babcia Carmen, Mamaé i wszyscy bracia zachowywali się nadzwyczajnie, obsypywali ją pieszczotami, opiekowali się nią i dawali jej do zrozumienia, że mimo iż straciła męża, zawsze będzie miała tutaj swój dom i rodzinę.

Po długim i bolesnym porodzie przyszedłem na świat 28 marca 1936 na drugim piętrze domu przy bulwarze Parra, gdzie mieszkali dziadkowie. Dziadek wysłał za pośrednictwem Panagry depeszę do ojca z wiadomością o moich narodzinach. Nie było odpowiedzi, także na list, jaki matka napisała do ojca z informacją, że na chrzcie dano mi imię Mario. Ponieważ rodzina nie wiedziała, czy brak odpowiedzi oznacza, że nie chce odpowiadać, czy też nasze wiadomości do niego nie docierają, więc dziadkowie poprosili krewnego, który mieszkał w Limie, a był nim doktor Manuel Bustamante de la Fuente, żeby poszukał ojca w firmie Panagra. Krewny poszedł z nim porozmawiać na lotnisko, bo ojciec wrócił do pracy w Limie po kilku miesiącach spędzonych w Boliwii. Zareagował żądaniem rozwodu. Matka wyraziła zgodę i przeprowadzono rozwód za obopólną zgodą, za pośrednictwem adwokatów, tak że byli małżonkowie nie musieli spotykać się osobiście.

Ten pierwszy rok życia, jedyny, jaki spędziłem w mieście, w którym się urodziłem i z którego nic nie pamiętam, był strasznym okresem dla mojej matki, a także dla dziadków i reszty rodziny – typowej mieszczańskiej rodziny z Arequipy, ze wszystkim, co konserwatywne, zawartym w tym wyrażeniu – podzielającej wstyd porzuconej córki, a teraz matki z dzieckiem bez ojca. W przesądnej i spokojnej społeczności Arequipy zagadkowość tego, co przydarzyło się Doricie, wywoływała masę plotek. Matka nie opuszczała domu, chodziła tylko do kościoła, i poświęciła się opiece nad noworodkiem wspierana przez babcię i przez Mamaé, które uczyniły z pierwszego wnuka najważniejszą osobę w domu.

W rok po moim urodzeniu dziadek podpisał dziesięcioletni kontrakt z Saidami na uprawę ziemi – hacjendy Saipina – którą ta rodzina nabyła w Boliwii w pobliżu Santa Cruz i chciała tam wprowadzić uprawę bawełny zasianej wcześniej z powodzeniem w Camaná. Chociaż nigdy mi tego nie powiedziano, nie mogę pozbyć się wrażenia, że nieszczęsna historia najstarszej córki oraz straszny dyskomfort spowodowany porzuceniem jej przez męża i rozwodem skłoniły dziadka do przyjęcia tej pracy, która zmusiła całą rodzinę do wyprowadzenia się z Arequipy, dokąd nigdy już miała nie wrócić. „Dla mnie była to wielka ulga, że mogłam wyjechać do innego kraju, do innego miasta, gdzie ludzie zostawili mnie w spokoju" – mówiła matka o tamtej przeprowadzce.

Rodzina Llosów przeniosła się do Cochabamby, a w tamtych czasach było to miasto bardziej nadające się do życia aniżeli maleńkie i wyizolowane miasteczko, jakim było Santa Cruz. Zamieszkaliśmy w ogromnym domu na ulicy Ladislao Cabrery, gdzie spędziłem całe dzieciństwo. Wspominam tamten dom niczym raj. Pamiętam sień o wysokim, skośnym dachu, od którego odbijało się echo, zadrzewione patio, gdzie razem z kuzynkami Nancy i Gladys oraz z przyjaciółmi ze szkoły La Salle inscenizowaliśmy filmy o Tarzanie, i seriale, jakie oglądaliśmy w niedziele, po mszy szkolnej, na porankach w kinie Rex. Wokół pierwszego patia były podcienia z kolumnami, płócienne zasłony chroniące przed słońcem, stał tam fotel na biegunach, na którym dziadek Pedro, jeżeli nie przebywał w hacjendzie, miał zwyczaj przesypiać sjestę, kołysząc się i pochrapując, co ogromnie bawiło mnie i moje kuzynki. Były jeszcze dwa patia, jedno wykładane płytkami, a drugie ziemne, na tym ostatnim znajdowała się pralnia, pokoje dla służby oraz komórki, w których zawsze hodowano kury, a w pewnym okresie była tam nawet kózka przywieziona z hacjendy Saipina, którą babcia zaadoptowała. Moje pierwsze przerażenie dziecięce przeżyłem właśnie z powodu tej kózki, która kiedy urywała się z uwięzi, zaczynała bóść wszystko, co napotykała przed sobą, i wywoływała w domu popłoch. W pewnym okresie mieliśmy jeszcze gadającą papużkę naśladującą wyraźne drżenie mego głosu, które często mi się przytrafiało, i wołała tak jak ja: „Babciuuu, babciuuu!".

Dom był ogromny i wszyscy mieli w nim własne pokoje, dziadkowie, Mamaé, moja mama i ja, wujostwo Laura i Juan oraz ich córki Nancy i Gladys, wujkowie Lucho i Jorge oraz wuj Pedro, który studiował medycynę w Chile, ale przyjeżdżał do nas na wakacje. Poza tym mieliśmy służące i kucharkę, nigdy nie mniej niż troje służby.

W takim domu wyrastałem na zarozumiałego i do przesady roz-
pieszczonego chłopca i upodobniłem się do małego potworka. Moja
zarozumiałość wynikała z tego, że dla dziadka byłem pierwszym
wnukiem, a dla wujostwa pierwszym siostrzeńcem, no a poza tym
byłem synem Dority, dzieckiem bez ojca. Nieposiadanie ojca, a raczej
przekonanie, że mój ojciec znajduje się w niebie, nie było okolicz-
nością, która specjalnie mnie martwiła, wręcz przeciwnie, nadawało
mi status uprzywilejowany, a brak prawdziwego ojca wynagradzali
mi liczni ojcowie zastępczy: dziadek i wujowie Juan, Lucho, Jorge
i Pedro.

Moje szaleństwa spowodowały, że mama zapisała mnie do szkoły
zakonnej La Salle w wieku pięciu lat, o rok wcześniej, niż zalecali
braciszkowie. W krótkim czasie nauczyłem się czytać w klasie brata
Justiniana i było to najważniejszą rzeczą, jaka przytrafiła mi się w życiu aż do tamtej chwili, której doświadczyłem na bulwarze Eguiguren
i która przyhamowała trochę mój rozpęd, bo lektura *Billikenów*, *El
Penecas* oraz wszelkiego rodzaju historyjek i książek przygodowych
stała się pasjonującym zajęciem pochłaniającym mnie na wiele godzin. Jednak lektura nie przeszkadzała mi w zabawach i potrafiłem
zaprosić całą klasę do domu na herbatę, a babcia Carmen i Mamaé,
które jeśli Pan Bóg i niebiosa istnieją naprawdę, zostaną za to odpowiednio wynagrodzone, znosiły moje ekscesy bez szemrania i z zapałem przygotowywały kanapki z masłem, napoje chłodzące i kawę
z mlekiem dla tak licznej gromadki.

Cały rok był nieustającym świętem. Spacerowaliśmy do Cala-
-Cala, chodziliśmy na plac na *empanadas* z Salto w dni capstrzyków,
do kina i na zabawy do domu przyjaciół, ale były dwa święta zupełnie
wyjątkowe z powodu emocji i poczucia szczęścia, jakiego mi dostar-
czały: były to karnawał i Boże Narodzenie. Wcześniej napełnialiśmy
wodą baloniki i kiedy nadchodził właściwy dzień, ja i moje kuzynki
oblewaliśmy ludzi przechodzących ulicą oraz podglądaliśmy z ukrycia ciotki i wujków wkładających wspaniałe stroje przed udaniem

się na bal przebierańców. Przygotowania do Bożego Narodzenia były bardzo staranne. Babcia i Mamaé siały zboże na blaszanych tackach przeznaczonych specjalnie do budowania szopki, która była pracochłonną konstrukcją ożywioną gipsowymi figurkami pasterzy i zwierzątek przywiezionymi przez rodzinę z Arequipy (a może przez babcię z Tacny). Ubieranie choinki stanowiło cudowną uroczystość. Ale nic nie było tak ekscytujące jak pisanie listu do Dzieciątka Jezus – wtedy nie zastąpił go jeszcze Święty Mikołaj – były to karteczki z listą prezentów, które pragnęło się otrzymać 24 grudnia. Szedłem spać tego wieczoru, drżąc z wrażenia i przymykając oczy tylko do połowy, bo pragnąłem ujrzeć Dzieciątko Jezus przychodzące z prezentami – książkami, mnóstwem książek – które zostawi u stóp łóżka i które znajdę następnego dnia z piersią rozdygotaną podnieceniem, i jednocześnie nie chciałem go oglądać.

W czasie, kiedy mieszkałem w Boliwii, aż do końca 1945 wierzyłem, że zabawki przynosi Dzieciątko Jezus, a bociany dostarczają dzieci z nieba, no i nie przychodziły mi do głowy żadne z tych myśli, które spowiednicy nazywali grzesznymi; pojawiły się dopiero później, kiedy już mieszkałem w Limie. Byłem dzieckiem rozbrykanym i płaczliwym, ale niewinnym jak lilia. I dewocyjnie religijnym. Dzień mojej Pierwszej Komunii wspominam jak piękne wydarzenie poprzedzone naukami przygotowawczymi, których w kaplicy szkolnej udzielał nam codziennie brat Augustyn, dyrektor szkoły La Salle. Uroczystość była wzruszająca: zgromadziła się cała moja rodzina, a ja w białym ubranku uszytym na tę okazję przyjmowałem komunię z rąk biskupa Cochabamby, imponującej postaci odzianej w fioletową szatę; całowałem go pospiesznie w rękę, kiedy przechodził ulicą albo kiedy pojawiał się w naszym domu na ulicy Ladislao Cabrery (dom nasz był również konsulatem Peru, dziadek piastował bowiem ten urząd *ad honorem*). I śniadanie z gorącą czekoladą i ciasteczkami, którymi na szkolnym patiu częstowano przystępujące do komunii dzieci oraz ich rodziny.

Z Cochabamby wspominam smakowite pierożki *salteñas* i niedzielne obiady z udziałem całej rodziny – wuj Lucho był już na pewno ożeniony z ciocią Olgą, a wuj Jorge z ciocią Gaby – ogromny stół rodzinny, przy którym zawsze wspominaliśmy Peru, a może głównie Arequipę, i wszyscy czekaliśmy na pojawienie się pysznych smażonych z miodem pączków o nazwie *sopaipillas* i tych, co nazywały się *guargüeros*, także deserów z Tacny i Moquegui, przygotowywanych przez babcię i Mamaé cudownie zręcznymi dłońmi. Wspominam baseny w Urioste i Berveley, dokąd prowadzał mnie wuj Lucho i gdzie nauczyłem się pływać, a był to mój ulubiony sport od dzieciństwa i jedyny, w którym doszedłem do pewnych sukcesów. Wspominam z czułością historyjki i książki, które czytałem w skupieniu i mistycznym zapamiętaniu, całkowicie pogrążony w iluzji – historie Genowefy Brabanckiej i Wilhelma Tella, króla Artura i Cagliostra, Robin Hooda i garbusa Lagardère, Sandokana i kapitana Nemo, a zwłaszcza serię o Guillermie, figlarnym chłopcu w moim wieku – każda jego przygoda była opowiedziana w jednej książeczce i usiłowałem ją potem inscenizować w domowym ogrodzie. I pamiętam moje pierwsze pisarskie bazgroły, które zwykle były wierszykami albo kontynuacją i uzupełnieniem historyjek, jakie przeczytałem i jakie opowiadała mi rodzina. Dziadek był miłośnikiem poezji i wydał powieść – uczył mnie zapamiętywać wiersze Campoamora albo Rubena Daría, przy czym zarówno on, jak i moja matka (która miała na nocnym stoliku egzemplarz *Veinte poemas de amor y una canción desesperada* Pabla Nerudy i zabroniła mi czytać te wiersze) cieszyli się moimi zuchwałymi próbami literackimi, widząc w nich przebłyski talentu.

Mimo bardzo młodego wieku moja matka nie miała i nie chciała mieć żadnych konkurentów. Zaraz po przyjeździe do Cochabamby zaczęła pracować jako siła pomocnicza w księgowości w Casa Grace i ta praca oraz zajmowanie się mną wypełniały jej całe życie. Tłumaczyła, że nie może myśleć o ponownym małżeństwie, bo już raz poślubiła swego męża przed Bogiem, w co na pewno z uporem wierzyła, bo była katoliczką najbardziej przykładną w tej rodzinie katolików, jakimi byli i myślę, że nadal są Llosowie. Ale głębszą od natury religijnej przyczyną, ażeby po rozwodzie okazywać obojętność wobec mężczyzn, którzy próbowali się do niej zbliżyć, było to, że mimo zaistniałych faktów wciąż była w moim ojcu zakochana miłością bezgraniczną i niezłomną, co ukrywała przed całym swoim otoczeniem aż do chwili, kiedy po powrocie rodziny do Peru zaginiony Ernesto J. Vargas odnalazł się i niczym burza wkroczył na nowo do jej i mojego życia.

– Ojciec jest tutaj, w Piurze?

Brzmiało to jak jedna z fantastycznych historii tak bardzo uwodzicielskich i wzruszających, że wydawały się prawdziwe, ale tylko dopóki trwała ich lektura. Czyżby iluzja miała ulotnić się tak samo nagle jak tamte, po zamknięciu książki?

– Tak, w Hotelu Turystycznym.

– A kiedy go zobaczę?

– Za chwilę. Tylko nie mów nic dziadkom. Oni nie wiedzą, że ojciec wrócił.

Po upływie czasu nawet złe wspomnienia z Cochabamby wydają mi się dobre. A były dwojakie: operacja migdałów i duży pies, dog, w garażu pewnego Niemca, pana Beckmanna, który znajdował się naprzeciwko naszego domu na ulicy Ladislao Cabrery. Do gabinetu doktora Saenza Peñi zawieziono mnie podstępem, jakby chodziło o jedną z kolejnych wizyt, które mu składałem ze względu na stany podgorączkowe i bóle gardła; posadzono mnie na kolanach jakiegoś pielęgniarza, który trzymał mnie mocno w ramionach, a tymczasem doktor Sáenz Peña otworzył mi usta i wkroplił do nich trochę eteru z buteleczki podobnej do tej, jaką moi wujowie zabierali ze sobą na zabawy karnawałowe. Potem, już w czasie rekonwalescencji, która przebiegała wśród pieszczot babci i Mamaé, pozwolono mi jeść dużo lodów. (Podobno podczas tej operacji z miejscowym znieczuleniem krzyczałem i ruszałem się, utrudniając pracę chirurgowi, który źle wykonał nacięcia i zostawił kawałki migdałów. Te odrosły i teraz mam je na nowo w całości).

Dog pana Beckmanna fascynował mnie i napawał przerażeniem. Był trzymany na uwięzi i jego szczekanie zakłócało mój niespokojny sen. Przez pewien czas Jorge, najmłodszy z moich wujków, stawiał wieczorem swoje auto w garażu i ja mu w tej czynności towarzyszyłem, rozkoszując się myślą, co by się stało, gdyby dog pana Beckmanna urwał się z uwięzi. Pewnego wieczoru rzucił się na nas. Zaczęliśmy uciekać. Zwierzę pobiegło za nami, dopadło nas już na ulicy i rozszarpało mi spodnie na siedzeniu. Ugryzienie było powierzchowne, ale stan podniecenia i dramatyczne wersje moich opowieści przeznaczone dla szkolnych kolegów ciągnęły się całymi tygodniami.

Tak się złożyło, że wuj José Luis, ambasador Peru w La Paz i krewny dziadka Pedra, został wybrany na prezydenta Republiki w dalekim Peru. Ta wiadomość zrewolucjonizowała całą rodzinę, w której wuj José Luis był otaczany czcią jako znakomitość. Przyjechał do Cochabamby i wiele razy odwiedził nasz dom, a ja podzielałem uczucie podziwu dla tego ważnego krewnego, który był elokwentny, nosił muszkę, ozdobny kapelusz, chodził, szeroko rozstawiając nogi, tak samo jak Chaplin, i przy każdych odwiedzinach, kiedy żegnał się ze mną, wkładał mi kilka groszy do kieszonki.

Po objęciu urzędu prezydenta wuj José Luis zaproponował dziadkowi stanowisko konsula w Arice albo urząd prefekta w Piurze. Dziadek, któremu kontrakt z rodziną Saidów właśnie wygasał, wybrał Piurę. Wyjechał prawie natychmiast i zostawił reszcie rodziny zadanie zlikwidowania domu. Zostaliśmy tam do końca 1945, abyśmy mogli – ja i kuzynki Nancy i Gladys – zdać końcowe egzaminy w roku szkolnym. Mam mglisty obraz tych ostatnich miesięcy w Boliwii, niekończący się sznur osób przychodzących pożegnać rodzinę Llosów, która pod wieloma względami należała już do Cochabamby: wuj Lucho ożenił się z ciocią Olgą, która chociaż była z urodzenia Chilijką, w sercu, z racji więzi rodzinnych, czuła się Boliwijką, wuj

Jorge ożenił się z ciocią Gaby, która była w stu procentach Boliwijką. Poza tym nasza rodzina w Cochabambie się powiększyła. O pierwszą córkę wuja Lucho i cioci Olgi, Wandę, która urodziła się w domu na ulicy Ladislao Cabrery; zapewniano mnie, że próbowałem obejrzeć jej przyjście na świat i wdrapałem się na jedno z wysokich drzew na pierwszym patiu, z którego ściągnął mnie za ucho wuj Lucho. Jednak to nie wydaje się pewne, bo tego nie zapamiętałem, a nawet jeżeli tak było, to niczego ważnego się nie dowiedziałem, bo, jak już mówiłem, wyjechałem z Boliwii przekonany, że dzieci zamawia się w niebie i że przynoszą je na świat bociany. Jeśli chodzi o drugą córkę wuja Lucho i cioci Olgi – kuzynkę Patrycję – nie mogłem już podglądać jej pojawienia się na tym świecie, bo urodziła się w szpitalu – rodzina godziła się na nowoczesność – po zaledwie czterdziestu dniach od chwili powrotu naszego klanu do Peru.

Zachowałem bardzo żywe wspomnienie tamtego ranka na dworcu w Cochabambie, skąd odjeżdżaliśmy pociągiem. Przyszło bardzo wiele osób, aby nas pożegnać, i wielu ludzi płakało. Nie płakałem ja ani moi koledzy ze szkoły La Salle, którzy pojawili się, żeby po raz ostatni mnie uścisnąć: Romero, Ballivián, Artero, Gumucio i mój najlepszy przyjaciel, syn miejskiego fotografa Mario Zapata. Czuliśmy się już dużymi mężczyznami – w wieku dziewięciu czy dziesięciu lat – a mężczyźni nie płaczą. Ale płakały señora Carlota i inne señory, i kucharka, i służące, i płakał także wystrojony przez babcię Carmen ogrodnik Saturnino, stary Indianin w sandałach i czystym ubraniu, którego jeszcze teraz mam przed oczyma, jak biegnie obok okna naszego wagonu i macha na pożegnanie za odjeżdżającym pociągiem.

Cała rodzina wróciła do Peru, ale w Limie zostali wuj Jorge i ciocia Gaby oraz wuj Juan i ciocia Laura, czym byłem bardzo rozczarowany, bo to oznaczało rozłąkę z Nancy i Gladys, z kuzynkami, z którymi spędziłem dzieciństwo. Były dla mnie jak dwie siostry i brak ich towarzystwa sprawił, że pierwsze miesiące w Piurze okazały się ciężkie.

Podróż z Cochabamby do Piury – długą, urozmaiconą, niezapomnianą podróż pociągiem, statkiem, autem i samolotem – odbywali: babcia, Mamaé, moja mama, ja i dwie dodatkowe osoby dołączone do rodziny dzięki dobroci babci Carmen: Joaquín i Orlando. Pierwszy z nich to był chłopiec trochę ode mnie starszy, którego dziadek Pedro znalazł w hacjendzie Saipina bez rodziców, krewnych i dokumentów. Wzruszony jego sytuacją zabrał go do Cochabamby i ulokował w naszym domu razem ze służbą. Chłopiec chował się z nami i babcia nie miała serca go zostawić, więc stał się częścią orszaku rodzinnego. Trochę młodszy Orlando był synem pochodzącej z Santa Cruz kucharki o imieniu Clemencia, którą pamiętam jako osobę wysoką, szpetną, z rozpuszczonymi zawsze włosami. Pewnego dnia zaszła w ciążę, ale rodzina nie zdołała dowiedzieć się z kim. Po urodzeniu dziecka znikła z domu, pozostawiając nam niemowlaka. Na próżno szukaliśmy jej miejsca pobytu. Babcia Carmen obdarzyła dzieciaka uczuciem i zabrała go do Peru.

W trakcie naszej podróży przemierzaliśmy płaskowyż pociągiem, jezioro Titicaca stateczkiem, który płynął od Huaqui do Puno, a ja przez cały czas myślałem sobie: „Zobaczę Peru, poznam Peru". W Arequipie, gdzie byłem tylko raz do tej pory, z babcią i z mamą na Kongresie Eucharystycznym w 1940, zamieszkaliśmy ponownie w domu wuja Eduarda, a jego kucharka Inocencia jeszcze raz ugotowała dla mnie czerwonawą i pikantną potrawę z krewetek o nazwie *chupas*, za którą przepadałem. Jednak największym przeżyciem w podróży było dla mnie odkrycie morza, kiedy zjechaliśmy na dół z Cuesta de las Calaveras i ujrzeliśmy w oddali plaże Camaná. Byłem tak bardzo podekscytowany, że kierowca samochodu, który wiózł nas do Limy, zatrzymał się, abym mógł zanurzyć się w wodach Pacyfiku. (Doświadczenie było okropne, bo rak ukłuł mnie w stopę).

Taki był mój pierwszy kontakt z peruwiańskim wybrzeżem o niekończących się pustynnych terenach w białych, niebieskawych i lekko czerwonych barwach, zależnie od pozycji słońca, o pustych plażach opierających się o wzniesienia łańcucha gór w kolorach ochry i szaro-ści, które pojawiały się i znikały wśród piaszczystych wydm. Później ten krajobraz będzie mi stale towarzyszył za granicą jako najbardziej trwały obraz Peru.

Zostaliśmy jeden, a może dwa tygodnie w Limie ulokowani w domu wuja Alejandra i cioci Jesús, a ja pamiętam z tego pobytu tylko zadrzewione uliczki w dzielnicy Miraflores i hałaśliwe fale mor-skie w La Herradura, dokąd zawieźli mnie wujowie Pepe i Hernán.

Polecieliśmy samolotem na północ do Talary, bo wtedy było lato i mój dziadek, jako prefekt, miał tam mały domek, który towarzy-stwo International Petroleum Company oddało mu do dyspozycji na okres wakacji. Dziadek przywitał nas na lotnisku w Talarze, a mnie przekazano widokówkę przedstawiającą budynek szkoły Salezjanów w Piurze, do której zostałem zapisany, do piątej klasy poziomu pod-stawowego. Z tamtych wakacji w Talarze pamiętam miłego Juana Taboadę, zarządcę w klubie International Petroleum, który był związ-kowym przywódcą i liderem partii APRA*. Służył u nas w domu i darzył mnie sympatią. Zabierał mnie na mecze piłki nożnej, a kiedy wyświetlano filmy dla dzieci, chodził ze mną na seanse do kina na wolnym powietrzu, w którym za ekran służyła biała ściana probo-stwa. Spędziłem całe lato na basenie International Petroleum, czy-tając rozmaite historyjki, wspinając się po spadzistych okolicznych zboczach i z zafascynowaniem podglądając wędrówki raków po plaży. Ale w rzeczywistości czułem się osamotniony i smutny z powodu rozłąki z kuzynkami Nancy i Gladys oraz moimi przyjaciółmi z Co-chabamby, za którymi bardzo tęskniłem. 28 marca 1946 w Talarze skończyłem dziesięć lat.

Moje pierwsze spotkanie ze szkołą Salezjanów i z nowymi kole-gami z klasy nie było udane. Wszyscy mieli o rok lub dwa lata więcej

---

* Alianza Popular Revolucionaria Americana – Amerykański Ludowy Sojusz Rewolucyjny (przyp. tłum.).

ode mnie, ale sprawiali wrażenie starszych, ponieważ używali brzydkich wyrazów i opowiadali takie świństwa, o jakich my w szkole La Salle w Cochabambie w ogóle nie mieliśmy pojęcia. Każdego popołudnia po powrocie do gmachu prefektury skarżyłem się wujowi Lucho, bo byłem przerażony grubiaństwami, których wysłuchiwałem, i wściekły, że koledzy wyśmiewają się z mojego góralskiego sposobu mówienia i z moich króliczych zębów. Ale powoli zacząłem zawierać przyjaźnie – moimi kolegami byli Manolo i Ricardo Artadiowie, „Borrao" Garcés, grubasek Javier Silva i Chapirito Seminario – i to dzięki nim przywykłem do zwyczajów i do ludzi w mieście, które miało pozostawić tak mocny ślad w moim życiu.

Niedługo po rozpoczęciu nauki w szkole u Salezjanów, pewnego popołudnia, kiedy kąpaliśmy się z kolegami w już opadających wodach rzeki Piury – była to wtedy rzeka o przybierających wodach – bracia Artadiowie i Jorge Salmón wyjaśnili mi, skąd naprawdę biorą się dzieci i co znaczy grubiańskie słowo trudne do wymówienia: pieprzyć się. Ta rewelacja była dla mnie traumatyczna, chociaż jestem pewien, że tym razem przetrawiłem ją w milczeniu i nie poszedłem powtórzyć jej wujowi Lucho, bo czułem odrazę, kiedy sobie wyobraziłem mężczyzn jak zwierzęta, z twardymi fallusami, dosiadających biedne kobiety, które na pewno cierpiały z powodu ich agresji. Napawała mnie wstrętem myśl, że moja matka musiała przeżywać podobne sytuacje, abym mógł przyjść na świat, i wtedy poczułem, że ta wiedza splamiła mnie i pokalała mój stosunek do matki oraz zbrukała w pewien sposób moje życie. Świat wydał mi się brudny. Wyjaśnienia księdza, mojego spowiednika i jedynej osoby, z którą odważyłem się rozmawiać na ten nurtujący mnie temat, nie potrafiły mnie uspokoić, bo zadręczałem się tym we dnie i w nocy i musiało upłynąć dużo czasu, zanim zdecydowałem się zaakceptować, że takie jest życie, że mężczyźni i kobiety robią takie świństwa zredukowane do słowa pieprzyć się, no i że nie ma innego sposobu na podtrzymanie ludzkiego gatunku, a więc i na to, żebym ja przyszedł na świat.

Praca w piurańskiej prefekturze była ostatnim stałym zajęciem dziadka Pedra. Myślę, że moja rodzina była szczęśliwa przez lata, które dziadek tam spędził, aż do wojskowego zamachu stanu generała Manuela A. Odríi, który w 1948 obalił José Luisa Bustamantego y Rivero. Pensja dziadka musiała być bardzo skromna, ale w utrzymaniu domu pomagał mu wuj Lucho zatrudniony w Casa Romero, oraz moja matka, która znalazła posadę w oddziale firmy Grace w Piurze. W budynku prefektury były dwa patia i kilka zapaskudzonych strychów, na których gnieździły się nietoperze. Obserwowaliśmy je razem z kolegami, czołgając się po podłodze w nadziei, że uda nam się upolować jednego z tych skrzydlatych szczurów i zmusić go do palenia, bo byliśmy święcie przekonani, że taki nietoperz, któremu włoży się papieros do pyska, zostanie bezapelacyjnie wysłany na tamten świat jak łapczywy palacz.

Ówczesna Piura była małym i bardzo wesołym miastem, mieszkali w niej dobrze prosperujący i serdeczni właściciele majątków – rodziny Seminariów, Checów, Hilbcków, Romerów, Artazarów, Garcíów – z którymi moi dziadkowie i wujowie nawiązali przyjaźnie mające przetrwać całe życie. Chodziliśmy na spacery na piękną plażę Yacila albo Paita, gdzie kąpiel w morzu była zawsze połączona z ryzykiem, bo kąsały tam płaszczki (pamiętam, jak podczas obiadu w domu rodziny Artadiów dowiedzieliśmy się, że mego dziadka i wuja Lucho, którzy kąpali się przy niskim przypływie morza, ukąsiła płaszczka, i jak leczyła ich tam na plaży gruba Murzynka, ogrzewając im stopy swoim żarownikiem i wyciskając na ranę sok z cytryny), pamiętam Colán, które było wtedy niewielką grupą drewnianych domków wzniesionych na palach na tej ogromnej, pięknej, piaszczystej plaży pełnej krogulców i mew.

W należącej do rodziny Checów hacjendzie Yapatera po raz pierwszy dosiadłem konia i usłyszałem, jak rozmawiano o Anglii, niemal mitycznej krainie, bo ojciec mego przyjaciela Jamesa McDonalda był Brytyjczykiem i zarówno on, jak i jego małżonka Pepita Checa uwielbiali ten kraj i do pewnego stopnia odtwarzali go na tych suchych górzystych terenach okolic Piury (w ich domu – hacjendzie – piło się *five o'clock tea* i mówiło się po angielsku).

Zachowałem w pamięci, niczym łamigłówkę, tamten rok spędzony w Piurze, który miał zakończyć się na bulwarze Eguiguren rewelacją na temat mego ojca: były to obrazy bez związku, głęboko przeżyte i pełne emocji. Pamiętam młodziutkiego policjanta, który pilnował zamaskowanego wejścia do prefektury, rozkochiwał w sobie Domitilę, jedną z naszych służących, i śpiewał jej bardzo afektowanym głosem *Muñequita linda*, zapamiętałem grupowe wycieczki po wyschniętym korycie rzeki i po piaszczystych terenach Castilli i Catacaos, prehistoryczne legwany zajęte obserwowaniem terenu albo podglądaniem, jak cudzołożą tubylcy pochowani wśród drzew świętojańskiego chleba. Pamiętam kąpiele w basenie klubu Grau, próby wejścia na filmy dla dorosłych do kin Variedades i Municipal oraz wyprawy, wywołujące w nas podniecenie i niezdrową ciekawość, bo chcieliśmy podglądać z ukrycia pewien zielony dom stojący w szczerym polu, które oddzielało Castillę od Catacaos i o którym krążyły grzeszne opowieści. Słowo „kurwa" napełniało mnie przerażeniem i jednocześnie fascynowało. Chodzenie w miejsca sąsiadujące z tym domem, aby zobaczyć mieszkające w nim złe kobiety oraz ich nocnych gości, było nieodpartą pokusą, chociaż z góry wiedziałem, że popełniam grzech śmiertelny, z którego później będę się musiał spowiadać.

Poza tym zacząłem zbierać znaczki pocztowe zachęcony kolekcją, którą przechowywał dziadek Pedro – był to zbiór znaczków rzadkich, trójkątnych, wielokolorowych, pochodzących z egzotycznych krajów o różnych dziwnych językach. Twórcą kolekcji był mój pradziadek Belisario i dwa tomy tych zbiorów stanowiły jeden ze skarbów, jaki rodzina Llosów woziła ze sobą po świecie, a mnie pozwalano je oglądać, kiedy dobrze się sprawowałem. Proboszcz z placu Merino, hiszpański księżulo, stary raptus ojciec García też był kolekcjonerem i wymieniałem z nim powtarzające się znaczki, targując się, co kończyło się niekiedy wybuchami jego złości, które prowokowaliśmy z upodobaniem razem z kolegami. Inną relikwią rodzinną była Księga Oper, którą babcia Carmen odziedziczyła po swoich rodzicach; była to stara i piękna książka w czerwonej i pozłacanej oprawie, z ilustracjami, zawierająca streszczenia wszystkich wielkich włoskich oper i niektórych najważniejszych arii, a ja zaczytywałem się w niej całymi godzinami.

Problemy życia obywatelskiego w Piurze, gdzie siły polityczne były bardziej zrównoważone niż w reszcie kraju, docierały do mnie w sposób chaotyczny. Źli byli zwolennicy partii APRA, którzy zdradzili wuja José Luisa i bardzo uprzykrzali mu życie w Limie, a ich lider Víctor Raúl Haya de la Torre zaatakował dziadka w przemówieniu wygłoszonym tutaj na placu broni, oskarżając go o to, że jest prefektem przeciwnym APRA. (Poszedłem śledzić manifestację partii APRA bez zgody rodziny i spotkałem tam mego kolegę Javiera Silvę Ruetego, którego ojciec był zagorzałym aprystą, Javier dźwigał wówczas większy od siebie transparent z napisem „Mistrzu, młodzież cię popiera"). Jednak mimo całego zła, którego wcieleniem była APRA, mieszkało w Piurze kilku przyzwoitych aprystów, przyjaciół moich dziadków i wujów, takich jak ojciec Javiera doktor Máximo Silva, doktor Guillermo Gulman albo doktor Iparraguirre, dentysta naszej rodziny, z którego synem organizowaliśmy wieczorki teatralne w sieni jego domu.

Śmiertelnymi wrogami aprystów byli urryści z partii Unión Revolucionaria*, na której czele stał mieszkaniec Piury, Luis A. Flores, a jej twierdzą była dzielnica La Mangachería słynąca z wytwórni napoju alkoholowego z kukurydzy o nazwie *chicha* i pikantnych potraw, a także ze swoich zespołów muzycznych. Według legendy generał Sánchez Cerro – dyktator, który założył partię Unión Revolucionaria i który został zamordowany przez jakiegoś aprystę 30 kwietnia 1933 – urodził się w La Mangachería i dlatego wszyscy tutejsi mieszkańcy byli urrystami i na wszystkich chałupach w tej dzielnicy

---

* Unión Revolucionaria – Związek Rewolucyjny (przyp. tłum.).

zbudowanych z gliny pomieszanej z trzciną i stojących na ulicach o ziemnej nawierzchni, pełnych brudnych dzieci *churres* i osiołków *piajenos* (tak nazywa się dzieci i osły w piurańskim żargonie) widać było podrygujące na ścianach jakieś wypłowiałe portrety Sáncheza Cerry. Poza urrystami byli jeszcze socjaliści, których lider Luciano Castillo też pochodził z Piury. Bójki uliczne między aprystami, urrystami i socjalistami zdarzały się często, o czym dobrze wiedziałem, bo w tamtych dniach – gdy odbywał się wiec uliczny, jak zawsze przeradzając się w walkę na pięści – nie pozwalano mi wychodzić z domu i pojawiało się więcej policjantów do pilnowania prefektury, co czasami nie przeszkadzało tym bydlętom aprystom, po zakończeniu wiecu, podejść blisko do budynku i rzucać kamieniami w nasze okna.

Czułem się bardzo dumny z tego, że byłem wnukiem kogoś tak ważnego jak prefekt miasta. Towarzyszyłem dziadkowi w niektórych publicznych wystąpieniach – podczas inauguracji, defilad w święto narodowe, uroczystości organizowanych w koszarach Grau – i dumnie wypinałem pierś, gdy on przewodniczył w zebraniach, był witany przez wojskowych albo wygłaszał przemówienia. Mimo tylu oficjalnych obiadów i uroczystości, na których musiał być obecny, dziadek Pedro zawsze znajdował czas, żeby zajmować się tym, co robił z zamiłowaniem i co rozwijał u swojego najstarszego wnuka: pisaniem wierszy. Robił to z łatwością, pod jakimkolwiek pretekstem, i kiedy przychodziło mu przemawiać na oficjalnych bankietach i uroczystościach, nieraz odczytywał swój wiersz napisany na tę okazję. Chociaż, podobnie jak w Boliwii, przez cały rok spędzony w Piurze nadal z zapałem zaczytywałem się w historiach przygodowych i gryzmoliłem wierszyki albo opowiadania, zajęcia te musiały ulec pewnemu zaniedbaniu, bo wiele czasu poświęcałem moim nowym kolegom i poznawaniu miasta, w którym wkrótce czułem się jak w domu.

O dwóch sprawach, które miały zadecydować o moim przyszłym życiu i które zdarzyły się w 1946 roku, dowiedziałem się dopiero trzydzieści albo czterdzieści lat później. Pierwszą był list, jaki pewnego dnia otrzymała moja matka. Napisała do niej Orieli, szwagierka ojca. Z gazet dowiedziała się, że dziadek został prefektem w Piurze, i przypuszczała, że Dorita mieszka razem z nim. Co u niej słychać? Czy wyszła ponownie za mąż? A jak się miewa synek Ernesta? List był napisany pod dyktando mego ojca, który pewnego ranka, kiedy jechał samochodem do biura, usłyszał przez radio wiadomość o mianowaniu don Pedra J. Llosy Bustamantego prefektem w mieście Piura.

Druga sprawa to była kilkutygodniowa podróż, w którą moja mama wyprawiła się w sierpniu do Limy na drobną operację. Zadzwoniła do Orieli i ta zaprosiła ją na herbatę. Po wejściu do niedużego domu na ulicy Magdalena del Mar, w którym mieszkali Orieli i wuj César, matka spostrzegła w salonie ojca. Padła zemdlona. Musieli ją podnosić, ułożyć na fotelu, cucić solami. Wystarczyła jedna chwila, a pięć i pół miesiąca koszmaru jej małżeństwa oraz jedenaście lat milczenia ze strony Ernesta J. Vargasa, zatarło się jej w pamięci.

Nikt z rodziny nie wiedział o tym spotkaniu ani o tajemnej ugodzie, ani też o listownym wielomiesięcznym spisku, który doprowadził do podstępu, jaki miał początek tamtego popołudnia na bulwarze Eguiguren, w promieniach słońca, u progu lata. Dlaczego matka nie powiadomiła rodziców i braci o tym, że spotkała się z moim ojcem? Dlaczego nie powiedziała im, co zamierza zrobić? Bo wiedziała, że będą próbowali jej odradzać i że będą snuli przewidywania o tym, co ją czeka.

Podskakiwałem ze szczęścia, choć z jednej strony wierzyłem w to, co usłyszałem – i ledwie zwracałem uwagę na to, co mówiła do mnie matka, kiedy szliśmy w kierunku Hotelu Turystycznego, a ona powtarzała, że jak zobaczymy się z dziadkami, z Mamaé, z wujkiem Lucho albo ciocią Olgą, mam nie mówić ani słowa o tym, co mi teraz zakomunikowała, ale z drugiej – nie dawałem temu wiary. Byłem tak podniecony, że nie przychodziło mi do głowy zapytać, dlaczego ma to być sekret, że mój ojciec żyje i że przyjechał do Piury, no i że za kilka minut nareszcie go poznam. Jaki on będzie? Jaki będzie?

Weszliśmy do Hotelu Turystycznego i ledwie przekroczyliśmy próg małego pokoju, który znajdował się po lewej stronie, podniósł się z miejsca i podszedł do nas mężczyzna ubrany w beżowy garnitur z kamizelką i zielony krawat w białe plamki. Usłyszałem, jak pyta: „To mój syn?". Pochylił się, objął mnie i pocałował. Byłem zdezorientowany i nie wiedziałem, co mam robić. Mężczyzna miał przylepiony do twarzy nienaturalny uśmiech. Moja konsternacja brała się stąd, że ten tata z krwi i kości, z siwizną na skroniach i przerzedzonymi włosami na głowie, różnił się kompletnie od przystojnego młodego mężczyzny w marynarskim mundurze z portretu, który stał na mojej nocnej szafce. Miałem poczucie, że zostałem oszukany, bo ten ojciec nie przypomina tamtego, o którym myślałem, że nie żyje.

Ale nie miałem czasu, żeby się nad tym zastanawiać, bo ten pan powiedział, abyśmy przejechali się po mieście. Mówił do mojej mamy tonem poufałym, który wydawał mi się niestosowny i wzbudzał we mnie lekką zazdrość. Wyszliśmy na plac broni tonący w słońcu i pełen ludzi, jak zawsze w niedzielę w porze capstrzyku, i wsiedliśmy do niebieskiego forda, moja matka zajęła miejsce z przodu, a ja na tylnym siedzeniu. Kiedy ruszaliśmy, pojawił się na chodniku mój kolega z klasy, czarny i wyrośnięty Espinoza, i chciał podejść do auta z miłym powitaniem, ale samochód ruszył i zdołaliśmy tylko pomachać sobie na pożegnanie.

Zrobiliśmy kilka okrążeń po śródmieściu i nagle pan, który był moim tatą, powiedział, żebyśmy pojechali za miasto, zobaczyć wieś, no a dlaczego nie mielibyśmy pokonać pięćdziesięciu kilometrów do tej gospody na granicy, gdzie można napić się czegoś zimnego. Znałem dobrze ten punkt graniczny na drodze. Było dawniej w zwyczaju, że do tego miejsca eskortowano podróżnych udających się do Limy. Z dziadkami i wujostwem Lucho i Olgą jeździliśmy tam w święto narodowe, kiedy wuj Jorge, ciocia Gaby, ciocia Laura oraz kuzynki Nancy i Gladys (oraz ich najmłodsza siostrzyczka Lucy) przyjeżdżali do nas na kilka dni wakacji. (Ponowne spotkanie z kuzynkami było dla mnie wielkim świętem, bawiliśmy się znakomicie, ale już byliśmy świadomi tego, że ja stałem się kawalerem, a one pannami i nie do pomyślenia było robić takie rzeczy, które wyczynialiśmy w Boliwii, na przykład wspólnie spać i się kąpać). Piaszczyste tereny otaczające Piurę, ze swymi ruchomymi wydmami, dużymi skupiskami drzew chlebowych, ze stadami kóz, z mirażami stawów i źródeł, które widoczne są po południu, kiedy czerwieniejąca słoneczna kula na horyzoncie zalewa krwawym światłem białe i pozłacane piaski – jest to pejzaż, który zawsze mnie wzrusza i nigdy nie czuję się zmęczony, kiedy go oglądam. Moja wyobraźnia reagowała onieśmieleniem, kiedy go kontemplowałem. To idealna sceneria dla epickich historii pełnych jeźdźców i awanturników, książąt, którzy uwalniają więzione panny, albo wojowników bijących się jak lwy, żeby ostatecznie pokonać niegodziwego wroga. Za każdym razem, kiedy udawaliśmy się na taką przejażdżkę albo chcieliśmy kogoś na tej drodze pożegnać, puszczałem wodze fantazji, gdy za oknem samochodu przesuwał się rozpalony i wyludniony krajobraz. Jednak jestem pewien, że tym razem nie widziałem niczego, co przemykało za oknami automobilu, bo koncentrowałem wszystkie zmysły i skupiałem całą uwagę na tym, co ten pan i moja mama do siebie mówili, chwilami półgłosem, na tym, jakie wymieniali spojrzenia, którymi byłem oburzony. Co takiego mieli na myśli, zasłaniając się tym, co słyszałem? Rozmawiali o czymś, ale udawali, że to dotyczy czegoś innego. Jednak bardzo dobrze zdawałem sobie z tego sprawę, bo przecież nie byłem głupi. O co im chodziło? Co przede mną ukrywali?

Kiedy przejechaliśmy pięćdziesiąt kilometrów i napiliśmy się czegoś orzeźwiającego, pan, który był moim ojcem, powiedział, że skoro dotarliśmy aż tutaj, to dlaczego nie mielibyśmy jechać dalej do Chiclayo. Czy znam Chiclayo? Nie, nie znałem. A więc jedźmy aż do Chiclayo, niech Marito pozna to miasto słynące z kaczki z ryżem.

Moje złe samopoczucie narastało, minęły już cztery, a może pięć godzin jazdy po drodze bez asfaltu, pełnej dziur i wybojów oraz długich sznurów ciężarówek na zboczu Olmos, a ja miałem głowę pełną podejrzeń i nabierałem przekonania, że to wszystko było od dawna ukartowane poza moimi plecami i z udziałem mojej mamy. Chcieli mnie oszukać, jakbym był małym dzieckiem, a ja tymczasem doskonale zdawałem sobie sprawę z podstępu. Kiedy się ściemniło, położyłem się na siedzeniu w samochodzie i udawałem, że śpię. Jednak byłem całkowicie rozbudzony, a moja głowa i dusza nadsłuchiwały tego, co oni między sobą szeptali.

W pewnym momencie, już późnym wieczorem, zaprotestowałem:

– Dziadkowie będą się niepokoili, że nie wróciliśmy do domu, mamusiu.

– Zadzwonimy do nich z Chiclayo – pospieszył z odpowiedzią pan, który był moim ojcem.

Dojechaliśmy do Chiclayo o świcie i w hotelu nie było nic do jedzenia, ale mnie to nie obchodziło, bo nie byłem głodny. Oni czuli głód, więc kupili jakieś sucharki, których nawet nie spróbowałem. Zostawili mnie samego i zamknęli się w pokoju obok. Przeleżałem cały ten czas z otwartymi oczami i bijącym sercem, starając się uchwycić jakiś głos, jakiś hałas z sąsiedniego pomieszczenia, i umierałem z zazdrości, bo czułem się ofiarą wielkiej zdrady. Chwilami robiło mi się mdło ze wstrętu i niewymownej odrazy, bo wyobrażałem sobie, że moja mama może tam robić z tym panem takie paskudztwa, jakie robią mężczyźni i kobiety, żeby mieć dzieci.

Następnego dnia rano, po śniadaniu, ledwie wsiedliśmy do niebieskiego forda, on powiedział coś, czego się spodziewałem:

– Jedziemy do Limy, Mario.

– A co powiedzą dziadkowie – wybełkotałem. – I Mamaé, i wuj Lucho.

– Co mają mówić? – usłyszałem w odpowiedzi. – Czy syn nie powinien przebywać razem z ojcem? Jak myślisz? Jak ci się wydaje?

Mówił to cienkim głosem i ostrym tonem, jaki słyszałem u niego po raz pierwszy, sylabizując słowa, co wkrótce zaczęło napawać mnie lękiem jeszcze większym niż kazania o piekle, które wygłaszał w Cochabambie brat Agustín przygotowujący nas do Pierwszej Komunii.

II. Plac San Martín

Pod koniec lipca 1987 roku przebywałem na dalekiej północy Peru, na pustynnej plaży, w miejscu, w którym przed laty pewien młody człowiek z Piury wraz z żoną wybudowali kilka *bungalows* z myślą o turystach. Osamotniona, skromna, wciśnięta między tereny pustynne, skały i spienione fale Pacyfiku miejscowość Punta Sal jest jednym z najpiękniejszych zakątków Peru. Ma nastrój miejsca poza czasem i historią ze swoimi stadami pelikanów amerykańskich, zwykłych pelikanów, mew, kormoranów, *patillos* i albatrosów, które tam nazywają *tijeretas*, a które od jasnego świtu do purpurowego zmierzchu defilują w uformowanych grupach. Rybacy z tego zakątka wybrzeża mają nadal w użyciu tratwy wykonane metodą prehiszpańską, proste i lekkie: dwa lub trzy pale z drewna związane ze sobą i jedna żerdź pełniąca funkcję wiosła i steru, za pomocą której rybak kręci tratwą, jakby zakreślał nią koła. Tratwy te zrobiły na mnie duże wrażenie, kiedy zobaczyłem je po raz pierwszy po przyjeździe do Punta Sal.

Przybyłem tutaj z Patrycją i z dziećmi, żeby spędzić tydzień wakacji z okazji święta narodowego, z dala od zimy w Limie. Niedawno wróciliśmy do Peru z Londynu, dokąd od pewnego czasu wyjeżdżaliśmy co roku na kilka miesięcy, a ja zamierzałem wykorzystać pobyt

36

w Punta Sal, aby między jednym nurkowaniem a drugim dokonać poprawek na szpaltach mojej ostatniej powieści *Gawędziarz*, natomiast rano i po południu chciałem oddawać się mojemu samotnemu nałogowi i czytać, czytać.

W marcu skończyłem pięćdziesiąt jeden lat. Wszystko wydawało się wskazywać, że moje życie, tak burzliwe od urodzenia, teraz będzie przebiegało raczej spokojnie między Limą a Londynem i będzie poświęcone pisaniu, z czasowymi wypadami na uniwersytety w Stanach Zjednoczonych. Co pewien czas zapisuję w moich notesach plany pracy, których nigdy w całości nie realizuję. Po skończeniu pięćdziesięciu lat nakreśliłem sobie taki plan pięcioletni:

1) sztuka teatralna o staruszku w typie Don Kichota, który w Limie lat pięćdziesiątych podejmuje krucjatę, żeby bronić balkonów z epoki kolonialnej zagrożonych zniszczeniem;
2) powieść kryminalna w typie *fantasy* o kataklizmach, ofiarach ludzkich i zbrodniach politycznych w pewnej wiosce w Andach;
3) esej o buncie w *Nędznikach* Wiktora Hugo;
4) komedia o przedsiębiorcy, który w apartamencie hotelu Savoy w Londynie spotyka swego najlepszego przyjaciela ze szkoły, uważanego za zmarłego, a ten jest przemieniony w kobietę, i
5) powieść zainspirowana historią Flory Tristán, rewolucjonistki, kobiety ideowej i francusko-peruwiańskiej feministki z początków XIX wieku.

W tym samym notesie nabazgrałem mniej pilne zamierzenia: nauczyć się nieszczęsnego niemieckiego, pomieszkać przez pewien czas w Berlinie, jeszcze raz spróbować przeczytać książki, które zawsze mnie zniechęcały, takie jak *Finnegans Wake* oraz *Śmierć Wergilego*, odbyć podróż po Amazonii od Pucallpy do Belem do Pará i doprowadzić do poprawionego wydania moich powieści. Zapisałem tam również sprawy nienadające się do wiadomości publicznej. Nigdy w tych zapiskach nie pojawiła się działalność, która przez jakiś kaprys losu miałaby zdominować moje życie przez najbliższe trzy lata: polityka.

Nie mogłem nawet tego podejrzewać 28 lipca w południe, kiedy przez małe przenośne radio mego przyjaciela Freddy'ego Coopera zdecydowaliśmy się wysłuchać przemówienia, które prezydent Republiki wygłaszał w Kongresie w dniu święta narodowego. Alan García był dwa lata u władzy i wciąż cieszył się dużą popularnością. Mnie jego polityka przypominała bombę zegarową. Populizm nie powiódł się w Chile Allendego i w Boliwii Silesa Suazy. Dlaczego miałby odnieść sukces w Peru? Subsydiowanie konsumpcji wywołuje złudny dobrobyt trwający dopóty, dopóki dysponuje się dewizami na utrzymywanie przypływu towarów importowanych do kraju, który sprowadza znaczną część artykułów żywnościowych i wyrobów przemysłowych. Tak się działo w Peru na skutek marnotrawienia rezerw, które rosło przez decyzję rządu, żeby przeznaczać tylko dziesięć procent dochodów z eksportu na spłatę obsługi długu. Ale ta polityka już dawała sygnały o zbliżającej się klęsce. Rezerwy malały; Peru uświadomiło sobie, że zamykają się przed nim drzwi międzynarodowego systemu finansowego z powodu ostrej konfrontacji z Funduszem Walutowym i Bankiem Światowym, czarnymi bestiami dla prezydenta Alana Garcíi; nieograniczona emisja pieniędzy, aby pokryć deficyt budżetowy, przyspieszała inflację; utrzymywanie niskiej ceny dolara zniechęcało do eksportu i sprzyjało spekulacji. Najlepszym interesem dla przedsiębiorców było zdobycie licencji importowej za tanie dolary (istniało wiele kursów dolara, w zależności od „społecznego zapotrzebowania" na dany towar). Kontrabanda dążyła do tego, by importowane w ten sposób towary – cukier, ryż, lekarstwa – przemieszczały się jak najszybciej po terytorium Peru i były wywożone do Kolumbii, Chile lub Ekwadoru, gdzie ich ceny nie podlegały kontroli. Taki system wzbogacał garstkę ludzi, ale wpływał na coraz większe zubożenie kraju.

Prezydent się tym nie przejmował. Tak mi się przynajmniej wydawało jakiś czas temu w trakcie jedynego wywiadu, jaki z nim przeprowadziłem, kiedy był u władzy. Po moim przyjeździe z Londynu do Limy pod koniec czerwca Alan García przekazał mi pozdrowienia przez jednego ze swoich adiutantów, a ja, zgodnie z protokołem, udałem się do pałacu 8 lipca, aby podziękować za ten gest. Przyjął mnie i rozmawialiśmy około półtorej godziny. Stojąc przed tablicą, tłumaczył mi swoje zamierzenia na rok bieżący i pokazał mi wykonane rzemieślniczo przez Świetlisty Szlak działo przeciwczołgowe, z którego terroryści znad rzeki Rímac ostrzelali pałac. Był młody, swobodny i sympatyczny. Wcześniej widziałem go jeden raz w czasie kampanii wyborczej w 1985, w domu Manuela Cheki Solariego, wspólnego przyjaciela, który prowadzi aukcje dzieł sztuki i jest kolekcjonerem, a wtedy uparł się, by nas obu zaprosić razem na kolację. Alan García zrobił na mnie wrażenie człowieka inteligentnego, ale o niepohamowanej ambicji, wyglądało na to, że był gotów zdobyć władzę za wszelką cenę. Dlatego po pewnym czasie, w dwóch telewizyjnych wywiadach, które przeprowadzili ze mną dziennikarze Jaime Bayly i César Hildebrandt, powiedziałem, że nie będę głosował na Alana Garcíę, tylko na kandydata Ludowej Partii Chrześcijańskiej, Luisa Bedoyę Reyesa. Ale mimo to i pomimo opublikowanego listu, jaki do niego napisałem po roku prezydentury, krytykując go za strzelanie do zbuntowanych więźniów w Limie w czerwcu 1986[*], tamtego ranka w pałacu nie wydawał się żywić do mnie urazy i zachowywał się bardzo uprzejmie. Na początku swoich rządów wysłał do mnie zapytanie, czy zgodziłbym się zostać ambasadorem Peru w Hiszpanii, a teraz, chociaż wiedział o moim krytycznym stosunku do swojej polityki, nasza rozmowa była bardzo serdeczna. Pamiętam, że mu powiedziałem: „Szkoda, że mogąc zostać peruwiańskim Felipem Gonzalezem, uparłeś się być naszym Salvadorem Allendem, a nawet, jeszcze gorzej, naszym Fidelem Castro. Czy świat nie podąża w innym kierunku?".

---

[*] *Una montaña de cadáveres: Carta abierta a Alan García*, „El Comercio", 23 czerwca 1986; przedrukowany w: M. Vargas Llosa, *Contra viento y marea*, t. 3, Barcelona 1990, s. 389–393.

Naturalnie wśród spraw poruszanych w tamtej naszej rozmowie na temat swoich planów na rok 1987, nie pojawiło się to, co najważniejsze, czyli informacja o przygotowanej już z zaufaną grupą ludzi decyzji, o jakiej Peruwiańczycy mieli się dowiedzieć z przemówienia 28 lipca, którego Freddy i ja wysłuchaliśmy przy akompaniamencie trzasków i zakłóceń w aparacie radiowym, pod prażącym słońcem w Punta Sal: była to decyzja o „znacjonalizowaniu i upaństwowieniu" wszystkich banków, towarzystw ubezpieczeniowych oraz instytucji finansowych Peru.

„Osiemnaście lat temu dowiedziałem się z gazet, że Velasco zabrał mi hacjendę – zawołał obok mnie jakiś starszy człowiek w kostiumie kąpielowym, z protezą zamiast jednej dłoni, ukrytą pod skórzaną rękawiczką. – A teraz z tego małego radia dowiaduję się, że Alan García właśnie zabiera mi towarzystwo ubezpieczeniowe. Cóż to za draństwo, prawda, przyjacielu?"

Wstał i poszedł zanurzyć się w morzu. Ale nie wszyscy letnicy w Punta Sal przyjęli tę wiadomość w podobnym nastroju jak don Santiago Gerbolini. Znajdowali się wśród nich ludzie różnych zawodów, wysocy urzędnicy i kilku przedsiębiorców powiązanych z zagrożonymi firmami. Oni wiedzieli, że jednym mniej, a drugim więcej, ale wszystkim ta decyzja musi zaszkodzić. Pamiętali lata dyktatury wojskowej (1968–1980) i masowe nacjonalizacje – na początku rządów generała Velasca było siedem przedsiębiorstw państwowych, a pod koniec około dwustu – co zmieniło biedny kraj, jakim było wtedy Peru, w kraj bardzo biedny, jakim jest obecnie. Podczas kolacji tamtego wieczoru w Punta Sal przy sąsiednim stoliku jakaś pani ubolewała nad nieszczęściem swojego męża, jednego z wielu peruwiańskich emigrantów, który zlikwidował dobry interes w Wenezueli, żeby wrócić do Limy i zarządzać tu pewnym bankiem!

Nietrudno było wyobrazić sobie to, co miało nastąpić. Właściciele będą wynagradzani bezużytecznymi bonami podobnie jak ci, których wywłaszczano w czasach wojskowej dyktatury. Mimo wszystko właściciele mniej ucierpią niż reszta Peruwiańczyków. Są to jednak ludzie zamożni, którzy od czasów grabieży przeprowadzonej przez generała Velasca często podejmowali środki zaradcze, wyprowadzając swoje pieniądze za granicę. Natomiast nie byli poddani żadnej ochronie urzędnicy i pracownicy banków, towarzystw ubezpieczeniowych i finansowych, które miały teraz przejść do sektora państwowego. Tysiące rodzin nie miało kont za granicą ani nie mogło zapobiec temu, by członkowie rządzącej partii nie czerpali zachłannie zysków. To oni pozajmują w przyszłości kluczowe stanowiska, bo wpływy polityczne będą miały decydujące znaczenie przy awansach i nominacjach, tak więc w znacjonalizowanych instytucjach zapanuje wkrótce taka sama korupcja jak w całym sektorze państwowym.

„I znowu Peru wykonało krok w kierunku barbarzyństwa". Pamiętam, że powiedziałem te słowa do Patrycji następnego ranka, kiedy biegliśmy po plaży w kierunku wioski Punta Sal w eskorcie stada amerykańskich pelikanów. Zapowiedziana nacjonalizacja wniesie jeszcze więcej biedy, przygnębienia, pasożytnictwa i przekupstwa do życia Peruwiańczyków. I prędzej czy później zniszczy system demokratyczny, który Peru odzyskało w 1980, po dwunastu latach dyktatury wojskowej.

Dlaczego tak często zachwalano nacjonalizację? François Mitterrand znacjonalizował banki i chociaż okazało się to klęską i socjaliści musieli wykonać krok wstecz, to przecież francuska demokracja nie została narażona na niebezpieczeństwo. Ci, co opowiadali się za nacjonalizacją, nie rozumieli, że jedną z cech niedorozwoju jest całkowite utożsamianie się rządu z państwem. We Francji, w Szwecji czy Anglii przedsiębiorstwo państwowe zachowuje pewną niezależność od władzy politycznej; należy do państwa i jego administracji, ale jego pracownicy i jego działalność są do pewnego stopnia poza niebezpieczeństwem nadużyć ze strony rządu. Jednak w kraju nierozwiniętym, podobnie jak w państwie totalitarnym, rząd j e s t państwem i ci, którzy rządzą, administrują państwem jak swoją własnością, a raczej jak swoim łupem. Przedsiębiorstwo państwowe służy im do lokowania w nim swoich faworytów, karmienia swojej politycznej klienteli i ma służyć władzy. Państwowe przedsiębiorstwa stają się skupiskami biurokratów sparaliżowanych korupcją i niewydolnością, którą wprowadza do nich polityka. Nie istnieje ryzyko, że zbankrutują, bo prawie zawsze są to monopole chronione przed konkurencją, a byt ich gwarantują subsydia pochodzące z pieniędzy podatników*. Peruwiańczycy poznali już ten proces w czasach „rewolucji socjalistycznej, wolnościowej i opartej na zasadach współuczestnictwa" generała Velasca we wszystkich upaństwowionych przedsiębiorstwach – zajmujących się naftą, elektrycznością, kopalniami, cukrowniami i tym podobnymi – a teraz miał wrócić koszmar, bo wyglądało na to, że powtórzy się taka sama sytuacja z bankami, towarzystwami ubezpieczeniowymi i finansowymi, które demokratyczny socjalizm Alana Garcíi zamierzał wchłonąć.

Ponadto upaństwowienie systemu finansowego było obciążeniem politycznym. Całkowitą kontrolę nad kredytami miano oddać w ręce rządzących, którzy byli zdolni kłamać bez skrupułów – zaledwie rok wcześniej, bo w końcu listopada 1984, zapewniali na Dorocznej Konferencji Władzy Wykonawczej CADE**, że nigdy nie znacjonalizują banków. Tymczasem teraz wszystkie przedsiębiorstwa w kraju, począwszy od stacji radiowych, kanałów telewizyjnych i gazet, będą na łasce rządu. W przyszłości kredyty dla mediów będą miały swoją cenę w postaci uległości z ich strony. Generał Velasco upaństwowił gazety codzienne i kanały telewizyjne, żeby wydrzeć je „oligarchii" i oddać w ręce „zorganizowanego narodu". W ten sposób w latach dyktatury media w Peru spadły do poziomu serwilizmu trudnego do opisania.

---

* W 1988 deficyt w państwowych przedsiębiorstwach w Peru osiągnął kwotę 2,5 mln dolarów, równowartość wszystkich dewiz, które wpłynęły w tym roku z eksportu.

** Conferencia Anual de Ejecutivo – Doroczna Konferencja Władzy Wykonawczej.

Bardziej zręczny Alan García miał przejąć całkowitą kontrolę nad mediami dzięki kredytom i ogłoszeniom reklamowym i utrzymywać, na wzór meksykański, pozory prasy niezależnej.

Powołanie się na przykład Meksyku nie jest bezpodstawne. System Partii Rewolucyjno-Instytucjonalnej (PRI), ta dyktatura partii zachowującej pozory demokracji, w której są wybory, „krytyczna" prasa i cywilny rząd, od dawna był pokusą dla latynoamerykańskich dyktatorów. Ale żaden z nich nie mógł powtórzyć tego modelu, który jest oryginalnym tworem wynikającym z kultury i historii Meksyku, ponieważ jednym z fundamentów jego powodzenia jest coś, z czym żaden z rywali nie był w stanie się pogodzić: rytualne ograniczenie prezydentury do pewnej liczby lat, ażeby partia mogła trwać przy władzy. Generał Velasco marzył o reżimie na wzór meksykański, ale dla siebie samego. A *vox populi* donosił, że prezydent García też marzy o ciągłości swojej władzy. Jakiś czas temu, przed 28 lipca 1987, jeden z jego wiernych ludzi deputowany Héctor Marisca, który udawał, że jest niezależny, przedstawił w Kongresie projekt zmian w konstytucji mający na celu wprowadzenie możliwości reelekcji prezydenta. Kontrola kredytów przez rząd była decydującym krokiem w kierunku utrzymania się u steru partii APRA, której minister energii i kopalnictwa w rządzie Alana Garcíi, inżynier Wilfredo Huayta, obiecywał „pięćdziesiąt lat u władzy".

„Najgorsze jest to – powiedziałem zdyszany do Patrycji, bo właśnie kończyliśmy czwarty kilometr naszego biegania – że decyzja Garcíi zostanie poparta przez dziewięćdziesiąt dziewięć procent Peruwiańczyków".

Czy są na świecie tacy, którzy lubią bankierów? Czy bankierzy nie są symbolem bogactwa, egoistycznego kapitalizmu, imperializmu, wszystkiego tego, czemu trzecioświatowa ideologia przypisuje zacofanie naszych krajów? Alan García znalazł idealnego kozła ofiarnego, żeby wytłumaczyć narodowi peruwiańskiemu, dlaczego jego program nie przyniósł dotąd owoców: winne były oligarchie finansowe, które wykorzystywały banki, aby wyprowadzać z kraju swoje dolary, i posługiwały się oszczędnościami klientów, aby udzielać bezprawnych pożyczek własnym przedsiębiorstwom. To się zmieni po przekazaniu systemu finansowego w ręce ludu.

Parę dni po powrocie do Limy napisałem artykuł *Hacia el Perú totalitario* (W stronę totalitarnego Peru)*, który ukazał się w „El Comercio" 2 sierpnia; tłumaczyłem w nim powody mojego sprzeciwu wobec podjętej przez prezydenta decyzji i nawoływałem Peruwiańczyków do przeciwstawienia się jej wszystkimi legalnymi środkami, jeżeli chcą, żeby demokratyczny system przetrwał. Postąpiłem tak, bo chciałem dać dowód mojej negatywnej postawy, ale byłem przekonany, że to nie przyniesie żadnego rezultatu i że z wyjątkiem nielicznych protestów decyzja zostanie zaakceptowana przez Kongres i zaaprobowana przez większość moich współobywateli.

A jednak stało się inaczej. W tym samym czasie kiedy ukazał się mój artykuł, pracownicy banków oraz pozostałych zagrożonych instytucji wyszli na ulice Limy, Arequipy, Piury i innych miast, organizując marsze protestacyjne i małe wiece, które zaskoczyły wszystkich ze mną włącznie. Chcąc udzielić im poparcia, wraz z czterema bliskimi przyjaciółmi, z którymi od lat spotykaliśmy się raz w tygodniu na kolacji i na rozmowach – byli to trzej architekci: Luis Miró Quesada, Frederick Cooper i Miguel Cruchaga oraz malarz Fernando de Szyszlo – zredagowaliśmy w dużym pośpiechu manifest i zebraliśmy pod nim około stu podpisów. Tekst zawierał stwierdzenie, że „koncentracja władzy politycznej i gospodarczej w rękach rządzącej partii może oznaczać koniec wolności wypowiedzi i w konsekwencji – koniec całej demokracji". Manifest został odczytany przeze mnie w telewizji i 5 sierpnia, z moim nazwiskiem w nagłówku, ukazał się w gazetach codziennych pod tytułem *Frente a la amenaza totalitaria* (Wobec totalitarnego zagrożenia).

---

* Przedruk w: *Contra viento y marea*, dz. cyt., s. 417–420.

44

To, co zdarzyło się w następnych dniach, spowodowało niezwykły zwrot w moim życiu. Mój dom był zasypywany listami i telefonami, przychodziło mnóstwo osób, które solidaryzowały się z manifestem i przynosiły całe góry spontanicznie zebranych podpisów. Listy setek nowych zwolenników pojawiały się codziennie w prasie niezależnej od rządu. Przychodzili spotykać się ze mną ludzie z prowincji, pytając, jak mogliby pomóc. Byłem zdumiony. Generał Velasco znacjonalizował dziesiątki przedsiębiorstw i wtedy nikt nie ruszył palcem na znak protestu, raczej poparła go duża część opinii publicznej, która w jego działaniu widziała akt sprawiedliwości społecznej i nadzieję na jakąś zmianę. Tendencja wychwalająca pełnię władzy państwa w każdej dziedzinie życia była podporą ideologii trzecioświatowej i opanowała w Peru nie tylko lewicę, ale także szerokie kręgi centrum i prawicy, i to do tego stopnia, że prezydent Belaúnde Terry, wybrany pod koniec dyktatury wojskowej (1980–1985), nie odważył się sprywatyzować ani jednego upaństwowionego przedsiębiorstwa (z wyjątkiem mediów, które zwrócił ich właścicielom, jak tylko objął władzę). Natomiast w tamtych gorączkowych dniach sierpnia 1987 odnosiło się wrażenie, że w znacznych sektorach społeczeństwa Peru panowało głębokie rozczarowanie receptą etatystyczną.

Alan García, zdenerwowany przejawami sprzeciwu, zdecydował się „wyprowadzić masy na ulice". Rozpoczął objazd północy kraju, bastionu partii APRA, i wygłaszał obelgi pod adresem imperializmu i bankierów oraz pogróżki wobec tych, którzy protestowali. Jego partia, rewolucyjna pół wieku temu, przekształcała się teraz w partię zbiurokratyzowaną i ugodową, idącą za jego przykładem w manifestowaniu nietolerancji. Doszła do władzy po raz pierwszy w roku 1985, po sześćdziesięciu latach od chwili swego powstania, i to na skutek podstępnej kampanii wyborczej, bo zaprezentowała się wtedy jako partia umiarkowana, socjaldemokratyczna, a teraz większość jej przywódców robiła wrażenie bardzo zadowolonych z możliwości korzystania z dobrodziejstw władzy. Myśl o przeprowadzeniu rewolucji wielu z nich traktowało jako cios poniżej pasa. Ale APRA z socjalizmu zaczerpnęła etatyzm, a z faszyzmu swoją strukturę pionową – jej założyciel Haya de la Torre, nazywany najwyższym przywódcą, naśladował organizację, scenografię i skuteczne metody włoskiego *fascio* – i pod względem dyscypliny w swoim działaniu wzorował się, chociaż bez zbytniego entuzjazmu, na Alanie Garcíi. Socjaliści i komuniści z koalicji Zjednoczonej Lewicy z zapałem go popierali. Umiarkowani i radykałowie nie ufali temu, co się działo. Ich odwieczny wróg, APRA, nagle zaczął głosić ich program. Czyżby odżyły dobre czasy generała Velasca, kiedy osiągała najlepsze wyniki na drodze do zdobycia władzy? Socjaliści i komuniści prowadzili swoją walkę o wprowadzenie etatyzmu. Ich ówczesny lider Alfonso Barrantes udał się do telewizji, żeby przeczytać wystąpienie popierające etatystyczną ustawę, a senatorowie i deputowani ze Zjednoczonej Lewicy – zwłaszcza senator Enrique Bernales – zostali jego najbardziej wytrwałymi obrońcami w Kongresie.

Konspiratorzy i opozycjoniści, Felipe Thorndike i Freddy Cooper, przyszli do mnie do domu pewnego wieczoru w początkach drugiego tygodnia sierpnia. Właśnie odbyli zebrania z grupami niezależnymi i chcieli mi zaproponować zwołanie manifestacji, na której miałbym zostać głównym mówcą. Zamierzali pokazać, że nie tylko apryści i komuniści mogą wyjść na ulice, żeby bronić etatyzmu, ale że i my potrafimy manifestować chęć zwalczania go w imię wolności. Wyraziłem zgodę. Tej nocy przeprowadziłem z Patrycją dyskusję – pierwszą z długiej serii, która miała potrwać cały rok.

– Jeżeli wejdziesz na trybunę, to wkroczysz do polityki i literatura pójdzie w kąt. I rodzina pójdzie w kąt. Czyżbyś nie wiedział, co znaczy zajmowanie się polityką w tym kraju?

– Stanąłem na czele protestu przeciwko etatyzmowi. Nie mogę się teraz cofnąć. Chodzi tylko o jedną manifestację, o jedno przemówienie. To przecież nie znaczy, że poświęcę się polityce!

– Potem będzie kolejne przemówienie i jeszcze jedno i zostaniesz kandydatem. Chcesz porzucić swoje książki, wygodne życie, jakie teraz prowadzisz, żeby zajmować się w Peru polityką? Nie wiesz, jak ci za to zapłacą? Zapomniałeś o Uchuraccay?

– Nie zajmę się polityką, nie porzucę literatury ani nie zostanę kandydatem. Przemówię na jednej manifestacji, żeby było jasne, że nie wszyscy Peruwiańczycy pozwolą na to, żeby pan Alan García ich oszukiwał.

– Nie wiesz, z kim będziesz miał do czynienia? Nie bez powodu nie odbierasz telefonów.

Rzeczywiście, odkąd opublikowaliśmy nasz manifest, w dzień i w nocy zaczęły dzwonić anonimowe telefony. Chcąc spać spokojnie, musieliśmy telefon wyłączyć. Odzywały się różne głosy, więc doszedłem do wniosku, że rozrywką dla każdego aprysty, który wypił sobie kieliszek alkoholu, było dzwonić do mego domu, żeby nas zastraszyć. Trwało to przez trzy lata w czasie całej tej historii i w końcu do nich przywykliśmy jak do codziennej rutyny. Kiedy przestano dzwonić, zapanowała w domu pustka, a może nawet poczuliśmy pewną nostalgię.

Manifestacja, którą nazwaliśmy Spotkaniem na rzecz Wolności, została zwołana na 21 sierpnia i miała odbyć się w typowej scenerii limskich wieców: na placu San Martín. Cała organizacja należała do osób niezależnych, dotychczas niezajmujących się walką polityczną, takich jak profesor uniwersytetu Luis Bustamante Belaúnde czy przedsiębiorca Miguel Vega Alvear, z którymi od tamtych dni bardzo się przyjaźniliśmy. Wyjątkiem był, być może, Miguel Cruchaga, bratanek Belaúndego Terry'go, który w młodości był przywódcą Akcji Ludowej. Ale nie uczestniczył w walce. Moja przyjaźń z wysokim, szlachetnym i ceremonialnym Miguelem datowała się od dawna, ale zacieśniła się po moim powrocie do Peru w 1974, po prawie siedemnastu latach spędzonych w Europie, w przededniu przejęcia środków masowego przekazu przez dyktaturę. Kiedy byliśmy razem, zawsze rozmawialiśmy o polityce i zawsze z nieco chorobliwą melancholią zadawaliśmy sobie pytanie: dlaczego w Peru wszystko idzie zawsze w złą stronę, dlaczego marnujemy różne okazje i z takim uporem pracujemy na rzecz własnej ruiny i zniszczenia. I także, za każdym razem, w sposób bardzo nieprecyzyjny snuliśmy jakieś projekty w nadziei, że w przyszłości będzie można coś z tym zrobić. Ta intelektualna gra nagle, w gorączce i napięciu tamtych sierpniowych dni, stała się zaskakującą rzeczywistością. Z takich przyczyn i z powodu swego entuzjazmu Miguel podjął się koordynacji wszystkich przygotowań do wiecu. Były to dni intensywne i wyczerpujące, które z perspektywy czasu wydają mi się najbardziej uczciwe i podniecające w tamtych latach. Zwróciłem się z prośbą do akcjonariuszy zagrożonych przedsiębiorstw i do partii opozycyjnych – Akcji Ludowej i Ludowej Partii Chrześcijańskiej – aby trzymały się na uboczu, bo chcieliśmy nadać manifestacji charakter pryncypialny i pokazać, że my, Peruwiańczycy, nie wyszliśmy na ulicę po to, by bronić interesów osobistych ani partyjnych, tylko idei i wartości, które uważaliśmy za zagrożone przez etatyzm.

Tylu ludzi zmobilizowało się, aby nam pomagać – zbierali pieniądze, drukowali ulotki i plakaty, przygotowywali banderole, użyczali swoich domów na zebrania, oferowali dowożenie swoimi pojazdami manifestantów, wychodzili malować hasła i przekazywali wiadomości bezprzewodowym telefonem – że od początku przeczuwałem sukces. Ponieważ mój dom przypominał miejsce dla obłąkanych, w przeddzień 21 sierpnia ukryłem się na kilka godzin w domu przyjaciół Carlosa i Maggie Ferreyrosów, żeby przygotować pierwsze w moim życiu polityczne przemówienie. (Wkrótce Carlos został porwany przez Ruch Rewolucyjny im. Túpaca Amaru MRTA* i przez sześć miesięcy był przetrzymywany w niewoli, w małej piwnicy bez wentylacji).

Jednak mimo pomyślnych znaków nawet największy wśród nas optymista nie mógł przewidzieć nieprzebranego tłumu, który tamtego wieczoru wypełnił po brzegi plac San Martín i rozlał się po jego obrzeżach. Kiedy wyszedłem na trybunę, poczułem wielką radość

---

* Movimiento Revolucionario Túpac Amaru (przyp. tłum.).

i strach: dziesiątki tysięcy ludzi – sto trzydzieści tysięcy według czasopisma „Sí"* – powiewało chorągiewkami i na całe gardło śpiewało chórem *Himno a la Libertad* skomponowany na tę manifestację przez bardzo popularnego kompozytora Augusta Pola Camposa. Coś musiało się zmienić w Peru, jeżeli taki tłum słuchał, wśród oklasków, mojego przemówienia o tym, że wolności gospodarczej nie da się odłączyć od wolności politycznej, że własność prywatna i gospodarka rynkowa są jedyną gwarancją rozwoju i że my, Peruwiańczycy, nie pozwolimy, aby nasz system demokratyczny miał się „zmeksykanizować" i żeby partia APRA stała się koniem trojańskim komunizmu w naszym kraju.

Krążą plotki, że tamtego wieczoru, oglądając na małym ekranie wielki sukces Spotkania na rzecz Wolności, Alan García rozbił telewizor na kawałki. Prawdą jest, że manifestacja miała poważne konsekwencje. Była decydującym czynnikiem, który sprawił, że ustawa o etatyzmie, chociaż zaaprobowana przez Kongres, nigdy nie mogła zostać wprowadzona w życie i po pewnym czasie ją anulowano. Zadała śmiertelny cios ambicjom Alana Garcíi, który chciał pozostać u władzy. Otworzyła drzwi przed myślą liberalną na peruwiańskiej scenie politycznej, której do tej pory brakowało w życiu publicznym, bo nasza historia stanowiła przykład monopolu ideologicznego populizmu konserwatystów i rozmaitego rodzaju socjalistów. Nasza manifestacja przywróciła inicjatywę partiom opozycyjnym, Akcji Ludowej i Ludowej Partii Chrześcijańskiej, które po swej klęsce w 1985 były niewidoczne na politycznej scenie. Stworzyła podstawy tego, czym miał zostać Front Demokratyczny, i – czego obawiała się Patrycja – mojego kandydowania na urząd prezydenta.

Rozentuzjazmowani sukcesem z placu San Martín moi przyjaciele wraz ze mną zwołali dwa kolejne wiece, w Arequipie 26 sierpnia i w Piurze 2 września. Obydwa również zgromadziły tłumy. W Arequipie

---

* 24 sierpnia 1987.

zostaliśmy zaatakowani przez przeciwników manifestacji rekrutujących się z APRA – przez słynnych osiłków lub awanturników z tej partii – oraz przez maoistyczny odłam Zjednoczonej Lewicy nazywany Czerwoną Ojczyzną. Rzucali petardy, byli uzbrojeni w pałki, kamienie i gazy łzawiące i rozpoczęli rozróbę w momencie, kiedy ja zaczynałem przemówienie, bo chcieli sprowokować wybuch zamieszek. Młodzi ludzie odpowiedzialni za pilnowanie porządku na obrzeżach placu, których zorganizował Fernando Chaves Belaúnde, wytrzymali atak, ale wielu z nich zostało rannych. „Widzisz, a widzisz? – narzekała Patrycja, która tamtego wieczoru, razem z Marią Amelią, żoną Freddy'ego, musiała chronić się za tarczą policjanta, żeby uniknąć gradu butelek. – Zaczęło się to, o czym mówiłam". Ale mimo jej początkowego sprzeciwu, ona również udzielała się przy organizowaniu wieców i stała w pierwszym szeregu na wszystkich trzech manifestacjach.

Place zapełniła klasa średnia. Nie bogaci, bo w kraju wielkiej biedy, do której doprowadziły Peru złe rządy, bogaci nie mogliby zapełnić sali teatralnej, a może nawet jednego salonu. Nie było też biedaków, chłopów i mieszkańców tak zwanych młodych osiedli, którzy przysłuchiwali się debatom o etatyzmie i gospodarce rynkowej, o kolektywizacji i wolnej przedsiębiorczości, jakby to ich w ogóle nie dotyczyło. Klasa średnia – urzędnicy, wolne zawody, technicy, handlowcy, funkcjonariusze, gospodynie domowe, studenci – czuła się coraz bardziej poniżana. Widziała, jak od trzech dziesięcioleci spada poziom jej życia i za panowania kolejnych rządów traciła, sfrustrowana, swoje nadzieje. Reformy pierwszego rządu Belaúndego Terry'ego (1963–1968) rozbudziły w klasie średniej duże oczekiwania. Rządy dyktatury wojskowej oraz jej socjalistyczna i represyjna polityka doprowadziły do tego, że klasa średnia zubożała. Wojskowi zniewolili i skorumpowali peruwiańskie społeczeństwo jak żaden inny rząd do tej pory. Drugi rząd Belaúndego Terry'ego, na który masowo głosowano, nie naprawił zniszczeń poprzedników i pozostawił otwarty proces inflacyjny. Alan García, który pobił wszelkie rekordy niewydolności rządzenia w historii Peru, przekazał w 1990 swemu następcy kraj w ruinie, w którym produkcja spadła do poziomu sprzed trzydziestu lat. Osłupiała, zwracająca się to na prawo, to na lewo, ogarnięta strachem, a czasem i desperacją peruwiańska klasa średnia bardzo rzadko mobilizowała się do wystąpień poza okresami kampanii wyborczych. Ale tym razem uczyniła to, kierując się trafną intuicją, że jeśli etatyzm będzie prosperował, to Peru oddali się jeszcze bardziej od modelu przyzwoitego i bezpiecznego państwa gwarantującego pracę i perspektywy, o jakich marzą wszystkie klasy średnie na całym świecie.

W moich trzech przemówieniach powtarzałem myśl, że nie można wyjść z biedy poprzez ciągłe rozdawnictwo tego, czego ma się niewiele, ale że trzeba bogactwo pomnażać. W tym celu należy otworzyć rynki, ożywić konkurencję oraz indywidualną inicjatywę, nie wolno zwalczać własności prywatnej, ale trzeba ją jak najszerzej popierać, trzeba sprywatyzować te gałęzie gospodarki, które pozostają w rękach państwa, i zmienić naszą mentalność rencistów wszystkiego oczekujących od państwa i zastąpić ją nowoczesną mentalnością, by powierzyć odpowiedzialność za życie gospodarcze obywatelskiemu społeczeństwu i rynkowi.

– Przyglądam się temu i nie wierzę – mówił mi Pipo Thorndike. – Mówisz im o własności prywatnej i ludowym kapitalizmie, a oni klaszczą, zamiast cię zlinczować. Co się dzieje w Peru?

Tak zaczęła się cała historia. Odtąd, zawsze kiedy mnie pytano, dlaczego byłem gotów porzucić dla polityki moje powołanie pisarza, odpowiadałem: „Ze względów moralnych. Dlatego, że okoliczności popchnęły mnie ku sytuacji przywództwa w krytycznym momencie życia mego kraju. Bo miałem wrażenie, iż nadarza się sposobność przeprowadzenia, z poparciem większości, reform liberalnych, których od początku lat sześćdziesiątych broniłem w artykułach i polemikach, uważając, że są potrzebne do uratowania Peru".

Jednak ktoś, kto mnie zna tak dobrze, jak ja znam samego siebie, a może nawet jeszcze lepiej, czyli Patrycja, nie podziela tego zdania.

„Obowiązek moralny nie był decydujący – mówi. – To przede wszystkim chęć przeżycia przygody, to złudzenie, że staniesz się uczestnikiem podniecającego i ryzykownego doświadczenia. Żeby potem napisać o tym wielką powieść, już w realnym życiu". Może ma rację. Prawdą jest, że gdyby urząd prezydenta Peru nie był, jak to powiedziałem w żartach pewnemu dziennikarzowi, najbardziej niebezpieczny na świecie, nigdy nie zostałbym kandydatem. Gdyby upadek, zubożenie, terroryzm i liczne kryzysy w kraju nie stały się wyzwaniem z racji prawie niemożliwego sprawowania w nim rządów, to podobne przedsięwzięcie nie przyszłoby mi do głowy. Zawsze uważałem, że w moim przypadku pisanie powieści jest sposobem na doświadczanie życia urozmaiconego, jakiego pragnąłem, na przeżywanie wielu przygód, i nie wykluczam, że w ciemnej otchłani, skąd biorą początek nasze czyny, tkwiła raczej pokusa przeżycia przygody niż jakikolwiek altruizm, który mógłby popchnąć mnie do zawodowej polityki.

Ale jeżeli bodziec do działania odegrał jakąś rolę, miało znaczenie również to, co nazwałbym obowiązkiem moralnym, ryzykując, że wyrażam się górnolotnie.

Nie jest łatwo to wytłumaczyć, nie popadając w banał albo sentymentalną głupotę. Chociaż urodziłem się w Peru (przez geograficzny przypadek, jak powiedział szef peruwiańskiego wojska, generał Nicolás de Bari Hermoza, myśląc, że mnie obrazi*), czuję się kosmopolitą i bezpaństwowcem, który zawsze pogardzał nacjonalizmem i od młodości wierzył, że jeśli nie można znieść granic i odrzucić etykietki narodowości, to powinno się ją wybierać, a nie narzucać. Pogardzam nacjonalizmem, bo wydaje mi się jedną z ludzkich aberracji, które przyczyniały się do wielkich rozlewów krwi, i także wiem,

---

* 8 lipca 1992, w wystąpieniu na uroczystości w koszarach im. Rafaela Hoyosa Rubia w Rímac, w których wszyscy dowódcy wojska peruwiańskiego poparli zamach stanu z 5 kwietnia, dokonany przez dotychczasowego prezydenta konstytucyjnego Alberta Fujimoriego.

że patriotyzm, jak napisał doktor Johnson, może być „ostatnim schronieniem dla kanalii". Długo mieszkałem za granicą i nigdy nie czułem się stuprocentowym cudzoziemcem w żadnym kraju. Jednakże stosunki utrzymywane z krajem mego urodzenia są mi bliższe niż inne, nawet z tymi krajami, w których zdołałem poczuć się jak we własnym domu, takimi jak Hiszpania, Francja czy Anglia. Nie wiem, dlaczego tak się dzieje, ale w żadnym razie nie jest to sprawa zasad. Mimo wszystko to, co się dzieje w Peru, bardziej mnie obchodzi, bardziej irytuje niż to, co się zdarzyło gdzie indziej, i to w sposób, którego nie potrafiłbym uzasadnić, czuję, że między mną a Peruwiańczykami istnieje pewne poczucie wspólnoty na dobre i na złe – zwłaszcza na złe – a to wydaje się przywiązywać mnie do nich w sposób nierozerwalny. Nie wiem, czy – być może – to wiąże się z burzliwą przeszłością, która jest naszym dziedzictwem, z pełną przemocy i biedy teraźniejszością kraju oraz z jego niepewną przyszłością, czy z zasadniczymi doświadczeniami mojej młodości w Piurze i w Limie lub po prostu, z moim dzieciństwem spędzonym w Boliwii, gdzie, jak to się dzieje wśród ludzi żyjących poza ojczyzną, w domu moich dziadków i mojej matki zawsze ż y ł o   s i ę w Peru, zawsze byliśmy Peruwiańczykami i to był najcenniejszy dar, jaki otrzymała nasza rodzina.

Może stwierdzenie, że kocham mój kraj, nie będzie ścisłe. Często czuję do niego niechęć i setki razy, od młodych lat, obiecywałem sobie, że zawsze będę żył z daleka od Peru i nie będę o nim więcej pisał, że zapomnę o jego słabościach. Jednak prawdą jest, że Peru zawsze było we mnie obecne i kiedy byłem z krajem związany albo kiedy byłem od kraju daleko, nieustannie dawał mi powody do zmartwienia. Nie mogę się od Peru uwolnić: kiedy mnie nie drażni, to zasmuca, no i często uczucia te gnębią mnie jednakowo. Zwłaszcza wtedy gdy utwierdzam się w przekonaniu, że Peru wzbudza zainteresowanie na świecie tylko z racji kataklizmów, rekordów inflacji, handlu narkotykami, gwałcenia praw człowieka, strzelanin terrorystów albo przestępstw popełnianych przez rządzących. Że mówi się o Peru jako o kraju strasznym i karykaturalnym, który powoli umiera, bo Peruwiańczycy nie potrafią nim rządzić i wykazują minimalne poczucie zdrowego rozsądku. Pamiętam swoje myśli z czasów lektury eseju George'a Orwella *The Lion and the Unicorn*, w którym autor pisze, że Anglia jest krajem dobrych ludzi z *„the wrong people in control"*. Pomyślałem wtedy, że ta definicja dobrze pasuje do Peru. Bo są wśród nas ludzie zdolni do takich czynów jak te, które podjęli Hiszpanie w swoim kraju w ostatnich dziesięciu latach; ale tacy ludzie rzadko zajmowali się polityką, w Peru zawsze znajdującą się w rękach miernot, często nieuczciwych.

W czerwcu 1912 roku historyk José de la Riva Agüero odbył podróż na grzbiecie muła z Cuzco do Huancayo, jedną z dróg Inków, i napisał o tym piękną książkę *Paisajes Peruanos* (Pejzaże Peru), w której swoją prozą wyrzeźbił geografię Andów i wydobył bohaterskie czyny z historii, jakich były świadkami te dzielne regiony – Cuzco, Apurímac, Ayacucho i Junín. Po przybyciu na pampę Quinua, w okolice Ayacucho, na tereny bitwy, która przypieczętowała niepodległość Peru, nasunęła mu się ponura refleksja. Dziwna to bitwa wyzwoleńcza, w której zwolennicy wicekróla La Serny mieli samych peruwiańskich żołnierzy, natomiast wojska wyzwoleńcze składały się w dwóch trzecich z Kolumbijczyków i Argentyńczyków. Ten paradoks przywodzi na myśl gorzką obserwację dotyczącą klęski republiki w kraju, dziewięćdziesiąt lat po bitwie, która przyniosła mu suwerenność, będącym śmiesznym cieniem tego, czym był w czasach prehiszpańskich i w czasach trzech stuleci kolonii, kiedy to wicekrólestwo Peru było najlepiej prosperującą wśród wszystkich hiszpańskich posiadłości. Kto jest za to odpowiedzialny? „Biedna arystokracja kolonialna", „ograniczona szlachta limska, niezdolna do kierowania się żadną ideą ani do podjęcia żadnego czynu"? A może „wojskowi *caudillos*" o „prymitywnych ambicjach", „żądni złota i władzy", których „zaślepiona inteligencja" i „zepsute serca" nie były w stanie służyć krajowi, a jeżeli pojawił się ktoś, kto potrafił to robić, wtedy „wszyscy konkurenci skrzykiwali się, żeby go obalić"? A może

„kreolska burżuazja" obrzydliwie i po fenicku egoistyczna, która „wstydziła się później w Europie w najbardziej obrzydliwym stylu swojej peruwiańskiej kondycji, podczas gdy właśnie temu krajowi zawdzięczała to, czym była i co posiadała"?

Peru popadało w ruinę i stawało się coraz bardziej zacofane, miało o wiele bardziej niesprawiedliwe stosunki społeczne aniżeli te, którymi ta ponura medytacja zainspirowała Rivę Agüera. Gdy przeczytałem jego książkę w 1955 roku, kiedy wydał ją mój mistrz Raúl Porras Barrenechea, zawładnął mną pesymizm, jakim jest przesiąknięta, ten sam, który często mnie ogarniał w odniesieniu do Peru. I do tamtych dni sierpnia 1987 ta historyczna klęska wydawała mi się jedynie przeznaczeniem kraju, który w pewnym momencie swej trajektorii „został spierdolony" (taki był obsesyjny bat w mojej powieści *Rozmowa w „Katedrze"*, w której chciałem przedstawić peruwiańską frustrację) i nigdy więcej nie potrafił się dźwignąć, tylko nadal pogrążał się w niedowładzie.

Wiele razy w życiu, przed sukcesami z sierpnia 1987, traciłem wszelką nadzieję co do Peru. Jaką nadzieję i co do czego? Kiedy byłem młodszy – nadzieję, że odcinając się od przeszłości, Peru stanie się krajem dobrobytu, nowoczesnym, wykształconym i że ja będę mógł tego dożyć. Potem żywiłem nadzieję, że przynajmniej zanim umrę, Peru przestanie być biedne, barbarzyńskie i pełne przemocy. Bez wątpienia istnieje wiele złych zjawisk w naszych czasach, ale jedno jest dobre, bez precedensu w historii. Dzisiaj kraje mogą w y b i e r a ć, czy chcą się rozwijać. Jednym z najbardziej szkodliwych mitów dnia dzisiejszego jest przekonanie, że biedne kraje są biedne z powodu spisku krajów bogatych, które umawiają się, żeby utrzymywać je w niedorozwoju po to, aby je eksploatować. Nie ma lepszej filozofii, aby żyć w wiecznym zacofaniu. Taka teoria bowiem t e r a z jest fałszywa. Na pewno w przeszłości rozwój zależał prawie wyłącznie od geografii sił. Ale umiędzynarodowienie nowoczesnego życia – rynków, techniki, kapitału – pozwala każdemu krajowi, nawet najmniejszemu i dysponującemu skromniejszymi środkami, na szybki rozwój, jeżeli otworzy się na świat i zorganizuje swoją gospodarkę z myślą o konkurencji. W ostatnich dwóch dekadach Ameryka Łacińska wybrała drogę cofania się, bo dzięki swoim dyktatorom, ale także rządom cywilnym, praktykowała populizm, rozwój do wewnątrz, interwencjonizm gospodarczy. A za dyktatury wojskowej i za rządów Alana Garcíi Peru było bardziej od innych krajów zaawansowane w polityce prowadzącej do katastrofy. Aż do tych dni, kiedy sprzeciwiono się wszechwładzy państwa, wierzyłem, że Peruwiańczycy, chociaż podzieleni w wielu sprawach, przyjmują zgodną postawę wobec populizmu. Siły polityczne różniły się wprawdzie co do stopnia pożądanego interwencjonizmu, ale wszystkie wydawały się akceptować niczym dogmat, że bez niego nigdy nie zapanuje postęp i sprawiedliwość. Dlatego modernizacja Peru wydawała mi się odkładana *ad calendas Graecas*.

W debacie publicznej, jaką prowadziłem z moim przeciwnikiem 3 czerwca 1990, inżynier Alberto Fujimori ironizował: „Zdaje się, że chciał pan zrobić z Peru Szwajcarię, doktorze Vargas". Aspirowanie do tego, żeby Peru było „Szwajcarią", stało się dla znacznej części moich współobywateli groteskowym roszczeniem, a znaczna część Peruwiańczyków wolałaby zamienić Peru w Kubę albo w Koreę Północną, w coś niedopuszczalnego i poza tym niemożliwego.

Jeden z najlepszych esejów historyka Jorgego Basadre nosi tytuł *La promesa de la vida peruana* (Obietnica peruwiańskiego życia, 1945). Jego główna teza jest patetyczna i wspaniała: istnieje obietnica niespełniona w ciągu całej historii republikańskiego Peru, jest nią ambitna, idealna, nieokreślona potrzeba, która nigdy nie została zaspokojona, ale od czasu niepodległości zawsze była wśród nas, ukryta i żywa pośród zamętu wojen domowych, spustoszenia dokonywanego przez wojskowych *caudillos* i dyskusji trybunów ludu. To odradzająca się, ale zawsze ponosząca klęskę nadzieja, że kiedyś kraj potrafi uratować się od barbarzyństwa, do którego przybliżyła nas trwała niezdolność do robienia tego, co należy.

Jednak wieczorem 21 sierpnia 1987, stojąc przed tym tłumem, który szalał rozentuzjazmowany na placu San Martín i potem na placu broni w Arequipie i na alei Grau w Piurze mojego dzieciństwa, miałem wrażenie – nawet pewność – że setki tysięcy, może miliony Peruwiańczyków nagle zdecydowały się zrobić to, co konieczne, aby nasz kraj stał się pewnego dnia „Szwajcarią": krajem bez biednych i analfabetów, krajem ludzi wykształconych, szczęśliwych i wolnych, że Peruwiańczycy chcą doprowadzić do tego, żeby obietnica w końcu stała się rzeczywistością dzięki liberalnym reformom naszej początkującej demokracji.

III. TA STRASZNA LIMA

Przez aleję Salaverry'ego, naprzeciwko niewielkiego domu w Magdalenie, w którym zamieszkaliśmy w ostatnich dniach 1946, a może w pierwszych dniach 1947, przejeżdżał tramwaj linii Lima–San Miguel. Ten dom istnieje do dzisiaj, jest odrapany, popadł w ruinę i kiedy tamtędy przechodzę, jeszcze teraz odczuwam przejmujący ból i smutek. Rok z okładem, jaki tu przeżyłem, to najbardziej gorzki okres w moim życiu. Dom miał dwa piętra. Na dole znajdowały się salonik, jadalnia, kuchnia i małe patio z pokoikiem dla służącej. Na górze były łazienka i dwie sypialnie, jedna dla rodziców, a druga dla mnie, przy czym oddzielał je od siebie wąski podest prowadzący w kierunku schodów.

Odkąd tu przybyliśmy, czułem się wyłączony z rodzinnych relacji między mamą a ojcem, tym panem, od którego w miarę upływu czasu zdawałem się coraz bardziej oddalać. Denerwowało mnie to, że zamykali się w sypialni w ciągu dnia, w związku z czym pod byle pretekstem pukałem do ich drzwi, aż ojciec zbeształ mnie i ostrzegł, żebym więcej tego nie robił. Jego lodowaty sposób mówienia i oczy o przenikliwym spojrzeniu – to najlepiej zapamiętałem z moich pierwszych dni w Limie, w mieście, którego nie znosiłem od pierwszej chwili. Czułem się osamotniony, tęskniłem za dziadkami, za Mamaé, za wujem Lucho, za kolegami z Piury. I nudziłem się w tym zamknięciu, nie wiedząc, co ze sobą począć. Niedługo po przyjeździe do Limy rodzice zapisali mnie do szkoły La Salle, do szóstej klasy podstawówki, ale nauka miała się rozpocząć w kwietniu, a był dopiero styczeń. Miałbym więc spędzić całe lato w zamknięciu, wpatrując się od czasu do czasu w przejeżdżający z turkotem tramwaj do San Miguel?

Za rogiem, w małym domku, takim samym jak nasz, mieszkali wuj César z ciocią Orieli i synami Eduardem, Pepem i Jorgem. Dwaj pierwsi byli ode mnie trochę starsi, a Jorge miał tyle lat co ja. Odnosili się do mnie serdecznie i dokładali starań, żebym czuł się wśród nich jak w rodzinie; pewnego razu zaprosili mnie do chińskiej restauracji przy ulicy Capón i tam po raz pierwszy spróbowałem chińsko-peruwiańskiego jedzenia, a potem poszli ze mną na mecz futbolowy. Często wspominam wyprawę na stary stadion przy ulicy José Dìaza, na którym siedzieliśmy na tanich miejscach i oglądaliśmy klasyczny mecz Alianza Lima – Universitario de Deportes. Eduardo i Jorge kibicowali drużynie Alianzy, a Pepe drużynie U, ja, podobnie jak on, stałem się jej fanatykiem i wkrótce miałem w swoim pokoju na ścianie fotografie jej napastników, niesamowitego bramkarza o nazwisku Garagate, obrońcy i kapitana Da Silvy, blond strzelca Toto Terry'ego, a przede wszystkim najsłynniejszego Lolo Fernándeza, wielkiego środkowego napastnika, króla na boisku i strzelca bramek. Moi kuzyni czuli się w dzielnicy jak u siebie, mieli przyjaciół, z którymi spotykali się przed swoim domem, żeby pogadać, pokopać piłkę, strzelać bramki, i wołali, żebym przychodził z nimi grać. Ale ja nigdy nie potrafiłem się zintegrować z ich dzielnicą, po części dlatego, że w odróżnieniu od moich kuzynów, którzy mogli wychodzić z domu o każdej porze i przyjmować u siebie kolegów, mnie tego nie było wolno. Chociaż wuj César, ciocia Orieli oraz Eduardo, Pepe i Jorge zawsze zachęcali mnie, abym się do nich zbliżył, ja zachowywałem dystans. Bo jednak byli rodziną tego pana, a nie moją.

Niedługo po tym jak zamieszkaliśmy w Magdalenie, pewnego wieczoru w porze kolacji zacząłem płakać. Kiedy ojciec zapytał, co się stało, odpowiedziałem, że tęsknię za dziadkami i chcę wracać do Piury. Wtedy po raz pierwszy mnie złajał. Nie uderzył, ale podniósł głos w taki sposób, że się przestraszyłem, przy czym utkwił we mnie swoje lodowate spojrzenie, które ja od tamtego dnia przywykłem kojarzyć z jego atakami złości. Do tej pory byłem o niego zazdrosny, bo ukradł mi matkę, ale odtąd zacząłem się go bać. Kazał mi iść do łóżka i po jakimś czasie, kiedy już się położyłem, usłyszałem, jak robił matce wymówki, że wychowała mnie na rozkapryszone dziecko, przy czym wypowiadał przykre słowa pod adresem rodziny Llosów.

Odtąd, ilekroć zostawaliśmy sami, zaczynałem wyrzucać matce, że przywiozła mnie tutaj, że musiałem zamieszkać z ojcem, i domagałem się, abyśmy uciekli stąd do Piury. Mama próbowała mnie uspokoić, mówiła, żebym był cierpliwy, żebym starał się pozyskać serdeczność ojca, bo on uważa, że jestem do niego wrogo usposobiony, i to go boli. Wtedy zaczynałem krzyczeć, że ten pan nic mnie nie obchodzi, że go nie kocham i nigdy nie będę kochał, bo darzę uczuciem tylko wujostwo i dziadków. Takie sceny odbierała z goryczą i to sprawiało, że płakała.

Naprzeciwko naszego domu, w alei Salaverry'ego znajdowała się w garażu księgarnia. Sprzedawano w niej czasopisma i książki dla dzieci, więc wydawałem całe swoje kieszonkowe na *El Penecas*, *Billikens* i „El Gráfico" – sportowe czasopismo argentyńskie z ładnymi kolorowymi ilustracjami – oraz na książki, na jakie było mnie stać, takich autorów jak Salgari, Karol May i Juliusz Verne, którego *Kurier carski* i *W osiemdziesiąt dni dookoła świata* sprawiły, że marzyłem o egzotycznych krajach i niecodziennych przygodach. Nigdy moje drobne środki nie wystarczały na kupno tego wszystkiego, czego pragnąłem, więc księgarz – mały brodaty garbusek – czasem pożyczał mi jakieś pismo albo książkę przygodową, pod warunkiem że zwrócę je po dwudziestu czterech godzinach w idealnym stanie. W ciągu pierwszych długich i okropnych miesięcy spędzonych w Limie w 1947 lektury stanowiły dla mnie ucieczkę przed samotnością, w jakiej się

nagle znalazłem, a byłem dotąd przyzwyczajony do życia w otoczeniu krewnych i przyjaciół, którzy we wszystkim chcieli mi sprawiać
przyjemność i nawet cieszyli się moimi głupimi psotami. Teraz, przez
te miesiące, przywykłem do oddawania się fantazji i marzeniom, do
szukania w rozbudzonej przez czasopisma i powieści wyobraźni życia
innego aniżeli to, które wiodłem w samotności i zamknięciu. Jeżeli
już tkwiły we mnie jakieś zalążki opowiadacza historii, to na tamtym etapie na pewno się przyjęły, a jeśli ich jeszcze nie było, musiały
wtedy zakiełkować.

Uczucie strachu było dla mnie nowe, było czymś gorszym niż zakaz wychodzenia z domu i przymus spędzania czasu w swoim pokoju,
było to doświadczenie, które całkowicie mnie przytłoczyło i odtąd
stale było obecne. Bałem się, że ten pan wróci z biura blady, z podkrążonymi oczami i zmarszczonym czołem, co zapowiadało burzę,
że zacznie obrażać mamę, żądać od niej wytłumaczenia, co robiła
przez dziesięć lat rozłąki, ile razy go zdradziła w tym czasie, kiedy
byli w separacji; bałem się, że będzie przeklinał wszystkich po kolei
w rodzinie Llosów: dziadków, wujków i ciotki, których miał w dupie,
tak mówił, że ma w dupie, chociaż byli krewnymi tego nędznego nie-
dołęgi – prezydenta Republiki, którego naturalnie też miał w dupie.
Wpadałem w panikę. Drżały mi nogi. Chciałem być coraz mniejszy,
chciałem zniknąć. A kiedy ojciec, w najwyższym stopniu podniecony
własną złością, rzucał się czasem na matkę i chciał ją bić, naprawdę
pragnąłem umrzeć, bo nawet śmierć wydawała mi się lepsza od strachu, który mnie ogarniał.

Mnie też bił co pewien czas. Pierwszy raz zrobił to w niedzielę po
mszy w kościele parafii Magdalena. Z jakiegoś powodu zostałem ukarany i nie było mi wolno oddalać się od domu, ale sądziłem, że kara
nie dotyczy pójścia na mszę i za zgodą mamy poszedłem do kościoła.
Wychodząc razem z ludźmi, zobaczyłem niebieskiego forda stojącego
u podnóża schodów. Ujrzałem na ulicy ojca, który na mnie czekał.
Wyraz jego twarzy zapowiadał, co nastąpi. A może jeszcze nie, bo ta

historia wydarzyła się na samym początku, kiedy go jeszcze dobrze nie znałem. Wyobraziłem sobie, że – podobnie jak to robili czasem wujowie, kiedy nie mogli znieść moich psikusów – klepnie mnie po głowie albo pociągnie za uszy i po pięciu minutach o wszystkim zapomni. Tymczasem bez słowa uderzył mnie w twarz, tak że upadłem na ziemię, jeszcze raz powtórzył uderzenie, a potem, szturchając mnie, wepchnął do auta i tam zaczął wyrzucać z siebie okropne wyzwiska, które sprawiały mi taki sam ból jak jego ciosy. W domu chciał mnie zmusić, abym go przeprosił, i nadal bił, jednocześnie ostrzegając, że da mi nauczkę, że zrobi ze mnie prawdziwego mężczyznę, że nie pozwoli, żeby jego syn był mięczakiem wyhodowanym przez rodzinę Llosów.

Odtąd poza strachem czułem do niego nienawiść. Słowo to brzmi brutalnie i tak je również odbierałem, ale pewnej nocy, kiedy skulony leżałem w swoim łóżku, usłyszałem nagle, jak krzyczy i ubliża matce, wtedy nagle zapragnąłem, żeby spadły na niego wszystkie nieszczęścia tego świata, na przykład, żeby pewnego dnia wuj Juan, wuj Lucho, wuj Pedro i wuj Jorge zastawili na niego pułapkę i spuścili mu porządne lanie, jednak wtedy narodziło się we mnie przerażenie, bo zdałem sobie sprawę, że nienawiść do własnego ojca musi być grzechem śmiertelnym, za który zostanę przez Boga ukarany. W La Salle co tydzień można się było wyspowiadać i często to robiłem, bo zawsze miałem nieczyste sumienie z powodu grzechu – nienawidziłem przecież własnego ojca i życzyłem mu szybkiej śmierci, abyśmy z mamą mogli znowu żyć jak dawniej. Szedłem do konfesjonału z twarzą płonącą ze wstydu, bo za każdym razem musiałem wyznawać ten sam grzech.

Ani w Boliwii, ani w Piurze nie byłem zbyt pobożny, nie uchodziłem za takiego nabożnisia, jak wielu moich kolegów w La Salle i w szkole Salezjanów, jednak w pierwszym okresie pobytu w Limie byłem tego bliski, chociaż powodowały mną złe intencje, bo w ten sposób chciałem przeciwstawić się ojcu. On naśmiewał się, mówiąc,

że Llosowie to rodzina świętoszków, a mnie przypisywał zniewieścia-
łość, bo robiłem znak krzyża, przechodząc obok kościoła, i miałem
taki zwyczaj, jako katolik, że przyklękałem przed księdzem niosącym
puszkę z Najświętszym Sakramentem. Ojciec mówił, że do porozumienia się z Bogiem nie potrzebuje pośredników, a tym bardziej
próżniaków i pasożytów w kobiecych sukniach, jakimi byli księża.
Jednak mimo że bardzo się naśmiewał z pobożności mamy i mojej,
nie zabraniał nam chodzić na mszę, bo może podejrzewał, że chociaż
matka była posłuszna wszystkim jego poleceniom i zakazom, to jednak zakazu chodzenia do kościoła by nie uszanowała, gdyż nie pozwoliłaby jej na to wiara w Boga i zaufanie do Kościoła katolickiego,
silniejsze niż uczucie, które żywiła do męża. Ale kto wie, miłość mojej matki do ojca, tego sadysty i dręczyciela, za jakiego zawsze go
uważałem, była tak niezwykła, że wykraczała poza wszelkie normy
i nosiła cechy wielkich namiętności, które za przetrwanie nie wahają
się płacić straszliwej ceny mąk piekielnych. W każdym razie ojciec
pozwalał nam chodzić do kościoła i czasem – podejrzewam, że na
skutek niepohamowanej zazdrości – sam towarzyszył nam na mszy.
Stał podczas całego nabożeństwa, nie żegnał się ani nie klękał w czasie podniesienia. Ja natomiast robiłem to i modliłem się z wielkim
zapałem, składając ręce i przymykając oczy. I przystępowałem do
komunii za każdym razem, kiedy tylko mogłem. To demonstrowanie
pobożności było podyktowane pragnieniem przeciwstawienia się jego
autorytetowi, a nawet chęcią poirytowania go.

Jednak było to z mojej strony postępowanie prostolinijne i mało
świadome, bo tak bardzo bałem się ojca, że nie mogłem ryzykować
celowego prowokowania go do wybuchów złości, które stały się kosz-
marem mego dzieciństwa. Manifestacje mojego buntu, jeżeli można
tak je nazwać, były nieudolne i słabe, rodziły się raczej w mojej wyobraźni, poza zasięgiem wzroku ojca, kiedy leżąc w łóżku, po ciemku,
obmyślałem sobie spadające na niego wszelkie możliwe nieszczęścia
albo takie gesty w swoim zachowaniu, których sensu nikt poza mną

się nie domyśli. Na przykład postanowiłem sobie, że nigdy więcej ojca nie pocałuję od tamtego popołudnia, kiedy poznałem go w Hotelu Turystycznym w Piurze. W domu w Magdalenie całowałem mamę, a ojcu mówiłem tylko „dobranoc" i pędem biegłem do łóżka przerażony własną odwagą, początkowo bałem się, że mnie zawoła, przeszyje swoim lodowatym spojrzeniem i ostrym jak brzytwa głosem zapyta, dlaczego jego też nie całuję. Jednak tego nie zrobił, pewnie dlatego, że karzący kij był tak samo dumny jak niepozorna drzazga.

Żyliśmy w napięciu. Waliło mi serce, kiedy sobie pomyślałem, że w pewnym momencie może zdarzyć się coś okropnego, jakieś wielkie nieszczęście, że w jednym ze swoich ataków wściekłości gotów byłby zabić moją matkę, mnie, a może nas oboje. Nasz dom był najbardziej nienormalny na świecie. Nigdy nie przyjmowaliśmy gości, nie chodziliśmy do nikogo z wizytą. Nawet nie odwiedzaliśmy wujostwa Cesara i Orieli, bo ojciec nienawidził życia towarzyskiego. Kiedy zostawaliśmy z matką sami, robiłem jej wyrzuty, że pogodziła się z ojcem dlatego, abyśmy żyli w ciągłym strachu, i wtedy matka próbowała mnie przekonać, że ojciec nie jest złym człowiekiem. Ma swoje zalety. Nie pije alkoholu, nie pali, nigdy sobie nie folguje, jest solidny i bardzo pracowity. Czy to nie są wielkie zalety? Ja jej odpowiadałem, że wolałbym, aby się upijał i awanturował, bo wtedy byłby bardziej normalnym człowiekiem, a my moglibyśmy wychodzić z domu, ja miałbym przyjaciół, zapraszał ich do siebie, chodził do ich domów, żeby się bawić w ich gronie.

Po niewielu miesiącach od zamieszkania w Magdalenie relacje z moimi kuzynami Eduardem, Pepem i Jorgem urwały się po rodzinnej kłótni, która oddaliła mego ojca od brata Cesara na wiele lat. Nie pamiętam szczegółów, ale przypominam sobie, że wuj César przyszedł do nas z trzema synami i zaprosił mnie na mecz piłki nożnej. Ojca nie było w domu, więc ja, nauczony ostrożności, powiedziałem, że nie mogę pójść bez zapytania ojca o zgodę. Wtedy wuj César odparł, że on sam mu to wytłumaczy po meczu. Kiedy wracaliśmy późnym wieczorem, ojciec czekał na nas na ulicy, przed domem wuja Césara. A w oknie stała ciocia Orieli zaniepokojona do najwyższego stopnia, jakby chciała nas przed czymś ostrzec. Jeszcze teraz mam w pamięci wielki skandal, krzyki na biednego wuja Césara, który cofał się zmieszany i próbował coś ojcu tłumaczyć, pamiętam też moje przerażenie, kiedy ojciec prowadził mnie do domu, obdzielając kopniakami.

Kiedy mnie bił, traciłem zupełnie głowę i często strach zmuszał mnie do upokorzenia się przed nim, wtedy ze złożonymi dłońmi prosiłem o przebaczenie. Ale nawet taka moja postawa nie była w stanie go uspokoić. Bił dalej, krzyczał i groził, że kiedy tylko osiągnę wiek przewidziany regulaminem, pośle mnie do wojska jak zwykłego szeregowca, żeby tam wyprowadzili mnie na właściwą drogę. Po zakończeniu każdej takiej sceny zamykałem się w swoim pokoju i tam nie czułem ciosów, tylko wściekłość i wstręt do samego siebie za to, że tak się go bałem i tak się przed nim upokorzyłem; nie mogłem zasnąć, jedynie płakałem w milczeniu.

Od tego czasu nie wolno mi było chodzić do domu wujostwa Césara i Orieli ani spotykać się z moimi kuzynami. Żyłem w zupełnej samotności aż do końca wakacji w 1947, kiedy skończyłem jedenaście lat. Po rozpoczęciu nauki w szkole La Salle sytuacja uległa poprawie. Wiele godzin spędzałem poza domem. Błękitny autobus szkolny zabierał mnie z rogu ulicy o siódmej trzydzieści rano, przywoził z powrotem do domu o dwunastej i znowu zabierał do szkoły o pierwszej trzydzieści, żeby ponownie odwieźć mnie do Magdaleny o piątej po południu. Jazda po długiej alei Brasil aż do ulicy Breña, w czasie której chłopcy wsiadali do szkolnego autobusu i z niego wysiadali, była wyzwoleniem z zamknięcia, więc wprawiała mnie w zachwyt. Brat Leoncio, nasz nauczyciel w szóstej klasie szkoły podstawowej, Francuz o kolorowej karnacji, sześćdziesięciolatek, raptus o zmierzwionych siwych włosach, z ogromnym lokiem, który ciągle opadał mu na czoło i który odrzucał do tyłu ruchem głowy konia, kazał nam uczyć się na pamięć wierszy brata Luisa de León ("I zostawiasz, święty pasterzu..."). Wkrótce przełamałem swoją nieśmiałość zrozumiałą u nowego przybysza w klasie chłopców, którzy uczyli się razem już od kilku lat, i zawarłem przyjaźnie z kolegami w szkole La Salle. Niektóre przetrwały dłużej niż trzy lata mojego tam pobytu, na przykład José Miguel Oviedo, kolega z mojej klasy, po latach został czołowym krytykiem literackim i napisał o mnie książkę.

Mimo tych przyjaciół i kilku dobrych nauczycieli, moje wspomnienia z lat spędzonych na nauce w szkole La Salle są zawsze obciążone obecnością ojca, którego przytłaczający cień wciąż się wydłużał, towarzyszył moim krokom i zdawał się zakłócać wszystkie moje działania, niszczyć je. Prawdziwe życie szkolne toczy się wśród gier i pewnych rytualnych przyzwyczajeń, nie w klasach, ale przed lekcjami i po ich zakończeniu, rozwija się na rogach ulic, gdzie koledzy się spotykają, albo w prywatnych domach, gdzie się odwiedzają, żeby umawiać się na poranek filmowy albo na kopanie piłki i łobuzerskie zabawy, które równolegle do lekcji kształtują głęboko charakter chłopca i stanowią o urokach dzieciństwa. Miałem takie warunki w Boliwii i w Piurze, więc teraz, kiedy mi ich zabrakło, tęskniłem za tamtymi czasami i zazdrościłem kolegom ze szkoły La Salle, takim jak Perro Martínez albo Perales, albo Stara Zanelli czy Chudy Ramos, że mogą zostawać w szkole po lekcjach i pograć w piłkę na szkolnym boisku, że mogą się odwiedzać i oglądać seriale w kinach naszej dzielnicy, nie tylko w niedzielę. Ja natomiast musiałem wracać do domu zaraz po lekcjach i zamykać się w swoim pokoju, żeby odrabiać zadanie. Kiedy jakiemuś koledze przyszło do głowy zaprosić mnie na herbatę albo chciał, żebym przyszedł do niego po niedzielnej mszy na obiad, czy wreszcie prosił, żebyśmy poszli na poranek do kina, musiałem wynajdywać różnego rodzaju wymówki, bo jakże bym mógł prosić ojca o pozwolenie na wyjście z domu w podobnych sprawach?

Wracałem do Magdaleny i prosiłem mamę o wczesną kolację, żeby pójść do łóżka, zanim ojciec wróci do domu, i żeby nie oglądać go aż do następnego dnia. Zdarzało się, że kiedy właśnie kończyłem jeść kolację, słychać było, jak niebieski ford hamuje przed wejściem, więc wtedy szybko biegłem po schodach, aby dać nura do łóżka jeszcze w ubraniu i zakryć się prześcieradłem łącznie z głową. Czekałem, aż rodzice będą jedli kolację albo słuchali w Radiu Centralnym programu Teresity Arce *La Chola Purificación Chauca*, który wywoływał u ojca salwy śmiechu, by wtedy po cichutku wyjść z łóżka i poruszając się na palcach włożyć piżamę.

Myśl o tym, że w Limie mieszkają wuj Juan, ciocia Laura, kuzynki Nancy i Gladys, wujostwo Jorge i Gaby oraz wuj Pedro, a my nie możemy ich odwiedzać z powodu awersji ojca do rodziny Llosów, napawała mnie taką samą goryczą jak to, że byłem całkowicie podporządkowany władzy ojca. Mama chciała, żebym to zrozumiał, ale ja nie słuchałem jej argumentów: „Ma trudny charakter, trzeba przyznawać mu rację, żeby żyć w spokoju". Dlaczego zabraniał nam spotykać się z wujostwem i z kuzynkami? Kiedy nie było go w domu, a ja zostawałem sam na sam z matką, odzyskiwałem pewność siebie i nawet pewną zuchwałość, na którą dawniej pozwalali mi dziadkowie i Mamaé. Robiłem matce sceny, domagając się, ażebyśmy uciekli tam, gdzie on nigdy nie zdoła nas odnaleźć, i to komplikowało matce jej trudne życie. Pewnego razu, kiedy byłem naprawdę zdesperowany, zacząłem jej grozić, że jeśli nie uciekniemy, to poskarżę ojcu, że w Piurze odwiedził matkę w prefekturze tamten Hiszpan o nazwisku Azcárate, który próbował mnie przekupić, zabierając na zawody bokserskie. Wtedy matka zaczęła płakać, a ja poczułem się nędznikiem.

Wreszcie pewnego dnia uciekliśmy. Nie pamiętam, która z kłótni – chociaż przesadą było nazywać kłótniami sytuacje, w których ojciec krzyczał, obrzucał matkę obelgami i bił, a ona płakała i słuchała go w milczeniu – wpłynęła na decyzję o tak poważnym kroku. Może to tylko moja pamięć zachowuje te sceny jako coś przerażającego. Był późny wieczór, kiedy wracaliśmy do domu niebieskim fordem.

Mama coś opowiadała i nagle wspomniała pewną señorę z Arequipy o imieniu Elsa. „Elsa? – zapytał ociec. – Ta Elsa?" Zacząłem drżeć ze strachu. „Tak, ona" – wyszeptała mama i próbowała zmienić temat rozmowy. „Ta wstrętna kurwa we własnej osobie" – wysylabizował dobitnie ojciec. Przez pewien czas milczał i nagle usłyszałem, jak matka przeraźliwie krzyczy. Uszczypnął ją w nogę z taką wściekłością, że zrobił jej się ciemny krwiak. Pokazała mi go później i powiedziała, że dłużej już tego nie wytrzyma. „Odejdźmy stąd, mamusiu, raz wreszcie odejdźmy, ucieknijmy".

Poczekaliśmy, aż pojedzie do biura, i taksówką, zabierając tylko niewiele rzeczy do podręcznego bagażu, udaliśmy się do dzielnicy Miraflores, na aleję 28 Lipca, gdzie mieszkali wuj Jorge i ciocia Gaby oraz wuj Pedro, wciąż kawaler, który w tym roku kończył studia medyczne. Byłem bardzo wzruszony, że znowu mogę zobaczyć wujostwo i znaleźć się w tej pięknej dzielnicy, która miała zadrzewione ulice i domki z wypielęgnowanymi ogródkami. Przede wszystkim czułem się wspaniale, byłem z moją rodziną, daleko od tamtego pana, przekonany, że już nigdy go nie usłyszę, nie zobaczę i nie będę się bał. Dom wuja Jorgego i cioci Gaby, którzy mieli dwoje małych dzieci Silvię i Jorgita, był niewielki, ale jakoś się pomieściliśmy – ja spałem na fotelu – i czułem się bezgranicznie szczęśliwy. Co teraz z nami będzie? Mama i wujostwo prowadzili długie rozmowy, od których byłem izolowany. Cokolwiek miałoby nastąpić, brakowało mi słów, żeby dziękować Bogu, Matce Boskiej i Zbawicielowi, do którego babcia Carmen miała specjalne nabożeństwo, a któremu ja byłem wdzięczny za to, że uwolnił nas od ojca.

W kilka dni później, kiedy wychodziłem z lekcji i już miałem wsiadać do szkolnego autobusu, który rozwoził uczniów do dzielnic San Isidro i Miraflores, zatrzymałem się jak wryty: obok mnie stał on. „Nie bój się – powiedział. – Nic ci nie zrobię. Chodź ze mną". Widziałem, że był blady, miał podkrążone oczy, jakby nie spał od wielu dni. W samochodzie zwracał się do mnie uprzejmie i wyjaśnił, że jedziemy zabrać ubrania moje i mamy, a potem odwiezie mnie do Miraflores. Byłem przekonany, że to łagodne zachowanie kryje w sobie jakiś podstęp i że kiedy przyjedziemy do domu w alei Salaverry'ego, to mnie zbije. Ale tego nie zrobił. Pochował już część naszej garderoby do walizek i musiałem mu pomóc pakować resztę do toreb, a kiedy te się skończyły – do niebieskiej kapy z łóżka, którą związaliśmy za rogi. Kiedy to robiliśmy, miałem duszę na ramieniu i wciąż się bałem, że w każdej chwili może mi zabronić odjechać, i wtem ze zdziwieniem zauważyłem, że usunął wiele fotografii, które mama poustawiała sobie na nocnym stoliku, wyeliminował zdjęcia jej i moje, a w inne fotografie powbijał szpilki. Kiedy skończyliśmy pakować bagaże, znieśliśmy wszystko do niebieskiego forda i odjechaliśmy. Nie mogłem uwierzyć, że to okazało się takie proste i że zachował się w sposób tak wyrozumiały. W dzielnicy Miraflores, przed domem wuja Jorgego i cioci Gaby, nie pozwolił mi zawołać służącej, żeby wyładowała nasze bagaże. Zostawił je porozrzucane na ulicy, na małym trawniku, kapa z łóżka się rozwiązała i ubrania oraz zawinięte w nią rzeczy rozsypały się na trawie. Potem wujowie komentowali, że dzięki temu widowisku wszyscy sąsiedzi mogli poznać nasze brudy rodzinne.

Kilka dni później, kiedy przyszedłem na obiad, zauważyłem na twarzach wujostwa coś dziwnego. Co się stało? Gdzie mama? Przekazali mi wiadomość w delikatny sposób, w jaki zawsze wszystko robili, świadomi tego, że będę bardzo rozczarowany. Otóż nastąpiło pojednanie i mama wróciła do ojca. I tego popołudnia, po lekcjach, zamiast przyjechać do Miraflores, ja też będę musiał udać się na aleję Salaverry'ego. Cały świat runął przede mną w przepaść. Jak mogła tak postąpić? Czy mama też mnie zdradzała?

Wtedy nie potrafiłem tego zrozumieć, mogłem tylko cierpieć, a po tych naszych ucieczkach i następujących po nich pojednaniach między rodzicami stawałem się coraz bardziej zgorzkniały, czułem, że życie jest pełne dramatycznych niespodzianek, co nie przynosiło mi żadnego pocieszenia. Dlaczego matka tyle razy godziła się z ojcem, kiedy dobrze wiedziała, że po kilku spokojnych dniach albo tygodniach pod byle pretekstem wróci do bicia i obelg? Robiła to, bo mimo wszystko go kochała z tym niesłychanym uporem, który cechował jej charakter (a ja go odziedziczyłem), i dlatego, że to był jej mąż dany przez Boga – kobieta jej pokroju mogła mieć tylko jednego męża aż do końca swoich dni, choćby ją maltretował i choćby zapadł wyrok o rozwodzie – a także dlatego że, mimo iż pracowała w Casa Grace w Cochabambie i w Piurze, to została tak wychowana, że celem jej było wyjście za mąż, prowadzenie domu, więc nie czuła się zdolna zarabiać na życie swoje i syna przez podjęcie jakiejś niezależnej pracy. Jeżeli pracowała, to dlatego że było jej wstyd, iż ona razem z synem pozostaje na utrzymaniu dziadków, których sytuacja materialna nie jest dobra – dziadek nigdy nie mógł mieć oszczędności przy tak licznym klanie rodzinnym, który żył jego kosztem – albo że przechodzimy na utrzymanie moich wujów, a oni dopiero zaczynają wyrabiać sobie pozycję w Limie. Teraz o tym wiem, ale mając jedenaście czy dwanaście lat, nie miałem o tym pojęcia, a nawet gdybym wiedział, też bym nie zrozumiał. Wiedziałem i rozumiałem jedynie to, że za każdym razem, kiedy się ze sobą godzili, muszę wracać do zamkniętego pokoju, do samotności i strachu, a to napełniało moje serce żalem także do matki, z którą odtąd już nie byłem tak związany jak przed poznaniem ojca.

Między rokiem 1947 a 1949 uciekaliśmy wiele razy, przynajmniej ze sześć, zawsze do domu wujostwa Jorgego i Gaby albo Juana i Laury, którzy też mieszkali w dzielnicy Miraflores, i zawsze po kilku dniach następowało to straszne pojednanie. Z perspektywy czasu jakże komiczne wydają się te organizowane w tajemnicy ucieczki, te powitania wśród łez, tymczasowe łóżka, które rozstawiano nam w salonie lub w jadalni w mieszkaniach wujostwa. Zawsze następowało przewożenie walizek i toreb, były wyjazdy i przyjazdy, bardzo niezręczne tłumaczenia w szkole La Salle – zakonnikom i moim kolegom – dlaczego nagle wsiadam do autobusu jadącego do Miraflores zamiast do tego, który odjeżdża do Magdaleny. Czy się przeprowadziłem, tak czy nie? Bo nikt tak często nie robił przeprowadzek.

Pewnego dnia – było lato, więc musiało to nastąpić niedługo po naszym przyjeździe do Limy – tata zabrał mnie samego do samochodu, a na rogu ulicy dosiadło się jeszcze dwóch chłopców. Przedstawił ich, mówiąc: „To twoi bracia". Starszy był o rok młodszy ode mnie, miał na imię Enrique, a drugi był młodszy o dwa lata i nazywał się Ernesto. Ten drugi miał blond włosy i tak jasne oczy, że każdy mógł go wziąć za *gringuito**. Wszyscy trzej byliśmy zmieszani i nie wiedzieliśmy, co robić. Ojciec zawiózł nas na plażę Agua Dulce, wypożyczył parasol, usiadł w cieniu i kazał nam się bawić i kąpać. Stopniowo nabieraliśmy do siebie zaufania. Oni chodzili do szkoły San Andrés i mówili po angielsku. Czy San Andrés to aby nie szkoła dla protestantów? Nie miałem odwagi o to zapytać. Potem, kiedy byliśmy sami z mamą, ona opowiedziała mi, że po rozwodzie z nią ojciec ożenił się z jakąś Niemką i że Enrique i Ernesto byli dziećmi z tego małżeństwa. Ale już wiele lat temu rozstał się z tamtą żoną, bo ona też miała swój charakter i nie znosiła złych humorów ojca.

Długo nie widziałem się z moimi braćmi. Aż do dnia, w którym podczas jednej z naszych okresowych ucieczek – tym razem byliśmy uchodźcami u cioci Lali i wuja Juana – ojciec przyjechał po mnie, kiedy wychodziłem po lekcjach ze szkoły La Salle. Tak jak poprzednim razem, kazał mi wsiąść do niebieskiego forda. Był bardzo poważny, a ja okropnie się bałem. „Rodzina Llosów spiskuje, żeby wywieźć cię za granicę – powiedział do mnie. – Wykorzystują swoje pokrewieństwo z prezydentem. Ale będą musieli spotkać się ze mną i zobaczymy, kto wygra". Zamiast do Magdaleny pojechaliśmy do Jesús María, gdzie zahamował przed kwartałem domków z czerwonej cegły. Kazał mi wysiąść, zapukał do drzwi i weszliśmy do środka.

---

* *Gringuito* – zdrobnienie od *gringo* – Jankes – (tu: blondyn) – Amerykanin z północy, cudzoziemiec (przyp. tłum.).

Tam byli moi bracia oraz ich matka, señora o blond włosach, która poczęstowała mnie szklanką herbaty. „Zostaniesz tutaj do czasu, aż pozałatwiam sprawy" powiedział ojciec. I odjechał. Zostałem tam przez dwa dni i nie chodziłem do szkoły; byłem przekonany, że nigdy więcej mamy nie zobaczę. On mnie porwał i to będzie mój dom na zawsze. Oddali mi jedno z łóżek moich braci, którzy spali we dwójkę w drugim. W nocy usłyszeli, że płaczę, więc wstali, zapalili światło i próbowali mnie pocieszać. Ale ja nie przestawałem płakać, aż wreszcie pojawiła się pani domu i też starała się mnie uspokoić. Po dwóch dniach ojciec przyjechał, żeby mnie stamtąd zabrać. Doszło do pojednania i mama czekała na mnie w domu w Magdalenie. Potem mi opowiedziała, że rzeczywiście myślała o tym, żeby poprosić prezydenta o posadę w jakimś konsulacie peruwiańskim za granicą, o czym ojciec się dowiedział. Jeżeli mnie porwał, to czyż to nie był dowód, że mnie kocha? Kiedy mama próbowała mnie przekonać, że ojciec mnie kocha albo że ja powinienem go pokochać, bo mimo wszystko jest moim ojcem, miałem do niej więcej żalu o to niż o częste pojednania.

Myślę, że nie spotkałem moich braci więcej niż kilka razy jeszcze w tamtym roku i zawsze na krótko. W następnym roku wyjechali z matką do Los Angeles, gdzie ona i Ernesto – teraz Ernie jest obywatelem Stanów Zjednoczonych i wziętym adwokatem – nadal mieszkają. Enrique nabawił się białaczki, jako młody chłopak, i miał bolesną śmierć. Wrócił na kilka dni do Limy, zanim umarł. Poszedłem go zobaczyć i w jego wątłej, wyniszczonej przez chorobę postaci z trudem mogłem rozpoznać przystojnego i wysportowanego chłopca z fotografii, które przesyłał do Limy i które ojciec czasem nam pokazywał.

W tym czasie, kiedy przetrzymywał mnie jak porwanego tam, gdzie mieszkała *gringa* (tak ją nazywaliśmy razem z mamą), ojciec pojawił się w żenującym stylu w domu wuja Juana. Nie wszedł do środka. Powiedział służącej, że chce rozmawiać z wujem i że czeka na niego w samochodzie. Ojciec nie zadawał się z nikim z rodziny matki od tamtego dnia, kiedy ją opuścił na lotnisku w Arequipie pod koniec 1935. W jakiś czas później wuj Juan opowiedział mi o tym spotkaniu jak z filmu. Ojciec czekał na niego, siedząc za kierownicą niebieskiego forda, i kiedy wuj Juan wszedł do środka, przestrzegł go, mówiąc: „Mam przy sobie broń i jestem gotów na wszystko". Żeby nie było wątpliwości, pokazał mu rewolwer, który miał w kieszeni. Oznajmił, że jeśli rodzina Llosów chce wykorzystać swoje koneksje z prezydentem i spróbuje wywieźć mnie za granicę, to on zastosuje wobec nas represje. Potem zaczął złorzeczyć, że mnie wychowano na zarozumialca, wpajając nienawiść do ojca, utrwalając zniewieściałe cechy charakteru, jakby chciał powiedzieć, że kiedy dorosnę, zostanę toreadorem i poetą. Jednak wchodzi tutaj w grę jego nazwisko, a on się nie zgodzi, by mu wychowano syna na pedała. Po długiej i na wpół histerycznej przemowie, której wuj Juan nie mógł w żaden sposób przerwać, ojciec ostrzegł, że dopóki nie otrzyma gwarancji, iż moja matka nie wyjedzie ze mną za granicę, rodzina Llosów może mnie więcej nie zobaczyć. I odjechał.

Rewolwer, który pokazał wujowi Juanowi, był symbolicznym przedmiotem w czasach mego dzieciństwa i młodości, odzwierciedlał mój stosunek do ojca, dopóki z nim mieszkałem. Pewnej nocy w domku w La Perla usłyszałem, że ojciec strzela, ale nie wiem, czy kiedykolwiek zdołałem na własne oczy ten rewolwer zobaczyć. Naturalnie widywałem go bezustannie w moich sennych koszmarach i w stanach lękowych oraz zawsze wtedy, kiedy słyszałem, że ojciec krzyczy i grozi matce, wówczas miałem wrażenie, że naprawdę zrobi to, o czym mówi: wyciągnie rewolwer i odda pięć strzałów, zabijając ją, a potem mnie.

Z naszych nieudanych ucieczek wynikła jednak pewna przeciwwaga w odniesieniu do tego, czym było moje życie w domu w alei Salaverry'ego i potem w La Perla, otóż mogłem spędzać każdy koniec tygodnia w Miraflores u wujostwa. Taki był wynik naszych eskapad:

kiedy dochodziło do pojednania między rodzicami, matka uzyskała tyle, że ojciec pozwolił, abym po lekcjach w sobotę jechał bezpośrednio ze szkoły La Salle do cioci Lali i wuja Juana. Do domu rodziców wracałem w poniedziałek po rannych lekcjach. Te półtora dnia, które co tydzień spędzałem z daleka od nadzoru ojca i kiedy żyłem normalnie, jak inni chłopcy w moim wieku, stało się najważniejsze w moim życiu i pieściłem je w wyobraźni przez cały tydzień; sobota i niedziela w Miraflores to było przeżycie, które dodawało mi otuchy i przywodziło na myśl piękne obrazy, a te pozwalały przetrwać pozostałe pięć okropnych dni tygodnia.

Nie we wszystkie weekendy mogłem jeździć do Miraflores, było to możliwe tylko wtedy, gdy otrzymałem w szkolnym dzienniczku dobre stopnie, jakie wpisywano nam każdej soboty w kategoriach *excelente* (doskonały) albo *óptimo* (celujący). Jeżeli noty były *deficiente* (niedostateczny) albo *malo* (zły), musiałem wracać do rodziców i spędzać koniec tygodnia w domowym zamknięciu. Poza tym istniały kary, które wymierzano mi z różnych innych powodów, a odkąd ojciec zauważył, że największym moim marzeniem jest znaleźć się daleko od niego, kary polegały na takim oświadczeniu: „W tym tygodniu nie pojedziesz do Miraflores". Lata 1948, 1949 i letnie miesiące 1950 były podzielone następująco: od poniedziałku do piątku w Magdalenie albo w La Perla, a sobota i niedziela w dzielnicy Miraflores przy ulicy Diego Ferré.

Własna dzielnica była uzupełnieniem rodziny, spotykało się tam grono chłopców w tym samym wieku, z którymi rozmawiało się o sporcie, grało się w futbol (czasem w jego wersję mniejszego kalibru nazywaną *fulbito*), szło się popływać w basenie i gonić fale na plażach Miraflores, Regatas lub La Herradura, spacerować w parku po niedzielnej mszy o jedenastej, chodziło się na poranki do kina Leuro lub Ricardo Palma i do parku Salazara. W miarę dorastania chłopcy uczyli się palić papierosy, tańczyć i kochać się w dziewczynach, którym rodzice pozwalali już wychodzić przed drzwi domu na rozmowy z chłopakami, a w sobotnie wieczory organizować fiesty, na których, tańcząc bolero – najchętniej *Me gustas* Leo Mariniego – zakochani chłopcy oświadczali się dziewczętom. Dziewczyny mówiły „zastanowię się" albo „tak", albo „na razie nie chcę mieć chłopaka, mama mi nie pozwala". Jeżeli odpowiedź brzmiała „tak", to chłopak miał już swoją parę. Na zabawach mógł ze swoją dziewczyną tańczyć *cheek to cheek*, w niedzielę chodzić na poranki do kina i tam po ciemku ją całować, a przedtem iść na lody do Cream Rica w alei Larca. Mogli spacerować we dwoje po parku Salazara, trzymając się za ręce, i wypowiadać swoje życzenia, kiedy słońce zachodziło za horyzont morza. Ciocia Lala i wuj Juan zajmowali niewielki jasny dom o dwóch piętrach, w samym centrum, jednym z najsłynniejszych miejsc w Miraflores. Nancy i Gladys należały do najnowszych dzielnicowych atrakcji, a byli tu również s t a r z y młodzieńcy: piętnasto-, osiemnasto- i dwudziestoletni. Dzięki moim kuzynkom i ja szybko się włączyłem do tamtejszego środowiska. Wszystkie dobre wspomnienia z okresu między jedenastym a czternastym rokiem życia zawdzięczam mojej dzielnicy. Dawniej nazywano ją „wesołą dzielnicą", ale to się zmieniło, odkąd gazety zaczęły tak nazywać zaułek Huatica de la Victoria (uliczkę prostytutek), więc nazwa przekształciła się w określenie „dzielnica Diego Ferré" albo „Kolumba", bo centrum życia towarzyskiego znajdowało się w samym punkcie przecięcia obu tych ulic, gdzie mieliśmy naszą kwaterę główną.

Gladys i ja obchodziliśmy urodziny tego samego dnia i ciocia Lala z wujem Juanem urządzili 28 marca 1948 fiestę dla chłopców i dziewcząt z dzielnicy. Pamiętam moje zaskoczenie, kiedy wszedłem na zabawę, zobaczyłem tańczące pary i stwierdziłem, że moje kuzynki umieją tańczyć. Zdziwiło mnie i to, że obchodzono urodziny nie po to, żeby uprawiać jakieś gry, ale by nastawiać płyty, słuchać muzyki i wymieszać towarzystwo chłopców z dziewczętami. Na zabawę przyszli wszyscy moi wujowie z ciotkami i przedstawili mnie kilku chłopcom, którzy później zostali moimi dobrymi przyjaciółmi, a byli to: Tico, Coco, Luchín, Mario, Luquen, Víctor, Emilio, el Chino. Nakłonili mnie również do tego, żebym poprosił do tańca Teresitę. Umierałem ze wstydu i czułem się jak robot, który nie wie, co począć z własnymi rękami i stopami. Ale wkrótce już obtańcowywałem kuzynki i inne dziewczęta, no i od tamtego dnia zacząłem mieć romantyczne miłosne marzenia związane z Teresitą. Ona była moją pierwszą sympatią. Inge była drugą, a trzecią – Helena. Wszystkim trzem bardzo formalnie się oświadczyłem. Przedtem ćwiczyliśmy samą formułę oświadczyn wśród kolegów i każdy z nas sugerował jakieś słowa albo gesty, które gwarantowałyby uniknięcie klęski, kiedy podobałeś się dziewczynie. Niektórzy woleli się oświadczać w czasie filmowych poranków w kinie, gdzie mogli wykorzystać ciemności i zsynchronizować swoje oświadczyny z jakimś romantycznym momentem oglądanego filmu, bo myśleli, że to przyniesie lepszy rezultat. Spróbowałem tej metody jeden raz z Maritzą, bardzo ładną dziewczyną o czarnych włosach i bladej cerze, ale skutek okazał się komiczny. Kiedy po długim wahaniu odważyłem się wreszcie wyszeptać jej do ucha znane słowa: „Bardzo mi się podobasz, jestem w tobie zakochany. Chcesz chodzić ze mną?" – ona odwróciła się, spojrzała na mnie zapłakana jak Magdalena i była tak pochłonięta tym, co się działo na ekranie, że ledwie mnie słyszała, więc zapytała: „Co, co takiego?". Nie byłem w stanie powtórzyć oświadczyn i tylko zdołałem wyjąkać: „Jaki smutny ten film, prawda?".

Ale Teresie, Indze i Helenie oświadczyłem się już w sposób ortodoksyjny, kiedy tańczyliśmy bolero na jednej z sobotnich zabaw, i do wszystkich trzech pisałem miłosne wiersze, których nigdy im nie pokazywałem. Śniłem o nich przez cały tydzień, liczyłem dni brakujące do chwili, kiedy je zobaczę, i marzyłem, żeby w najbliższą sobotę odbyła się jakaś fiesta, na której będę mógł zatańczyć z moją ukochaną *cheek to cheek*. Na niedzielnych porankach w kinie brałem je w ciemności za rękę, ale nie odważyłem się pocałować. Całowałem je tylko podczas gier towarzyskich, takich jak *berlina* albo *prendas*, kiedy koledzy z dzielnicy, którzy wiedzieli, że jesteśmy zakochani, kazali nam za karę, jeżeli przegrywaliśmy, wymieniać po trzy, cztery, a nawet do dziesięciu pocałunków. Jednak były to tylko pocałunki w policzek, a to – jak mówił bardziej od nas doświadczony Luchín – nie było ważne, bo pocałunek w policzek nie jest tym samym co tak zwane ssanie smoczka. Smoczki to pocałunki w usta. Ale w tamtym czasie młodociane pary z Miraflores, mające po dwanaście lub trzynaście lat, były dosyć niewinne i rzadko ośmielały się całować w usta. Ja naturalnie nie miałem odwagi. Zakochiwałem się jak księżycowe byczki – to ładne i tajemnicze wyrażenie, którego używaliśmy na określenie chłopców powściągliwych, a była to tylko chorobliwa nieśmiałość wobec dziewcząt z Miraflores.

Spędzanie weekendu w Miraflores było doświadczeniem wolności, można było wtedy robić tysiące zabawnych i podniecających rzeczy. Chodzić do klubu Terrazas, żeby pograć w *fulbito*, albo kąpać się w basenie, na którym trenowali wielcy pływacy. Ja zdołałem dosyć dobrze opanować styl wolny w pływaniu i jednym z moich zmartwień było to, że nie mogłem trenować w szkole, którą prowadził Walter Ledgard zwany Czarownik, a ćwiczyli tam niektórzy chłopcy z Miraflores w moim wieku i potem stali się – jak Ismael Merino albo Conejo Villarán – międzynarodowymi mistrzami. Nigdy nie byłem bardzo dobrym futbolistą, ale mój entuzjazm wynagradzał brak zręczności. Jednym z najszczęśliwszych dni w moim życiu była tamta niedziela, w której Toto Terry, jeden ze starszych chłopaków na naszym osiedlu, zabrał mnie na Stadion Narodowy i zaprosił do gry z *calichines* – młodzikami z drużyny Universitario de Deportes przeciwko Deportivo Municipal. Wyjść na to ogromne boisko w stroju elitarnej drużyny, czyż to nie było coś najwspanialszego, co mogło przytrafić się na świecie? A czy to, że Toto Terry, blond napastnik drużyny U, pochodził z naszego osiedla, nie znaczyło, że byliśmy w Miraflores najlepsi? To znalazło potwierdzenie w organizowanych w kolejne weekendy zawodach, w których zmagaliśmy się z ekipą z osiedla z ulicy San Martín w wyścigach rowerowych, lekkiej atletyce, w *fulbito* i w pływaniu.

Najważniejszym momentem w roku był karnawał. W ciągu dnia biegaliśmy, oblewając się wodą, a po południu, przebrani za piratów, chodziliśmy na bale przebierańców. Odbywały się trzy bale dziecięce, na których nie mogło nas zabraknąć: bal w parku Barranco, w klubie Terrazas i w klubie Lawn Tennis. Przynosiliśmy ze sobą serpentyny i małe sikawki napełnione wodą z eterem. Trupa przebierańców z naszej dzielnicy była liczna i wesoła. Na jeden z takich karnawałów przyjechał Pérez Prado ze swoją orkiestrą. Najnowszy wynalazek karaibski, jakim było mambo, robił wtedy furorę także w Limie i nawet zorganizowano krajowe zawody mambo na placu Acho, ale arcybiskup, wielebny *monseñor* Guevara, zakazał wykonywania tej muzyki i groził ekskomuniką uczestnikom konkursu. Przyjazdowi Péreza Prady towarzyszył tłum ludzi na lotnisku, ja również tam byłem z kolegami, pamiętam, jak biegliśmy za otwartym samochodem, którym kompozytor *El ruletero* i *Mambo número cinco* jechał do hotelu Bolívar, rozsyłając na prawo i lewo pozdrowienia. Ciocia Lala i wuj Juan zaśmiewali się, widząc, jak zaraz po przyjściu do domu na ulicy Diego Ferré w każde sobotnie południe, sam ćwiczyłem figury mambo na schodach i w pokojach, przygotowując się do wieczornej fiesty.

Teresita oraz Inge były przejściowymi sympatiami, które trwały po kilka tygodni, były czymś pomiędzy dziecięcą grą a młodzieńczym zakochaniem, tym, co Gide nazywa nieszkodliwą ceremonią miłosną. Ale Helena była formalną i stałą sympatią, już długotrwałą, co znaczyło, że miłość do niej przetrwała kilka miesięcy, a może nawet cały rok. Była bliską przyjaciółką Nancy i jej koleżanką z klasy w szkole La Reparación. Mieszkała w osiedlu domków w kolorze ochry, w miejscu dosyć odległym od ulicy Diego Ferré, w Grimaldo del Solar, gdzie również istniała wspólnota dzielnicowa. Kiedy pojawiał się jakiś obcy i rozkochiwał w sobie miejscową dziewczynę, to nie było dobrze widziane, bo stanowiło pogwałcenie przestrzeni terytorialnej. Byłem w Helenie mocno zakochany i zaraz po przyjeździe do Miraflores biegłem na osiedle Grimaldo del Solar, żeby zobaczyć ją choćby z daleka, w oknie jej domu. Chodziłem tam z Luchínem i moim imiennikiem Mariem. Oni kochali się w Ilse i w Lucy, sąsiadkach Heleny. Na szczęście mogliśmy przez chwilę porozmawiać z dziewczętami, bo stały w drzwiach swoich domów. Ale chłopcy z miejscowego osiedla podchodzili blisko, żeby nam ubliżać albo rzucać w nas kamykami, i pewnego popołudnia musieliśmy rozdawać ciosy, bo zamierzali nas z tego miejsca przepędzić.

Helena była blondynką o jasnych oczach, miała piękne zęby i wesoły uśmiech. Bardzo za nią tęskniłem, przebywając w samotności w La Perla, w domku stojącym na ogromnej pustej przestrzeni, do którego przeprowadziliśmy się w 1948. Poza pracą w International News Service ojciec zajmował się kupowaniem ziemi, na której budował, a potem sprzedawał domy, co przez wiele lat było dla niego, jak myślę, znaczącym źródłem dochodów. Mówię o tym z powątpiewaniem, bo sytuacja ekonomiczna ojca, podobnie jak i duża część jego życia, była dla mnie kompletną zagadką. Czy dobrze zarabiał? Sporo oszczędzał? Żył w niezwykle surowych warunkach. Nigdy nie chodził do restauracji, a tym bardziej do takich *boîtes* jak La Cabaña, Embassy albo Grill Bolívar, do których czasem w sobotnie wieczory szli potańczyć moi wujostwo. Na pewno ojciec chodził czasem z mamą do kina, ale ja tego nie pamiętam, bo pewnie chodzili tam w weekendy, które ja spędzałem w Miraflores. Od poniedziałku do piątku ojciec wracał z biura między siódmą a ósmą i po zjedzeniu kolacji, przez jedną, a może przez dwie godziny, słuchał radia, zanim położył się spać. Myślę, że komiczne programy Teresity Arce *La Chola Purificación Chauca* w Radiu Centralnym były jego jedyną rozrywką, były to jedyne programy, przy których się śmiał. Mama i ja też śmialiśmy się *unisono* z naszym panem i władcą. Domek w La Perla został wybudowany przez tatę samodzielnie, z pomocą jednego majstra budowlanego. Pod koniec lat czterdziestych La Perla była ogromnym pustym terenem. Budynki stały tylko w alejach Las Palmeras i Progreso. Reszta sektora obejmująca teren między tym obszarem i Costanerą to były prostokątne działki, z oświetleniem i chodnikami, ale jeszcze bez domów. Nasz domek był jednym z pierwszych w tej okolicy i przez całe półtora roku, a może nawet przez dwa lata, kiedy tam mieszkaliśmy, był to teren niezabudowany. W stronę Bellavista, w odległości kilku kwartałów, znajdowała się osada, w której stał jeden z tych magazynów, które w Peru nazywają „chińskimi", a na drugim krańcu, już blisko morza, znajdował się komisariat. Moja mama bała się zostawać sama przez cały dzień w takim odosobnieniu. Pewnej nocy słychać było na dachu jakieś kroki i ojciec wyszedł szukać złodzieja. Obudziły mnie jego krzyki i wtedy usłyszałem, jak z mitycznego rewolweru oddał dwa strzały w powietrze, aby wypłoszyć intruza. Wtedy mieszkała już z nami Mamaé i pamiętam przerażoną twarz staruszki, która w nocnej koszuli stała na posadzce z czarno-białych płytek w zimnym w korytarzyku, który przedzielał nasze pokoje.

O ile w domu przy alei Salaverry'ego brakowało mi przyjaciół, o tyle w La Perla moje życie przypominało egzystencję pasożyta. Jeździłem i wracałem ze szkoły La Salle miejskim autobusem Lima-Callao, do którego wsiadałem przy alei Progreso, a wysiadałem w alei Venezuela, skąd miałem do przejścia kilka kwartałów do samej szkoły. Umieszczono mnie w półinternacie i obiady jadałem w La Salle. Po powrocie do La Perla około piątej po południu, kiedy brakowało jeszcze sporo czasu do powrotu ojca, biegłem na puste tereny i kopałem piłkę aż do samego komisariatu i urwistej skarpy, po czym wracałem do domu i taka była moja codzienna rozrywka. To nie stanowi całej prawdy, bo najważniejsze było wybiegać myślami ku Helenie, pisać do niej listy i miłosne wierszyki. Pisanie wierszy było jeszcze jednym z tajnych sposobów buntu przeciwko ojcu, ponieważ wiedziałem, jak go irytowało, że się tym zajmuję. Dla ojca pisanie wierszy było zajęciem, które kojarzył z ekscentrycznością, z cyganerią i z tym, co najbardziej go przerażało: z wynaturzoną zniewieściałością.

Podejrzewam, że uważał, iż skoro już muszą powstawać wiersze – w domu nie było żadnych książek, ani poezji, ani prozy, tylko moje lektury, on zaś nigdy nie czytał niczego poza gazetami – powinny je pisać kobiety. Kiedy pisaniem wierszy zajmowali się mężczyźni, wpadał w gniew, bo uważał, że to ekstrawaganckie marnowanie czasu i zajęcie nie do pogodzenia z cechami mężczyzny.

Ja tymczasem czytałem dużo wierszy – takich poetów jak Bécquer, Chocano, Amado Nervo, Juan de Díos Peza, Zorrilla – i uczyłem się ich na pamięć, a pisałem je przed lekcjami i po ich odrobieniu, nieraz zbierałem się na odwagę i podczas weekendu czytałem je cioci Lali, wujowi Juanowi albo wujowi Jorge. Ale nigdy Helenie, inspiratorce oraz wymarzonej adresatce tych retorycznych uniesień. Myśl o tym, że ojciec może się rozgniewać, jeżeli odkryje moje zajęcie, nadawała tej czynności aurę niebezpieczeństwa, co naturalnie pobudzało mój zapał do pisania. Wuj i ciotka byli zadowoleni, że sympatyzuję z Helenitą, a kiedy pewnego dnia w domu cioci Lali poznała ją także moja mama, bardzo ją polubiła i powiedziała: jaka to ładna i sympatyczna dziewczynka. Po latach wiele razy słyszałem, jak ubolewała, że jej syn, mogąc ożenić się z taką dziewczyną jak Helenita, narobił tyle głupstw.

Helena była moją sympatią do czasu, kiedy wstąpiłem do Szkoły Wojskowej Leoncia Prady, do trzeciej klasy średniego stopnia, kilka dni po skończeniu czternastu lat. I była to również ostatnia moja sympatia z formalnego, poważnego i czysto uczuciowego punktu widzenia, cokolwiek by to miało znaczyć. (To, co się później wydarzyło w moim życiu uczuciowym, było o wiele bardziej skomplikowane i mniej godne zrelacjonowania). I dlatego że byłem tak zakochany w Helenie, odważyłem się pewnego razu sfałszować noty w moim szkolnym dzienniczku. Nauczyciel w drugiej klasie szkoły średniej La Salle, Cañón Paredes, był człowiekiem świeckim, a ja miałem z nim zawsze na pieńku. Przed jednym z weekendów wręczył mi dzienniczek z haniebnym stopniem *D, deficiente*, co znaczyło niedostateczny. Musiałbym więc na koniec tygodnia wracać do La Perla. Sama myśl o tym, że nie pojadę do Miraflores i przez cały tydzień nie będę się widział z Helenitą, była nie do zniesienia, więc do Miraflores pojechałem. Tam zmieniłem literę *D* na O (*óptimo* – celujący) i myślałem, że nikt nie zauważy tego oszustwa. Cañón Paredes zauważył je po kilku dniach i, nic mi nie mówiąc, zażądał, by dyrektor wezwał do szkoły mego ojca.

To, co potem nastąpiło, jeszcze dzisiaj napawa mnie uczuciem wstydu, kiedy nagle z mojej podświadomości wypływa wspomnienie tamtych wydarzeń. Po jednej z przerw między lekcjami ustawieni w szeregu wracaliśmy do klasy i wtedy z daleka zobaczyłem ojca idącego w towarzystwie dyrektora szkoły brata Agustína. Szli w naszym kierunku i zrozumiałem, że wie o wszystkim i że teraz będę musiał ponieść konsekwencje swego czynu. Wymierzył mi policzek, który zelektryzował chłopców, wśród których stałem. Potem chwycił mnie za ucho i zaciągnął aż do pokoju dyrekcji, gdzie jeszcze raz mnie uderzył na oczach brata Agustína, który próbował go uspokoić. Myślę, że na skutek tego bicia dyrektor ulitował się nade mną i nie wyrzucił mnie ze szkoły, na co sobie zasłużyłem. Karą ze strony ojca był kilkutygodniowy zakaz wyjazdów do Miraflores.

W październiku 1948 zamach stanu generała Odríi obalił demokratyczny rząd i wuj José Luis udał się na emigrację. Ojciec powitał zamach jako osobiste zwycięstwo: oto rodzina Llosów nie będzie już mogła chwalić się tym, że jej krewny jest prezydentem. Odkąd przyjechaliśmy do Limy, nie pamiętam, żebym słyszał w domu rodziców albo u wujostwa jakiekolwiek rozmowy o polityce, może tylko jakieś pojedyncze, rzucane mimochodem opinie krytyczne wobec członków partii APRA, których całe moje otoczenie zdawało się uważać za kryminalistów (w czym mój rodzic zgadzał się z rodziną Llosów). Ale upadek Bustamantego i dojście do władzy generała Odríi to były tematy triumfalnych monologów ojca, który cieszył się z tych wydarzeń, podczas gdy ja w tamtych dniach widziałem posmutniałą twarz matki i słyszałem, jak zastanawia się, pod jakim adresem można by wysłać list „do tych biednych José Luisa i Maríi Jesús (których wojskowi wyekspediowali do Argentyny), żeby ojciec się o tym nie dowiedział".

Dziadzio Pedro zrezygnował ze stanowiska prefekta w Piurze w tym samym dniu, kiedy nastąpił wojskowy zamach stanu, po czym załadował swoją rodzinę – babcię Carmen, Mamaé, Joaquína i Orlanda – i zawiózł do Limy. Wuj Lucho i ciocia Olga zostali w Piurze. Tamta prefektura była ostatnią stałą pracą mego dziadka. Teraz, w wieku sześćdziesięciu pięciu lat, kiedy był jeszcze silnym i przytomnym umysłowo mężczyzną, zaczęła się dla niego prawdziwa udręka, powolne pogrążanie się w miernocie rutyny i biedy, z którymi nigdy nie przestawał walczyć, na wszystkie strony poszukując pracy, czasem znajdował na pewien czas zajęcie audytora albo likwidatora, które zlecał mu bank, czy załatwiał drobne sprawy w instytucjach administracyjnych, co dawało mu pewne złudzenia, zmuszało do tego, by wczesnym świtem wstawał z łóżka, ubierał się w pośpiechu i niecierpliwie oczekiwał na porę wyjścia „do pracy" (choćby miała ona polegać tylko na czekaniu w kolejce w jakimś ministerstwie na pieczątkę urzędnika). Te nędzne, mechaniczne i skromne zajęcia utrzymywały go przy życiu i przynosiły ulgę w cierpieniach, które go gnębiły, kiedy był zmuszony przyjmować miesięczne sumy pieniędzy przekazywane mu przez synów. Później – wiem, iż jego organizm zaprotestował przeciwko tej strasznej niesprawiedliwości, przeciwko temu, że nie był w stanie znaleźć sobie posady, będąc jeszcze zdolny do pracy, i że został skazany na nikomu niepotrzebne, pasożytnicze życie – miał swój pierwszy wylew krwi do mózgu i już nie był w stanie wrócić do poszukiwania nawet przejściowych zleceń, więc brak aktywności bardzo go denerwował. Wychodził z domu i szybkim krokiem spacerował bez celu albo próbował wynajdywać sobie rozmaite zajęcia. Wujowie także się starali powierzać mu jakieś zadania, żeby nie czuł się bezużytecznym starcem.

Dziadek Pedro nie miał zwyczaju nosić na rękach swoich wnuków ani obsypywać ich pocałunkami. Dzieci go męczyły i zdarzało się, najpierw w Boliwii, a potem w Piurze oraz w niezbyt obszernych domach w Limie, w których mieszkał z rodziną, że hałasującym wnukom i prawnukom nakazywał milczenie. Mimo to był najlepszym i najszlachetniejszym człowiekiem, jakiego znałem, i zawsze wracam do niego pamięcią, kiedy odczuwam niechęć do rodzaju ludzkiego i skłaniam się ku przekonaniu, że ludzie są w końcu niewiele warci. Nawet na ostatnim etapie swego życia biedny staruszek nie utracił moralnej przyzwoitości, która go cechowała i nakazywała mu szanować podstawowe wartości i reguły postępowania wywodzące się z religii i z zasad – nigdy nie działał ani lekkomyślnie, ani kierując się odruchami. To te zasady decydowały o każdym ważnym kroku w jego życiu. Gdyby nie dźwigał ze sobą po świecie tych wszystkich osieroconych istot, które przygarniała moja babcia Carmen i adoptowała – ona i nas adoptowała, bo dziadek był mi prawdziwym ojcem przez pierwsze dziesięć lat mego życia, wychował mnie i wyżywił – może nie zostałby na starość tak biedny jak mysz kościelna. Ale nawet gdyby kradł albo żył z wyrachowaną kalkulacją, nie byłby mniej uczciwy we wszystkim, co robił. Myślę, że największą troską w jego życiu było postępować w taki sposób, żeby babcia Carmen nie zdawała sobie sprawy, iż zło i brudy też stanowią część naszej egzystencji. Oczywiście, chociaż zawsze mógł liczyć na pomoc synów, to mu się udało tylko w połowie, jednak potrafił uchronić babcię przed wieloma troskami i znacząco ulżyć jej w tych, którym nie mógł zapobiec. Takiemu celowi podporządkował swoje życie i babcia Carmen o tym wiedziała, no i dlatego w swoim związku małżeńskim byli najszczęśliwszą parą ludzi, jaką można spotkać w naszym życiu, w którym tak często słowo szczęście wydaje się nieprzyzwoite.

W młodości nazywano dziadka *gringo*, bo był blondynem. Ja natomiast od pierwszych chwil pamiętam jego wspaniałą białą czuprynę, ogorzałą twarz i ten długi nos, który jest charakterystyczny dla rodziny Llosów, podobnie jak sposób chodzenia na krawędziach szeroko rozstawionych stóp. Znał dużo wierszy, cudzych i własnych, których uczyłem się na pamięć z jego pomocą. Bawiło go, że już jako mały chłopiec pisałem wiersze, a później entuzjazmował się, gdy moje teksty ukazywały się w prasie, a kiedy zacząłem wydawać książki, odczuwał prawdziwą satysfakcję. Chociaż jestem pewien, że zarówno dziadka, jak i babcię Carmen, która mi o tym powiedziała, musiało ogarnąć przerażenie, iż moja pierwsza powieść *Miasto i psy*, jaką posłałem im z Hiszpanii, kiedy tylko się tam ukazała, była pełna grubiańskich wyrażeń. Bo dziadek zawsze był dżentelmenem, a prawdziwi dżentelmeni nigdy nie mówią, a tym bardziej nie piszą grubiańskich słów.

W 1956, kiedy Manuel Prado wygrał wybory i objął władzę, nowy minister w jego rządzie, Jorge Fernández Stoll, zaprosił dziadka do swego biura i zapytał, czy zgodziłby się zostać prefektem Arequipy. Nigdy nie widziałem dziadka tak uszczęśliwionego. Będzie pracował i przestanie być zależny od pieniędzy synów. Wróci do Arequipy, w swoje ukochane strony. Bardzo starannie przygotował tekst przemówienia na objęcie urzędu i przeczytał je nam w małej jadalni swego domu na ulicy Porta. Biliśmy mu brawo. On się uśmiechał. Ale minister nigdy więcej do niego nie zadzwonił, nie odpowiadał na jego telefony i dopiero o wiele później dał znać, że powiązana z Manuelem Pradą partia APRA zaprotestowała ze względu na pokrewieństwo dziadka z Bustamantem y Rivero. To był dla niego straszny cios, ale nigdy nie słyszeliśmy, żeby z tego powodu robił komukolwiek wyrzuty.

Kiedy zrezygnował z prefektury w Piurze, dziadkowie przeprowadzili się do mieszkania w alei Dos de Mayo, w dzielnicy Miraflores. Było to ciasne mieszkanie, w którym nie czuli się wygodnie. Wkrótce Mamaé przeniosła się do moich rodziców do La Perla. Nie wiem, jak ojciec mógł się zgodzić na to, żeby ktoś tak mocno związany z naszą rodziną, którą pogardzał, teraz wprowadzał się do jego domu. Może zadecydowało o tym przekonanie, że dzięki temu moja matka zyska towarzystwo na te długie godziny, które on spędzał w biurze. Mamaé pozostała u nas, dopóki mieszkaliśmy w La Perla.

Nazywała się naprawdę Elvira i była krewną babci Carmen. Jako mała dziewczynka została sierotą i w Tacnie, pod koniec XIX wieku adoptowali ją moi pradziadkowie, którzy ją wychowali tak, jakby była siostrą ich córki Carmen. W młodości była narzeczoną chilijskiego oficera. Kiedy już go miała poślubić – według rodzinnej legendy miała nawet uszytą suknię ślubną i zawiadomienia o ślubie zostały rozesłane – coś się wydarzyło, a może czegoś się dowiedziała, bo zerwała narzeczeństwo. Odtąd pozostawała panną i nie związała się już z nikim aż do osiągnięcia wieku stu czterech lat i wtedy umarła. Nigdy nie rozstawała się z moją babcią, której towarzyszyła w Arequipie, kiedy ta wyszła za mąż, a potem w Boliwii, w Piurze i w Limie. Wychowała moją matkę i wszystkich moich wujów, którzy nazwali ją Mamaé. Wychowała również mnie i moje kuzynki, a nawet tuliła w ramionach moje dzieci oraz dzieci kuzynek. Tajemnicę zerwania z narzeczonym – a ten dramatyczny fakt zmusił ją do pozostania na całe życie w samotności – zabrały ze sobą do grobu ona i moja babcia, jedyne osoby, które znały szczegóły tej sprawy. Mamaé była zawsze jak cień towarzyszący opiekuńczo naszej rodzinie, była drugą matką dla nas wszystkich, nocami czuwała przy łóżkach chorych, niańczyła nas i była naszą powiernicą, opiekowała się domem pod naszą nieobecność i nigdy nie protestowała ani się nie skarżyła, kochała nas wszystkich i była do nas przywiązana. Jedyną jej rozrywką było słuchanie radia, wtedy gdy inni go słuchali, dopóki pozwalał na to wzrok, wracała do lektury książek, które znała z młodości, no i oczywiście chodziła regularnie na niedzielną mszę.

Dla mojej matki była cennym towarzystwem w La Perla i ja się bardzo cieszyłem, że zamieszkała z nami, bo jej obecność łagodziła trochę napady złości mego ojca. Niejednokrotnie podczas ataków wyrażających się obelgami i biciem drobniutka Mamaé wchodziła, powłócząc nogami, do pokoju i ze złożonymi dłońmi prosiła: „Ernesto, zlituj się", „Ernesto, na miłość boską", a on starał się uspokoić w jej obecności.

Pod koniec 1948, kiedy już zdaliśmy ostatnie egzaminy po pierwszym roku szkoły średniej – było to na początku, a może w połowie grudnia – zdarzyło się w szkole La Salle coś takiego, co przyniosło spóźnioną, ale decydującą konsekwencję w moich relacjach z Bogiem. Do tej pory były to relacje dziecka, które wierzyło i praktykowało to, czego je nauczono, jeśli chodzi o religię, i dla którego istnienie Boga i prawdziwa natura katolicyzmu były tak oczywiste, że nawet nie przychodziły mu do głowy najmniejsze wątpliwości w tej materii. Kiedy ojciec wyśmiewał się z nas, mówiąc, że ja i mama jesteśmy świętoszkami, to my czuliśmy się umocnieni w naszych przekonaniach. Przecież to zupełnie normalne, że ktoś, kto wydaje się uosobieniem okrucieństwa i wcieleniem zła w człowieku, jest niewierzącym odszczepieńcem?

Nie przypominam sobie, żeby bracia zakonni w szkole La Salle przeciążali nas lekcjami katechizmu i nabożnymi praktykami. Mieliśmy lekcje religii – prowadził je brat Agustín na drugim roku poziomu średniego i były tak zajmujące jak jego lekcje historii powszechnej, co zachęciło mnie do kupienia Biblii – do naszych obowiązków należało chodzenie w każdą niedzielę na mszę i na rekolekcje w ciągu roku, ale nie można tego porównywać ze szkołami słynącymi ze swego rygoru w nauczaniu religii, takimi jak La Inmaculada albo La Recoleta. Co pewien czas bracia polecali nam wypełniać ankietę, żeby sprawdzić, czy czujemy w sobie powołanie do służby Bogu, i ja zawsze odpowiadałem, że nie, że moim powołaniem jest zostać marynarzem. I rzeczywiście nigdy nie doświadczyłem, jak niektórzy z moich kolegów, żadnego kryzysu skutkującego zerwaniem z religią. Pamiętam moje zdziwienie, kiedy pewnego wieczoru zobaczyłem w mojej dzielnicy jednego z kolegów, który nagle wybuchnął płaczem i kiedy razem z Luchínem chcieliśmy go uspokoić i zapytaliśmy, co się stało, usłyszeliśmy, jak mamrocze, że płacze, bo ludzie tak bardzo znieważają Pana Boga.

Zdarzyło się, że z jakiegoś powodu nie mogłem w porę odebrać mojego dzienniczka szkolnego w ostatnim dniu 1948. Poszedłem następnego dnia. W szkole nie było uczniów. W dyrekcji dano mi dzienniczek i kiedy już miałem wychodzić, pojawił się uśmiechnięty brat Leoncio. Zapytał o moje stopnie i o plany na wakacje. Mimo że miał sławę starego raptusa, który rozdaje chłopakom kuksańce, kiedy źle się zachowują, wszyscy kochaliśmy go za to, że był postacią barwną, z rumianą twarzą, rozwichrzoną czupryną i mówił po hiszpańsku z francuskim akcentem. Zasypał mnie pytaniami, nie dając mi szansy, abym się pożegnał, i nieoczekiwanie oznajmił, że chce mi coś pokazać i żebym za nim poszedł. Zaprowadził mnie na ostatnie piętro w budynku szkoły, gdzie bracia mieli swe pokoje i dokąd my, uczniowie, nigdy nie wchodziliśmy. Otworzył drzwi do swojej sypialni: był to mały pokoik z jednym łóżkiem, szafą, stolikiem do pracy, a na ścianach wisiały święte obrazki i fotografie. Zauważyłem, że był bardzo podniecony, mówił szybko o grzechu, o szatanie, czy coś w tym rodzaju, i jednocześnie szukał czegoś w szafie. Poczułem się nieswojo. W końcu wyciągnął plik czasopism i podał mi je. Otworzyłem pierwsze z nich, które nazywało się „Vea" i było pełne fotografii nagich kobiet. Ogarnęło mnie zdziwienie pomieszane ze wstydem. Nie miałem odwagi podnieść głowy ani zareagować, a tymczasem brat Leoncio, nie przerywając szybkiego mówienia, zbliżył się do mnie, zapytał, czy znam te czasopisma, czy ja i moi koledzy je kupujemy i czy je oglądamy, kiedy jesteśmy sami. Nagle poczułem jego rękę w moim rozporku. Próbował mi go rozpiąć i jednocześnie w sposób bardzo nieprzyzwoity pocierał przez spodnie mego penisa. Pamiętam jego przekrwioną twarz, drżący głos i wyciekającą z ust niteczkę śliny. Nie czułem przed nim takiego lęku jak przed moim ojcem. Zacząłem krzyczeć z całych sił „Puść mnie, puść mnie!" i wtedy, w jednej chwili, zaczerwieniona twarz brata stała się sina. Otworzył mi drzwi i wymamrotał coś w rodzaju „czego tak się wystraszyłeś". Wybiegłem pędem na ulicę.

Biedny brat Leoncio! Ile wstydu musiał się najeść po tym incydencie. W następnym roku, który był moim ostatnim etapem nauki w szkole La Salle, kiedy mijaliśmy się na szkolnym patiu, unikał mego wzroku, a na jego twarzy malowało się zmieszanie.

Od tego czasu przestawałem stopniowo interesować się religią i Bogiem. Nadal chodziłem na mszę, spowiadałem się i przystępowałem do komunii, a nawet odmawiałem wieczorną modlitwę, ale robiłem to w sposób coraz bardziej mechaniczny, bez zaangażowania, a na obowiązkowej mszy szkolnej myślałem o czym innym, no i pewnego dnia zdałem sobie sprawę, że już przestałem wierzyć. Stałem się niewierzący. Nie odważyłem się nikomu o tym powiedzieć, ale w samotności powtarzałem to sobie bez wstydu i lęku. Dopiero w 1950, kiedy zaczynałem naukę w Szkole Wojskowej Leoncia Prady, ośmieliłem się prowokować otaczających mnie kolegów takim oświadczeniem: „Nie wierzę, jestem ateistą".

Tamten epizod z bratem Leonciem nie tylko zmniejszył moje zainteresowanie religią, ale także spotęgował wstręt, który czułem do seksu, zwłaszcza od tamtego popołudnia nad rzeką Piurą, kiedy moi przyjaciele z miasta Piury uświadomili mi, jak się obstalowuje dzieci i w jaki sposób przychodzą one na świat. Był to wstręt, który bardzo dobrze ukrywałem, bo zarówno w szkole La Salle, jak i w mojej dzielnicy mówienie o pieprzeniu się było oznaką męskości, dowodem na to, że przestaje się być dzieckiem i już się jest mężczyzną, a tego bardzo pragnąłem, podobnie jak moi koledzy, może nawet więcej od nich. Ale chociaż opowiadałem o pieprzeniu się albo na przykład chwaliłem się tym, że podglądałem dziewczynę, która się rozbierała i którą potem przeleciałem, to sprawy te były dla mnie obrzydliwe. A kiedy nie chcąc wypaść gorzej niż inni, robiłem to – jak pewnego popołudnia, kiedy schodziliśmy z urwistego brzegu z szóstką chłopaków z dzielnicy, żeby urządzić konkurs kukieł ze słomy nad morzem w dzielnicy Miraflores, który wygrał astronauta Luquen – przez wiele dni czułem niesmak.

Wtedy samo zakochanie się nie miało dla mnie absolutnie nic wspólnego z seksem, było to promienne, wyzbyte cielesności, intensywne i czyste uczucie, jakie żywiłem do Heleny. Polegało na tym, że dużo o niej marzyłem i wiele na jej temat fantazjowałem, wyobrażałem sobie, że się pobraliśmy i podróżujemy po pięknych miejscach, że piszę dla niej wiersze i przeżywam pasjonujące i bohaterskie sytuacje, w których ratuję ją przed niebezpieczeństwami, potrafię ocalić od nieprzyjaciół, mszczę się na napastnikach. Ona ofiarowywała mi w nagrodę pocałunek. Pocałunek „bez języka". Odbyliśmy w tej sprawie dyskusję z chłopakami z dzielnicy i ja broniłem tezy, że sympatii nie można całować „z językiem". Można to robić tylko z takimi, które są *cursi*, kurewkami, pospolitymi mewkami. Całowanie „z językiem" było jak obmacywanie, a kto, nie będąc obrzydliwym degeneratem, mógłby obmacywać uczciwą dziewczynę?

Mimo że seks wzbudzał we mnie wstręt, podzielałem zamiłowanie kolegów z dzielnicy do dobrego ubioru, ładnych butów i, jeżeli to było możliwe, do okularów Ray Ban, które sprawiały, że dziewczęta nie potrafiły oprzeć się żadnemu chłopakowi. Ojciec nigdy nie kupował mi ubrania, ale wujowie robili mi prezenty ze swoich garniturów, które były już dla nich za ciasne albo wychodziły z mody, i krawiec z ulicy Manco Cápac przenicowywał je dla mnie i dopasowywał, więc byłem zawsze dobrze ubrany. Istniał tylko jeden problem, który polegał na tym, że kiedy krawiec nicował garnitur, to z prawej strony marynarki zawsze zostawał widoczny szew tam, gdzie znajdowała się kieszonka na chusteczkę, i ja za każdym razem nalegałem na krawieckiego mistrza, żeby cerował to miejsce w sposób niewidoczny, bo wtedy zniknie ślad kieszonki, który mógłby wywołać u ludzi wrażenie, że mój garnitur nie jest nowy, tylko przenicowany.

Jeżeli chodzi o moje kieszonkowe, to wuj Jorge i wuj Juan, a czasem także i wuj Pedro – który po zrobieniu dyplomu wyjechał do pracy na północ jako lekarz w hacjendzie San Jacinto – dawali mi w każdą niedzielę po pięć, a potem po dziesięć soli i to mi zupełnie wystarczało na bilety na poranki do kina, papierosy Viceroy, które wtedy kupowaliśmy na sztuki, albo na wypicie szklaneczki

„kapitana" – mieszanki wermutu i pisco – w towarzystwie chłopaków z dzielnicy, przed fiestą w sobotę, na której podawano tylko napoje chłodzące. Początkowo ojciec też mi wypłacał kieszonkowe, ale odkąd zacząłem jeździć do Miraflores i otrzymywać pieniądze od wujów, dyskretnie wycofał się z wypłacania ojcowskiego napiwku, a ja bardzo szybko pożegnałem się z tą myślą o jego pieniądzach, zanim mi dał, i była to jeszcze jedna z dobrze przemyślanych form przeciwstawienia się ojcu, którą zrodziło moje tchórzostwo. Musiał to zrozumieć, bo od tego czasu, od początku 1948, nigdy nie podarował mi ani grosza.

Jednak mimo demonstrowania przez niego takich ekonomicznych nietaktów, w 1949 roku odważyłem się – a był to jedyny raz, kiedy zrobiłem coś podobnego – poprosić go, żeby zapłacił za reperację mojego uzębienia. Miałem wystające zęby, co bardzo przeszkadzało mi w szkole, bo koledzy nazywali mnie Królikiem i wyśmiewali się ze mnie. Nie sądzę, abym dawniej przywiązywał do tego wagę, ale odkąd zacząłem bywać na zabawach, spotykać się z dziewczętami i mieć sympatię, założenie aparatu, który wyprostowałby mi uzębienie, jak to sobie zrobili niektórzy moi koledzy, stało się intensywnie pielęgnowaną ambicją. I nagle taka możliwość stawała się dla mnie dostępna. Jeden z kolegów z dzielnicy, Coco, był synem technika dentystycznego, którego specjalnością okazały się właśnie takie żelazne aparaty do prostowania zębów. Porozmawiałem z Coco, a on ze swoim ojcem, i uprzejmy doktor Lañas umówił się ze mną w swoim gabinecie na obrzeżach Unión, w centrum Limy, ażeby mnie zbadać. Zaproponował, że założy mi aparat i nie weźmie pieniędzy za robociznę, a ja zapłacę tylko za materiał. Przez wiele dni walczyłem ze swoją dumą z jednej i z kokieterią z drugiej strony, zanim wykonałem decydujący krok, który uznałem za haniebną rezygnację. Ale kokieteria była silniejsza – głos musiał mi drżeć – i poprosiłem ojca o pomoc.

Odpowiedział, że dobrze, że porozmawia z doktorem Lañasem i może to nawet zrobił. Ale zanim rozpocząłem leczenie, coś musiało się wydarzyć, wybuchła jakaś domowa awantura albo miała miejsce kolejna eskapada do domu wujostwa, bo po zażegnaniu kryzysu i po tym, jak zapanowało rodzinne pojednanie, ojciec nie wrócił do rozmowy o tej sprawie, a ja mu o tym nie przypominałem. Zostałem z moimi króliczymi zębami i w następnym roku, kiedy wstąpiłem do Szkoły Wojskowej Leoncia Prady, wystające uzębienie już mi nie przeszkadzało.

IV. Front Demokratyczny

Po Spotkaniach na rzecz Wolności, które odbyły się w sierpniu i wrześniu 1987, wyjechałem 2 października do Europy, jak to robiłem co roku o tej porze. Ale tym razem, w przeciwieństwie do lat poprzednich, miałem głęboko tkwiącego w moim ciele bakcyla polityki, mimo gniewu i apokaliptycznych przepowiedni Patrycji. Przed wyjazdem z Limy wystąpiłem w telewizji, bo chciałem podziękować tym, którzy mi towarzyszyli w mobilizowaniu obywateli do protestu przeciwko etatyzmowi, no i powiedziałem, że wracam „do swego biurka i do swoich książek", jednak nikt w to nie uwierzył, zaczynając od mojej żony. Ja sam w to nie wierzyłem.

Podczas dwóch miesięcy, które spędziłem w Europie, byłem obecny na premierze mojej sztuki *La Chunga* w jednym z teatrów Madrytu i poprawiałem bruliony mojej powieści *Pochwała macochy*, przesiadując pod ozdobionym świetlikami sklepieniem czytelni Muzeum Brytyjskiego (o kilka kroków od małej salki, w której Marks napisał znaczną część *Kapitału*), ale moje myśli często oddalały się od fantazji Niezwyciężonych albo od erotycznych igraszek don Rigoberta i doñi Lukrecji i biegły do tego, co się działo w Peru.

Moi przyjaciele – starzy i nowi, z czasów politycznej mobilizacji – zbierali się regularnie pod moją nieobecność, żeby snuć plany na przyszłość, prowadzili dialog z przywódcami partii i w każdą niedzielę Miguel Cruchaga przekazywał mi szczegółowe i entuzjastyczne raporty, które wywoływały u mojej żony nieustanne wybuchy gniewu albo przymusowe zażywanie leków na uspokojenie. Albowiem od pierwszych sondaży prezentowałem się jako postać popularna, z szansą zdobycia głosów około jednej trzeciej elektoratu, gdybym ewentualnie zdecydował się kandydować w wyborach, i był to najwyższy procent poparcia wśród prawdopodobnych pretendentów do urzędu prezydenta w wyborach na razie odległych, bo planowanych na rok 1990. Jednak dla Miguela źródłem największego zadowolenia była presja opinii publicznej na rzecz wielkiego zjednoczenia sił demokratycznych pod moim przywództwem, która wydawała się nie do powstrzymania. Była to kwestia, o której rozprawialiśmy w naszych dyskusjach jak o bardzo odległym ideale. A tymczasem sprawa stała się nagle prawdopodobna i zależała od mojej decyzji.

Na pewno tak było. Od czasu manifestacji na placu San Martín i ze względu na jej wielki sukces w prasie, radiu, telewizji i wszędzie dookoła, zaczęto mówić o konieczności skonsolidowania sił demokratycznej opozycji, która w wyborach 1990 powinna stawić czoła partii APRA i Zjednoczonej Lewicy. Rzeczywiście wojujący członkowie Akcji Ludowej i Chrześcijańskiej Partii Ludowej połączyli się tamtego wieczoru w Limie z kręgami niezależnych. To samo stało się w Piurze i w Arequipie. Na trzech manifestacjach byłem oklaskiwany przez te trzy partie oraz ich przywódców dlatego, że się przeciwstawiałem projektowi etatyzmu.

Opozycja przeciw etatyzmowi była natychmiastowa ze strony Chrześcijańskiej Partii Ludowej i początkowo nieco słabsza ze strony Akcji Ludowej. Jej lider, były prezydent Belaúnde, obecny w Kongresie w dniu ogłoszenia zapowiedzi, podał do wiadomości ostrożną deklarację, bo prawdopodobnie obawiał się, że etatyzm może zyskać duże poparcie. Jednak przez następne dni, pod wpływem reakcji szerokich kręgów społeczeństwa, jego wypowiedzi stawały się za każdym razem coraz bardziej krytyczne i jego zwolennicy stawili się masowo na placu San Martín.

Presja mediów niepopierających partii APRA, i ogólna reakcja opinii publicznej, której dawano wyraz w listach, telefonach i wypowiedziach popierających zamysł, żeby do końca roku 1990 nasza mobilizacja odniosła sukces w postaci sojuszu, okazała się ogromna w ciągu tygodni, które nastąpiły po Spotkaniach na rzecz Wolności, i trwała dalej, kiedy przebywałem w Europie. Miguel Cruchaga oraz inni moi przyjaciele byli zdania, że powinienem podjąć inicjatywę, aby urzeczywistnić ten projekt, chociaż różnili się co do kalendarza działań. Freddy uważał za przedwczesny mój natychmiastowy powrót do Limy. Obawiał się, że w ciągu trzech lat, które pozostawały do zmiany prezydenta, atrakcyjność mojego wizerunku publicznego może osłabnąć. Gdybym chciał być aktywny w życiu politycznym, musiałbym dużo podróżować po kraju, bo w terenie jestem słabo znany. Tak więc po przedyskutowaniu wielu rozwiązań w rozmowach telefonicznych, na które wydaliśmy prawdziwą fortunę, zdecydowaliśmy, że wrócę do Peru w początkach grudnia przez Iquitos.

Wybór stolicy peruwiańskiej Amazonii na miejsce przybycia do Peru nie był przypadkowy. W czasie walki przeciwko nacjonalizacji, po manifestacjach w Limie, Arequipie i Piurze zaplanowaliśmy czwarty wiec w Loreto, skąd otrzymałem prośby o jego zorganizowanie. Wtedy partia APRA razem z rządem rozpętała przeciwko mnie niesłychaną kampanię w Iquitos, literacką *sensu stricto*. Polegała na oskarżaniu mnie przez stacje radiowe i państwowy kanał telewizyjny o szkalowanie loretańskich kobiet w mojej powieści *Pantaleon i wizytantki*, której akcja rozgrywa się w Iquitos. Kopiowano z niej rozdziały i stronice, które rozpowszechniano w formie ulotek, czytano w mediach i formułowano oskarżenia, że wszystkie kobiety z Loreto nazwałem „wizytantkami" i opisywałem ich wyuzdane popisy seksualne. Zorganizowano defiladę matek z czarnymi wstążkami, APRA wezwała wszystkie kobiety brzemienne, by położyły się na lotnisku i uniemożliwiły lądowanie samolotu, którym miałby przybyć „nie-przyzwoity oszczerca, który zamierza zbrukać loretańską ziemię" (cytuję jedną z ulotek). Na domiar złego okazało się, że jedyna opozycyjna stacja radiowa i dziennikarz, którzy mnie bronili (językiem podobnym do tego, jakim posługiwał się Sinchi, czyli postać z mojej powieści), doszli do wniosku, że najlepszym sposobem na obronę mojej osoby będzie bezwarunkowa pochwała prostytucji, której poświęcili wiele programów. To sprawiło, że obawialiśmy się porażki, albo nawet groteskowego sabatu czarownic, i zrezygnowaliśmy z wiecu.

Jednak teraz, kiedy wracałem do Peru z dalekosiężnymi planami politycznymi, należało zmierzyć się od razu z loretańskim bykiem, aby wiedzieć, czego należy się trzymać. Miguel Cruchaga i Freddy Cooper udali się do dżungli, żeby przygotować moje przybycie. Ja odbyłem podróż przez Miami, sam, bo Patrycja, w proteście przeciwko tym groźnym przedstawicielom prozelityzmu, nie chciała mi towarzyszyć. Na lotnisku w Iquitos powitała mnie mała, ale serdeczna grupa ludzi i następnego dnia, 13 grudnia, w wypełnionym do ostatniego miejsca audytorium Colegio San Agustín mówiłem o moich związkach z Amazonią i o tym, jak wiele zawdzięczają temu regionowi moje powieści, głównie *Pantaleon i wizytantki*. Kobiety z Loreto, które stanowiły większość wśród moich słuchaczy, okazały więcej poczucia humoru niż moi przeciwnicy i śmiały się z moich anegdot zaczerpniętych z tej powieści (a dwa i pół roku później masowo głosowały na mnie w wyborach powszechnych i w Loreto uzyskałem najwięcej głosów w skali całego kraju).

Postój w Loreto upłynął bez incydentów, w ciepłej atmosferze, a jedynym nieprzewidzianym zgrzytem był wybuch gniewu Freddy'ego Coopera, który o północy wyszedł ze swego pokoju w Hotelu Turystycznym, w którym spędzaliśmy noc, i stwierdził, że wszyscy przedstawiciele ochrony poszli do burdelu.

Zaraz po przyjeździe do Limy, 14 grudnia, zacząłem działać na rzecz umocnienia Frontu Demokratycznego, który dziennikarze ochrzcili ponownie okropnym akronimem FREDEMO* (Belaúnde i ja nigdy go nie używaliśmy).

Poszedłem spotkać się z przywódcami Akcji Ludowej i Chrześcijańskiej Partii Ludowej, oddzielnie z każdym, no i zarówno Fernando Belaúnde, jak i Luis Bedoya okazali się przychylni idei Frontu. Odbyliśmy wiele spotkań, na których debatowaliśmy nad usunięciem przeszkód, jakie działały na niekorzyść zjednoczenia. Bedoya był o wiele bardziej entuzjastyczny niż Belaúnde, który musiał przeciwstawić się zdecydowanej opozycji ze strony wielu swoich przyjaciół i współwyznawców upierających się przy tym, aby on raz jeszcze kandydował na urząd prezydenta i aby Akcja Ludowa samodzielnie szła do wyborów. Belaúnde wykręcał się stopniowo przed tymi naciskami, ze wspaniałym profesjonalizmem, ale niezbyt ochoczo, bo na pewno obawiał się, że jeśli partia, tak przywiązana do jego osoby, dowie się, iż przyjeżdżał do siedziby opozycji, to ulegnie rozpadowi.

W końcu, po wielu miesiącach negocjacji, w których często czułem, że się duszę z powodu zamiłowania Belaúndego do drobiazgów, uzgodniliśmy powołanie komisji złożonej z przedstawicieli trzech partii, której zadaniem miało być opracowanie podstaw sojuszu. Trzej kandydaci reprezentowali w komisji partię AP**, trzej – PPC*** i kolejni trzej – „niezależnych", za przywódcę trzech ostatnich uznano mnie; doradzaliśmy im powołanie czegoś, co jeszcze nie istniało – Ruchu Wolność. Trzej delegaci, których wyznaczyłem do Ruchu: Miguel Cruchaga, Luis Bustamante i Miguel Vega – utworzą później, razem z Freddym Cooperem i ze mną, pierwszy Komitet Wykonawczy Ruchu, który zawiązywaliśmy w dużym pośpiechu pod koniec 1987 i w początkach 1988, jednocześnie z organizowaniem Frontu Demokratycznego.

Często mi wypominano sojusz z dwiema partiami, które były już u władzy (w dużym stopniu za rządów Belaúndego Terry'ego,

---

* FREnte DEMOcrático – Front Demokratyczny (przyp. tłum.).
** Acción Popular – Akcja Ludowa (przyp. tłum.).
*** Partido Popular Cristiano – Chrześcijańska Partia Ludowa (przyp. tłum.).

którego Bedoya Reyes był koalicjantem). Ten sojusz, mówili krytycy, pozbawiał cech świeżości i nowości moją kandydaturę i sprawiał, że pojawiała się ona jakby na skutek manipulacji starych polityków peruwiańskiej prawicy, którzy chcieli odzyskać władzę przy pomocy wprowadzonej osoby trzeciej. „W jaki sposób naród peruwiański ma uwierzyć w »wielką zmianę«, którą pan proponuje – powiedzieli mi – jeżeli idzie pan pod rękę z tymi, którzy rządzili w latach 1980–1985, nic nie zmieniając z tego, co było w Peru złe? Idąc razem z Belaúndem i z Bedoyą, popełnia pan samobójstwo".

Od początku znałem ryzyko tego sojuszu, ale zdecydowałem się podjąć je z dwóch powodów. W Peru tyle spraw wymagało reform, że potrzebowaliśmy szerokiego poparcia ludowego, aby je przeprowadzić. Partie AP i PPC miały wpływy w znaczących sektorach i obydwie mogły się zaprezentować jak najlepsze i wiarygodne siły demokratyczne. Gdybyśmy do wyborów poszli oddzielnie – myślałem – to podzielenie głosów centrum i prawicy przyniosłoby zwycięstwo Zjednoczonej Lewicy i partii APRA. Nie najlepszy wizerunek starych polityków można zmienić poprzez program głębokich reform, które nie będą miały nic wspólnego z populizmem AP ani z konserwatyzmem PPC, ale będą wyrażały radykalny liberalizm, nigdy przedtem w Peru nie postulowany. I właśnie te idee stanowić będą o nowości i świeżości Frontu.

Z drugiej strony obawiałem się, że okres trzech lat nie będzie wystarczający w kraju o takiej skali trudności jak nasz – znaczne obszary dotknięte terroryzmem, fatalne drogi albo ich brak, niewystarczające środki transportu – ażeby powołana przez ludzi niedoświadczonych organizacja, jaką był Ruch Wolność, mogła stworzyć swoje komórki we wszystkich prowincjach i okręgach, żeby móc konkurować z partią APRA, która poza sprawną organizacją mogła tym razem liczyć na wsparcie całego aparatu państwowego, a także żeby móc współzawodniczyć z lewicą zaprawioną w wielu zmaganiach wyborczych. Choćby obie partie miały nie wiem jak osłabione siły – myślałem sobie – to

AP i PPC mogły liczyć na infrastrukturę narodową, niezbędną do wygrania wyborów.

Obydwie kalkulacje były dosyć błędne. To prawda, że ja i moi przyjaciele sprzeczający się czasem z sojusznikami jak pies z kotem, zwłaszcza z Akcją Ludową, osiągnęliśmy to, że program rządzenia Frontu Demokratycznego był liberalny i radykalny. Jednak w momencie głosowania to mniej zaważyło w okręgach ludowych aniżeli obecność wśród nas twarzy i nazwisk, które już utraciły wiarygodność z powodu swojej działalności politycznej w przeszłości. A z drugiej strony naiwne było moje myślenie, że Peruwiańczycy głosują na idee. Głosowali tak, jak się głosuje w nierozwiniętej demokracji, a czasami także i w demokracjach dojrzałych, pod presją obrazów, mitów, uderzeń serca albo niejasnych uczuć czy resentymentów niemających większego związku z rozumem.

Druga hipoteza była jeszcze bardziej błędna od pierwszej. Ani Akcja Ludowa, ani Chrześcijańska Partia Ludowa nie miały w tym momencie solidnej organizacji na szczeblu k r a j o w y m. PPC nigdy jej nie miała. Ta mała partia, przede wszystkim klasy średniej, poza Limą liczyła zaledwie kilka komitetów w stolicach departamentów i prowincji oraz miała szczupłe grono zwolenników. Natomiast Akcja Ludowa, mimo że zwyciężyła dwa razy w wyborach prezydenckich i w swoim najlepszym okresie była partią masową, nigdy nie zdołała utworzyć tak zdyscyplinowanej i skutecznej organizacji jak APRA. Była zawsze partią napływową, która w okresie wyborczym skupiała zwolenników wokół swojego lidera, a potem się rozpraszała. Ale po niepowodzeniu w roku 1985 – jej kandydat na prezydenta, doktor Javier Alva Orlandini, zdobył zaledwie trochę więcej niż sześć procent głosów – straciła impet i wkroczyła w coś, co wyglądało jak proces rozmywania się. Jej istniejące jeszcze komitety skupiały byłych funkcjonariuszy rządowych, czasem o złej reputacji, i wielu z nich wydawało się pragnąć sukcesu Frontu po to, żeby wrócić do złych praktyk.

W końcu rezultat okazał się całkowicie odmienny od przewidywanego. Sojusznicy nigdy nie połączyli swoich sił, a raczej w wielu przypadkach zaangażowali się we wzajemne spory spowodowane osobistą rywalizacją i przyziemnymi apetytami, a czasem, jak w Piurze, zdarzały im się ostre starcia w radiu i w prasie, co ogromnie cieszyło naszych przeciwników. Mimo niedociągnięć w tym, co dotyczyło organizacji, Ruch Wolność, wśród sił Frontu – poza AP i PPC został zintegrowany przez SODE (Solidarność i Demokrację), małą formację fachowców – okazał się, być może, tym, który potrafił utworzyć najszerszą sieć komitetów w całym kraju (chociaż nie na długo).

Połączenie z AP i PPC nie było główną przyczyną porażki wyborczej. Spowodowały ją różne czynniki i, bez wątpienia, to ja ponoszę dużą odpowiedzialność za przegraną, bo skoncentrowałem całą kampanię na obronie programu rządzenia, zaniedbałem aspekty wyłącznie polityczne, wykazałem się nieustępliwością i od początku do końca zachowywałem przejrzystość celów, co uczyniło mnie nieodpornym na ciosy i próby zdyskredytowania mnie, a to wystraszyło wielu moich początkowych zwolenników. Jednak koalicja z tymi, którzy rządzili w latach 1980–1985, przyczyniła się do tego, że zaufanie społeczne do Frontu – które istniało podczas całej niemal kampanii wyborczej – było nietrwałe i w pewnym momencie zniknło.

W ciągu tych trzech lat spotykaliśmy się z Belaúndem i z Bedoyą w rytmie dwa do trzech razy w miesiącu, początkowo zmieniając miejsca spotkań, żeby uniknąć polowania dziennikarzy, a potem, najczęściej, u mnie w domu. Zbieraliśmy się rano, około dziesiątej. Bedoya zawsze się spóźniał, co niecierpliwiło Belaúndego, który był człowiekiem bardzo punktualnym i zawsze pragnął, by zebrania szybko się kończyły, bo chodził do Klubu Regatas, gdzie pływał i grywał w piłkę odbijaną od ściany, co nosiło nazwę *frontón* (czasem przychodził na nasze spotkania już ze sportowym obuwiem i z rakietą).

Trudno sobie wyobrazić dwie osoby – dwóch polityków – bardziej się między sobą różniące. Belaúnde urodził się w 1912, w dobrej rodzinie, chociaż bez majątku, i zbliżał się do schyłku życia, które było pełne sukcesów, na które składały się dwa zwycięstwa w wyborach prezydenckich i wizerunek demokratycznego i uczciwego państwowca, czego nie kwestionowali nawet jego najwięksi przeciwnicy.

Bedoya był trochę młodszy, urodził się w Callao w 1919, pochodzenie miał skromniejsze – jego rodzina należała do niższej klasy średniej – przebył długą drogę, zanim osiągnął dobrą pozycję życiową jako adwokat. Jego polityczna kariera miała krótkie apogeum – był znakomitym burmistrzem stolicy w okresie pierwszej prezydentury Belaúndego, od 1964 do 1966, i ponownie od 1967 do 1969 – ale później nigdy już nie był w stanie pozbyć się etykietek „reakcjonisty", „obrońcy oligarchów" i „człowieka skrajnej prawicy", jakimi opatrzyła go lewica, i dwukrotnie przegrał, stając do wyborów prezydenckich (w 1980 i 1985). Nie był bardzo dobrym mówcą i czasem działał w pośpiechu, więc takie etykietki przyczyniły się do tego, że Peruwiańczycy nigdy nie pozwolili mu rządzić krajem. Był to błąd, za który zapłaciliśmy, zwłaszcza w wyborach 1985. Jego rządy byłyby bowiem mniej populistyczne niż Alana Garcíi, bardziej energiczne w walce z terroryzmem i, bez wątpienia, bardziej uczciwe.

Z nich obu Belaúnde był bardziej elokwentny i błyskotliwy, miał więcej elegancji i uroku. Natomiast Bedoya mógł być bardziej niezręczny i nużący ze swoimi długimi prawniczymi monologami wewnętrznymi, które tego pierwszego wyprowadzały z równowagi jako człowieka wielce uczulonego na wszystko, co abstrakcyjne, i niezainteresowanego ideologiami i doktrynami. (Ideologia Akcji Ludowej polegała na elementarnej formie populizmu – dużo robót publicznych – formie inspirowanej przez New Deal Roosevelta, który był dla Belaúndego modelowym wzorem państwowca, formie wzorowanej na nacjonalistycznych sloganach w rodzaju „Zdobycie Peru przez Peruwiańczyków" oraz na romantycznych aluzjach do imperium Inków i do pracy kolektywnej we wspólnotach prehiszpańskiego człowieka Andów). Ale spośród nich dwóch, w zachowaniu wobec mnie podczas kampanii wyborczej, Bedoya okazał się bardziej giętki i gotowy do ustępstw na rzecz wspólnego celu. Jeżeli raz się zgodził na zawarcie jakiejś umowy, bezwzględnie jej dotrzymywał. Belaúnde zawsze działał w taki sposób – trzeba przyznać, że zachowując w każdym momencie poprawne formy – jakby tylko Akcja Ludowa stanowiła Front Demokratyczny, natomiast PPC i Ruch Wolność były do niego zwykłymi dodatkami. Pod pozorem finezyjnych manier kryła się w nim pewna próżność, miał w sobie coś z *caudillo* przywykłego do takiego działania i zaprowadzania zmian w swojej partii, że nikt nie ośmielał się temu przeciwstawić. Bardzo odważny, mówca o wspaniałej dziewiętnastowiecznej retoryce, człowiek lubujący się w efektownych gestach – na przykład gotów bić się w pojedynku – w 1945 był jednym z animatorów Frontu Demokratycznego, który wyniósł do prezydentury Bustamantego y Rivero i objawił się pod koniec dyktatury generała Odríi (1948–1956) jako przywódca reformator, któremu zależało na przeprowadzeniu zmian społecznych i zmodernizowaniu Peru. Jego dojście do władzy w 1963 rozbudziło olbrzymie nadzieje. Ale jego rząd nie mógł wiele dokonać, w znacznej mierze z powodu APRA i zwolenników Odríi (którzy połączeni w Kongresie, gdzie mieli większość, blokowali wszystkie jego projekty, zaczynając od reformy rolnej) i, do pewnego stopnia, z powodu jego niezdecydowania oraz nieumiejętności w doborze współpracowników. Wojskowy zamach stanu Velasca w 1968 był przyczyną tego, że Belaúnde wyemigrował do Argentyny, a potem do Stanów Zjednoczonych, gdzie spędził cały okres dyktatury, żyjąc skromnie i utrzymując się z lekcji. W trakcie swojej drugiej prezydentury, w przeciwieństwie do pierwszej, nie został obalony przez wojskowych, ale jego najważniejszym celem było tylko przetrwanie do kolejnych wyborów. Bo we wszystkich innych dziedzinach, a zwłaszcza w polityce ekonomicznej, poniósł klęskę. W okresie pierwszych dwóch lat powołał na urząd premiera i ministra gospodarki Manuela Ulloę, człowieka inteligentnego i sympatycznego, który był wobec niego bardzo lojalny, ale lekkomyślny aż do granic nieodpowiedzialności. Nie naprawił żadnego z katastrofalnych posunięć dyktatury, takich jak uspołecznienie ziemi i upaństwowienie najważniejszych krajowych przedsiębiorstw, niebezpiecznie zwiększył zadłużenie kraju, nie wystąpił w sposób zdecydowany przeciwko terroryzmowi, kiedy ten znajdował się jeszcze w zarodku, nie potrafił powstrzymać korupcji, którą zarazili się ludzie z jego własnej partii, i doprowadził do rozpętania się inflacji.

Głosowałem na Belaúndego w każdych wyborach, kiedy kandydował na prezydenta, i chociaż byłem świadomy jego braków, broniłem drugiej kadencji jego rządów, bo wydawało mi się, że po dwunastu latach dyktatury odbudowanie demokracji powinno być naszym głównym celem. Także dlatego, że ci, którzy go atakowali – APRA i Zjednoczona Lewica – prezentowali jeszcze gorsze opcje. Ale przede wszystkim dlatego, że osobę Belaúndego, poza jego dużym oczytaniem i dobrymi manierami, cechuje wewnętrzna przyzwoitość i dwie zalety, które zawsze w nim podziwiałem, a które są niespotykane u peruwiańskich polityków: autentyczne przekonanie do demokracji* i absolutna uczciwość. Jest jednym z niewielu prezydentów w naszej historii, którzy wyszli z pałacu biedniejsi, niż do niego wchodzili. Jednak moje poparcie dla Belaúndego było niezależne, niepozbawione krytyki jego rządu, w którym w przeciwieństwie do innych nigdy nie brałem udziału. Z jednym wyjątkiem odrzuciłem wszystkie stanowiska, które mi proponował: ambasadora w Londynie i w Waszyngtonie, ministra oświaty i spraw zagranicznych i w końcu stanowisko premiera rządu. Wyjątkiem było stanowisko niedochodowe, jednomiesięczne, którego wspomnienie u Patrycji i u mnie wywołuje koszmary senne; chodzi o udział w komisji śledczej, która badała sprawę zabójstwa ośmiu dziennikarzy w dalekim regionie Andów,

---

* Co demonstrował jeszcze raz, już jako osiemdziesięciolatek, począwszy od 5 kwietnia 1992, po dokonaniu zamachu stanu przez Alberta Fujimoriego, i zaangażował się zdecydowanie w walkę z dyktaturą.

Uchuraccay*, za co byłem atakowany w sposób bezlitosny i o mały włos nie byłem sądzony.

W połowie swojej drugiej kadencji, pewnego wieczoru, o niestosownej porze, Belaúnde wezwał mnie do pałacu. Jest człowiekiem powściągliwym, który nawet wtedy gdy dużo mówi, nigdy nie zdradza swoich prywatnych poglądów. Jednak przy tamtej okazji – odbyliśmy ze dwa lub trzy spotkania na ten sam temat przez kolejne miesiące – rozmawiał ze mną w sposób bardziej osobisty niż zwykle i z pewnymi emocjami ujawniał mi problemy, które go niepokoiły. Był rozżalony na fachowców, którym dał wolną rękę, jeśli chodzi o zarządzanie gospodarką kraju. A jaki to dało rezultat? Historia nie będzie pamiętała o tych ludziach, ale o nim – tak. Oburzało go, że niektórzy z jego ministrów zatrudniali doradców, płacąc im wysokie pensje w dolarach, podczas gdy od narodu wymagano wyrzeczeń. W tonie jego wypowiedzi oraz w chwilach przemilczeń wyczuwało się melancholię i nutę goryczy. Jego najbliższą troską były wybory w 1985. Akcja Ludowa nie będzie miała szans, podobnie PPC, ponieważ Bedoya, nie ujmując mu jego zasług, był pozbawiony zrywu wyborczego. Taka sytuacja mogła oznaczać zwycięstwo APRA z Alanem Garcíą na urzędzie prezydenta. Konsekwencje dla kraju byłyby okropne. Przez kolejne lata zawsze wspominałem jego słowa wypowiedziane tamtego wieczoru: „Peru nie wie, do czego może być zdolny ten młody człowiek, jeżeli dojdzie do władzy". Uważał, że można by tego uniknąć, gdybym ja został kandydatem AP i PPC na urząd prezydenta. Namawiał mnie usilnie, w sposób łagodny, ale stanowczy, abym zaangażował się w aktywną politykę – „całkowicie i bez reszty" – bez względu na to, że jestem w nią zaangażowany jako intelektualista. Uważał, że moja kandydatura pozyska głosy niezależnych, i zażartował: „Z człowiekiem takim jak pan, który urodził się w Arequipie, a serce zostawił

---

* Zob. *Sangre y mugre de Uchuraccay* (Krew i brudy Uchuraccay) w: M. Vargas Llosa, *Contra viento y marea*, t. 3, Barcelona 1990, s. 85–226.

w Piurze, będziemy mieli pewne poparcie Północy i Południa, wybrzeża i górskich rejonów Peru". Na moje argumenty, że nie jestem zdolny do tego typu działalności (to przewidywanie potwierdził czas), odpowiadał pochlebnymi i uprzejmymi zdaniami – powiedziałbym, że nawet serdecznymi, gdyby to określenie nie stało w takiej sprzeczności z jego pełną rezerwy naturą zupełnie pozbawioną emocji, których nie wahał się jednak zademonstrować, kiedy różniliśmy się w opiniach, a także w momentach największego napięcia w dziejach Frontu Demokratycznego oraz wtedy gdy zetknął się z moją odmową spowodowaną sporem w kwestii wyborów samorządowych w połowie 1989. Tamten projekt Belaúndego nie powiódł się, częściowo z racji mego braku zainteresowania, ale także dlatego, że nie wywołał żadnego echa w Akcji Ludowej ani w Chrześcijańskiej Partii Ludowej, które chciały iść do wyborów w 1985 z własnymi kandydatami.

Bedoya, człowiek bystry i obdarzony błyskotliwym kreolskim dowcipem, mówił, że Belaúnde był „mistrzem w lawirowaniu" w każdej sprawie. I rzeczywiście, nie można było z nim ustalić niczego konkretnego, a nawet czegokolwiek przedyskutować, jeżeli jakiś temat mu się nie podobał albo był dla niego niewygodny. W podobnych przypadkach tak się zawsze urządzał, że zmieniał tok rozmowy, opowiadał jakieś anegdoty z podróży – przemierzył całe Peru wzdłuż i wszerz, piechotą, konno, łodzią, i miał encyklopedyczną wiedzę o geografii kraju – albo rozprawiał o swoich dwóch kadencjach prezydenckich, nie pozwalając sobie przerywać, a potem, nagle, spoglądał na zegarek, energicznie podnosił się z miejsca – „Popatrzcie, zrobiło się bardzo późno" – żegnał się i znikał. Była to zręczność do wykrętów, którą stosował wobec Bedoi i wobec mnie, widziałem, jak pewnego wieczoru skazywał na podobne cierpienia trzy ważne osobistości z partii APRA będące u władzy – premiera Armanda Villanuevę, przewodniczącego Kongresu Luisa Alvę Castro oraz senatora i historyczną relikwię partii, Luisa Alberta Sancheza – którzy prosili o rozmowę z przywódcami Frontu Demokratycznego w celu zawarcia rozejmu politycznego. Spotkaliśmy się w domu inżyniera Jorgego Grievego, w San Isidro, 12 września 1988. Jednak zwolennicy APRA nawet nie mieli okazji, by wystąpić z propozycją rozejmu. Belaúnde zmusił ich bowiem do milczenia przez cały wieczór i sam referował szczegóły pierwszej kadencji swoich rządów, wspominał swoje podróże, nieżyjące już osobistości, no i opowiadał dowcipy i anegdoty, aż wreszcie zwolennicy APRA – zniechęceni i niemal doprowadzeni do szału – skapitulowali i wyszli.

W ciągu tych trzech lat prawie nie rozmawialiśmy z Belaúndem i z Bedoyą o tym, czym byłaby polityka Frontu, gdyby zdobył władzę, ani o ideach, reformach, inicjatywach zmierzających do wydobycia Peru z ruiny i wyprowadzenia kraju na drogę odnowy. Powód był prosty: wszyscy trzej wiedzieliśmy, że istniały różne punkty widzenia, jeżeli chodzi o plan rządzenia krajem, i odkładaliśmy dyskusję na późniejszą porę, która nigdy nie nastąpiła. Prowadziliśmy rozmowy o aktualnych politycznych plotkach i o tym, jakie intrygi będzie knuł Alan García, zastanawialiśmy się, kiedy osiągniemy to, że Belaúnde nie wykręci się w rozmowie od tematu, dyskutowaliśmy, czy Front wystawi wspólnych kandydatów w wyborach samorządowych w listopadzie 1989, czy też każda partia pójdzie do wyborów z własnymi kandydatami.

Już po zaangażowaniu się w grę polityczną na tych spotkaniach trzech partii dokonałem deprymującego odkrycia. Realna polityka, nie ta, o której się czyta i pisze, myśli i snuje wyobrażenia – jedyna, jaką znałem – ale ta, którą się uprawia w codziennej praktyce, ma niewiele wspólnego z ideami, wartościami i wyobraźnią, z przedstawianymi idealistycznie w telewizji wizjami – wzorowego społeczeństwa, które pragnęliśmy budować, z surowym, szlachetnym, solidarnym duchem nacechowanym ideowością. Rzeczywista polityka polega prawie wyłącznie na manewrach, intrygach, konspirowaniu, na układach, paranojach, zdradach, wyrachowaniu, niemałym cynizmie i wszelkiego rodzaju żonglerce. Zawodowego polityka, bez względu na to, czy pochodzi z centrum, z lewicy czy z prawicy, naprawdę bowiem mobilizuje, ekscytuje i utrzymuje w aktywności realna w ł a-d z a: dojść do niej, utrzymać ją, jeszcze raz zdobyć, i to jak najszybciej. Naturalnie istnieją wyjątki, ale te są tylko wyjątkami. Wielu polityków rozpoczyna swą działalność z pobudek altruistycznych – chcą zmienić społeczeństwo, osiągnąć sprawiedliwość, pobudzić rozwój, wprowadzić zasady moralności do życia publicznego – ale w pospolitej i trywialnej praktyce, jaką jest codzienne uprawianie polityki, piękne cele znikają, zamieniają się w zwyczajne frazesy wypowiadane w przemówieniach i deklaracjach – przez tę publiczną p e r s o n ę, jaką zostaje polityk osiągający niemal kompletne zobojętnienie, i w końcu to, co opanowuje go bez reszty, jest tylko żarłocznym i niepohamowanym apetytem na władzę. Ten, kto nie jest w stanie odczuwać obsesyjnej atrakcyjności i niemal fizycznej żądzy władzy, z trudem potrafi zostać skutecznym politykiem sukcesu.

Taki był mój przypadek. Władza wzbudzała we mnie nieufność i to już od czasów mojej rewolucyjnej młodości. I zawsze mi się wydawało, że jedną z najważniejszych funkcji mego powołania, którym stała się literatura, jest przeciwstawianie się władzy, że pisanie jest działalnością, z której punktu widzenia każda władza może być ciągle kwestionowana, bo dobra literatura opisuje niedoskonałości życia, ograniczanie każdej władzy w celu zaspokojenia aspiracji człowieka. To właśnie nieufność do władzy oraz moje fizyczne uczulenie na każdą formę dyktatury sprawiły, że poczynając od lat siedemdziesiątych, atrakcyjna stała się dla mnie myśl liberalna Arona, Poppera albo Hayeka, Friedmana czy Nozicka, zawsze broniąca jednostki przed państwem, dążąca do zdecentralizowania władzy przez rozczłonkowanie jej na odrębne dziedziny, które zrównoważą się między sobą, myśl zmierzająca do przekazania społeczeństwu obywatelskiemu odpowiedzialności ekonomicznej, społecznej oraz instytucjonalnej zamiast skupiania jej na szczytach władzy.

Kiedy na negocjacjach z Akcją Ludową i Chrześcijańską Partią Ludową upłynął niemal rok, uzgodniliśmy utworzenie Frontu

Demokratycznego. Mnie powierzono zredagowanie deklaracji zasad i Belaúnde, zawsze lubiący wielkie gesty, zaproponował, abyśmy pojechali podpisać ją do Trujillo – do kolebki i bastionu partii APRA. Tak też zrobiliśmy 29 października 1988, po odbyciu oddzielnych wieców na całej Północy (ja udałem się do Chiclayo). Manifestacja odniosła sukces, wielki i regularny plac broni w Trujillo zapełnił się w trzech czwartych tłumem ludzi. Ale w Deklaracji z Trujillo – uroczystym wydarzeniu akademickim poprzedzającym wiec, na którym delegaci AP, PPC i Ruchu Wolność sporządzili ocenę sytuacji w Peru – ujawniły się ukryte podskórne walki w łonie Frontu. Na kilka minut przed rozpoczęciem spotkania w głównej sali Cooperativa Santo Domingo de Guzmán, jakby to miał być znak złej przepowiedni, ciężki metalowy parawan runął na stół, przy którym mieliśmy zasiąść Belaúnde, Bedoya i ja. Belaúnde i ja dopiero przyszliśmy i jeszcze stojąc, czekaliśmy na Bedoyę, który w otoczeniu tłumu przemierzał ulice Trujillo. „Jak pan widzi – zażartowałem w rozmowie z byłym prezydentem – niepunktualność Tukana ma swoje dobre strony: ocaliła nam głowy". Ale ten pierwszy publiczny występ koalicjantów wcale nie był przyjemny. W przeciwieństwie do tego, co uzgodniliśmy – połączyć siły, żeby zademonstrować braterskiego ducha koalicji – w naszych publicznych wystąpieniach każda silna grupa urządzała owację tylko swojemu liderowi i chórem wykrzykiwała jego hasła, aby pokazać, że jest najliczniejsza. A wieczorem, zaraz po zakończeniu zgromadzenia, zwolennicy AP, PPC i Ruchu Wolność rozdzielili się, aby uczcić wiec – każdy w swoim partyjnym lokalu. (Ponieważ Wolność nie miała własnego lokalu, nasze świętowanie odbywało się na ulicy).

Kolejność wystąpień spowodowała napięcia. Bedoya oraz moi przyjaciele z Wolności nalegali, abym ja zakończył wiec jako lider ruchu i przyszły kandydat Frontu. Belaúnde był temu przeciwny i powoływał się na swój wiek oraz na to, że jest byłym prezydentem, uważał, że mnie powinna przypaść rola mówcy środka, po ogłoszeniu mojej kandydatury. Ustąpiliśmy mu. Przemówiłem pierwszy, po mnie

Bedoya, a Belaúnde na zakończenie. Rozmowy o takich głupstwach zajmowały nam dużo czasu, rodziły brak zaufania, ale wszyscy byli zgodni, że są w a ż n e.

Front Demokratyczny nie stał się spójną i zintegrowaną siłą, w której wspólny cel dominowałby nad interesami tworzących go partii. Tylko w drugiej turze, po wielkim zaskoczeniu – bardzo wysoki procent głosów zdobytych przez nieznanego Alberta Fujimoriego i pewność, że w końcowym etapie wyborów zwolennicy partii APRA i lewicy udzielą mu poparcia – nastąpił nagły skok, jaki zbliżył do siebie aktywistów i przywódców oraz skłonił ich do pozbawionej partyjnej małostkowości współpracy, która dominowała aż do 8 kwietnia 1990.

Krótkowzroczność polityki była wyraźna w kwestii wyborów samorządowych. Zwołane na 12 listopada 1989, zaledwie na pięć miesięcy przed wyborami prezydenckimi, miały być próbą generalną głównego starcia. Zanim przystąpiliśmy do przedyskutowania tej sprawy, Belaúnde oznajmił, że Akcja Ludowa przedstawi własnych kandydatów, bo jego zdaniem Front Demokratyczny istniał tylko po to, by wybrać prezydenta.

Przez długie miesiące trudno było z nim rozmawiać na ten temat. Razem z Bedoyą uważaliśmy, że pójście w pojedynkę do wyborów samorządowych obnaży podziały i antagonizmy, co osłabi naszą pozycję. Na osobności Belaúnde powiedział mi, że samorządowe listy wyborcze wspólne z PPC, która nie istniała poza Limą, były nie do zaakceptowania dla szeregów Akcji Ludowej i że nie wolno mu z tego powodu narażać się na bunt w łonie własnej partii.

Ponieważ problem wydawał się dotyczyć apetytu na władzę, zaproponowałem Ruchowi Wolność, abyśmy zrezygnowali z przedstawienia jednego wspólnego kandydata na urząd burmistrza lub radnego miejskiego, tak by AP i PPC podzieliły się liczbą kandydatów. Myślałem, że takim gestem ułatwimy możliwość porozumienia i jedności między członkami koalicji. Ale nawet wtedy Belaúnde nie dał się przekonać. Sprawa przedostała się do mediów i zwolennicy głównie Akcji Ludowej oraz Chrześcijańskiej Partii Ludowej, ale także Ruchu Wolność i ugrupowania Solidarność i Demokracja ugrzęźli w nierozsądnej debacie, którą media wierne rządowi i lewicy wyolbrzymiały, żeby pokazać podłoże konfliktu, jaki drążył naszą koalicję.

W końcu, w połowie czerwca 1989, po niezliczonych i czasem gwałtownych dyskusjach, Belaúnde ustąpił, godząc się na wspólne kandydatury. Wtedy zaczęła się kolejna wojna AP z PPC, tym razem o podział w samorządach miejskich. Obie partie nie potrafiły dojść do zgody, a poza tym prowincjonalne oddziały każdej z nich podawały w wątpliwość decyzje swojego kierownictwa: wszystkie chciały zdobyć wszystko i żadna nie była skłonna do najmniejszego ustępstwa na rzecz koalicjanta. Członkowie Ruchu Wolność wznieśli do nieba okrzyk radości z powodu naszej decyzji, aby nie wystawiać własnych kandydatów, ale niektórzy opuścili nasze szeregi.

Zaalarmowany przeczuciem, co ta sytuacja zapowiada na przyszłość, gdyby Front miał objąć rządy, osiągnąłem to, że Ruch Wolność upoważnił mnie do przekazania PPC i AP czterdziestu procent naszych mandatów do Izby Deputowanych z przysługujących nam, jak każdej z tych partii, trzydziestu trzech – w zamian za rezygnację z wszelkiego przydziału miejsc lub stanowisk w ministerstwach, co z drugiej strony było zgodne z literą Konstytucji, powoływanie rządu należało bowiem do prezydenta. Belaúnde i Bedoya zgodzili się. Nie było moim celem pomijanie koalicjantów, gdybyśmy doszli do władzy, ale chciałem uzyskać swobodę w powoływaniu do współpracy tylko ludzi uczciwych i kompetentnych, wierzących w liberalne reformy i gotowych o nie walczyć. To, że Ruch Wolność miał mieć tylko dwadzieścia procent swoich deputowanych w parlamencie i do swojej zmniejszonej kwoty musiał dokooptować koalicjantów SODE, zdemoralizowało wielu jego zwolenników, którym te ograniczenia wydawały się zbyt duże, a poza tym niepolityczne, bo eliminowały z gry wielu niezależnych ludzi i utwierdzały w swoich przekonaniach tych, co nazywali mnie marionetką w ręku tradycyjnych polityków.

To Belaúnde i AP piętrzyli najwięcej przeszkód na drodze do zawarcia porozumienia w sprawie wyborów samorządowych, ale sam Bedoya wywołał kryzys, ogłaszając w telewizji wieczorem 19 czerwca 1989 deklarację, w której w sposób mało delikatny zaprzeczył temu, co ja właśnie powiedziałem na konferencji prasowej: że AP i PPC doszły w końcu do porozumienia w kwestii kandydatur do władz miejskich w Limie i w Callao, a był to problem, który wywoływał najpoważniejsze kontrowersje między tymi partiami. Wysłuchałem deklaracji Bedoi w ostatnich telewizyjnych wiadomościach wieczornych, kiedy kładłem się spać. Zarzucenie mi fałszu w jaskrawy sposób ukazywało nasz brak jedności. Wstałem, podszedłem do biurka i spędziłem całą noc na rozmyślaniach.

Po raz pierwszy przestraszyłem się myślą, że popełniłem błąd, angażując się w tę polityczną awanturę. Czyżby Patrycja miała rację? Czy warto było kontynuować to zaangażowanie? Przyszłość jawiła się złowrogo albo kompromitująco. AP i PPC nadal będą się sprzeczały o to, które osoby mają otwierać listy wyborcze, ilu radnych miejskich przypadnie każdej partii i jakie miejsca na listach zajmą ich kandydaci, no i taka sytuacja będzie trwała aż do momentu, w którym Front utraci całkowicie swój autorytet. Czy w podobnej atmosferze dokonamy wielkiej transformacji w kraju? Czy rozmontujemy nadmiernie rozrośnięte państwo i zdołamy przerzucić nasz ogromny sektor publiczny na barki społeczeństwa obywatelskiego? Czy nasi zwolennicy, kiedy dojdziemy do władzy, nie będą napierać, jak to robili zwolennicy APRA, żeby jak najszybciej obsadzić miejsca w administracji, i nie będą się domagać nowego podziału w ich dążeniu do zajęcia jak największej liczby publicznych stanowisk?

Najgorsze było to, że podobna postawa ukazywała kompletną ślepotę na to, co działo się wokół nas. W połowie 1989 zwielokrotniły się zamachy w terenie, wzdłuż i wszerz całego kraju, co według szacunków rządu spowodowało osiemnaście tysięcy ofiar. Całe regiony – takie jak Huallaga w dżungli i prawie wszystkie leżące wysoko w środkowych Andach – pozostawały pod niemal całkowitą kontrolą Świetlistego Szlaku i Ruchu Rewolucyjnego im. Tupaca Amaru. Polityka Alana Garcíi sprawiła, że wyparowały rezerwy pieniężne, a nieograniczona emisja banknotów zapowiadała wybuch inflacji. Przedsiębiorstwa pracowały przez połowę dniówki, a czasem wykorzystywały tylko jedną trzecią swoich mocy przerobowych. Peruwiańczycy wycofywali z banków pieniądze, a ci, którzy mieli możliwości, wyjeżdżali za granicę. Wpływy z podatków do budżetu tak spadły, że mieliśmy do czynienia z zapaścią usług publicznych. Co wieczór na ekranach telewizji oglądaliśmy patetyczne sceny: szpitale bez leków i wolnych łóżek, szkoły bez przyborów do nauki, bez tablic, a czasem bez dachów i ścian, całe dzielnice miast bez wody i światła, ulice pokryte śmieciami, strajki robotników i urzędników zdesperowanych gwałtownym spadkiem poziomu życia. A Front Demokratyczny sparaliżowany był problemem podziału miejsc w magistratach!

O świcie zredagowałem poważny list* do Belaúndego i do Bedoi, zawiadamiając ich, że z powodu braku możliwości zawarcia porozumienia rezygnuję z kandydowania w wyborach. Obudziłem Patrycję, żeby jej ten tekst przeczytać, i zdziwiłem się, że zamiast radości okazała pewną rezerwę wobec mojej rezygnacji. Postanowiliśmy natychmiast wyjechać za granicę, aby uniknąć przewidywanych nacisków. Byłem zaproszony do Włoch, aby odebrać nagrodę literacką w Scanno, w Abruzji, więc następnego dnia w tajemnicy kupiliśmy bilety z terminem odlotu za dwadzieścia cztery godziny. Tego popołudnia za pośrednictwem mego starszego syna Álvara wysłałem list do Belaúndego i Bedoi, po uprzednim zawiadomieniu Komitetu Wykonawczego Ruchu Wolność o mojej rezygnacji.

---

* Przytoczony w: Á. Vargas Llosa, *El diablo en campaña*, Madryt 1991, s. 154–157.

Zobaczyłem posmutniałe twarze kilku moich przyjaciół – pamiętam białą jak papier twarz Miguela Cruchagi i czerwoną jak krewetka twarz Freddy'ego, ale żaden z nich nie próbował odwodzić mnie od podjętej decyzji. Naprawdę i oni byli zmęczeni paraliżem Frontu.

Swojej ochronie osobistej wydałem polecenie, aby nikomu nie pozwalała wchodzić do mego domu, i zablokowaliśmy telefony. Wiadomość dotarła do mediów z nastaniem nocy i wywołała efekt bomby. Wszystkie kanały rozpoczęły od niej swoje programy informacyjne. Dziesiątki dziennikarzy otoczyły mój dom w Barranco i natychmiast rozpoczęła się procesja osób ze wszystkich ugrupowań politycznych Frontu. Jednak nikogo nie przyjąłem i nie wyszedłem do ludzi, którzy w późniejszych godzinach zaimprowizowali manifestację, a ta zgromadziła kilkuset wolnościowców z okolicy i przemawiali na niej Enrique Chirinos Soto, Miguel Cruchaga i Alfredo Barnechea.

22 czerwca o świcie ochrona odwiozła nas na lotnisko i załatwiła, że zostaliśmy wprowadzeni bezpośrednio na pokład samolotu Air France, więc ominęliśmy kolejną manifestację zwolenników Ruchu Wolność pod przewodnictwem Miguela Cruchagi, China Urbiny i Pedra Guevary, którą dostrzegłem z oddali, już z okienka samolotu.

Kiedy przylecieliśmy do Włoch, czekało na mnie dwóch dziennikarzy, którzy nie wiadomo skąd dowiedzieli się o trasie naszej podróży. Byli to Juan Cruz z dziennika „El País" z Madrytu i Paul Yule z BBC, który przygotowywał program dokumentalny o mojej kandydaturze w wyborach prezydenckich. Rozmowa z nimi zdziwiła mnie, bo obaj uważali, że moja rezygnacja jest zwyczajną zagrywką taktyczną w celu poskromienia niesfornych koalicjantów.

Taką opinię zaczęli w końcu podzielać wszyscy i to do tego stopnia, jak się później okazało w praktyce, iż wielu uważało, że nie był ze mnie taki zły polityk, jak się mogło wydawać. Moja rezygnacja na pewno nie była zaplanowana w tym celu, aby wywrzeć presję na partiach AP i PPC przy pomocy opinii publicznej. Złożyłem ją z autentycznych pobudek, powodowany odrazą do politykierstwa, w którym Front Demokratyczny został pogrążony, byłem przekonany, że koalicja nie funkcjonuje, że zawiedziemy oczekiwania wielu ludzi i że moje wysiłki zostaną zmarnowane. Ale Patrycja, która nigdy nie pozwala mi działać bez zastanowienia, oznajmiła, że to jest prawda wymagająca dyskusji. Bo gdybym wierzył, że nie ma już nadziei, to w swoim liście obok rezygnacji zamieściłbym słowo n i e o d- w r a c a l n a, a tego nie uczyniłem. A więc, uważała Patrycja, mogę w jakimś tajemnym zakamarku duszy mieć jeszcze złudzenie, że mój list naprawi istniejący stan rzeczy.

Naprawił sytuację tylko przejściowo. Od dnia mego wyjazdu niezależne media ostro cenzurowały PPC i AP i zasypywały lawiną krytyki Bedoyę i Belaúndego w redakcyjnych komentarzach, w artykułach i deklaracjach. Chęć głosowania na moją kandydaturę wykazywała taką tendencję wzrostową, że to robiło wrażenie. Dotychczasowe sondaże zawsze dawały mi pierwszeństwo nad kandydatami APRA (Luisem Alvą Castro) i Zjednoczonej Lewicy (Alfonsem Barrantesem), ale nigdy nie przekraczały trzydziestu pięciu procent. W tych dniach podskoczyły do pięćdziesięciu procent i był to najwyższy wynik, jaki osiągnąłem w kampanii wyborczej. Ruch Wolność rejestrował tysiące nowych członków i to do tego stopnia, że zabrakło ankiet wpisowych. Nasze lokale zapełniły się sympatykami i świeżo przyjętymi członkami, którzy ponaglali nas, abyśmy jak najprędzej zerwali koalicję z AP i PPC i sami poszli do wyborów. A po powrocie do Limy czekało na mnie 5105 listów (według Rosi i Lucíi, które je policzyły) nadesłanych z całego Peru, z gratulacjami, że zerwałem z partiami (zwłaszcza z AP, która wywoływała najwięcej irytacji u liberałów).

Kilka miesięcy wcześniej wynajęliśmy na doradców w kampanii wyborczej międzynarodową firmę Sawyer/Miller Group, o dużym doświadczeniu wyborczym, która pracowała z Cory Aquino na Filipinach i z różnymi kandydatami do prezydentury w Ameryce Łacińskiej, między innymi z Boliwijczykiem Gonzalem Sánchezem de Lozade. To on mi tę firmę polecił. Zwrócenie się do firmy zagranicznej o doradztwo w batalii wyborczej w Peru wywołało u Belaúndego, dwukrotnego zwycięzcy w wyborach prezydenckich bez potrzeby korzystania z takiej pomocy, śmiech, który z trudem tłumiło jego dobre wychowanie. Z pewnością jednak Mark Malloch Brown i jego współpracownicy wykonali pożyteczną pracę, przeprowadzając sondaże opinii publicznej, co pozwoliło mi śledzić z bliska nastroje, wahania, obawy, nadzieje i zmienny humor tej mozaiki społecznej, jaką stanowi Peru. Przewidywania doradców okazały się na ogół trafne. Nie posłuchałem jednak wielu rad Marka, bo niweczyły moje podstawowe zasady – chciałem wygrać wybory w określony sposób i w specyficznym celu – a więc konsekwencje tego były często takie, jakie przepowiadał. Jedna z jego rad, których udzielał mi od pierwszego głębokiego sondażu dokonanego na początku 1988 do ostatniego, przeprowadzonego w wigilię drugiej tury wyborów, brzmiała tak: należy zerwać z koalicjantami i zaprezentować się jako kandydat niezależny, bez powiązań z politycznym establishmentem, jako człowiek, który przybywa, aby ocalić Peru przed sytuacją, w jakiej pogrążyli kraj politycy, i to wszyscy, bez względu na wyznawaną ideologię. Opierał się na przekonaniu potwierdzanym przez sondaże od początku do końca kampanii, że w sektorach C i D biedni i najbiedniejsi Peruwiańczycy reprezentujący dwie trzecie elektoratu byli głęboko rozczarowani i żywili silną urazę zwłaszcza do tych partii, które już czerpały korzyści z rządzenia. Przeprowadzone ankiety mówiły również, że sympatia, jaką mogłem obudzić w głębi kraju, miała bezpośredni związek z moim niezależnym wizerunkiem. Utworzenie Frontu Demokratycznego i moja częsta obecność w mediach u boku dwóch starych przedstawicieli establishmentu, jakimi byli Bedoya i Belaúnde, zniszczą mój wizerunek w czasie długiej kampanii wyborczej i poparcie dla mojej osoby będzie mogło przesunąć się na jednego z moich przeciwników (Mark myślał, że na Barrantesa, kandydata lewicy).

Kiedy dowiedział się o mojej rezygnacji, Mark Malloch Brown był szczęśliwy. Nie zdziwiły go przesunięcie się poparcia opinii publicznej na moją korzyść ani wzrost mojej popularności w sondażach. On także myślał, że ja sam to zaplanowałem. „No proszę, jak się uczy" – musiał sobie pomyśleć on, który kiedyś zapewniał mnie, że byłem najgorszym kandydatem, z jakim kiedykolwiek pracował.

Wszystkie te wiadomości docierały do mnie drogą telefoniczną, za pośrednictwem Álvara, Miguela Cruchagi i Alfreda Barnachei, dawnego przyjaciela i deputowanego, który z powodu projektu etatyzacji wystąpił z partii APRA i przystał do Ruchu Wolność. Po pobycie we Włoszech pojechaliśmy z Patrycją w odludne miejsce na południu Hiszpanii, aby uciec przed atakami dziennikarzy. Byłem zdecydowany podtrzymać rezygnację i zostać w Europie. Miałem od dawna zaproszenie do spędzenia roku w Wissenschaftskolleg w Berlinie i zaproponowałem Patrycji, abyśmy tam pojechali nauczyć się niemieckiego.

Wtedy nadeszła wiadomość. Partie AP i PPC pogodziły się i sporządziły wspólne listy wyborcze nawet w najbardziej zapadłych zakątkach kraju. Różnice między obydwiema partiami znikły jak za dotknięciem różdżki czarodziejskiej i czekano na mnie, aby na nowo podjąć kampanię.

Moją pierwszą reakcją były słowa: „Nie jadę. Nic tam po mnie. Pomyliłem się. Nie potrafię się tym zajmować i wcale mi się to nie podoba. Ostatnie miesiące aż nadto wystarczyły, abym zdał sobie z tego sprawę. Zostanę z moimi książkami i papierami, z którymi nigdy nie powinienem był się rozstawać". Wtedy odbyliśmy z Patrycją kolejną długą rozmowę politycznomałżeńską. Ona, która niedawno groziła mi co najmniej rozwodem, gdybym zdecydował się kandydować, teraz usilnie mnie namawiała, abym wrócił, i używała argumentów moralnych i patriotycznych. Ponieważ Belaúnde i Bedoya cofnęli się o krok, nie mieliśmy alternatywy. Ich postawa była powodem mojej rezygnacji, prawda? W porządku, jednak teraz ten powód już nie istnieje. A przecież tak wielu przyzwoitych, bezinteresownych ludzi pracowało w Peru, dniem i nocą, na rzecz Frontu Demokratycznego. Dawali wiarę moim przemówieniom i odezwom. I teraz chciałbym ich wystawić do wiatru, teraz, kiedy partie AP i PPC zaczynają zachowywać się przyzwoicie? Góry pięknego miasteczka Mijas w Andaluzji są świadkiem jej perswazji: „Jesteśmy za to odpowiedzialni. Musimy wracać".

Tak zrobiliśmy. Wróciliśmy i tym razem Patrycja pogrążyła się całkowicie w pracy na rzecz kampanii wyborczej, jakby miała politykę we krwi. Ja nie zerwałem z koalicjantami, czego wielu moich przyjaciół z Ruchu Wolność gorąco pragnęło i co powinienem był zrobić, stosując się do wskazówek płynących z sondaży. Nie zrobiłem tego z powodów, o których już mówiłem, a które wydawały mi się bardziej godne od innych.

V. Kadet szczęściarz

Od kiedy zamieszkałem z ojcem, aż do wstąpienia do Szkoły Wojskowej Leoncia Prady w 1950, utraciłem niewinność i jasną wizję świata, jaką matka, dziadkowie i wujostwo we mnie wpoili. Przez te trzy lata odkryłem istnienie okrucieństwa, strachu, zawiłej i gwałtownej żądzy zemsty, które zawsze stanowią, czasem w większym, a czasem w mniejszym stopniu, przeciwwagę dla szlachetnej i krzepiącej strony ludzkiego losu. Prawdopodobnie, gdyby mój rodzic tak bardzo nie deprecjonował literatury, nigdy bym nie obstawał z uporem przy czymś, co najpierw było grą, a potem przeobraziło się w obsesyjne i nieodwracalne powołanie. Gdybym przez tamte lata nie nacierpiał się tyle u jego boku i gdybym nie przeczuwał, że to może być dla niego największym rozczarowaniem, pewnie nie zostałbym pisarzem.

Myśl o umieszczeniu mnie w Szkole Wojskowej Leoncia Prady drążyła ojca od chwili, kiedy mnie zabrał do siebie. Oznajmił to wtedy, gdy się ze mną sprzeczał i ubolewał, że rodzina Llosów wychowała mnie na zarozumiałe dziecko. Nie wiem, czy był dobrze poinformowany, jak funkcjonowała szkoła Leoncia Prady. Myślę, że nie, bo nie robiłby sobie tylu złudzeń. Przyświecała mu taka sama idea, jaką miało wielu ojców wywodzących się z klasy średniej, których synowie byli krnąbrni, zbuntowani, leniwi albo podejrzani o homoseksualizm.

Ojcowie wierzyli, że szkoła wojskowa, w której instruktorami są zawodowi oficerowie, zrobi z nich chłopaków zdyscyplinowanych, aktywnych, szanujących autorytety, mężnych. Ponieważ w tamtych czasach nawet nie przyszło mi do głowy, że kiedyś zostanę tylko pisarzem, gdy zapytywano mnie, kim będę, jak dorosnę, odpowiadałem, że marynarzem. Lubiłem morze i przygodowe powieści, a bycie marynarzem wydawało się łączyć te zamiłowania, więc wstąpienie do szkoły wojskowej, której uczniowie otrzymywali stopnie oficerów rezerwy, wydawało się dobrym wstępem dla kandydata do szkoły morskiej.

Kiedy po skończeniu drugiego roku gimnazjum ojciec zapisał mnie do pokrewnej akademii Lampa, w centrum Limy, żebym się przygotował do egzaminu wstępnego do szkoły Leoncia Prady, przyjąłem ten projekt z entuzjazmem. Mieszkać w internacie, przywdziać mundur, defilować 28 lipca razem z kadetami lotnictwa, marynarki i wojsk lądowych – to zapowiadało się atrakcyjnie. A jeszcze bardziej nęciła mnie możliwość przebywania przez cały tydzień daleko od ojca.

Egzamin wstępny polegał na ćwiczeniach fizycznych i zajęciach akademickich, co trwało trzy dni i odbywało się na ogromnym terenie szkoły leżącym nad urwistym brzegiem La Perli, pod którym szumiało morze. Zdałem egzaminy w marcu 1950, niedługo przed ukończeniem czternastu lat, stawiłem się w szkole dosyć podniecony, bo nie byłem pewien, co mnie tam czeka, i zastanawiałem się nad tym, czy nie będą dla mnie zbyt ciężkie całe miesiące zamknięcia, aż do chwili pierwszego wyjścia na przepustkę. (Kadeci trzeciego roku wychodzili pierwszy raz na przepustkę 7 czerwca, w Dniu Flagi, po opanowaniu podstawowych reguł życia wojskowego).

„Psy", to znaczy uczniowie trzeciego roku siódmej promocji, stanowili trzystuosobową grupę i byli podzieleni na jedenaście, może dwanaście oddziałów, według wzrostu. Ja należałem do najwyższych, więc trafiłem do oddziału drugiego. (Na czwartym roku przesuną mnie do pierwszego). Trzy oddziały tworzyły kompanię pod dowództwem porucznika i podoficera. Porucznik naszej kompanii nazywał się Olivera, a nasz podoficer – Guardamino.

Porucznik Olivera nauczył nas musztry, zaprowadził do kwater, przydzielił łóżka i szafki – spaliśmy na pryczach i mnie przypadła druga od wejścia, na górze – kazał nam zmienić cywilne ubranie na codzienny mundur: koszulę i spodnie z zielonego drelichu, skórzane buty i onuce w kolorze kawy, po czym, ustawiwszy nas ponownie w szyku na patiu, udzielił nam podstawowych instrukcji na temat okazywania szacunku, pozdrawiania i zachowania się wobec przełożonych. A potem wszystkie kompanie naszego roku ustawiono w szyku, aby dowódca szkoły, pułkownik Marcial Romero Pardo, mógł nas powitać. Jestem pewien, że mówił „o wyższych wartościach duchowych", bo to był temat, który powracał w jego przemówieniach. Później zaprowadzono nas na obiad do ogromnego pawilonu, po drugiej stronie esplanady porośniętej trawą, po której spacerował wigoń i gdzie po raz pierwszy zobaczyliśmy naszych starszych kolegów, kadetów z czwartego i piątego roku. Wszyscy patrzyliśmy z ciekawością i z pewnym niepokojem na tych z czwartego, bo to oni mieli udzielać nam chrztu. My byliśmy psami i wiedzieliśmy, że chrzest jest gorzką próbą, którą należało przejść. Na zakończenie swojego pobytu w szkole teraz ci z czwartego roku odegrają się na nas za to, jak ich potraktowano o rok wcześniej w podobnych okolicznościach.

Po skończeniu obiadu oficerowie i podoficerowie zniknęli, a ci z czwartego roku rzucili się na nas niczym kruki. „Białasy" należały wśród nas do niewielkiej mniejszości w tym wielkim oceanie Indian, Metysów, Murzynów i Mulatów, więc rozbudziliśmy pomysłowość naszych chrzcicieli. Mnie zagarnęła grupa kadetów razem z chłopakiem z oddziału małych wzrostem i zaprowadziła do części koszar przeznaczonej dla roku czwartego. Urządzili nam konkurs „kąta prostego". Pochyleni w pasie do przodu, musieliśmy kopać się na zmianę po tyłkach, a ten, który kopał za słabo, dostawał wściekłe kopniaki od samych oprawców. Potem kazali nam rozpiąć rozporki i wyjąć z nich penisy, żeby się onanizować. Temu, który osiągnie cel pierwszy, mieli pozwolić odejść, ale następny musiał zostać i pościelić łóżka swoich katów. Jednak im więcej się staraliśmy, tym bardziej strach nie pozwalał nam doprowadzić się do szybkiego wytrysku, więc zniechęceni naszym brakiem doświadczenia zabrali nas na boisko piłki nożnej. Tam zapytali mnie, jaki uprawiam sport. „Pływanie, drogi kadecie". „No to popływaj sobie na grzbiecie, ty psie, przez całe boisko".

Zachowuję ohydne wspomnienie tego chrztu jako irracjonalnej i dzikiej ceremonii, która pod pozorem męskiej gry, rytuału inicjacji do rygorów wojskowego życia, służyła temu, żeby urazy, nienawiść i przesądy, jakie w sobie nosimy, mogły bez żadnych zahamowań przekształcić się w sadomasochistyczne święto. I tego pierwszego dnia, w godzinach, w których odbywał się obrzęd chrztu, przedłużający się na dni następne w łagodniejszej formie, zrozumiałem, że przygoda ze szkołą Leoncia Prady nie będzie taka, jaką sobie wyobrażałem, ja, który byłem tylko niewydarzonym czytelnikiem powieści, ale że okaże się czymś o wiele bardziej prozaicznym, że na pewno znienawidzę koszarowy internat i wojskowe życie z jego bezdusznymi hierarchiami zależnymi od chronologii, z jego przemocą usprawiedliwioną tym, co miały znaczyć wszelkie rytuały, symbole, krasomówstwo i ceremonie, jakie ją kształtują, no i że my, będąc w tak młodym wieku – czternaście, piętnaście, szesnaście lat – nie w pełni ten sens rozumieliśmy i zniekształcaliśmy go, nadając mu czasem komiczne, czasem okrutne, a nawet monstrualne zastosowanie.

Dwa lata w szkole Leoncia Prady były dosyć ciężkie, bo spędziłem tam dni okropne, zwłaszcza straszny był każdy koniec tygodnia, kiedy za karę zostawałem w koszarach – godziny dłużyły mi się bardzo, bezgranicznie wlekły się minuty – ale z perspektywy czasu myślę, że te lata były dla mnie raczej pożyteczne, a nie krzywdzące. Chociaż z innych powodów niż te, które zachęciły ojca, żeby mnie tam umieścić. Wręcz przeciwnie. W latach 1950 i 1951, zamknięty za kratami przeżartymi wilgocią biorącą się z rzeki La Perla, podczas szarych dni i nocy spowitych mgłą pełną smutku, tak wiele czytałem i pisałem jak nigdy dotąd i zacząłem stawać się pisarzem (chociaż wtedy jeszcze o tym nie wiedziałem).

Ponadto szkole Leoncia Prady zawdzięczam to, że odkryłem, czym jest kraj, w którym się urodziłem, i jego społeczeństwo – zupełnie inne aniżeli tamto maleńkie, objęte ograniczeniami klasy średniej, w jakim żyłem do tej pory. Szkoła Leoncia Prady była jedną z niewielu instytucji – być może jedyną – które w miniaturze przedstawiały obraz etnicznego i regionalnego zróżnicowania Peru. Byli wśród nas chłopcy z dżungli i z gór, ze wszystkich departamentów, wszystkich ras i ze wszystkich warstw społecznych, o różnym statusie ekonomicznym. Szkoła była państwowa, więc płaciliśmy bardzo niskie czesne, poza tym istniał rozbudowany system stypendiów – sto w ciągu roku – który dawał dostęp do nauki chłopcom z rodzin ubogich, pochodzących ze wsi albo z dzielnic i miejscowości zmarginalizowanych. Duża część bezdusznej przemocy – to, co mnie wydawało się tak okropne, dla innych kadetów z biedniejszych rodzin było naturalnym przejawem życia – brała się właśnie z tego pomieszania ras, regionów i statusu ekonomicznego młodzieży. Większość z nas wnosiła do tego klasztornego środowiska kompleksy, przesądy, niechęci, urazy społeczne i rasowe, które wyssała w dzieciństwie z mlekiem matki i które teraz wpływały na osobiste i oficjalne relacje z otoczeniem, no i znajdowała sposób wyładowywania się w takich rytuałach jak chrzest nowicjuszy albo wojskowe hierarchie między samymi studentami, usprawiedliwiające awanturnictwo i nadużycia. Skala wartości zbudowana wokół podstawowych mitów męskiego samca i męskości służyła ponadto jako moralna przykrywka filozofii wywodzącej się z nauki Darwina, jaką wyznawano w naszej szkole. Bycie silnym, to znaczy „szalonym", uważano za najwyższą formę męskości, a bycie słabym – za cechę najbardziej haniebną i nikczemną. Ten, kto poskarżył się przełożonemu na przemoc, jakiej padł ofiarą, zasługiwał na powszechną pogardę kadetów i narażał się na represje. Tej zasady szybko się uczono. Jednemu z kolegów z mojego oddziału, który nazywał się Valderrama, podczas ceremonii chrztu kadeci z czwartego roku kazali wejść na samą górę drabiny, po czym poruszyli nią tak, żeby spowodować jego upadek. Chłopak spadł fatalnie, bo drabina, zatrzymując się na ostrym brzegu pralki, ucięła mu palec. Valderrama nigdy nie wydał winnych i dlatego wszyscy go szanowaliśmy.

Męskość można było potwierdzić na wiele sposobów. Być silnym i szybkim w ucieczce, umieć się bić, „przypieprzyć komuś" – to wyrażenie mieszające seks z przemocą doskonale określało ideał – oto przykłady. Inny wzorzec wymagał odwagi, żeby złamać regulamin i pozwolić sobie na jakieś zuchwałości albo ekstrawagancje, a wykrycie ich znaczyło wydalenie ze szkoły. Takie czyny pozwalały dostać się do upragnionej kategorii szaleńców. Być szaleńcem znaczyło być niemal błogosławionym, bo wtedy uznawano cię publicznie za kogoś, kto nigdy już nie będzie zaliczony do najgorszej kategorii „kutasów" i „mend".

Być kutasem albo mendą znaczyło być tchórzem, takim, który nie ośmiela się zdzielić drugiego w łeb albo wymierzyć cios komuś, kto chciał go „rozwalić" (dokuczyć albo wyrządzić jakąś krzywdę), być takim, który nie potrafi bić się na pięści, nie ma odwagi, bo jest nieśmiały albo brakuje mu wyobraźni, żeby „robić wszystko na przekór" (wymknąć się ze szkoły po sygnale oznajmiającym ciszę nocną i pójść do kina albo na zabawę), skryć się, żeby zapalić papierosa albo grać w kości w altance czy w opustoszałym budynku koło basenu – zamiast iść na lekcje. Ci, którzy należeli do tej kategorii, byli pokutniczymi ofiarami maltretowanymi słowem i czynem, dla zabawy, przez szaleńców i pozostałych kolegów; szaleńcy sikali na nich, kiedy tamci spali, domagali się okupu w postaci pewnej ilości papierosów, robili im „małe łóżka" (złożone na pół prześcieradło można było znaleźć dopiero wtedy, kiedy kładłeś się spać i czułeś, że coś przeszkadza ci pod stopami), zmuszali ich do znoszenia wszelkiego rodzaju upokorzeń. Spora część tych bohaterskich wyczynów to były zwykłe kawały młodzieńczego wieku, jednak charakter szkoły – zamknięty reżim, uczniowie o różnorodnym pochodzeniu, dryl obozowy – często doprowadzał zwyczajne szelmostwa do granicy prawdziwego okrucieństwa. Przypominam sobie kolegę, którego przezywaliśmy Smutne Jaja. Był chudziutki, blady, bardzo nieśmiały i pewnego dnia, jeszcze na początku roku, straszny Bolognesi – był moim kolegą szkolnym w La Salle, a po wstąpieniu do szkoły Leoncia Prady objawił nam swój charakter niepohamowanego szaleńca – dokuczał mu swoimi kpinami, a ten się rozpłakał. Odtąd stał się pajacem kompanii, którego każdy mógł obrażać i dręczyć, żeby pokazać światu i sobie samemu, jakim to jest się *macho*. Smutne Jaja został ślamazarą, bez inicjatywy, bez głosu i niemal bez życia, i sam widziałem, jak pewnego dnia jeden z szaleńców napluł mu w twarz, a on wytarł się chusteczką i poszedł w drugą stronę. Mówiło się o nim, jak zresztą o wszystkich kutasach, że „został moralnie pokonany".

Nie chcąc być moralnie pokonanym, należało dokonywać odważnych czynów, które zasługiwałyby na sympatię i szacunek innych. Ja starałem się to robić od samego początku. Zacząwszy od konkursów masturbacyjnych – wygrywał ten, kto pierwszy spowodował wytrysk nasienia albo najdalej je wystrzelił – aż do słynnych nocnych eskapad po wieczornym apelu. Łamanie regulaminu wymagało największej odwagi, bo jeżeli kogoś nakryto, to wyrzucano go ze szkoły bez odwołania. Były takie miejsca, w których ogradzający teren szkoły mur był trochę niższy i bez ryzyka można było wspiąć się po nim i znaleźć się po drugiej stronie: na boisku, obok La Perlita, kiosku z gazetami, którego pochodzący z gór właściciel sprzedawał nam papierosy – koło opustoszałego budynku. Przed taką eskapadą należało dogadać się tego dnia z salowym wartownikiem, żeby podczas sprawdzania składu liczebnego jednostki wymienił cię jako obecnego. Można to było załatwić za kilka papierosów. Po tym, jak trębacz oznajmił ciszę nocną i w koszarowych sypialniach pogasły światła, trzeba było przesuwać się jak cień przy samym murze, pokonać wszystkie patia i boiska, czasem na czworakach, albo czołgać się aż do określonego miejsca w ogrodzeniu. Przeskoczywszy je, należało szybko oddalić się między opłotkami i przebiec puste pola, które wówczas otaczały szkołę. Łamało się regulamin po to, żeby iść do kina Bellavista albo do jednego z kin w Callao, czasem na jakąś zabawę półświatka w dzielnicach uboższej klasy średniej, tych podupadłych rodzin, które kiedyś należały do mieszczaństwa, ale teraz stały się już prawie proletariackie, więc kadet szkoły Leoncia Prady cieszył się u nich pewnym prestiżem (natomiast nie miał tego prestiżu w dzielnicy San Isidro albo Miraflores, gdzie uważano, że to szkoła dla Metysów), i czasami – chociaż to się rzadko udawało ze względu na dużą odległość – szło się zaglądać do burdeli w dzielnicy portowej. Często łamało się regulamin tak po prostu, dla samego ryzyka i emocji, bo człowiek czuł się dobrze, kiedy wracając, nie został przyłapany na gorącym uczynku.

Powrót był najbardziej niebezpieczny. Można było natknąć się na patrol żołnierzy, którzy krążyli wokół szkoły, albo stwierdzić, że pełniący wartę oficer odkrył fortel, orientując się po cegłach albo kawałkach drewna, których używaliśmy do wspinania się po ogrodzeniu, więc pod osłoną ciemności czekał tam na powrót winowajcy, żeby wycelować w niego światło latarki i rozkazać: „Stój, kadecie!". W drodze powrotnej każdemu mocno kołatało serce i najmniejszy szmer albo cień sprawiał, że wpadało się w panikę aż do czasu, gdy mogło się już skulić, leżąc na swojej pryczy w sypialni.

Łamanie regulaminu cieszyło się wielkim prestiżem, komentowano najodważniejsze pomysły, przechodziły do legendy. Byli sławni „łamacze", którzy znali na wylot setki metrów otaczającego szkołę muru i wspólne z nimi wyprawy dawały poczucie bezpieczeństwa.

Innym ważnym działaniem była kradzież ubrania. Przegląd kontrolny garderoby mieliśmy raz w tygodniu, na ogół w piątki, w przeddzień sobotniego wyjścia na miasto, i jeżeli oficer znalazł w szafce papierosy albo jeżeli brakowało jakichś części obowiązkowego ubrania – krawatów, koszul, spodni, kalesonów, kamaszy albo grubych ciepłych kurtek, które nosiliśmy w zimie – kadet dostawał na koniec tygodnia koszarniaka. Strata części garderoby oznaczała utratę wolności. Więc kiedy ukradziono ci jakieś ubranie, należało ukraść je również komuś innemu albo zapłacić jednemu z „szaleńców", żeby wykonał to zadanie zamiast ciebie. Mieliśmy ekspertów z garściami kluczy i wytrychów w kieszeniach, którzy otwierali zamki we wszystkich szafkach ubraniowych.

Jeszcze inną metodą, żebyś był uważany za prawdziwego mężczyznę, było posiadanie mocnych jaj i przechwalanie się, że jesteś „szalonym kurwiarzem", który podrywa tabuny kobiet i potrafi „za jednym zamachem załatwić trzy sztuki". Seks był wśród kadetów tematem obsesyjnym, obiektem żartów i certowania się, poufnych zwierzeń, marzeń i koszmarów sennych. W szkole Leoncia Prady seks i wszystko, co się z nim wiąże, przestało mieć dla mnie plugawy i odrażający charakter, który napawał mnie wstrętem od chwili, kiedy się dowiedziałem, skąd się biorą dzieci. Teraz zacząłem myśleć o kobietach i snuć fantazje, nie doświadczając przy tym przykrości ani poczucia grzechu. Nawet zacząłem się wstydzić, że w wieku czternastu lat jeszcze nie uprawiałem miłości. Naturalnie nie mówiłem tego kolegom, wobec których przechwalałem się, że także jestem szalonym kurwiarzem.

Z Víctorem Floresem, przyjacielem z Leoncia Prady, z którym mieliśmy zwyczaj w każdą sobotę, po manewrach, boksować się przez chwilę obok basenu, zwierzyliśmy się sobie pewnego razu, że żaden z nas nigdy nie miał do czynienia z kobietą. I postanowiliśmy, że pierwszego dnia, kiedy tylko otrzymamy przepustkę, pójdziemy na Huatica. Tak też zrobiliśmy w jedną z sobót czerwca albo lipca 1950. Zaułek Huatica w pospolitej dzielnicy La Victoria to była uliczka prostytutek. Domki stały tutaj szeregiem jeden obok drugiego, wzdłuż obu chodników, poczynając od alei Grau aż do siedmiu czy ośmiu przecznic dalej. Prostytutki – nazywano je molami – siedziały przy małych oknach i prezentowały swoje wdzięki tłumowi przypuszczalnych klientów, którzy przechadzali się po ulicy, przyglądali się im i od czasu do czasu przystawali, żeby przedyskutować cenę. Ścisła hierarchia regulowała ruch na uliczce Huatica, w zależności od tego, w jakim kwartale ulicy stał dany dom. Najdroższy był kwartał czwarty – ten u Francuzek – potem, w kierunku trzeciego i piątego, ceny spadały, a jeszcze niższe były u starych i nędznych kurew w kwartale pierwszym, zaś na samym końcu prawdziwe ludzkie ruiny szły z klientem do łóżka za dwa lub trzy sole (te z czwartego kwartału pobierały dwadzieścia). Bardzo dobrze pamiętam tamtą sobotę, kiedy udaliśmy się z Víctorem, mając w kieszeni po dwadzieścia soli, zdenerwowani, podnieceni i zdecydowani przeżyć wielkie doświadczenie. Kopcąc jak kominy, żeby zrobić wrażenie na starszych, przespacerowaliśmy się kilka razy w górę i w dół po tym kwartale ulicy, który należał do Francuzek, ale nie mogliśmy się zdecydować i wejść. W końcu daliśmy się przekonać pewnej bardzo rozmownej kobiecie o ufarbowanych włosach, która wychyliła się z okna aż do połowy ciała, żeby nas zawołać. Pierwszy poszedł Victor, po nim ja. Pokoik był malutki, stały w nim łóżko, miska z wodą oraz mały nocnik i wisiała osłonięta czerwonym celofanem żarówka, która dawała czerwonawe światło. Kobieta się nie rozebrała. Podniosła tylko spódnicę i widząc, jak bardzo jestem zmieszany, zaczęła się śmiać i zapytała, czy to mój pierwszy raz. Kiedy odpowiedziałem, że tak, okazała duże zadowolenie, bo jak mnie zapewniła, pozbawienie chłopaka dziewictwa przynosi szczęście. Kazała mi podejść bliżej i wyszeptała coś w tym rodzaju: „Teraz okropnie się boisz, ale potem będzie ci bardzo przyjemnie". Mówiła dziwnie po hiszpańsku i na zakończenie oznajmiła, że jest Brazylijką. Kiedy już było po wszystkim, poczuliśmy się z Victorem stuprocentowymi mężczyznami i poszliśmy na piwo.

Wiele razy wracałem na Huatica przez dwa lata pobytu w szkole Leoncia Prady, zawsze w soboty po południu i zawsze do kwartału Francuzek. (Po latach poeta i pisarz André Coyné będzie przysięgał, że mówienie o Francuzkach było oszustwem, bo w rzeczywistości chodziło o Belgijki i Szwajcarki). Wiele razy odwiedzałem drobniutkie i miłe dziewczątko – żywą czarnulkę z poczuciem humoru, potrafiącą dać odczuć swoim przelotnym gościom, że uprawianie z nią miłości było czymś więcej niż zwykłą transakcją handlową – ochrzciliśmy je Złote Stópki, bo rzeczywiście dziewczyna miała stopy małe, białe i wypielęgnowane. Stała się maskotką naszego oddziału. W soboty spotykaliśmy kadetów z drugiego albo i z pierwszego roku, kiedy my byliśmy już na czwartym, stojących w kolejce pod drzwiami jej maleńkiej klitki. Większość postaci mojej powieści *Miasto i psy* napisanej na podstawie wspomnień z lat spędzonych w szkole Leoncia Prady to dowolne przeróbki rzeczywistych postaci, ale są także inne, całkowicie zmyślone. Jednak tajemnicza dziewczyna Złote Stópki jest tam taka, jaką zachowałem w pamięci: swobodna, atrakcyjna, w miarę wulgarna, łącząca swoje upokarzające zajęcie z niezawodnym dobrym humorem i oferująca mi w tamte sobotnie popołudnia dziesięć minut szczęścia za dwadzieścia soli.

Wiem dobrze o wszystkim, co wiąże się z prostytucją z punktu widzenia społecznego i nie bronię jej, jeżeli uprawiana jest z własnego wolnego wyboru, co bez wątpienia nie dotyczyło dziewczyny Złote Stópki ani innych kurewek z uliczki Huatica zmuszanych do tego zajęcia przez głód, ignorancję, brak pracy i wyzyskujących je sutenerów. Ale chodzenie na Huatica, czy później do burdelu w Limie, nie przysparzało mi wyrzutów sumienia, być może dlatego, że skoro tym kurewkom płaciłem, to w pewnym sensie miałem moralne alibi, które nakładało na tę ceremonię maskę aseptycznego kontraktu, a ten, po wypełnieniu go przez obie strony, uwalniał je od etycznej odpowiedzialności. Myślę, że postąpiłbym nielojalnie, gdybym nie przyznał, powołując się na swoją pamięć z czasów młodości, że w tamtych latach, kiedy przestawałem być dzieckiem, to właśnie takie kobiety jak Złote Stópki nauczyły mnie poznawać rozkosze ciała i zmysłów, nie gardzić seksem jako czymś plugawym i obrzydliwym, ale przeżywać go jako źródło życia i przyjemności, no bo w końcu to one pokierowały moimi pierwszymi krokami po tajemniczym labiryncie pożądania.

Czasami, w te dni, kiedy wychodziło się na przepustkę, spotykałem się w Miraflores z przyjaciółmi z dzielnicy i szedłem z nimi na jakąś sobotnią fiestę albo do kina na niedzielny poranek, a czasami na futbol. Jednak pobyt w szkole wojskowej z wolna mnie od nich oddalał i w końcu dawne serdeczne poczucie braterstwa przekształciło się w kontakty dalekie i sporadyczne. Z pewnością działo się tak z mojej winy, bo odnosiłem wrażenie, że dawni przyjaciele są ciągle zbyt dziecinni ze swymi niedzielnymi przyzwyczajeniami – *matinée*, Cream Rica, lodowisko, park Salazara – i mają niewinne romanse, podczas gdy ja jestem już uczniem szkoły mężczyzn, którzy zdobywają się na brutalne zachowanie, i chodzę już na uliczkę Huatica. Duża część kolegów z dzielnicy pozostawała prawiczkami i czekała na utratę niewinności ze służącymi we własnych domach. Przypominam sobie rozmowę w pewną sobotę lub niedzielę po południu, na rogu ulic Colón i Juana Fanninga, kiedy to, na spotkaniu kolegów z dzielnicy, jeden z nich opowiedział nam, jak „rzucił się na Mulatkę", ale przedtem zmyślnie poczęstował ją „yobimbiną" (to proszek, który podobno doprowadza kobiety do szaleństwa, o którym rozmawialiśmy nieustannie jak o czymś magicznym, ale ja go nigdy nie widziałem). I pamiętam inne popołudnie, kiedy kuzyni opowiedzieli mi o makiawelicznym planie, jaki uknuli, żeby podstępem podejść służącą w czasie nieobecności rodziców. I pamiętam w obu przypadkach swój głęboki niesmak, którego później doświadczałem, kiedy moi koledzy w Miraflores albo w szkole przechwalali się podbojami Mulatek służących w ich domach.

Ja czegoś podobnego nigdy nie robiłem, zawsze mnie to oburzało i z pewnością było jedną z pierwszych oznak mego późniejszego buntu przeciwko niesprawiedliwości i nadużyciom, które wszędzie i codziennie, z całkowitą bezkarnością występowały w peruwiańskim życiu. Poza tym temat służących sprawił, że bardzo się przejąłem tym, co w tamtych latach wydarzyło się, jak koszmar, w rodzinie Llosów. Opowiadałem już, że moi dziadkowie przywieźli z Cochabamby do Peru chłopca z Saipiny, o imieniu Joaquín, oraz niemowlę, które jedna z kucharek porzuciła, zaraz po urodzeniu, u nas w domu. Oboje mieszkali z moją rodziną w Piurze, potem w apartamencie na ulicy Dos de Mayo w Limie i w końcu w większym mieszkaniu, które dziadkowie wynajęli w wolno stojącym domku na ulicy Porta w Miraflores. Wujostwo znaleźli Joaquinowi pracę i wtedy zamieszkał oddzielnie. Orlando, który wychowywał się u nas wśród służących i który pewnie miał wtedy około dziesięciu lat, w miarę jak dorastał, stawał się coraz bardziej podobny do trzeciego z moich wujów i to bardziej niż jego legalni synowie. Chociaż w rodzinie nigdy nie poruszano tego tematu, zawsze wisiał w powietrzu, ale nikt się nie odważył o nim wspominać ani, co gorsza, uczynić czegokolwiek, żeby naprawić to, co się wydarzyło, czy też złagodzić konsekwencje zaistniałego faktu.

Nic nie zrobiono, a raczej zrobiono coś, co sprawę tylko pogorszyło. Orlando miał status pośredni, znalazł się w czymś w rodzaju przedpiekla, bo nie należał już do służby, ale jeszcze nie był członkiem rodziny. Mamaé, która wróciła do domu dziadków na ulicę Porta, rozkładała mu w swoim pokoju materac do spania. Jadał przy oddzielnym stoliku w tej samej co my jadalni, ale nie siadał do posiłków razem z dziadkami, wujostwem i dziećmi. Do mojej babci mówił ty i nazywał ją, podobnie jak ja i moje kuzynki, „babcią", tak samo zwracał się do „Mamaé". Ale do dziadka zwracał się per pan i mówił mu „don Pedro", tak samo oficjalnie zwracał się do mojej mamy i do moich wujów, łącznie z tym, który był jego ojcem, mówił do niego „señor Jorge". Tylko mnie, moje kuzynki i kuzynów nazywał po imieniu. Czym musiało być dla niego dzieciństwo przeżywane w konfuzji, przez trzy czwarte rodziny był bowiem traktowany jak służący albo nawet ktoś jeszcze gorszego gatunku, a przez pozostałą jej część był uważany za krewnego; trudno sobie wyobrazić, ile goryczy, upokorzenia, urazy i bólu musiało się w nim nagromadzić przez tamte lata. Cóż za paradoks, że ludzie wielkoduszni i szlachetni, jakimi byli moi dziadkowie, dali się tak zaślepić przesądom i różnym tabu, które obowiązywały w ich środowisku i wpływały na kształtowanie się ich charakterów, a przez dwuznaczną pozycję, jaką nadali Orlandowi, pogłębiali dramat jego narodzin. Po upływie lat byłem w rodzinie jedną z pierwszych osób, która traktowała Orlanda jak krewnego, przedstawiałem go ludziom jako kuzyna i starałem się utrzymywać z nim przyjacielskie stosunki. Jednak on nigdy nie czuł się swobodnie ani ze mną, ani z resztą rodziny, z wyjątkiem babci Carmen, z którą zawsze był blisko, aż do ostatnich jej dni.

Chociaż w szkole Leoncia Prady nigdy nie byłem pilny w nauce, to na niektóre lekcje chodziłem z wielkim zainteresowaniem. Mieliśmy wspaniałych profesorów, takich jak na przykład ten od historii powszechnej – Aníbal Ismodes – którego wykładów słuchałem z entuzjazmem. Także ten od fizyki, drobny, elegancki góral o nazwisku Huarina, o którym mówiono, że jest „mózgowcem". Spędził jakiś czas we Francji na studiach podyplomowych i na swoich lekcjach sprawiał wrażenie, że ma wszechstronną wiedzę; potrafił uatrakcyjnić najbardziej zawiłe eksperymenty oraz najbardziej skomplikowane prawa fizyki i tabele. Ze wszystkich wykładów z dziedziny nauk ścisłych, na które uczęszczałem, te, które prowadził profesor Huarina na czwartym roku poziomu średniego, były jedynymi budzącymi moje zainteresowanie i wprawiały mnie w zachwyt, podobnie jak wykłady z historii. Literatury uczono nas tak, że stanowiła jedynie część programu nauczania języka hiszpańskiego, to znaczy wykładano gramatykę i był to okropnie nudny kurs, na którym należało wkuwać na pamięć zarówno reguły prozodii, składni i ortografii, jak i informacje o życiu i dziełach sławnych pisarzy, ale nie czytało się ich książek. Nigdy przez wszystkie lata szkolne nie kazano mi przeczytać ani jednej książki poza podręcznikami. A w tych niekiedy znajdował się jakiś poemat albo fragment tekstów klasycznych, które trudno było zrozumieć, bo występowały w nich rzadkie słowa i przestarzałe zwroty, więc niewiele albo nic nie pozostawało nam w pamięci. Z przedmiotów szkolnych tylko historia wzbudziła moje zamiłowanie, dlatego że miałem dobrych nauczycieli. Literatura była moim powołaniem, ale ono narodziło się poza szkołą, trochę na przekór i z osobistych pobudek.

Dopiero po latach dowiedziałem się, że jeden z moich profesorów ze szkoły Leoncia Prady – César Moro – był wielkim peruwiańskim poetą oraz intelektualistą, którego miałem podziwiać w latach studiów uniwersyteckich. Był bardzo niski i szczupły, miał jasne, rzadkie włosy i niebieskie oczy, które spoglądały na świat i ludzi z błyskiem ironii ukrytym głęboko pod powiekami. Uczył francuskiego i mówiło się w szkole, że jest poetą i pedałem. Jego przesadnie układny i trochę zmanierowany sposób bycia oraz plotki, jakie o nim krążyły, potęgowały naszą niechęć do jego osoby, która wydawała się kompletnym zaprzeczeniem moralności i zasad szkoły Leoncia Prady. Na lekcjach mieliśmy zwyczaj dokuczać mu tak, jak się dokuczało niedorajdom. Rzucaliśmy w niego papierowymi kulkami albo urządzaliśmy mu koncerty, używając jako instrumentów żyletek wetkniętych w zagłębienie teczki i potrącanych za pomocą palców, a najodważniejsi zadawali mu pytania – jawnie kpiące i prowokujące – na co reszta klasy reagowała wybuchami śmiechu. Pamiętam, jak pewnego popołudnia szaleniec Bolognesi, idąc za profesorem, wymachiwał ręką na wysokości dolnej części ciała, jakby sugerował, że to jego monstrualne prącie. Łatwo było dokuczać profesorowi Césarowi Moro, bo w przeciwieństwie do swoich kolegów, nigdy nie wzywał oficera dyżurnego do zaprowadzenia porządku, nie przeklinał ani nie rozdawał kartek z naganą, które mogły uniemożliwić wyjście w sobotę na miasto. Profesor Moro znosił ze stoickim spokojem nasze wybryki i impertynencje, a nawet można powiedzieć, że wydawał się traktować je z dziwnym upodobaniem, jakby znajdował przyjemność w tym, że ubliżają mu te nad wiek rozwinięte dzikusy. Teraz jestem pewien, że przebywanie wśród nas do pewnego stopnia go bawiło. Musiała to być dla niego swoista gra w rodzaju zuchwałych zabaw, które chętnie uprawiali surrealiści, widząc w nich sposób na poddawanie próbie siebie samych i na badanie granic własnej wytrzymałości, a także ludzkiej głupoty w wieku młodzieńczym.

W każdym razie César Moro nie uczył francuskiego w szkole Leoncia Prady dlatego, żeby zostać bogatym. Po upływie lat, kiedy – z płomiennego tekstu, jaki po jego śmierci opublikował o nim André Coyné* – dowiedziałem się, że Moro należał we Francji do ruchu surrealistów, i zacząłem czytać dzieło, które napisał (jakby w tym celu, żeby zerwać definitywnie ze swoim krajem, o którym powiedział w jednym ze swoich wspaniałych aforyzmów, że w Peru „gotuje się jedynie ziarna"**), napisał je w dużej części po francusku, przeprowadziłem badania nad jego życiem i odkryłem, że jego pensja w szkole była najniższa ze wszystkich. W jakimkolwiek innym, mniej eksponowanym miejscu, mógł zarabiać o wiele więcej. Coś musiało go do nas ciągnąć i była to z pewnością brutalność oraz podniecenie, jakie wśród kadetów budziła jego delikatna postać, ironiczna postawa badacza, a także to, że mówiono o nim, iż jest poetą uprawiającym miłość jak kobieta.

Można było w szkole pisać – tolerowano to i nawet uroczyście celebrowano – jeżeli pisało się profesjonalnie, tak jak ja to robiłem. Nie wiem, w jakim momencie zacząłem pisać listy miłosne tym kadetom, którzy mieli swoje dziewczyny i nie wiedzieli, jak im powiedzieć, że je kochają i że za nimi tęsknią. Z początku musiał to być rodzaj gry, zakładu z Víctorem, z Quiquem albo z Albertem czy innym spośród kolegów z koszar. Potem rozeszła się wieść o moim pisaniu. Faktem jest, że w pewnym momencie, na trzecim roku, już mnie szukali

---

* A. Coyné, *César Moro*, Lima 1956.
** „Wszędzie gotuje się ziarna, ale w Peru gotuje się j e d y n i e ziarna".

i przychodzili prosić, zawsze dyskretnie i z pewnym zażenowaniem, żebym dla nich pisał listy miłosne, a potem wśród moich klientów zaczęli pojawiać się kadeci z innych oddziałów i, być może, z innych lat. Płacili mi papierosami, ale dla przyjaciół pisałem za darmo. Bawiło mnie odgrywanie roli Cyrana, bo przy okazji mówienia tego, co należało, dowiadywałem się szczegółów o uczniowskich miłostkach – skomplikowanych, naiwnych, szczerych albo zawiłych, czystych, grzesznych – no i mogłem śledzić intymne przeżycia kadetów, co było dla mnie równie zajmujące jak czytanie powieści.

Bardzo dobrze pamiętam, jak napisałem pierwszą erotyczną nowelkę, kilka stron nabazgranych w pośpiechu, żeby przeczytać ją na głos w gronie kadetów drugiego roku, w koszarach, przed odtrąbieniem ciszy nocnej. Tekst został przyjęty wybuchem aprobujących sprośności (opisałem podobny epizod w powieści *Miasto i psy*). Potem, kiedy już układaliśmy się na pryczach do snu, mój sąsiad, Murzyn Vallejo, podszedł do mnie i zapytał, za ile mogę mu sprzedać swoją nowelkę. Później napisałem wiele innych, dla zgrywy albo na zamówienie, bo mnie to bawiło i dlatego że zarabiałem na tym zajęciu i mogłem finansować nałóg palenia papierosów (naturalnie obowiązywał zakaz palenia i kadet, którego przyłapano z papierosem, dostawał koszarniaka na koniec tygodnia). Zajęcie to podobało mi się również dlatego, że pisanie listów miłosnych i erotycznych nowelek nie było źle widziane, traktowane jako ubliżające albo cechujące pedałów. Literatura o takim charakterze miała w tej świątyni samców prawo obywatelstwa i przyniosła mi sławę ekscentryka.

Jednak żadne przezwisko, które nosiłem, nie brzmiało „szalony". Mówili na mnie Bugs Bunny, Królik Szczęściarz albo Chudy, bo taki byłem, a czasem Poeta, bo pisałem, a przede wszystkim dlatego, że spędzałem na czytaniu całe dnie i czasem noce. Myślę, że nigdy nie czytałem tyle i z taką pasją, jak w tamtych latach w szkole Leoncia Prady. Czytałem na przerwach, w czasie przeznaczonym na naukę, podczas lekcji, chowając książkę pod zeszytami, i wtedy gdy wymykałem się z klasy, żeby pójść na placyk obok basenu. Czytałem w nocy, kiedy czuwałem na warcie, siedząc na podłodze z białych wyszczerbionych kafelków, w słabym świetle koszarowej łazienki. I czytałem we wszystkie spędzone w koszarach bez przepustki soboty i niedziele, a było takich bardzo wiele. Zanurzyć się w powieściowej fikcji, wyrwać się z brudnobiałej i zapleśniałej wilgoci zamknięcia w szkole i pokonywać przeszkody w głębinach podwodnej otchłani klubu Nautilus z kapitanem Nemo albo być Nostradamusem czy synem Nostradamusa albo Arabem Ahmedem Ben Hassanem, który porywa dumną Dianę Mayo i wiezie ją na pustynię Sahara, albo w towarzystwie d'Artagnana, Portosa, Atosa i Aramisa przeżywać przygody z naszyjnikiem królowej, czy tamte z człowiekiem w żelaznej masce, albo zmagać się z żywiołami razem z Hanem w Islandii lub na surowej Alasce pełnej wilków Jacka Londona czy w szkockich zamkach stawiać czoła wędrownym rycerzom Waltera Scotta, albo śledzić Cyganeczkę w zaułkach kryjówek Notre Dame razem z Quasimodem, czy wreszcie razem z Gavroche'em być zabawnym i zuchwałym łobuziakiem na ulicach Paryża w samym środku powstania – to było coś więcej niż rozrywka, to miało posmak prawdziwego życia, podniecającego i wspaniałego, o wiele lepszego niż rutyna, draństwo i odrażający internat. Książki się kończyły, ale ich światy, intensywnie przeżywane i tak wspaniałe, nadal krążyły mi po głowie, nieraz przenosiłem się w te krainy fantazji i spędzałem w nich całe godziny, chociaż pozornie byłem bardzo spokojny i uważnie słuchałem lekcji matematyki albo objaśnień naszego instruktora, jak dbać o strzelbę typu Mauser lub jaką technikę stosować w ataku na bagnety. Zdolność wyłączania się z otoczenia, aby żyć fantazją i odtwarzać w wyobraźni fikcje zaczerpnięte z lektur, które mnie oczarowały, towarzyszyła mi od dziecka i w latach 1950–1951 przekształciła się w moją strategię obrony przeciwko goryczy przebywania w zamknięciu, z dala od rodziny, od Miraflores, od dziewczyn, od mojej dzielnicy, od wszystkich pięknych rzeczy, którymi cieszyłem się na wolności.

Podczas wyjść na przepustkę kupowałem książki, a moi wujowie zawsze mieli przygotowane dla mnie jakieś nowe wydanie, które zabierałem ze sobą do szkoły. Kiedy zbliżał się niedzielny wieczór i pora zamiany cywilnego ubrania na mundur, w którym wracałem do internatu, wszystko zaczynało się psuć: film stawał się brzydki, mecz nijaki, domy, parki i niebo ogarniał smutek. Niejasne złe samopoczucie zdawało się ogarniać całe moje ciało. Od tamtych lat nie znoszę zmierzchu i niedzielnych wieczorów. Pamiętam wiele książek, które przeczytałem w tamtych latach – na przykład *Nędzników*, którzy wywarli na mnie nieprzemijające wrażenie – ale autorem, dla którego zachowuję najgłębszą wdzięczność, jest Aleksander Dumas. Prawie wszystko, co napisał, zostało wydane w żółtych tomikach wydawnictwa Tor albo w ciemnych okładkach ze skrzydełkami wydawnictwa Sopena: *Hrabia Monte Christo, Pamiętniki lekarza – Naszyjnik królowej, Anioł Pitou* – i bardzo długa seria muszkieterów, którą kończyły trzy tomy *Wicehrabiego de Bragelonne*. Wspaniałe było to, że jego powieści miały zawsze ciąg dalszy, więc kończąc jedną książkę, wiedziało się, że będzie następna i kolejne, które przedłużą opowiadaną historię. Saga d'Artagnana, która zaczyna się wtedy, gdy młody Gaskończyk przybywa do Paryża jako bezradny prowincjusz, a kończy, gdy po wielu latach bohater umiera w rezydencji La Rochelle, nie otrzymawszy buławy marszałkowskiej, którą król wysyła mu przez posłańca, to jedna z najważniejszych historii, jaką udało mi się przeczytać w życiu. Niewiele fikcyjnych opowieści przeżyłem tak głęboko, utożsamiając się z ich postaciami i środowiskiem, tak bardzo cierpiąc i ciesząc się tym, co się w niej dzieje. Szalony Cox, kolega z mojego roku, chciał być dowcipny i ukradł mi pewnego dnia jeden z tomów *Wicehrabiego de Bragelonne*, którego właśnie czytałem, siedząc w szczerym polu naprzeciwko koszar. Uciekał biegiem i zaczął podawać książkę innym kolegom, tak jak podaje się piłkę w grze w pelotę. To był jedyny raz, kiedy w szkole wdałem się w bójkę, rzucając się na niego z wściekłością, jakby od tej książki zależało moje życie.

Dumasowi, jego książkom, które przeczytałem, zawdzięczam to, co potem robiłem i kim byłem, a także to, co robię i kim jestem do tej pory. Z obrazów wywodzących się z tej lektury narodziło się z pewnością owo pragnienie, aby nauczyć się francuskiego i zamieszkać kiedyś we Francji, w kraju, o którym przez całą młodość najgoręcej marzyłem i który w moich fantazjach i pragnieniach kojarzył się ze wszystkim, co dla mnie cenne w życiu, a było to: piękno, przygoda, odwaga, szlachetność, elegancja, płomienne pasje, surowa uczuciowość, teatralne gesty.

(Nie wróciłem później do lektury żadnej z powieści Dumasa, które zachwyciły mnie w dzieciństwie, takich jak *Trzej muszkieterowie* albo *Hrabia Monte Christo*. Mam w swojej bibliotece tomy wydane przez La Pléiade, które zawierają te teksty, ale za każdym razem, kiedy zaczynam je przerzucać, powstrzymuje mnie pełna szacunku obawa, że nie będą już dla mnie tym, czym były dawniej, i nie będą mogły dać mi tego, co od nich otrzymałem w wieku czternastu i piętnastu lat. Podobne tabu powstrzymywało mnie przez wiele lat od powrotu do lektury *Nędzników*. Ale w dniu, w którym do tej powieści wróciłem, odkryłem, że jest arcydziełem również dla dorosłego czytelnika).

Poza lekturami, które zmieniły moje życie, szkoła Leoncia Prady otworzyła mi oczy na to, czym jest mój kraj, i pozwoliła przeżyć te doświadczenia, które potem opisałem w mojej pierwszej powieści *Miasto i psy*, a poza tym umożliwiła mi uprawianie sportu, który najbardziej lubiłem, to znaczy pływania. Włączono mnie do szkolnej ekipy, z którą trenowałem i uczestniczyłem w wewnętrznych zawodach, ale nie w mistrzostwach międzyszkolnych, w których miałem startować stylem dowolnym, jednak kiedy już mieliśmy wyjść na Stadion Narodowy, dyrektor zdecydował wycofać szkołę z zawodów. Przynależność do ekipy pływackiej miała tę zaletę, że lepiej nas karmiono (na śniadanie jajko sadzone i szklanka mleka po południu) i zdarzało się, że zamiast na zajęcia wojskowe, szliśmy trenować pływanie.

Sobota była szczęśliwym dniem tygodnia dla tych, którzy otrzymywali przepustki. Szczęście zaczynało się właściwie już w piątek wieczorem, po wspólnym posiłku, na projekcji filmu w zaimprowizowanym audytorium z drewnianymi ławkami i dachem krytym płytkami z łupków. Film był krokiem ku wolności. W sobotę trąbiono na pobudkę, kiedy jeszcze było ciemno, bo był to dzień ćwiczeń wojskowych. Wychodziliśmy na puste pola w La Perla i tam zabawnie ćwiczyliśmy wojnę – przygotowywanie zasadzki, zdobywanie atakiem wzgórza, przełamywanie oblężenia – zwłaszcza wtedy gdy dowódcą kompanii był porucznik Bringas, wzór oficera, który brał sobie te ćwiczenia bardzo poważnie do serca i pocił się razem z nami. Inni oficerowie podchodzili do sprawy z większym spokojem i racjonalnie ograniczali się do komenderowania nami. Taki był uprzejmy porucznik Anzieta, jeden z najbardziej wyrozumiałych oficerów, z jakimi miałem do czynienia. Był właścicielem sklepiku i mogliśmy u niego zamawiać paczki cukierków i ciasteczka, które sprowadzał taniej, niż kosztowały na mieście. Wymyśliłem dla niego wierszyk, który śpiewaliśmy mu, stojąc w szyku:

Jeśli pragnieniem kadeta
jest być dobrym atletą,
niech zajada ciasteczka
porucznika Anziety.

Po skończeniu trzeciego roku nauki średniego stopnia powiedziałem ojcu, że chcę zdawać do Szkoły Morskiej. Nie wiem, dlaczego to zrobiłem, bo już wtedy dobrze wiedziałem, że mój sposób bycia jest nie do pogodzenia z życiem w wojsku; być może nie chciałem załamywać rąk – to cecha charakteru, która przysporzyła mi wiele przykrości – albo byłem przekonany, że kiedy zostanę kadetem Szkoły Morskiej, będę mógł się wyzwolić spod opieki ojcowskiej i stanę się dorosły, o czym marzyłem dniem i nocą. Ku memu zdziwieniu ojciec odpowiedział, że nie akceptuje mojej decyzji i dlatego nie da mi czterdziestu tysięcy soli, które trzeba było wpłacić, aby przystąpić do egzaminu wstępnego. Ponieważ żywiłem do niego stałą urazę, przypisywałem tę odmowę skąpstwu – wadzie, której, poza wszystkim, nie był pozbawiony – a ponadto jedną z przyczyn, jakimi szermował, była regulaminowa informacja, że jeśli po trzech lub czterech latach nauki w Szkole Morskiej kadet poprosi o skreślenie go z rejestru, to będzie musiał zwrócić wszystkie koszty, jakie Marynarka wyłożyła na jego kształcenie. A ojciec był pewien, że ja długo w tej szkole bym nie przetrwał.

Mimo jego odmowy udało mi się jednak do La Punta, aby zapoznać się z warunkami przyjęcia (myślałem, że poproszę wujostwo o pożyczkę na opłacenie wpisowego), jednak w Szkole Morskiej dowiedziałem się, że w żadnym wypadku nie będę mógł zapisać się w bieżącym roku, bo istniał wymóg, aby nowi kandydaci, w chwili składania prośby o przyjęcie, mieli ukończone piętnaście lat, a ja miałem je skończyć dopiero w marcu 1951. Musiałbym więc czekać jeszcze jeden rok.

Tego lata ojciec zatrudnił mnie w swoim biurze. Firma International News Service miała swoją siedzibę w pasażu Carabayo, na ulicy Pando, kilka metrów od placu San Martín, na pierwszym piętrze starego budynku. Biuro znajdujące się w głębi długiego korytarza wykładanego żółtymi kafelkami składało się z dwóch obszernych pokoi, z których pierwszy był podzielony przepierzeniem na dwie części: w pierwszej radiooperator odbierał wiadomości, a w drugiej redaktorzy tłumaczyli je na hiszpański i przygotowywali do wysyłki do „La Crónica", która miała wyłączność na wszystkie serwisy INS. Pokój w głębi był gabinetem mego ojca.

Od stycznia do marca pracowałem w International News Service jako posłaniec zanoszący do „La Crónica" depesze i artykuły serwisu informacyjnego. Zaczynałem pracę o piątej po południu i kończyłem punktualnie o północy, co przez znaczną część dnia dawało mi czas wolny, więc mogłem chodzić na plażę z przyjaciółmi z dzielnicy. Najczęściej szliśmy do Miraflores – miejsce to przywykliśmy nazywać

Los Baños – wprawdzie tamtejsza plaża była kamienista, ale pojawiały się tam najlepsze fale do skakania. Skakanie po falach było wspaniałym sportem, a fale w Miraflores rozbryzgiwały się daleko od brzegu i sprawny pływak mógł dać się unosić na odległość pięćdziesięciu metrów i więcej, usztywniając ciało i wykonując odpowiednie ruchy rozłożonymi ramionami we właściwym momencie. Na plaży Miraflores miał siedzibę klub Waikiki, symbol mocnego współzawodnictwa; jego członkowie skakali po falach na hawajskich deskach, a wtedy był to sport szalenie drogi, bo deski z drewna przeznaczonego na tratwy importowano ze Stanów Zjednoczonych i tylko garstka bogatych mogła sobie na nie pozwolić. Kiedy zaczęto produkować deski ze szklanego włókna, ten sport się zdemokratyzował i dzisiaj uprawiają go przedstawiciele wszystkich klas społecznych. Jednak w tamtych latach tacy jak ja przedstawiciele klasy średniej mieszkańcy Miraflores patrzyli na ślizgające się po morzu deski członków klubu Waikiki jak na coś nieosiągalnego i musieli zadowolić się rozbijaniem fal własną piersią. Chodziliśmy także do La Herradura, na plażę piaszczystą i o wzburzonych falach, a tam przyjemność polegała nie tylko na poddawaniu się unoszącej cię fali – trzeba było mieć odwagę, by na niej opadać i własnym ciałem sprawiać, żeby rozbijała się jak najdalej, przy czym zawsze należało ułożyć się przed jej grzbietem, aby nie dać się wciągnąć w wir i przewrócić.

Tego lata miałem nieudany romans z mieszkanką Miraflores, której pojawienie się o rannej porze na górnym tarasie Los Baños, w czarnym kostiumie kąpielowym i w białych pantofelkach, z krótką czupryną i oczami w kolorze miodu, sprawiło, że oniemiałem z wrażenia. Nazywała się Flora Flores i zakochałem się w niej pierwszego dnia, w którym ją zobaczyłem. Jednak ona nigdy nie zainteresowała się mną poważnie, chociaż pozwalała się odprowadzać plażą do swojego domu, który sąsiadował z kinem Colina, i czasem chodziła ze mną na długie spacery pod fikusami w alei Pardo. Była ładna i pełna wdzięku, miała żywe poczucie humoru, natomiast ja w jej obecności stawałem się drętwy i zaczynałem się jąkać. Nieśmiałe starania, żeby została moją dziewczyną, odrzucała w sposób tak subtelnie kokieteryjny, że zawsze można było mieć jakąś nadzieję. Aż do dnia, kiedy na jednym z takich spacerów przedstawiłem jej przystojnego kolegę, który na dodatek był mistrzem w pływaniu. Nazywał się Rubén Mayer. Na moich oczach zaczął się do niej zalecać i w krótkim czasie z powodzeniem zdobył jej uczucia. Spodobać się dziewczynie, wyznać jej miłość – to był zwyczaj, który teraz jest w zaniku i nowym pokoleniom, pragmatycznym i skutecznym w sprawach miłości, wydaje się dzisiaj prehistorycznym idiotyzmem. Ja zachowuję czułą pamięć o tamtych rytuałach z czasów mojej młodości, które dotyczyły sfery uczuć, i zawdzięczam im to, że tamten etap mego życia pozostał mi we wspomnieniach nie tylko jako burzliwy i represyjny, ale także obfitujący w momenty delikatne, przeżywane intensywnie, co wynagradzało mi wszystko inne.

Myślę, że ojciec wyjechał po raz pierwszy do Stanów Zjednoczonych latem 1951. Nie jestem zupełnie pewien, ale chyba nastąpiło to właśnie w miesiącach letnich, bo pamiętam, że cieszyłem się wtedy swobodą, która byłaby niemożliwa, gdyby pozostawał w domu. Poprzedniego roku raz jeszcze zmieniliśmy mieszkanie. Ojciec sprzedał mały dom w La Perla i wynajął apartament w Miraflores, w tej części ulicy Porta, na którą mniej więcej w tym samym czasie sprowadzili się dziadkowie. Mimo bliskiego sąsiedztwa relacje ojca z rodziną Llosów wciąż były żadne. Jeżeli mijał się z dziadkami na ulicy, kłaniał się, ale nigdy się nie odwiedzali i tylko ja z mamą chodziłem do domu wujostwa.

Wyjazd do Stanów Zjednoczonych był dla ojca spełnieniem od dawna pielęgnowanych marzeń. Podziwiał ten kraj i jednym z powodów do dumy było dla niego to, że za młodu nauczył się angielskiego, co pomogło mu znaleźć pracę w Panagrze i potem w przedstawicielstwie INS w Peru. Odkąd moi bracia przenieśli się do Stanów, mówił o projekcie wyjazdu. Ale podczas tej pierwszej podróży nie pojechał do Los Angeles, gdzie mieszkali Ernesto i Enrique z ich matką, tylko do Nowego Jorku. Pamiętam, że udaliśmy się z mamą i urzędnikami z INS na lotnisko Limatambo, żeby ojca pożegnać. Przebywał w Stanach Zjednoczonych przez wiele tygodni, a może nawet miesięcy, próbując rozwinąć interes w branży odzieżowej, ale chyba mu się nie powiodło, bo później słyszałem, jak się skarży, że w tej podjętej w Nowym Jorku próbie stracił część swoich oszczędności.

Faktem jest, że tamtego lata miałem więcej swobody. Praca obowiązywała mnie od popołudnia do północy, ale nie była męcząca. Sprawiała, że czułem się dorosły, i napawała mnie dumą, bo pod koniec miesiąca ojciec wypłacał mi pensję, podobnie jak redaktorom i radiooperatorom z International News Service. Moja praca była mniej ważna niż ich zajęcie, to oczywiste. Polegała na tym, że biegałem z biura do gazety „La Crónica", której siedziba mieściła się po przeciwległej stronie chodnika, na tej samej ulicy Pando, i zanosiłem tam biuletyny informacyjne co godzina lub co dwie godziny, no i kiedy pojawiał się jakiś *flash*. Resztę czasu wykorzystywałem na czytanie powieści, co wciąż było moją pasją. Około godziny dziewiątej wieczorem z redaktorem i dyżurnym radiooperatorem szliśmy na kolację do gospody na rogu, zapełnionej konduktorami tramwaju linii do San Miguel, której końcowy przystanek znajdował się naprzeciwko.

W tamtych miesiącach, kiedy biegałem między stołami redakcyjnymi biura i redakcją „La Crónica", przyszła mi do głowy myśl, żeby zostać dziennikarzem. Zawód ten, poza wszystkim, nie był tak odległy od tego, co sobie upodobałem – czytania i pisania – i wydawał się praktyczną wersją literatury. Dlaczego ojciec miałby mieć obiekcje co do tego, żebym został dziennikarzem? Czy nie był nim, w pewnym sensie, on sam, pracując w International News Service? I rzeczywiście, pomysł ten nie wydał mu się zły.

Przypuszczam, że w połowie czwartego roku nauki już nikomu nie mówiłem, że zostanę marynarzem, ale powtórzyłem raz i drugi, aż w końcu sam w to uwierzyłem, że po ukończeniu szkoły będę studiował dziennikarstwo. No i w czasie pewnego weekendu ojciec powiedział, żebym porozmawiał z dyrektorem „La Crónica", aby przez trzy miesiące najbliższego lata pozwolił mi popracować w redakcji. W ten sposób poznam od środka, czym jest zawód dziennikarza.

W 1951 napisałem utwór sceniczny *La huida del Inca*. Pewnego dnia przeczytałem w „La Crónica", że Ministerstwo Oświaty ogłasza konkurs na utwór teatralny dla dzieci, i to było dla mnie bodźcem. Myśl o pisaniu dla teatru chodziła bowiem za mną od pewnego czasu, tak jak o byciu poetą lub powieściopisarzem, może nawet bardziej pociągał mnie właśnie teatr. Utwory dla teatru były moim pierwszym powołaniem literackim. Zachowuję żywo w pamięci pierwsze przedstawienie teatralne, które obejrzałem jako kilkuletnie dziecko, w Cochabambie, w teatrze Achá. Spektakl odbywał się wieczorem i był przeznaczony dla dorosłych, więc nie wiem, dlaczego mama mnie na niego zabrała. Usiedliśmy w loży i nagle podniosła się kurtyna, a na scenie, w blasku reflektorów, mężczyźni i kobiety nie opowiadali sobie żadnych historii, tylko je p r z e ż y w a l i. Jak w filmie, ale jeszcze głębiej, bo nie były to postacie na ekranie, tylko ludzie z krwi i kości. W pewnym momencie, podczas jakiejś wymiany zdań, jeden z kawalerów wymierzył policzek pewnej damie. Wybuchnąłem wtedy płaczem, a moja mama i dziadkowie śmiali się: „Przecież to fikcja, głuptasku".

Poza wieczorami teatralnymi w szkole nie przypominam sobie, abym kiedykolwiek chodził do teatru aż do czasu, gdy wstąpiłem do szkoły Leoncia Prady. Tamtego roku owszem, chodziłem przez wiele sobót do teatru Segura, do Teatru Miejskiego albo do teatrzyku o małej scenie w Narodowej Szkole Sztuk Scenicznych – w okolicach alei Urugwaj – przeważnie na górny balkon, czy nawet na galerię, aby oglądać zespoły hiszpańskie lub argentyńskie – bo w tamtych czasach, co wydaje się nieprawdopodobne, w Limie zdarzało się, że wystawiano utwory Alejandra Casony, Jacinta Grau albo Unamuna i czasem – rzadko – jakiś utwór klasyczny Lopego de Vegi lub Calderona. Chodziłem zawsze sam, bo żadnemu z moich przyjaciół z dzielnicy nie chciało się wędrować do centrum Limy, żeby nudzić się na przedstawieniu teatralnym, chociaż kilka razy zdecydował się towarzyszyć mi Alberto Pool. Złe czy dobre przedstawienie zawsze napełniało mi głowę obrazami, żebym mógł później fantazjować przez wiele dni, i zawsze wychodziłem z teatru z tajemnym postanowieniem, że pewnego dnia zostanę dramaturgiem.

Nie wiem, ile razy pisałem, darłem, pisałem na nowo, znowu niszczyłem i jeszcze raz pisałem *La huida del Inca*. Ponieważ moja działalność autora miłosnych listów i erotycznych nowelek dała mi wśród moich kolegów w szkole Leoncia Prady prawo bycia pisarzem, więc nie robiłem tego w ukryciu, tylko w godzinach nauki albo po lekcjach, tudzież w czasie lekcji i podczas przypadającej na mnie warty. Dziadek Pedro miał starą maszynę do pisania marki Underwood, która towarzyszyła mu jeszcze w czasach pobytu w Boliwii, i teraz, podczas weekendów, spędzałem całe godziny, pisząc na niej dwoma palcami oryginał i kopie przeznaczone na konkurs. Po ukończeniu pracy przeczytałem swój utwór dziadkom i wujostwu Juanowi i Laurze. Dziadek obiecał zanieść *La huida del Inca* do Ministerstwa Oświaty.

O ile dobrze pamiętam, dziełko to było pierwszym tekstem, jaki napisałem w taki sam sposób, w jaki miałem później pisać wszystkie moje powieści: przepisując, poprawiając i przerabiając po tysiąc sto razy bardzo chaotyczny brulion, który powoli, po wielu korektach, nabierał ostatecznej formy. Upłynęły tygodnie i miesiące bez wieści o losach mego utworu w konkursie, a kiedy ukończyłem czwarty rok nauki w szkole średniej i pod koniec grudnia, a może na początku stycznia 1952, zacząłem pracować w redakcji „La Crónica", przestałem już myśleć o moim utworze, który nosił zadziwiający podtytuł: Dramat inkaski w dzisiejszych czasach, w trzech aktach, z prologiem i epilogiem, zapomniałem również o konkursie, do którego ten utwór zgłosiłem.

VI. Religia. Miasta i pośladki

Kiedy zakończył się konflikt z AP i PPC w sprawie kandydatur do samorządów miast, wróciłem do Limy 14 sierpnia 1989, po dwudziestodwudniowej nieobecności. Na lotnisku powitała mnie kawalkada samochodów, ciężarówek i autobusów, a na jej czele stali Chino i Gladys Urbinowie oraz garstka chłopaków i dziewcząt z Młodzieżówki Ruchu Wolność, z którą mieli organizować wszystkie nasze manifestacje w kampanii wyborczej wzdłuż i wszerz całego Peru. Przemawiając z balkonu mego domu do tych, którzy towarzyszyli mi aż do Barranco, ogłosiłem zawarcie pokoju z sojusznikami i podziękowałem Akcji Ludowej oraz Chrześcijańskiej Partii Ludowej za to, że zakończyły swoje sprzeczki dotyczące kandydatur samorządowych w miastach.

Następnego dnia poszedłem przywitać się z Belaúndem i Bedoyą i nastąpiło pojednanie. Pod moją nieobecność komisje obu partii utworzone przez Eduarda Orrego i Ernesta Alayzę Grundy'ego – to oni mieli ubiegać się o stanowisko pierwszego i drugiego wiceprezydenta – dokonały salomonowego wyboru kandydatów na radnych i burmistrzów w całym kraju.

Problemem było obsadzenie ratusza w Limie, co miało największy wpływ polityczny na kampanię prezydencką. Do Akcji Ludowej należało wskazanie kandydata i było oczywiste, że zostanie nim architekt Eduardo Orrego. Urodzony w Chiclayo w 1933, uczeń Belaúndego Terry'ego i zwolennik pierwszego okresu jego rządów Orrego był uważany za naturalnego spadkobiercę tronu ludowców. Kongres Akcji Ludowej, który odbył się w kwietniu 1989 w Cuzco, wybrał go na kandydata na stanowisko pierwszego wiceprezydenta. Po Belaúndem był w swojej partii przywódcą o najlepszym wizerunku. Między 1981 a 1983 był burmistrzem Limy i miał doświadczenie w zarządzaniu miastem. Jego przedsięwzięcia były odważne, ale nie miały powodzenia z racji braku środków, których rząd Akcji Ludowej mu poskąpił, skazując go w ten sposób na bezsilność. Najważniejsze, czego dokonał, to uzyskanie z Banku Światowego kredytu dla władz miasta w wysokości osiemdziesięciu pięciu milionów dolarów. Jednak biurokracja postarała się, by środki te dotarły wtedy, kiedy już się skończyła jego kadencja, więc mógł je wykorzystać tylko jego następca, lider Zjednoczonej Lewicy Alfonso Barrantes, zwycięzca w wyborach municypalnych w 1983.

Przed kampanią wyborczą znałem Eduarda Orrega bardzo powierzchownie. Uważałem go za jednego z ludowców, którzy zachowali w sobie żywego ducha odnowicielskiego i romantycznego, z jakim narodziła się Akcja Ludowa w czasach dyktatury Odríi. Wiedziałem, że Orrego podróżował po świecie w celu zdobycia na własną rękę wiedzy politycznej, że pracował w Algierii, przemierzył Afrykę, Azję i znaczne obszary Chińskiej Republiki Ludowej, no i przeczuwałem, że w przeciwieństwie do tego, co się stało z innymi z jego współwyznawców, lata nie wpłynęły na to, by wygasła w nim odwaga z czasów młodości. Dlatego, gdy jakiś czas wcześniej Belaúnde zapytał mnie, kogo wolałbym na stanowisku pierwszego wiceprezydenta spośród trzech czy czterech nazwisk, które wymieniano, odpowiedziałem bez wahania: Orrega. Wiedziałem, że Eduardo jest słabego zdrowia na skutek choroby serca i przebytej operacji, ale zapewniono mnie, że odzyskał siły w stopniu zadowalającym. Ucieszyłem się, że będę mógł go mieć za towarzysza pracy, chociaż w tamtym momencie – w lipcu 1989 – wciąż zadawałem sobie pytanie, nie bez lęku, jaka będzie w codziennym obcowaniu i w pracy osoba, która miałaby zastąpić mnie w przypadku wakatu na urzędzie prezydenta.

Okazał się sympatyczny, inteligentny i zabawny, zawsze gotów wstawiać się za Akcją Ludową i żeby łagodzić spory i ułatwiać zawieranie porozumień z innymi sojusznikami, a jego anegdoty uprzyjemniały długie podróże i nużące zebrania w czasie kampanii. Nie wiem, jak to robił, ale we wszystkich miastach i wioskach znikał na parę godzin, żeby poszperać na targowiskach i w pracowniach rzemieślników czy też zgłębiać sekrety garncarzy, i wracał z niezawodnym bagażem wyrobów sztuki ludowej albo znalezisk archeologicznych, albo z jakimś ptakiem czy innym żywym stworzeniem pod pachą (podejrzewam, że jego oraz żony Karoliny namiętność do zwierząt zamieniła ich dom w ogród zoologiczny). I zazdrościłem mu tej zdolności do pielęgnowania, pośród tej naszej absorbującej krzątaniny, swoich osobistych upodobań i zainteresowań, bo ja odnosiłem wrażenie, że polityka pozbawiła mnie ich na zawsze. W całej kampanii nie wdaliśmy się w ani jeden spór i byłem przekonany, że w rządzie okaże się moim lojalnym współpracownikiem.

Niemniej, chociaż nigdy mi tego nie powiedział, Eduardo sprawiał wrażenie człowieka rozczarowanego polityką i w gruncie rzeczy odnoszącego się sceptycznie do możliwości zmian w Peru. Mimo że w sposób bardzo peruwiański pokrywał to żartami i zabawnymi anegdotami, to jednak coś cierpkiego i smutnego, jakiś gorzki ton, dźwięczało w jego słowach, kiedy wspominał, jak w czasach kiedy był u władzy – w magistracie Limy czy też podczas krótkiego okresu sprawowania urzędu ministra transportu i komunikacji – odkrył, że na lewo i prawo, wśród przyjaciół i przeciwników, a nawet wśród osób najmniej podejrzewanych, czyli wśród urzędników, powszechne są kupczenie wpływami i skłonność do nadużyć. Dlatego wydawało się, że korupcja za rządów Alana Garcíi wcale go nie zaskoczyła, jakby przewidział jej rozkwit i jakby była nieuchronną kulminacją zakorzenionych praktyk. Było tak, jakby to doświadczenie, w połączeniu z ponurą ewolucją peruwiańskiej polityki od czasów jego młodzieńczego entuzjazmu dla populizmu, spowodowało, że z Eduarda wyparowały aktywność i zaufanie do Peru.

Na wiecach przemawiał przede mną. Zawsze mówił krótko, wtrącał jeden lub dwa dowcipy na temat rządów APRA i zwracał się do mnie jako do „p r e z y d e n t a Maria Vargasa Llosy", co wywoływało owację. Burzliwa, mordercza kampania nie pozwoliła mi, chociaż wielokrotnie miałem na to ochotę, przeprowadzić z Eduardem szczerej rozmowy, w której, być może, zdołałbym poznać głęboko w nim tkwiące przyczyny tego, co wydawało się niewątpliwym rozczarowaniem polityką, politykami i, być może, samym Peru.

Mój drugi towarzysz na liście prezydenckiej, doktor Ernesto Alayza Grundy, był zupełnie inny. Znacznie od nas starszy – niemal siedemdziesięciosiedmioletni – don Ernesto został wytypowany przez Chrześcijańską Partię Ludową jako kandydat na drugiego wiceprezydenta, na podstawie układu między senatorem Felipem Osterlingiem a deputowanym Celsem Sotomarinem, na kongresie ich partii, który odbył się między 28 kwietnia a 1 maja 1989, kiedy wydawało się, że Sotomarino zdobędzie nominację, zwyciężając Osterlinga, podczas gdy ten był do tej pory pewny zwycięstwa. Człowiek konfliktowy, o surowym charakterze, był Sotomarino upartym przeciwnikiem idei Frontu, często atakował Akcję Ludową i Belaúndego oraz kwestionował moją kandydaturę w sposób impulsywny, a więc jako wiceprezydent byłby nie na miejscu. W dobrej wierze Bedoya zaproponował kongresowi kandydata ugodowego, za którym wszyscy się opowiedzieli: czcigodną postać Alayzy Grundy'ego.

Zmartwiło to wielu – a wśród nich i mnie, bo miałem wysokie o nim mniemanie – że Osterling, adwokat i nauczyciel uniwersytecki o dużym prestiżu i wspaniałym dorobku w działalności parlamentarnej, nie znajdzie się w najbliższym gronie prezydenta, bo jego energia i pozytywny wizerunek mogły być tam przydatne. Ale wkrótce odkryłem, że mimo swego wieku don Ernesto Alayza Grundy mógł okazać się wspaniałym zastępcą.

Byliśmy przyjaciółmi na odległość. Pewnego razu wymieniliśmy prywatne listy, życzliwie polemizując na temat roli państwa, którą ja w jednym z moich wykładów określiłem, w ślad za Popperem, jako „zło konieczne". Don Ernesto, ortodoksyjny wyznawca społecznej doktryny Kościoła i, tak jak ona, odnoszący się nieufnie do liberalizmu, w uprzejmym tonie sprzeciwił się moim poglądom i w tej kwestii wyłożył mi swój punkt widzenia. Odpowiedziałem mu, punktując moje przekonania, i uważam, że od tamtej wymiany myśli stało się dla nas jasne, że mimo różnic ja, liberał, i don Ernesto, chadek, możemy się ze sobą porozumieć, bo podzielamy szerokie spektrum poglądów, jeśli chodzi o ideologię. Przy innej okazji, zawsze ze swoimi wytwornymi manierami, don Ernesto przekazał mi encykliki Kościoła na tematy społeczne oraz swoje własne opracowania. Chociaż teksty te zwykle wywoływały we mnie więcej wątpliwości niż entuzjazmu – chadecka teoria dotycząca opiekuńczości, poza łamańcami językowymi, zawsze wydawała mi się furtką, przez którą może potajemnie przedostawać się ukryta kontrola całego życia gospodarczego – to inicjatywa don Ernesta wywarła na mnie dobre wrażenie. Oto wśród peruwiańskich polityków jest ktoś zainteresowany ideami i doktrynami, kto rozumie politykę jako zjawisko należące do sfery kultury.

Fakt, że byłem niewierzący, stanowił powód do zmartwienia, a może nawet do niepokoju, dla katolików, którzy mnie popierali w Ruchu Wolność i w Chrześcijańskiej Partii Ludowej, zwłaszcza dla tych, którzy nie tak jak większość mi znanych osób byli wierzący nie tylko rutynowo, dla świętego spokoju czy ze względów społecznych, ale także starali się żyć naprawdę w zgodzie z zasadami swojej wiary. Znam niewielu takich katolików i don Ernesto Alayza Grundy był właśnie jednym z nich. Świadczyło o tym jego uczestnictwo, zawsze w pierwszej linii, w promowanej przez Kościół działalności wychowawczej i w sprawach społecznych, a także jego życie zawodowe i rodzinne (ma jedenaścioro dzieci) oraz jego wizerunek człowieka prawego, o niepokalanej uczciwości, na którym nie znalazła się najmniejsza skaza – skromnie licząc – w czasie półwiecza działalności politycznej.

Zaczynając swoją aktywność polityczną, chciałem uprzedzić to, co moi przeciwnicy próbowali wykorzystywać przez następne miesiące i lata, więc w wywiadzie udzielonym Césarowi Hildebrandtowi wyjaśniłem, że nie jestem ani wierzącym, ani ateistą i że w kampanii wyborczej nie będę podejmował dyskusji na temat religii. Uważałem, że wierzenia religijne, tak jak przyjaźnie, życie seksualne i uczuciowe, należą do sfery prywatności człowieka, więc powinny być bezwzględnie szanowane i w żadnym wypadku nie mogą stać się tematem debaty publicznej. Uściśliłem również, co było oczywiste, że ktokolwiek będzie sprawował rządy w Peru i jakiekolwiek okażą się jego poglądy, powinien być świadomy tego, że większość Peruwiańczyków to katolicy i że należy postępować tak, aby zachować szacunek dla ich uczuć.

Przez całą kampanię przestrzegałem tej zasady i nigdy nie wracałem do tego tematu ani nie reagowałem, kiedy w końcowym etapie rząd kazał swoim rzecznikom zadawać narodowi, z zaniepokojonym wyrazem twarzy, pytania: „Czy chcecie mieć prezydenta a t e i s t ę? Czy wiecie, co będzie oznaczał dla Peru prezydent a t e i s t a?".

(Dla dużej części moich rodaków okazało się niemożliwe odróżnienie ateizmu od agnostycyzmu, mimo że w tamtym wywiadzie zrobiłem, co mogłem, aby wyjaśnić, że ateista też jest wierzący – to jest ktoś, kto wierzy, że Bóg nie istnieje – podczas gdy agnostyk nie ma pewności co do zarówno istnienia, jak i nieistnienia istoty boskiej i życia wiecznego).

Chociaż odmówiłem ponownej dyskusji na ten temat, jednak to zagadnienie prześladowało mnie niczym cień. Nie tylko dlatego, że APRA i rząd posługiwały się nim bez ograniczeń – ukazywały się niezliczone artykuły we wszystkich pismach, paszkwile, spoty radiowe i telewizyjne, uliczne ulotki itd. – ale również dlatego, że temat ten niepokoił wielu moich zwolenników. Mógłbym zebrać księgę anegdot o tej sprawie. Mam setki serdecznych listów, zwłaszcza od skromnych ludzi, którzy informowali mnie, że odprawiają nowenny, składają Bogu obietnice i modlą się za moje nawrócenie, a wielu innych zapytywało, co to za religia, którą wyznaję, ten agnostycyzm, jaką ma doktrynę, jaka jest jej moralność, jakie zasady, gdzie są jej kościoły i księża, bo chcieliby ją poznać. Na każdym wiecu, na spotkaniach z ludźmi i podczas wędrówek po ulicach miast dziesiątki rąk wsuwały mi zgrabnie do kieszeni święte obrazki, medaliki, różańce, obietnice modlitwy, buteleczki z wodą święconą, krzyżyki. A do mego domu przychodziły anonimowe prezenty w postaci obrazków religijnych, życiorysów świętych, nabożnych książek – najczęściej była to *Droga* wielebnego Escrivy de Balaguera – albo eleganckich pudełeczek z katolickimi relikwiami, wodą z Lourdes lub z Fatimy, z ziemią z Jerozolimy. W dniu zakończenia kampanii w Arequipie, 5 kwietnia 1990, po wiecu na placu broni, odbyło się przyjęcie w klasztorze Świętej Katarzyny. Jakaś señora podeszła do mnie dyskretnie i powiedziała, że przeorysza pragnie się ze mną widzieć. Wzięła mnie pod rękę i razem przekroczyliśmy zakratowaną bramę do tej części klasztoru, w której zakonnice żyją w zamknięciu. Otworzyły się drzwi i pojawiła się drobna mniszka w okularach, uśmiechnięta i bardzo uprzejma. To była przeorysza. Poprosiła, abym przekroczył próg, i wskazała mi niewielką kaplicę, w której w półmroku zauważyłem białe zakonne welony i ciemne habity. „Modlimy się za pana – wyszeptała. – Wie pan o c o".

Na samym początku kampanii poruszyłem temat wiary na zebraniu Ruchu Wolność. Komisja Polityczna zgodziła się ze mną, że w myśl przyjętej przez nas zasady szczerości nie mogę dla celów wyborczych ukrywać mego statusu agnostyka. Jednocześnie należało koniecznie uniknąć sporu w kwestii religii. Żaden z nas nie podejrzewał wtedy – pod koniec 1987 – znaczenia, jakiego nabierze ta sprawa między pierwszą a drugą turą wyborów, na skutek udanej mobilizacji Kościołów ewangelickich popierających Fujimoriego.

W kierownictwie Ruchu Wolność była spora liczba katolików wywodzących się z tego samego pnia co don Ernesto Alayza Grundy: oddanych, konsekwentnych i bardzo bliskich hierarchii lub określonym zakonom czy instytucjom kościelnym i to do tego stopnia, że pewnego razu dałem im do zrozumienia, iż w otoczeniu takich ludzi jak oni można by oczekiwać, że posiedzeniom naszej komisji będzie przewodniczył Duch Święty. Miguel Cruchaga był w latach sześćdziesiątych organizatorem kursów chrystianizacji w Peru. Lucho Bustamante pozostawał w bliskiej przyjaźni z jezuitami, u których uczył się w gimnazjum i potem wykładał na Uniwersytecie Pacyfiku powiązanym z tym zakonem. Nasz niekonwencjonalny sekretarz departamentu Limy, Rafael Rey, był nominalnym członkiem Opus Dei, który złożył śluby posłuszeństwa, ubóstwa i czystości (nawiasem mówiąc, walczył z uporem przeciwko pozbawionym szacunku napaściom licznych anarchistek). Również w Komisji Politycznej figurowali „katolicy papiescy, rzymscy i b ł o g o s ł a w i e n i", jak żartował sobie jeden z nich. (Najbardziej znani to Beatriz Merino, Pedro Cateriano i Enrique Chirinos Soto).

Chociaż, a jestem tego pewien, wszystkich niepokoiła moja postawa religijna, muszę im podziękować za to, że nigdy nie dali mi tego odczuć ani w sposób zawoalowany, ani nawet w chwilach kiedy nasilała się kampania przeciwko mojemu „ateizmowi". Na pewno, w zgodzie z tym, co postulowaliśmy w kwestii poszanowania prywatności, w Ruchu Wolność nigdy nie dyskutowaliśmy o sprawach religii. Żaden z moich przyjaciół nie zdecydował się oceniać publicznie swego statusu katolika, aby powstrzymać ataki, a, jak już powiedziałem, było wśród nas sporo wierzących, którzy starali się żyć w zgodzie ze swoją wiarą, jednak nie przyszło im nawet do głowy, aby kupczyć nią czy też za jej pomocą atakować przeciwnika albo promować siebie samych.

Podobnie postępował don Ernesto Alayza Grundy. Przez całą kampanię wyborczą zachowywał absolutną dyskrecję w kwestiach religii, nigdy nie podejmował tego tematu w naszych rozmowach, nawet wtedy gdy rozmawialiśmy o sprawach trudnych, takich jak kontrola urodzeń, której ja wyraźnie broniłem, a którą on z trudem mógł zaakceptować.

Poza tym, że był dyskretny i zrównoważony – z zadowoleniem patrzyłem na jego nienaganną moralność, którą mógł wnieść do urzędu wiceprezydenta – don Ernesto okazał się wspaniałym towarzyszem podczas kampanii. Niezmordowany, zawsze w dobrym humorze, jego fizyczna wytrzymałość wszystkich nas zdumiewała, podobnie jak jego delikatność i duch solidarności: nigdy nie posługiwał się argumentem swego wieku ani prestiżu, aby o coś prosić, ani nie akceptował żadnego dla siebie przywileju. Nieraz musiałem stanowczo zakazać, aby mi towarzyszył – kiedy na przykład chodziło o wyjazd do takich miejsc jak Huancavelica albo Cerro de Pasco, gdzie trzeba było wspinać się na wysokość ponad czterech tysięcy metrów – ponieważ zawsze był gotów wdrapywać się po zboczach Andów, do ostatniej kropli potu wędrować po dżungli czy też dygotać z zimna na pustynnych wyżynach, aby dotrzeć do wszystkich miejscowości na trasie. Jego wesołość, prostota i otwartość, jego zdolność przystosowywania się do rygorów kampanii i młodzieńczy entuzjazm wobec tego, co robiliśmy, pomagały znosić uciążliwości niekończącego się objazdu miasteczek, dzielnic i regionów. Na wiecach zawsze był pierwszym mówcą. Mówił powoli, unosząc w górę długie ramiona i prostując na podium swoją ascetyczną sylwetkę. I podobnym trochę do falsetu głosikiem, z figlarnym błyskiem w oku kończył swoje krótkie przemówienie taką metaforą: „Pochyliłem się, żeby posłuchać pulsu głębokiego Peru. I co usłyszałem? Co mówiło bicie pulsu? Fre-de-mo! Fre-de-mo!".

Przed moim wyjazdem do Europy słyszałem, że Eduardo Orrego nie chciał kandydować na burmistrza Limy, co mu proponowała Akcja Ludowa. Wyjechał z Karoliną do Francji prawie w tym samym czasie, kiedy ja stamtąd wracałem, i w prasie pojawiło się wiele spekulacji na ten temat. Belaúnde potwierdził mi brak zdecydowanej postawy Orrega, ale miał nadzieję, że doprowadzi do zmiany jego stanowiska przed końcowym terminem – 14 sierpnia – i prosił mnie o pomoc, żeby go przekonać.

Zadzwoniłem do niego do Paryża. Decyzja Eduarda wydała mi się bardzo stanowcza. Racje, którymi szermował, były taktyczne. Jeśli chodzi o stanowisko burmistrza, sondaże dawały mu dwadzieścia procent, połowę tego, co prognozowały dla mnie w wyborach prezydenckich. Powiedział mi, że gdyby osiągnął niski wynik albo przegrał wybory w stolicy, to jego klęska mogłaby się okazać ciężarem dla mnie w mojej kampanii. Nie należało ryzykować. Oceniana z perspektywy tego, co się potem wydarzyło w wyborach na burmistrza Limy, jego odmowa okazała się intuicyjnie trafna. Czyżby miał zdolność przewidywania klęski?

Może był jeszcze inny, bardziej tajemniczy powód. Kiedy nastąpiła moja rezygnacja i wynikający z niej skandal, deputowany Francisco Belaúnde Terry – brat byłego prezydenta, założyciel Akcji Ludowej i jeden z ludowców, który spotkał się z największą wrogością ze strony dyktatury Velasca – obarczył Orrega odpowiedzialnością za nieprzejednanie AP w sprawie wspólnych list, przy czym używał wobec niego bardzo przykrego języka. Chociaż nigdy nie słyszałem, żeby Orrego poczynił najmniejszą aluzję do tego zdarzenia, być może ów epizod zaważył na jego decyzji.

(Nawiasem mówiąc, Francisco Belaúnde Terry był od zawsze jednym z ludowców, których najbardziej szanowałem, jednym z tych rzadkich ludzi, którzy nadają godność polityce. Jego niezależność czasem wymagała przeciwstawienia się własnej partii, kiedy nakazywały mu to sumienie i maniakalna wprost uczciwość, która mimo że dysponował szczupłymi środkami, doprowadziła w Kongresie do tego, że nigdy nie zaakceptował podwyżek, bonifikat, premii, jakie parlamentarzyści bezustannie uchwalali, żeby powiększać swoje dochody, że zwracał czeki albo oddawał je portierom i urzędnikom parlamentu, kiedy APRA spowodowała uchwalenie rozporządzenia zakazującego deputowanemu lub senatorowi odmowy przyjęcia podwyżki. Ze swoją absolutną pogardą dla wszelkiej ugodowości i kalkulacji w postępowaniu, które reguluje życie polityka, Francisco Belaúnde – chuda wycieńczona postać, żywa encyklopedia historii, niestrudzony czytelnik książek, człowiek o eleganckim stylu, posługujący się literackim, staroświeckim językiem – zawsze sprawiał na mnie wrażenie kogoś z innej epoki, albo z innego kraju, łagodnego baranka wpuszczonego między stado wilków. Był gotów mówić to, w co wierzył i co myślał, chociaż w czasach dyktatury Odríi i Velasca przypłacił te wypowiedzi więzieniem i wygnaniem, wypowiadał się tak również wtedy, gdy mogło go to poróżnić z własnymi współwyznawcami oraz z instytucjami, których każdy dobry polityk obawia się i którym schlebia, to znaczy z mediami. W kampanii wyborczej z 1985, w której oświadczyłem w telewizji, że nie będę głosował na Alana Garcíę, tylko na Luisa Bedoyę, dodałem, że z list wyborczych do parlamentu najchętniej zagłosuję na dwóch kandydatów, których dla dobra Peru chciałbym widzieć w Kongresie: na Miguela Cruchagę i na Francisca Belaúndego.

Od manifestacji na placu San Martín – a może jeszcze wcześniej – Francisco Belaúnde Terry był wytrwałym promotorem idei Frontu i mojej kandydatury. I bardzo wyraźnie oznajmił, że różni się od ludowców, którzy nalegali, czasem w sposób agresywny, nie ukrywając swej wrogości do Ruchu Wolność i do mnie, żeby jego brat Fernando powtórnie kandydował. Oczywiście to naraziło go na niechęć współwyznawców, zwłaszcza tych niewiele wartych, których jedynym uwierzytelnieniem, by zająć przywódcze stanowiska w Akcji Ludowej i być jej kandydatami do parlamentu, było schlebianie liderowi i dlatego wszelkimi sposobami utrudniali scementowanie sojuszu. Taka sytuacja stała się groźniejsza dla Francisca Belaúndego Terry'ego, kiedy tamtego czerwcowego wieczoru 1989, w dniu mojej rezygnacji, przyszedł do mnie do domu w trakcie manifestacji anarchistów, a później solidaryzował się ze mną w Ruchu Wolność. Z drugiej strony jego żona Isabelita była aktywną działaczką Akcji Solidarnej i od wielu miesięcy współpracowała z Patrycją przy programach promocji i wsparcia społecznego w zmarginalizowanych dzielnicach w San Juan de Lurigancho. Takie miernoty, jak to się zdarza we wszystkich partiach, a zwłaszcza w tych, które mają silnych *caudillos* i zazwyczaj opanowują ciała kierownicze, teraz spiskowały w tym celu, by Francisco Belaúnde Terry, ten ludowy parlamentarzysta o najuczciwszej bez wątpienia konduicie, nie został kandydatem swojej partii na listach Frontu. Ruch Wolność zaproponował mu wtedy, żeby został jednym z naszych kandydatów do zarządu miasta Limy i on się na to zgodził, zaszczycając swoim nazwiskiem naszą pulę. Jednak, na nieszczęście dla peruwiańskiego parlamentu, nie został wybrany).

Kiedy zdałem sprawę Belaúndemu z mojej rozmowy z Eduardem Orrego, zgodził się go zastąpić. Zapytał mnie, co myślę o Juanie Incháusteguim, i od razu mu powiedziałem, że to znakomita opcja. Inżynier pochodzący z prowincji był dobrym ministrem energii i kopalnictwa i zapisał się do Akcji Ludowej nie przed, ale po tym, jak wypełnił swoją funkcję ministerialną, to znaczy w ostatnim okresie drugiej kadencji rządów Belaúndego. Chociaż znałem go tylko z widzenia, miałem w pamięci pozytywne opinie, jakie Belaúnde o nim wypowiadał w naszych rozmowach w pałacu w połowie swojej kadencji prezydenckiej.

Po pewnych wahaniach – był człowiekiem o skromnych środkach, bo dochody burmistrza Limy są minimalne – Incháustegui zgodził się reprezentować Front. Ze swej strony Chrześcijańska Partia Ludowa wybrała Lourdes Flores Nano na kandydatkę na zastępczynię burmistrza. Młoda adwokatka Lourdes stała się bardzo popularna z uwagi na swoje sympatyczne usposobienie i zdolności oratorskie zaprezentowane w czasie mobilizacji przeciwko upaństwowieniu banku.

Para ta prezentowała się wspaniale i odetchnąłem z ulgą w przekonaniu, że wygramy wybory do władz miasta Limy. Pozytywna obecność Incháusteguiego, jego błyskotliwy humor, brak skłonności polemicznych zdobędą mu sympatię w dzielnicach. Pochodzenie z prowincji było dodatkowym atutem jego wiarygodności. Chociaż urodził się w Arequipie, studiował i mieszkał w Cuzco i sam uważał się za *cusqueño*, co powinno mu zdobyć wiele serc w Limie, w tym mieście prowincjuszy, które zostało stolicą Peru. A obok niego młoda i inteligentna Lourdes Flores Nano – nowa twarz w peruwiańskiej polityce – była znakomitym uzupełnieniem.

Jednak od września sondaże zaczęły zmieniać się na niekorzyść Incháusteguiego i na rzecz nowej postaci w osobie Ricarda Belmonta Cassinelliego. Właściciel radia i skromnego kanału w telewizji, w której przez wiele lat prowadził bardzo popularny program polegający na prowadzonych na żywo rozmowach – *Habla el Pueblo* (Mówi Naród) – Belmont nie zajmował się wcześniej polityką ani nie wydawał się nią zainteresowany. Jego nazwisko łączono raczej ze sportem, który uprawiał i promował – był impresariem bokserów – i z maratonami telewizyjnymi mającymi na celu zbiórkę funduszy na rzecz kliniki San Juan de Dios, którą organizował przez wiele lat. Miał wizerunek sympatycznego i pospolitego animatora – jego język był pełen powiedzonek, takich jak „rączka", „łapka", „rudzielec", i wszystkich malowniczych zwrotów młodzieżowego slangu – był powiązany ze światem komediantów, śpiewaków, komików i *vedettes*, a nie ze sprawami publicznymi. Jednakże w poprzednich wyborach samorządowych niektóre organy prasowe, między innymi „Caretas", wymieniały jego nazwisko jako możliwego niezależnego kandydata na burmistrza Limy.

W połowie lipca 1989 Belmont zwołał nagle wiec na placu Grau, w dzielnicy La Victoria, na którym w towarzystwie kompozytora muzyki kreolskiej Augusta Pola Camposa ogłosił utworzenie ruchu obywatelskiego Obras* i zgłosił swoją kandydaturę.

W wywiadach telewizyjnych, jakie z nim przeprowadzono w ciągu następnych tygodni, przedstawił bardzo proste idee, które miał powtarzać podczas całej swojej kampanii. Sam był człowiekiem

---

* *Obras* – dzieła, czyny (przyp. tłum.).

niezależnym, rozczarowanym partiami i politykami, bo nigdy nie spełniali swoich obietnic. Uważał, że nadeszła pora, by do rozwiązywania problemów zabrali się fachowcy i kompetentni technicy. Zawsze dodawał, że jego ideały mieszczą się w prostej formule: działać dla dobra prywatnego przedsiębiorstwa. Powiedział też, że będzie głosował na mnie w wyborach prezydenckich, ponieważ ma „takie same poglądy jak Vargas Llosa", ale nie ma zaufania do moich sojuszników: czy partie AP i PPC nie sprawowały już rządów? I czego dokonały?

(To były poglądy, które Mark Malloch Brown chciał usłyszeć ode mnie, a raczej, według sondaży, które chcieli usłyszeć peruwiańscy wyborcy. Wśród osób, które wysłuchały tego przesłania skierowanego przeciwko politykom i partiom ze strony kogoś tak nowego w dysputach jak Belmont, znalazł się tajemniczy były rektor jednej z wyższych uczelni technicznych o nazwisku Fujimori, który musiał dobrze nadstawiać uszu, żeby przyswoić sobie takie postulaty).

Odkąd została zgłoszona kandydatura Belmonta, byłem pewien, że jego apel do kół niezależnych oraz jego ataki na istniejący układ polityczny dokonają wyłomu w naszym elektoracie. Ale tym, który precyzyjnie antycypował fakty, był Miguel Cruchaga. Przypominam sobie pewną z nim rozmowę, w której ubolewał nad tym, że Belmont nie jest naszym kandydatem: nowa twarz, a jednak bardzo znana, która pod pozorami powierzchowności i banałów w swoich oświadczeniach reprezentuje to, co chcemy promować: młodego przedsiębiorcę, który sam jest twórcą własnego sukcesu, popierającego prywatną inicjatywę i rynek, bez piętna politycznej przeszłości.

27 lipca odbyłem długą rozmowę z Ricardem Belmontem w moim domu w Barranco, w której uczestniczył także Miguel Vega Alvear. Na skutek wewnętrznych ustaleń Frontu nie mogłem zaproponować mu tego, co z pewnością by zaakceptował – ażeby został naszym kandydatem na stanowisko burmistrza – musiałem tylko ograniczyć się do przedstawienia mu ryzyka, jakie niesie ze sobą jego kandydatura, dzieląc elektorat niezależny i demokratyczny, co może zakończyć się

ponownym oddaniem władzy samorządowej w Limie w ręce partii APRA (jej kandydatką była Mercedes Cabanillas) albo Zjednoczonej Lewicy, w której w tamtych dniach wybuchł wewnętrzny, długo dojrzewający kryzys i spowodował jej rozłam. Belmont był bardzo pewien swoich racji. Mój sojusz z partiami uważał za pomyłkę, ponieważ wywodzące się z ludu warstwy społeczeństwa, którego nastroje badał codziennie w swoich programach, były generalnie przeciwne partiom, zwłaszcza Akcji Ludowej. On ten pogląd podzielał. Poza tym był rozżalony, ponieważ rząd Belaúndego upokorzył go, odmawiając zwrócenia kanału telewizyjnego odebranego mu przez dyktaturę wojskową, która zresztą podobnie postąpiła z innymi kanałami telewizji.

„Moi wyborcy są przede wszystkim w sektorach C i D – zapewnił mnie – i jeśli komukolwiek odbiorę głosy, to nie Frontowi, tylko Zjednoczonej Lewicy. Moja własna klasa, jaką jest burżuazja, gardzi mną, bo mówię żargonem, więc uważa mnie za niewykształconego. Natomiast chociaż mam zupełnie białą karnację, Metysi i czarni z osiedli młodych darzą mnie dużą sympatią i będą na mnie głosowali".

Stało się tak, jak mi powiedział. Również było pewne to, co mi obiecał w tamtej rozmowie, posługując się alegorią, którą wielokrotnie powtarzał: „Wybory do miejskiego samorządu to wstępna gra, a w niej Front i ja powinniśmy tańczyć razem, z jedną wspólną chusteczką. Ale wybory prezydenckie to gra zasadnicza i w niej będę ciebie popierał. Bo podzielam twoje poglądy. I dlatego że chcę, abyś został prezydentem, bo wtedy ja także odniósłbym sukces jako burmistrz Limy".

Kampania Belmonta była bardzo zręczna. Miał mniejszą promocję w telewizji niż my i APRA, objechał kilka razy najbiedniejsze dzielnice, powtarzał do znudzenia, że opowiada się za mną, ale przeciwko „partiom już skompromitowanym" i, ku zdumieniu wszystkich, w polemice telewizyjnej z Juanem Incháusteguim, co do którego byliśmy przekonani, że pokona przeciwnika swoim technicznym przygotowaniem, okazał się bardzo dobry dzięki przyprowadzonym

ze sobą doradcom i, przede wszystkim, dzięki swojej kreolskiej prze-
biegłości i doświadczeniu przed kamerami.

Miejskie zgromadzenia wyborcze przyspieszyły zerwanie z lewicą
skupioną do tej pory wokół nietrwałej koalicji pod przywództwem Alfonsa Barrantesa Lingána. To przywództwo było kwestionowane jakiś
czas wcześniej przez bardziej radykalne frakcje Zjednoczonej Lewicy,
które oskarżały byłego burmistrza Limy o kacykostwo, złagodzenie
marksistowskich poglądów i przyjęcie poglądów socjaldemokratycz-
nych, i – co jeszcze gorsze – o to, że stworzył opozycję tak pełną poszanowania dla rządów Alana Garcíi, że wyglądało to na zmowę.

Mimo wielkich wysiłków Partii Komunistycznej, ażeby uniknąć
rozłamu, ten się jednak dokonał. Zjednoczona Lewica przedstawiła jako
kandydata na burmistrza Limy lewicowego katolika, socjologa i profesora uniwersyteckiego Henry'ego Pease Garcíę, który miał być także
jej kandydatem w wyborach na prezydenta Republiki. Frakcja zwolenników Barrantesa, ze swej strony, pod hasłem Ugody Socjalistycznej,
zaproponowała innego socjologa, senatora Enrique Bernalesa, jednocześnie kandydata na pierwszego wiceprezydenta, obok Barrantesa.

Zbliżała się druga rocznica powstania Ruchu Wolność – wyzna-
czyliśmy dzień 21 sierpnia 1987, datę wiecu na placu San Martín,
jako datę narodzin Ruchu – i myśleliśmy w Komisji Politycznej, że
to będzie dobra okazja do pokazania, iż w przeciwieństwie do komunistów i socjalistów my osiągnęliśmy jedność.

Pierwszą rocznicę obchodziliśmy w mieście Tacna na manifestacji
na Paseo Civico. Na niecałą godzinę przed rozpoczęciem wiecu stało
na placu w pobliżu trybuny zaledwie kilku ciekawskich. Ja czekałem
w domu przyjaciół mojej rodziny znajdującym się w sąsiedztwie i na
kilka minut przed ósmą wyszedłem na dach, żeby zbadać sytuację.
Na estradzie Pedro Cateriano, donośnym głosem i ostro gestykulując,
przemawiał w próżnię. Albo do niewielu osób, bo Paseo Civico był
w połowie opustoszały, tym bardziej że na rogach i na bocznych chod-
nikach małe grupy ciekawskich obojętnie przyglądały się temu, co się

dzieje. Jednak pół godziny później, kiedy uroczystość już się rozpoczęła i odegrano obowiązkowe hymny, mieszkańcy Tacny zaczęli gromadzić się na placu i wkrótce go zapełnili. W końcu tłum towarzyszył mi na ulicach i musiałem jeszcze raz przemawiać z hotelowego balkonu.

Na obchody drugiej rocznicy wybraliśmy amfiteatr Amauta w Limie, który Genaro Delgado Parker udostępnił nam bezpłatnie; był bardzo obszerny – mieścił osiemnaście tysięcy osób – i dlatego myśleliśmy, że to będzie dobra okazja do zaprezentowania propozycji Frontu Demokratycznego, mając przed sobą zebranych wszystkich naszych kandydatów na stanowisko burmistrza i na radnych miejskich w okręgach Limy. Zaprosiliśmy też głównych przywódców AP i PPC, SODE i UCI* (było to wtedy małe ugrupowanie, a przewodził mu deputowany Francisco Díez Canseco, który potem odłączy się od sojuszu).

Program dzielił się na dwie części. Pierwszą, z tańcami i piosenkami, zajął się jej organizator Luis Delgado Aparicio, który po pierwsze, był adwokatem wyspecjalizowanym w sprawach pracy, a po drugie – postacią popularną w radiu i telewizji za sprawą swoich programów poświęconych salsie, albo, jak sam mówił stylem nie do naśladowania, muzyce „afro-latino-karaibsko-amerykańskiej", a ponadto był znakomitym tancerzem. Druga część, całkowicie polityczna, była przeznaczona na przemówienia Miguela Cruchagi i moje.

Mobilizacja, Młodzieżówka, komitety okręgowe i Akcja Solidarna dokonały wielkiego wysiłku, aby zapełnić amfiteatr Amauta. Problemem był transport. Odpowiedzialny za to Juan Checa wynajął kilka autobusów oraz ciężarówek i odstąpił nam inne, należące do jego firmy, ale w ustalonym dniu wiele z nich nie przyjechało do punktów zbiórki. Tak więc liberałowie, mężczyźni i kobiety, ludzie odpowiedzialni za mobilizację, zetknęli się w wielu okręgach z setkami osób, które nie mogły dostać się do amfiteatru. Charo Chocano w Las Delicias de Villa wyszedł na szosę i zatrzymał dwa przejeżdżające autobusy,

---

* Unión Cristiana Independiente – Chrześcijański Związek Niezależny (przyp. tłum.).

a w Huaycán niezmordowany Friedel Cillóniz i jego ludzie dosłownie zrobili zamach na ciężarówkę i przekonali kierowcę, żeby ich zawiózł do amfiteatru Amauta. Jednak tysiące osób pozostało rozczarowanych. Mimo wszystko trybuny amfiteatru zapełniły się po brzegi.

Ja od siódmej wieczorem byłem gotowy, siedziałem w samochodzie w towarzystwie personelu ochrony i krążyłem w pobliżu Amauty. Ale porozumiewający się przez radio odpowiedzialni za imprezę wewnątrz lokalu – Chino Urbina i Alberto Massa – powstrzymywali mnie, mówiąc, że ludzie ciągle przychodzą i że trzeba dać czas animatorom – którymi byli Pedro Cateriano, Enrique Ghersi i Felipe Leno – na rozgrzanie atmosfery. Tak upłynęło pół godziny, godzina, półtorej godziny. Chcąc opanować niecierpliwość, krążyliśmy po Limie i kiedy łączyliśmy się z amfiteatrem, odpowiedź wciąż brzmiała tak samo: „Jeszcze chwileczkę".

Kiedy w końcu dano mi zielone światło i pojawiłem się w amfiteatrze, panowała tam zaraźliwa atmosfera fiesty i euforii, z flagami i plakatami różnych komitetów powiewającymi na trybunach, a poszczególne grupy ludzi ulokowane w różnych sektorach współzawodniczyły ze sobą w śpiewach i przyśpiewkach. Tymczasem upłynęły już ze dwie godziny od wyznaczonej pory. Roxana Valdivieso odśpiewała na trybunie hymn Ruchu. Przed chwilą Juan Incháustegui i Lourdes Flores mieli triumfalne wejście, które zakończyli tańcem *huaynito*. I już zakończył swój spektakl Lucho Delgado Aparicio. Wrogie dzienniki i kanały telewizyjne zrobiły potem skandal, ponieważ wśród śpiewów folklorystycznych pojawiły się nagle tancerki rumby w zbyt roznegliżowanych strojach i odtańczyły szaloną salsę. Według prasy widok tych niemal nagich bioder, pośladków, biustów i ud wywołał uczucie zawstydzenia i rozgniewał wielu szanowanych parlamentarzystów Chrześcijańskiej Partii Ludowej, a ktoś nawet twierdził, że don Ernesto Alayza Grundy, to wcielenie prawości, poczuł się spektaklem urażony. Ale Eduardo Orrego zapewnił mnie później, że to wszystko nieprawda, bo w rzeczywistości don Ernesto przyglądał się tancerkom z absolutnym stoicyzmem. I wiem, że Enrique Chirinos Soto mlaskał z zadowoleniem, kiedy oglądał to widowisko.

W każdym razie, kiedy zacząłem przemawiać, po proustowskim wprowadzeniu Miguela Cruchagi (zgodnie ze swoim upodobaniem do alegorii Miguel posłużył się tym razem Proustem, żeby zbudować jedną z nich), dochodziła dziesiąta wieczór. Nie upłynęło pięć minut, a już rozwijałem swój pierwszy temat – jak zmienia się polityczna panorama kraju, w którym dotąd panowały poglądy o potrzebie silnego państwa, podczas gdy teraz debata publiczna oscyluje wokół gospodarki rynkowej, prywatyzacji i społecznego kapitalizmu – i wtedy zacząłem dostrzegać jakiś dziwny ruch na trybunach. Oślepiały mnie światła reflektorów, więc nie mogłem pojąć, co się dzieje, ale odnosiłem wrażenie, że trybuny pustoszeją. I rzeczywiście, ludzie z hałasem wychodzili. Jedynie w czworoboku, który miałem przed sobą, około dwustu lub trzystu kandydatów do samorządu i przywódcy Frontu pozostali do końca mego przemówienia, które wygłaszałem z przerwami, zastanawiając się, co u diabła się stało.

Autobusy i ciężarówki zostały wynajęte tylko do dziesiątej wieczorem i ludzie, zwłaszcza ci z dalekich osiedli młodych, nie chcieli wracać do domów na piechotę, maszerując po pięć, dziesięć albo i dwadzieścia kilometrów.

Tak więc nasz brak doświadczenia i brak koordynacji sprawiły, że obchody drugiej rocznicy Ruchu okazały się klęską, jeżeli chodzi o ich stronę propagandową. „La República", „La Crónica", „El Nacional" oraz inne oficjalne pisma pokazywały fotografie w połowie pustych trybun amfiteatru Amauta podczas mojego przemówienia, a także ilustrowały swoje informacje rozkołysanymi pośladkami tancerek Delgada Aparicia. Chcąc zrównoważyć ten zły efekt, Lucho Llosa wyprodukował w tych dniach spot pokazujący inną twarz naszych obchodów: trybuny pełne ludzi i dziewczęta tańczące *huaynito*.

VII. Dziennikarstwo i cyganeria

Trzy miesiące, które przepracowałem w redakcji „La Crónica", między czwartym a ostatnim rokiem szkoły średniej, spowodowały wielkie zamieszanie w moim życiu. Tam się rzeczywiście nauczyłem, czym jest dziennikarstwo, odkryłem nieznaną mi dotąd Limę i po raz pierwszy i ostatni prowadziłem cygańskie życie. Jeżeli weźmie się pod uwagę, że jeszcze nie miałem szesnastu lat – skończyłem je 28 marca – niecierpliwość, z jaką chciałem przestać być młodzieńcem i stać się dorosły, została tamtego lata 1952 wynagrodzona.

Przywołałem tę przygodę w mojej powieści *Rozmowa w „Katedrze"* z koniecznym makijażem i uzupełnieniami. Podniecenie i lęk towarzyszyły mi tamtego ranka, kiedy szedłem po schodach starego dwupiętrowego budynku na ulicy Pando, gdzie mieściła się redakcja „La Crónica", aby zaprezentować się w gabinecie dyrektora, pana Valverde, bardzo uprzejmego człowieka, który przekazał mi garść informacji o tym, czym jest dziennikarstwo, i oznajmił, że będę zarabiał pięćset soli miesięcznie. Tego dnia, a może następnego, dano mi legitymację z fotografią, pieczątkami i podpisami, na której było napisane „dziennikarz".

Na pierwszym piętrze budynku mieściła się administracja, a dalej, za wyłożonym płytkami i okratowanym patiem, znajdowały się pracownie. Na drugim piętrze była redakcja poranna, pokoik, gdzie przygotowywano wydanie wieczorne, i mieszkanie dyrektora, którego dwie śliczne córki oglądaliśmy czasami z niemym podziwem, kiedy szły krytą galerią sąsiadującą z redakcją.

Redakcja była obszernym pomieszczeniem, w którym stało ze dwadzieścia biurek, a w głębi siedział ten, który dyrygował tą orkiestrą: Gastón Aguirre Morales. Redaktorzy wiadomości lokalnych, międzynarodowych i ci, którzy przygotowywali kronikę policyjną, zajmowali tę przestrzeń podzieloną umownymi granicami przez wszystkich respektowanymi (redaktorzy sportowi mieli oddzielne biuro). Aguirre Morales – pochodził z Arequipy, był wysoki, szczupły, uprzejmy i ceremonialny – powitał mnie, posadził przy wolnym biurku, na którym stała maszyna do pisania, i zlecił mi pierwsze zadanie: miałem zredagować informację o tym, że nowy ambasador Brazylii złożył listy uwierzytelniające. I wtedy usłyszałem od niego pierwszą lekcję nowoczesnego dziennikarstwa. Należało zacząć wiadomość od lidu, głównego faktu streszczonego w krótkim zdaniu, i rozwinąć go w dalszym ciągu informacji w sposób zwięzły i obiektywny. „Sukces reportera polega na tym, żeby umiał znaleźć lid, mój drogi". Kiedy cały drżący przyniosłem mu zredagowaną wiadomość, przeczytał tekst, skreślił kilka niepotrzebnych słów – „zwięzłość, precyzja, całkowity obiektywizm, mój drogi" – i posłał do zecerni. Nie spałem chyba całą noc, czekając na ukazanie się mojego tekstu w druku. A następnego ranka kupiłem „La Crónica", przerzuciłem jej stronice i przeczytałem: „Dzisiaj rano złożył listy uwierzytelniające nowy ambasador Brazylii, señor don...". Już byłem dziennikarzem.

Około piątej po południu przychodziłem do redakcji, aby odebrać zadanie na następny dzień: wchodziły w grę inauguracje, ceremonie, przyjazdy lub wyjazdy osobistości, defilady, nagrody, wygrane na loterii albo w zakładach „polla" i „pollón" na wyścigach konnych, które w tamtych miesiącach osiągnęły bardzo wysokie premie, wywiady z piosenkarzami, impresariami cyrków, toreadorami, uczonymi, ekscentrykami, strażakami, prorokami, okultystami, no i wszelkiego rodzaju działania, zajęcia i typy ludzi, które z tego czy innego powodu zasługiwały na to, żeby stać się wiadomością prasową. Musiałem wędrować po różnych dzielnicach Limy, jeździłem redakcyjnym samochodem w towarzystwie fotografa, a czasem z samym szefem reporterów i grafików, wielkim Ego Aguirrem, jeżeli temat to uzasadniał. Kiedy wracałem, by zredagować informację, cały zespół redakcyjny znajdował się w ferworze pracy. Gęsta chmura dymu unosiła się nad biurkami, stukały maszyny do pisania. Pachniało tytoniem, farbą drukarską i papierem. Słychać było głosy, śmiechy, bieganinę redaktorów, którzy zanosili swoje teksty do Aguirrego Moralesa, a ten czerwonym ołówkiem nanosił poprawki i odsyłał materiały do zecerni.

Przybycie szefa rubryki policyjnej, Becerrity, było wydarzeniem każdego wieczoru. Jeżeli przychodził trzeźwy, milcząco i butnie przemierzał pomieszczenie redakcji, kierując się w stronę swego biurka, a za nim podążał jego asystent, blady i prostolinijny Marcoz. Becerrita był niziutki i krępy, miał przetłuszczone włosy, kwadratową twarz niezadowolonego buldoga, na której widać było biegnącą prosto jak po sznurku linię wąsika, podobną do nitki narysowanej węgielkiem. Był twórcą czerwonej rubryki poświęconej zbrodniom i wydarzeniom kryminalnym, jednej z największych atrakcji gazety „La Crónica" i wystarczyło spojrzeć na niego i powąchać go, popatrzeć na spoglądające srogo i przenikliwie zawsze czujne oczka, wyprasowane i połyskujące garnitury, które cuchnęły tytoniem i potem, i klapy pełne tłustych plam, i wreszcie na mikroskopijny węzeł brudnego krawata, ażeby odgadnąć, że Becerrita był obywatelem wywodzącym się prosto z piekieł i że środowisko miejskiego półświatka nie miało dla niego tajemnic. Kiedy zjawiał się podpity, jego nadejście zapowiadały salwy głuchego, dzikiego śmiechu, które rozlegały się już na schodach i wstrząsały brudnymi szybami w oknach i odrapanymi ścianami w pomieszczeniu redakcji. Wtedy Milton dostawał ze strachu drgawek, bo był jego ulubioną ofiarą. Becerrita podchodził do jego biurka, szydził, opowiadał kawały, które wywoływały w redakcji wybuchy śmiechu, a czasem chwytał za broń – zawsze chodził uzbrojony – gonił Miltona między biurkami z uniesionym ku górze pistoletem. Pewnego razu, wzbudzając ogólne przerażenie, oddał niechcący strzał, a kula utkwiła w suficie redakcji wśród pajęczyn.

Jednak mimo takich niedobrych chwil, których nam nie szczędził, ani Milton, ani Carlos Ney, ani ja, ani żaden z redaktorów, nie żywiliśmy do Becerrity urazy. Byliśmy nim do pewnego stopnia zafascynowani. Stworzył w dziennikarstwie Limy nowy gatunek (który z czasem zdegenerował się aż do niewyobrażalnych granic) i mimo pijaństwa oraz porywczego usposobienia malującego się na jego twarzy był człowiekiem, którego limska noc przeobrażała w prawdziwego księcia.

Poza komisariatami Becerrita znał w Limie wszystkie burdele, do których uczęszczał, gdzie się go bano i gdzie mu schlebiano, bo jedna skandaliczna wiadomość opublikowana w „La Crónica" mogła oznaczać mandat albo zamknięcie lokalu. Czasem zabierał ze sobą nas, swego asystenta Marcoza, Miltona, Carlosa i mnie (a więc staliśmy się nierozłączni), po zamknięciu numeru gazety, gdzieś około północy, do lokalu Nanette w alei Grau, albo do burdeli w Huatica, albo do tych bardziej eleganckich w alei Colonial i ledwie przekraczaliśmy ich próg, czekała tam sama szefowa oraz dyżurni stręczyciele, którzy witali go uściskami i poklepywaniem. On nigdy się nie uśmiechał ani nie odpowiadał na pozdrowienia. Nie wyjmując z ust niedopalonego cygara, ograniczał się do mruknięcia: „Piwo dla chłopaków".

Potem, zasiadłszy pośród nas na barowym stołku, wypijał piwo jedno za drugim i od czasu do czasu podnosił do ust niedopalone cygaro, obojętny na wrzawę otoczenia, na tańczące pary, na burdy wzniecane przez niektórych wojowniczych klientów, których goryle poszturchiwali i wyrzucali na ulicę. Czasem Becerrita zaczynał opowiadać beznamiętnym głosem anegdoty dotyczące jego perypetii jako redaktora rubryki policyjnej. Poznał najgorszych złoczyńców, notorycznych kryminalistów świata przestępczego Limy i przyjrzał im się z bliska, a teraz przypominał sobie, delektując się wspomnieniami, własne odrażające wyczyny, własnych wrogów, walki na noże, heroiczne i perfidne zabójstwa. Czułem przed nim pewien lęk, jaki może wywoływać ktoś, kto całe życie spędził wśród zadżumionych. Becerrita wzbudzał mój podziw i sprawiał wrażenie, jakby został wyjęty z bulwersującej powieści o życiu społecznych nizin. Kiedy przychodził moment płacenia rachunku – w rzadkich przypadkach brano od niego pieniądze – Becerrita miał zwyczaj wyciągać pistolet i kłaść go na stole ze słowami: „Ja tu jestem jedyny, który wyjmuje portfel".

Kiedy po dwóch, może trzech tygodniach pracy w „La Crónica" Aguirre Morales zapytał mnie, czy chciałbym zastąpić jednego z redaktorów rubryki policyjnej, który zachorował, byłem tym uszczęśliwiony i zgodziłem się. Chociaż Becerrita budził postrach z racji złego charakteru, redaktorzy byli mu wierni jak psy, więc i ja, po miesiącu przepracowanym pod jego kierownictwem, czułem się dumny, że należę do jego ekipy. Zespół Becerrity składał się z trzech albo z czterech redaktorów, chociaż należałoby ich raczej nazywać zbieraczami faktów, bo niektórzy ograniczali się tylko do dostarczania nam informacji, a Marcoz i ja musieliśmy je redagować. Najbardziej malowniczy był chudy jak szkielet chłopak, który sprawiał wrażenie wypuszczonego z grupy komików albo z teatru marionetek. Zapomniałem jego prawdziwego imienia, ale pamiętam pseudonim Paco Denegri, pod jakim był znany z radia, i jego zwiewną figurkę oraz grube okulary, które powiększały monstrualnie oczy krótkowidza. I aksamitny głos amanta z radiowych słuchowisk, bo taką działalność uprawiał w wolnym czasie w Radiu Centralnym.

Becerrita był w pracy niezmordowany i odnosił się do swego zawodu z nieprawdopodobną pasją, wręcz obsesją. Wydawało się, że nic na świecie nie interesuje go poza tymi krwawymi zabawami – takimi jak samobójstwa z miłości, porachunki na noże, gwałty, uwiedzenia, przypadki kazirodztwa, synobójstwa, kradzieże na wyrwę, kryminalne podpalenia, potajemna prostytucja, trupy wyrzucane przez morze lub porzucane na urwiskach – o których wiadomości, jako jego wyrobnicy, zbieraliśmy dniem i nocą, w czasie naszych wędrówek po komisariatach w dzielnicach o najgorszej w Limie reputacji: La Victoria, El Porvenir i Callao. Becerrita przeglądał informacje o tych wydarzeniach i wystarczała mu jedna sekunda, aby je posegregować i znaleźć te, które miały w sobie pożądany stopień brudu: „To jest wiadomość". Jego instrukcje były krótkie i stanowcze: „Zrób wywiad z tym, idź i sprawdź tamten adres, to mi pachnie konfabulacją". A kiedy wracało się z wiadomością zredagowaną w zgodzie z jego wskazówkami, zawsze potrafił – kiedy coś skreślał albo coś dodawał, błyszczały mu oczy i otwierały się usta – wydobyć ze zdarzenia rys charakterystyczny albo atrakcyjny detal – straszny, okrutny, zły lub zawiły. Czasem, po piwach wypitych w burdelu, przychodził jeszcze raz do zecerów w „La Crónica", aby się upewnić, czy jego rubryka – była to jedna strona, która potrafiła zamienić się w dwie, trzy albo i więcej stronic – ukazała się z niezbędną dawką krwi i błota, jaką zadekretował.

Moja wędrówka po komisariatach zaczynała się koło siódmej, jednak o wiele później, bo dopiero koło dziesiątej lub jedenastej docierały do tych lokali patrole z codzienną porcją złodziei, zakrwawionych amantów, ciężko rannych w bójce w barach i domach publicznych, albo transwestytów, których zawzięcie ścigano i którzy zawsze zasługiwali sobie na zaszczyt pojawienia się w rubryce policyjnej. Becerrita miał misterną siatkę informatorów wśród policji śledczej PIP* oraz żandarmów, którymi się wysługiwał – zatajając lub publikując w swojej rubryce informacje dla nich wygodne – i dzięki tym danym wielokrotnie zwyciężaliśmy we współzawodnictwie z naszym rywalem, którym była „Última Hora". Rubryka Becerrity przez wiele lat królowała wśród wiadomości o gwałtownych zgonach i skandalach. Ale nowy dziennik, „Última Hora", wieczorówka dziennika „La

---

* Policía del Interior Peruana – peruwiańska policja śledcza (przyp. tłum.).

Prensa", który wprowadził do swoich tytułów oraz informacji gwarę i peruwiański żargon złodziejski – powiedzonka lokalne, idiomy – walczył z naszą gazetą o zwycięskie berło i w niektóre dni je zdobywał, co doprowadzało Becerritę do szału. Natomiast zdobycie pierwszeństwa przed gazetą „Última Hora", pokonanie jej większą porcją wiadomości o zgonach i stręczycielstwie sprawiało, że pomrukiwał z zadowolenia i wydobywał z siebie dziwaczne salwy śmiechu, które zdawały się wypływać z jakiejś czeluści, a nie z ludzkiego gardła.

Mimo bezlitosnego współzawodnictwa między naszymi dziennikami w walce o panowanie nad światem sensacji stałem się bardzo dobrym przyjacielem szefa rubryki policyjnej „Última Hora" Norwina Sáncheza Geny'ego. Był Nikaraguańczykiem i przyjechał studiować adwokaturę na Uniwersytecie Katolickim. Zaczął w wolnym czasie uprawiać dziennikarstwo i wtedy odkrył swoje powołanie. I także swój talent, jeżeli można tak nazwać to, co mieli w sobie on i Becerrita (i co inni peruwiańscy dziennikarze rozwiną później do tego stopnia, że będzie ich interesowała przestępczość ekstremalna). Młody i szczupły Norwin był zatwardziałym zwolennikiem cyganerii, wspaniałomyślnym, niezmordowanym rozpustnikiem i piwoszem. Po trzecim lub czwartym piwie zaczynał recytować pierwszy rozdział *Don Kichota*, który znał na pamięć. Wtedy oczy napełniały mu się łzami: „Cóż to za wielka proza, *coño*!". Carlos, Milton i ja często chodziliśmy po niego do redakcji „Última Hora", na górne piętra budynku „La Prensa", w zakątku Unión, gdzie przychodził do nas na ulicę Pando i razem chodziliśmy na piwo albo, w dniach wypłaty, do jakiegoś burdelu. (Sympatyczny Norwin wrócił po kilku latach do Nikaragui i stał się człowiekiem statecznym, o czym opowiedział mi w liście nadesłanym nieoczekiwanie w 1969 roku, kiedy był wykładowcą na uniwersytecie w Portoryko. Porzucił dziennikarstwo, studiował ekonomię, zrobił dyplom i został urzędnikiem. Ale po niedługim czasie zakończył życie w takim stylu, jaki uprawiał w redakcji „Última Hora": został zamordowany w jakiejś kantynie w Managui podczas bójki). Najczęściej chodziliśmy do takich miejsc jak małe bary Chińczyków w La Colmena i w okolicy, bardzo stare, zadymione, śmierdzące, pijackie lokale, które były otwarte przez całą noc, stoliki były tam poprzegradzane parawanami albo lekkimi drewnianymi przepierzeniami – jak w spelunkach – pokrywano je napisami za pomocą ołówka albo scyzoryka i przypalano niedopałkami cygar. Wszystkie miały okopcone sadzą sufity, posadzki z czerwonych płytek, na które służący, młodzi przybysze z gór, ledwie mówiący łamanym hiszpańskim językiem, wyrzucali kubły trocin, żeby łatwiej było usunąć wymioty i plwociny pijaków. W bladym świetle widać tu było nędzę ludzką nocnych włóczęgów z centrum Limy: notorycznych pijaczków, burżujskich pedałów poszukujących przygód, szubrawców, pospolitych stręczycieli, urzędników zapijających swoją samotność. Rozmawialiśmy, paliliśmy, oni opowiadali swoje dziennikarskie przygody, a ja słuchałem, czując się, jakbym miał o wiele więcej lat niż nieukończone szesnaście, i odnosiłem wrażenie, że jestem prawdziwym cygańskim włóczęgą, prawdziwym dziennikarzem. I w skrytości ducha myślałem sobie, że doświadczam takiego samego życia, jakie wiódł tutaj, po przybyciu do stolicy z prowincjonalnego Trujillo, wielki César Vallejo, którego zaczynałem czytać po raz pierwszy tego lata, z pewnością za poradą Carlosa Neya. Czyż nie spędzał nocy w barach i lupanarach hulaszczej Limy? Czy nie świadczyły o tym jego wiersze, jego opowiadania? A więc taka była droga prowadząca do literatury i do geniuszu.

W tamtych miesiącach moim mentorem literackim był Carlos Ney Barrionuevo. Był o pięć, może sześć lat starszy ode mnie i dużo czytał, zwłaszcza literaturę współczesną, i publikował wiersze w dodatku kulturalnym do „La Crónica". Czasami, późną nocą, kiedy piwo pozbawiało go nieśmiałości – nos miał już czerwony i zielonkawe oczy błyszczały mu gorączkowo – wyciągał z kieszeni wiersz nagryzmolony na kawałku gazety i nam go czytał. Pisał wiersze trudne do zrozumienia, pełne dziwnych słów, których słuchałem zaintrygowany, bo otwierały przede mną świat nowoczesnej poezji. Odkrył mi istnienie Martína Adána, którego wiele sonetów ze zbioru *Poesía de extramares* recytował z pamięci i którego należącą do cyganerii postać – wędrującą między zakładami dla obłąkanych a tawernami – Carlos chodził obserwować z religijnym nabożeństwem do baru Cordano przylegającego do Pałacu Rządowego; była to generalna kwatera poety we dnie, kiedy wychodził na ulicę z kliniki psychiatrycznej, w której zdecydował się spędzić życie.

Moja literacka edukacja zawdzięcza Carlosowi Neyowi więcej niż wszystkim moim szkolnym profesorom i większej części tych, których miałem na uniwersytecie. Dzięki niemu poznałem niektóre książki i autorów rozpalających moją młodą wyobraźnię – takich jak Malraux, autor *Doli człowieczej* i *Nadziei*, powieściopisarze północnoamerykańscy straconego pokolenia i przede wszystkim Sartre, którego opowiadania z *Muru* wydanego przez Losadę ze wstępem Guillerma de Torre podarował mi pewnego popołudnia. Od tej książki rozpocząłem obcowanie z dziełem i myślą filozoficzną Sartre'a, co miało decydujące znaczenie dla mojego powołania. I jestem pewien, że także Carlos Ney powiedział mi po raz pierwszy o poezji Egurena, o surrealizmie i o Joysie, przy czym zmusił mnie do kupienia jego *Ulissesa* w okropnym przekładzie opublikowanym przez Santiago Ruedę, który nawiasem mówiąc, z trudem mogłem sobie przyswoić, skacząc po stronicach i niewiele rozumiejąc z tego, co czytam.

Jednak o wiele więcej niż zachętę do czytania zawdzięczam memu przyjacielowi Carlosowi Neyowi, bo to on w tamte hulaszcze noce sprawił, że poznałem wszystko, czego nie wiedziałem o książkach i autorach, którzy byli znani w szerokim świecie, a ja dotąd nawet nie słyszałem o ich istnieniu. To właśnie Carlos spowodował, że instynktownie wyczułem złożoność i bogactwo składające się na literaturę, która była dla mnie do tej pory jedynie powieścią przygodową i wąskim gronem poetów, klasycznych i modernistów.

Zachwycające były nasze rozmowy o książkach, ich autorach, o poezji, które prowadziliśmy z Carlosem Neyem w obskurnych lokalikach w centrum Limy albo w hałaśliwych i rozpustnych burdelach. Carlos był bowiem człowiekiem wrażliwym, inteligentnym, bezgranicznie kochał literaturę i ta z pewnością musiała być dla niego czymś o wiele głębszym i ważniejszym niż dziennikarstwo, któremu poświęcił całe życie. Zawsze wierzyłem, że pewnego dnia Carlitos Ney opublikuje zbiór wierszy i ujawni swój ogromny talent, który skrzętnie przed światem ukrywał i pozwalał cieszyć się jego okruchami tylko najgłębszą nocą, kiedy alkohol i nieprzespane godziny sprawiały, że ulatniała się jego nieśmiałość i zmysł samokrytyczny. Teraz nie dziwi mnie, że tego nie zrobił i że jego życie upłynęło, jak podejrzewam, w tych frustrujących go biurach redakcji limskich gazet i wśród „nielubianych nocnych hulanek cyganerii". Bo prawdą jest, że takich jak Carlitos Ney spotkałem wielu wśród moich przyjaciół z młodości; wydawali się powołani do tego, by zostać książętami w naszej literackiej republice, ale uchylali się od tego powołania i marnowali swoje talenty, bo nie byli wystarczająco do nich przekonani, albo za wcześnie popadali w pesymizm, co w Peru bywa chorobą szczególną, zwłaszcza wśród najlepszych, a nawet powiedziałbym, że wśród tych, którzy są najwięcej warci, bywa interesującą metodą obrony przed miernotą, oszustwami i frustracjami, jakie w tak nędznym środowisku oferuje życie intelektualne i artystyczne.

Kiedy mieliśmy więcej pieniędzy, zamiast iść do Chińczyków w La Colmena, chodziliśmy do bardziej szykownego lokalu rozrywkowego Negro-Negro. W tej piwnicy usytuowanej w podcieniach placu San Martín czułem się jak w wymarzonym Paryżu, w jednej z tych jego *caves*, w których śpiewała Juliette Greco i słuchali jej pisarze egzystencjaliści. Negro-Negro było lokalem o intelektualnym charakterze, organizowano w nim widowiska, występy aktorskie, recitale i słuchano francuskiej muzyki. O zmierzchu, przy malutkich stolikach, wśród ścian pokrytych tytułowymi stronami „The New Yorkera" zbierała się znakomita i oryginalna fauna: tacy malarze jak Sérvulo Gutiérrez, który był bokserem i, jak wieść niesie, pewnej nocy wyzwał na pojedynek jakiegoś wojskowego, kiedy obaj siedzieli zamknięci w taksówce. Przychodzili tam aktorzy, aktorki i muzycy po zakończeniu swoich występów, albo po prostu zwykli włóczędzy i nocne marki w krawatach i w marynarkach. To właśnie tam pewnej nocy, po wielu piwach, jakiś człowiek z Arequipy o nazwisku Velando dał mi do spróbowania biały proszek o nazwie *„pichicata"*, zapewniając, że kiedy będę głęboko go wdychał, to nagle, jak nożem uciął, znikną wokół mnie opary alkoholu, poczuję się świeży i dobrze usposobiony na resztę nocy. W rzeczywistości ta *„pichicata"*, może z powodu zbyt dużej dawki albo z racji mojej wrodzonej alergii, wywołała we mnie nadmierne nerwowe poty, niepokój i niedyspozycję gorszą aniżeli pijackie majaki i wyleczyła mnie z chęci powtórzenia eksperymentu z narkotykami. (Wdychanie kokainy będzie miało melodramatyczny nawrót czterdzieści lat później, w czasie kampanii wyborczej w 1990).

Tamtego lata, w związku z pracą w „La Crónica" zobaczyłem po raz pierwszy trupa. Obraz ten na długo pozostał mi w pamięci i od czasu do czasu powraca, co mnie martwi i deprymuje. Pewnego popołudnia, kiedy przyszedłem do redakcji, Becerrita wysłał mnie do El Porvenir, abym sprawdził wiadomość, którą właśnie zakomunikował mu jeden z jego donosicieli. Hotel San Pablo, to nędzne schronienie o charakterze domu publicznego, znajdował się przy ulicy poprzecznej do alei 28 Lipca, w dzielnicy, która miała wówczas złą sławę jako miejsce prostytucji, grabieży i krwawych zajść. Policjanci wpuścili mnie do środka razem z fotografem i kiedy minęliśmy ciemne korytarze z symetrycznie usytuowanymi pokoikami do wynajęcia, nagle natknąłem się na nagie ciało zasztyletowanej bardzo młodej Metyski. Podczas gdy robiłem jej zdjęcia z różnych stron, wielki fotograf Ego Aguirre żartował sobie z policjantami z PIP. Atmosfera była przesycona ohydnym brudem, groteską i nieprzeciętnym tajemniczym okrucieństwem. Przez wiele dni zapełniałem całe stronice w „La Crónica" opisywaniem tajemniczego zabójstwa „nocnego motyla" w hotelu San Pablo, grzebałem w życiorysie zamordowanej, tropiłem jej przyjaźnie i krewnych, snułem się po barach, lupanarach i uliczkach nędzy w poszukiwaniu informacji dotyczących tej dziewczyny, a potem pisałem swoje okropne reportaże, które były główną sensacją gazety „La Crónica".

Kiedy wróciłem do sekcji wiadomości lokalnych, zatęskniłem za tym podziemnym światem, który pozwoliła mi odkryć praca pod kierunkiem Becerrity. Ale nie miałem czasu, aby się nudzić. Szef redakcji polecił mi odszukać zwycięzców zakładów „polla" i „pollón" i przeprowadzić z nimi wywiad. Po upływie jednego, może dwóch tygodni poszukiwań dowiedzieliśmy się, że ten, kto wygrał wiele milionów, przebywa w Trujillo. Wsadzono mnie do redakcyjnej furgonetki i razem z fotografem pojechaliśmy go szukać. Na siedemdziesiątym, może siedemdziesiątym pierwszym kilometrze drogi jadąca z przeciwka ciężarówka wymusiła na naszym kierowcy, aby zjechał z trasy. Wykręciliśmy ze dwa lub trzy obroty na piaszczystym terenie, a ja zostałem wyrzucony na zewnątrz samochodu, tłukąc własnym ciałem szybę. Kiedy odzyskałem przytomność, czerwona furgonetka ze współczującym mi kierowcą wiozła mnie z powrotem do Limy. Zarówno mnie, jak i fotografa, który też miał lekkie obrażenia, ulokowano w klinice Maison de Santé, zaś „La Crónica" opublikowała krótki tekst z wiadomością o wypadku, przedstawiając nas jak wojennych bohaterów.

Jednego z tych dni, które spędzałem w Maison de Santé, zdarzył się niebezpieczny incydent, bo w moim pokoju, który dzieliłem z fotografem, pojawił się nieoczekiwanie nocny motyl z alei Colonial, o imieniu Magda, z którą miałem krótki romans jakiś czas temu. Była młoda, pełna wdzięku, ciemne włosy okalały jej twarz i pewnego wieczoru zgodziła się ofiarować mi na kredyt w burdelu swoje usługi (miałem pieniądze, które wystarczały tylko na opłacenie wynajęcia pokoju). Potem spotykaliśmy się w dzień w Cream Rica, a lokal ten znajdował się obok La Cabaña, na terenach Parku Wystawowego, raz poszliśmy do kina i tam, trzymając się za ręce, całowaliśmy się w ciemności. Spotkałem ją ponownie ze dwa lub trzy razy w jej miejscu pracy albo na ulicy, a teraz pojawiła się niespodziewanie w klinice, u mnie w pokoju. Siedziała na moim łóżku, kiedy przez okienko zobaczyłem z daleka, że zbliża się ojciec, i wtedy moja twarz musiała wyrażać takie przerażenie, że dziewczyna natychmiast zrozumiała, iż może zdarzyć się coś niebezpiecznego, szybko podniosła się z miejsca i wyszła z pokoju, mijając się w drzwiach z moim rodzicem. Ten pewnie pomyślał, że wymalowana damulka odwiedzała fotografa, bo nawet o nią nie zapytał. Mimo że już pracowałem i używałem rozrywek jak dorosły mężczyzna, w oczach ojca wciąż byłem dzieckiem.

Wspominam o Magdzie – nie wiem, czy tak było jej naprawdę na imię – z racji tego incydentu oraz dlatego, że miałem wrażenie, iż się w niej zakochałem, chociaż nie wyznałbym tego z pewnością żadnemu z moich kompanów od hulanek, bo kto przy zdrowych zmysłach zakochuje się w kurwie? Tego dnia w klinice widziałem ją po raz ostatni. Wydarzenia potoczyły się szybko. W kilka dni po wypisaniu mnie z kliniki Maison de Santé musiałem wyjechać do Piury i tego wieczoru poszedłem szukać jej w domu publicznym w alei Colonial, jednak dziewczyny nie było w pracy. Natomiast rok później, kiedy wróciłem do Limy i z ciekawości poszedłem, aby się z nią spotkać, dom nie był już burdelem i (podobnie jak ja) stał się przyzwoity.

Po miesiącu, a może po upływie półtora miesiąca pracy w „La Crónica" miałem rozmowę z ojcem o mojej przyszłości. Gwoli urozmaicenia przeprowadziliśmy się raz jeszcze, z mieszkania na ulicy Porta do niedużego domu na ulicy Juana Fauninga, również w dzielnicy Miraflores. Ponieważ bardzo późno wracałem z pracy – niemalże o świcie – ojciec dał mi klucz od domu. Rozmawialiśmy w jadalni w melodramatycznie uroczystym tonie, który on uwielbiał. Jak zwykle czułem się w jego obecności niezręcznie i byłem nieufny, więc trochę się jąkając, powiedziałem, że dziennikarstwo jest moim prawdziwym powołaniem. Poświęcę mu się po skończeniu gimnazjum. Ale skoro już pracowałem w „La Crónica", to dlaczego nie miałbym zatrzymać swego miejsca w redakcji do czasu ukończenia piątej klasy szkoły średniej? Zamiast kończyć ją w szkole Leoncia Prady, mógłbym zapisać się do jednej ze szkół państwowych, takich jak gimnazjum Guadalupe albo Melitón Carbajal, i pracować, jednocześnie się ucząc. Potem wstąpiłbym na uniwersytet San Marcos i studiował tam, nie rezygnując z pracy w „La Crónica". W ten sposób nie przestałbym praktykować zawodu i jednocześnie bym studiował.

Pozwolił mi skończyć moją wypowiedź i przytaknął: tak, to dobry pomysł. Ale mojej matce projekt ten nie przypadł do gustu. Praca, która powodowała, że całe noce spędzałem poza domem, była przyczyną, że włos jeżył się jej na głowie, bo podejrzewała to, co najgorsze (czyli to, co było prawdą). Wiedziałem, że przez wiele nocy czuwała, oczekując na mój powrót, bo pewnego razu usłyszałem o świcie, kiedy jeszcze byłem na wpół śpiący, jak wstaje i podchodzi do mnie na palcach, aby poskładać i powiesić moje ubranie, które porozrzucałem byle jak w swoim pokoju. (Obok namiętności, którą obdarzała mego ojca, inną pasją matki były czystość i porządek. Pierwszą z nich po niej odziedziczyłem i nie toleruję brudu, natomiast jeśli chodzi o porządek, to nigdy nie był moją mocną stroną, z wyjątkiem tego, co dotyczy pisania). Chociaż przerażała ją myśl, że nadal będę pracował po nocach w „La Crónica" i jednocześnie kończył ostatni rok gimnazjum, nie odważyła się przeciwstawić decyzji ojca, bo zdawała sobie sprawę, że jej protest i tak nie miałby większego znaczenia.

A zatem, zanim w połowie marca zdarzył się wypadek drogowy w czasie mojej służbowej podróży na północ kraju, zdążyłem odzyskać świadectwa szkolne i poinformować szkołę Leoncia Prady, że do niej nie wrócę, i zrobiłem pewne rozeznanie w dwóch, a może w trzech gimnazjach państwowych, żeby zapisać się do piątej klasy. We wszystkich umieszczono mnie na liście oczekujących, a ja, ufając, że zostanę przyjęty, przestałem się tą sprawą interesować. Myślałem, że w ostatniej chwili jakaś rekomendacja otworzy mi drzwi do gimnazjum Guadalupe, Melitón Carbajal albo do innej szkoły państwowej (musiało to być jedno z gimnazjów publicznych, bo były bezpłatne i według mnie bardziej tolerancyjne, jeżeli chodzi o połączenie nauki z moją pracą dziennikarską).

Ale wszystkie te projekty upadły bez mojej wiedzy, w czasie gdy lekarze w klinice Maison de Santé leczyli moje kontuzje związane z wypadkiem. Nie tylko matka, ale również wujowie i ciotki byli zaniepokojeni moimi nocnymi wyprawami. Z różnych stron docierały do nich wiadomości, że widziano mnie w barach lub w nocnych lokalach i na domiar złego pewnej nocy w lokalu Negro-Negro spotkałem się twarzą w twarz z najweselszym i najbardziej zabawowym z moich wujów, Jorgem. Siedziałem przy stoliku, przy którym byli Carlitos Ney, Norwin Sánchez oraz ilustrator Paco Cisneros, a oprócz tego dwóch, może trzech typów, których prawie nie znałem. Jednak wuj Jorge znał ich bardzo dobrze i w rozmowie na stronie powiedział mi, że to włóczędzy, pijacy i kieszonkowcy, i zapytał, co ja, młody chłopak, robię w podobnym towarzystwie. Moje wyjaśnienia, zamiast go uspokoić, jeszcze bardziej go zatrwożyły.

Odbyła się rodzinna narada i wujowie oraz ciotki doszli do wniosku, że jestem na prostej drodze do zguby i trzeba jakoś temu zaradzić. Zdecydowali się na coś okropnego: postanowili porozmawiać z moim ojcem. Nigdy się z nim nie spotkali i wiedzieli, że ich nie znosi. Uważali, że małżeństwo mojej matki było nieszczęściem, ale ze względu na nią zdobyli się na otwarcie przed ojcem drzwi do swoich domów i traktowanie go serdecznie, kiedy się z nim spotykali. Tymczasem on się z niczym do nich nie zwracał ani nie ukrywał swojej antypatii. Nigdy ich nie odwiedzał. Odwoził moją matkę do domu cioci Lali albo cioci Gaby, albo do dziadków, ale nigdy nie wysiadał z samochodu, żeby się z nimi przywitać, i zachowywał się tak samo, kiedy po matkę przyjeżdżał. Decyzja, żeby z nim porozmawiać, była jak kielich goryczy, który chcieli wypić dla dobra sprawy, a tę uważali za bardzo ważną.

Niedługo po wyjściu z kliniki Maison de Santé wróciłem do pracy i kiedy pewnego popołudnia wszedłem do redakcji „La Crónica", señor Aguirre Morales odezwał się do mnie uprzejmym tonem: „Jaka szkoda, że pan nas opuszcza, przyjacielu. Będzie nam pana brakowało, już należy pan do naszej rodziny". Tak się dowiedziałem, że ojciec zwolnił mnie z pracy.

Udałem się do jego biura i wystarczyło mi spojrzeć na tę twarz – zwykle prezentował taką w chwilach wielkiego napięcia: posiniałą, z wyschniętymi i na wpół otwartymi ustami, z kategorycznym spojrzeniem oczu, z żółtym światełkiem w głębi źrenicy – aby zdać sobie sprawę z tego, co się święci. Nie poinformował mnie o wizycie wujów, tylko zaczął surowo karcić, mówiąc, że zamiast pracować w redakcji „La Crónica" jak człowiek odpowiedzialny, zacząłem się deprawować i degenerować. Krzyczał ze złości i byłem pewien, że zacznie mnie bić. Ale nie uderzył. Ograniczył się do tego, że wyznaczył krótki, kilkudniowy termin, abym mu przedstawił dokument przyjęcia do gimnazjum, w którym mam ukończyć piątą klasę szkoły średniej. Naturalnie nie przyszło mi do głowy, żeby powołać się na argument, że w żadnym państwowym gimnazjum nie ma dla mnie wolnego miejsca.

A więc od rana do nocy, zamiast chodzić po barach i jaskiniach rozpusty, snułem się jak bezradny uczniak, szukając szkoły, w której mógłbym ukończyć gimnazjum. Straciłem zbyt wiele czasu. Były ostatnie dni marca i w żadnym zakładzie z tych, jakie odwiedziłem, nie było już miejsca. Wtedy wpadłem na najgenialniejszy pomysł w moim życiu. Poszedłem do centrali telefonicznej i zadzwoniłem do wuja Lucho, do Piury. Opowiedziałem mu o tym, co się stało. Wuj Lucho, odkąd sięgnę pamięcią, zawsze znajdował wyjście z kłopotów rodzinnych i tym razem rozwiązał także i mój problem. Znał w Piurze dyrektora Państwowego Gimnazjum San Miguel, które znajdowało się obok jego domu i obiecał natychmiast pójść do niego na rozmowę. Po dwóch godzinach oddzwonił do mnie z wiadomością, że już mnie zapisał, że lekcje zaczynają się tego i tego dnia, a ciocia Olga jest szczęśliwa, że u nich zamieszkam. Czy potrzebuję pieniędzy na bilet?

Poszedłem porozmawiać z ojcem, połykając ze zdenerwowania ślinę, przekonany, że będzie się pienił ze złości i zabroni mi wyjazdu. Jednak wręcz przeciwnie, pomysł mu się spodobał i nawet zdobył się na powiedzenie czegoś, co dodało mi entuzjazmu: „Już widzę, jak uprawiasz dziennikarstwo w Piurze jednocześnie z nauką. Mnie nie oszukasz".

Dlaczego by nie? Dlaczego nie miałbym pracować w jakiejś gazecie w Piurze i jednocześnie kończyć piąty rok szkoły średniej? Zapytałem przyjaciół w redakcji „La Crónica" i uprzejmy, odpowiedzialny za frontyspisy Alfonso Delboy, który znał właściciela gazety „La Industria", dał mi do niego list polecający. To samo zrobił Aguirre Morales.

Pożegnanie zbiegło się z obchodami moich urodzin 28 marca 1952, piliśmy piwo – ja, Carlitos Ney, Milton von Hesse i Norwin Sánchez Geny – w knajpie na ulicy Capón, w chińskiej dzielnicy Limy. Pożegnanie było posępne, byli bowiem moimi przyjaciółmi, których ceniłem, ale przeczuwałem, że już nigdy nie będę z nimi dzielił takich emocjonujących doświadczeń jak te, którymi zakończyłem swoje dzieciństwo. I tak się stało. W rok później, kiedy wróciłem do Limy, już się z nimi nie spotykałem ani nie chodziłem do tamtych lokali o pikantnym autoramencie, które zachowałem w pamięci i próbowałem później opisać w powieści *Rozmowa w „Katedrze"*, puszczając wodze fantazji.

Za ostatnią pensję z „La Crónica" kupiłem w towarzystwie autobusowym Cruz de Chalpón bilet do Piury. Mama, zalewając się łzami, zapakowała mi walizkę, do której włożyłem wszystkie swoje książki i rękopis dziełka teatralnego.

Podróżowałem dwadzieścia cztery godziny rozklekotanym autobusem przez niekończące się pustynne tereny północnego wybrzeża, targany głębokim smutkiem: żałowałem, że zostawiam pełną przygód, pracę o literackim zacięciu w „La Crónica" oraz dobrych przyjaciół, ale równocześnie byłem zadowolony z perspektywy, że znowu zobaczę wuja Lucho, a także z ciekawością i podnieceniem wyobrażałem sobie, czym będzie mój drugi pobyt w dalekiej Piurze.

VIII. Ruch Wolność

Na pomysł założenia Ruchu Wolność wpadliśmy w pracowni pewnego malarza. Ci, którzy organizowali Spotkania na rzecz Wolności, zebrali się w końcu września 1987 skrzyknięci przez Freddy'ego Coopera, w pracowni Fernanda de Szyszlo. W otoczeniu z grubsza naszkicowanych obrazów artysty, pośród prehiszpańskich masek i szat indiańskich ozdobionych piórami wymienialiśmy poglądy na temat przyszłości Peru. Powodzenie naszej walki z podjętą przez Alana Garcię próbą znacjonalizowania banków napełniało nas entuzjazmem i nadzieją. A więc Peru się zmieniało. Czy powinniśmy wrócić teraz do naszych zajęć, mówiąc sobie, że zadanie zostało wykonane, czy też należało umacniać tę rodzącą się organizację z myślą o wyborach?

Dwunastu zebranych razem przyjaciół zdecydowało się kontynuować działalność polityczną. Chcieliśmy stworzyć coś szerszego i bardziej operatywnego niż partia: r u c h – który gromadziłby ludzi niezależnych, zmobilizowanych przeciwko etatyzacji, i zapuściłby korzenie w szerokich kręgach, zwłaszcza wśród kupców i n i e f o r m a l-n y c h przedsiębiorców. Byliby przykładem, że mimo triumfującej wśród elit kraju ideologii etatyzmu, istnieje w narodzie peruwiańskim instynkt przedsiębiorczości. Jednocześnie z organizowaniem tych warstw społeczeństwa Ruch Wolność opracowałby radykalny program i unowocześnił kulturę polityczną Peru, przeciwstawiając socjalistycznemu kolektywizmowi i kapitalistycznemu merkantylizmowi swoją liberalną propozycję.

Na podstawie celów, jakie wytyczyliśmy sobie w tamtej wielogodzinnej rozmowie, pozostając pod urokiem obrazów naszego gospodarza, udało się nam opracować cały program. Plan rządzenia, który przygotowała ekipa pod kierunkiem Luisa Bustamantego Belaundego, był tym, co osiągnęliśmy tego ranka: powstał realistyczny program znoszący przywileje, rentierów, protekcjonizm, monopole, etatyzm, aby otworzyć Peru na świat i ukształtować społeczeństwo, w którym wszyscy mieliby dostęp do rynku i żyli pod ochroną prawa. Ten plan, pełen idei, ożywiony postanowieniem, że będziemy wykorzystywać wszystkie możliwości naszych czasów, żeby biedni i najbiedniejsi Peruwiańczycy mogli mieć zapewnione godziwe życie – to jedna z rzeczy z okresu tamtych trzech lat, które napawają mnie dumą. Sposób, w jaki pracowali Lucho Bustamante, Raúl Salazar (który chociaż należał do SODE, a nie do Ruchu Wolność, był szefem ekipy ekonomicznej Frontu) oraz dziesiątki mężczyzn i kobiet, którzy poświęcili wiele dni, by razem naszkicować projekt nowego kraju, okazał się dla mnie nadzwyczajnym bodźcem. Za każdym razem, kiedy brałem udział w posiedzeniu komisji Plan Rządzenia albo w komisjach specjalistycznych, nawet tych o charakterze najbardziej technicznym – takich jak komisja do spraw reformy kopalnictwa, ceł, portów, administracji albo sądownictwa – polityka przestawała być dla mnie działalnością frenetyczną, nieskuteczną i skompromitowaną, która zajmowała większość mego czasu, ale stawała się zajęciem intelektualnym, pracą specjalistyczną, konfrontowaniem idei, wyobraźni, idealizmu, szlachetności.

Ze wszystkich grup społecznych, które próbowaliśmy przyciągnąć do Ruchu Wolność, największy sukces odnieśliśmy w kręgach inżynierów, architektów, adwokatów, lekarzy, przedsiębiorców, ekonomistów, którzy przystąpili do komisji Plan Rządzenia. W znaczącej większości nie uprawiali dotąd polityki i nie mieli zamiaru zajmować się nią w przyszłości. Kochali swoje zawody i jedynie pragnęli wykonywać je z powodzeniem w Peru innym niż kraj, który rozpadał się na ich oczach. Na początku byli powściągliwi, potem dali się przekonać, że tylko z ich udziałem będziemy mogli zmienić politykę peruwiańską na bardziej uczciwą i skuteczną.

Od tamtego zebrania w pracowni Fernanda de Szyszly do 15 marca 1988, kiedy dokonaliśmy inauguracji lokalu Ruchu Wolność w Magdalena del Mar, upłynęło pięć miesięcy trudnych mediacji w celu pozyskania zwolenników. Pracowaliśmy dużo, ale po omacku. W grupie inicjatywnej nikt nie miał ani doświadczenia działacza ani daru organizacyjnego. A ja w stopniu jeszcze skromniejszym niż moi przyjaciele. Spędziłem życie przy biurku, wyobrażając sobie opowieści, co nie było najlepszym przygotowaniem do zakładania ruchu politycznego. Miguel Cruchaga, moja prawa ręka, lojalny i bardzo kochany przyjaciel, pierwszy generalny sekretarz Ruchu Wolność, który do tej pory żył zamknięty w swoim studiu architekta i był człowiekiem raczej nieśmiałym, też nie miał predyspozycji do całościowego korygowania mego braku skuteczności. Ale był gotów do poświęceń: on pierwszy zdobył się na gest, który można nazwać heroicznym, bo przestał uprawiać swój zawód, aby poświęcić cały czas Ruchowi. Później postąpili tak również inni, urządzali się, jak kto potrafił, albo żyli skromnie dzięki pomocy, jaką Ruch Wolność był w stanie im zaoferować.

W końcowych miesiącach 1987 i pierwszych 1988 roku przenieśliśmy naszą działalność z miejsc publicznych do prywatnych domów. Przyjaciele albo sympatycy zapraszali chłopców i dziewczęta z sąsiedztwa, a Miguel Cruchaga i ja prowadziliśmy z nimi rozmowy, odpowiadaliśmy na pytania i prowokowaliśmy dyskusje, które przedłużały się do późnej nocy. Jedno z takich zebrań odbyło się w domu Gladys i Carlosa Urbinów, wielkich animatorów Mobilizacji. A inne – u Berthy Vegi y Alvear, która z grupą kobiet założyła później Akcję Solidarną.

Innym naszym zadaniem było odzyskać – zaktywizować – tych intelektualistów, dziennikarzy i polityków, którzy w przeszłości bronili zasad liberalnych, polemizując z socjalistami i populistami, i przeciwstawiali teorię wolnego rynku zalewowi paternalizmu i protekcjonizmu, jaki pogrążył Peru. W tym celu organizowaliśmy Dni Wolności. Trwały od dziewiątej rano do dziewiątej wieczorem. Zaprezentowaliśmy na nich wystawy, które za pomocą liczb miały pokazać, do jakiego stopnia nacjonalizacje zubożyły kraj, jak powiększały dyskryminację i niesprawiedliwość oraz jak interwencjonizm, poza tym, że zniszczył przemysł, szkodził konsumentom i faworyzował mafie, które bogaciły się dzięki systemowi uprzywilejowanych kwot i dolarów, no i nie musiały z nikim konkurować ani służyć społeczeństwu. Trzeba było wyjaśniać, że nieformalna gospodarka może być odpowiedzią biednych na dyskryminację, której stali się obiektem z powodu kosztownej i selektywnej praworządności, korzystnej tylko dla tych, co mieli pieniądze albo wpływy polityczne. Trzeba było bronić wędrownych sprzedawców, rzemieślników, kupców i drobnych przedsiębiorców o skromnym rodowodzie, którzy w wielu dziedzinach – zwłaszcza transportu i mieszkalnictwa – pokazali więcej skuteczności niż państwo i niekiedy sami poważni przedsiębiorcy.

W czasie Dni krytycy socjalizmu i merkantylnego kapitalizmu pragnęli pokazać głęboką istotę tych dwóch systemów, które cechują dominująca rola państwa p l a n u j ą c e g o działalność gospodarczą i rozdawnictwo przywilejów. Powracającym wciąż tematem była konieczność zreformowania państwa – umocnienia go, odchudzenia, technicznego usprawnienia jego funkcji, umoralnienia go, jednym słowem – stworzenia warunków rozwoju.

Przedstawialiśmy także te kraje Trzeciego Świata, którym polityka gospodarki rynkowej, wspierania eksportu i prywatnej przedsiębiorczości przyniosła szybki rozwój. Były to cztery azjatyckie tygrysy: Korea Południowa, Tajwan, Hongkong i Singapur, oraz Chile. W tych krajach reformy gospodarcze pozostawały w rażącej sprzeczności z represyjnym działaniem ich rządów, więc w programie Dni staraliśmy się tłumaczyć, że to jest nie do zaakceptowania i nie jest konieczne. Wolność należy rozumieć jako coś niepodzielnego w polityce i gospodarce. Ruch Wolność powinien zdobyć dla tych idei mandat wyborczy, który pozwoliłby nam realizować je w ustroju obywatelskim i demokratycznym. Wielka liberalna reforma jest w demokracji możliwa, pod warunkiem że większość na nią zagłosuje. Dlatego w naszym działaniu konieczna jest przejrzystość, wyjaśnianie tego, co chcemy robić i za jaką cenę.

Pierwszy Dzień Wolności obchodziliśmy w hotelu Crillôn w Limie 6 lutego 1988, drugi, poświęcony tematom rolniczym, w hacjendzie San José, w Chincha – 18 lutego, a w Arequipie 26 lutego. Dzień poświęcony młodzieży świętowaliśmy w Limie 5 marca, Dzień dotyczący nieformalnej gospodarki – w młodym miasteczku Huascar 12 marca i wreszcie Dzień poświęcony tematyce kobiecej 14 marca. Uczestniczyła w nim po raz pierwszy adwokatka Beatriz Merino, która stała się bardzo popularną (chociaż krótkotrwałą) przywódczynią Ruchu Wolność.

W czasie Dni pozyskaliśmy setki nowych członków przystępujących do Ruchu, ale ważne było to, co nastąpiło w sferze idei. Wielu ludziom wydawało się niezwykłe to, że jakaś polityczna organizacja wypowiada się w Peru bez kompleksów na rzecz wolnego rynku, że broni kapitalizmu jako systemu bardziej skutecznego i słusznego niż socjalizm, że uważa go za jedyny, który jest w stanie chronić swobodę działania, bo w prywatnym przedsiębiorstwie widzi motor rozwoju i domaga się „kultury sukcesu" zamiast tamtej kultury pretensji i państwowego przekupstwa, której bronili – w innej retoryce – marksiści i konserwatyści. Jak w całej niemal Ameryce Łacińskiej, tak i w Peru słowo k a p i t a l i z m stało się tabu, wypowiadano je tylko w znaczeniu obraźliwym. (Nalegali na mnie ludowcy i członkowie PPC, abym nie używał tego słowa w moich przemówieniach).

Ludzie uczestniczący w Dniach dzielili się na grupy studyjne i dyskusyjne, a po wystąpieniach odbywaliśmy zgromadzenie ogólne. Na zakończenie imprezy Miguel Cruchaga, który opracował program Dni, w płomiennych słowach przedstawiał moją osobę i zamykaliśmy imprezę, śpiewając pieśń z placu San Martín, która stała się hasłem i odzewem Ruchu Wolność.

Różnica między „ruchem" a „partią", która zajęła nam dużo czasu w dyskusji, jaką prowadziliśmy w pracowni de Szyszly, okazała się zbyt finezyjna dla naszych politycznych obyczajów. Mimo swojej nazwy Ruch Wolność funkcjonował od początku jako coś, co nie różniło się od partii. Ogromna większość ludzi zrzeszonych w Ruchu tak to rozumiała i nie było sposobu, aby ją od tego odwieść. Zdarzały się dziwne sytuacje wynikające z przyzwyczajeń zakorzenionych w duchu tradycyjnego klientelizmu. Ponieważ sama idea posiadania l e g i-t y m a c j i kojarzyła się z systemem, który zarówno rządy Akcji Ludowej, jak i APRA wprowadziły do swej praktyki, rozdając przywileje, stanowiska i korzyści publiczne jedynie własnym członkom (którzy mogli okazać legitymację), zdecydowaliśmy, że Ruch nie będzie miał legitymacji. Zapisanie się do Ruchu odbywało się za pomocą zwyczajnej kartki papieru. Jednak nie można było wprowadzić tego pomysłu do środowisk ludowych, bo wywodzący się z nich członkowie Ruchu mieli poczucie, że są czymś gorszym od członków APRA, komunistów i socjalistów – tamci mogli zabłysnąć legitymacją pełną pieczątek i znaczków w kształcie chorągiewek. Presja, żeby wprowadzić legitymacje, którą wywierał Komitet Wykonawczy w imieniu Młodzieżówki, Mobilizacji, Akcji Solidarnej oraz komitetów prowincjonalnych i okręgowych, była nie do przezwyciężenia. Wyjaśnialiśmy, że chcemy różnić się od innych partii i nie doprowadzić do tego, aby nazajutrz po zdobyciu władzy legitymacja Ruchu Wolność mogła posłużyć jako pretekst do nadużyć, ale to nie dało żadnego rezultatu. Nagle zorientowałem się, że w dzielnicach miast i w wioskach nasze komitety zaczęły wydawać legitymacje, które miały jaskrawe kolory, były pełne podpisów i nawet wydrukowano na nich moją podobiznę. Nasze podstawowe argumenty rozbijały się o tę jedną opinię wypowiadaną przez aktywistów Ruchu: „Jeżeli nie dasz im legitymacji, to się do nas nie zapiszą". I tak, pod koniec kampanii, w Ruchu Wolność nie było ani jednej zwyczajnej legitymacji, natomiast istniała cała ich kolekcja zaprojektowana według gustu i kaprysu „dołów".

Filozof Francisco Miró Quesada, który od czasu do czasu mnie odwiedzał albo pisywał długie listy, aby przekazywać mi swoje polityczne sugestie, był w pewnym okresie przywódcą Akcji Ludowej. Jego doświadczenie doprowadziło go do wniosku, że wprowadzanie do partii struktury demokratycznej jest w Peru mrzonką. „Czy z lewej, czy z prawej, nasze partie zrzeszają łajdaków" – wzdychał. Ruch Wolność nie gromadził łajdaków, bo na szczęście osoby, które przyłapaliśmy na nadużyciach – zawsze dotyczyły pieniędzy – i które musieliśmy ze swoich szeregów usunąć, stanowiły zaledwie garstkę w masie, a ta na krótko przed pierwszą turą wyborów przekroczyła już sto tysięcy zapisanych członków. Ale nie stał się instytucją nowoczesną, ludową i demokratyczną, jaką sobie wyobrażałem. Od początku przejmował wady innych partii: kult przywódcy, koterie, kacykostwo. Były grupy, które zdołały zawładnąć komitetami, zagnieździć się w nich i nie dopuścić do udziału nikogo spoza swego grona. Albo były paraliżowane wewnętrznymi tarciami spowodowanymi rywalizacją o drobiazgi, co odstraszało ludzi wartościowych, którzy nie chcieli tracić czasu na niekończące się spory.

Były departamenty, takie jak Arequipa, w których grupa inicjatywna, młode kobiety i młodzi mężczyźni oraz ci, którzy do nich dołączyli, zdołała stworzyć skuteczną infrastrukturę, z jakiej wyłonili się liberałowie tacy jak Óscar Urviola, który później miał zostać wspaniałym deputowanym. Albo departament Ica, w którym dzięki prestiżowi i uczciwości rolnika Alfreda Eliasa Ruch Wolność zmobilizował wartościowych ludzi. Coś podobnego zdarzyło się w Piurze dzięki idealistycznemu uporowi José Tejera. Ale w innych departamentach, na przykład w La Libertad, grupa inicjatywna rozpadła się na dwie, a potem na trzy rywalizujące między sobą frakcje, które walczyły przez dwa lata, aby zdominować komitet departamentalny, co przeszkadzało im w rozwoju. Były i takie, jak Puno, gdzie popełniliśmy błąd, powierzając organizację osobom niekompetentnym i pozbawionym walorów moralnych. Nie zapomnę przykrego wrażenia w czasie wizyty we wspólnotach na płaskowyżu, kiedy zauważyłem, że nasz sekretarz w departamencie Puna traktuje chłopów z poczuciem wyższości dawnych kacyków.

To, że w niektórych miejscowościach Ruch Wolność miał tak nieodpowiednich przywódców, można wytłumaczyć (ale nie usprawiedliwić). Z prowincji napływały do nas deklaracje wstąpienia do Ruchu grup albo osób, które wyrażały gotowość budowania podwalin organizacji, a my, dążąc niecierpliwie do ogarnięcia naszym zasięgiem całego kraju, akceptowaliśmy oferty bez skrupulatnego ich przesiewania i chociaż czasem nasze decyzje były trafne, to w innych przypadkach popełnialiśmy grube błędy. Taka sytuacja powinna była ulec poprawie wraz z systematycznymi podróżami przywódców po kraju w celu wykonywania niewdzięcznej, często nudnej, misyjnej pracy aktywisty niezbędnego do budowania dobrej organizacji politycznej. Nie robiliśmy tego od pierwszego roku naszego istnienia i dlatego w wielu miejscach Ruch Wolność narodził się ułomny. Potem już było trudno temu zapobiec. Przewidywałem, co może nastąpić, ale nie potrafiłem temu zaradzić. Moje nawoływania pod adresem Komitetu Wykonawczego i Komisji Politycznej, żeby nasi przywódcy wyjeżdżali w teren, były mało skuteczne. Podróżowali ze mną na wiece, ale takie krótkie wizyty nie służyły pracy organizacyjnej. Źródłem niechęci do podróżowania było nie tyle zagrożenie terroryzmem, ile niezliczone trudy, które w zacofanym kraju pociągał za sobą każdy wyjazd. Mówiłem moim przyjaciołom, że ich siedząca praca będzie miała opłakane skutki. I tak się stało. Z małymi wyjątkami organizacja Ruchu Wolność wewnątrz kraju była mało reprezentatywna. Również w naszych komitetach dominowała i rzucała gromy nieśmiertelna postać kacyka.

Poznałem w ciągu trzech lat wielu z nich – i tych z wybrzeża, i tych z terenów górskich, i z dżungli – przy czym wszyscy wydawali się ulepieni na jedną modłę. Już byli, albo z całą pewnością zostaną, senatorami, deputowanymi, burmistrzami, prefektami, zastępcami prefektów. Ich energia, zdolności, skłonność do intryg oraz cała ich wyobraźnia koncentrowały się tylko na jednym celu: zdobyć, zatrzymać lub odzyskać cząstkę władzy dozwolonymi bądź zabronionymi środkami, które pozostawały w ich zasięgu. Wszyscy wyznawali filozofię moralną, jaką wyraża następująca maksyma: „Życie poza państwowym budżetem to błąd". Wszyscy mieli swój mały dwór albo orszak krewnych, przyjaciół i faworytów, których przedstawiali jako przywódców ludowych – nauczycieli, chłopów, robotników, techników – i wprowadzali ich do komitetów, którym sami przewodniczyli. Wszyscy zmieniali ideologię i partię jak rękawiczki i wszyscy byli albo zostaną w odpowiednim momencie członkami APRA, ludowcami i komunistami (to trzy główne siły rozdzielające przywileje w historii Peru). Zawsze znajdowali się na podorędziu, oczekiwali mnie na drogach, na stacjach, na lotniskach, z wiązankami kwiatów, z grupami muzyków i z koszami bukiecików, pierwsi ściskali mi dłoń, kiedy przyjeżdżałem do jakiegoś miejsca, i robili to z takim samym entuzjazmem, z jakim dawniej witali generała Velasca, Belaúndego, Barrantesa i Garcíę, zawsze tak manewrowali, żeby na trybunie stać blisko mnie z mikrofonem w ręku, odgrywali rolę wprowadzających i aranżowali wiece w taki sposób, żeby pojawiać się przy mnie na fotografiach w gazetach i w telewizji. Po zakończeniu manifestacji zawsze usiłowali nosić mnie na rękach – to taki śmieszny zwyczaj prześladujący toreadorów, przed którym raz udało mi się obronić dzięki temu, że rozdawałem kopniaki – patronowali obowiązkowym poczęstunkom, bankietom, kolacjom, obiadom, ogniskom z pieczeniem mięsa i uświetniali je kwiecistymi przemówieniami. Często byli to adwokaci, ale również właściciele garaży albo towarzystw transportowych albo dawni policjanci czy byli wojskowi, i przysiągłbym, że wszyscy wyglądali podobnie w swoich dopasowanych garniturach, z parlamentarnym wąsikiem i z ustami pełnymi patetycznych przesłodzonych przemówień, które przy każdej okazji byli gotowi wylewać z siebie całymi strumieniami.

Zapamiętałem jednego z nich w Tumbes, był symbolem tego gatunku. Łysawy, uśmiechnięty, ze złotym zębem, w wieku około pięćdziesiątki, pojawił się podczas pierwszej wizyty politycznej, jaką złożyłem w tamtym departamencie w grudniu 1987. Wysiadł z luksusowego samochodu w otoczeniu wianuszka osób, które tak mi przedstawił: „Oto pionierzy Ruchu Wolność w Tumbes, panie doktorze. I ja, który jestem ich sternikiem, do usług". Później dowiedziałem się, że przedtem był sternikiem w partii APRA, a potem w Akcji Ludowej, w partii, z której zdezerterował, aby pozostawać do usług wojskowej dyktatury. No i po przejściu do naszych szeregów kombinował, jak zostać przywódcą Niezależnego Związku Obywatelskiego Francisca Díeza Canseca, aż w końcu wylądował u naszego sojusznika SODE, który zaproponował go na regionalnego kandydata Frontu Demokratycznego.

Spierać się z kacykami, tolerować kacyków, posługiwać się kacykami – tego nigdy robić nie potrafiłem. Budzili we mnie wstręt, bo na szczeblu prowincji reprezentowali wszystko to, czego n i e chciałem widzieć w polityce Peru, a oni z pewnością czytali to z mojej twarzy. Jednak nic nie stanęło na przeszkodzie, żeby w wielu prowincjach komitety Ruchu Wolność dostały się w ręce kacyków. Jak zmienić coś, co jest tak głęboko zakorzenione w naszej idiosynkrazji?

W Limie organizacja lepiej funkcjonowała. Pierwszy sekretarz w departamencie, Víctor Guevara, wspierany przez ekipę, w której wyróżniał się młody człowiek po świeżo ukończonych studiach architektury Pedro Guevara, wykonał intensywną pracę, skupiając członków każdej dzielnicy, tworząc pierwsze komórki złożone z najlepszych ludzi i przygotowując się do wyborów. Kiedy Rafael Rey zastąpił Víctora Guevarę, mieliśmy w stolicy ponad pięćdziesiąt tysięcy członków rekrutujących się ze wszystkich okręgów. Aktywność była o wiele żywsza w dzielnicach o wysokich i średnich dochodach aniżeli w dzielnicach biedniejszych, ale w następnych miesiącach zdołaliśmy dotrzeć także do mieszkańców tych ostatnich i to w znaczący sposób. Zachowuję żywe wspomnienie z naszego pierwszego spotkania w osiedlach młodych. Grupa sąsiadów z Huáscar, jednego z najbiedniejszych okręgów w San Juan de Lurigancho, napisała do Miguela Cruchagi prośbę o informacje na temat Ruchu, więc zaproponowaliśmy zorganizowanie Dnia Wolności w ich miejscu zamieszkania. Pojechaliśmy tam, jak już mówiłem, w pewną sobotę marca 1988. Kiedy przybyliśmy do kuchni osiedlowej ulokowanej w zagłębieniu kamienistego terenu, nie było tam nikogo. Wkrótce pojawiło się około pół setki osób: bose kobiety, z dziećmi przy piersi, rozmaici ciekawscy, jakiś pijaczyna, który wiwatował na cześć APRA, psy plączące się między nogami organizatorów. Przyszli również María Prisca, Octavio Mendoza i Juvencio Rojas, którzy po kilku tygodniach założyli pierwszy w Peru komitet Ruchu Wolność. Felipe Ortiz de Zevallos wyjaśnił zebranym, jak po odbiurokratyzowaniu państwa i uproszczeniu istniejącego uciążliwego systemu prawnego kupcy i nieformalni rzemieślnicy będą mogli pracować legalnie, a będzie to dotyczyło wszystkich i da impuls do rozwijania społecznego dobrobytu. Przywieźliśmy też ze sobą dobrze prosperującego przedsiębiorcę, który zaczynał swoją działalność jako niezarejestrowany, podobnie jak wielu tu obecnych, bo chcieliśmy, ażeby ci, którzy dobrze znają drogę usianą niepowodzeniami, zobaczyli, że sukces jest możliwy do osiągnięcia.

Do San Juan de Lurigancho pojechała z nami grupa kobiet, która od początku kampanii przeciwko etatyzacji pracowała na rzecz Ruchu Wolność z niezwykłym entuzjazmem. Przygotowywały ulotki i chorągiewki, przywoziły i przyprowadzały ludzi na miejsce manifestacji, zbierały podpisy, a w tamtych dniach zamiatały podłogi, czyściły ściany, naprawiały drzwi i okna, ażeby dom, który właśnie wynajęliśmy w alei Javiera Prady, był przygotowany na inaugurację

15 marca. Lokal, który był siedzibą Ruchu Wolność, funkcjonował przede wszystkim dzięki takim kobietom jak one, ochotniczkom – Cecylii, Maríi Rosie, Anicie, Teche... – które pracowały tam od rana do nocy, rejestrowały wstępujących do Ruchu, obsługiwały komputer, pisały listy, prowadziły sekretariat, zajmowały się zakupami, sprzątaniem i całą skomplikowaną maszyną, jaką stanowi lokal służący do działalności politycznej.

Sześć z nich pod przewodnictwem Maríi Teresy Belaúnde zdecydowało pod koniec lata 1988, że będą pracować w osiedlach młodych i w koloniach na peryferiach Limy. W tym rozległym pasie miejskim, do którego ściągają przybysze z Andów: chłopi uciekający przed suszą, głodem i terrorem, z materiałów, z jakich budują domy – a są to cegły, drewno, puszki, maty – można odczytać jak na podstawie warstw geologicznych dzieje migracji, które są najlepszym barometrem centralizmu i narodowej klęski gospodarczej. Tam spotykają się biedni i nędznicy, którzy razem stanowią dwie trzecie ludności Limy. Tam występują najtrudniejsze problemy: brak mieszkań, wody, susza, brak pracy, opieki lekarskiej, żywności, transportu, wychowania, porządku publicznego, bezpieczeństwa. Tymczasem ten świat, pełen cierpienia i przemocy, też pulsuje energią, talentami i wolą przezwyciężania trudności: tam narodził się ludowy kapitalizm, nieformalny system ekonomiczny, który – gdyby nabrał politycznej świadomości o tym, co sobą reprezentuje – mógłby przeobrazić się w siłę napędową liberalnej rewolucji.

Tak narodziła się Akcja Solidarna, której przez cały czas kampanii przewodniczyła Patrycja. Na początku pracowało tylko sześć kobiet, ale po upływie dwóch i pół roku było ich już trzysta, a w całym Peru około pięciuset, bo przykład liberalnych działaczek ze stolicy rozprzestrzenił się na Arequipę, Trujillo, Cajamarkę, Piurę oraz inne miasta. Ich zadanie nie polegało na działalności dobroczynnej, ale było walką polityczną wprowadzającą w życie ideę, według której trzeba dać biednym środki, aby mogli wyjść z ubóstwa o własnych siłach.

Akcja Solidarna pomagała organizować warsztaty, zakładać interesy, przedsiębiorstwa, prowadziła kursy doskonalenia rzemiosła i techniki, załatwiała kredyty na prace publiczne, o których decydowała społeczność sąsiedzka, i udzielała wsparcia w ich realizacji. Dzięki jej wysiłkom powstały w Limie dziesiątki sklepów, warsztatów rzemieślniczych i małych zakładów przemysłowych w okręgach najbardziej ich potrzebujących, a także wiele klubów dla matek i żłobków dla dzieci. Wybudowano szkoły, pozakładano punkty medyczne, wytyczono ulice i aleje, zainstalowano studnie i nawet wprowadzono system nawadniania we wspólnocie chłopskiej w Jicamarce. Wszystko to działo się bez żadnego oficjalnego poparcia, a raczej mimo otwartej wrogości ze strony państwa, którego struktury zostały zamienione w filię partii APRA.

Odwiedzanie uczestników kursów gotowania, mechaniki, krawiectwa, tkactwa, snycerstwa, szkółek alfabetyzacji, kursów pielęgniarstwa, handlu, planowania rodziny, a także wizytowanie obiektów budowanych przez Akcję Solidarną, było dla mnie doświadczeniem fascynującym. Takie wizyty przywracały mi pewność, że dobrze zrobiłem, angażując się w politykę.

Mówię o k o b i e t a c h z Akcji Solidarnej, bo to one w większości ożywiły tę gałąź działalności Ruchu, ale współpracowało z nimi wielu mężczyzn, takich jak doktor José Draxl, który koordynował organizowanie kursów dotyczących zdrowia, inżynier Carlos Hara, odpowiedzialny za prace nad rozwojem gmin, i niezmordowany Pedro Guevara, który podjął się prac w regionach najbardziej upośledzonych, traktując je jak religijną misję apostolską. Akcja Solidarna zmieniła życie wielu członkiń Ruchu Wolność. Niewiele z nich przed przystąpieniem do Ruchu miało ku temu powołanie i taką praktykę w służbie społecznej jak główna przywódczyni María Teresa Belaúnde. W większości były to panie domu z rodzin o średnich lub wysokich dochodach, które do tej pory wiodły raczej puste, a nawet beztroskie życie, nie widziały i nie słyszały wrzenia wulkanu, jakim jest Peru nędzy. Codzienne przebywanie blisko tych, którzy żyją w ignorancji, są chorzy, bezrobotni, narażeni na różne formy przemocy, i konieczność podejmowania wobec nich zobowiązań zarówno etycznych, jak i społecznych otworzyły im oczy na dramat kraju i przyczyniły się do tego, że wiele kobiet postanowiło aktywnie działać. Zaliczam do nich własną żonę. Widziałem, jak Patrycja zmieniała się, pracując w Akcji Solidarnej i w tym, co było jej największym osiągnięciem – w Programie Wsparcia Społecznego, PAS*. Był to ambitny projekt, który miał pokazywać, w jaki sposób równoważyć skutki uzdrawiania gospodarki w najbiedniejszych sektorach. Mimo że Patrycja nienawidziła polityki, teraz zaczęła pasjonować się działalnością w młodych osiedlach, w których spędzała wiele godzin w ciągu tych trzech lat, przygotowując się do pomagania mi w przyszłości w rządzeniu naszym krajem.

Kobiety Akcji Solidarnej nie miały do polityki powołania, ale żywiłem nadzieję, że z czasem niektóre z nich podejmą odpowiedzialne zadania publiczne. Zauważyłem, że szybko potrafią wgłębiać się w problematykę ludzi wykluczonych i poświęcać się promowaniu działalności społecznej – bez nich Ruch nigdy nie zapuściłby korzeni w młodych osiedlach – i to była dla mnie prawdziwa terapia, kiedy porównywałem taką postawę do matactwa kacyków czy do intryg we Froncie. Kiedy w początkach 1990 opracowywaliśmy listy kandydatów do parlamentu, korzystając z uprawnień, jakie mi przyznano na pierwszym kongresie Ruchu Wolność, próbowałem przekonać dwie z najbardziej oddanych animatorek Akcji Solidarnej, Dianę de Belmont i Nany Bonazzi, aby zostały naszymi kandydatkami w jednym z okręgów Limy. Jednak obie odmówiły, bo nie chciały zamieniać swojej pracy terenowej w Cono Sur na wygodny fotel z oparciem w Kongresie.

Od dnia manifestacji na placu San Martín pojawiał się problem pieniędzy. Organizowanie wieców, otwieranie nowych lokali,

---

* PAS – Programa de Apoyo Social (przyp. tłum.).

organizowanie podróży, montowanie krajowej infrastruktury i prowadzenie trzyletniej kampanii wyborczej bardzo dużo kosztuje. W Peru kampanie wyborcze tradycyjnie służą temu, żeby zebrane w ich cieniu pieniądze lądowały w kieszeniach krętaczy, których pełno we wszystkich partiach i którzy w wielu przypadkach wstępują do partii w takim właśnie celu. Brakuje praw, które regulowałyby finansowanie partii i kampanii wyborczych, a jeśliby nawet istniały, to pozostałyby martwą literą. W Peru takich praw nie ma. Osoby oraz instytucje w dyskretny sposób przekazują pieniądze kandydatom – często różnym jednocześnie, proporcjonalnie do wyników w sondażach – jako inwestycję, która w przyszłości zapewni im synekury: zezwolenia importowe, ulgi, koncesje, monopole, zlecenia, wszystkie te kompromitujące fundamenty, na których opiera się funkcjonowanie gospodarki interwencyjnej. Przedsiębiorca lub przemysłowiec, który nie współdziała z tym systemem, wie, że jutro poniesie straty w stosunku do konkurencji.

Taki stan rzeczy pozostaje pod ochroną władzy, której ludzie piastują stanowiska – w otoczeniu prezydenta, w ministerstwach i w administracji – i jest to zjawisko tak powszechne, że opinia publiczna odnosi się do niego z całkowitą rezygnacją, niczym do złowrogiej siły – czy jest sens protestować przeciwko bezsensownemu prawu? Korupcja, przemyt, wykorzystywanie urzędów publicznych do bogacenia się – to elementy nieodłącznie związane z polityką peruwiańską od niepamiętnych czasów. A w okresie rządów Alana Garcíi pobiły wszelkie rekordy.

Obiecałem sobie skończyć z tym zjawiskiem typowym dla peruwiańskiego niedorozwoju, bo bez wprowadzenia do władzy zasad moralnych demokracja w Peru nie przetrwa albo nadal będzie swoją własną karykaturą. A z bardziej osobistego powodu: brzydzę się złodziejami i korupcją towarzyszącym polityce. Nie jestem tolerancyjny wobec tej ludzkiej słabości. Kradzieże na szczeblu rządowym w biednym kraju, w którym demokracja znajduje się w powijakach, zawsze wydawały mi się ciężkim przestępstwem. Nic tak jak korupcja nie odbiera demokracji prestiżu i nie działa na jej szkodę. Coś się we mnie bezmiernie burzy na widok skandalicznego wykorzystywania władzy, zdobytej dzięki głosom prostodusznych i pełnych nadziei ludzi, do bogacenia siebie i swoich kompanów. Dlatego tak stanowcza była moja opozycja przeciw Alanowi Garcíi, bo w czasie, kiedy był u władzy, złodziejstwo rozprzestrzeniło się w Peru w sposób przyprawiający o ekstremalny zawrót głowy.

Czasem budziłem się w nocy i zamartwiałem tym problemem. Jeżeli zostanę prezydentem, czy będę w stanie zapobiec panoszeniu się złodziei w moim rządzie? Wielokrotnie rozmawiałem o tym z Patrycją, z Miguelem Cruchagą i z innymi przyjaciółmi z Ruchu Wolność. Kiedy skończymy z państwowym interwencjonizmem w gospodarce, z pewnością będzie można ograniczyć oszustwa. Wtedy już nie ministrowie ani dyrektorzy w ministerstwach będą decydowali za pomocą dekretów o powodzeniu czy upadłości przedsiębiorców, ale konsumenci. Już nie urzędnicy będą ustalali kursy dewiz, ale zrobi to rynek. Już nie będzie limitów importu i eksportu. Prywatyzacja ograniczy urzędnikom i rządzącym możliwości kradzieży i malwersacji. Ale dopóki nie zaistnieje prawdziwa gospodarka rynkowa, okazji do grabieży władza będzie miała bardzo wiele. I nawet później będzie stwarzała swoim bezprawnym poplecznikom sposobności do zyskownych transakcji sprzedaży i korzystania, dla własnego zysku, z przywileju dysponowania informacją przez rządzących. Skuteczna i nieskorumpowana władza sądownicza jest najlepszym hamulcem zapobiegającym takim nadużyciom. Ale nasz wymiar sprawiedliwości też jest sprzedajny, zwłaszcza w ostatnich latach, kiedy pensje sędziów zredukowano do nędznego minimum. A prezydent García, przewidując, co mu zgotuje przyszłość, wprowadził do władzy sądowniczej wiernych sobie ludzi. Trzeba przygotować się do bezlitosnej wojny na tym polu. A wygrać ją będzie o wiele trudniej, bo nie brakuje ukrytego wroga także wśród naszych zwolenników.

Zdecydowałem, że nie chcę wiedzieć, kto przekazuje dotacje i wpłaca składki na rzecz Ruchu Wolność i Frontu Demokratycznego ani jaką wysokość osiągają przekazywane nam kwoty, aby potem, jeżeli zostanę prezydentem, nie mieć podświadomych zobowiązań wobec donatorów. I ustaliłem, że tylko jedna osoba będzie upoważniona do przyjmowania pomocy finansowej: Felipe Thorndike Beltran. Pipo Thorndike, inżynier nafciarz, przedsiębiorca i rolnik, był jedną z ofiar dyktatury generała Velasca, która wywłaszczyła go z majątków. Musiał emigrować. Na obczyźnie odbudował swoje interesy i fortunę, no i w 1980 roku, z uporem tak wielkim jak miłość do rodzinnej ziemi, wrócił do Peru ze swymi pieniędzmi i z wolą zabrania się do pracy. Miałem zaufanie do jego uczciwości, bo wiedziałem, że jest tak ogromna jak jego szczodrość – to on był jednym z tych, którzy od manifestacji na placu San Martín poświęcili się pracy u mojego boku w pełnym wymiarze czasu – i dlatego powierzyłem mu tak absorbujące i niewdzięczne zadanie. I utworzyłem w celu kontrolowania kosztów kampanii komitet złożony z następujących osób o niekwestionowanej prawości: Miguel Cruchaga, Luis Miró Quesada, Fernando de Szyszlo i Miguel Vega Alvear, a czasem towarzyszyła im sekretarka administracji Rocío Cillóniz*. Wszystkim zabroniłem przekazywania mi informacji o tym, co otrzymujemy, ile wydajemy, a także wprowadziłem zasadę: nie należy przyjmować pieniędzy od obcych rządów ani od towarzystw (dary miały być dokonywane w imieniu konkretnej osoby). To rozporządzenie zostało precyzyjnie wykonane. Rzadko byłem proszony o konsultację albo informowany o tych sprawach. (Wyjątkiem był tamten dzień, kiedy Pipo musiał mnie powiadomić, że szef Planu Rządzenia Frontu, Luis Bustamante Belaunde, przekazał mu czterdzieści

---

* W przeciwieństwie do czterech pierwszych osób, za których lojalność nie wiem jak mam dziękować, ostatnia z wymienionych postaci, kiedy tylko przegraliśmy wybory, pospieszyła ze stworzeniem paszkwilanckiego pisemka, które miało stać się trybuną dla renegatów Ruchu Wolność przez krótki czas, przez jaki nieżyczliwi czytelnicy pozwolili mu przetrwać.

tysięcy dolarów, jakie otrzymał od pewnych przedsiębiorców, którzy chcieli mu pomóc w kampanii wyborczej do senatu). W rzadkich przypadkach, kiedy w jakimś wywiadzie ktoś wspominał mi o możliwości pomocy, przerywałem mu, wyjaśniając, że przelewy finansowe na rzecz Ruchu Wolność i Frontu nie przechodzą przez moje ręce.

Między pierwszą i drugą turą wyborów jeden z uknutych przez rząd podstępów, aby nas zdyskredytować, polegał na tym, że większość w Kongresie powołała komisję, która miała spotykać się z kandydatami, a ci mieli ujawniać, do jakiej wysokości doszły koszty ich kampanii i z jakich źródeł pochodziły ich pieniądze. Pamiętam sceptyczne spojrzenia senatorów z tej komisji, kiedy im wyjaśniłem, że nie mogę powiedzieć, ile wydaliśmy na kampanię, ponieważ tego nie wiem, i wytłumaczyłem powody, dla których nie chciałem o tym wiedzieć. Po zakończeniu drugiej tury, mimo że nie istniało prawo, które by nas do tego zobowiązywało, za pośrednictwem Felipe Thorndike'a i szefa kampanii Frontu Freddy'ego Coopera poinformowaliśmy komisję o naszych kosztach. Tak więc ja również dowiedziałem się, ile otrzymaliśmy i że w ciągu trzech lat wydaliśmy równowartość czterech i pół miliona dolarów (trzy czwarte tej kwoty w formie telewizyjnych ogłoszeń). Taka suma, skromna w porównaniu z innymi kampaniami latynoamerykańskimi – jeśli weźmie się pod uwagę Wenezuelę albo Brazylię – jest mimo wszystko dla Peru wysoka. Ale daleko jej do astronomicznych kwot, które – jak uważają nasi przeciwnicy – roztrwoniliśmy. (Deputowany Zjednoczonej Lewicy, który uchodził za uczciwego, Agustín Haya de la Torre, oznajmił pewnego dnia w gazecie „La República", przy czym głos mu nie zadrżał ani na chwilę: „Front wydał już ponad czterdzieści milionów dolarów").

Między 14 a 16 kwietnia 1989 świętowaliśmy pierwszy kongres Ruchu Wolność w Colegio San Agustín w Limie. Zorganizowała go komisja pod przewodnictwem jednego z moich najbardziej lojalnych przyjaciół Luisa Miró Quesady Garlanda, który mimo swego nieprzezwyciężonego wstrętu do polityki pracował ze mną w dzień i w nocy, przez trzy lata, z bezgranicznym oddaniem. Wybraliśmy go na honorowego przewodniczącego kongresu, w którym wzięli udział delegaci z całego Peru. W tygodniach poprzedzających to wydarzenie odbyły się wewnętrzne wybory delegatów i okręgi oraz dzielnice Limy uczestniczyły w nich z entuzjazmem. Na inaugurację 14 kwietnia wieczorem przybyli przedstawiciele komitetów okręgowych z orkiestrami i zespołami muzyków, a wesoły nastrój młodzieży przekształcił imprezę w radosne święto. Uważałem, że taka okazja – tego dnia rano przyłączyliśmy Front Demokratyczny z Belaúndem i Bedoyą do Stowarzyszenia Peru i SODE włączyło się do sojuszu – wymaga, abym to przemówienie napisał i odczytał, zamiast improwizować.

Napisałem w życiu trzy przemówienia, oprócz tamtego, ale zaimprowizowałem ich setki. W czasie podróży po kraju i podczas wędrówek po dzielnicach Limy przemawiałem wielokrotnie, rano i po południu, a podczas ostatnich tygodni rytm wystąpień na wiecach wymagał trzech do czterech przemówień każdego dnia. Aby utrzymać gardło w dobrej kondycji, Bedoya poradził mi żucie przyprawy z pachnących goździków, a lekarz, który mi towarzyszył – było ich dwóch albo trzech na zmianę, wraz z niewielką ekipą pierwszej pomocy na wypadek zamachu – zawsze podsuwał mi jakieś pastylki albo podawał inhalator. Starałem się powstrzymywać od mówienia pomiędzy wiecami, aby moje gardło odpoczywało. Jednak mimo to czasami nie zdołałem uniknąć chrypy albo fałszywych tonów. (Kiedy byliśmy w dżungli, pewnego popołudnia przybyłem do miejscowości La Rioja prawie bez głosu. Ledwie zacząłem przemawiać, zerwała się wichura, która zniszczyła mi struny głosowe. Chcąc zakończyć przemówienie, musiałem bić się w piersi jak Tarzan).

Przed manifestacją na placu San Martín nigdy nie przemawiałem publicznie na placach. Prowadzenie lekcji i wykładów nie służy jako doświadczenie, raczej przeszkadza. W Peru sztuka wygłaszania przemówień zatrzymała się na etapie romantycznym. Polityk wychodzi na estradę po to, żeby uwodzić, uspokajać, ukołysać. Muzyka jego wystąpienia ma większe znaczenie niż idee, gesty są ważniejsze od poglądów. Forma kształtuje i niszczy treść słów. Dobry orator może niczego sensownego nie powiedzieć, ale musi wypaść dobrze. Ważne jest, żeby przemówienie zabrzmiało efektownie i zabłysło. Logika, racjonalny porządek, zborność, krytyczna świadomość tego, co się mówi, przeszkadzają w osiągnięciu efektu, który można uzyskać przede wszystkim za pomocą obrazów oraz impresjonistycznych metafor, obliczonych na efekt figur retorycznych i pewnej bezczelności. Dobry latynoamerykański mówca polityczny jest bardziej podobny do toreadora albo rockowego piosenkarza aniżeli do wykładowcy czy profesora: jego porozumienie z publicznością zależy bardziej od sfery instynktu, emocji, uczuć niż inteligencji.

Michel Leiris porównał sztukę pisania do kunsztu torero, to piękna alegoria, za pomocą której chciał pokazać ryzyko, na jakie wystawia się poeta lub prozaik, kiedy ma przed sobą czystą kartkę papieru. Taki obraz ma jeszcze lepsze zastosowanie do polityka, który przemawia z wysokości estrady, balkonu albo kościelnych schodów, stojąc twarzą w twarz z rozentuzjazmowanym tłumem. Ma przed sobą coś równie konkretnego jak postać byka przeznaczonego do walki, strasznego, a jednocześnie prostodusznego, łatwego do poskromienia, może nad nim skutecznie zapanować, jeżeli potrafi zręcznie operować czerwoną płachtą, z zachowaniem pewności siebie i odpowiednią gestykulacją.

Wieczorem na placu San Martín zdziwiło mnie odkrycie, jak łatwo manipulować nastrojem tłumu, jak prosta jest jego elementarna psychologia, jak szybko przechodzi od śmiechu do gniewu, wzrusza się, rozpala, wylewa łzy, reaguje jednocześnie z mówcą. I jak trudno jest dotrzeć do rozumu ludzi uczestniczących w wiecu, zanim nie zapanuje się nad ich uczuciami. Gdy język polityka składa się z samych komunałów, jest bardziej skuteczny niż wtedy, gdy dawny obyczaj przekształca go w efektowną sztukę.

Zrobiłem, co mogłem, aby nie obstawać przy takim zwyczaju i starałem się używać podium do promowania naszych idei i upowszechniania programu Frontu, unikając demagogii i naśladownictwa. Myślałem, że place publiczne są idealnym miejscem do przekonywania ludzi, iż głosowanie na moją kandydaturę oznacza opowiedzenie się za konkretnymi reformami, żeby nie było nieporozumień dotyczących tego, co zamierzałem robić i jakich to będzie wymagało poświęceń.

Jednak nie odniosłem wielkiego sukcesu w żadnej z tych dwóch kwestii. Ponieważ Peruwiańczycy nie głosują w wyborach na idee, mimo moich perswazji, wiele razy to zauważyłem – zwłaszcza kiedy opanowywało mnie zmęczenie – to w momencie, kiedy zrobiłem fałszywy krok, pogroziłem albo użyłem niewłaściwego tonu, zaczynali mnie gorąco oklaskiwać. Przez dwa miesiące w drugiej turze kampanii próbowałem streszczać nasze propozycje programowe w kilku zdaniach, które powtarzałem raz i drugi, w sposób najprostszy i bezpośredni, dostosowany do ludowej wyobraźni. Jednak cotygodniowe sondaże za każdym razem pokazywały, że decyzja o oddaniu głosu przez ogromną większość zależy od osoby kandydata albo od innych niewytłumaczalnych bodźców, ale nigdy nie jest uzależniona od programu partii.

Ze wszystkich wygłoszonych przemówień zapamiętałem, jako najlepsze, dwa, które przygotowywałem w gościnnym ogrodzie Maggie i Carlosa, bez towarzystwa ochroniarzy, dziennikarzy i telefonów. Było to przemówienie o zgłoszeniu mojej kandydatury, na placu broni w Arequipie, 4 czerwca 1989 oraz mowa na zamknięcie kampanii, 4 kwietnia na Paseo de la República w Limie, najbardziej osobista ze wszystkich. I może również krótkie wystąpienie 10 czerwca wygłoszone do zrozpaczonego tłumu, który zebrał się przed wejściem do siedziby Ruchu Wolność, kiedy nadeszła wiadomość o naszej klęsce.

Na kongresie Ruchu wygłaszano przemówienia, ale również odbyła się debata ideologiczna, co do której nie wiem, czy zainteresowała wszystkich delegatów w takim stopniu jak mnie. Czy Ruch Wolność będzie postulował gospodarkę rynkową czy s p o ł e c z n ą gospodarkę rynkową? Pierwszej tezy bronił Enrique Ghersi, a drugiej Luis Bustamante Belaunde, wymieniali między sobą opinie, co sprowokowało liczne wystąpienia. Dyskusja nie miała charakteru konfliktu. Za sympatią lub antypatią do przymiotnika s p o ł e c z n y stał niejednorodny skład Ruchu. Należeli do niego nie tylko liberałowie, ale także konserwatyści, chadecy o społecznych poglądach, socjaldemokraci i spora liczba ludzi – może nawet większość – bez żadnej ideologii, tylko z abstrakcyjną chęcią opowiedzenia się za demokracją albo z zamiarem zamanifestowania swojej negacji: nie byli aprystami ani komunistami, a w nas widzieli alternatywę dla tego, czym pogardzali albo czego się obawiali.

Grupą najbardziej skonsolidowaną oraz identyfikującą się z liberalizmem było – wydawało się, że jest w tym momencie, bo potem sytuacja się zmieniła – grono wspinających się po szczeblach kariery młodych ludzi, między dwudziestym a trzydziestym rokiem życia, którzy zdobywali swoje pierwsze szlify dziennikarskie w „La Prensa", po tym jak dziennik przestał być państwowy dzięki Belaúndemu w 1980, a przewodzili mu dwaj dziennikarze, którzy już od dawna bronili wolnego rynku i zwalczali etatyzm: Arturo Salazar Lorraín oraz Enrique Chirinos Soto (obaj wstąpili do Ruchu Wolność). Ale niektórzy młodzi, do których zaliczał się mój syn Álvaro, poszli o wiele dalej niż ich mistrzowie. Mówili, że są entuzjastycznymi wyznawcami Miltona Friedmana, Ludwiga von Misesa albo Friedricha Hayeka, zaś radykalizm jednego z nich – Federica Salazara – graniczył z anarchizmem, a czasem nawet z błazeństwem. Wielu z nich pracowało, a może jeszcze pracuje w Instytucie Wolność i Demokracja należącym do Hernanda de Sota, a dwaj, Enrique Ghersi i Mario Ghibellini, byli razem z de Sotem współautorami *El otro sendero* (Inna ścieżka*)*, książki, którą opatrzyłem wstępem* i w której udowodniono

---

* *La revolución silenciosa* (Cicha rewolucja) w: H. de Soto, *El otro sendero*, Lima 1986, s. XVII–XXIX, tekst przedrukowany w: M. Vargas Llosa, *Contra vientos y marea*, t. 3, Barcelona 1990, s. 333–348.

na podstawie wyczerpujących badań, że nieformalna gospodarka budowana na marginesie prawa jest kreatywną odpowiedzią biednych na dyskryminacyjne bariery, jakie narzuca merkantylna wersja kapitalizmu, którą Peru już zna.

Badania prowadzone przez ekipę pod kierunkiem Hernanda de Sota były bardzo ważne dla promowania w Peru liberalnych idei i dawały pomyślne perspektywy. De Soto zorganizował w Limie w 1979 i 1981 dwa międzynarodowe sympozja i zaprosił na nie doborowe grono ekonomistów i myślicieli, takich jak między innymi: Friedrich Hayek, Milton Friedman, Jean François Revel i Hugh Thomas; ich idee były podobne do wichury unowocześniającej i odświeżającej Peru, które po wielu latach wydostawało się z populistycznej demagogii i dyktatury wojskowej. Współpracowałem z Hernandem na tych spotkaniach i na obu przemawiałem. Pomogłem utworzyć Instytut Wolność i Demokracja, śledziłem z bliska jego badania dotyczące nieformalnej gospodarki i z entuzjazmem odnosiłem się do jego wniosków. Zachęciłem, by je opracował w formie książki, a kiedy to uczynił, opatrzyłem ją wstępem, a następnie promowałem *El otro sendero* w Peru i na świecie, czego nigdy nie robiłem z żadną własną książką. (Nawet doszło do tego, że posuwając się do impertynencji, nalegałem na „The New York Times Magazine", aby zaakceptował mój artykuł o tej książce, który w końcu ukazał się 22 lutego 1987, a potem był publikowany w wielu krajach). Postąpiłem tak, bo myślałem, że Hernando byłby dobrym prezydentem Peru. On również tak myślał, więc nasze relacje wydawały się znakomite. Hernando był próżny i podejrzliwy niczym primadonna i kiedy go poznałem w 1979, po świeżym powrocie z Europy, w której spędził znaczną część życia, wydawał mi się postacią trochę nadętą i śmieszną z tym swoim językiem hiszpańskim pełnym anglicyzmów i galicyzmów oraz z manierami pretensjonalnego arystokraty (do nazwiska ze strony ojca dodał sobie kokieteryjne „de" i dlatego Belaúnde czasem mówił o nim jako o „ekonomiście o nazwisku konkwistadora"). Ale pod jego zewnętrzną powłoką szybko odkryłem osobę bardziej inteligentną i nowoczesną niż nasi przeciętni politycy, zauważyłem w nim kogoś, kto mógłby zostać liderem liberalnej reformy w Peru, i dlatego sądziłem, że warto go popierać w jego publicystycznym szaleństwie, zarówno w kraju, jak i poza krajem. Tak postąpiłem, myśląc, co wyznaję z pewnym zakłopotaniem, że dobrze go poznałem, ale zdawałem sobie sprawę, że przyczyniam się do stworzenia wizerunku de Sota intelektualisty, który – jak mówią moi rodacy – płakał, kiedy taki wizerunek nakładano na oryginał.

Gdy zaczęła się mobilizacja przeciwko etatyzmowi, Hernando de Soto był na wakacjach w Republice Dominikany. Zadzwoniłem do niego, opowiedziałem mu, co się dzieje, więc przyspieszył swój powrót. Początkowo okazywał rezerwę wobec zamiaru zorganizowania manifestacji na placu San Martín – w zamian zaproponował sympozjum na temat nieformalnej gospodarki w amfiteatrze Amauta – ale później zarówno on, jak i wszyscy ludzie z Instytutu Wolność i Demokracja z entuzjazmem współpracowali z nami w przygotowaniach do manifestacji. Enrique Ghersi, jego ówczesna prawa ręka, był jednym z jej animatorów, a Hernando jednym z trzech mówców, którzy mieli poprzedzać moje wystąpienie. Sprawa jego obecności na podium wywołała liczne zakulisowe protesty, którym się oparłem w przekonaniu, że ci z moich przyjaciół, którzy oponują przeciwko temu, żeby przemawiał, twierdząc, że jego angielskie powiedzonka wywołają wśród zgromadzonych salwy śmiechu, robili to z zazdrości, a nie dlatego, jak mnie zapewniali, że wydaje się im człowiekiem o większych ambicjach niż zasadach i osobą o wątpliwej lojalności.

Jego późniejsze zachowanie przyznało moim przyjaciołom całkowitą rację. W przeddzień manifestacji, 21 sierpnia, który teoretycznie miał być dniem wzmożonej aktywności, de Soto przeprowadził dyskretnie z Alanem Garcíą w Pałacu Rządowym wywiad, który wytyczył podstawy korzystnej współpracy między rządem partii APRA a Instytutem Wolność i Demokracja, co miało popchnąć go na drogę błyskawicznego karierowiczostwa (osiągnie najwyższe szczyty kariery później, za rządów i za dyktatury inżyniera Fujimoriego). Ta współpraca została chytrze wymyślona przez Alana Garcíę, aby nagle, poczynając od 1988, zdobyć poklask dzięki jednemu z takich akrobatycznych zwrotów, do jakich bywają zdolni demagodzy, chciał bowiem sprawić wrażenie, że stał się promotorem własności prywatnej wśród Peruwiańczyków o skromnych dochodach, że jest prezydentem realizującym jedną z naszych aspiracji: przekształcenia Peru w „kraj właścicieli". W tym celu fotografował się na lewo i prawo z de Sotem, czyli z peruwiańskim „liberałem", i sprzyjał hałaśliwym, ale przede wszystkim kosztownym projektom – za pomocą obliczanej na miliony propagandy, która temu towarzyszyła – w młodych osiedlach, jakie Hernando oraz jego instytut budowali na konto Garcíi w ramach jawnego współzawodnictwa z Frontem Demokratycznym. Ten manewr nie miał większego efektu politycznego dla Garcíi, jak tego oczekiwano, ale pomógł, jeżeli o mnie chodzi, poznać nieoczekiwane talenty osoby, o której z charakterystyczną dla siebie naiwnością myślałem w pewnym momencie jak o kimś, kto potrafiłby uporządkować politykę i ocalić Peru.

Tak więc, powodowany niechęcią, do której miał skłonności, a może z powodów bardziej praktycznych, de Soto przeobraził się w Peru w skrytego nieprzyjaciela mojej kandydatury, a jednocześnie w Stanach Zjednoczonych rozpowszechniał na każdym kroku wideo z manifestacji na placu San Martín jako dowód swojej popularności[*]. I był tym, który skutecznie zyskiwał sympatię i poparcie fundacji oraz instytucji północnoamerykańskich dla swojego instytutu, a jednocześnie łamał sobie głowę nad tym, jak insynuacje przeciwko Frontowi Demokratycznemu przemycić do Departamentu Stanu oraz do różnych międzynarodowych agencji oraz osób, które zdezorientowane

---

[*] Przykładem tych sztuczek jest artykuł w „The Wall Street Journal" z 20 kwietnia 1990 Davida Asmana, dziennikarza, który choć w dobrej wierze, to jednak przypisywał de Sotowi autorstwo Spotkań na rzecz Wolności z 21 sierpnia 1987.

zwracały się czasem później do mnie z pytaniem, co znaczą te makiawelizmy. Tymczasem one po prostu pokazywały, że ktoś, kto tak precyzyjnie opisał system marnotrawstwa w Peru, kończy jako jego najwierniejsza kopia. My, którzy go wypromowaliśmy i w pewnym sensie nawet wymyśliliśmy, teraz powinniśmy to przyznać bez ogródek: nie przysłużyliśmy się sprawie wolności ani sprawom Peru, lecz jedynie zaspokojeniu apetytów kreolskiego Rastignaca.

Jednak po krótkim kontakcie ze światem idei i liberalnych wartości pozostała dobra książka. I, w pewnym stopniu, ta grupa radykalnej młodzieży, która na pierwszym kongresie Ruchu Wolność z zapałem broniła wykreślenia jednego przymiotnika.

Radykalizm i egzaltacja „młodych Turków", którym przewodził Enrique Ghersi – zwłaszcza jakobina Federica Salazara, zawsze gotowego zadenuncjować każdy przejaw marnotrawstwa albo nieprawidłowości etatyzmu – przerażały trochę Lucho Bustamantego, rozważnego człowieka, który był odpowiedzialny za Plan Rządzenia, więc chciał, żeby nasz program był realistyczny i jednocześnie radykalny (przecież istnieją takie liberalne utopie). Stąd jego naleganie zyskujące poparcie różnych ekonomistów i profesjonalistów z jego ekipy, aby Ruch uznał za swoją tę nazwę, którą Ludwig Erhard (a raczej jego uczeń, Alfred Müller-Armack) nadał polityce gospodarczej, jaka od 1948 sprowokowała rozwój gospodarczy w Niemczech: społeczna gospodarka rynkowa.

Ja skłaniałem się do wykreślenia pierwszego przymiotnika. Nie dlatego, że sugeruje rynek nie do pogodzenia z całym modelem redystrybucji – to teza, pod którą nie podpisze się żaden liberał, choćby istniały różne punkty widzenia na temat osiągnięć, jakie powinna mieć redystrybucyjna polityka w otwartym społeczeństwie – ale dlatego, że w Peru łączy się go bardziej z socjalizmem aniżeli z równością szans idei liberalnej, a także dla klarowności poglądu. Wojskowa dyktatura kojarzyła słowo „społeczna" ze wszystkim, co miało być skolektywizowane i upaństwowione, Alan García męczył tym

Peruwiańczyków w każdym swoim przemówieniu, tłumacząc, że nacjonalizuje bank po to, żeby pełnił funkcję „społeczną". Puste gadanie przenikało w ten sposób do dyskursu politycznego i stawało się hasłem populistycznym, a nie poglądem. (Zawsze miałem ciepłe uczucia dla tych nieumiarkowanych młodych ludzi, chociaż kiedyś jeden z nich oskarżył mnie o innowierstwo, a po upływie pewnego czasu dwóch z nich – Ghibellini i Salazar – stało się marnymi politykierami. Ale w czasach, o których mówię, robili wrażenie szczerych idealistów. Więc spodziewałem się, że ich wzorowość i nieustępliwość mogą w przyszłości być dla nas przydatne w ciężkiej pracy przy wprowadzaniu zasad moralnych do krajowej polityki).

Kongres nie podjął decyzji co do przymiotnika i debata pozostała otwarta, ale wymiana myśli była najlepszym intelektualnym momentem naszego zebrania i posłużyła do zaniepokojenia wielu ludzi tą kwestią. Prawdziwą konkluzję przyniosła praktyka w ciągu kolejnych dwunastu miesięcy, kiedy ekipa Lucho Bustamantego opracowała liberalny projekt najbardziej odważny i postępowy, jaki w Peru zaproponowano i w którym żaden z „młodych Turków" nie znalazł niczego do zakwestionowania.

Do jakiego stopnia osiągnęliśmy to, że i d e e zapuściły korzenie w myśleniu działaczy liberalnych? W jakim stopniu głosowali na liberalne idee ci Peruwiańczycy, którzy głosowali na mnie? Pragnąłbym rozwikłać tę wątpliwość. W każdym razie wysiłki podjęte, aby te idee mogły odegrać główną rolę w życiu Ruchu Wolność, były wielotorowe. Utworzone zostało Państwowe Ministerstwo Idei i Kultury – na jego czele kongres postawił Enrique Ghersiego – oraz zaproponowana przez Miguela Cruchagę szkoła dla liderów, której Fernando Iwasaki i Carlos Zuzunaga byli zapalonymi propagatorami.

W niedługim czasie przyłączyli się do Ruchu Wolność Raúl Ferrero Costa, który był dziekanem Kolegium Adwokackiego w Limie, oraz grupa fachowców i studentów z nim powiązanych. Funkcja dziekana obligowała go do częstych podróży po Peru. Kiedy Víctor

Guevara opuścił Państwowe Ministerstwo Organizacji, poprosiłem Raúla, by go zastąpił, a on, chociaż wiedział, jak trudna to posada, zgodził się. W tym czasie sekretarz generalny Miguel Cruchaga, popierany przez swoją żonę Cecylię, podjął się wyjątkowego zadania: wyszkolenia sześćdziesięciu tysięcy osób, których potrzebowaliśmy, aby wprowadzić po jednym naszym przedstawicielu do każdego punktu wyborczego w kraju. (Obecność takiego człowieka to jedyna gwarancja, że w lokalu wyborczym nie dojdzie do oszustwa). Tak więc cała organizacja leżała w rękach Raúla Ferrero.

Raúl wykonał wielką pracę, aby poprawić sytuację Ruchu na prowincji. Wspierany przez dwudziestu współpracowników podróżował niezmordowanie po kraju, zakładał komitety tam, gdzie ich nie było, i reorganizował te, które już istniały. Ruch Wolność się rozrastał. Widziałem to w czasie moich podróży i byłem pod wrażeniem tej działalności w odległych prowincjach Cajamarca, Ancash, San Martín i Apurimac, gdzie podejmowały mnie grupy liberałów, a w ich lokalach już z daleka widać było czerwono-czarne emblematy Ruchu Wolność, które pod względem graficznym wykazywały podobieństwo do znaku polskiej Solidarności. (W 1981, kiedy wprowadzono w Polsce represyjny stan wojenny, co miało pomóc rządowi w walce ze związkiem, na którego czele stał Wałęsa, ja, razem z dziennikarzem Luisem Pasarą, przewodniczyłem protestacyjnej manifestacji na Polu Marsowym i przypuszczam, że z tego powodu wielu ludzi myślało, że podobieństwo graficzne symboli było moim pomysłem. Mimo to, chociaż takie podobieństwo uważałem za szczęśliwe, nie planowałem go i do dzisiaj nie wiem, czy symbol ten wymyślił Jorge Salmón, odpowiedzialny za propagandę w Ruchu Wolność, czy Miguel Cruchaga czy też Fernando de Szyszlo, który chcąc nas wesprzeć w zbiórce funduszy, wykonał piękną litografię ze znakiem Ruchu Wolność).

Zdecydowaliśmy się zorganizować wybory wewnętrzne w Ruchu przed wyborami państwowymi. Ta decyzja wielu liberałom wydawała się nieostrożna, bo rozpraszała środki i energię oraz dawała pretekst do wewnętrznych dysput, a my powinniśmy koncentrować się na walce z przeciwnikami, zwłaszcza teraz, kiedy wchodziliśmy na ostatnią prostą kampanii. Jedynie ja broniłem tych wewnętrznych wyborów. Myślałem, że posłużą do zdemokratyzowania wielu komitetów na prowincji, które dzięki temu uniezależnią się od kacyków i zostaną wzmocnione przez przedstawicieli społeczeństwa.

Ale ośmielę się zauważyć, że w dwóch trzecich prowincji kacykowie potrafili tak się urządzić, że zmanipulowali wybory i dali się wybrać. Sztuczki, którymi się posługiwali, były technicznie nie do zakwestionowania. Rozdawali miejsca na listach kandydatów i wpisywali datę wyborów w taki sposób, że dowiadywali się o tym jedynie ich zwolennicy, bo albo mieli listy tak ułożone, że ich przeciwnicy nie byli na nich zarejestrowani, albo figurowali tam z późniejszą datą niż ta, która była ustalona jako graniczna. Nasz sekretarz do spraw wyborów Alberto Massa – miał wspaniałe poczucie humoru, więc w Komisji Politycznej wszyscy czekaliśmy z niecierpliwością na to, aż poprosi o głos, bo jego wystąpienia, zawsze skrzące się dowcipem, sprawiały, że wybuchaliśmy śmiechem – na którego spadały protesty ofiar tych sztuczek, wprawiał nas w zdumienie, ujawniając podstępne chwyty, o jakich sam się dopiero dowiadywał.

Robiliśmy, co byliśmy w stanie, aby naprawiać szkody. Unieważniliśmy wybory w prowincjach, w których liczba głosujących była podejrzanie niska, i rozpraszaliśmy wątpliwości tam, gdzie tylko się dało. Ale w innych przypadkach – już mieliśmy na karku wybory narodowe – musieliśmy decydować się na uznanie niektórych komitetów wewnątrz kraju, których legalność była wątpliwa.

W Limie było inaczej. Wybory do Biura do spraw Departamentów, które wygrał Rafael Rey, zostały przygotowane starannie i można było w porę uniknąć wszelkiego oszustwa. Objechałem okręgi w dniu wyborów, 29 października 1989, i ze wzruszeniem patrzyłem na długie kolejki działaczy liberalnych czekających na ulicach, aby oddać głos. Jednak konkurent Reya – Enrique Fuster – nie zniósł klęski, wystąpił z Ruchu Wolność, zaatakował nas na łamach oficjalnej prasy i wiele miesięcy później został kandydatem na deputowanego z listy przeciwnika.

Nowy Komitet Obwodowy w Limie nadal rozwijał swoje struktury w stolicy i był popierany przez Akcję Solidarną w młodych osiedlach, skąd w ostatnich miesiącach 1989 i w pierwszych 1990 Patrycja i ja niemal codziennie otrzymywaliśmy zaproszenia, aby otwierać nowe komitety. Udawaliśmy się tam zawsze w miarę możności. W tamtym okresie moje obowiązki zaczynały się o siódmej lub ósmej rano i kończyły po północy.

Na uroczystościach otwarcia sprawdzała się bez wyjątków taka reguła: im biedniejsza dzielnica, tym bardziej ceremonialna impreza. Peru jest „krajem staroświeckim", co przypomniał powieściopisarz José María Arguedas, a nic tak dobrze nie potwierdza staroświeckości Peruwiańczyka jak jego przywiązanie do rytuału, do form, do ceremonii. Zawsze była bardzo wesoła estrada, przystrojona kwiatami, chorągiewkami, roślinami morskimi, girlandami z papieru na ścianach i dachach, ustawiano również stół z jadłem i napojami. Nieodzowny był zespół muzyczny i czasem tańce folklorystyczne w wykonaniu górali i ludzi z wybrzeża. Nigdy nie brakowało proboszcza, który kropił lokal święconą wodą i odmawiał modlitwy (lokal mógł być najzwyklejszym szałasem z trzciny, przysłoniętym matą, stojącym w szczerym polu), dookoła gromadził się barwny tłum, po którym oczywiście widać było, że każdy włożył swoje najlepsze ubranie, jakby szedł do ślubu albo na chrzciny. Najpierw należało odśpiewać hymn narodowy, a na zakończenie hymn Ruchu Wolność. I wysłuchać wielu przemówień. Wszyscy członkowie kierownictwa – sekretarze generalni z okręgów, przedstawiciele okręgowi do spraw idei i kultury, inicjatyw na rzecz kobiet, młodzieży, planu rządzenia, ewidencji ludności, spraw społecznych i tak dalej, i tak dalej – musieli zabrać głos, bo nikt nie mógł czuć się niedoceniony. Celebra przedłużała się w nieskończoność. A potem trzeba było podpisać dokument zredagowany barokową prawniczą prozą, pełen pieczęci, poświadczający, że ceremonia się odbyła, że udziela się jej ostatecznego namaszczenia i konsekracji. Wtedy zaczynał się spektakl, na który składały się tańce: *huaynito* z gór, *marinera* z Trujillo, tańce Murzynów z Chincha, *pasillo* z Piury. Mimo że błagałem, nakazywałem, prosiłem – tłumacząc, że przez tak długo trwające ceremonie cały porządek kampanii diabli wezmą – rzadko udawało mi się skrócić inauguracyjne celebry albo uwolnić się od sesji fotograficznych, od rozdawania autografów, no i oczywiście nie mogłem uniknąć obsypywania mnie garściami pociętych na proszek papierków *pica pica*, taką szatańską mieszanką, która rozsypywała się po całym ciele, docierała do najskrytszych jego zakamarków i wywoływała piekielne swędzenie. Mimo to trudno było nie poddawać się wzruszeniu na widok takich wybuchów wrażliwości prostego ludu, bardzo różniącego się od Peruwiańczyków klasy średniej i wyższej, zamkniętej w sobie i zbyt gładkiej, żeby okazywać uczucia.

Patrycja, którą ku swojemu zdziwieniu już wcześniej oglądałem udzielającą wywiadów w telewizji – przedtem zawsze twierdziła, że nigdy tego robić nie będzie – i wygłaszającą przemówienia w młodych osiedlach, kiedy widziała, jak wracałem z ceremonii inauguracyjnych obsypany od stóp do głów pociętymi papierkami, miała zwyczaj zadawać mi złośliwe pytanie: „Czy jeszcze pamiętasz, że b y ł e ś pisarzem?".

IX. Wuj Lucho

Gdyby mi pozwolono powtórzyć jeden rok z przeżytych pięćdziesięciu pięciu lat, wybrałbym ten, który spędziłem w Piurze w domu wuja
Lucho i cioci Olgi, ucząc się w piątej klasie szkoły średniej w gimnazjum San Miguel i pracując w redakcji „La Industria". Wszystko,
czego tam doświadczyłem od kwietnia do grudnia 1952, wprowa-
dzało mnie w stan intelektualnego i życiodajnego entuzjazmu, który
zawsze wspominam z nostalgią. Najważniejsze miejsce zajmował wuj
Lucho.

Był najstarszym z wujów, po dziadku Pedro został szefem klanu
Llosów, wszyscy się do niego zwracali, a ja, odkąd zacząłem posługiwać się rozumem, najbardziej go w skrytości ducha lubiłem. To on
w Cochabambie sprawiał, że czułem się najszczęśliwszym chłopcem
na świecie, bo zabierał mnie ze sobą na basen i tam nauczyłem się
pływać.

Rodzina była dumna z wuja Lucho. Dziadkowie i Mamaé opowiadali, że w Arequipie otrzymywał co roku nagrody za wzorowe wyniki
w nauce w szkole, a babcia wydobywała z zapomnianych zakamarków
jego szkolne dzienniczki ze stopniami, żeby nam pokazywać celujące
oceny, z jakimi ukończył szkołę. Mimo to wuj Lucho nie mógł kontynuować nauki na uniwersytecie, który dzięki swym zdolnościom

zapewne by ukończył z najlepszymi wynikami, bo ponieważ był bardzo przystojnym chłopcem i miał wielkie powodzenie u kobiet, jego ambicje zostały zaprzepaszczone. Kiedy jako bardzo młody chłopak przygotowywał się do wstąpienia na uniwersytet, spowodował, że jedna z kuzynek zaszła w ciążę, i ten skandal w spokojnej i surowej Arequipie zmusił go do wyjazdu do Limy i pozostania tam do czasu, aż rodzina się uspokoi. Natychmiast po powrocie wywołał kolejny skandal, żeniąc się, zaraz po osiągnięciu dojrzałości, z Mary, mieszkanką Arequipy starszą od niego o dwadzieścia lat. Małżeństwo musiało wyjechać z oburzonego miasta i udało się do Chile, gdzie wuj Lucho otworzył księgarnię i kontynuował swoje pełne przygód życie bawidamka, co stało się przyczyną rozkładu jego przedwcześnie zawartego związku.

Będąc już w separacji, przyjechał do Cochabamby, do dziadków. W moich najdawniejszych wspomnieniach zachowuję jego elegancką postać aktora filmowego oraz dowcipy i anegdoty, jakie przy wielkim rodzinnym stole opowiadano sobie podczas niedzielnych spotkań na temat podbojów i światowego życia wuja Lucho, który w tamtych czasach pomagał mi w odrabianiu lekcji i dawał korepetycje z matematyki. Potem wyjechał do pracy do Santa Cruz, najpierw z dziadkiem, do hacjendy Saipina, a potem działał na własny rachunek jako przedstawiciel różnych firm i promotor różnych produktów, między innymi szampana Pommery. Santa Cruz słynie z tego, że jest miastem, skąd pochodzą najładniejsze w Boliwii kobiety, i wuj Lucho zawsze powtarzał, że wszystkie korzyści, jakie go tam spotkały w interesach, utopił w szampanie Pommery, który sprzedawał samemu sobie, żeby ugościć piękne mieszkanki Santa Cruz. Często przyjeżdżał do Cochabamby i jego wizyty były wielkim zastrzykiem energii w domu na ulicy Ladislao Cabrery. Ja cieszyłem się bardziej niż inni, bo chociaż bardzo kochałem wszystkich wujów, to on rzeczywiście wydawał mi się moim prawdziwym tatą.

W końcu się ustatkował i ożenił z ciocią Olgą. Wyjechali do Santa Cruz, gdzie, jak głosi legenda, jedna z odsuniętych od piersi narzeczonych wuja Lucho – piękna kobieta też o imieniu Olga – przyjechała pewnego dnia na koniu i oddała pięć strzałów do okien ciotki Olgi, dlatego że tamta zmonopolizowała – przynajmniej w teorii – tak łakomą zdobycz. Moje wyjątkowe uczucia dla wuja Lucho nie brały się stąd, że był dla mnie serdeczny, ani nie były rezultatem otaczającej go aureoli awanturnika, który wiódł życie pełne ustawicznych zmian. W tamtych czasach byłem zafascynowany osobami, które wyglądały jak wyjęte z powieści i zaspokajały w życiu pragnienie z wiersza Chocana: „Chcę żyć pełnią...”.

Wuj Lucho często zmieniał pracę, próbował wszystkich interesów, nigdy nie był usatysfakcjonowany tym, co robił, i chociaż w większości przypadków nie wiodło mu się zbyt dobrze w tym, czego próbował, z pewnością nigdy się nie nudził. W ostatnim roku naszego pobytu w Boliwii zajmował się przemytem kauczuku do Argentyny. Był to interes, który boliwijskie władze oficjalnie zwalczały, ale po cichu wspierały, bo stanowił korzystne źródło dewiz dla kraju. Argentyna była objęta międzynarodowym embargiem na skutek tego, że sprzyjała państwom Osi w czasie wojny, więc płaciła złote góry za ten towar – gumę, czyli kauczuk z dżungli amazońskiej. Pamiętam, że pewnego razu towarzyszyłem wujowi Lucho do magazynów w Cochabambie, gdzie przed potajemnym załadowaniem towaru do ciężarówek, które miały go zawieźć do granicy, kauczuk musiał być posypany talkiem, żeby zabić jego zapach. Tam poczułem grzeszne podniecenie, kiedy mi pozwolono wsypać kilka garści proszku na ten zakazany towar. Niedługo przed końcem wojny jeden z konwojów wuja Lucho został na granicy skonfiskowany, a on i jego wspólnicy stracili niemal wszystko, aż do koszuli na grzbiecie. Stało się to w samą porę, bo wuj i ciotka Olga – razem z małymi córeczkami, Wandą i Patrycją – wreszcie osiedlili się w Piurze, razem z dziadkami.

Tam wuj Lucho pracował przez kilka lat w Casa Romero, w firmie zajmującej się dystrybucją samochodów, ale w 1952, kiedy pojechałem do Piury, żeby u niego zamieszkać, był rolnikiem. Dzierżawił ziemię w San José, na wybrzeżach Chiry, i tam uprawiał bawełnę. Posiadłość leżała między Paitą i Sullaną, dwie godziny drogi od Piury, więc często mu towarzyszyłem w wyjazdach, przeważnie dwa lub trzy razy w tygodniu. Jeździł czarną rozklekotaną furgonetką, żeby pilnować nawadniania, fumigacji i karczowania. Kiedy rozmawiał z robotnikami, ja dosiadałem konia, kąpałem się w nawadniającym kanale i wymyślałem opowieści o namiętnych uczuciach młodych synów gospodarzy i wiejskich dziewcząt. (Pamiętam, że napisałem długie opowiadanie na ten temat i nadałem mu bardzo uczony tytuł „Pastuszka").

Wuj Lucho był zapalonym miłośnikiem lektury i od młodości pisał wiersze. (Później na uniwersytecie dowiedziałem się od profesorów, którzy za młodu byli jego przyjaciółmi w Arequipie, takich jak Augusto Tamayo Vargas, Emilio Champion lub Miguel Ángel Ugarte Chamorro, że w tamtych czasach wszyscy jego koledzy byli przekonani, iż ma predyspozycje, żeby zostać intelektualistą). Jeszcze pamiętałem niektóre wiersze, zwłaszcza jeden sonet, w którym porównywał piękne przymioty pewnej damy do paciorków jej naszyjnika, a w naszych rozmowach, jakie prowadziliśmy w ciągu roku, który spędziłem w Piurze, opowiadałem mu o moim powołaniu i twierdziłem, że chcę zostać pisarzem, nawet gdybym miał przymierać głodem, bo literatura jest najlepszą rzeczą na świecie, wtedy on miał zwyczaj deklamować mi swój wiersz i jednocześnie zachęcał, abym kultywował swoje literackie zainteresowania i nie myślał o konsekwencjach, dlatego że – a jest to lekcja, której się od niego nauczyłem i którą starałem się przekazać moim dzieciom – najgorszą rzeczą dla człowieka jest spędzać życie na robieniu tego, czego się nie lubi, zamiast zajmować się tym, co pragnęłoby się robić.

Wuj Lucho słuchał, kiedy mu czytałem mój utwór teatralny *La huida del Inca* oraz różne wiersze i opowiadania, czasem wypowiadał jakieś uwagi krytyczne – brak umiaru był moją główną wadą – ale robił to delikatnie, żeby nie zranić wrażliwości początkującego gryzipiórka.

Ciocia Olga przygotowała mi pokój w głębi patia swojego niewielkiego domu na ulicy Tacna, prawie na styku z aleją Sáncheza Cerra, naprzeciwko placu Merino, gdzie znajdowało się moje zacne gimnazjum San Miguel. Mieszkanie zajmowało dolną kondygnację starej budowli i składało się z saloniku, jadalni, kuchni i trzech sypialni, poza tym były łazienki, no i pokoje dla służby. Mój przyjazd zburzył porządek rodzinnego życia – poza dziewięcioletnią Wandą i siedmioletnią Patrycją urodził się Lucho, który miał wtedy dwa lata, a dodatkowo byli jeszcze trzej kuzyni, więc wszyscy musieli ścieśnić się w dwóch sypialniach, ażebym ja miał swój oddzielny i niezależny pokój. Stało w nim kilka półek, były książki wuja Lucho, stare tomy encyklopedii wydawnictwa Espasa Calpe, wydanie klasyków opublikowane przez Ateneo i, przede wszystkim, kompletna kolekcja Biblioteki Współczesnej wydawnictwa Losada, około trzydziestu, może czterdziestu tytułów powieści, esejów, poezji i tekstów teatralnych, które – jestem tego pewien – przeczytałem od deski do deski w tamtym roku zachłannych lektur. Wśród książek wuja Lucho znalazłem opublikowaną przez wydawnictwo Diana w Meksyku autobiografię, która kosztowała mnie wiele nieprzespanych nocy i wywołała we mnie wstrząs polityczny: *La noche quedó atrás* (Noc już za nami) Jana Valtina. Autor był niemieckim komunistą w czasach nazizmu i jego autobiografia opisująca epizody walki podziemnej, pełne poświęcenia perypetie rewolucyjne i koszmarne nadużycia była dla mnie prawdziwym materiałem wybuchowym, czymś, co po raz pierwszy zmusiło mnie do wnikliwego zastanowienia się nad sprawiedliwością, działaniami politycznymi, rewolucją. Chociaż w końcowej części książki Valtin bardzo krytykował partię komunistyczną, która kazała mu poświęcić własną żonę i postępowała wobec niego z bezgranicznym cynizmem, pamiętam, że zakończyłem lekturę z uczuciem wielkiego podziwu dla tych laickich świętych, którzy ryzykowali, że zostaną poddani torturom, że zetną im głowy toporem albo że sczezną w nazistowskich kazamatach, a mimo to poświęcali swoje życie, walcząc o socjalizm.

Ponieważ gimnazjum znajdowało się w niewielkiej odległości od naszego domu – wystarczyło przejść przez plac Merino, aby znaleźć się w szkole – wstawałem rano możliwie jak najpóźniej, ubierałem się w pośpiechu i wybiegałem pędem, kiedy już dzwoniono na rozpoczęcie lekcji. Jednak ciocia Olga nie zwalniała mnie ze śniadania i posyłała służącą do gimnazjum San Miguel z filiżanką mleka i bułką z masłem. Nie wiem, ile razy najadłem się wstydu, kiedy zaraz po rozpoczęciu pierwszej porannej lekcji wchodził do klasy główny woźny nazywany Diabeł i wołał: „Vargas Llosa Mario! Wyjdź do bramy odebrać swoje śniadanie!". Po trzech miesiącach mojej pracy w gazecie „La Crónica", jako dziennikarz i nocny marek zainteresowany życiem półświatka, teraz cofnąłem się na pozycje pieszczocha rodziny.

Wcale tego nie żałowałem. Byłem szczęśliwy, że ciocia Olga i wuj Lucho pokochali mnie i traktowali jak dorosłego mężczyznę, bo zostawiali mi całkowitą swobodę, jeśli chodzi o wychodzenie z domu albo o czytanie do późnej nocy, co mi się bardzo często zdarzało. Dlatego z takim trudem wstawałem rano, żeby pójść do szkoły. Ciocia Olga podpisywała mi kartki *in blanco*, abym mógł sam wymyślać sobie usprawiedliwienie rannych spóźnień. Ponieważ powtarzały się zbyt często, moje kuzynki zostały zobowiązane, by mnie budzić każdego ranka. Wandzia robiła to delikatnie, natomiast Patrycja korzystała z okazji, by pofolgować swoim złym instynktom i bez skrępowania i litości wylewała szklankę wody na moją głowę. Była małym siedmioletnim szatanem ukrytym za twarzyczką o zadartym nosku, z błyskiem w oku i kręconymi lokami. Szklanki zimnej wody, którymi mnie oblewała, stały się moją poranną zmorą, czekałem na nie na wpół drzemiąc, targany przedwczesnym drżeniem. Ogłupiały i wystraszony zimną wodą z wściekłością rzucałem w nią poduszkami, ale ona zawsze zdążała już się oddalić i z dalekiego patia odpowiadała mi wybuchami śmiechu bardzo potężnymi jak na swoją chudziutką posturę. Jej złe zachowanie pobiło wszelkie rekordy tradycji rodzinnej, a w tym i moje. Kiedy kuzynce coś się nie podobało, potrafiła całymi godzinami zanosić się płaczem i tupać, czym kiedyś tak wyprowadziła z równowagi wuja Lucho, że – raz to widziałem – wsadził ją w ubraniu pod prysznic, żeby przestała beczeć. Kiedy przez pewien czas kuzynka Patrycja spała w moim pokoju, przyszło mi do głowy napisać o niej wierszyk, a ona nauczyła się go na pamięć i przyprawiała mnie o rumieniec wstydu, kiedy przed przyjaciółkami cioci Olgi recytowała go z przesadą, rozwlekle akcentując, żeby brzmiał jak najgorzej.

Śpi dziewczynka
bliziutko przy mnie
i swoją białą,
maleńką rączkę
przygarnia do siebie...

Czasem gwałtownie ją łaskotałem albo ciągnąłem za uszy, a wtedy zaczynała rozpaczliwie krzyczeć, jakby ją obdzierano ze skóry, więc żeby wuj Lucho i ciocia Olga za bardzo się tym nie przejmowali, musiałem ją uspokajać prośbami albo błaznowaniem. Miała zwyczaj żądać zapłaty za każdą ugodę: „Jak mi nie kupisz czekolady, będę darła się dalej".

Gimnazjum San Miguel w Piurze znajdowało się naprzeciwko szkoły Salezjanów, ale nie miało takiego jak ona obszernego i wygodnego lokalu. Mieściło się w starym budynku o ścianach z trzciny zlepionej gliną i obłożonych płytkami, źle przystosowanym do swoich potrzeb. Ale gimnazjum San Miguel, dzięki staraniom jego dyrektora – doktora Marroquína, którego tak często przyprawiałem o ból głowy – było szkołą wspaniałą. Uczyli się w niej piurańscy chłopcy z biednych rodzin – z Mangacheríí, Gallinacery oraz innych peryferyjnych dzielnic – razem z chłopakami z rodzin z klasy średniej, a nawet z elit społecznych. Wybierali tę szkołę, bo ojcowie salezjanie już ich mieli dosyć albo ciągnęło ich do dobrych profesorów. Doktor

Marroquín sprawił, że najlepsi profesorowie w mieście dawali u niego lekcje – zwłaszcza uczniom mojego roku, który był ostatni – i dzięki temu miałem na przykład szczęście chodzić na kurs ekonomii politycznej doktora Guillerma Gulmana. To właśnie ten kurs, a także rady wuja Lucho zachęciły mnie potem na uniwersytecie do wyboru studiów literatury i prawa. Przed przyjazdem do Piury byłem zdecydowany studiować tylko na wydziale filozofii i literatury. Ale na lekcjach doktora Gulmana prawo wydało mi się o wiele głębsze i ważniejsze niż to, które kojarzyło się wyłącznie z procesami sądowymi: było jak drzwi otwarte do filozofii, ekonomii i do wszystkich nauk społecznych.

Mieliśmy również doskonałego profesora historii Néstora Martosa, który pisał codziennie na tematy lokalne do gazety „El Tiempo", gdzie miał swoją rubrykę zatytułowaną *Voto en contra* (Głosuję przeciw). Profesor Martos był postacią o nieporządnym wyglądzie, takim niepoprawnym cyganem, który przychodził na lekcje jakby wyciągnięty prosto z kantyny, gdzie spędził całą noc na popijaniu chichy, rozczochrany, nieogolony, z szalem zakrywającym mu połowę twarzy – szal w upalnej Piurze! – ale w klasie przeistaczał się w apollińskiego wykładowcę, w prawdziwego malarza fresków z epoki preinkaskiej oraz z czasów Inków w historii Ameryki. Słuchałem go oczarowany i pewnego ranka poczułem się na lekcji niczym paw, bo profesor, nie wymieniając mego nazwiska, zajął się wyliczaniem wszystkich argumentów, by wyjaśnić, dlaczego żaden rodowity Peruwiańczyk nie może zostać „hispanistą" ani chwalić Hiszpanii (to samo napisałem tego dnia w swoim komentarzu w gazecie „La Industria" w związku z wizytą w Piurze hiszpańskiego ambasadora). Jeden z argumentów profesora był taki: czy przez trzysta lat kolonii chociaż jeden monarcha był łaskaw odwiedzić posiadłości hiszpańskiego imperium w Ameryce?

Profesor literatury był pozbawiony czaru – musieliśmy wkuwać na pamięć wszystkie przymiotniki, którymi charakteryzował klasyków:

San Juan de la Cruz – „głęboki i zasadniczy"; Góngora – „barokowy i klasycyzujący"; Quevedo – „analityczny, uroczysty i nieprzemijający"; Garcilaso – „italianizujący, przedwcześnie nieszczęśliwy i zaprzyjaźniony z Juanem Boscánem" – ale był człowiekiem wielkiej dobroci: José Robles Rázuri. Ślepy Robles, kiedy odkrył moje powołanie, zaczął bardzo mnie cenić i miał zwyczaj pożyczać mi książki – wszystkie były oprawione w różowy papier i opatrzone pieczątką z jego nazwiskiem – zapamiętałem dwie pierwsze z nich, obie Azorína, które przeczytałem: *Al margen de los clásicos* (Na marginesie klasyków) i *La ruta de Don Quijote* (Droga Don Kochota).

W drugim, może w trzecim tygodniu lekcji odważyłem się pokazać profesorowi Roblesowi moje dziełko teatralne. Przeczytał je i zaproponował coś, co przyprawiło mnie o palpitację. Gimnazjum przygotowywało jedną z imprez, które zawsze w lipcu wchodziły do programu Tygodnia Piury. Dlaczego nie mielibyśmy zaproponować dyrektorowi szkoły San Miguel, żeby wystawił w tym roku „Ucieczkę Inki"? Doktor Marroquín zaakceptował tę propozycję i bez zbędnego czekania zostałem zobowiązany tak pokierować sprawą, by premiera sztuki odbyła się 17 lipca w teatrze Variedades. Trzeba było widzieć, z jakim entuzjazmem biegłem do domu powiedzieć o tym wujowi Lucho: wystawimy „Ucieczkę Inki"! Ni mniej, ni więcej tylko w teatrze Variedades!

Nawet gdyby chodziło tylko o to, że pozwolono mi obejrzeć na scenie głęboko przeżywaną fikcję teatralną, którą sam wymyśliłem, mój dług wobec Piury byłby nie do spłacenia. Ale zawdzięczam temu miastu jeszcze inne rzeczy. Cenne przyjaźnie, z których kilka przetrwało aż do dzisiaj. Wielu z moich dawnych kolegów przeszło od Salezjanów do gimnazjum San Miguel, na przykład Javier Silva oraz Manolo i Richard Artadiowie, a wśród nowych byli inni: bliźniaki Temple, kuzyni León, bracia Raygadowie, z którymi najmocniej się zaprzyjaźniłem. Piąta klasa szkoły średniej okazała się rokiem pionierskim, bo po raz pierwszy w państwowej szkole wypróbowywano model koedukacyjny. W naszej klasie było pięć dziewcząt, siedziały w oddzielnym rzędzie i relacje z nimi były formalne i na dystans. Spośród nich Yolanda Vilela była jedną z trzech „westalek" w „Ucieczce Inki", co wyczytałem w wyblakłym programie przedstawienia, który od tamtego czasu noszę w teczce jak amulet.

Z całej grupy przyjaciół najbliższy mi był Javier Silva. W wieku szesnastu lat miał już pewne cechy, które później się wyolbrzymiły: był grubasem i łasuchem, chłopcem inteligentnym, niezmordowanym, pozbawionym skrupułów, sympatycznym, lojalnym, zawsze gotowym przyłączyć się do każdej awantury i serdecznym jak nikt. Mówił, że już w tamtym roku go przekonałem, iż życie z dala od Paryża jest niemożliwe, że musimy jak najszybciej tam pojechać, oraz że zobligowałem go do otwarcia wspólnego konta oszczędnościowego, żeby zbierać pieniądze na bilet. (Pamięć podpowiada mi, że to się działo już w Limie w czasach uniwersyteckich). Miał nieprawdopodobny apetyt i w dniach wypłaty – mieszkał blisko mego domu, na ulicy Arequipa – przychodził zaprosić mnie do El Reina, restauracji na alei Sáncheza Cerra, gdzie zamawiał talerz zakąsek i jedno piwo dla nas obu. Chodziliśmy do kina Municipal, do Variedades albo do kina Castilla na wolnym powietrzu, w którym był tylko jeden projektor, w związku z czym po wyświetleniu każdej rolki film przerywano, a ponadto trzeba było tam przynosić własny stołek, chodziliśmy kąpać się w basenie do Klubu Grau, zaglądaliśmy do Zielonego Domu stojącego na drodze do Catacaos, dokąd ja zaciągnąłem go po raz pierwszy, wtedy gdy przestał wpadać w panikę, bo jego ojciec, który był w Piurze bardzo cenionym lekarzem, postraszył go, mówiąc, że może się tam nabawić syfilisu.

Zielony Dom był dużym budynkiem, raczej o wiejskim charakterze, był miejscem o wiele weselszym i gościnnym od burdeli w Limie, na ogół plugawych i pełnych awantur. Burdel w Piurze zachowywał tradycyjną funkcję miejsca towarzyskich spotkań, będąc jednocześnie domem schadzek. Przychodzili tam mieszkańcy Piury ze wszystkich warstw społecznych – pamiętam moje zdziwienie, kiedy pewnego wieczoru spotkałem tam prefekta don Jorgego Checę, który wzruszał się widokiem tańczących *tonderos* i *cumananas* przy muzyce trio *mangache* – przychodziło się tam posłuchać muzyki, zjeść regionalną potrawę – *secas de chabelo* i *cabrito, cebiches, chifles, natillas, claritos* i *chicha espesa* – albo potańczyć, porozmawiać, no i uprawiać miłość. Atmosfera była swojska, nieformalna, pogodna i rzadko psuły ją kłótnie. Znacznie później, kiedy odkryłem Maupassanta, skojarzyłem Zielony Dom z pięknym Maison Tellier, a dzielnicę Piury Mangacheríę – wesołą, pełną gwałtownych namiętności i zmarginalizowaną – zawsze kojarzyłem w pamięci z Dziedzińcem Cudów z powieści Victora Hugo. Od najmłodszych lat realne sprawy i realni ludzie, którzy najbardziej mnie wzruszali, najsilniej kojarzyli się z literaturą.

Moje pokolenie przeżyło łabędzi śpiew burdelu, pogrzebało tę instytucję, która zanikała, w miarę jak zmieniały się obyczaje seksualne, odkąd wynaleziono pigułkę antykoncepcyjną i mit dziewictwa stał się przeżytkiem, a chłopcy zaczęli uprawiać seks ze swoimi dziewczynami. Zbanalizowanie seksu, które było tego następstwem, jest według psychologów i seksuologów bardzo zdrowe dla społeczeństwa, bo pozbywa się ono licznych zahamowań neurotycznych. Ale dla współczesnego człowieka oznacza to również strywializowanie aktu seksualnego i prowadzi do zminimalizowania tego szczególnego źródła przyjemności. Pozbawiona swej wielowiekowej tajemniczości, religijnego i moralnego tabu oraz dawnych rytuałów towarzyszących jej uprawianiu miłość fizyczna stała się dla nowych pokoleń czymś najbardziej naturalnym na świecie, rodzajem gimnastyki, przelotną rozrywką, czymś zupełnie innym niż ta głęboka tajemnica życia, owo zbliżenie się w akcie miłosnym do bram raju i piekła, czym była jeszcze dla mojego pokolenia. Burdel stanowił świątynię jakiejś tajemnej religii, szło się do niego odprawiać ekscytujący i ryzykowny rytuał, doświadczać przez chwilę czegoś na kształt niezwykłego życia. A było to życie oparte bez wątpienia na okrutnej niesprawiedliwości społecznej – od następnego roku będę tego świadomy i bardzo będę się wstydził, że chodziłem do burdeli, żeby spotykać się z prostytutkami niczym godny pogardy burżuj – ale z całą pewnością wielu z nas doznawało tam bardzo intensywnych przeżyć godnych szacunku, przeżywało nieomal mistyczną relację ze światem, a praktyki seksualne wiązały się z odkrywaniem tego, co święte, rytualne, aktywnie pobudzające fantazję, połączone z pewną tajemnicą i wstydem, z tym wszystkim, co Bataille nazywa transgresją. Może to i dobrze, że seks stał się czymś naturalnym dla przeciętnych śmiertelników. Dla mnie nigdy taki nie był ani nadal nie jest. Ujrzenie nagiej kobiety w łóżku zawsze było dla mnie bardzo niepokojącym i ekscytującym doświadczeniem, które nie miałoby tego transcendentalnego charakteru zasługującego na głęboki szacunek i radosne oczekiwanie, gdyby seks w moim dzieciństwie i młodości nie był owiany tajemnicą, zakazami i przesądami, jednym słowem gdyby uprawianie miłości z kobietą nie wymagało wówczas pokonywania tylu przeszkód.

Pójście do tego na zielono wypacykowanego domu na obrzeżach Kastylii, na drodze do Catacaos, kosztowało mnie całą skromną pensję w „La Industria", więc przez cały rok byłem w nim tylko kilka razy. Ale zawsze wychodziłem stamtąd z głową pełną gorejących obrazów i jestem pewien, że od tego czasu miewałem mgliste marzenia, żeby kiedyś napisać historię, której scenerią byłby Zielony Dom. Możliwe, że pamięć i nostalgia upiększają to, co nędzne i plugawe – ale czego można oczekiwać od małego domu publicznego w niewielkiej mieścinie, jaką była Piura? – jednak pamiętam, że atmosfera tego miejsca była wesoła i poetycka, a bywalcy potrafili bawić się naprawdę i to nie tylko klienci, ale również geje zatrudnieni jako kelnerzy i strażnicy, kurwy, muzycy grający walce i taneczne melodie *tondero*, *mambo*, czy *huaracha*, a także kucharka, która na oczach gości przygotowywała potrawy, podrygując tanecznie przy kuchennym palenisku. W domu było tylko kilka małych pokoików z wyplatanymi hamakami dla par, więc często trzeba było wychodzić na zewnątrz i kochać się na okolicznych piaszczystych terenach, na wolnym powietrzu, pośród drzew chlebowych i kóz. Niewygody wynagradzały letnia, błękitnawa atmosfera piurańskich nocy, romantyczna pełnia księżyca i zmysłowe wypukłości wydm, wśród których widać było w oddali światła miasta migocące na drugim brzegu rzeki.

Niedługo po przyjeździe do Piury poszedłem, z listami polecającymi od Alfonsa Delboya i Gastona Aguirre Moralesa, do domu właściciela gazety „La Industria", don Miguela F. Cerra Guerrera. Był to drobny staruszek, miniaturka mężczyzny, miał ogorzałą od powietrza i pokrytą tysiącem zmarszczek twarz, w której świeciły nieposkromioną energią żywe i niespokojne oczy. Miał trzy prowincjonalne oddziały gazety „La Industria" – w Piurze, w Chiclayo i w Trujillo – i kierował nimi energiczną ręką ze swego piurańskiego domku, miał też posiadłość z uprawą bawełny, położoną w kierunku Catacaos, której osobiście doglądał, wędrując do niej na grzbiecie leniwej mulicy, tak starej jak on sam. Dosiadał jej bez pardonu, przemierzał środkiem ulicy drogę do Starego Mostu, nie zwracając uwagi na samochody i pieszych. Zatrzymywał się w redakcji „La Industria" na ulicy Lima, wtedy na ogrodzone kratą patio wkraczała bez uprzedzenia mulica niszcząca kopytami kamienne płytki, podczas gdy don Miguel przeglądał materiały redakcyjne. Był człowiekiem, który nigdy się nie męczył, pracował do późnej nocy, nie znosił sprzeciwu, był surowy i twardy, ale o takiej prawości, że wszystkim, którzy pracowali pod jego kierunkiem, dawał poczucie bezpieczeństwa. Krążyła o nim legenda, że pewnego wieczoru, na dobrze zakrapianej kolacji w Centro Piurano, ktoś go zapytał, czy jest jeszcze zdolny do uprawiania miłości. I don Miguel zaprosił biesiadników do Zielonego Domu, gdzie rozwiał te wątpliwości w sposób praktyczny.

Przeczytał uważnie listy, zapytał, ile mam lat, zastanowił się nad tym, czy będę mógł pogodzić pracę dziennikarską z nauką w szkole, no i w końcu podjął decyzję i mnie zatrudnił. Ustalił moje zarobki na trzysta soli miesięcznie i w trakcie rozmowy określił zakres moich obowiązków. Miałem przychodzić do redakcji dziennika zaraz po zakończeniu porannych lekcji, żeby przejrzeć gazety z Limy, wybrać i opracować te wiadomości, które mogły zainteresować mieszkańców Piury, a potem przychodzić raz jeszcze wieczorem na kolejne dwie lub trzy godziny, żeby pisać artykuły, reportaże i być do dyspozycji na wypadek pilnych zadań.

Gazeta „La Industria" była historycznym reliktem. Jej cztery arkusze składał ręcznie – myślę, że nigdy nie używał linotypu – jeden zecer, señor Nieves. Trzeba go było zobaczyć przy pracy w ciemnym, usytuowanym w głębi pokoiku, w tych „warsztatach" liczących tylko jednego pracownika. Był to prawdziwy spektakl. Chudziutki, w okularach o grubych szkłach typowych dla krótkowidza, zawsze w koszuli z krótkimi rękawami i w fartuchu, który kiedyś był biały, señor Nieves kładł oryginał tekstu na pulpicie, po lewej ręce. Prawą ręką, którą poruszał z niezwykłą szybkością, wyjmował czcionki z licznych skrzyneczek porozkładanych wokół siebie i komponował z nich tekst na matrycy, potem sam go drukował na prehistorycznej prasie, której drgania trzęsły ścianami i sufitem lokalu. Señor Nieves sprawiał wrażenie człowieka z dziewiętnastowiecznej powieści, zwłaszcza Dickensa, a jego zawód, w którym osiągnął taką zręczność, był ekscentrycznym przeżytkiem, czymś już wygasłym w reszcie świata, co zniknie w Peru razem z nim.

Nowy naczelny „La Industria" przybył do Piury równocześnie ze mną. Don Miguel F. Cerro Guerrero sprowadził z Limy wygę dziennikarstwa Pedra del Pino Fajarda, ażeby podnieść poziom dziennika w trudnej konkurencji z „El Tiempo", inną lokalną gazetą (była też trzecia, „Écos y Noticias", która wychodziła z opóźnieniem, nie w porę albo nigdy, a jako że drukowano ją na jaskrawym papierze, była prawie nieczytelna, bo litery zostawały w ręku czytelnika). Redaktorami byli: człowiek od pomiarów wody w rzece Piura, odpowiedzialny za wiadomości sportowe, o nazwisku Owen Castillo – potem, w czasach dyktatury wojskowej w Limie, miał zrobić spektakularną karierę w rynsztokowym dziennikarstwie – i ja, który zajmowałem się wiadomościami

lokalnymi i międzynarodowymi. Poza tym byli współpracownicy zewnętrzni, na przykład lekarz Luis Ginocchio Feijó, który pasjonował
się dziennikarstwem na równi ze swoim zawodem.

Zaprzyjaźniliśmy się z Pedrem del Pino Fajardem, który na początku próbował dokonać znaczącej zmiany charakteru gazety „La
Industria", co zszokowało niektóre piurańskie damy, które nawet wysłały list protestacyjny z racji skandalicznego tonu pewnej kroniki
dyrektora. Don Miguel Cerro zażądał od swojego naczelnego przywrócenia dziennikowi tradycyjnej powagi.

Pracowałem tam, bardzo dobrze się bawiąc, pisałem wszystko
i o wszystkim, a nawet, dzięki życzliwości, z jaką Pedro del Pino patrzył na moje literackie ciągoty, pozwalałem sobie czasem na luksus
publikowania swoich wierszy, które zajmowały całą stronicę z czterech
składających się na gazetę. Pewnego razu, kiedy jeden mój poemat
o mrocznym tytule *La noche de las desesperados* (Noc pozbawionych
nadziei) wypełnił całą stronę dziennika, don Miguel, który właśnie
zsiadł ze swej mulicy i zdjął z głowy wielkie sombrero z delikatnej
słomki z Cataques, wypowiedział zdanie, które ugodziło moją duszę:
„Dzisiejsze wydanie gazety grzeszy brakiem umiaru".

Poza niekończącymi się nigdy wiadomościami, które redagowałem, albo wywiadami, jakie przeprowadzałem, pisałem dwie
kolumny – „Dzień dobry" i „Dzwonnica" – jedną podpisywałem
swoim nazwiskiem, a drugą pseudonimem, i komentowałem w nich
aktualności oraz dosyć często rozprawiałem (ignorancja daje odwagę)
o polityce i literaturze. Pamiętam serię długich artykułów o rewolucji
1952 MNR* w Boliwii, która wyniosła Víctora Paza Estenssora na
fotel prezydencki i której reformy – nacjonalizację przedsiębiorstw
górniczych, reformę rolną – wychwalałem do momentu, aż don Miguel Cerro przypomniał mi, że żyjemy pod rządami wojskowymi generała Odríi, więc powinienem pohamować swój rewolucyjny zapał,
nie chciał bowiem, żeby mu zamknęli gazetę „La Industria".

---

* Movimiento Nacional Revolucionario – Narodowy Ruch Rewolucyjny (przyp.
tłum.).

Boliwijska rewolucja MNR bardzo mnie ekscytowała. Poznawałem ją w szczegółach z bezpośredniego źródła, bo rodzina ciotki Olgi, zwłaszcza jej młodsza siostra Julia, która mieszkała w La Paz, pisała do niej listy z wieloma anegdotami i szczegółami na temat wydarzeń oraz liderów powstania – na przykład Silesa Suaza, który został wiceprezydentem za kadencji Paza, a także lidera górników Juana Lechína – ja zaś wykorzystywałem je w moich artykułach w „La Industria". I to właśnie ta rewolucja o lewicowym i socjalizującym charakterze, tak atakowana przez prasę w Peru – zwłaszcza przez gazetę „La Prensa" Pedra Beltrána – przyczyniła się, łącznie z lekturą książki Jana Valtina, do tego, że mój umysł i serce napełniły się ideami – może raczej trzeba powiedzieć obrazami i uczuciami – socjalistycznymi i rewolucyjnymi.

Pedro del Pino Fajardo był chory na płuca i spędził pewien czas w słynnym szpitalu dla gruźlików w Jauja (pamiętam, jak mnie nim straszyli w domu dziadków, kiedy byłem mały, żeby zmusić do jedzenia), o którym napisał powieść, ni to żartobliwą, ni makabryczną, i podarował mi ją niedługo po tym, jak się poznaliśmy. Pokazał mi też jakieś swoje utwory teatralne. Odnosił się życzliwie do mojego literackiego powołania i dodawał mi odwagi, ale prawdziwa pomoc, jaką od niego otrzymałem, była z gatunku negatywnych, bo dzięki niemu od tamtego czasu przeczuwałem śmiertelne niebezpieczeństwo, które dla literatury stanowi cygański tryb życia. W jego przypadku bowiem, tak zresztą jak u wielu pisarzy żyjących i zmarłych w moim kraju, powołanie literackie zatracało się w bałaganie, w braku dyscypliny i przede wszystkim w alkoholu, zanim naprawdę dało znać o sobie. Pedro był niepoprawnym wagabundą, mógł spędzić cały dzień – całe noce – w jakimś barze, opowiadając przezabawne anegdoty i wypijając niezmierzone ilości piwa, pisco czy jakiegokolwiek alkoholu. Bardzo szybko popadał w stan skrzący się dowcipem i pełen podniecenia, pozostawał w nim przez długie godziny, nawet całe dnie, i w błyskotliwych, ulotnych monologach wewnętrznych bez przerwy spalał to, co mogło jeszcze stanowić ostatnie resztki talentu, który nigdy się nie rozwinął z racji rozpustnego życia. Był ożeniony z wnuczką Ricarda Palmy, dzielną blond dziewczyną, która z maleńkim dzieckiem na plecach przychodziła wyciągać go z nędznych barów.

Ja nigdy nie umiałem pić. W krótkim okresie mego cygańskiego życia owego limskiego lata, kiedy pracowałem w „La Crónica", raczej z chęci małpowania innych niż z zamiłowania, pochłaniałem dużo piwa – nigdy nie potrafiłem dotrzymać kroku moim kolegom, na przykład w kolejkach pisco – ale źle to znosiłem, bo zaraz bolała mnie głowa i dostawałem mdłości. A w Piurze miałem tyle zajęć, lekcje w szkole, pracę dziennikarską, książki i rzeczy, które chciałem napisać, że nudziło mnie i doprowadzało do rozpaczy siedzenie godzinami w kawiarni czy w barze na gadaniu bez końca, gdy tymczasem ludzie wokół mnie zaczynali się upijać. Próbowałem wymykać się stamtąd pod byle pretekstem. Myślę, że moja alergia narodziła się w Piurze, była rezultatem fizycznej niezdolności do picia alkoholu, którą na pewno odziedziczyłem po ojcu – on nigdy nie mógł pić – i brała się z przykrości, jaką sprawiało mi oglądanie upadku mego przyjaciela Pedra del Pino Fajarda, alergia ta narastała i w końcu przekształciła się w głęboką niechęć. Ani w latach uniwersyteckich, ani później nie prowadziłem hulaszczego trybu życia, nawet w formie bardziej przyjaznej i łagodniejszej, takiej jak *tertulia* albo *peña*, od których zawsze stroniłem jak diabeł od święconej wody.

Pedro del Pino przebywał w Piurze zaledwie półtora roku, może ze dwa lata. Wrócił do Limy i tam został naczelnym pisma pozostającego na usługach dyktatury Odríi, „La Nación", w którym, bez mojej autoryzacji, przedrukował kilka moich kolumn z „La Industria". Zaprotestowałem wściekłym listem, który mu wysłałem, a którego on nie opublikował, i nigdy więcej go nie spotkałem. Pod koniec dyktatury, w 1956, wyemigrował do Wenezueli i wkrótce zmarł.

Zaczęliśmy próby sztuki „Ucieczka Inki" pod koniec kwietnia, może w początkach maja, popołudniami, trzy lub cztery razy w tygodniu, po lekcjach, w bibliotece szkoły, w obszernym pomieszczeniu na górnym piętrze, co ułatwiła nam sympatyczna bibliotekarka z San Miguel Carmela Garces. W obsadzie, której ustalenie zajęło nam kilka dni, znaleźli się uczniowie szkoły: bracia Raygadowie, Juan León i Yolanda Vilela z mojej klasy oraz Walter Palacios, który został później zawodowym aktorem, poza tym, że był przywódcą rewolucyjnym. Ale gwiazdami zostały siostry Rojasówny, dwie dziewczyny spoza szkoły, bardzo znane w Piurze, jedna z nich, Lira, z racji wspaniałego głosu, a druga, Ruth, z powodu talentu dramatycznego (wcześniej występowała w różnych sztukach teatralnych). Piękny głos Liry Rojas sprawił, że po niedługim czasie generał Odría, który usłyszał, jak śpiewa podczas jego oficjalnej wizyty w Piurze, przyznał jej stypendium i wysłał do Limy, do Państwowej Szkoły Muzycznej.

Nie chcę przypominać mego dzieła (temat okrucieństwa wobec Inków, o czym już mówiłem), ale wspomnę o wzruszeniu, które towarzyszyło mi, gdy patrzyłem, jak przez dwa i pół miesiąca rodzi się przedstawienie we współpracy z ośmioma aktorami i osobami, które nam pomagały w przygotowaniu dekoracji i zainstalowaniu oświetlenia. Nigdy nie reżyserowałem ani nie oglądałem żadnego reżysera przy pracy, więc teraz spędzałem bezsenne noce na robieniu notatek dotyczących scenicznego montażu. Próby, ich atmosfera, duch koleżeństwa, rodząca się iluzja, kiedy patrzyłem, jak moje dziełko nabiera w końcu kształtu, wszystko to przekonało mnie w tamtym roku, że nie zostanę poetą, tylko dramaturgiem, bo dramat jest księciem wśród gatunków literackich, a ja zaleję świat swoimi sztukami teatralnymi, jak Lorca czy Lenormand (nie wróciłem do lektury jego utworów ani nie oglądałem na scenie sztuk teatralnych tego autora, ale przeczytałem jego dwa utwory opublikowane w Bibliotece Współczesnej i zrobiły na mnie duże wrażenie).

Od pierwszej próby zakochałem się w głównej aktorce, szczupłej Ruth Rojas. Miała falujące włosy, które opadały jej na ramiona, wysoką łabędzią szyję, piękne nogi i poruszała się jak królowa. Słuchanie jej, kiedy mówiła, było boską przyjemnością, bo do ciepłej, nieco rozwlekłej i melodyjnej kadencji piurańskiej mowy dodawała własny, swoisty akcent kokieterii i żartu, co trafiało prosto do mego serca. Ale nieśmiałość, jaka zawsze paraliżowała mnie wobec kobiety, w której się zakochiwałem, nie pozwalała mi nigdy powiedzieć jej komplementu ani czegoś, co naprowadziłoby ją na trop tego, co do niej czułem. Poza tym Ruth miała chłopaka, który pracował w banku i przychodził po nią, kiedy kończyła lekcje w szkole San Miguel.

Pozwolono nam tylko na kilka prób w sali teatru, w połowie lipca, niemal w przeddzień premiery, kiedy wydawało się już prawie niemożliwe, żeby maestro Aldana Ruiz mógł skończyć w porę malowanie dekoracji, a jednak były gotowe 17 lipca rano. Reklama przedstawienia była nadzwyczajna, w „La Industria" i w „El Tiempo", w radiu i nawet na ulicach – pamiętam, że wychodząc z redakcji, zobaczyłem Javiera Silvę, który z wysokiej ciężarówki wołał przez megafon: „Nie przegapcie wydarzenia stulecia, kieliszka wermutu i wieczoru w teatrze Variedades"... – więc w rezultacie rozeszły się wszystkie bilety. W dniu premiery wiele osób, które zostały bez biletów, sforsowało barierki i runęło do sali, tarasując przejścia i kanał orkiestrowy. W takim zamieszaniu nawet prefekt don Jorge Checa stracił swoje krzesło i musiał oglądać spektakl na stojąco.

Przedstawienie przebiegło bez zakłóceń – albo prawie – i rozległy się gorące oklaski, kiedy wyszedłem na scenę, żeby ukłonić się w podzięce razem z aktorami. Jedyny drobny kłopot polegał na tym, że w romantycznym momencie akcji, kiedy Inka – Ricardo Raygada – całuje główną bohaterkę, która jak należało przypuszczać, jest w nim bardzo zakochana, Ruth zrobiła odrażającą minę i zaczęła prychać. Potem wytłumaczyła nam, że jej obrzydzenie nie odnosiło się do Inki, tylko do żywego karalucha, który usiadł mu na *mascaipacha*, czyli na imperialnej szacie. Powodzenie „Ucieczki Inki" sprawiło, że w następnym tygodniu daliśmy jeszcze dwa przedstawienia, a na jedno z nich przemyciłem w tajmnicy moje kuzynki Wandę i Patrycję, bo cenzura zakwalifikowała sztukę „dla osób od piętnastu lat".

Poza sztuką „Ucieczka Inki" w programie wieczoru znalazło się kilka numerów śpiewaczych w wykonaniu Liry Rojas i prezentacja Joaquína Ramosa Ríosa, jednego z najoryginalniejszych artystów w Piurze. Był znakomitym przedstawicielem sztuki deklamacji, obecnie już wygasłej, a w każdym razie uważanej za przestarzałą i śmieszną, ale w tamtych czasach bardzo szanowanej. Joaquín mieszkał w młodości w Niemczech i przywiózł stamtąd znajomość języka niemieckiego, monokl, pelerynę, ekstrawaganckie arystokratyczne maniery i nieograniczone przywiązanie do piwa. Recytował wspaniale Lorkę, Daría, Chocana i wieszcza piurańskiego Héctora Manrique (którego sonet *Querellas del jardín* – Skargi ogrodu – zaczynający się od słów „Konało jasne popołudnie"... wuj Lucho i ja recytowaliśmy na całe gardło, przemierzając pustynne tereny w drodze do jego gospodarstwa), Joaquín był gwiazdą wszystkich wieczorów literacko-muzycznych w Piurze. Poza recytacjami nie zajmował się niczym innym, jedynie włóczył się po ulicach miasta z monoklem i w pelerynie, ciągnąc za sobą młodą kózkę, którą przedstawiał jako swoją gazelę. Chodził zawsze lekko zawiany, przesiadywał w zakopconych małych spelunkach, w których pija się chichę, albo w barach czy przy straganach z napojami wyskokowymi na targowisku, powtarzał ekstrawagancje z końca ubiegłego wieku Oscara Wilde'a albo jego limskich naśladowców, na przykład poety i autora opowiadań Abrahama Valdelomara oraz „kolonialnych" z XIX stulecia – w obecności piurańskich Metysów, którzy nie zwracali na niego najmniejszej uwagi i traktowali go z pogardliwym pobłażaniem, z jakim traktuje się idiotów. Ale Joaquín idiotą nie był, bo w stanach zamroczenia alkoholowego, w jakich się pogrążał, zaczynał nagle rozprawiać o poezji i poetach w sposób pełen fantazji, co dowodziło, że miał głęboką o nich wiedzę. Poza szacunkiem Joaquín Ramos budził we mnie czułość, ale po upływie wielu lat spotkałem go w centrum Limy z uczuciem wielkiej przykrości, bo był w stanie takiego upojenia alkoholowego, że nawet mnie nie poznał.

Na wolne dni z okazji święta narodowego ludzie odpowiedzialni za sprawy promocji chcieli zorganizować wyjazd do Cuzco, ale pieniądze, jakie zebraliśmy z przedstawień sztuki „Ucieczka Inki", z loterii fantowych i kiermaszów, okazały się niewystarczające, więc pojechaliśmy tylko do Limy na jeden tydzień. Chociaż nocowałem razem z kolegami w normalnej szkole przy alei Brasil, całe dnie spędzałem z dziadkami i wujostwem w dzielnicy Miraflores. Moi rodzice przebywali wtedy w Stanach Zjednoczonych. Była to już trzecia podróż ojca, natomiast matka pojechała tam po raz pierwszy. Udali się do Los Angeles, gdzie ojciec miał podjąć nową próbę uruchomienia interesów albo znalezienia takiej pracy, która pozwoliłaby mu na opuszczenie Peru. Chociaż nigdy nie rozmawiał ze mną na temat swojej sytuacji materialnej, odnoszę wrażenie, że zaczęła podupadać dlatego, że stracił pieniądze na swoim handlowym eksperymencie w Nowym Jorku i jego dochody zmalały. Tym razem rodzice zostali w Stanach Zjednoczonych przez wiele miesięcy i po powrocie, zamiast wynająć dom w Miraflores, zdecydowali się na małe mieszkanie z jedną sypialnią, w bardzo biednej dzielnicy Rimac, co było niedwuznaczną oznaką ich niedostatku. Tak więc, kiedy pod koniec tamtego roku wróciłem do Limy, żeby wstąpić na uniwersytet, nie zamieszkałem z ojcem, tylko z dziadkami, na ulicy Porta. I już nigdy więcej z ojcem nie mieszkałem.

Wkrótce po powrocie do Piury otrzymałem nieoczekiwaną wiadomość (wszystko dobrze mi szło w tym piurańskim okresie): „Ucieczka Inki" zdobyła drugie miejsce w konkursie na utwór teatralny. Tę wiadomość, opublikowaną w dziennikach Limy, przedrukowała na pierwszej stronie gazeta „La Industria". Nagrodą była niewielka suma pieniędzy, ale musiały upłynąć długie miesiące aż wreszcie dziadzio Pedro – który zadawał sobie trud i chodził co tydzień do Ministerstwa Oświaty upominać się o wypłatę – mógł pobrać te pieniądze i przekazać mi je do Piury. Wydałem je na pewno na książki i, być może, na wizyty w Zielonym Domu.

Wuj Lucho zachęcał mnie do tego, abym został pisarzem. Nie był na tyle naiwny, by doradzać mi pozostanie t y l k o pisarzem, bo z czego miałbym się utrzymywać? Uważał, że adwokatura pozwoliłaby mi pogodzić powołanie literackie z pracą przynoszącą konkretny dochód, i nalegał, abym już odkładał pieniądze na przyszły wyjazd do Paryża. Odtąd myśl o wyjeździe do Europy – do Francji – stała się moją obsesją. I dopóki po sześciu latach jej nie zrealizowałem, żyłem w niepokoju i w przekonaniu, że gdybym został w Peru, to byłbym frustratem.

Nie znałem peruwiańskich pisarzy poza nieżyjącymi, a niektórych tylko z nazwiska. Jeden z nich, który publikował wiersze i pisał sztuki teatralne, przyjechał w tamtych dniach do Piury. Był to Sebastián Salazar Bondy. Pełnił funkcję doradcy literackiego w argentyńskim zespole Pedra Lópeza Lagara, który występował przez krótki sezon w teatrze Variedades (wystawił jeden utwór Unamuna i drugi Jacinta Graua, jeśli dobrze pamiętam). W trakcie obu przedstawień walczyłem z nieśmiałością, pragnąc podejść do wysokiego, bardzo chudego Sebastiána, który przechadzał się po korytarzach teatru. Chciałem powiedzieć mu o swoim powołaniu, prosić o radę albo, po prostu, w konkretny sposób sprawdzić, czy Peruwiańczyk może zostać pisarzem. Jednak zabrakło mi odwagi i po wielu latach, kiedy już byliśmy przyjaciółmi, a ja mu opowiedziałem o tamtym braku zdecydowania, Sebastián nie mógł mi uwierzyć.

Wiele razy towarzyszyłem wujowi Lucho w podróżach po terenie naszego departamentu, raz jeden pojechaliśmy do Tumbes, gdzie wuj badał warunki do prowadzenia interesu związanego z rybołówstwem. Byliśmy w Sullanie, w Paicie, w Talarze, w Sechurze i także w górskich prowincjach Piury, takich jak Ayabaca i Huancabamba, ale krajobraz, który najlepiej zapamiętałem i któremu zawdzięczam moje związki z przyrodą, to piurańska pustynia, niemająca w sobie nic monotonnego, bo zmienia się wraz ze słońcem i wiatrem, na której dzięki rozległemu horyzontowi i czystemu błękitowi nieba człowiek zawsze ma wrażenie, że za każdą wydmą ujrzy srebrzyste iskry i spienione morskie fale.

Kiedy wyruszaliśmy rozklekotaną czarną furgonetką, roztaczała się przed nami szeroka, biała lub szara przestrzeń, pofalowana i nagrzana słońcem, gdzieniegdzie urozmaicona kępami drzew chlebowych, małymi grupkami zabudowań o ścianach z trzciny utwardzonej gliną, biegały po niej tajemnicze stada kóz, zdające się ginąć na olbrzymim, otaczającym je terenie, na którym żwawo poruszały się jaszczurki albo wygrzewały na słońcu nieruchome, intrygujące iguany – wtedy odczuwałem wielkie podniecenie, rodzący się we mnie impuls. Rozległa przestrzeń, nieogarnięty horyzont – od czasu do czasu, niczym cienie olbrzymów, pojawiały się na nim kontury Andów – napędzały mi do głowy pomysły przygód, epickie anegdoty i nieskończoną liczbę historii i wierszy, jakie chciałbym napisać, wykorzystując tę scenerię, którą miałbym zaludnić. Kiedy w 1958 wyjechałem do Europy, gdzie miałem pozostać przez wiele lat, ów krajobraz był jednym z najczęściej powtarzających się obrazów, które zapamiętałem z Peru, i to właśnie on wywoływał we mnie najsilniejszą tęsknotę.

Pewnego dnia, już w środku semestru, doktor Marroquín zakomunikował uczniom piątej klasy, że tym razem końcowe egzaminy nie odbędą się według wcześniej ustalonego rozkładu, tylko w sposób doraźny. Powodem tej eksperymentalnej decyzji była chęć dokładniejszego sprawdzenia wiadomości ucznia. Zapowiedziane poprzednio egzaminy, do których chłopcy przygotowywali się, wkuwając nocami konkretny przedmiot, nie dawały właściwego poglądu na przyswojoną przez ucznia wiedzę.

W klasie zapanowała panika. Myśl o tym, że przygotujemy się z chemii i pójdziemy do szkoły, a tam będą nas pytali z geometrii albo z logiki, sprawiła, że ze strachu włos nam się jeżył na głowie. Zaczęliśmy wyobrażać sobie lawinę poprawkowych egzaminów. I to w ostatnim roku szkoły!

Razem z Javierem Silvą podburzyliśmy kolegów do buntu przeciwko temu eksperymentowi (o wiele później dowiedziałem się, że taki projekt był tematem pracy doktorskiej Marroquína). Odbyliśmy kilka spotkań i jedno ogólne zebranie, na którym wyłoniona została komisja pod moim przewodnictwem, mająca udać się na rozmowę z dyrektorem. Przyjął nas w swoim gabinecie i wysłuchał, a ja w grzeczny sposób prosiłem go, aby wyznaczył stały rozkład terminów egzaminów. Jednak oznajmił nam, że decyzja jest nieodwołalna.

Wtedy zaplanowaliśmy strajk. Nie będziemy przychodzić do szkoły, dopóki eksperyment nie zostanie odwołany. Spędzaliśmy z Javierem i innymi kolegami niezwykle podniecające noce na dyskusjach co do szczegółów operacji. Ustalonego ranka, w godzinach lekcji udaliśmy się na bulwar Eguiguren. Jednak niektórzy wystraszeni chłopcy – w tamtych czasach strajk szkolny był czymś niezwyczajnym – zaczęli szeptać, że mogą nas wyrzucić. Dyskusja została skierowana na niewłaściwe tory i w końcu pewna grupa strajk zerwała. Zdemoralizowana tą dezercją reszta chłopców postanowiła, że wrócimy na popołudniowe lekcje. Kiedy wszedłem do szkoły, szef inspektorów zabrał mnie do gabinetu dyrektora. Doktorowi Marroquínowi drżał głos, kiedy mi zakomunikował, że jako odpowiedzialny za to, co się wydarzyło, zasługuję, żeby mnie *ipso facto* ze szkoły San Miguel wyrzucić. Ale nie chcąc mi rujnować przyszłości, zawieszą mnie tylko na siedem dni. I mam powiedzieć „inżynierowi Llosie" – nazywał wuja Lucho inżynierem, bo często widywał go w butach do konnej jazdy, w których jeździł do swojej posiadłości – żeby przyszedł z nim porozmawiać. Wuj Lucho musiał wysłuchać skarg doktora Marroquína.

Moja tygodniowa kara wywołała małe zamieszanie i nawet prefekt przyszedł do nas do domu zaoferować swoje pośrednictwo, żeby dyrektor wycofał sankcje. Nie pamiętam, czy karę skrócono czy pozostałem przez cały tydzień w zawieszeniu, ale po odbyciu kary czułem się niczym główny bohater utworu *La noche quedó atrás* po przetrwaniu nazistowskich więzień.

Przywołuję epizod nieudanego strajku, bo to on będzie tematem mojego pierwszego opublikowanego opowiadania (*Szczeniaki*) i dlatego, że można w nim dostrzec pierwsze oznaki pewnego niepokoju. Nie sądzę, abym wiele myślał o polityce przed tym okresem, który spędziłem w Piurze. Pamiętam swoje oburzenie, kiedy pracowałem jako posłaniec w International News Service i dowiedziałem się, że powiadomiono redaktorów, iż każda informacja dotycząca Peru musi być konsultowana z Ministerstwem Spraw Wewnętrznych, przed skierowaniem jej do gazety „La Crónica". Jednak nawet wtedy, gdy pracowałem w tamtej gazecie jako redaktor, nie myślałem, że żyjemy pod rządami wojskowej dyktatury, która rozwiązała partie polityczne i wypędziła z kraju wielu członków APRA, a także byłego prezydenta Bustamantego y Rivero oraz wielu jego współpracowników.

W tamtym piurańskim okresie polityka błyskawicznie wtargnęła w moje życie z idealizmem i niedojrzałością, jak to zawsze bywa u młodego człowieka. Ponieważ wybierane na chybił trafił lektury stawiały mnie przed większą liczbą pytań niż odpowiedzi, zadręczałem wuja Lucho, żeby mi wyjaśniał, czym jest socjalizm, komunizm, ideologia partii APRA, Związku Rewolucyjnego, faszyzm, a on cierpliwie wysłuchiwał moich buntowniczych deklaracji. Skąd się brały? Z uświadamiania sobie, że Peru jest krajem potwornych kontrastów, że ma miliony ludzi biednych i zaledwie garstkę Peruwiańczyków, którzy wiodą życie komfortowe i przyzwoite, a biedni – Indianie, Metysi i Murzyni – są wyzyskiwani i pogardzani przez bogatych, wśród których przeważająca część to „biali". I z głębokiego przekonania, że ta niesprawiedliwość musi być zlikwidowana, co powinno dokonać się za pomocą sił nazywanych lewicą, socjalizmem, rewolucją. W ostatnich miesiącach mego pobytu w Piurze zacząłem w sekrecie myśleć, że uniwersytet umożliwi mi nawiązanie kontaktów z rewolucjonistami i że zostanę jednym z nich. Postanowiłem wstąpić na uniwersytet San Marcos, a nie na Uniwersytet Katolicki, który był uczelnią dla bogatych, białych i reakcyjnych paniczów. Wstąpię na uniwersytet państwowy, ten dla Metysów, ateuszy i komunistów. Wuj Lucho napisał do swego krewnego i przyjaciela z dzieciństwa, profesora literatury na San Marcos Augusta Tamaya Vargasa, informując go o moich projektach. I Augusto nadesłał mi kilka słów zachęty, zapewniając, że na tym uniwersytecie znajdę odpowiedni grunt do rozwiązania niepokojących mnie problemów.

Zgłosiłem się do końcowego egzaminu z pewną obawą z powodu strajku, bo myślałem, że szkoła może zastosować jakieś represje. Ale wszystkie egzaminy zaliczyłem. Ostatnie dwa tygodnie były istnym szaleństwem. Spędzaliśmy bezsenne noce na przeglądaniu notatek i ocen z całego roku, razem z Javierem Silvą, Artadim, bliźniakami Temple, i często, z równym brakiem odpowiedzialności jak z ignorancją, łykaliśmy amfetaminę, żeby nie zasnąć. Sprzedawano ją w aptekach bez lekarskiej recepty i nikt z mojego otoczenia nie zdawał sobie sprawy, że chodzi o narkotyk. Następnego dnia sztucznie jasny umysł i nerwowe podniecenie wywoływały u mnie stany osłabienia i depresji.

Po ostatnim egzaminie miałem spotkanie literackie, które – jak przypuszczam – miało długotrwały skutek. Wróciłem do domu koło południa, zadowolony, że szkołę mam już za sobą, po nieprzespanych nocach padałem ze zmęczenia, więc postanowiłem, że pójdę spać na wiele godzin. Kiedy znalazłem się w łóżku, wziąłem do ręki jedną z książek wuja Lucho, której tytuł niewiele mi mówił: *Bracia Karamazow*. Pochłonąłem ją jednym tchem, zupełnie zahipnotyzowany, wstawałem z łóżka jak automat, nie wiedząc, kim jestem i gdzie się znajduję, jedynie wtedy gdy ciocia Olga przychodziła przypominać mi energicznie, że muszę zjeść obiad, kolację i śniadanie. Połączenie magii prozy Dostojewskiego z obsesyjną siłą opowiedzianej przez niego historii, fascynujące postacie powieści – dla mnie, mającego pobudzone nerwy z racji niewyspania i łykania amfetaminy przez dwa tygodnie okresu egzaminów, ta lektura, jaką pochłaniałem bez przerwy przez prawie dwadzieścia cztery godziny na dobę, była prawdziwym o d l o t e m w takim sensie, jakiego to poczciwe słowo nabierze w latach sześćdziesiątych wraz z kulturą narkotyków i rewolucją dzieci kwiatów. Później wracałem jeszcze do lektury *Braci Karamazow*, lepiej oceniając jej niezliczone zawiłości, ale nigdy tak intensywnie jej nie przeżyłem jak tamtego grudniowego dnia i tamtej nocy, która była ukoronowaniem mojego uczniowskiego żywota zamykającego się lekturą tej wspaniałej powieści.

Po egzaminach zostałem jeszcze w Piurze przez kilka tygodni. Wuj Jorge miał przyjechać swoim samochodem do hacjendy San Jacinto, w pobliżu Chimbote, gdzie wuj Pedro pracował jako lekarz. Wuj Lucho postanowił tam pojechać, żeby spotkać się z braćmi, a ja miałem skorzystać z okazji i wrócić do Limy samochodem wuja. Żebym mógł zyskać na czasie w kwestii załatwiania formalności związanych ze wstąpieniem na uniwersytet San Marcos, dziadek przysłał mi do Piury „poszerzone kwestionariusze" egzaminacyjne, więc poświęcałem ranki na ich studiowanie, przed pójściem do redakcji „La Industria".

Perspektywa wstąpienia na uniwersytet i rozpoczęcia dorosłego życia była dla mnie podniecająca, ale było mi przykro rozstawać się z Piurą i z wujem Lucho. Poparcie, którego mi udzielił w tamtym roku, w decydującym momencie przejścia od dzieciństwa do wieku młodzieńczego, to jedna z najlepszych rzeczy, jakie mi się przytrafiły. Jeśli takie słowo coś znaczy, to byłem wtedy szczęśliwy, czułem coś, czego nie doznałem w Limie w poprzednich latach, chociaż były w nich także wspaniałe chwile. W okresie od kwietnia do grudnia 1952, który spędziłem w Piurze z wujem Lucho i ciocią Olgą, zaznałem spokoju, żyłem bez ciągłego lęku, nie musiałem ukrywać tego, o czym myślę, czego pragnę i o czym marzę, a to pozwoliło mi organizować sobie życie w sposób, który godził moje zdolności i niezaradność z moim powołaniem. Przez cały następny rok wuj Lucho nadal mi pomagał z Piury swoimi radami i swoim męstwem, odpowiadając obszernie na listy, które do niego pisałem.

Może z tego powodu, ale nie tylko, Piura tak wiele dla mnie znaczyła. W sumie obydwa okresy, które w niej spędziłem, stanowią niecałe dwa lata, a jednak miejsce to częściej jest obecne w mojej twórczości niż jakiekolwiek inne na świecie. Powieści, opowiadania i jedna sztuka teatralna – inspirowane nastrojem Piury – nie wyczerpują obrazów ludzi i krajobrazów tej ziemi, które nadal wokół mnie krążą i zabiegają o to, by zamienić je w fikcję. To, że w Piurze przeżyłem satysfakcję oglądania mojej sztuki wystawionej na deskach teatru, że zawarłem tam tyle dobrych przyjaźni, nie wyjaśnia wszystkiego, bo rozumem nigdy nie można wytłumaczyć uczuć, a więź, jaka powstaje między tobą a miastem, jest tego rodzaju, tej samej natury co ta, która łączy cię nagle z kobietą, to prawdziwa pasja o głębokich i tajemniczych korzeniach. Chociaż od tamtych ostatnich dni 1952 nigdy na dłużej do Piury nie wróciłem – bywałem tam tylko ze sporadycznymi wizytami – to w jakiś sposób zawsze w niej pozostawałem, zabierałem ją ze sobą w świat, słyszałem, jak mówią jej mieszkańcy tą swoją śpiewną i zmęczoną manierą – ze swoimi *„guas"* i *„churres"* i superlatywami superlatywów: *„lindisisima"* (najnajśliczniejsza), *„carisisisima"* (najnajnajdroższa), *„borrachisisimo"* (pijaniusieńki) – kontemplowałem jej tęskne pustynie i czasem czułem na skórze gorący dotyk jej słońca.

Kiedy zaczęła się walka o upaństwowienie banku w 1987, zorganizowaliśmy w Piurze jeden z trzech wieców protestacyjnych i była ona miastem, do którego przyjechałem, aby rozpocząć kampanię wyborczą po ogłoszeniu mojej kandydatury w Arequipie 4 czerwca 1989. Była departamentem, w którym odwiedziłem najwięcej prowincji i okręgów i do którego najwięcej razy wracałem w czasie kampanii. Jestem pewien, że wpłynęła na to moja podświadoma słabość do Piury i jej mieszkańców. I na pewno dlatego poczułem głębokie rozczarowanie w czerwcu 1990, kiedy odkryłem, że piurańscy wyborcy

nie podzielają moich uczuć, bo masowo zagłosowali na mego przeciwnika w końcówce wyborów 10 czerwca*, mimo że złożył tylko
przelotną wizytę w tym mieście w czasie kampanii.

Wyjazd na spotkanie z wujem Jorge był wiele razy odkładany,
aż w końcu wyruszyliśmy o świcie pod koniec grudnia. W drodze
mieliśmy przygody, zmianę opony na szosie i kłopoty z motorem furgonetki, który za bardzo się rozgrzewał. Spotkanie z wujami, którzy
jechali z Limy, nastąpiło w Chimbote, wtedy jeszcze spokojnej ryba-
ckiej wiosce, w Hotelu Turystycznym bardzo dobrze utrzymanym
na brzegu plaży, nad czystą wodą. Uczciliśmy tę okazję rodzinną
kolacją – była z nami żona wuja Jorge, ciocia Gaby, i wuj Pedro –
a następnego dnia wczesnym rankiem pożegnałem się z wujem Lucho,
który wracał do Piury.

Kiedy go obejmowałem, rozpłakałem się.

---

* W drugiej turze wyborów w departamencie Piury 56,6% (253 785 głosów)
zdobyła partia Cambio 90, a 32,5% (145 714 głosów) – Front Demokratyczny.

X. Życie publiczne

Na wiecu na placu San Martín straciłem prywatność. Nigdy już, do momentu wyjazdu z Peru po drugiej turze wyborów w czerwcu 1990, nie cieszyłem się prywatnym życiem, którego tak strzegłem (wystarczy powiedzieć, że ciągnęło mnie do Anglii, bo tam nikt się tobą nie interesuje, wszyscy są dla siebie obojętni). Teraz o każdej porze dnia i nocy jacyś ludzie przychodzili do mego domu w Barranco – na zebrania, wywiady, coś proponowali albo czekali w kolejce na rozmowę ze mną, z Patrycją czy z Álvarem. Pokoje, korytarze, schody zawsze były pełne mężczyzn i kobiet, których często nie znałem, nie miałem też pojęcia, co tu robią, a to przypominało mi wiersz Carlosa Germana Belliego: „To nie twój dom, jest pan dzikusem".

Wkrótce moja sekretarka, María del Carmen, poczuła się przeciążona pracą, więc przybyły jej do pomocy Silvana, później Lucía i Rosi, a potem jeszcze dwie wolontariuszki, Anita i Helena, więc trzeba było urządzić pokój sąsiadujący z moim gabinetem, aby pomieścić to wojsko w spódniczkach i znaleźć przestrzeń dla całego wyposażenia, na które ja, zawsze piszący ręcznie, patrzyłem jak na senne widziadło, a wnoszono, instalowano, uruchamiano wokół mnie komputery, faksy, fotokopiarki, wewnętrzne telefony, maszyny do pisania, nowe linie telefoniczne, instalacje na archiwalia. Sąsiadujące z biblioteką i niezbyt odległe od sypialni biuro pracowało od wczesnego rana do późnej nocy, a w tygodniach poprzedzających wybory aż do samego świtu, więc doszło do tego, że poczułem, iż wszystko w moim życiu, łącznie ze spaniem i nawet ze sprawami bardziej intymnymi, stało się publiczne.

W dniach naszej walki przeciwko etatyzacji było u nas w domu dwóch ochroniarzy. Wkrótce mieliśmy dosyć ciągłego zderzania się z prawa i z lewa z ludźmi pod bronią, których pistolety straszyły moją matkę i ciocię Olgę, więc Patrycja zdecydowała, że ochrona będzie przebywać na zewnątrz domu.

Historia ochroniarzy miała komiczny epizod podczas wieczornego wiecu na placu San Martín. Wobec tego, że nasilały się terroryzm i przestępczość – porwania stały się kwitnącym przemysłem – rozmnożyły się w Peru prywatne firmy ochroniarskie. Jedna z nich, nazwana „izraelską", bo jej właściciele, a może ci, którzy nią zarządzali, pochodzili z Izraela, chroniła Hernandeza de Sota. Natomiast on, w porozumieniu z Miguelem Cruchagą, postarał się, by „Izraelici" zajęli się w tamtych dniach moim bezpieczeństwem. Pojawili się u mnie w domu Manuel i Alberto, dwaj byli przedstawiciele piechoty morskiej. Towarzyszyli mi na placu San Martín 21 sierpnia i stali u stóp trybuny. Na zakończenie wiecu poprosiłem manifestujących, aby poszli ze mną pod Pałac Sprawiedliwości, gdzie miałem przekazać deputowanym AP i PPC zebrane podpisy przeciwko etatyzacji. W czasie marszu Manuel zniknął w tłumie, ale Alberto wciąż pozostawał przy mnie w tym całym bałaganie. Furgonetka „Izraelitów" miała zabrać mnie ze stopni białego, neoklasycznego budynku w alei Republiki. Wciąż z Albertem u boku, jak z własnym cieniem, zamęczony przez manifestantów schodziłem po schodach. Nagle pojawił się czarny samochód z otwartymi drzwiczkami. Zgarnęli mnie, unosząc w powietrzu, wsadzili do środka i znalazłem się wśród obcych uzbrojonych ludzi. Sądziłem, że byli to „Izraelici". Ale w tym momencie usłyszałem krzyk Alberto: „To nie oni, to nie oni", i zobaczyłem, że protestuje. Udało mu się dać nura do wnętrza samochodu, który właśnie ruszał, spadł niczym tobół na mnie i na pozostałe osoby. „Czy to porwanie?" – zapytałem pół żartem, pół serio. „Mamy cię pilnować" – odpowiedział człowiek o posturze siłacza, który siedział za kierownicą. I natychmiast do radia, które trzymał w ręku, wypowiedział zdanie zupełnie jak w filmie: „Jaguar bezpieczny, ruszamy na księżyc. *Over*".

Był to Óscar Balbi, szef Prosegur, firmy konkurującej z „Izraelitami". Moi przyjaciele Pipo Thorndike i Roberto Danino zaangażowali ją na własną rękę, ale zapomnieli mnie uprzedzić, że firma Prosegur ma tego wieczoru zapewnić mi ochronę. Rozmawiali z przewodniczącym dyrekcji firmy Prosegur, Jorgem Vegą, a impresario Luis Woolcot opłacił koszty (dowiedziałem się o tym dopiero po dwóch latach).

Jakiś czas później, dzięki staraniom Juana Jochamowitza, firma Prosegur zdecydowała podjąć się ochrony mego domu i mojej rodziny przez trzy lata trwania kampanii wyborczej, bez pobierania honorariów (dlatego rząd unieważnił kontrakty, jakie ta firma miała z państwowymi instytucjami). Óscar Balbi zapewniał mi bezpieczeństwo we wszystkich podróżach i na wiecach Frontu Demokratycznego, był przy mnie w samolotach, helikopterach, autobusach, furgonetkach, szalupach i na koniach, kiedy w tamtym czasie dwukrotnie przemierzałem całe Peru. Tylko raz widziałem, że zasłabł po południu 21 września 1988, w wiejskiej wspólnocie Acchupata, w górach Cumbe, w Cajamarce – na wysokości czterech tysięcy pięciuset metrów zsunął się z konia i musieliśmy go ratować za pomocą tlenu.

Jemu i jego towarzyszom jestem za to wdzięczny, bo oddali mi nieocenioną i niezbędną przysługę w kraju, w którym przemoc polityczna doszła do rozmiarów ekstremalnych, a takie jest Peru. Jednak muszę przyznać, że życie pod ochroną jest życiem w więzieniu, koszmarnym dla każdego, kto kocha wolność tak jak ja.

Nie mogłem już robić tego, co od dzieciństwa zawsze sprawiało mi przyjemność, popołudniami, po skończeniem pisania, włóczyć się po różnych dzielnicach, penetrować ulice, chodzić na *matinées* do popularnych kin, które rozsypywały się ze starości i w których nie można było usiedzieć z powodu pcheł, nie wolno mi było wsiadać do zbiorowych taksówek i autobusów jeżdżących po nieustalonych trasach, kiedy chciałem poznawać życie i ludzi tego pełnego kontrastów labiryntu, jakim jest Lima. W ostatnich latach stałem się rozpoznawalny – raczej dzięki programowi telewizyjnemu, jaki prowadziłem, niż moim książkom – a więc już mi nie było łatwo wychodzić z domu i nie zwracać na siebie uwagi. Ale od sierpnia 1987 stało się niemożliwe pójść gdziekolwiek i nie zostać otoczonym przez ludzi, którzy albo mi klaskali, albo mnie wygwizdywali. A kroczyć przez życie z dziennikarzami na plecach i w kręgu ochroniarzy – najpierw dwóch, potem czterech, a przez ostatnie miesiące piętnastu – to spektakl komiczny i prowokacyjny, który unicestwia każdą przyjemność. To prawda, że zabójcze rozkłady godzin nie zostawiały mi czasu na nic, co nie było polityką, ale nawet wtedy gdy pojawiały się rzadkie chwile wolności, nie można było pomyśleć o tym, aby wejść do jakiejś księgarni, bo ludzie tak mnie oblegali, że nie byłem w stanie robić tego, po co każdy przychodzi do księgarni, to znaczy: buszować po półkach, przeglądać książki, szperać wszędzie w nadziei, że znajdę coś ciekawego, również nie mogłem wejść do kina, bo moje pojawienie się wywoływało demonstracje, jak na recitalu Alicii Maguiñi w Teatrze Miejskim, gdzie publiczność, widząc mnie wchodzącego z Patrycją, podzieliła się na zwolenników, którzy klaskali, i na przeciwników, którzy gwizdali. Abym mógł bez żadnych incydentów obejrzeć sztukę teatralną *Ay, Carmela* José Sanchísa Sinisterry, przyjaciele z zespołu Ensayo ulokowali mnie samego w galerii Teatru Brytyjskiego. Wspominam te imprezy, bo wydaje mi się, że były jedyne, które obejrzałem w tamtych latach. A w kinie, które tak lubię jak książki i teatr, byłem zaledwie ze dwa lub trzy razy i zawsze w taki sposób, że czułem się jak przestępca (wchodziłem już po rozpoczęciu filmu i wychodziłem przed jego zakończeniem). Ostatni raz – byłem w kinie San Antonio, w Miraflores – w połowie seansu przyszedł Óscar Balbi i wyciągnął mnie z fotela, bo wrzucono bombę do lokalu Ruchu Wolność i zraniono kulą jednego ze strażników. Ze dwa, może trzy razy byłem na meczu piłki nożnej i na partii siatkówki, także na korridzie, ale były to wyprawy, o których decydowało kierownictwo kampanii Frontu Demokratycznego i to w tym celu, abym przyzwyczaił się do obowiązkowego zanurzania się w tłumie.

Rozrywki, na jakie mogliśmy sobie pozwolić z Patrycją, polegały na pójściu do domu przyjaciół na kolację i od czasu do czasu do restauracji, przy czym z góry było wiadomo, że będziemy się czuli śledzeni albo jak aktorzy grający główne role w przedstawieniu. Wiele razy myślałem sobie, i wtedy ciarki przebiegały mi po plecach: „Straciłem wolność". Jeżeli zostanę prezydentem, taki stan potrwa jeszcze pięć lat dłużej. I pamiętam zdziwienie i radość, które mnie ogarnęły 14 czerwca 1990, kiedy to wszystko już minęło, a ja, po przybyciu do Paryża i jeszcze przed rozpakowaniem walizek, poszedłem na spacer po Saint-Germain, czując, że znowu jestem anonimowym przechodniem, bez eskorty, bez policji, że nie jestem rozpoznawany (może tylko do pewnego stopnia, bo nagle, jakbym wywołał wilka z lasu, pojawił się przede mną wszędobylski i wszystkowiedzący Juan Cruz z dziennika „El País", któremu nie mogłem odmówić wywiadu).

Odkąd zaczęło się moje polityczne życie, podjąłem takie postanowienie: „Nie przestanę czytać ani pisać, chociaż przez kilka godzin dziennie. Nawet jeśli zostanę prezydentem". Była to decyzja tylko częściowo egoistyczna. Podyktowało ją również przekonanie, że to, co chcę robić, będę robił lepiej, jeżeli zachowam dla siebie jakąś osobistą przestrzeń, niedostępną dla polityki, wywodzącą się z idei, refleksji, marzeń i pracy intelektualnej.

Wykonywałem swoje zobowiązanie dotyczące lektury, wprawdzie nie zawsze przez obiecywane dwie godziny dziennie. Jeśli chodzi o pisanie, to okazało się niemożliwe. Nie byłem zdolny tworzyć literackiej fikcji. Nie tylko z powodu braku czasu. Nie potrafiłem się skoncentrować, dać się ponieść fantazji, oderwać się od otaczającej mnie rzeczywistości tak, by poświęcić się temu wspaniałemu zajęciu, jakim jest pisanie powieści albo sztuk teatralnych. Stawały mi na przeszkodzie trudne, wymagające natychmiastowego działania problemy i nie było sposobu uciec przed przytłaczającą aktualnością. Poza tym nie potrafiłem przyjąć do wiadomości, że jestem sam, chociaż był dopiero wczesny ranek i sekretarki jeszcze do pracy nie przyszły. Było w tym coś takiego jakby moje wewnętrzne demony wcześniej się ulotniły urażone brakiem samotności. To mnie męczyło, więc zrezygnowałem. No i przez trzy lata napisałem jedynie erotyczne divertimento – *Pochwałę macochy* – kilka przedmów do kolekcji współczesnych powieści Koła Czytelników, jakieś przemówienia, artykuły i krótkie polityczne eseje.

Rozkład zajęć pozostawiający tak niewiele czasu na lekturę sprawił, że stałem się bardzo rygorystyczny; nie mogłem sobie pozwolić na bezładne czytanie, co zawsze chętnie robiłem – teraz wybierałem tylko takie książki, które mnie pasjonowały. A więc przeczytałem na nowo niektóre ukochane powieści, takie jak *Dola człowiecza* Malraux, *Moby Dick* Melville'a, *Światłość w sierpniu* Faulknera i opowiadania Borgesa. Byłem trochę przerażony odkryciem, że codzienna działalność polityczna ma tak niewiele elementów intelektualnych – inteligencji – więc narzuciłem sobie trudne lektury, które zmuszały mnie do przemyśleń i do robienia notatek. Odkąd w 1980 wpadła mi do rąk książka *Społeczeństwo otwarte i jego wrogowie*, przyrzekłem sobie studiować Poppera. Robiłem to codziennie przez te trzy lata, wcześnie rano, przed porannym bieganiem, kiedy zaczynało świtać i panujący w domu spokój przypominał mi ten okres w moim życiu, w którym jeszcze nie zajmowałem się polityką.

A wieczorami, przed zaśnięciem, czytałem poezję, zawsze klasyków Złotego Wieku i najczęściej Góngorę. Za każdym razem było to jak oczyszczająca kąpiel – chociaż czytałem tylko przez pół godziny, przestawałem myśleć o dysputach, konspiracjach, intrygach, inwektywach i stawałem się gościem świata doskonałego, wolnego od spraw bieżących, promieniującego harmonią, zamieszkanego przez nimfy, przez w najwyższym stopniu podłych nikczemników literackich i przez mitologiczne potwory, które poruszały się wśród idealnych krajobrazów, wśród odniesień do mitów greckich i rzymskich, subtelnej muzyki i klarownej architektury. Czytałem Góngorę od czasów uniwersyteckich z nieco zdystansowanym podziwem, jego doskonałość wydawała mi się trochę nieludzka, a jego świat zbyt intelektualny i chimeryczny. Ale w latach 1987–1990 jakże byłem mu wdzięczny za stworzenie mi tej oderwanej od aktualności enklawy – barokowej, zawieszonej na pułapie, który przewyższa intelekt i wrażliwość, jest pozbawiony tego, co brzydkie, podłe, przeciętne, przypominające plugawe spiski, jakie wypełniają codzienne życie większości śmiertelników.

Między pierwszą a drugą turą wyborów – między 8 kwietnia a 10 czerwca 1990 – już nie mogłem poświęcać się studiowaniu moich lektur przez jedną lub półtorej godziny codziennie rano, nawet wtedy gdy zasiadałem przy biurku z egzemplarzem *Drogi do wiedzy* albo *Wiedzy obiektywnej* w ręku. Miałem głowę nabitą problemami, żyłem w okropnym napięciu, atakowany wiadomościami o zamachach i zabójstwach, bo ponad sto osób powiązanych z Frontem Demokratycznym, przywódców okręgów, kandydatów do zarządów miast lub regionów oraz sympatyków, zostało w ciągu tych dwóch miesięcy zabitych, a byli to ludzie skromni, wywodzący się spośród tych istot, jakie wszędzie padają ofiarą politycznego terroryzmu (także walki z terrorem), więc musiałem lektury odłożyć. Ale nawet w dniu wyborów nie zaniechałem przeczytania sonetu Gongory albo jednej strofy *Polífemo* czy *Las Soledades*, jakiejś jego romancy czy pojedynczego wiersza, ażeby poczuć, że dzięki poezji moje życie oczyszcza się chociaż na kilka chwil. Chcę tu wyrazić wdzięczność dla wielkiego obywatela Kordoby.

Myślałem, że znam Peru, bo od dzieciństwa wiele podróżowałem po interiorze, ale nieustanne wyjazdy przez trzy lata kampanii odkryły przede mną prawdziwe oblicze kraju, a raczej wiele twarzy, które się nań składają, cały ten wachlarz geograficzny, społeczny i etniczny, złożoność jego problemów, okropne kontrasty i zastraszający poziom biedy i zacofania większości mieszkańców.

Peru nie jest krajem jednolitym, składa się z wielu krain współżyjących ze sobą w atmosferze nieufności i wzajemnej ignorancji, urazy, przesądów i fali przemocy. Przemocy w liczbie mnogiej: terroru politycznego i handlu narkotykami, powszechnej przestępczości, co łącznie ze zubożeniem i upadkiem (ograniczonej) praworządności coraz bardziej brutalizowało życie codzienne, na równi z tak zwaną przemocą strukturalną: dyskryminacją, brakiem szans, bezrobociem i głodowymi zarobkami szerokich warstw ludności.

O tym wszystkim wiedziałem, słyszałem i czytałem, oglądałem to z daleka i w pośpiechu, tak jak postrzegają swoich współziomków ci Peruwiańczycy, którzy mają szczęście należeć do małej garstki uprzywilejowanych, a tych nazywa się w ankietach sektorem A. Jednak dopiero w latach 1987–1990 poznałem ten stan rzeczy z bliska, miałem z nim do czynienia codziennie rano i wieczorem i w pewnym sensie go przeżywałem. Peru mojego dzieciństwa było krajem biednym i zacofanym, ale w ostatnich dekadach, zwłaszcza w czasach dyktatury Velasca, a przede wszystkim za prezydentury Alana Garcíi, stało się krajem bardzo biednym i w wielu regionach wynędzniałym, krajem, który cofał się do nieludzkiego poziomu egzystencji. Słynna stracona dekada Ameryki Łacińskiej – stracona na skutek populistycznej polityki rozwojowej ukierunkowanej do wewnątrz, na skutek państwowego interwencjonizmu i gospodarczego nacjonalizmu, jaki rekomendował CEPAL* wyznający filozofię ekonomiczną przewodniczącego tej organizacji Raúla Prebischa – okazała się dla Peru wyjątkowo tragiczna, bo nasze rządy poszły dalej od innych, jeśli chodzi

---

* Comisión Económica para America Latina – Komisja Gospodarcza do spraw Ameryki Łacińskiej (przyp. tłum.).

o „wzbranianie się" przed zagranicznymi inwestycjami i o rezygnację z wytwarzania dóbr w celu ich redystrybucji*.

Regionem, który przedtem dobrze znałem, była Piura. Teraz nie mogłem uwierzyć w to, co zobaczyłem. Miasteczka w prowincji Sullana: San Jacinto, Marcavelica, Salitral, albo w prowincji Paita: Amotape, Arenal i Tamarindo, nie mówiąc o rejonach górskich, takich jak Huancabamba i Ayabaca, albo pustynnych, takich jak Catacaos, La Unión, La Arena, Sechura, zdawały się umierać za życia, popadały w beznadziejny marazm. To prawda, pamiętałem, że domy są tam prymitywne, o ścianach z gliny i bambusa, że ludzie chodzą boso i narzekają na brak dróg, ośrodków medycznych, szkół, wody i elektryczności. Ale w tych biednych miejscowościach w czasach mego spędzonego w Piurze dzieciństwa widoczna była wśród ludzi duża witalność, podskórna wesołość i nadzieja, podczas gdy teraz to wszystko zostało stłamszone. Miejscowości bardzo się rozrosły – czasem trzykrotnie – były pełne dzieci i bezrobotnych, odnosiło się wrażenie, że zżera je atmosfera rozpadu i starości. Na zebraniach tych społeczności słyszałem powtarzający się refren: „Przymieramy głodem. Nie ma pracy".

Piura jest dobrym przykładem potwierdzającym opinię przyrodnika Antonia Raimondiego, który w XIX wieku nazwał Peru „żebrakiem siedzącym na beczce złota". Jest dobrym przykładem na to, jak kraj w y b i e r a sobie zacofanie. Morze w regionie Piury kryje bogactwo ichtiologiczne, które mogłoby wystarczyć na zapewnienie pracy wszystkim mieszkańcom Piury. Na wybrzeżu regionu jest nafta, a na pustyni ogromne złoża fosfatu dotychczas nieeksploatowane. Piurska ziemia jest bardzo żyzna, czego dowodem są dawne hacjendy, w których uprawiano bawełnę, ryż, owoce i które należały do najlepiej zagospodarowanych w Peru. Dlaczego region o takich bogactwach cierpi teraz głód i bezrobocie?

---

* W 1960 roku Peru zajmowało ósme miejsce w Ameryce Łacińskiej. Pod koniec rządów Alana Garcíi spadło na miejsce czternaste.

Generał Velasco skonfiskował w 1969 te hacjendy, w których pracownicy rzeczywiście otrzymywali skromny procent zysków, i przekształcił je w spółdzielnie i przedsiębiorstwa „własności społecznej", a chłopi zastąpili w nich, teoretycznie, dawnych właścicieli. Jednak w praktyce nowymi właścicielami zostali kierownicy tych uspołecznionych majątków, którzy byli zainteresowani wyzyskiwaniem pracowników rolnych – w takim samym stopniu, albo i większym, niż dawni właściciele. Ale zaszła zmiana na gorsze – podczas gdy właściciele znali się na uprawianiu własnej ziemi, unowocześniali maszyny, inwestowali, kierownicy spółdzielni zajmowali się ich polityczną administracją i w wielu przypadkach tylko gospodarstwa rozgrabiali. W rezultacie po niedługim czasie nie było już zysków do podziału*.

Kiedy rozpocząłem kampanię wyborczą, wszystkie spółdzielnie rolnicze w Piurze, z wyjątkiem jednej, były zrujnowane pod względem technicznym. Ale przedsiębiorstwo będące własnością społeczną nigdy nie upada. Państwo umarza co roku jego długi zaciągnięte w Banku Rolnym (to znaczy przelewa straty na udziałowców) – prezydent Alan García miał zwyczaj ogłaszać te umorzenia publicznie, posługując się płomienną retoryką rewolucyjną. W tym leży wytłumaczenie, dlaczego piurańska ziemia zubożała od czasów reformy rolnej, którą przeprowadzono po to, by zgodnie z hasłami Velasca „patron nie jadał lepiej od chłopskiej biedoty". Patronów teraz nie było, ale chłopi jedli gorzej niż przedtem. Jedynymi, którzy zyskali, byli sprowadzeni do tych gospodarstw przez władze polityczne mali biurokraci, przeciwko którym członkowie spółdzielni na naszych zebraniach zawsze powtarzali te same zarzuty.

Jeżeli chodzi o rybołówstwo, to przeprowadzone zmiany były jeszcze bardziej wyniszczające. W latach pięćdziesiątych, dzięki wizji, jaką miała garstka przedsiębiorców – zwłaszcza jeden człowiek

---

* Produkcja rolno-hodowlana w Peru w przeliczeniu na głowę, w latach sześćdziesiątych była na drugim miejscu w Ameryce Łacińskiej. W 1990 zajmowała miejsce czternaste, wyprzedzając tylko Haiti.

z Tacny, Luis Banchero Rossi – powstał na wybrzeżu Peru pionierski przemysł: produkcja mączki rybnej. W niedługim czasie Peru stało się pierwszym producentem tej mączki na świecie. Powstały tysiące miejsc pracy, dziesiątki fabryk, mały port Chimbote stał się potężnym centrum handlowym i przemysłowym, a rybołówstwo tak się rozwinęło, że w latach sześćdziesiątych Peru uważane było za kraj rybacki ważniejszy od Japonii.

Dyktatura wojskowa znacjonalizowała w 1972 wszystkie przedsiębiorstwa rybackie i połączyła je w gigantyczny kompleks – Pesca Perú (Rybołówstwo Peru) – który oddała w ręce biurokracji. Rezultatem była ruina tego przemysłu. Kiedy rozpoczynałem moje polityczne podróże w 1987, sytuacja tego mamuta była krytyczna. Wiele fabryk mączki rybnej zostało zamkniętych: w La Libertad, w Piurze, w Chimbote, w Limie, w Ica, w Arequipie, nieskończona liczba statków niszczała w portach bez części zamiennych i bez załóg przygotowanych do wypłynięcia na łowiska. Był to jeden z tych sektorów gospodarki, które wyciągały od państwa najwięcej subsydiów, i dlatego najbardziej przyczynił się do zubożenia narodowego. (Emocjonującym epizodem mojej kampanii była w październiku 1988 nieoczekiwana decyzja mieszkańców małej osady Atica położonej na wybrzeżu w rejonie Arequipy. Zmobilizowali się razem ze swoim burmistrzem i postanowili wystąpić o sprywatyzowanie fabryki mączki rybnej, która przedtem była głównym źródłem zatrudnienia w tej miejscowości). Kiedy się o tym dowiedziałem, poleciałem do nich małą awionetką, która, podskakując, wylądowała na plaży w Atice, po czym starałem się wyrazić miejscowym ludziom swoją solidarność i wytłumaczyć im, dlaczego proponujemy prywatyzację nie tylko „ich" fabryki, ale także wszystkich publicznych przedsiębiorstw.

Klęska przemysłu rybnego i produkcji mączki rybnej mocno dotknęła Piurę. Byłem przerażony, kiedy zobaczyłem wybrzeże Sechury pogrążone w zastoju. Pamiętam, jak kipiało aktywnością drobnego handlu i małych łodzi, pamiętam, jak uganiały się za nimi *camareros* – ciężarówki chłodnie, które przemierzały pustynię, żeby zakupić cały połów sardeli oraz innych ryb, jakie zapewniały pracę w fabrykach Chimbote oraz w innych portach Peru.

Jeżeli chodzi o naftę na wybrzeżu morskim w rejonie Piury i o fosfaty z Sechury, te podziemne bogactwa czekały, aż pojawi się kiedyś w Peru zagraniczny kapitał i rozpocznie się ich wydobycie. W pierwszym roku swoich rządów Alan García znacjonalizował północnoamerykańskie towarzystwo naftowe Belco, które działało na północnym wybrzeżu. Odtąd kraj był uwikłany w międzynarodowy proces sądowy z poszkodowanym przedsiębiorstwem. Dodajmy do tego wypowiedzianą przez rząd wojnę z Funduszem Walutowym i z całym światowym systemem finansów, jego wrogą politykę wobec zagranicznych inwestycji i wzrastającą niepewność w kraju, a będziemy mieć obraz Peru przeobrażonego w kraj zadżumiony, któremu nikt nie udziela kredytów, w którym nikt nie inwestuje. Z eksportera nafty Peru przekształciło się w importera. Dlatego ziemia Piury wyglądała tak, że budziła przerażenie. Była symbolem tego, co działo się w całym kraju przez ostatnie trzydzieści lat.

Jednak w porównaniu z innymi regionami zubożała Piura była godna zazdrości, niemal kwitnąca. Jeszcze gorsza sytuacja panowała w środkowych Andach, w Ayacucho, Huancavelica, Junín, Cerro de Pasco, Apurímac, a także na płaskowyżu graniczącym z Boliwią – w departamencie Puno – rejony te zostały dotknięte skrajną nędzą i były najbardziej wykrwawione z powodu terroryzmu i akcji antyterrorystycznych. Nieliczne drogi niszczały, bo były źle konserwowane, a w wielu miejscach Świetlisty Szlak wysadził w powietrze mosty i zatarasował przejścia kamieniami. Zniszczone zostały eksperymentalne gospodarstwa rolne i hodowlane, zrujnowano urządzenia i wytępiono setki wigoni z rezerwatu Pampa Galeras, splądrowano spółdzielnie rolnicze, głównie te w dolinie Mantara, najbardziej dynamiczne w całym regionie górskim – wymordowano instruktorów rolniczych z Ministerstwa Rolnictwa i zagranicznych specjalistów przybyłych do Peru w ramach programów współpracy, spowodowano ucieczkę albo pozabijano drobnych rolników i górników, ukradziono traktory, instalacje elektryczne i hydroelektryczne, w wielu miejscach zburzono zabudowania dla bydła, zlikwidowano członków spółdzielni i wspólników, którzy próbowali przeciwstawić się polityce spalonej ziemi, za pomocą której Świetlisty Szlak chciał unicestwić miasta, zwłaszcza Limę, pozostawiając je bez dopływu żywności.

Słowa nie oddadzą dokładnie tego, co takie wyrażenia, jak ekonomia przetrwania, skrajna bieda, mogą powiedzieć o ludzkim cierpieniu i rozkładzie życia z racji braku pracy i perspektyw oraz zubożenia. Takie warunki panowały w środkowych Andach. Tam zawsze żyło się biednie, ale teraz, po zamknięciu tylu kopalń, po opuszczeniu ziemi, odcięciu od świata, wobec braku inwestycji, prawie kompletnego zaniku wymiany handlowej i sabotowania usług oraz ośrodków produkcyjnych, życie podupadło do skandalicznego poziomu.

Oglądając te andyjskie osady z wymalowanymi znakami sierpa i młota oraz hasłami Świetlistego Szlaku, osady, z których ludzie uciekali, zostawiwszy cały swój dobytek, i powiększali w miastach armię bezrobotnych, a ci, co pozostali, sprawiali wrażenie ocalałych z jakiejś biblijnej katastrofy, wiele razy myślałem sobie: „Kraj z a w s z e może wyglądać jeszcze gorzej. Dla zacofania nie ma granic". Przez ostatnie trzydzieści lat Peru robiło wszystko, co się dało, żeby mieć coraz więcej biednych i żeby biedni żyli w coraz większej nędzy. Kiedy patrzyło się na Peruwiańczyków przymierających głodem, żyjących w górach, które mają największe na kontynencie bogactwa kopalne, skąd pochodziło złoto i srebro, dzięki którym nazwa Peru była kiedyś synonimem hojności, czy nie wydawało się oczywiste, że polityka powinna pójść w takim kierunku, aby przyciągać inwestycje, budować przemysł, aktywizować handel, rekultywować ziemię, rozwijać górnictwo, rolnictwo, hodowlę?

Zasada redystrybucji bogactwa ma bezdyskusyjną siłę moralną, ale swoim obrońcom nie pozwala zauważyć, że nie faworyzuje sprawiedliwości, jeżeli polityka, którą inspiruje, hamuje produkcję, zabija inicjatywę i paraliżuje inwestycje, a to znaczy, że taka polityka w rezultacie zwiększa biedę. A redystrybucja biedy, albo, w przypadku rejonu Andów, nędzy, jaką spowodował Alan García, nie żywi tych, którzy są zmuszeni zmierzyć się z tym problemem w kategoriach życia lub śmierci.

Od czasu mego rozczarowania marksizmem i socjalizmem – także teoretycznym, ale przede wszystkim realnym, który poznałem na Kubie, w Związku Radzieckim i w tak zwanych demokracjach ludowych – podejrzewałem, że fascynacja intelektualistów etatyzmem wywodzi się zarówno z ich rentierskich nawyków – wspieranych przez instytucję mecenatu, która ich przyzwyczaiła do życia w cieniu Kościoła i książąt i była utrzymywana przez reżimy totalitarne XX wieku, kiedy to intelektualista, pod warunkiem że był uległy, automatycznie należał do elity – jak i z ich niewiedzy ekonomicznej. Odtąd dążyłem, wprawdzie w sposób niezbyt zdyscyplinowany, do naprawiania mojej ignorancji w tej dziedzinie. W 1980, korzystając z rocznego stypendium The Wilson Center w Waszyngtonie, robiłem to w sposób bardziej usystematyzowany i z coraz większym zainteresowaniem, bo odkryłem, że wbrew pozorom ekonomia jest daleka od nauk ścisłych, ponieważ otwiera się szeroko w kierunku fantazji i kreatywności, podobnie jak sztuka. Kiedy rozpocząłem działalność polityczną w 1987, dwóch ekonomistów, Felipe Ortiz de Zevallos i Raúl Salazar, udzielało mi co tydzień lekcji dotyczących gospodarki Peru. Spotykaliśmy się w altanie ogrodu Freddy'ego Coopera, wieczorami, na kilka godzin, i nauczyłem się od nich wielu rzeczy. Również szanować talent i przyzwoitość Raúla Salazara, głównego promotora przygotowywanego programu Frontu; gdybyśmy wybory wygrali, miał zostać ministrem gospodarki. Kiedyś poprosiłem Raúla i Felipe, aby mi obliczyli, ile wypadałoby na głowę każdego Peruwiańczyka, gdyby egalitarny rząd podzielił istniejące bogactwo kraju. Około pięćdziesięciu dolarów na mieszkańca*. Innymi słowy Peru nadal pozostawałoby krajem biednym, a będąc biedne, ryzykowałoby, że po zastosowaniu tej metody nigdy by z tej biedy nie wyszło. Polityka rozdawnictwa nie pomaga wychodzić z biedy. Pomaga tylko polityka uznająca nieuchronny brak równości między tymi, którzy w jakimś stopniu produkują, nie mają intelektualnej i etycznej atrakcyjności, zawsze łączącej się z socjalizmem, i zostali skazani na uleganie żądzy zysku. Oparte na kryterium solidarności gospodarki egalitarne nigdy nie wyciągnęły kraju z biedy, tylko zawsze go zubożały. I często umniejszały albo likwidowały swobodę działania, bo egalitaryzm wymaga rygorystycznego planowania, które najpierw dotyczy gospodarki, a potem rozciąga się na pozostałe dziedziny życia. Stąd biorą się brak wydajności, korupcja i przywileje dla rządzących będące zaprzeczeniem idei równości. Nieliczne przypadki rozwoju ekonomicznego w Trzecim Świecie zanotowały te kraje, które bez wyjątku zastosowały receptę gospodarki rynkowej.

W każdej podróży do centralnych rejonów górskich między rokiem 1987 a 1990 ogarniała mnie wielka żałość, kiedy widziałem, jak zmieniło się życie przynajmniej jednej trzeciej mieszkańców Peru. I z każdej podróży wracałem coraz mocniej przekonany o tym, co należy robić. Trzeba z powrotem otworzyć kopalnie pozamykane z braku bodźców eksportowych, biorąc pod uwagę to, że sztucznie obniżona wartość dolara sprawiła, iż małe i średnie górnictwo prawie zanikło, a przeżył tylko duży przemysł wydobywczy i to w niestabilnych warunkach. Zachęcić kapitał i technologie do zakładania nowych przedsiębiorstw. Położyć kres kontroli cen produktów rolnych, która skazywała chłopów ze wsi na subsydiowanie miast pod pretekstem obniżania kosztów podstawowej żywności. Nadać tytuły

---

* W 1990 majątek zarejestrowany w księgach dziesięciu najważniejszych prywatnych przedsiębiorstw w Peru wyrażał się kwotą 1232 milionów dolarów. Ta liczba podzielona przez 22 miliony Peruwiańczyków daje 56 dolarów *per capita*. (Dziękuję za tę precyzję Felipe Ortizowi de Zevallos i Raúlowi Salazarowi).

własności setkom tysięcy chłopów, którzy rozparcelowali spółdzielczą ziemię, i znieść nakazy, które zabraniały anonimowym stowarzyszeniom inwestować na wsi.

Ale w tym celu należało położyć kres terrorowi, jaki szerzył się w Andach. Podróżowanie po rejonach górskich było trudne. Chcąc uniknąć zasadzek, musiałem wyjeżdżać znienacka, z niewielką liczbą ludzi, wysławszy, zaledwie z jednodniowym albo dwudniowym wyprzedzeniem, aktywistów Mobilizacji, aby uprzedzali najbardziej zaufane osoby o naszym przybyciu. Trudno było dotrzeć lądem do wielu prowincji centralnego rejonu górskiego, bo podobnie jak Ayacucho Junín przekształcił się w rejon o największej liczbie zamachów. Trzeba było podróżować małymi samolotami, które lądowały w nieprawdopodobnych miejscach – na cmentarzach, na boiskach do gry w piłkę, w korytach rzek – albo lekkimi helikopterami, które jeśli zaskakiwała nas burza, musiały siadać gdziekolwiek – czasem na szczycie wzgórza – i czekać, aż przestanie padać. Te akrobacje szarpały nerwy niektórym przyjaciołom z Ruchu Wolność. Beatriz Merino wyciągała krzyżyki, różańce, haftowane obrazki serca Jezusowego i wzywała opieki świętych bez najmniejszego skrępowania. Pedro Cateriano wspomagał pilotów, dając im uspokajające wskazówki dotyczące przyrządów do pilotażu, ostrzegał przed groźnymi cumulusami, nagle pojawiającymi się wierzchołkami gór albo zygzakami błyskawic na niebie. Oboje bardziej obawiali się samych lotów niż terrorystów, ale nigdy nie odmawiali towarzyszenia mi, jeżeli ich o to poprosiłem.

Pamiętam młodego żołnierza, prawie dziecko, którego przyprowadzono do mnie na opuszczonym lotnisku w Jauja 8 września 1989 z prośbą, aby go zabrać do Limy. Tego dnia w południe przeżył zamach, w którym zginęło dwóch jego kolegów – słyszałem wybuchy bomb i strzały, kiedy stałem na trybunie na placu broni w Huancayo, gdzie odbywał się nasz wiec – a teraz krwawił. Zrobiliśmy mu miejsce w naszym małym samolocie, polecając wysiąść jednemu z członków ochrony. Chłopak chyba nie miał jeszcze regulaminowych osiemnastu lat. Trzymał wysoko worek kroplówki z surowicą, ale ręka mu opadała. Pomagaliśmy mu na zmianę. Nie skarżył się podczas całego lotu. Patrzył w próżnię z wyrazem osłupiałej desperacji, jakby usiłował zrozumieć, co takiego się wydarzyło.

Pamiętam, jak 14 lutego 1990, gdy wyjeżdżaliśmy z kopalni Milpo, w Cerro de Pasco, potrójnej grubości szyba w oknie naszej furgonetki rozprysła się na kawałki na wysokości mojej skroni i zamieniła się w pajęczynę, kiedy mijaliśmy wrogą nam grupę. „Podobno nasza furgonetka jest opancerzona" – skomentowałem. „Tak, przeciw kulom – zapewnił mnie Óscar Balbi – ale to był kamień". Nie była opancerzona także przeciwko uderzeniom kijów. Bo kilka tygodni wcześniej, w cukrowni na północy kraju, garstka członków partii APRA za pomocą kijów potłukła w niej szyby. Poza tym teoretyczne opancerzenie zamieniało nasz pojazd w piec hutniczy (klimatyzacja nigdy w nim nie działała), więc najczęściej jeździliśmy po szosach z otwartymi drzwiczkami, które profesor Oshiro przytrzymywał nogą.

Pamiętam członków komitetu Ruchu Wolność w Cerro de Pasco, którzy przyszli na zebranie regionu, jedni poturbowani, a inni ranni, bo tego właśnie dnia oddział terrorystów zaatakował ich lokal. Także tych z komitetu w Ayacucho, stolicy rebelii Świetlistego Szlaku, gdzie życie ludzkie było mniej warte niż w jakimkolwiek innym miejscu w Peru. Za każdym razem, kiedy jechałem do Ayacucho w okresie tych trzech lat, żeby spotkać się z naszym komitetem, odnosiłem wrażenie, że mam przed sobą mężczyzn i kobiety, którzy w każdej chwili mogą być zamordowani, i ogarniało mnie poczucie winy. Gdy zostały uzgodnione listy kandydatów na deputowanych krajowych i regionalnych, wiedzieliśmy, że wzrośnie ryzyko tych mieszkańców Ayacucho, którzy na nich figurowali, więc podobnie jak to zrobiły inne organizacje polityczne, zaproponowaliśmy kandydatom wywiezienie ich poza Ayacucho do czasu zakończenia wyborów. Nie zgodzili się. Jedynie poprosili mnie, abym zwrócił się do polityczno-wojskowego dowódcy okręgu o zgodę na to, by mogli chodzić uzbrojeni. Jednak generał brygady Howard Rodríguez Málaga odmówił tego pozwolenia.

Niedługo przed tym zebraniem Julián Huamaní Yauli, kandydat Ruchu Wolność na regionalnego deputowanego, usłyszał o północy, że ktoś wspina się na dach jego domu, więc wybiegł na ulicę, żeby się ratować. Za drugim razem, 4 marca 1990, nie miał już czasu na ucieczkę. Mordercy złapali go w drzwiach domu, w biały dzień, zastrzelili i spokojnie oddalili się w tłumie ludzi, którzy przez dziesięć lat terroru nabrali doświadczenia, że w takich okolicznościach należy niczego nie widzieć, nie słyszeć i nawet nie kiwnąć palcem. Pamiętam zmasakrowane ciało Juliána Huamaníego Yauli leżące w trumnie tamtego słonecznego ranka w Ayacucho, pamiętam płacz jego żony i matki wieśniaczki, która obejmując mnie, szlochała i w języku keczua mówiła coś, czego nie mogłem zrozumieć.

Możliwość zamachu na mnie i na moją rodzinę braliśmy od początku pod uwagę, Patrycja, ja i nasze dzieci. Postanowiliśmy zachowywać się ostrożnie, ale jednocześnie nie pozwolić, by to ograniczało naszą wolność. Gonzálo i Morgana studiowali w Londynie, więc dla nich ryzyko sprowadzało się do miesięcy wakacyjnych. Ale Álvaro był w Peru, pracował jako dziennikarz, rzecznik prasowy Frontu, był młody i zapalczywy, nie liczył się ze słowami, atakując dniem i nocą rząd i ekstremistów, a poza tym wciąż wymykał się ochronie, żeby pozostawać sam na sam z narzeczoną. W związku z tym żyliśmy z Patrycją w ciągłym strachu, że może zostać porwany albo zabity.

Było oczywiste, że dopóki nie położy się kresu brakowi bezpieczeństwa w kraju, dopóty możliwości odbudowy gospodarczej będą żadne, nawet jeśli zahamuje się inflację. Kto miałby otwierać kopalnie, uruchamiać szyby naftowe i fabryki, gdyby był narażony na porwanie, zabójstwo, albo zmuszony do płacenia kontrybucji na rzecz rewolucjonistów, którzy mogą wysadzić w powietrze jego przedsiębiorstwo? (Tydzień przed moją wizytą w Huacho w marcu 1990, właściciel fabryki eksportującej konserwy Industrias Alimentarias S.A., Julio Fabre Carranza, opowiedział nam, jak uszedł przed zamachem, po czym Świetlisty Szlak obrócił jego fabrykę w gruzy, pozostawiając tysiąc robotników bez pracy).

Spacyfikowanie kraju było priorytetem obok walki z inflacją. Ale nie mogło być wyłącznie zadaniem policji i wojska, tylko powinno dotyczyć całego społeczeństwa obywatelskiego, bo to ono ponosiłoby konsekwencje, gdyby Świetlisty Szlak zamienił Peru w Kambodżę Czerwonych Khmerów albo MRTA przekształcił kraj w drugą Kubę. Pozostawienie walki z terroryzmem w rękach policji i wojska nie dało rezultatów. Raczej miało skutki negatywne. Uprowadzenia i egzekucje bez sądu dotykały ludność wiejską, która nie współpracowała z siłami porządkowymi. A bez pomocy cywilnej ustrój demokratyczny nie jest w stanie pokonać ruchu wywrotowców. Rząd partii APRA pogorszył sytuację, organizując specjalne oddziały do walki z terroryzmem, czego przykładem było znane komando Rodriga Franco. Grupy, które jak twierdził *vox populi*, były kierowane przez Ministerstwo Spraw Wewnętrznych, zabijały adwokatów i przywódców związkowych bliskich Świetlistemu Szlakowi, podkładały bomby w lokalach wydawnictw oraz w instytucjach podejrzanych o współdziałanie z terroryzmem i ścigały najbardziej wojowniczych przeciwników prezydenta, takich jak deputowany Fernando Olivera, który padł ofiarą pogróżek terrorystów, odkąd się uparł, żeby ujawnić w Kongresie fakt nielegalnego nabycia ziemi przez Alana Garcíę.

Moja teza była taka, że terroru nie można zwalczać podstępnym terrorem, tylko działaniem z otwartą przyłbicą, trzeba mobilizować chłopów, robotników, studentów i stawiać na ich czele władze cywilne. Oświadczyłem, że jeżeli zwyciężę w wyborach, to osobiście pokieruję walką z terroryzmem, zastąpię władzami cywilnymi dowódców polityczno-wojskowych w regionach o wyjątkowym zagrożeniu i powołam patrole składające się z chłopów, aby stawiali opór Świetlistemu Szlakowi.

Chłopskie patrole wykazały się skutecznością w Cajamarce, czyszcząc teren ze złodziei bydła, harmonijnie współpracując z władzami i tworząc skuteczną zaporę przeciwko terroryzmowi, który nie zdołał umocnić się w tym rejonie. We wszystkich wspólnotach, spółdzielniach i wioskach w Andach, które odwiedziłem, zauważyłem u chłopów głęboką frustrację z tego powodu, że nie są w stanie bronić się przed terrorystami, że muszą ich żywić, odziewać, zapewniać im transport i słuchać szaleńczych haseł głoszących, iż należy produkować tylko tyle żywności, ile ma wystarczyć na własne potrzeby, i nie wolno nią handlować ani wozić jej na targ. Pomoc, jaką chłopi byli zmuszeni świadczyć na rzecz wywrotowców, narażała tę ludność na nieubłagane represje ze strony sił porządkowych. Wiele wspólnot wiejskich utworzyło własne patrole, które uzbrojone w kije, noże i strzelby myśliwskie stawiały czoła broni maszynowej i karabinom Świetlistego Szlaku oraz MRTA.

Dlatego zwróciłem się do Peruwiańczyków z prośbą o mandat, abym mógł wyposażyć patrole w broń, która pozwoliłaby im skutecznie przeciwstawiać się tym, którzy ich dziesiątkują*. Moja teza została ostro skrytykowana. Twierdzono, że uzbrajając chłopów, otworzyłbym drogę do wojny domowej (jakby teraz jej nie było) i że w demokracji tylko instytucje policji i wojska są odpowiedzialne za przywracanie porządku publicznego. Krytyka nie brała pod uwagę rzeczywistości panującej w niedorozwiniętym kraju. W demokracji, która stawia pierwsze kroki, w której są wolne wybory, partie polityczne i wolna prasa, nie w s z y s t k i e instytucje muszą być demokratyczne. Demokratyzacja całego społeczeństwa przebiega o wiele wolniej i musi upłynąć sporo czasu, zanim związki zawodowe, partie polityczne, administracja, przedsiębiorstwa zaczną działać tak, jak się tego oczekuje w państwie prawa. Instytucje najbardziej się spóźniające

---

* Z 20 tys. zabitych przez terrorystów do połowy 1990 roku 90% stanowili peruwiańscy chłopi, najbiedniejsi z biednych.

z opanowywaniem zasad postępowania w zgodzie z prawem i z poszanowaniem władzy cywilnej, to te, które zostały przyzwyczajone do arbitralności przez systemy dyktatorskie, na wpół dyktatorskie, a czasem i demokratyczne: to siły policji i wojska.

Brak skuteczności w walce z terroryzmem wykazywany przez peruwiańskie siły porządkowe był rezultatem różnych czynników. Jednym z nich była niezdolność do pozyskiwania ludności cywilnej i otrzymywania od niej aktywnego wsparcia niezbędnego do zwalczania nieprzyjaciela, który nie ujawnia swojej twarzy, przenika do społeczności cywilnej, wynurza się z niej, aby zaatakować i z powrotem się wśród niej ukrywa. Taki był rezultat metod stosowanych w walce z działalnością wywrotową przez te instytucje, których nie przygotowano do tego rodzaju wojny, innej niż wojna konwencjonalna, a które często ograniczały się do strategii mającej na celu udowodnić ludności, że potrafią być równie okrutne jak terroryści. W rezultacie w wielu miejscach siły porządkowe napawały chłopów takim samym strachem jak bandy Świetlistego Szlaku albo MRTA.

Pamiętam rozmowę z biskupem w jednym z miast w strefie zagrożenia. Był to człowiek młody, o wysportowanej sylwetce, bardzo inteligentny. Należał do środowiska konserwatywnego w Kościele, był przeciwnikiem teologii wyzwolenia i pozostawał poza podejrzeniami, jeśli chodzi o skłonności do ekstremalnej propagandy, jaką mieli niektórzy duchowni orientacji konserwatywnej. Prosiłem go, żeby mi powiedział, on, który dużo jeździ po tej umęczonej ziemi i rozmawia z wieloma ludźmi, ile jest prawdy w twierdzeniu o nadużyciach przypisywanych siłom porządkowym. Jego świadectwo było przygnębiające, zwłaszcza w odniesieniu do postawy członków PIP: gwałty, kradzieże, zabójstwa, straszliwa przemoc stosowana wobec chłopów, a wszystko to z poczuciem absolutnej bezkarności. Pamiętam jego słowa: „Czuję się bezpieczniej, kiedy sam podróżuję po Ayacucho, a nie pod ich opieką". Początkująca demokracja nie może się rozwijać, jeżeli zaufa tym, którzy bronią prawa w tak okrutny sposób.

Ale również i w takich kwestiach trzeba unikać uproszczeń. Prawa człowieka są jedną z broni, jakie ekstremizm najskuteczniej wykorzystuje, dążąc do paraliżowania rządów, które pragnie obalić, manipulując osobami oraz instytucjami mającymi dobre intencje, ale naiwnymi. W trakcie kampanii miałem spotkania z oficerami marynarki i wojska, którzy informowali mnie szczegółowo o przebiegu wojny rewolucyjnej w Peru. Dzięki temu dowiedziałem się o bardzo trudnych warunkach, z jakimi żołnierze i marynarze byli zmuszeni się zmierzyć w tej wojnie, w której brakowało wyćwiczenia i wyposażenia, a także z powodu demoralizacji potęgowanej w ich szeregach przez kryzys gospodarczy. Pamiętam rozmowę w Andahuaylas z młodym porucznikiem, który wrócił z wyprawy przeczesywania strefy Cangallo i Vilcashuamán. Jego ludzie, jak mi wyjaśnił, mieli amunicję „tylko na jedną potyczkę". Gdyby doszło do drugiego starcia z partyzantami, nie mogliby odpowiedzieć na ich ogień. Jeżeli chodzi o prowiant, nie mieli żadnego. Musieli sami zabiegać o to, żeby się wyżywić. „Pewnie pan myśli, że mogliśmy płacić chłopom za żywność, doktorze? Ale czym? Od dwóch miesięcy nie otrzymuję żołdu. A to, co zarabiam (mniej niż sto dolarów miesięcznie), nie wystarcza mi nawet na utrzymanie matki, tam w Jaén. Żołd starczy na papierosy. Niech mi pan powie, co powinniśmy zrobić, żeby zapłacić za jedzenie, kiedy wychodzimy na patrol?"

Inflacja w ostatnich latach spowodowała w 1989 obniżenie zarobków w wojsku, podobnie jak wśród reszty pracowników państwowych, do jednej trzeciej w porównaniu z tym, ile wynosiły w 1985. Oddziały do walki z partyzantami zostały zredukowane w podobny sposób. Zniechęcenie i frustracja oficerów i żołnierzy uczestniczących w walkach z powstańcami były ogromne. W koszarach i w bazach wojskowych brak części zamiennych powodował nagromadzenie ciężarówek, helikopterów i wszelkiego rodzaju uzbrojenia. Istniała cicha rywalizacja między policją państwową a siłami zbrojnymi. Policja uważała, że jest dyskryminowana, a wojskowi i marynarze oskarżali żandarmerię o to, że sprzedaje swoją broń handlarzom narkotyków i sprzymierzonym z nimi terrorystom w rejonie Huallaga. A jedni i drudzy przyznawali, że brak środków przyczynia się do dramatycznego wzrostu korupcji w instytucjach wojskowych, w nie mniejszym stopniu niż w administracji publicznej.

Tylko zdecydowany udział społeczeństwa obywatelskiego mógł przywrócić poprzedni stan rzeczy, bo odkąd w 1979 wybuchła działalność wywrotowa, to bandy zyskiwały punkty, a reżim demokratyczny je tracił. Uważałem, że tak jak w Izraelu, Peruwiańczycy powinni się organizować, żeby chronić miejsca pracy, spółdzielnie i wspólnoty, usługi i środki komunikacji, a wszystko to realizować we współpracy z siłami zbrojnymi, pod kierunkiem władzy cywilnej. Taka współpraca mogłaby posłużyć – właśnie jak w Izraelu, który można krytykować za wiele spraw, ale inne warto naśladować, między innymi relacje sił zbrojnych ze społeczeństwem obywatelskim – nie temu, by dążyć do zmilitaryzowania społeczeństwa, ale do ucywilizowania policjantów i wojskowych, a w ten sposób do zlikwidowania przepaści istniejącej na skutek ignorancji, a nie antagonizmu charakterystycznego dla Peru oraz innych krajów latynoamerykańskich, w stosunkach między władzą wojskową a władzą cywilną. W naszym programie do spraw pokoju i praw człowieka, przygotowanym przez komisję pod kierunkiem adwokatki Amalii Ortiz de Zevallos, złożoną z psychologów, socjologów, antropologów, asystentów społecznych, prawników i oficerów, postulowaliśmy działanie patroli jako części składowej procesu odzyskiwania przez społeczeństwo obywatelskie rejonów zagrożenia, pod kontrolą wojska. Jednocześnie, kiedy zostaną uchwalone wyjątkowe prawa i rozpoczną działalność patrole obywatelskie, miały pojawić się lotne brygady sędziów, lekarzy, asystentów społecznych, aktywistów rolnych i nauczycieli – w tym celu, aby chłopi poznali więcej powodów do zwalczania terroryzmu niż tylko sama chęć przeżycia. Zdecydowałem, że jeśli zostanę wybrany, to przez pewien czas zamieszkam w rejonie zagrożenia, aby stamtąd kierować mobilizacją społeczną przeciwko terrorowi.

19 stycznia 1989 o zmierzchu sąsiad z dzielnicy Los Jazmines przylegającej do lotniska w Pucallpie zauważył dwóch nieznajomych wyłaniających się zza krzaków i biegnących z jakimś bagażem w kierunku pasa, na którym lądują samoloty, tam, gdzie się zatrzymują i kołują do miejsca postoju. Właśnie wylądował jeden z samolotów przylatujących z Limy. Po stwierdzeniu, że był to samolot linii Aero-Perú, nieznajomi osobnicy wrócili z powrotem w krzaki. Sąsiad pobiegł zaalarmować ludzi w osiedlu, którzy zaraz uformowali swój patrol. Uzbrojona w kije i maczety grupa poszła sprawdzić, co nieznani ludzie robią w pobliżu miejsca lądowania samolotów. Otoczono ich, wypytano, o co było trzeba, a kiedy patrol zamierzał odprowadzić ich do komisariatu policji, tamci wyciągnęli broń i zaczęli strzelać z bliskiej odległości. Sergio Pasavi miał sześć razy podziurawione jelita, José Vásquez Dávila postrzeloną kość udową, fryzjer Humberto Jacobo połamany obojczyk, a Víctor Ravello Cruz był ranny w krzyż. W zamieszaniu nieznani osobnicy uciekli. Ale pozostawili domowej roboty dwukilową bombę rozpryskową, z tych, które w Peru są nazywane *questo ruso* (ruski ser) i zawierają dynamit, aluminium, gwoździe, śrut, kawałki metalu i krótki lont. Miała eksplodować przy samolocie linii Faucett, który wylatuje z Limy w tym samym czasie co AeroPerú, ale tego dnia miał dwugodzinne opóźnienie. Tym samolotem leciałem do Pucallpy, aby tam założyć komitet Ruchu Wolność, objechać strefę Ucayali i przewodniczyć zebraniu politycznemu w teatrze Rex.

Członkowie patrolu zawieźli swoich rannych do miejscowego szpitala i złożyli zeznanie o tym, co się wydarzyło, zastępcy szefa policji, majorowi żandarmerii (szef wyjechał do Limy), któremu przekazali bombę. Kiedy się o tym dowiedziałem, pospieszyłem do szpitala, aby odwiedzić rannych. Cóż za okropny widok! Chorzy stłoczeni jeden na drugim, po kilku na jednym łóżku, leżeli w pomieszczeniach pełnych much, a pielęgniarki i lekarze starali się czynić cuda, by ich doglądać, operować, leczyć bez lekarstw, bez instrumentów i bez zapewnienia elementarnych warunków higieny. Po załatwieniu formalności w sprawie przewiezienia dwóch najciężej rannych członków patrolu do Limy przez Akcję Solidarną udałem się na policję. Jeden z napastników, siedemnastoletni Hidalgo Soria, został zatrzymany i według zakłopotanego oficera żandarmerii, który mnie przyjmował, zeznał, że jest z MRTA i że celem wybuchu bomby był mój samolot. Jednak, podobnie jak wielu podejrzanych, nigdy nie stanął przed sądem. Za każdym razem, kiedy prasa próbowała dowiedzieć się czegoś o jego losie, władze Pucallpy udzielały wymijających odpowiedzi i w końcu pewnego dnia oznajmiły, że sędzia wypuścił go na wolność, bo był niepełnoletni.

Z okazji Bożego Narodzenia 1989 Akcja Solidarna zorganizowała 23 grudnia na stadionie drużyny Alianza Lima spektakl z udziałem artystów filmu, radia i telewizji, na który przyszło trzydzieści pięć tysięcy ludzi. Niedługo po rozpoczęciu spektaklu powiadomiono mnie przez radio, że w moim domu została znaleziona bomba i że służby zajmujące się rozbrajaniem materiałów wybuchowych, rekrutujące się z żandarmerii, zmusiły moją matkę, teściów, sekretarki i służących do opuszczenia domu. Podłożenie bomby, zbiegające się w czasie z imprezą na stadionie, wydało się nam podejrzane, bo z pewnością miało przyćmić znaczenie uroczystości i zmusić nas do tego, byśmy ją opuścili. Ale my, razem z Patrycją i i naszymi dziećmi, pozostaliśmy na trybunie do samego końca bożonarodzeniowej imprezy*. Podejrzenie, że nie był to rzeczywisty zamach, tylko psychologiczna operacja mająca nas zastraszyć, potwierdziło się jeszcze tego wieczoru po powrocie do domu w Barranco, kiedy rozbrajający materiały wybuchowe saperzy z żandarmerii zapewnili mnie, że bomba – wykryta

---

* APRA wyspecjalizowała się w tego rodzaju operacjach: w przeddzień ogłoszenia mojej kandydatury, 3 czerwca 1989, anonimowe osoby zawiadomiły, że na pokładzie samolotu, którym leciałem do Arequipy, jest bomba. Po szybkim ewakuowaniu mnie z samolotu, daleko od zabudowań lotniska, gdzie czekali na mnie ludzie, przeszukano maszynę i niczego nie znaleziono.

przez dozorcę szkoły turystyki sąsiadującej z moją posesją – była wypełniona nie dynamitem, lecz piaskiem.

W niedzielę 26 listopada 1989 ubrany po cywilnemu oficer marynarki przybył do mego domu z zachowaniem wszystkich środków ostrożności. Spotkanie zostało umówione przez Jorge Salmóna osobiście, bo moje telefony były na podsłuchu. Marynarz przyjechał samochodem z zaciemnionymi szybami i wprowadził go prosto do garażu. Przybył, żeby mi powiedzieć, że wywiad morski, którego był przedstawicielem, zdobył informację o pewnym tajnym spotkaniu, jakie odbyło się w Muzeum Narodu z udziałem prezydenta Alana Garcíi, jego ministra spraw wewnętrznych Agustína Mantilli, który miał być organizatorem band walczących z terrorystami, deputowanego Carlosa Rokę; szefa służby bezpieczeństwa w partii APRA Alberta Kitasono oraz wysokiego rangą przywódcy MRTA. I że na tym zebraniu podjęto decyzję, aby mnie fizycznie wyeliminować razem z grupą osób, do których zaliczono mego syna Álvaro, a także Enrique Ghersiego i Francisca Belaúndego Terry'ego. Zabójstwa miały być dokonywane w taki sposób, żeby wyglądały na dzieło Świetlistego Szlaku.

Oficer prosił, abym przeczytał raport, który wywiad przekazał naczelnemu dowódcy marynarki. Zapytałem go, czy jego instytucja przypisuje poważne znaczenie temu raportowi. Wzruszył ramionami i powiedział, że jeśli rzeka szumi, to niesie kamienie. Druga informacja o tej niesłychanej konspiracji pojawiła się niebawem za pośrednictwem Álvara i pochodziła od młodego dziennikarza telewizji, Jaime Bayly'ego, który odważył się podać ją do publicznej wiadomości, co wywołało wielkie zamieszanie. Marynarka zaprzeczyła istnieniu raportu.

To był jeden z wielu donosów o zamachach na moją osobę. Niektóre z nich były tak niedorzeczne, że skłaniały do śmiechu. Inne były oczywistymi konfabulacjami informatorów, którzy wykorzystywali takie preteksty, aby osobiście do mnie dotrzeć. Jeszcze inne, na przykład anonimowe telefony, wydawały się próbą wywarcia presji psychologicznej i miały na celu pozbawić nas energii do działania. Były również sygnały podyktowane solidarnością dobrych ludzi, którzy nie mieli żadnych konkretnych informacji, ale podejrzewali, że mogę zostać zabity, a ponieważ nie chcieli, żeby do tego doszło, więc przychodzili opowiadać mi o niesprecyzowanych zasadzkach i tajemniczych zamachach, bo chcieli mnie zobowiązać do tego, abym na siebie uważał. Zjawisko to przybrało tak poważne rozmiary, że trzeba było wyplenić je z korzeniami, więc poprosiłem Patrycję i Lucíę, aby opracowując kalendarz moich zajęć, nie ustalały żadnych spotkań z ludźmi, którzy chcą się ze mną widzieć „ze względu na poważną i poufną sprawę dotyczącą bezpieczeństwa doktora".

Pytano mnie, czy się bałem w czasie kampanii. Lęk towarzyszył mi wiele razy, ale raczej przed rozrywającymi się pociskami, których zbliżanie się było widoczne, aniżeli przed kulami czy bombami. Podobnie jak tamtego pełnego napięcia wieczoru 13 marca 1990 w Casmie, kiedy po naszym wyjściu na trybunę grupa stojących w cieniu przeciwników manifestacji obrzuciła nas kamieniami i jajkami, a jedno z nich rozbiło się na czole Patrycji. Albo tamtego majowego ranka 1990 w limskiej dzielnicy Tacora, kiedy to dobra głowa (w podwójnym znaczeniu tego słowa) mego przyjaciela Enrique Ghersiego zatrzymała uderzenie kamienia wymierzonego we mnie (oblano mnie tylko czerwoną śmierdzącą farbą). Jednak terroryzm nie spędzał mi snu z powiek przez te trzy lata ani nie przeszkadzał robić i mówić tego, co chciałem.

XI. Towarzysz Alberto

Lato 1953 spędziłem zamknięty w mieszkaniu dziadków, w zespole jasnych budynków na ulicy Porta, ucząc się do egzaminu wstępnego na uniwersytet San Marcos, pisząc sztukę teatralną (akcja toczyła się na opustoszałej wyspie, podczas burzowej pogody) i płodząc wiersze adresowane do małej sąsiadeczki Madeleine, której mama, Francuzka, była właścicielką domu. To kolejny niespełniony romans, ale nie z powodu mojej nieśmiałości, tylko z racji bardzo surowego nadzoru roztoczonego przez matkę nad blondynką Madeleine. (Prawie trzydzieści lat później, kiedy pewnego wieczoru wszedłem do teatru Marsano w Limie, gdzie wystawiano moją sztukę, zastąpiła mi drogę przystojna dama, której nie poznałem. Z tajemniczym uśmiechem wręczyła mi jeden z poematów miłosnych, którego pierwszy wiersz, jedyny, jaki ośmieliłem się jej przeczytać, rozpalił mnie jak pochodnię).

Zdawaliśmy egzamin na wydział literatury w jednym ze starych domów, które uniwersytet San Marcos zajmował porozrzucane w centrum Limy, na ulicy Padre Jeronima, gdzie funkcjonował fantasmagoryczny Instytut Geografii. Tego dnia zaprzyjaźniłem się z Leą Barbą i Rafaelem Merino, też kandydatami na studentów i także pasjonatami lektury. Rafa uczył się w szkole policyjnej, zanim zdecydował się na studiowanie prawa. Lea była córką jednego z właścicieli lokalu Negro-Negro, potomka przywódcy związkowego anarchisty z czasów słynnych batalii robotniczych w latach dwudziestych. Między jednym a drugim egzaminem i w oczekiwaniu przez całe dni i tygodnie, aż wezwą nas na egzamin ustny, rozmawialiśmy z Rafo i z Leą o literaturze i polityce, a ja czułem się jak w siódmym niebie, że z ludźmi w moim wieku mogę dzielić się swoimi niepokojami. Lea mówiła z takim entuzjazmem o Césarze Vallejo, którego wiersze znała na pamięć, że zabrałem się do wnikliwego czytania jego poezji, bardzo się starając, bo podobała mi się przynajmniej tak samo jak poezja Nerudy, którą od czasów szkolnych czytałem z niezmiennym podziwem.

Z Rafaelem Merinem byliśmy kilka razy na plaży, pożyczaliśmy sobie książki, a ja czytałem mu swoje opowiadania. Ale z Leą rozmawialiśmy przede wszystkim o polityce i to w sposób zakonspirowany. Wyznaliśmy sobie, że jesteśmy wrogami dyktatury i sympatykami rewolucji i marksizmu. Ale czy w Peru byli jeszcze komuniści? Czy Esparza Zañartu ich wszystkich nie pozabijał, nie uwięził albo nie deportował? W tamtym czasie Esparza Zañartu zajmował tajemnicze stanowisko dyrektora w rządzie, ale cały kraj wiedział, że ta postać bez historii i bez politycznej przeszłości, którą generał Odría wyciągnął ze skromnego sklepiku z winem, aby dołączyła do rządu, była mózgiem bezpieki, której dyktatura zawdzięczała swoją potęgę, i że Zañartu był człowiekiem stojącym za plecami cenzury prasy i rozgłośni radiowych, odpowiedzialnym za aresztowania i deportacje, człowiekiem, który zmontował siatkę szpiegów i donosicieli w związkach zawodowych, na uniwersytetach, w biurach i w środkach komunikacji, a także uniemożliwił rozwój jakiejkolwiek skutecznej opozycji przeciwko reżimowi.

Niemniej uniwersytet San Marcos, wierny swojej buntowniczej tradycji, rok wcześniej, w 1952, stawił czoła Odríi. Pod pretekstem akademickiej rewindykacji studenci San Marcos zażądali dymisji rektora Pedra Dulanta, zorganizowali strajk i okupację senatu akademickiego, skąd usunęła ich policja. Prawie wszyscy przywódcy strajku wylądowali w więzieniu albo zostali deportowani. Lea znała szczegóły tego, co się wydarzyło, wiedziała o debatach prowadzonych w Federacji Uniwersytetu San Marcos i w ośrodkach do niej należących, wiedziała o głuchej wojnie członków APRA z komunistami (jedni i drudzy byli prześladowani przez rząd, chociaż między sobą byli zażartymi wrogami), a ja słuchałem tego z rozdziawioną gębą.

Lea była pierwszą poznaną przeze mnie dziewczyną, której nie wychowano, tak jak moje koleżanki z Miraflores, jedynie w tym celu, żeby jak najszybciej wyszły za mąż i były dobrymi paniami domu. Miała przygotowanie intelektualne i była zdecydowana dostać się na studia, pracować w swoim zawodzie i polegać na własnej wartości. Była inteligentna i miała silny charakter, ale jednocześnie potrafiła być łagodna, delikatna i wzruszać się do łez jakimś wydarzeniem. Myślę, że ona pierwsza powiedziała mi o José Carlosie Mariáteguim i jego książce *Siete ensayos de interpretación de la realidad peruana* (Siedem esejów dotyczących interpretacji peruwiańskiej rzeczywistości). Jeszcze przed rozpoczęciem wykładów staliśmy się nierozłącznymi przyjaciółmi. Chodziliśmy na wystawy, do księgarni i, naturalnie, na francuskie filmy do dwóch nowych kin, w których były wyświetlane: Le Paris i Biarritz.

Tego dnia, kiedy przyszedłem na ulicę Fano, żeby dowiedzieć się o wynik egzaminu wstępnego, i kiedy tylko odszukano moje nazwisko na listach przyjętych, wyłoniła się z ukrycia grupa studentów i rzuciła się na mnie, żeby mnie ochrzcić. Chrzest na uniwersytecie San Marcos był łagodny: każdemu obcinali nożyczkami włosy, aby zmusić go do ogolenia głowy. Z ulicy Fano poszedłem kupić sobie beret na moją obsmyczoną głowę i do fryzjera na La Colmena, aby mnie ostrzygł na łyso.

Zapisałem się do Alianza Francesa, bo chciałem uczyć się francuskiego. W mojej klasie było dwóch chłopaków: Murzynek studiujący chemię i ja. Dwadzieścia dziewczyn – wszystkie grzeczne i z dobrych domów z Miraflores i San Isidro – zabawiało się naszym kosztem, wyśmiewając się z naszego akcentu i robiąc nam rozmaite psikusy. Po kilku tygodniach Murzynek miał dosyć tych żartów i zrezygnował. Moja ogolona głowa była naturalnie obiektem lekceważenia i drwin ze strony tych strasznych uczennic (była wśród nich jedna z Peru). Ale mnie bardzo się podobały lekcje wspaniałej nauczycielki, Madame del Solar, dzięki której po kilku miesiącach mogłem zacząć czytać po francusku, posługując się słownikami. Spędziłem wiele szczęśliwych godzin w małej bibliotece, na ulicy Wilsona, przeglądając czasopisma i czytając autorów wspaniale klarownej prozy, takich jak Gide, Camus albo Saint-Exupéry, którzy dawali mi złudzenie, że opanowałem język Montaigne'a.

Chcąc mieć trochę pieniędzy, przeprowadziłem rozmowę z wujem Jorge, który miał najlepszy status materialny w naszej rodzinie. Był dyrektorem pewnego towarzystwa budowlanego i zlecał mi dorywcze prace na godziny – załatwianie depozytów w bankach, redagowanie listów oraz innych dokumentów i zanoszenie ich do publicznych instytucji – które nie kolidowały z wykładami na uczelni. Tak więc mogłem kupować sobie papierosy – a kopciłem jak komin, zawsze czarny tytoń, najpierw marki Incas, a potem owalne nacional presidente – i chodzić do kina. Po pewnym czasie zdobyłem inną pracę, bardziej ambitną: byłem redaktorem czasopisma „Turismo". Jego właścicielem i dyrektorem był Jorge Holguín de Lavalle (1894–1973), bardzo wrażliwy rysownik i karykaturzysta, który trzydzieści lat temu zdobył sławę na łamach wielkich czasopism z lat dwudziestych, „Variedades" i „Mundial". Arystokrata, bardzo biedny, limianin z krwi i kości, niezmordowany i uroczy zbieracz tradycji, mitów i plotek miejskich Holguín de Lavalle był człowiekiem roztargnionym i marzycielem, który wydawał czasopismo, kiedy sobie o nim przypominał, albo raczej kiedy uzbierał wystarczającą ilość datków, aby sfinansować kolejny numer. Sam szkicował schemat numeru i sam pisał wszystko od początku do końca, wspomagany przez dyżurnego redaktora. Przez tę szczuplutką redakcję przewinęli się przede mną znani intelektualiści, między innymi Sebastián Salazar Bondy, a señor Holguín de Lavalle, kiedy przyszedłem do niego na rozmowę, właśnie mi o tym przypomniał, chcąc w ten sposób zaznaczyć, że chociaż pensja jest marna, wynagrodzi mi to zastąpienie tak sławnej osoby na stanowisku redaktora.

Zgodziłem się i odtąd przez dwa lata pisałem połowę, a może nawet trzy czwarte materiałów do czasopisma pod rozmaitymi pseudonimami (między innymi z francuska brzmiącym Vincent Naxé, którym sygnowałem recenzje teatralne). Z tych materiałów pamiętam tekst *En torno a una escultura* (Wokół jednej rzeźby), napisany przeze mnie w proteście przeciw barbarzyńskim poczynaniom ministra oświaty w czasach dyktatury – generała Zenóna Noriegi – który polecił wycofać z grupy rzeźb składających się na pomnik ku czci Bolognesiego (dłuta Hiszpana Agustína Queroli) piękną statuę bohatera, bo jego postawa nie wydawała mu się wystarczająco bohaterska. I w miejsce oryginalnego wizerunku Bolognesiego – przedstawiającego go w momencie, kiedy padał ranny – kazał wstawić groteskową postać prostaka wymachującego sztandarem, który teraz szpeci jeden z piękniejszych niegdyś pomników Limy. Holguín de Lavalle był oburzony tym wydarzeniem, ale bał się, że mój artykuł rozgniewa rząd i zamkną mu czasopismo. W końcu opublikował to, co napisałem, i nic się nie stało. Za mój zarobek w piśmie „Turismo", w wysokości czterystu soli za numer – pismo nie wychodziło co miesiąc, tylko raz na dwa lub trzy miesiące – mogłem – co za czasy i jak solidny był wówczas peruwiański pieniądz – opłacić prenumeratę dwóch czasopism francuskich, „Les Temps Modernes" Sartre'a i „Les Lettres Nouvelles" Maurice'a Nadeau. Chodziłem odbierać je co miesiąc do małego biura w śródmieściu. Z takimi dochodami mogłem żyć – u dziadków nie płaciłem za mieszkanie ani za jedzenie – a przede wszystkim miałem wolny czas na lekturę, najpierw uniwersytecką w San Marcos, a wkrótce potem dotyczącą rewolucji.

Wykłady zaczęły się późno i były, z jednym wyjątkiem, rozczarowujące. Uniwersytet San Marcos nie popadł jeszcze w stan dekadencji, która w latach sześćdziesiątych i siedemdziesiątych zamieniła go w karykaturę wyższej uczelni, a później w twierdzę maoizmu i nawet terroryzmu, ale już nie stanowił nawet cienia tego, czym był w latach dwudziestych, kiedy działało słynne pokolenie Konwersatorium roku 1919, będące szczytowym momentem rozwoju nauk humanistycznych na tej uczelni.

Ze słynnego pokolenia zostało jeszcze dwóch historyków – Jorge Basadre i Raúl Porras Barrenechea – oraz niektóre sławne postacie wcześniejszej generacji, takie jak Mariano Iberico na filozofii czy Luis Valcárcel na etnologii. A wydział medycyny, na którym wykładał Honorio Delgado, miał najlepszych lekarzy w Limie. Jednak atmosfera i funkcjonowanie uniwersytetu nie były kreatywne ani bezkompromisowe. Nastąpił upadek ducha oraz intelektu, na razie dyskretny, chociaż powszechny; profesorowie opuszczali wykłady, a obok niektórych kompetentnych pojawiali się zdumiewająco przeciętni. Przed wstąpieniem na wydział prawa i rozpoczęciem kursu doktoranckiego na wydziale literatury musiałem odbyć dwa lata studiów ogólnych, na których każdy wybierał sobie różne zajęcia. Wszystkie, jakie wybrałem, dotyczyły literatury.

Większość tych zajęć była prowadzona od niechcenia, wykładowcy nie mieli głębszej wiedzy albo stracili zainteresowanie pracą dydaktyczną. Jednak wśród nich zapamiętałem jedno seminarium o peruwiańskich źródłach historycznych Raúla Porrasa Barrenechei, które było najlepszym doświadczeniem intelektualnym mojej młodości.

Te zajęcia oraz to, co z nich później wynikło, usprawiedliwiają w moich oczach lata spędzone na uniwersytecie San Marcos. Temat zajęć nie mógł być bardziej restrykcyjny i erudycyjny, nie była to historia Peru, tylko wiedza o tym, gdzie należy ją studiować. Ale dzięki mądrości i elokwencji prowadzącego zajęcia każdy wykład był wspaniałym rozwinięciem wiedzy o przeszłości Peru oraz o różnej jej interpretacji i sprzecznych ze sobą pracach, które zostawili nam kronikarze, podróżnicy, eksploratorzy, literaci w najróżniejszych korespondencjach i dokumentach. Porras Barrenechea był małego wzrostu, z brzuszkiem, chodził w żałobie, bo w tamtym roku zmarła jego matka, miał bardzo szerokie czoło, niebieskie oczy skrzące się ironią, wyłogi marynarki zawsze obsypane łupieżem – ale przeobrażał się w olbrzyma na małym podium w szkolnej auli, my natomiast chłonęliśmy każde jego słowo z religijnym namaszczeniem. Wykładał z doskonałą elegancją, pięknym, najczystszym hiszpańskim językiem – zaczynał swoją karierę uniwersytecką od wykładów na temat klasyków Złotego Wieku, których przeczytał dogłębnie, co zostawiło ślad w jego prozie, w precyzji i bogactwie wypowiedzi – ale nie był jedynie elokwentnym wykładowcą posługującym się pustosłowiem bez treści, którego chętnie się słucha. Porras był fanatykiem skrupulatności, był niezdolny do twierdzenia czegoś, czego nie zweryfikował. W swoich wspaniałych wykładach zawsze wykorzystywał notatki z lektur zapisywane drobniutkim pismem na fiszkach, które przysuwał bardzo blisko oczu, aby móc je odczytać. Na każdych zajęciach mieliśmy wrażenie, że słuchamy czegoś, co nie było dotąd publikowane, co stanowi rezultat osobistych badań. W następnym roku, kiedy zacząłem z nim pracować, mogłem stwierdzić, iż rzeczywiście Porras Barrenechea przygotowywał od wielu lat cykl swoich wykładów z dokładnością naukowca, który zachowywał się tak, jakby za każdym razem miał spotkać się ze swoimi słuchaczami po raz pierwszy.

Przez dwa pierwsze lata studiów na uniwersytecie San Marcos byłem bardzo pilnym studentem, jakim nigdy nie byłem w szkole. Uczyłem się solidnie wszystkich przedmiotów, łącznie z tymi, które mi się nie podobały, przygotowywałem wszystkie zadawane nam prace, a w niektórych przypadkach prosiłem profesora o uzupełniającą bibliografię i studiowałem ją w bibliotece uniwersyteckiej albo w bibliotece narodowej w alei Abancay, gdzie przez dwa pierwsze lata spędziłem wiele godzin. Chociaż obydwie biblioteki oferowały warunki dalekie od doskonałości – w narodowej trzeba było dzielić czytelnię z młodocianymi uczniami, którzy przychodzili tu odrabiać lekcje i zamieniali to pomieszczenie w dom dla obłąkanych – jednak właśnie tam przyzwyczaiłem się do czytania w bibliotekach i odtąd zawsze do nich chodziłem, w każdym mieście, gdzie mieszkałem, a w niektórych – na przykład w ulubionej Reading Room Brytyjskiego Muzeum – napisałem znaczną część moich książek.

Jednak na żadnym kursie nie czytałem tyle i nie pracowałem tak intensywnie jak na wykładach o peruwiańskich źródłach historycznych, oczarowany błyskotliwością Porrasa Barrenechei. Pamiętam, że po mistrzowskim wykładzie na temat mitów prehistorycznych pobiegłem zaraz do biblioteki w poszukiwaniu dwóch książek, które wymienił, i chociaż jedna z nich, Ernsta Cassirera, od razu mnie zniechęciła, druga stała się moją ulubioną lekturą w 1953 roku, była to *Złota gałąź* Jamesa Frazera. Wpływ, jaki wykłady Porrasa wywarły na mnie, był tak duży w pierwszych miesiącach nauki na uniwersytecie, że wiele razy zadawałem sobie pytanie, czy nie powinienem był zmienić kierunku studiów i wybrać historię zamiast literatury, bo ta historia, którą wykładał Porras Barrenechea, była barwna, miała siłę dramatyczną i moc inspiracji i wydawała się bardziej zbliżona do życia.

Miałem dobrych przyjaciół na moim roku i zachęciłem ich grupę do tego, żebyśmy wystawili jakąś sztukę teatralną. Wybraliśmy komedię obyczajową Parda y Aliagi, zrobiliśmy nawet kilka kopii tekstu i rozdzieliliśmy role, ale w końcu projekt upadł i myślę, że z mojej winy, bo już wtedy zacząłem zajmować się polityką, a to pochłaniało coraz więcej mojego czasu.

W całej grupie przyjaciółek i przyjaciół szczególnym przypadkiem była Nelly Alba. Od dziecka uczyła się w konserwatorium gry na fortepianie i jej powołaniem była muzyka, ale wstąpiła na uniwersytet San Marcos, żeby zdobyć wiedzę ogólną. Już w naszych pierwszych rozmowach pod palmami na dziedzińcu wydziału literatury przeraził ją mój brak kultury muzycznej i narzuciła sobie zadanie, żeby mnie wyedukować, więc zabierała na koncerty do Teatru Miejskiego, do pierwszego rzędu na galerii, i przekazywała mi przynajmniej powierzchowne informacje o wykonawcach i kompozytorach. Ja udzielałem jej porad literackich i pamiętam, jak bardzo podobały się nam obojgu grube tomy powieści *Jan Krzysztof* Romain Rollanda, które kupowaliśmy na raty w księgarni Juana Mejía Baki, na ulicy Azángaro. Poczciwy don Juan dawał nam książki na kredyt i mogliśmy je spłacać w miesięcznych ratach. Uważaliśmy za swoją powinność wpadać do tej księgarni raz lub ze dwa razy w tygodniu, żeby przejrzeć nowości. A w te dni, kiedy znajdowaliśmy coś interesującego, Mejía Baca zapraszał nas na zaplecze i częstował kawą z ciepłym pasztecikiem.

Najczęściej, prawdę mówiąc, codziennie, na wykładach i poza nimi, widywałem się z Leą. Zaraz po rozpoczęciu kursu przyłączył się do nas pewien chłopak, Félix Arias Schreiber, z którym wkrótce utworzyliśmy triumwirat. Félix wstąpił na uniwersytet San Marcos o rok wcześniej, ale przerwał studia z powodu choroby i dlatego był teraz z nami na pierwszym roku. Należał do znanej rodziny – jego nazwisko było powiązane z bankierami, dyplomatami i adwokatami – ale do jej zubożałej gałęzi, a może nawet do bardzo biednej. Nie wiem, czy jego matka była wdową czy rozwódką, ale Félix mieszkał tylko z nią w niewielkim domu w alei Arequipa i chociaż uczył się w szkole dla dzieci z bogatych rodzin w Limie – w gimnazjum Santa Maria – nigdy nie miał grosza przy duszy i widać było, że żył w niedostatku, czego dowodziło jego zachowanie i sposób ubierania się. Powołanie Felixa do polityki było o wiele silniejsze – w jego przypadku nawet wyłączne – aniżeli moje i Lei. Miał już pewną wiedzę o marksizmie, dysponował książkami i broszurami i pożyczał je nam, a ja czytałem zafascynowany, ponieważ miały posmak zakazanego owocu i należało je nosić w opakowaniu, żeby niczego nie odkryli szpicle, jakich Esparza Zañartu miał w społeczności uniwersytetu San Marcos, gdzie szukał tych, których „La Prensa" nazywała „elementami wy-wrotowymi" i „agitatorami" (wszystkie dzienniki w tamtych czasach popierały dyktaturę i, rzecz prosta, były antykomunistyczne, ale gazeta Pedra Beltrána była pod tym względem najgorsza ze wszystkich pozostałych razem wziętych). Odkąd dołączył do nas Félix, poszły w kąt inne tematy, no i polityka – a raczej socjalizm i rewolucja – znalazła się w centrum naszych rozmów. Dyskutowaliśmy na dziedzińcu uniwersytetu San Marcos – wtedy mieścił się jeszcze w starym budynku w parku Uniwersyteckim, w samym centrum Limy – albo w kawiarenkach w dzielnicy La Colmena lub Azángaro, a Lea zabierała nas czasem na kawę lub coca-colę do podziemia Negro-Negro, lokalu mieszczącego się w podcieniach placu San Martín. W przeciwieństwie do wizyt w tym lokalu w czasach mojego cygańskiego żywota z okresu pracy w „La Crónica", teraz nie piłem ani kropli alkoholu i nasze rozmowy dotyczyły wyłącznie spraw poważnych, takich jak akty przemocy ze strony dyktatury, wielkie przemiany etyczne, polityczne, ekonomiczne, naukowe, kulturalne, które dokonywały się w ZSRR („w kraju, w którym nie ma prostytutek, złodziei ani księży" – jak mówił w swoim wierszu Paul Éluard) albo w Chinach Mao Zedonga, które odwiedził i o których napisał takie wspaniałe rzeczy pisarz francuski Claude Roy w *Kluczach do Chin*, a my tej książce wierzyliśmy bezgranicznie.

Nasze rozmowy trwały do późna. Często wracaliśmy ze śródmieścia do domu Lei na Petit Thouars, potem szliśmy z Félixem do jego domu na ulicę Arequipa, w pobliżu Angamos, a później ja sam wędrowałem aż na ulicę Porta. Trasa od placu San Martín do mego domu zabierała mi półtorej godziny. Babcia zostawiała mi na stole kolację i nie miało znaczenia, że była zimna (zawsze to samo, ryż z pasztecikiem i frytki ziemniaczane). Zarówno jedzenie nie było dla mnie ważne („dla poety jedzenie to proza" – żartował ze mnie dziadek), jak i nie potrzebowałem dużo snu, bo chociaż kładłem się bardzo późno, przed zaśnięciem jeszcze długo czytałem. Z moją pasją i upodobaniem do wyłączności dyskusje z Felixem i Leą zabierały mi cały wolny czas, a kiedy nie przebywałem w ich towarzystwie, rozmyślałem, jak to wspaniale mieć takich przyjaciół, z którymi dobrze się rozumiemy i z którymi snujemy wspólne plany na przyszłość. Myślałem też, w wielkiej tajemnicy, że nie powinienem się w Lei zakochać, bo to byłoby fatalne dla całej naszej trójki. A poza tym – czyż zwyczaj zakochiwania się nie był typowo burżuazyjną słabością, nie do pomyślenia dla rewolucjonisty?

W tym czasie nawiązaliśmy upragniony kontakt. Na dziedzińcu San Marcos podszedł do nas jakiś człowiek, który się nam przyglądał, i zapytał jakby od niechcenia, co myślimy o studentach siedzących w areszcie, a potem rozmawiał z nami na tematy z dziedziny kultury, których niestety nie nauczano na uniwersytecie – takich jak na przykład materializm dialektyczny, materializm historyczny i naukowy socjalizm – a były to zagadnienia, o jakich każdy wykształcony człowiek powinien posiadać wiedzę ogólną. I za drugim, a może za trzecim razem zagadnął nas, czy nie bylibyśmy zainteresowani utworzeniem grupy studyjnej do prowadzenia badań nad tymi problemami, których poruszania cenzura, lęk przed dyktaturą i burżuazyjny charakter uczelni zabraniały na uniwersytecie San Marcos. Lea, Félix i ja odpowiedzieliśmy zachwyceni, że tak. Nie upłynął miesiąc, odkąd wstąpiliśmy na uniwersytet, a już znaleźliśmy się w kole studyjnym, co było pierwszym krokiem, jaki powinni wykonać aktywiści Cahuide, bo pod taką nazwą próbowała odbudować się w konspiracji Partia Komunistyczna, którą represje, dezercje i podziały wewnętrzne prawie kompletnie w minionych latach zniszczyły.

Naszym pierwszym instruktorem w kole był Héctor Béjar, który w latach sześćdziesiątych miał zostać szefem partyzantki ELN* i z tego powodu spędzić wiele lat w więzieniu. Był młodzieńcem

---

* Éjercito de Liberación Nacional – Wojsko Wyzwolenia Narodowego (przyp. tłum.).

wysokim i sympatycznym, o okrągłej twarzy podobnej kształtem do sera i ładnie brzmiącym głosie, co pozwalało mu zarabiać na życie w charakterze spikera Radia Centralnego. Był od nas trochę starszy – już studiował prawo – i uczenie się z nim marksizmu było atrakcyjne, bo odznaczał się inteligencją i sprawnie prowadził dyskusję w kole. Pierwszą książką, którą omawialiśmy, był *Wykład filozofii. Zasady podstawowe* Georges'a Politzera. Potem *Manifest komunistyczny* i *Walki klasowe we Francji* Marksa, *Anty-Dühring* Engelsa i *Co robić?* Lenina. Kupowaliśmy te książki, w zamian za co otrzymywaliśmy czasem, w formie dodatku, spóźniony numer pisemka „Cultura Soviética", czasopisma, na którego okładkach zawsze były uśmiechnięte wieśniaczki o czerstwych policzkach, na tle łanów pszenicy i traktorów; te zakupy robiliśmy w małej księgarence na ulicy Pando, której właściciel, Chilijczyk z wąsikiem i zawsze zawiązaną muszką, trzymał ukryte na zapleczu sklepu duże zapasy wywrotowej literatury. O wiele później, kiedy czytałem powieści Conrada zaludnione postaciami posępnych konspiratorów, twarz tajemniczego kopciuszka, jaką miał tamten księgarz, dostawca nielegalnych książek, zawsze powracała mi w pamięci.

Spotykaliśmy się i wędrowaliśmy po różnych lokalach. Albo w nędznym pokoiku, w głębi starego budynku przy alei Abancay, gdzie mieszkał jeden z naszych towarzyszy, albo w małym domku na ulicy Bajo el Puente, w mieszkaniu bardzo bladej dziewczyny o przezwisku Ptak i tam pewnego razu najedliśmy się strachu, bo nagle, w czasie naszej dyskusji, zjawił się jakiś wojskowy. Był to brat dziewczyny-Ptaka, który wcale się nie zdziwił, kiedy nas zobaczył, ale więcej już tam nie wróciliśmy. Zbieraliśmy się także na Barrios Altos w pewnym pensjonacie, którego właścicielka, będąca naszym dyskretnym sympatykiem, udostępniała nam pełne pajęczyn pomieszczenie w głębi ogrodu. Uczestniczyłem przynajmniej w czterech zebraniach, a w następnym roku zostałem instruktorem i organizatorem jednego z kół, przy czym zamazały mi się w pamięci twarze i nazwiska towarzyszy, którzy mnie instruowali, a także tych, którzy razem ze mną byli szkoleni, no i takich, których ja szkoliłem. Jednak dobrze pamiętam tamtych z pierwszego zebrania koła, bo z większością utworzyliśmy potem pierwszą komórkę, kiedy zaczynaliśmy działalność w Cahuide. Poza Félixem i Leą był z nami chudziutki chłopak o cienkim głosiku, który wszystko miał w mniejszym formacie: węzeł krawata, łagodność manier i małe kroczki, którymi poruszał się po świecie. Nazywał się Podestá i był pierwszym odpowiedzialnym za naszą komórkę. Natomiast student antropologii Martínez tryskał bujną energią i zdrowiem: był silnym i ciepłym Indianinem, oddanym pracownikiem, którego raporty w naszym kole nigdy nie miały końca. Jego miedzianej barwy kamienna twarz nigdy się nie zmieniała, nawet najbardziej gwałtowne debaty nie wyprowadzały go z równowagi. Za to Antonio Muñoz, góral z Junín, miał poczucie humoru i czasem pozwalał sobie przerywać żartami śmiertelnie poważny nastrój naszych zebrań (spotkałem go potem w czasie kampanii wyborczej w latach 1989–1990, kiedy organizował komitety Ruchu Wolność w prowincjach Junín). Była także wśród nas tajemnicza dziewczyna o przezwisku Ptak, która przyzwyczaiła nas do tego, że pytaliśmy ją, czy wie, czym jest koło studyjne, czy zdaje sobie sprawę, że może być aresztowana za to, że jest już wywrotową bojowniczką. Ptak o uderzająco bladej twarzy i delikatnych manierach przygotowywała się do wszystkich dyskusji o lekturach i referatów, ale wyglądało na to, że niewiele sobie z tego przyswaja, no i pewnego dnia pożegnała się nagle z kołem, tłumacząc, że spóźni się na mszę...

Po kilku tygodniach naszej przynależności do koła, Béjar uznał, że Lea, Félix i ja dojrzeliśmy już do poważnych zadań. Czy zgodzimy się na rozmowę z odpowiedzialnym członkiem partii? Umówiono nam spotkanie pod wieczór, w alei Pardo w Miraflores i tam pojawił się Washington Durán Abarca – wtedy znałem tylko jego pseudonim – który zaskoczył nas, mówiąc, że najlepszym sposobem na to, żeby szpicli wystawić do wiatru, jest spotkanie się w dzielnicach burżuazji na wolnym powietrzu. Siedzieliśmy na ławce pod fikusami w tej samej alei, gdzie zakochałem się bez wzajemności w pięknej Florze Flores i w innych córach burżuazji, a Washington przedstawił nam ogólny zarys historii Partii Komunistycznej, od jej założenia przez José Carlosa Mariateguiego zwanego Amauta (Mędrzec) w 1928, aż do naszych dni, kiedy to, pod nazwą Cahuide, podnosiła się z upadku. Po tym historycznym wstępie, pod wpływem Amauty, którego *Siete ensayos*... studiowaliśmy w naszym kole, partia dostała się w ręce Eudocia Ravinesa, który najpierw był jej sekretarzem generalnym i działał jako wysłannik Kominternu w Chile, Argentynie i Hiszpanii (podczas wojny domowej), a potem ją zdradził, przeobraził się w wielkiego peruwiańskiego anty-komunistę i sprzymierzył się z „La Prensa" i z Pedrem Beltránem. No a później dyktatury i ciężkie represje sprawiły, że partia musiała działać niejawnie, w coraz trudniejszej konspiracji, z krótkim wyjątkiem trzech lat rządów Bustamantego y Rivero, kiedy mogła wyjść na światło dzienne. Ale potem prądy „likwidacyjne i antyrobotnicze" podkopały tę organizację, oddalając ją od mas i kierując w stronę układów z burżuazją: na przykład były przywódca Juan P. Luna sprzedał się Ordíi i był jednym z senatorów oszukańczego Kongresu za czasów reżimu wojskowego. Autentyczni przywódcy, tacy jak Jorge del Prado, przebywali na wygnaniu albo w więzieniu (taki był przypadek Raúla Acosty, ostatniego sekretarza generalnego),

Mimo to partia nadal prowadziła w ukryciu swą działalność i rok przed naszym spotkaniem miała decydujący udział w strajku na uniwersytecie San Marcos. Wielu towarzyszy, którzy w tym strajku uczestniczyli, przebywało później na wygnaniu albo w zakładzie karnym. Cahuide organizowała się przez jednoczenie pozostających przy życiu komórek partyjnych do czasu, kiedy można było zwołać zjazd. Składała się z frakcji studenckiej i z frakcji robotniczej, przy czym ze względów bezpieczeństwa każda komórka znała tylko jedną odpowiedzialną osobę z instancji kierowniczej. W żadnym dokumencie ani w rozmowach nie wolno było używać własnego nazwiska, tylko pseudonimu. Wstąpić do Cahuide można było jako sympatyk albo bojownik.

Félix i ja oznajmiliśmy, że chcemy być sympatykami, natomiast Lea poprosiła o natychmiastowe pełne członkostwo. Przysięga, którą odebrał od niej, półgłosem ministranta, Washington Durán, była uroczysta – „Czy przysięgacie walczyć o interesy klasy robotniczej, za partię?..." – i wywarła na nas duże wrażenie. Potem musieliśmy wybrać sobie pseudonimy. Moim był towarzysz Alberto.

Chociaż koło studyjne nadal działało – co pewien czas zmieniało członków oraz instruktora – wszyscy troje zaczęliśmy pracować równolegle w komórce frakcji studenckiej, do której wstąpili również Podestá, Martínez i Muñoz. Okoliczności ograniczały naszą walkę do roznoszenia ulotek albo do konspiracyjnego sprzedawania podziemnej gazetki zatytułowanej „Cahuide", do której przyszło mi napisać kilka tekstów przedstawiających „proletariacki" i „dialektyczny" punkt widzenia na temat zagadnień międzynarodowych. Kosztowała pięćdziesiąt centów i atakowała zarówno dyktaturę Odríi, jak i dwie czarne bestie partyjne: APRA i trockistów.

Jeśli chodzi o partię APRA, to zrozumiałe. W 1953, mimo że była jeszcze w podziemiu, wciąż sprawowała kontrolę nad większością związków zawodowych i była pierwszą – w rzeczywistości jedyną – peruwiańską partią polityczną, do której pasowała nazwa „ludowa". To właśnie zakorzenienie APRA w kręgach ludowych przeszkadzało w rozwoju Partii Komunistycznej, wówczas wąskiej organizacji intelektualistów, studentów i małych grup robotniczych. Na uniwersytecie San Marcos w owym czasie (a może i zawsze) ogromna większość studentów była apolityczna, z lekką skłonnością ku lewicy, ale bez przynależności partyjnej. Spośród zainteresowanych polityką większość należała do partii APRA. Komuniści stanowili skromną i skoncentrowaną mniejszość przede wszystkim na wydziałach literatury, ekonomii i prawa.

Trockizm prawie nie zaistniał, co wiele mówiło o braku ideologicznego realizmu w funkcjonowaniu Cahuide, gdy my tymczasem poświęcaliśmy mnóstwo czasu na denuncjowanie nierealnego upiora w ulotkach i w naszej gazetce. Trockistów na uniwersytecie San Marcos nie było w tym czasie więcej niż paru, skupiali się wokół Anibala Quijana, którego uważaliśmy za ich ideologa. Przyszły socjolog przemawiał co rano na dziedzińcu wydziału literatury i potoczystym stylem podawał zdumiewające dane o zwiększającej się liczbie zwolenników Leona Dawidowicza w samym Związku Radzieckim. „Mamy dwadzieścia dwa tysiące towarzyszy trockistów w sowieckich siłach zbrojnych" – słyszałem, jak informuje z triumfującym uśmiechem w jednym ze swoich wystąpień. A innym razem jeden z przypuszczalnych następców Quijana, który później zostanie deputowanym Akcji Ludowej – Raúl Peña Cabrera – wprawił mnie w osłupienie, mówiąc: „Wiem, że studiujecie marksizm. To bardzo dobrze. Ale musicie to robić wszechstronnie, bez sekciarstwa". I podarował mi egzemplarz *Rewolucji i sztuki* Trockiego, który przeczytałem w ukryciu z niezdrowym poczuciem, że popełniam wykroczenie. Dopiero ze dwa, może trzy lata później pojawił się tam, żeby zastąpić Peñę i Quijana, jako ideolog trockizmu w Peru, odziany w ekstrawaganckie i całkowicie niestosowne w klimacie Limy szare palto, wyglądający jak tęga señora malowniczy osobnik Ismael Frías, który w tamtym czasie mieszkał w stolicy Meksyku, w domu Trockiego w dzielnicy Coyoacán, i pełnił funkcję sekretarza dostojnej wdowy, Natalii Siedowej.

Bardzo trudno, żeby nie powiedzieć niemożliwe, było stwierdzić, kto jest trockistą, a także nie sposób było zidentyfikować członków APRA i naszych towarzyszy. Poza ludźmi z naszej komórki i odpowiedzialnymi chwilowo osobami z wyższych instancji, które przychodziły wygłaszać nam pogadanki albo przekazywać polecenia – takimi jak dzielny Isaac Humala, który w swoich przemówieniach obowiązkowo wspominał o niewolnikach w Grecji i o buncie Spartakusa – tylko drogą zgadywanek albo za pomocą magicznej różdżki można było zidentyfikować bojowników partii, którą rząd wojskowy zdelegalizował. Szpicle Esparzy Zañartu i szalona wrogość między członkami APRA, komunistami i trockistami, z których jedni podejrzewali drugich o donosicielstwo – wszystko to sprawiało, że atmosfera polityczna na uniwersytecie była okropnie duszna.

Aż w końcu, kiedy można było zorganizować wybory do połączonych ośrodków Federacji Uniwersyteckiej San Marcos (rozbitych po strajku w 1952), Félix i ja zostaliśmy wybrani spośród kandydatów, jakich przedstawiła Cahuide na wydziale literatury, i spośród pięciu delegatów Federacji. Nie wiem, jak do tego doszło, bo zarówno w Zjednoczonym Centrum, jak i w Federacji większość należała do APRA. A w niedługim czasie zdarzył się epizod, który będzie miał dla mnie powieściowe konsekwencje.

Już mówiłem, że wielu studentów siedziało w więzieniu. Ustawa o bezpieczeństwie wewnętrznym pozwalała rządowi wysyłać do więzienia każdego „wywrotowca" i trzymać go tam przez czas nieokreślony, bez sądu. Warunki, w jakich więźniowie przebywali w zakładzie karnym – czerwonym budynku stojącym w centrum Limy, gdzie teraz znajduje się hotel Sheraton, i który, jak się dowiedziałem dopiero po latach, był jednym z rzadkich dziwolągów wzniesionych według wskazówek brytyjskiego filozofa Jeremy'ego Benthama – były uciążliwe: więźniowie musieli spać na ziemi, bez materaców i bez przykrycia. Zorganizowaliśmy zbiórkę na zakup koców, ale kiedy zanieśliśmy je do więzienia, administrator poinformował nas, że z więźniami nie można nawiązać kontaktu, bo to p o l i t y c z n i – a określenie takie było w czasach dyktatury zniesławieniem – i że tylko za zgodą szefa rządu można byłoby koce przekazać.

Czy powinniśmy, z racji humanitarnych, prosić o audiencję u samego mózgu – szefa represji rządu Odríi? Temat ten wywołał jedną z zażartych dyskusji, najpierw na szczeblu komórek, a potem w Federacji. Wszystkie kwestie były najpierw dyskutowane w Cahuide, a potem opracowywaliśmy strategię i wprowadzaliśmy ją do praktyki w organizacjach studenckich, w których działaliśmy w sposób zdyscyplinowany i skoordynowany, co nieraz pozwalało nam dochodzić do ugody, mimo że byliśmy w mniejszości wobec członków APRA. Już nie wiem, czego broniliśmy w sprawie prośby o audiencję u Esparzy Zañartu, ale nasze dyskusje były gwałtowne. W końcu ustaliliśmy, że poprosimy o rozmowę. Federacja mianowała komisję, w której znaleźliśmy się Martínez i ja.

Szef rządu wyznaczył nam spotkanie w godzinach przedpołudniowych w swoim biurze na placu Italia. Byliśmy zdenerwowani i podnieceni, czekając w pomieszczeniu o brudnych ścianach, wśród policjantów umundurowanych i niektórych w cywilu oraz w otoczeniu urzędników stłoczonych w ciasnych pokoikach. W końcu wprowadzono nas do gabinetu, w którym siedział Esparza Zañartu. Nie wstał, żeby się z nami przywitać, nie poprosił, abyśmy usiedli. Spokojnie obserwował nas zza swego biurka. Nigdy nie zapomnę jego pergaminowej znudzonej twarzy. Był dziwacznym człowieczkiem około czterdziestki lub pięćdziesiątki, a może raczej w wieku poza czasem, skromnie ubranym, chudym i przygnębionym, wyglądał jak postać bez znaczenia, jak człowiek bez przymiotów (przynajmniej fizycznych). Prawie niezauważalnym gestem dał znak, abyśmy powiedzieli, czego chcemy, i w milczeniu wysłuchał tych, którzy jąkając się, tłumaczyli sprawę materacy i koców. Nie drgnął mu w twarzy ani jeden muskuł, sprawiał wrażenie, jakby myślami przebywał gdzie indziej, ale patrzył na nas badawczo, przenikliwym wzrokiem, jak na jakieś robactwo. W końcu, z takim samym wyrazem zobojętnienia, otworzył szufladę, wyjął z niej plik papierów i wymachując nimi w naszą stronę, wymamrotał: „A co to takiego?". W jego ręku powiewały numery tajnego pisemka „Cahuide".

Oznajmił, że wie o wszystkim, co się dzieje na uniwersytecie San Marcos, także i o tym, kto napisał te artykuły. Podziękował za to, że w każdym numerze zajmujemy się jego osobą. Ale powinniśmy być ostrożni, bo na uniwersytecie mamy się uczyć, a nie przygotowywać komunistyczną rewoltę. Mówił beznamiętnym i bezbarwnym głosikiem, ubogim i pełnym językowych błędów, jak człowiek, który od czasów szkolnych nigdy nie przeczytał żadnej książki.

Nie pamiętam, co się dalej działo ze sprawą koców, ale zapamiętałem wrażenie, które odniosłem, widząc dysproporcję między wyobrażeniem, jakie mieliśmy w Peru o tej mrocznej postaci odpowiedzialnej za zbrodnie, cenzurę, donosy i uwięzienia, a przeciętnością człowieka, przed którym staliśmy. Wychodząc z tego spotkania, wiedziałem, że wcześniej czy później napiszę to, co potem miało się okazać moją powieścią *Rozmowa w „Katedrze"*. (Kiedy książka ukazała się w 1969 i dziennikarze pytali Esparzę Zañartu, który mieszkał wtedy w Chosice i zajmował się filantropią i ogrodnictwem, co myśli o tej powieści, której bohater, Cayo Mierda, tak był do niego podobny, odpowiedział [wyobrażam sobie jego znudzoną minę]: „Och... gdyby Vargas Llosa konsultował się ze mną, to opowiedziałbym mu wiele interesujących rzeczy"...).

Przez ponad rok mojej działalności w Cahuide nasze bohaterskie rewolucyjne czyny były nieznaczne: nieudana próba usunięcia jednego z profesorów, gazetka Centrum Federacyjnego, która przetrwała przez dwa lub trzy numery, i strajk na uniwersytecie San Marcos na znak solidarności z tramwajarzami. Ponadto bezpłatna pomoc dla kandydatów zamierzających wstąpić na uniwersytet, co pozwoliło nam rekrutować adeptów, dla których wygłosiłem cykl wykładów o literaturze. Prawo do krytykowania złych profesorów (które zmieni się w prawo do krytykowania reakcjonistów) było jedną ze zdobyczy reformy uniwersyteckiej w latach dwudziestych i zostało zniesione po wojskowym zamachu stanu w 1948. Próbowaliśmy przywrócić je w odniesieniu do naszego profesora logiki, doktora Saberbeina, chociaż nie wiem dlaczego, bo na wydziale byli gorsi od niego, ale ponieśliśmy klęskę, ponieważ na dwóch burzliwych zebraniach jego obrońcy okazali się liczniejsi od przeciwników.

Jeśli chodzi o gazetkę, to w mojej pamięci pozostały przede wszystkim długotrwałe dyskusje w Cahuide z błahego powodu: czy artykuły mają mieć podpisy autorów czy mają być anonimowe. Jak wszystko, co robiliśmy, i ta sprawa stawała się przedmiotem analiz ideologicznych, w których tezy każdego z dyskutantów rozmieniano na drobne z zastosowaniem argumentów o podłożu klasowym i dialektycznym. Najcięższe oskarżenia były takie: to burżuazyjny subiektywizm, idealizm, brak świadomości klasowej. Moje lektury Sartre'a w „Les Temps Modernes" pomogły mi być mniej dogmatycznym od innych towarzyszy, a czasem zbierałem się nawet na odwagę i szermowałem Sartre'owską krytyką marksizmu, co budziło gniew Felixa, który w miarę angażowania się w walkę stawał się coraz bardziej nieustępliwy i ortodoksyjny. Debata o podpisach trwała przez wiele dni i podczas jednej z nich Félix rzucił pod moim adresem druzgocące oskarżenie: „Należysz do podludzi".

Jednak mimo że różniliśmy się w wewnętrznych debatach w Cahuide (nigdy w publicznych), ja nadal ich kochałem, jego i Leę, z góry wiedząc, że takie uczucie do przyjaciół jest przesądem burżuazyjnym. I bardzo mnie zabolało, kiedy nas rozdzielono, najpierw na szczeblu koła, a potem komórki partyjnej, przy czym Lea i Félix pozostali razem. W obu przypadkach wydawało mi się, że Félix, w sposób trudny do zauważenia dla kogoś, kto nie był wystarczająco czujny, zaaranżował naszą rozłąkę, zachowując jednocześnie pozory, że musi się z nią pogodzić. Ponieważ jestem z natury nieufny i podejrzliwy, doszedłem do wniosku, że sfabrykował tę konspirację z powodu zazdrości, którą u niego wyczuwałem, i dlatego oni oboje zostali razem. Jednak nie mogłem przestać myśleć, że na skutek ostatnio prezentowanej nieustępliwej postawy Félix uknuł tę separację po to, żeby mnie przyzwyczaić do ciosów i wyleczyć z sentymentalizmu, który był jedną z moich nieodwracalnych wad klasowych...

Mimo to nadal spotykaliśmy się bardzo często. Ja ich szukałem zawsze wtedy, kiedy tylko mogłem. Pewnego popołudnia – a upłynęło sześć, może osiem miesięcy od czasu, gdy się poznaliśmy – Lea oznajmiła mi, że chce ze mną porozmawiać. Poszedłem do niej do domu na Petit Thouars i stwierdziłem, że jest sama. Wyszliśmy pospacerować po centralnej części alei Arequipa, przechadzaliśmy się pod wysokimi drzewami, między sznurami samochodów, z których jedne jechały pod górę, w kierunku śródmieścia, a drugie zjeżdżały w dół, w kierunku morza. Lea była zdenerwowana. Czułem, że cała drży w swojej lekkiej sukience, i chociaż o zmierzchu ledwie mogłem zobaczyć jej oczy – właśnie zaczynał zapadać mrok – wiedziałem, że na pewno błyszczą i są wilgotne, jak zawsze kiedy ją coś dręczyło. Ja też byłem zdenerwowany i czekałem na to, co chce mi powiedzieć. W końcu, po długim milczeniu, słabiutkim głosikiem, ale nie wahając się w doborze słów, bo zawsze umiała trafnie ich używać w rozmowie czy w dyskusji, oznajmiła mi, że poprzedniego wieczoru Félix się jej oświadczył. Powiedział, że od pewnego czasu jest w niej zakochany, że jest dla niego ważniejsza niż wszystko inne, łącznie z partią... Poczułem skurcze w żołądku i wyrzucałem sobie, że byłem takim tchórzem i nie odważyłem się uczynić wcześniej tego, co teraz zrobił Félix. Ale kiedy Lea skończyła mówić i wyznała mi, że skoro jesteśmy tak ze sobą związani, to czuje się w obowiązku powiedzieć mi o tym, co się stało, nie wiedziałem, jak się zachować, więc w męczarniach, jakie zwykle mnie ogarniają w trudnych sytuacjach, zacząłem pospiesznie dodawać jej otuchy: powinna przyjąć oświadczyny, bo nie ulega wątpliwości, że Félix ją kocha. Ta noc pobiła wszelkie moje rekordy bezsenności w czasie całych studiów na uniwersytecie San Marcos.

Nadal spotykaliśmy się z Felixem i Leą, ale nasza przyjaźń stawała się coraz chłodniejsza. Wstydliwość, z jaką rewolucjoniści odnosili się do spraw osobistych, sprawiała, że chociaż oboje byli teraz w sobie zakochani, a może byli już nawet parą narzeczonych (nie wiem, jak z tym było naprawdę), na pierwszy rzut oka nie można było niczego zauważyć poza tym, że chodzili razem, ale nigdy nie trzymali się za rękę, nigdy żadne z nich nie wykonało jakiegoś gestu, który zdradzałby, że łączy ich związek uczuciowy. Ja o tym wiedziałem i chociaż bardzo dobrze to ukrywałem, kiedy byłem w ich towarzystwie, jednak czułem w żołądku drażniącą pustkę odstawionego od piersi burżuja.

W jakiś czas potem – może z rok lub ze dwa lata później – usłyszałem na ich temat historię opowiedzianą przez kogoś, kto nie mógł podejrzewać, że byłem w Lei zakochany. Zdarzenie to miało miejsce wewnątrz komórki partyjnej, do której oboje należeli. Mieli jakąś bardzo osobistą wymianę zdań, coś o wiele poważniejszego niż zwykła sprzeczka. Na zebraniu komórki Lea natychmiast oskarżyła Félixa, że zachował się wobec niej jak burżuj i zwróciła się z prośbą, żeby jego postępowanie poddać analizie pod względem politycznym. Sprawa zaskoczyła wszystkich obecnych, zebranie skończyło się jak psychodrama z Félixem składającym samokrytykę. Z powodu, którego nie mogę ujawnić, wspomnienie tego epizodu, o którym dowiedziałem się o wiele później, towarzyszyło mi przez długie lata i nieraz próbowałem odtworzyć sobie to całe zdarzenie i odgadnąć jego kontekst oraz konsekwencje.

Kiedy w połowie następnego roku, 1954, wystąpiłem z Cahuide, już nie widywałem się z Leą ani z Félixem i właściwie przestałem się z nimi spotykać. Nie wróciliśmy do naszych rozmów ani nie szukaliśmy swojego towarzystwa przez następne lata studiów na San Marcos, wymienialiśmy tylko pozdrowienia, mijając się u wejścia albo wychodząc z wykładów. A kiedy zamieszkałem w Europie, niewiele o nich słyszałem. Podobno się pobrali, mieli dzieci, prawdopodobnie oboje, a przynajmniej Félix, przeszli trudną drogę, jak wielu wojujących członków partii jego pokolenia, którzy opuszczali szeregi organizacji i do nich wracali, przewodzili podziałom i cierpieli z powodu wewnętrznych rozłamów, rozpadania się na frakcje, pojednań i nowych podziałów w środowisku peruwiańskich komunistów w latach pięćdziesiątych i sześćdziesiątych.

W 1972, z okazji wizyty w Limie prezydenta Salvadora Allendego, spotkałem ich oboje na przyjęciu w ambasadzie Chile. W gęstym tłumie ledwie zdołaliśmy zamienić kilka słów. Ale zapamiętałem żart Lei dotyczący *Rozmowy w „Katedrze"* – „Te twoje demony"... – mojej powieści, w której pojawiają się w przekształconej wersji pewne epizody z naszych wspólnie spędzonych lat na uniwersytecie San Marcos.

Potem upłynęło osiemnaście, a może ze dwadzieścia lat bez żadnych wiadomości na ich temat. Aż tu pewnego dnia, w trakcie kampanii wyborczej, w przeddzień ogłoszenia mojej kandydatury w Arequipie w maju 1989, sekretarki pokazały mi listę dziennikarzy ubiegających się o wywiad ze mną. Na tej liście widniało nazwisko Félixa. Natychmiast wyraziłem zgodę i zastanawiałem się, czy to jest on. Okazało się, że tak. Przybyło mu prawie czterdzieści lat, ale wciąż był taki sam, jak go zapamiętałem: łagodny i konspirujący, tak samo skromny i zaniedbany w ubiorze, zadający pytania z taką samą gorliwością, z zawsze kategoryczną perspektywą polityczną na końcu języka, pisał dla tak marginalnej i niewiele znaczącej gazetki jak ta, którą wydawaliśmy razem na uniwersytecie San Marcos. Wzruszyłem się na jego widok i myślę, że on także się wzruszył. Ale żaden z nas nie pozwolił sobie na to, by ujawnić drugiemu swoje prawdziwe uczucia.

W Cahuide jedynym epizodem, który dał mi poczucie, że działam dla rewolucji, był strajk solidarnościowy na uniwersytecie San Marcos na rzecz tramwajarzy. Związek był kontrolowany przez naszych aktywistów. Frakcja studencka robiła wszystko, żeby Federacja Uniwersytetu San Marcos przyłączyła się do strajku, co osiągnęliśmy. Były to dni emocjonujące, ponieważ po raz pierwszy członkowie mojej komórki mieli okazję działać poza uczelnią i w dodatku wspólnie z robotnikami! Uczestniczyliśmy w zebraniach związku i razem drukowaliśmy w małej drukarence w dzielnicy La Victoria codzienny biuletyn, który rozprowadzaliśmy na przystankach, gdzie gromadzili się ludzie, którzy zostali pozbawieni środków transportu. W tamtych dniach miałem także okazję spotkać na zebraniach komitetu strajkowego niektórych członków Cahuide, których wcześniej nie znałem.

Ilu nas było? Nigdy się nie dowiedziałem, ale podejrzewam, że o wiele mniej niż kilkudziesięciu. Również nigdy się nie dowiedziałem, kto był naszym sekretarzem generalnym ani kto wchodził w skład komitetu centralnego. Ciężkie represje tamtych lat – dopiero od 1955 zelżał system przestrzegania zasad bezpieczeństwa, po upadku Esparzy Zañartu – wymagały tajności naszych działań. Ale system ten wpływał także na charakter partii, na jej skłonności konspiracyjne, tendencję do podziemnego działania, co nigdy nie pozwoliło – chociaż tyle o tym mówiliśmy – aby stała się organizacją masową.

Po części właśnie to sprawiło, że miałem dosyć Cahuide. Przestałem uczestniczyć w pracach mojej komórki partyjnej w czerwcu, może w lipcu 1954, bo już od pewnego czasu czułem się znudzony pustką naszego działania. I nie dawałem wiary ani jednemu słowu tych klasowych analiz oraz interpretacji materialistycznych, które – chociaż nie mówiłem tego moim towarzyszom w sposób kategoryczny – robiły na mnie wrażenie dziecinady, czegoś w rodzaju katechizmu stereotypów i abstrakcji w takich sformułowaniach jak „oportunizm drobnomieszczański", „rewizjonizm", „interes klasowy", „walka klas", których używano, bo były wygodne jako pretekst do wytłumaczenia i obrony najbardziej sprzecznych interesów. I przede wszystkim dlatego, że w moim sposobie bycia – w moim indywidualizmie, w rosnącym powołaniu do pisania i w mojej niesfornej naturze – była głęboka wewnętrzna niezdolność do przeistoczenia się w cierpliwego, niezmordowanego, uległego rewolucjonistę, niewolnika organizacji partyjnej, który akceptuje i praktykuje centralizm demokratyczny – raz podjęta decyzja zostaje przyjęta jak własna przez wszystkich członków partii, którzy stosują się do niej z fanatyczną dyscypliną – przeciwko czemu buntowała się cała moja natura, chociaż na zewnątrz przyznawałem, że taka jest cena skutecznego działania.

W oddaleniu się od Cahuide odegrały także rolę rozbieżności ideologiczne, a te w moim przypadku brały się z lektury Sartre'a i czasopisma „Les Temps Modernes", którego byłem zapalonym czytelnikiem. Jednak myślę, że to miało znaczenie drugorzędne. Bo ze wszystkich lektur przeczytanych w kołach studyjnych zdołałem poznać marksizm tylko fragmentarycznie i powierzchownie. Dopiero w latach sześćdziesiątych, już w Europie, podjąłem poważne wyzwanie, aby czytać Marksa, Lenina, Mao oraz marksistów innowierców takich jak Lukács, Gramsci i Goldmann, no i superinnowierca Althusser. Przyciągnął mnie do tych lektur entuzjazm, jaki obudziła we mnie rewolucja kubańska, odnawiając w 1960 moje zainteresowanie marksizmem-leninizmem, które uważałem za wygasłe, odkąd odszedłem z Cahuide.

Chociaż San Marcos, Cahuide, Lea i Félix dostarczali mi w tamtym czasie zajęć bardzo absorbujących, nadal widywałem się z wujami i ciotkami – w ciągu tygodnia jadałem u nich rotacyjnie obiady albo kolacje – i pisywałem do wuja Lucho, któremu zdawałem szczegółowe relacje ze wszystkiego, co robiłem i o czym marzyłem, natomiast od niego otrzymywałem listy pełne zachęty. Często widywałem też przyjaciół z Piury, którzy przyjechali do Limy na studia uniwersyteckie, przede wszystkim spotykałem się z Javierem Silvą. Wielu z nich mieszkało tam gdzie Javier, w pensjonacie na ulicy Schell w Miraflores, który nazywano „powolną umieralnią", bo bardzo źle tam karmili. Javier zdecydował się na studiowanie architektury i chodził ubrany jak architekt, z bródką intelektualisty i w czarnej koszuli zapinanej pod szyję, w stylu Saint-Germain-des-Prés. Ja go do tego namawiałem, bo mieliśmy wyjechać do Paryża, i nawet nakłoniłem go, by napisał opowiadanie, które mu opublikowałem w „Turismo". Jego zaskakujący tekst zaczynał się od słów: „Moje kroki pokonywały powierzchnię"... Jednak w następnym roku zdecydował nagle, że będzie ekonomistą, i wstąpił na uniwersytet San Marcos, więc od 1954 byliśmy także kolegami z uczelni.

Dzięki Javierowi, który się tam zadomowił, wznowiłem kontakty z moją ulicą Diego Ferré. Zrobiłem to dyskretnie, bo mieszkający tam chłopcy i dziewczęta byli bardzo mieszczańscy, a ja już przestałem być burżujem. Co powiedzieliby Lea, Félix albo towarzysze z Cahuide, gdyby mnie zobaczyli na rogu ulicy Colón rozmawiającego o tych „diabelskich samiczkach", które dopiero co przeniosły się na ulicę Ocharán, czy też przygotowującego nieoczekiwaną sobotnią fiestę? A co powiedzieliby chłopcy i dziewczęta z tej mieszczańskiej dzielnicy o Cahuide, organizacji, która poza tym, że była komunistyczna, miała w swoich szeregach Indian, Metysów i Murzynów, takich samych jak ci, którzy byli służącymi w ich domach? To były dwa światy, które dzieliła przepaść. Kiedy przemieszczałem się z jednego z nich do drugiego, czułem się tak, jakbym zmieniał kraj.

W tamtym czasie najrzadziej widywałem rodziców. Spędzili wiele miesięcy w Stanach Zjednoczonych, a potem, zaraz po powrocie, ojciec ponownie wyjechał. Znowu starał się znaleźć pracę albo założyć jakiś interes, co by mu pozwoliło osiąść tam na stałe. Matka zamieszkała w domu dziadków, gdzie z trudem się mieściliśmy. Dręczyła ją nieobecność ojca, a ja podejrzewałem, że obawia się, iż w jakimś ataku złości może on znowu zniknąć na długo, jak za pierwszym razem. Jednak wrócił pod koniec 1953 i pewnego dnia wyznaczył mi spotkanie w swoim biurze.

Poszedłem bardzo zatrwożony, bo spotkania z nim nie wróżyły nic dobrego. Oświadczył, że praca w piśmie „Turismo" nie jest zajęciem poważnym, tylko jakąś namiastką, i że powinienem pracować w miejscu, w którym mógłbym robić karierę jeszcze podczas studiów, jak tylu młodych ludzi w Stanach Zjednoczonych. Rozmawiał już ze swoim przyjacielem z Banku Ludowego, gdzie czeka na mnie praca od 1 stycznia.

Tak więc rozpocząłem rok 1954 jako urzędnik bankowy w dzielnicy La Victoria, w oddziale Banku Ludowego. Pierwszego dnia przełożony zapytał mnie, czy mam jakieś doświadczenie. Odpowiedziałem, że nie mam żadnego. Wtedy syknął zaintrygowany. „To znaczy, że dostałeś się tutaj przez protekcję?" Tak było. „Będzie kłopot – oznajmił. – Bo mnie potrzebny jest kasjer do przyjmowania pieniędzy. Zobaczymy, czy sobie poradzisz". Było to dla mnie trudne doświadczenie – spędzałem w biurze ponad osiem godzin dziennie, od poniedziałku do piątku, co stało się przyczyną moich ciężkich snów. Musiałem przyjmować pieniądze od ludzi, którzy wpłacali je na książeczki oszczędnościowe albo na bieżące konta. Dużą część klienteli stanowiły prostytutki z zaułku Huatica znajdującego się w pobliżu, tuż za filią naszego banku. Niecierpliwiły się, bo byłem powolny w liczeniu pieniędzy i wydawaniu pokwitowań. Banknoty wypadały mi z rąk albo plątały się między palcami, więc czasem w tym potwornym zamieszaniu udawałem, że policzyłem pieniądze i wystawiałem pokwitowanie bez sprawdzenia, ile mi wpłacono. Popołudniami bilans często się nie zgadzał i, całkowicie załamany, musiałem ponownie przeliczać pieniądze. Pewnego dnia poszedłem do przełożonego i powiedziałem mu, żeby potrącił brakującą kwotę z mojej pensji. Tymczasem on tylko rzucił okiem na mój bilans, znalazł błąd i uśmiał się z mojej nieudolności. Był to człowiek młody i uprzejmy, który obstawał przy tym, żeby koledzy wybrali mnie na delegata do federacji bankowców, bo byłem studentem uniwersytetu. Ale nie zgodziłem się zostać delegatem związkowym i nie poinformowałem o tym kolegów z Cahuide, bo nalegaliby na mnie, abym propozycję przyjął. Gdybym podjął się tej odpowiedzialności, musiałbym zostać urzędnikiem bankowym na czas dłuższy, a to byłoby dla mnie nie do zaakceptowania. Nie znosiłem tej pracy wymagającej codziennej rutyny i wyczekiwałem każdej soboty, podobnie jak w internacie szkoły Leoncia Prady.

I wtedy, w drugim miesiącu pracy, nieoczekiwanie nadarzyła się okazja, by uciec od liczenia pieniędzy. Poszedłem na uniwersytet San Marcos odebrać moje oceny i sekretarka wydziału, Rosita Corpancho, poinformowała mnie, że doktor Porras Barrenechea, na którego kursie otrzymałem stopień celujący, chce mnie widzieć. Zadzwoniłem do niego zaintrygowany – nigdy prywatnie z nim nie rozmawiałem – a on poprosił, abym przyszedł do jego domu na ulicę Colina w Miraflores.

Poszedłem, pełen ciekawości, zachwycony, że mogę wejść do jego mieszkania, bo o jego bibliotece i kolekcji wydań *Don Kichota* mówiło się na uniwersytecie San Marcos jak o czymś legendarnym. Zaprowadził mnie do pokoju, w którym miał zwyczaj pracować, i tam, wśród stosów książek rozmaitej wielkości i półek, na których stały szeregiem figurki i obrazki przedstawiające don Kichota i Sancho Pansę, pogratulował mi wyniku egzaminu i pracy, jaką mu przedstawiłem – w której z aprobatą przeczytał, że zasygnalizowałem historyczną pomyłkę archeologa Tschudiego – więc zaproponował, żebym z nim pracował. Juan Mejía Baca zamówił serię książek o historii Peru u głównych peruwiańskich historyków. Porras miał opracować tomy dotyczące konkwisty i okresu uzyskania niepodległości. Księgarz-wydawca opłaci mu dwóch asystentów, którzy przygotują bibliografię i dokumentację. Jeden już z nim pracuje: Carlos Araníbar, z kursu doktoranckiego na wydziale historii w San Marcos. Czy chciałbym zostać drugim asystentem? Moja pensja wynosiłaby pięćset soli na miesiąc i pracowałbym u niego w domu, od drugiej do piątej po południu, od poniedziałku do piątku.

Wybiegłem stamtąd w stanie nieprawdopodobnej euforii, żeby zredagować wymówienie z pracy w Banku Ludowym, które złożyłem następnego dnia rano na ręce przełożonego, nie kryjąc przed nim ogarniającego mnie szczęścia. On nie mógł tego zrozumieć. Czy zdaję sobie sprawę, że rezygnuję ze stałej pracy na rzecz niepewnego zajęcia? Koledzy z oddziału zorganizowali mi pożegnanie w knajpie w dzielnicy La Victoria i tam robili sobie żarty dotyczące moich klientek z zaułku Huatica, które n i e będą za mną tęskniły.

Zawiadomiłem ojca pełen obaw. Mimo że zbliżałem się już do wieku osiemnastu lat, lęk przed nim wracał przy takich okazjach – było to uczucie paraliżujące, które pomniejszało i niweczyło moją własną argumentację, nawet w sprawach, w których byłem pewien swoich racji – a kiedy on był w pobliżu, ogarniało mnie uczucie dyskomfortu, nawet w sytuacjach najmniej istotnych.

Słuchał tego, co mówiłem, lekko pobladł i badał mnie tym swoim zimnym spojrzeniem, jakiego nigdy u nikogo innego nie widziałem, a kiedy skończyłem, zażądał, abym mu przedstawił dowód, że będę zarabiał pięćset soli. Musiałem wrócić do doktora Porrasa i prosić go o potwierdzenie. Dał mi je, nieco zdziwiony, a ojciec ograniczył się do chwilowej pyskówki, twierdząc, że wymówiłem pracę w banku nie dlatego, że znalazłem inne, ciekawsze zajęcie, tylko dlatego, że jestem pozbawiony ambicji.

Jednocześnie ze zdobyciem pracy u Porrasa Barrenechei zdarzyło się coś dla mnie wspaniałego: wuj Lucho przyjechał na stałe do Limy. Nie tylko powodowany zdrowym rozsądkiem. Nagłe wezbranie wód w rzece Chira z racji potężnych deszczy w górach Piury sprawiło, że zostały przerwane wały ochronne w gospodarstwie San José i uległy zniszczeniu wszystkie pola bawełny w roku, w którym odchwaszczona ziemia miała być bardzo wydajna i oczekiwano wyjątkowych zbiorów. Inwestycje i wieloletnia praca zostały zniweczone w ciągu kilku minut. Wuj Lucho oddał ziemię, sprzedał meble, załadował na furgonetkę ciocię Olgę i dzieci, Wandę, Patrycję i Lucha, no i przystąpił jeszcze raz do walki, tym razem w Limie.

Oczekiwałem, że jego obecność będzie czymś bardzo ważnym. Naprawdę jej brakowało. Nasza rodzina zaczynała podupadać. Dziadek miał nadwerężone zdrowie i problemy z pamięcią. Najbardziej alarmująca była sytuacja wuja Juana. Gdy przyjechał z Boliwii, znalazł dobrą posadę w towarzystwie przemysłowym, był człowiekiem kompetentnym, a poza tym bardzo rodzinnym, oddanym żonie i dzieciom. Zawsze lubił wypić trochę ponad normę, ale wydawało się, że potrafi to kontrolować, kiedy popija wedle upodobania, mając przyzwolenie podczas weekendów, na fiestach i spotkaniach rodzinnych. Jednak od śmierci jego matki, która nastąpiła półtora roku wcześniej, sprawa przybrała niepokojący obrót. Matka wuja Juana przyjechała z Arequipy, żeby z nim zamieszkać, a wtedy, okazało się, że ma raka. Wspaniale grała na fortepianie i kiedy przychodziłem do domu moich kuzynek Nancy i Gladys, zawsze prosiłem señorę Laurę, żeby zagrała walca *Melgar* Luisa Dunckera Lavalle'a oraz inne utwory przypominające mi Arequipę. Była kobietą bardzo pobożną, która potrafiła zakończyć życie z godnością. Jej śmierć załamała wuja Juana. Zamknął się w salonie swego domu, nikomu nie otwierał i pił do utraty przytomności. Potrafił pić przez wiele godzin, całymi dniami, i doszło do tego, że z osoby łagodnej i dobrodusznej, jaką był w stanach trzeźwości, zmieniał się w człowieka agresywnego, który siał dokoła postrach i zniszczenie. Cierpiałem podobnie jak ciocia Lala i moje kuzynki z powodu jego upadku, tych kryzysowych sytuacji, kiedy niszczył meble, rozpoczynał albo kończył pobyty w szpitalach, gdzie wiele razy podejmował leczenie, które nigdy nie odnosiło skutku, więc napawał rodzinę smutkiem i przysparzał jej kłopotów, ale ona mimo wszystko darzyła go uczuciem.

Wuj Pedro ożenił się z bardzo ładną dziewczyną, córką zarządcy hacjendy San Jacinto, i po roku spędzonym w Stanach Zjednoczonych teraz on i ciocia Rosi mieszkali w hacjendzie Paramonga, gdzie był dyrektorem szpitala. Tej rodzinie wiodło się bardzo dobrze. Ale wuj Jorge i ciocia Gaby żyli jak pies z kotem i wyglądało na to, że ich małżeństwo znajduje się w kryzysie. Wuj Jorge zdobywał coraz lepsze posady. Wraz z nadejściem prosperity nabrał niezaspokojonego apetytu na zabawę i towarzystwo kobiet, więc jego rozrzutność była źródłem ciągłych konfliktów małżeńskich.

Problemy rodzinne bardzo mnie martwiły. Przeżywałem je tak, jakby każdy z tych dramatów w poszczególnych domach rodziny Llosów dotykał mnie w sposób bardzo osobisty. I z niesłychaną naiwnością wierzyłem, że wraz z przyjazdem wuja Lucho wszystko się ułoży, że dzięki niemu, temu wielkiemu uzdrowicielowi, który leczył wszelkie cierpienia, rodzina znowu będzie tym samym pogodnym i niezniszczalnym klanem, który w Cochabambie zasiadał przy długim stole do burzliwych niedzielnych obiadów.

XII. Intryganci i tygrysy

Między końcem września a połową października 1989, po zgłoszeniu mojej kandydatury do Państwowego Sądu Wyborczego, odbyłem błyskawiczną podróż do czterech krajów, które od początku kampanii stawiałem za przykład rozwoju, jaki może osiągnąć każdy kraj, jeżeli wybierze wolność gospodarczą i dołączy do światowych rynków. Odwiedziłem Japonię, Tajwan, Koreę Południową i Singapur.

Kraje te nie mają bogactw naturalnych, są przeludnione i zaczynały od zera z racji swego statusu kolonii, z powodu zacofania lub wojny, które sprawiły, że zostały zdewastowane. I wszystkie cztery zdołały rozwinąć eksport, wybierając rozwój gospodarki otwartej na świat, popierając prywatną przedsiębiorczość, bardzo szybkie uprzemysłowienie i modernizację, dzięki czemu zlikwidowały bezrobocie i w znaczący sposób podniosły poziom życia. Wszystkie cztery – zwłaszcza Japonia – konkurują teraz na rynkach światowych z krajami bardziej rozwiniętymi. Czy to nie jest przykład dla Peru?

Podróż moja miała na celu pokazać Peruwiańczykom, że to, co głosimy – otwarcie naszej gospodarki na kraje w basenie Pacyfiku – chcemy od razu wprowadzić w czyn, przyspieszając współpracę z władzami, przedsiębiorstwami oraz instytucjami finansowymi tych krajów. I że ja jestem dostatecznie znany na arenie międzynarodowej, żeby zostać do grona przywódców przyjęty*. Dzięki zabiegom Álvara w czasie trwania mojej podróży po czterech krajach Azji, między 27 września a 14 października 1989, peruwiańska telewizja nadawała co wieczór materiały fotograficzne przekazywane jej drogą satelitarną przez Paco Velázqueza, wąsatego operatora kamery, który nam towarzyszył.

Ten operator podróżował z nami dzięki Genarowi Delgadowi Parkerowi, jednemu z właścicieli Kanału 5 telewizji, który pokrył koszty. W tamtym czasie Genaro, dawny znajomy i przyjaciel, uchodził za entuzjastę mojej kandydatury. Tego wieczoru, kiedy została ogłoszona w Arequipie, 4 czerwca 1989, podarował nam promocję za milion dolarów w programach publicystycznych, po uprzedniej dyskusji z Lucho Llosą, w której ten oskarżył go o dwulicowość i oportunizm w działalności politycznej. Genaro odwiedzał mnie od czasu do czasu, aby przekazywać swoje sugestie i opowiadać polityczne dowcipy oraz tłumaczyć, że jeśli jestem atakowany w programach Kanału 5, to z winy jego brata Héctora, członka partii APRA, bliskiego przyjaciela i doradcy prezydenta podczas pierwszego roku rządów Alana Garcíi.

Zdaniem Genara, Héctor pozyskał dla swoich działań młodszego brata Manuela i obaj sprawili, że Genaro znalazł się w Kanale 5 w gorszej sytuacji, więc był zmuszony zrezygnować z piastowania jakiegokolwiek stanowiska wykonawczego oraz z przynależności do gremium kierowniczego stacji. Genaro zawsze dawał mi odczuć, że to ja

---

* Przed tą podróżą spotkałem się z prezydentami i szefami rządów, w tym z trzema europejskimi: kanclerzem Niemiec Helmutem Kohlem w lipcu 1988, z premierem rządu Wielkiej Brytanii Margaret Thatcher w maju 1989, premierem rządu Hiszpanii Felipe Gonzalezem w lipcu 1989 oraz z trzema przywódcami latynoamerykańskimi: prezydentem Kostaryki Oscarem Ariasem 22 października 1988, Wenezueli – Carlosem Andrésem Perezem w kwietniu 1989 i Urugwaju – Juliem Marią Sanguinettim 15 czerwca 1989. Później odbyłem jeszcze spotkanie z prezydentem Brazylii Fernandem Collorem de Mello 20 lutego 1990. W działalności promocyjnej w czasie kampanii wykorzystywaliśmy fotografie i filmy z tych spotkań, aby utrwalić mój wizerunek męża stanu.

jestem główną przyczyną jego zerwania z Héctorem – nawet doszło między nimi do starcia z waleniem pięścią w stół – ale on woli taki kryzys w rodzinie niż rezygnację ze swojej wizji gospodarki i polityki, która pokrywa się z moją wizją. Odkąd zacząłem z nim pracować, jeszcze jako młody dziennikarz w Radio Panamericana, czułem nieodpartą sympatię do Genara, ale zawsze z odrobiną nieufności przyjmowałem jego deklaracje dotyczące przekonań politycznych. Myślę, że znałem go wystarczająco, aby wiedzieć, iż jego wielki sukces jako przedsiębiorcy ma źródła nie tylko w jego energii i talencie (którymi dysponował w nadmiarze), ale także w jego uzdolnieniach kameleona i zręczności komercyjnej, bo potrafił pływać jednocześnie na powierzchni i pod wodą oraz przekonywać zarówno Pana Boga, jak i diabła, że jest człowiekiem każdego z nich.

Zachowanie Genara podczas kampanii przeciwko etatyzmowi wynikało z błędnych założeń. Początkowo przyjął zdecydowaną postawę przeciw tym poglądom i Kanał 5, którym wtedy kierował, otworzył się przed nami i był niemal rzecznikiem naszej mobilizacji. W przeddzień wiecu na placu San Martín przyszedł zobaczyć się ze mną i przekazać mi swoje, niektóre bardzo zabawne, sugestie co do mego przemówienia, które Kanał 5 transmitował na żywo. Ale przez następne dni jego postawa zaczęła zmieniać się z solidarnościowej w neutralną, a potem wrogą, i to w błyskawicznym tempie. Przyczyną był list, jaki w najtrudniejszym momencie kampanii otrzymał od Alana Garcíi, który zapraszał go na śniadanie do Pałacu Prezydenckiego. Kiedy spotkanie się zakończyło, Genaro przybiegł do mnie do domu, aby mi je zrelacjonować. Przekazał mi taką wersję rozmowy z prezydentem, z której wynikało, że ten nie tylko pyskował przeciwko mnie, ale wygłosił serię pogróżek, jakich Genaro nie wymienił. Zauważyłem, że był tym spotkaniem mocno poruszony, odczuwał zarówno strach, jak i euforię. Natychmiast po tym zdarzeniu Genaro wyjechał do Miami, gdzie rozpłynął się jak mgła. Nie można go było zlokalizować. Manuel – również dyrektor programów radiowych – który został szefem stacji, wyeliminował nas ze swoich serwisów informacyjnych, piętrzył przed nami przeszkody i stwarzał wiele trudności nawet w nadawaniu ogłoszeń, za które płaciliśmy.

Po kilku miesiącach Genaro wrócił do Limy i, jak gdyby nigdy nic, odnowił ze mną kontakty. Często odwiedzał mnie w domu na Barranco, proponował pomoc i dobre rady, ale dawał do zrozumienia, że jego wpływy w kanale telewizyjnym były teraz ograniczone, bo Héctor i Manuel sprzymierzyli się przeciwko niemu. Mimo to milion dolarów przeznaczony dla nas na promocję był przez stację respektowany, nawet po tym, jak Genaro przestał być jej dyrektorem. W czasie trwania prawie całej kampanii Genaro zachowywał się jak nasz człowiek. Pojawił się w Arequipie na ogłoszeniu mojej kandydatury i chcąc ją promować, zebrał niewielką grupę dziennikarzy i ci w porozumieniu z moim synem Álvarem rozprowadzali w mediach prasowych materiały, które mogły nam pomóc. Dzięki temu operator Paco Velázquez towarzyszył mi w podróży po Azji.

Mniej inteligentny i zręczny niż Genaro, jego brat Héctor wybrał przymierze z partią APRA i podejmował się delikatnych i odpowiedzialnych misji w rządzie Alana Garcíi. Władze zleciły mu wynegocjowanie z rządem francuskim redukcji zakupu dwudziestu sześciu samolotów Mirage, które zamówił rząd Belaúndego, ale García zdecydował, że należy z części zrezygnować. Długie negocjacje – w których rezultacie Peru zatrzymało dwanaście i zwróciło czternaście samolotów – zakończyły się porozumieniem, które nigdy nie było przejrzyste. W tej sprawie, podobnie jak w wielu innych, uporczywie plotkowano o podejrzanych manipulacjach i milionowych prowizjach*.

---

* W lipcu 1991, kiedy wybuchł międzynarodowy skandal BCCI, prokurator Nowego Jorku Robert Morgenthau oskarżył rząd Alana Garcíi o to, że spowodował utratę przez jego kraj stu milionów dolarów, bo zakazał ingerowania w operację odkupienia czternastu samolotów przez jeden z krajów Bliskiego Wschodu, dając Garcíi do zrozumienia, że wszystko to wygląda na podejrzane działanie.

Przy różnych okazjach doradcy i sprzymierzeńcy Frontu radzili mi, abym unikał powoływania się na sprawę samolotów Mirage, bo poniosę ryzyko, że Kanał 5 zamieni się w bezlitosnego wroga mojej kandydatury. Odrzuciłem tę radę z wcześniej sformułowanego powodu: jeżeli zostanę wybrany, nikt w Peru nie poczuje się oszukany tym, co będę robił. Nie oskarżyłem w tej sprawie w sposób formalny Alana Garcíi ani Héctora Delgada Parkera. Mimo to, chociaż próbowałem dotrzeć do szczegółowych danych o negocjacjach w sprawie samolotów Mirage, nigdy nie zdołałem wyrobić sobie ostatecznego poglądu na ten temat. Ale właśnie dlatego należało zbadać, czy umowa została wynegocjowana w sposób uczciwy czy nie.

W trakcie podróży po Azji, pewnego wieczoru do mego hotelu w Seulu przyszedł faks od Alvara: Héctor Delgado Parker został porwany 4 października 1989, w pobliżu Panamericana Televisión, przez komando Ruchu Rewolucyjnego im. Tupaca Amaru, które w trakcie napadu zabiło jego szofera i zraniło Hectora. Spędził w rękach porywaczy sto dziewięćdziesiąt dziewięć dni, aż do 20 kwietnia 1990, kiedy to został przez nich uwolniony na ulicach Miraflores. W tym czasie dyrektorem wykonawczym Kanale 5 był najmłodszy z braci Manuel, ale Genaro odzyskał wpływy w stacji. Na konferencji prasowej, na Forum Gospodarki i Rolnictwa 1990–1995, zorganizowanym przez Uniwersytet Rolniczy 30 stycznia 1990 (na której, nawiasem mówiąc, rozdrażniony brutalnością oficjalnych kalumnii, która w tych dniach bardzo się nasilała, przebrałem miarę, nazywając rząd Alana Garcíi „rządem gówniarzy i łobuzów") wymieniłem kwestię samolotów Mirage pośród spraw, które będą przedmiotem przyszłego dochodzenia. Po kilku dniach miał miejsce jeden z najbardziej tajemniczych epizodów w kampanii: otóż porywacze Héctora pozwolili mu, aby udzielił mi odpowiedzi i ogłosił, że jest niewinny, a zrobił to z „więzienia ludu" i został nagrany na wideo, które pokazano w Kanale 4, w programie Césara Hildebrandta, w niedzielę 11 lutego 1990. Dzień wcześniej Manuel Delgado Parker poszukiwał Álvara, aby go powiadomić o istnieniu nagrania i zapewnić, że rodzina nie zgodzi się na jego rozpowszechnianie. Prasa popierająca partię APRA oskarżyła mnie, że naraziłem życie Héctora na niebezpieczeństwo, bo wspomniałem o sprawie samolotów Mirage wtedy, gdy on był w rękach porywaczy. Po tym epizodzie Kanał 5 przekształcił się w główny bastion kampanii zorganizowanej przez rząd przeciwko nam.

Jednak to nastąpiło dopiero po kilku miesiącach, a tymczasem, w trakcie mojej podróży na Daleki Wschód w początkach października 1989, dzięki staraniom Genara i jego operatora, Álvaro mógł zasypywać kanały telewizyjne i dzienniki materiałami fotograficznymi, na których wyglądałem jak, nie przymierzając, szef państwa w rozmowie z prezydentem Tajwanu Lee Teng-huim albo z premierem Japonii Toshikim Kaifu. Ten ostatni był wobec mnie bardzo serdeczny. Chcąc mnie przyjąć 13 października 1989, przesunął spotkanie z Carlą Hills, sekretarz stanu do spraw handlu Stanów Zjednoczonych, i w naszej krótkiej rozmowie zapewnił, że Japonia udzieli poparcia mojemu przyszłemu rządowi w staraniach o ponowne przyjęcie Peru do wspólnoty finansowej. Powiedział mi, że patrzy życzliwie na nasze zamiary przyciągnięcia japońskich inwestycji. Premier Kaifu był przewodniczącym komitetu przyjaźni peruwiańsko-japońskiej w parlamencie i był poinformowany o tym, iż często stawiam Japonię jako przykład, że kraj może dźwignąć się z ruin i postuluję gospodarcze otwarcie Peru w stronę krajów w basenie Pacyfiku. (W drugiej turze wyborów inżynier Fujimori wykorzysta tę głoszoną przeze mnie naukę, mówiąc wyborcom: „Zgadzam się z tym, co mówi doktor Vargas Llosa na temat Japonii. Ale czy nie uważacie, że syn Japończyków może odnieść większy od niego sukces w takiej polityce?").

Keidanren, zrzeszenie prywatnych przedsiębiorstw Japonii, zorganizowało w Tokio spotkanie przedstawicieli przemysłu i japońskich banków z przedsiębiorcami, którzy towarzyszyli mi w podróży. Byli to: Juan Francisco Raffo, Patricio Barclay, Gonzalo de la Puente, Fernando Arias, Raymundo Morales i Felipe Thorndike. Zaprosiłem ich do wspólnego ze mną wyjazdu, ponieważ reprezentowali w swoich dziedzinach – w finansach, eksporcie, górnictwie, rybołówstwie, tekstyliach, mechanice – nowoczesne przedsiębiorstwa i uważałem ich za przedsiębiorców skutecznych, pragnących rozwoju oraz zdolnych do wyciągnięcia nauki z metod organizacji odwiedzanych zakładów w krajach „czterech tygrysów". Dobrze było też pokazać azjatyckim rządom i inwestorom, że nasz projekt gospodarczego otwarcia ma poparcie peruwiańskiego sektora prywatnego.

To był jeden z nielicznych momentów harmonijnej współpracy grup przedsiębiorców ze mną jako kandydatem. Ich sympatia do mnie podczas batalii przeciwko etatyzmowi była jednomyślna. Jednak później, kiedy zacząłem promować gospodarkę rynkową i postulowałem, żeby zlikwidować protekcjonizm i otworzyć granice dla importu, wielu z nich ogarnęła panika. Niektórzy odgrzebali upiorny stereotyp: zniszczenie przemysłu narodowego. Jak peruwiańscy przedsiębiorcy będą mogli konkurować z bardzo potężnymi firmami z zagranicy, które zaleją rynek towarami o cenach dumpingowych? Odpowiadałem im, że to powinno być możliwe, bo na przykład w Chile, gdzie mają teraz gospodarkę otwartą, przemysł rozwinął się, zamiast popaść w ruinę.

Dyskusje na ten temat były długie i trudne. Gospodarka dewastowana przez sklepikarskie praktyki niszczy samego przedsiębiorcę, bo rozwija w nim mentalność pasywną, uzależnia go od protekcji państwa, wzbudza w nim poczucie niepewności i paniczny strach przed konkurencją. Odbyłem pełne napięcia rozmowy z montażystami samochodów, którzy często mnie odwiedzali. Przerażała ich myśl, że na skutek liberalizacji będą przywożone do Peru używane samochody po niskich cenach. Kto kupi zmontowaną w Peru toyotę, która kosztuje dwadzieścia pięć tysięcy dolarów, kiedy Hyundai ma w ofercie koreańskie samochody w cenie pięciu tysięcy? Moja odpowiedź zawsze była kategoryczna. Jeżeli jakieś przedsiębiorstwo nie będzie w stanie stawić czoła konkurencji innego zagranicznego przedsiębiorstwa, to powinno zmienić profil albo zniknąć z rynku, bo utrzymywanie go za pomocą wznoszenia protekcjonistycznych barier będzie oznaczać działanie sprzeczne z interesami peruwiańskiego społeczeństwa.

Niektórzy peruwiańscy przedsiębiorcy nigdy tego nie zaakceptowali; „Lepsi komuniści niż Vargas Llosa" – stwierdził, jak mi powiedziano, jeden z największych konserwatystów don Gianflavio Gerbolini – ale na pewno inni, a myślę, że było ich wielu wśród tych, którzy towarzyszyli mi w podróży na Daleki Wschód, zdołali się przekonać, że tylko liberalna reforma zagwarantuje przyszłość prywatnej przedsiębiorczości.

Peruwiański przedsiębiorca znienawidzony i bezustannie atakowany przez lewicę, która zawsze demonizowała jego rolę jako bezapelacyjnie odpowiedzialnego za wyzysk i brak sprawiedliwości społecznej oraz przedstawiała go jako człowieka pozbawionego patriotyzmu, powiązanego z zagranicznym kapitałem i pozostającego na jego usługach; na skutek sklepikarskiego systemu zmuszony do ciągłych działań niezgodnych z prawem, do przekupywania urzędników, a w pogoni za zyskiem – do uchylania się od płacenia podatków; przyzwyczajony do niestabilnego prawa i sprzecznych ze sobą rozporządzeń zmieniających się w zależności od widzimisię arbitralnego świata polityki; żyjący w strachu przed nacjonalizacją i konfiskatami, a więc niezdolny do planowania działań na dalszą przyszłość, zawsze ulegający pokusie, by dla bezpieczeństwa lokować część swego majątku za granicą – a więc ten peruwiański przedsiębiorca nie był w stanie odnaleźć się w roli szefa prosperującej firmy ani głównego bohatera wielkiej rewolucji przemysłowej, jaka nastąpiła w krajach rozwiniętych. Ale nie chciał być kozłem ofiarnym, którego socjaliści i populiści obarczali odpowiedzialnością za nasze zacofanie. Jego udział w polityce był żaden albo pozostawał na żenującym poziomie i ograniczał się do prób wywierania wpływu na polityków, co, w wielu przypadkach, oznaczało ich korumpowanie.

Dla wielu było niespodzianką, że od mego pierwszego publicznego wystąpienia gorąco apelowałem o przywrócenie do łask prywatnej przedsiębiorczości i prywatnych przedsiębiorców, że w mojej kampanii traktowałem ich zupełnie inaczej, niż odnoszono się do nich do tej pory w politycznych przemówieniach, do czego już się przyzwyczaili. I że niejednokrotnie mówiłem, iż w społeczeństwie, jakie chcemy zbudować, prywatny przedsiębiorca ma być motorem rozwoju, że dzięki jego wizji powstaną miejsca pracy, których nam tak potrzeba, że napłyną do Peru dewizy, których nam brakuje, że będzie się podnosił poziom życia ludności, że prywatny przedsiębiorca stanie się kimś uznanym i akceptowanym przez społeczeństwo bez kompleksów, świadome tego, że w kraju o gospodarce rynkowej sukces przedsiębiorstwa sprzyjać będzie całej wspólnocie.

Nigdy nie ukrywałem przed przedsiębiorcami tego, że w pierwszym okresie będą zmuszeni ponosić poważne ofiary. Teraz mam mniej pewności, ale wtedy odnosiłem wrażenie, że wielu z nich, a może i większość, zrozumiało, iż będą musieli zapłacić taką cenę, jeżeli w przyszłości chcą stać się partnerami tych, którzy w Japonii, na Tajwanie, w Korei Południowej albo w Singapurze pokazywali nam swoje fabryki i wprawiali nas w zdumienie, informując o wskaźnikach wzrostu i sprzedaży na eksport. Przynajmniej niektórych zdołałem zarazić przekonaniem, że tylko od nas zależy, by w nieodległej przyszłości to brudne i pełne przemocy miasto, w jakie zamieniło się dawne Miasto Królów (tak nazywała się Lima za czasów kolonii), w oczach turystów wyglądało podobnie jak wzorowo zadbane i bardzo nowoczesne miasto-państwo Singapur.

„Kiedy tu przyjechałem trzydzieści lat temu, wieżowce, które pan widzi, aleja z butikami, które niczego nie muszą zazdrościć sklepom w Zurychu, Nowym Jorku czy w Paryżu, pięciogwiazdkowe hotele powstawały na bagnach pełnych krokodyli i komarów". Stoi przede mną człowiek pokazujący mi z okna swego biura w Izbie Handlowej Singapuru, której jest przewodniczącym, centrum miasta w tym maleńkim kraju, który wywarł na mnie niezapomniane wrażenie.

Podobnie jak w Peru, społeczeństwo Singapuru było wielorasowe – składali się na nie biali, Chińczycy, Malajowie, Hindusi – ludność mówiła różnymi językami, miała różne tradycje, obyczaje i religie. A przy tym ludzie ci zajmowali maleńkie terytorium, na którym ledwie się mieścili, żyli w nieznośnym upale, wśród ulewnych deszczy. Mieli korzystne położenie geograficzne, lecz żadnych bogactw naturalnych. A więc byli ofiarami wszystkich czynników, które uważa się za główne przeszkody w szybkim rozwoju. Jednak potrafili przeobrazić się w jedno z najbardziej nowoczesnych i rozwiniętych społeczeństw w Azji, o bardzo wysokim poziomie życia, mieli największy i najbardziej wydajny port na świecie (zastosowano tam rodzaj ryzykownego eksperymentu, bo wyładowywano i załadowywano statek zaledwie w osiem godzin), a także przemysł o wysokiej technologii*. (Produkt narodowy brutto w latach 1981–1990 wzrastał średnio o 6,3 procent, a eksport między 1981 a 1989 o 7,3 procent, według danych Banku Światowego i Międzynarodowego Funduszu Walutowego). Różne rasy, religie i obyczaje współżyły ze sobą w tej mekce finansjery, gdzie znajdowała się jedna z najaktywniejszych giełd na kuli ziemskiej i gdzie stworzono system bankowy mający swoje przedstawicielstwa na całym świecie. Wszystko to zdołano zbudować w niespełna trzydzieści lat dzięki swobodzie gospodarczej, rynkowi i umiędzynarodowieniu. To prawda, że reżim Lee Kuana Yew był autorytarny i represyjny (właściwie zaczynał tolerować opozycję i krytykę), czego ja bym nie naśladował. Ale dlaczego Peru nie mogłoby doprowadzić do podobnego rozwoju, zachowując demokrację? To byłoby możliwe, gdyby większość Peruwiańczyków tak

---

* Pamiętam, że w Londynie dyskutowałem o Singapurze z pisarzem Shivą Naipaulem, który właśnie stamtąd wrócił. Według niego postęp i szybka modernizacja były zbrodnią kulturową przeciwko mieszkańcom Singapuru, którzy z tego powodu „tracą własną duszę". Czy byli bardziej autentyczni przedtem, kiedy żyli w otoczeniu bagien, krokodyli i komarów, aniżeli teraz, kiedy żyją wśród drapaczy chmur? Bez wątpienia dawniej wyglądali bardziej malowniczo, ale jestem pewien, że wszyscy – i to wszyscy mieszkańcy Trzeciego Świata – byliby gotowi zrezygnować z bycia malowniczymi na rzecz gwarancji pracy i życia z minimalnym poczuciem bezpieczeństwa i godności.

zadecydowała. A na obecnym etapie kampanii wyborczej otrzymywaliśmy pomyślne sygnały: w sondażach zawsze uzyskiwałem przewagę, zamierzało na mnie głosować około czterdziestu do czterdziestu pięciu procent wyborców.

Nie było łatwo uzyskać oferty pomocy oraz inwestycji, będąc zwykłym kandydatem. Niemniej zdobyliśmy konkretne obietnice dla PAS* w wysokości czterystu milionów dolarów (z Tajwanu dwieście milionów, a z Korei Południowej i z Japonii po sto milionów). W czasie podróży starałem się wyjaśnić rządom tych krajów, a także wielu przedsiębiorcom, to, co zamierzaliśmy zrobić, aby zmienić autodestrukcyjny kurs, jakim kroczyło teraz Peru. Nasz wizerunek był skrajnie żałosny: kraj niepewny i nacechowany przemocą, poddany kwarantannie przez wspólnotę finansową, kraj, który na skutek wojennej deklaracji rządu APRA Międzynarodowy Fundusz Walutowy wykreślił z grona swoich członków, wykluczył ze wszystkich programów kredytowych i pomocowych oraz przestał interesować się jego egzystencją.

Moje argumenty, że Peru posiada bogactwa naturalne potrzebne krajom azjatyckim – zaczynając od nafty i minerałów – i że nasze gospodarki mogłyby się wzajemnie uzupełniać, wykorzystując Pacyfik jako drogę wymiany, spotykały się zawsze z takimi samymi odpowiedziami. Tak, ale przedtem Peru musi zakończyć konflikt z Międzynarodowym Funduszem Walutowym, bo bez jego rekomendacji żaden kraj, bank ani przedsiębiorstwo nie zaufają peruwiańskiemu rządowi. Drugi warunek to położyć kres terroryzmowi.

W przypadku Japonii sprawa okazała się szczególnie delikatna. Władze i przedsiębiorcy oznajmili nam bez ogródek, że są głęboko niezadowoleni z tego powodu, że Peru nie wywiązało się z umów zawartych w sprawie budowy na północy kraju rurociągu przez nich finansowanego. Rządy lata temu przestały umarzać dług zaciągnięty

---

* Programa de Apoyo Social – Program Wsparcia Społecznego (przyp. tłum.).

przez Peru w czasach wojskowej dyktatury, ale co było najgorsze dla kraju przywiązującego wielką wagę do form – obecny rząd Peru nawet nie spieszył się z wyjaśnieniami. Zajmujący się tą sprawą urzędnicy nie odpowiadali na listy ani na teleksy. A specjalni japońscy wysłannicy nie byli w Peru przyjmowani ani przez prezydenta, ani przez ministrów, tylko przez urzędników niższego stopnia, którzy udzielali im wymijających odpowiedzi i niekonkretnych obietnic (słynna peruwiańska metoda *meceo*: tak przedłużać dyskusję, aż rozmówca się zmęczy i przestanie nalegać). Czy takie powinny być sposoby zaprzyjaźnionych krajów?

Urzędnikom i przedsiębiorcom powtarzałem, że jestem przeciwny takim metodom i zwalczam tego rodzaju moralność polityczną. A wszystkim wyjaśniałem, że w naszym programie będą priorytetem renegocjacje z Międzynarodowym Funduszem Walutowym oraz walka z terroryzmem. Nie wiem, czy mi uwierzyli. Jednak niektóre rzeczy załatwiłem. Między innymi porozumienie z Keidanren w sprawie zorganizowania w Limie, natychmiast po wyborach, spotkania przedsiębiorców peruwiańskich i japońskich, którego celem będzie ustalenie podstaw współpracy obejmującej tematy od niespłaconych długów do sposobu, w jaki Japonia może pomóc Peru w ponownym włączeniu się do światowego systemu finansów, oraz określenie sektorów gospodarki, w których japońskie przedsiębiorstwa mogłyby inwestować w naszym kraju. Niezmordowany Miguel Vega Alvear, który zorganizował moją podróż po krajach Dalekiego Wschodu, miał umówić to spotkanie pod koniec kwietnia albo na początku maja (wybory miały się odbyć 10 kwietnia i nie odrzucaliśmy myśli, że wygramy w pierwszej turze).

Najwspanialsze przyjęcie zgotowano mi na Tajwanie. Wyjechałem stamtąd przekonany, że z tego kraju popłyną poważne inwestycje zaraz po tym, jak wygramy wybory. W Tajpej urzędnicy z Ministerstwa Spraw Zagranicznych czekali na mnie u stóp samolotu, dwa samochody z dźwiękiem syren eskortowały mnie w czasie wszystkich przejazdów, zostałem przyjęty na oficjalnej audiencji przez prezydenta Lee Teng-hui oraz ministra spraw zagranicznych, odbyliśmy sesję roboczą z przywódcami Kuomintangu i z prywatnymi przedsiębiorcami. I uzyskaliśmy to, o co prosiłem ze szczególnym naciskiem: dokładną informację o reformie rolnej, która przeobraziła tę wyspę wielkich, na wpół feudalnych posiadłości, jaką była w momencie przybycia tutaj Czang Kaj-szeka, w archipelag małych i średnich gospodarstw pozostających w rękach prywatnych właścicieli. Ta reforma była impulsem do startu dla rozwoju przemysłu, który przekształcił Tajwan w gospodarczą potęgę, jaką jest dzisiaj.

Kiedy byłem studentem w latach pięćdziesiątych, Tajwan był nazwą źle odbieraną w Ameryce Łacińskiej. Siły postępowe uważały, że „tajwanizować się" to największa hańba dla kraju. Według panującej ideologii, tej chaotycznej mieszanki socjalizmu, nacjonalizmu i populizmu, która zrujnowała Amerykę Łacińską, Tajwan był czymś w rodzaju półkolonialnej agencji handlowej, krajem, który sprzedał swoją suwerenność za talerz soczewicy: północnoamerykańskie inwestycje umożliwiały istnienie manufaktur, w których miliony nędznie opłacanych robotników szyły spodnie, koszule i ubrania dla firm ponadnarodowych. W połowie lat pięćdziesiątych gospodarka peruwiańska – której wartość eksportu wynosiła dwa miliardy dolarów rocznie – przewyższała gospodarkę Tajwanu, ale dochód na głowę ludności w obu krajach był niższy niż dwa tysiące dolarów rocznie. Teraz, kiedy odwiedzałem tę wyspę, dochód na głowę spadł w Peru mniej więcej o połowę w stosunku do tego, jaki był w latach pięćdziesiątych, natomiast na Tajwanie zwiększył się siedmiokrotnie (7 350 dolarów w roku 1990). A potem wzrastał w średnim tempie 8,5 procent rocznie w latach 1981–1990 (a jego eksport średnio o 12,1 procent rocznie w latach 1981–1989)*, w związku z czym teraz Tajwan miał rezerwy w wysokości siedemdziesięciu pięciu miliardów dolarów, gdy tymcza-

---

* Dane Banku Światowego i Międzynarodowego Funduszu Walutowego.

sem pod koniec rządów Alana Garcíi rezerwy peruwiańskie spadły do zera, a nad krajem ciążył dług zewnętrzny w wysokości dwudziestu miliardów dolarów.

W przeciwieństwie do Korei Południowej, której rozwój, niemniej imponujący, zawdzięczano sile siedmiu wielkich grup kapitałowych, na Tajwanie nastąpiło zwielokrotnienie liczby przedsiębiorstw średniego i małego formatu, o bardzo wysokim poziomie technologii: w 1990 osiemdziesiąt procent jego fabryk, w większości produkujących na eksport, w warunkach wysokiej konkurencyjności, miało mniej niż po dwudziestu pracowników. To był model, który nam odpowiadał. Władze i przedsiębiorcy Tajwanu nie szczędzili trudu, aby zaspokoić moją ciekawość, i przygotowali program spotkań, który, chociaż morderczy, okazał się bardzo pouczający. Zapamiętałem przede wszystkim wrażenie z gatunku *science fiction*, jakiego doznałem w parku technologicznym w Hsinchu, dokąd zapraszano wielkie światowe przedsiębiorstwa w celu eksperymentowania z produktami i technologiami przyszłości. Na Tajwanie otrzymałem najmocniejsze obietnice pomocy, jeżeli Front Demokratyczny zdobędzie w Peru władzę.

Naturalnie stał za tym interes polityczny. Peru zerwało stosunki z Tajwanem, aby uznać Chińską Republikę Ludową, w czasach dyktatury Velasca. Odtąd peruwiańskie rządy ograniczały kontakty i wymianę handlową, a za czasów Alana Garcíi kontakty te wygasły. Aby utrzymać swą obecność w Peru, Tajwan miał w Limie towarzystwo handlowe, którego szef był półoficjalnym przedstawicielem swojego rządu. Ale nawet nie posiadał uprawnień do wydawania wiz. Chociaż na żadnym spotkaniu nie proszono mnie o nic konkretnego, uprzedziłem władze Tajwanu, że mój rząd nawiąże z nimi stosunki konsularne i handlowe, nie zrywając z Chińską Republiką Ludową.

Podobnie jak to zrobiłem w stosunku do Margaret Thatcher i Felipe Gonzaleza, przywódców krajów o podobnych problemach, zwróciłem się też do władz Tajwanu z prośbą o doradztwo w walce z terroryzmem. I to mi również obiecano. Od razu przyznano nam dwa stypendia na ośmiotygodniowy kurs dotyczący strategii w walce z wywrotowcami. Ruch Wolność wysłał Henry'ego Bullarda, prawnika i członka komisji do spraw pokoju i praw człowieka we Froncie Demokratycznym, oraz osobę na równi zagadkową co skuteczną, o której nigdy nie zdołałem zdobyć więcej informacji poza tą, że jest karateką i *nisei* – był nią profesor Oshiro. Był trenerem i dyrektorem technicznym personelu ochrony w Prosegur oraz osobą, która zastępowała Óscara Balbiego – albo go wzmacniała – towarzysząc mi jak cień w wiecach i podróżach po kraju. W nieokreślonym wieku – czterdzieści, może czterdzieści pięć lat – szczupły i mocny jak skała, zawsze ubrany w lekką sportową koszulę, o spokojnym i łagodnym wyglądzie, wzbudzał moje zaufanie. Profesor Oshira nigdy nie otwierał ust z wyjątkiem tych momentów, kiedy chciał wydać z siebie jakieś dziwne pomruki, i zawsze odnosiło się wrażenie, iż nic go nie może zaniepokoić ani wyrwać ze stanu zamyślenia. Ani agresywne zachowanie awanturników na manifestacjach, ani burze, które nagle zaczynały trząść naszym małym samolotem, którym podróżowaliśmy. Jednak gdy zachodziła potrzeba, jego reakcje były bardzo szybkie. Jak owego dnia w Punie, w święto Matki Boskiej Gromnicznej. Kiedy weszliśmy na stadion, gdzie odbywał się spektakl tańców ludowych, posypał się w naszą stronę grad kamieni rzucanych z trybuny. Zanim zdołałem unieść ramiona, profesor Oshiro już rozpostarł nade mną swoją skórzaną kurtkę w roli parasola ochronnego przed kamieniami i zatrzymał, a przynajmniej osłabił ciosy. Kurs dotyczący zwalczania terroryzmu na Tajwanie nie wywarł na nim większego wrażenia, ale zadał sobie trud i przedstawił mi raport na temat tego wszystkiego, co usłyszał i czego się tam nauczył.

Podróż po Azji miała charakter polityczny i przeładowany program, więc prawie nie dysponowałem czasem na działalność kulturalną ani na spotkania z pisarzami. Z dwoma wyjątkami. W Tajpej zjadłem obiad z członkami prezydium miejscowego Pen Clubu i mogłem porozmawiać przez chwilę ze wspaniałą Nancy Ying, z którą się zaprzyjaźniłem, kiedy byłem międzynarodowym przewodniczącym tej organizacji. A w Seulu koreańskie centrum Pen wydało na moją cześć przyjęcie, na które zaprosiło towarzyszące mi osoby. Funkcję gospodarza pełniła imponująca postać odziana w przepiękne kimono z jedwabiu w drukowane kwiaty, trzymająca w ręce wachlarze z malowanego papieru. Bankier i przemysłowiec Gonzalo de la Puente, wykonując renesansowy ukłon, pochylił się, aby ucałować dłoń tej postaci, wypowiadając słowa: *„Chère madame..."*. (Dyskretnie go poinformowaliśmy, że chodzi o *cher monsieur*, czcigodnego poetę, jak się wydawało, bardzo popularnego).

Zaraz po powrocie do Limy wystąpiłem na konferencji prasowej, informując o mojej podróży i o dobrych dla Peru perspektywach rozwijania stosunków gospodarczych z krajami akwenu Pacyfiku. Podróż tę szeroko relacjonowały media. Wydawało się, że panowała jednomyślność w popieraniu idei poprawienia przez Peru wymiany z krajami posiadającymi gigantyczne nadwyżki finansowe i mogącymi inwestować w rozwój przemysłu. Czy nie było absurdem nie skorzystać z takiej okazji, z której Chile już czerpało wiele rozmaitych korzyści?

Zaniepokojony przytłaczającą przewagą, jaką dla Frontu Demokratycznego wykazywały sondaże, 27 listopada 1987 Alan García zerwał z tym, co zgodnie z konstytucją i obyczajem powinno cechować postawę prezydenta na spotkaniach wyborczych: z autentyczną lub przynajmniej z pozorowaną neutralnością. I na konferencji prasowej pojawił się na ekranach telewizji, aby oznajmić, że jeśli nikt (czyli ja) mu „nie będzie przeszkadzał", to on pewne rzeczy sprostuje. Na przykład zaneguje dane, które podałem o liczbie urzędników państwowych w Peru. Według niego jest t y l k o siedem tysięcy urzędników na państwowych posadach. Dla nas to był temat o kapitalnym znaczeniu i zbadaliśmy go wszędzie tam, gdzie to było możliwe. Wiele razy uczestniczyłem w zebraniach naszej komisji do spraw państwowego systemu kontroli, której przewodnicząca, doktor María Reynafarje przedstawiła nam, w sposób bardzo interesujący, wykaz stosowanych w celu powiększenia liczby personelu w publicznych instytucjach kruczków prawnych i oszustw, do jakich uciekały się kolejne rządy. Rząd Alana Garcíi wyolbrzymił tę praktykę do rozmiarów korupcji. Na przykład Peruwiański Instytut Ubezpieczeń Społecznych posługiwał się systemem zawierania kontraktów z rzekomymi instytucjami ubezpieczeniowymi i dysponował pewnymi funduszami chronionymi tajemnicą wojskową, co pozwalało rządowi płacić wynagrodzenia setkom zbirów i zbójów w jego paramilitarnych bandach. Nie było mi więc trudno polemizować z prezydentem i wykazać następnego dnia, z danymi liczbowymi pod ręką, że liczba Peruwiańczyków, którzy otrzymują pensje i wynagrodzenia od państwa (oficjalnie lub pod pretekstem kontraktów czasowych), wynosi ponad milion. Sondaże przeprowadzone po tej polemice wykazały, że z każdych trzech Peruwiańczyków dwóch dawało wiarę moim informacjom, a tylko jeden Alanowi Garcíi.

Wtedy, w odwecie za moją szeroko reklamowaną podróż po Azji, Alan García ogłosił, że Peru uznaje reżim Kim Ir Sena i nawiązuje stosunki dyplomatyczne z Koreą Północną. Oczekiwał, że w ten sposób uniemożliwi, albo przynajmniej utrudni, wymianę gospodarczą Peru z Koreą Południową, i co za tym idzie, z innymi krajami akwenu Pacyfiku, dla których stanowiła tabu dożywotnia dyktatura Kim Ir Sena konkurująca z Libią o tytuł najaktywniejszego państwa promującego terroryzm w skali świata.

Ale nie był to jedyny powód. Tym gestem Alan García płacił również za wsparcie otrzymane przez niego i jego partię od reżimu, który poza tym, że został objęty bojkotem przez wspólnotę krajów cywilizowanych, był także przykładem trwania formy najbardziej despotycznej stalinowskiej megalomanii. Podczas kampanii prezydenckiej w 1985 peruwiańskie media ze zdziwieniem sygnalizowały nieustanne podróże przywódców partii APRA i samego Alana Garcíi do

Phenianu, gdzie, na przykład, deputowany Carlos Roca miał zwyczaj fotografować się z przywódcami północnokoreańskimi wystrojony w proletariacki uniform. Wiadomość, że rząd Kim Ir Sena udzielił pomocy finansowej na rzecz kampanii Alana Garcíi, nie budziła wątpliwości, a nawet pojawił się okrutny donos, że fotograf czasopisma „Oiga"* wpadł na trop tajnego spotkania w Peru przywódców partii APRA z półoficjalną delegacją Korei Północnej, na którym prawdopodobnie dokonano jednego z przekazów pieniędzy umieszczonych w pudełku do butów!

W czasie rządów Alana Garcíi niepokojące kontakty trwały dalej. Ministerstwo Spraw Wewnętrznych dokonało dziwnego zakupu północnokoreańskich pistoletów maszynowych i karabinów, aby odświeżyć uzbrojenie policji i żandarmerii. Tymczasem tylko część tej broni dotarła rzeczywiście do tych formacji, a o przeznaczeniu reszty – podobno dziesięciu tysięcy sztuk broni – krążyły różne opowieści. To jeszcze jedna sprawa, co do której rząd nigdy nie dał przekonującego wyjaśnienia. Nie tylko prasa była zaniepokojona importem broni z Korei Północnej. Również siły zbrojne. Oficerowie marynarki i wojska, z którymi rozmawiałem – na jakby wyjętych ze szpiegowskiego filmu spotkaniach, w czasie których trzeba było zmieniać wiele razy środek transportu i miejsce – wszyscy poruszali tę kwestię. Co się stało z tymi karabinami? Zdaniem największych panikarzy zostały przeznaczone dla sił uderzeniowych partii APRA i jej oddziałów paramilitarnych, a zdaniem innych zostały odsprzedane handlarzom narkotyków i terrorystom albo spieniężone na rynku międzynarodowym z korzyścią dla garstki oficjeli najbliżej związanych z prezydentem.

Jaką korzyść mogło przynieść Peru uznanie za zgodne z prawem istnienie reżimu terrorystycznego, który w latach sześćdziesiątych wyszkolił i sfinansował peruwiańskie grupy partyzanckie MIR i FLN**,

* W numerze z 11 lutego 1985.
** Movimiento de Izquierda Revolucionaria – Ruch Lewicy Rewolucyjnej; Frente de Liberación Nacional – Front Wyzwolenia Narodowego (przyp. tłum.).

ale nie mógł być rynkiem dla naszych produktów ani źródłem inwestycji? Natomiast szkody wynikające z tego fáktu mogły być bardzo liczne, a przede wszystkim mogły oznaczać przeszkodę w pozyskiwaniu kredytów oraz inwestycji od rządu Korei Północnej, zasobnego w środki finansowe.

Zgodnie ze stanowiskiem komisji do spraw polityki zagranicznej Frontu, której przewodniczył emerytowany ambasador Arturo García, a doradzali (w dyskretnej formie) różni czynni urzędnicy, 29 listopada złożyłem oświadczenie, że zaraz po ukonstytuowaniu się mojego rządu położę kres stosunkom z reżimem Kim Ir Sena. Wielu członków komisji doradczej do spraw zagranicznych zrezygnowało ze swego w niej udziału na znak protestu wobec decyzji Alana Garcíi dotyczącej uznania Korei Północnej.

XIII. Waleczny obrońca Sartre'a

Pracowałem z Raúlem Porrasem Barrenecheą od lutego 1954 do czasu poprzedzającego o kilka dni mój wyjazd do Europy w 1958. Trzy godziny dziennie, jakie u niego spędzałem przez cztery i pół roku, od poniedziałku do piątku, od drugiej do piątej po południu, nauczyły mnie więcej o Peru i przyczyniły się do intelektualnego ukształtowania mnie bardziej niż wykłady na uniwersytecie San Marcos.

Porras Berrenechea był pedagogiem w dawnym stylu, lubił otaczać się uczniami i wymagał od nich absolutnej wierności. Był samotny, mieszkał w starym domu razem z matką, która zmarła rok wcześniej, a teraz miał u siebie starą służącą, Murzynkę, która prawdopodobnie była jego piastunką. Mówiła mu po imieniu i łajała go jak dziecko, a dla gości przygotowywała filiżanki pysznej czekolady, którymi historyk podejmował przychodzących do niego znanych intelektualistów pielgrzymujących na ulicę Colina. Jako sympatycznych rozmówców zapamiętałem Hiszpana don Pedra Laínę Entralgo; Wenezuelczyka Mariano Picón-Salasa – historyka, eseistę i subtelnego humorystę; Meksykanina Alfonsa Junco, którego nieśmiałość znikała, gdy w rozmowie pojawiały się dwa pasjonujące go tematy: Hiszpania i wiara, był bowiem obrońcą hiszpańskości i katolicyzmu; natomiast z naszych współziomków pamiętam poetę José Galveza, który mówił najczystszym hiszpańskim językiem i miał słabość do genealogii, a także Víctora Andrésa Belaundego – w tamtych czasach ambasadora Peru w ONZ, przejazdem w Limie, który na naszym spotkaniu mówił przez cały wieczór i nie pozwolił dojść do słowa gospodarzowi ani żadnemu z gości zaproszonych na czekoladę, jaką podawano na jego cześć.

Víctor Andrés Belaunde (1883–1966) z pokolenia wcześniejszego niż Porras, filozof i eseista katolicki, poza tym, że był dyplomatą, zasłynął polemiką z José Carlosem Mariateguim, którego tezy o peruwiańskim społeczeństwie odrzucił w swojej pracy *La realidad nacional* (Narodowa rzeczywistość)* w imię chrześcijańskiego korporatywizmu, tak sztucznego i nierealnego jak schematyczna – chociaż bardzo nowoczesna w swoim czasie i wywierająca długotrwały wpływ na myśl społeczną – marksistowska interpretacja książki *Siete ensayos de interpretación de la realidad peruana*. Porras szanował Belaundego, mimo że nie podzielał jego zapatrywań klerykalnego katolika, był też przeciwny poglądom, jakie reprezentował José de la Riva Agüero (1885–1944), nie godził się z jego złowieszczym entuzjazmem dla faszyzmu, chociaż miał szacunek dla jego erudycyjnej i totalitarnej wizji przeszłości Peru rozumianej jako synteza tego, co indiańskie, i tego, co hiszpańskie. Porras żywił bezapelacyjny podziw dla Rivy Agüero, którego uważał za swojego mistrza, łączyła ich zresztą wspólna cecha: skrupulatność, jeśli chodzi o dane i o cytaty, umiłowanie Hiszpanii oraz historii interpretowanej w romantycznej manierze Micheleta, pewna ironiczna rezerwa wobec nowych prądów intelektualnych pogardzających jednostką i anegdotą – takich jak antropologia i etnohistoria – ale Porrasa wyróżniał bardziej elastyczny umysł w sprawach religii i polityki.

Dyplomacja, której poświęcił część życia, bardzo zdekomponowała umysł Porrasa Barrenechei i przeszkodziła mu w realizacji tego,

---

* Napisana na wygnaniu między 1929 a 1930, opublikowana w różnych numerach „Mercurio Peruano"; pierwsze wydanie książkowe – jego druga część poświęcona była jedenastoletniej kadencji Leguíi – ukazało się w Paryżu w 1930.

czego wszyscy od niego oczekiwali: opracowania wielkiej historii odkrycia i podboju Peru – albo biografii Pizarra – czyli tematów, do których przygotowywał się od młodych lat, tworząc na koniec zbiór informacji zapewniających mu niemal wszechwiedzę. Do tej pory bogactwo wiadomości Porrasa znajdowało swój wyraz w serii erudycyjnych monografii o kronikarzach, podróżnikach czy ideologach i głosicielach idei niepodległościowych, a także w pięknych antologiach szkiców o Limie i Cuzco oraz w esejach, które ukazały się w tamtych latach, a dotyczyły Ricarda Palmy, *Paisajes peruanos* (Krajobrazów peruwiańskich) Rivy Agüero czy wreszcie podręcznika *Fuentes históricas peruanas* (Historyczne źródła peruwiańskie; Lima 1956). Ale my, którzy darzyliśmy go podziwem, a chyba i on sam, wiedzieliśmy, że były to tylko niewielkie fragmenty ogromnego całościowego dzieła o kluczowej dla historii Peru epoce, o czasach gdy zapoczątkowane zostały więzy z Europą i Zachodem, o okresie, który Porras znał lepiej niż ktokolwiek inny. Jego rówieśnik, Jorge Basadre, stworzył w tym czasie monumentalne dzieło *Historia de la República del Perú* (Historia Republiki). Porras miał cały materiał zebrany w notatkach i pracę Basadrego zaopiniował z szacunkiem, ale surowo, kreśląc uwagi swoim drobnym pismem na końcu ostatniego tomu. Inny jego rówieśnik, Luis Alberto Sánchez przebywający w owym czasie na wygnaniu w Chile, ukończył obszerną historię literatury peruwiańskiej. O ile dla Basadrego żywił Porras intelektualny szacunek, wprawdzie okazywany z rezerwą, bo różnił się z nim w poglądach, o tyle dla Sancheza miał tylko ironiczne politowanie.

W przeciwieństwie do Basadrego i Porrasa, ten trzeci muszkieter ze sławnego pokolenia urodzonego w XIX stuleciu, Luis Alberto Sánchez (czwarty, Jorge Guillermo Leguía, zmarł bardzo młodo, zostawiwszy zaledwie szkic przygotowywanego dzieła), który jako przywódca partii APRA spędził wiele lat na uchodźstwie, miał najwięcej doświadczenia w problematyce międzynarodowej i był najpłodniejszy z całej trójki, ale też wyjątkowo, po kreolsku, skłonny do improwizacji i najmniej zdyscyplinowany, kiedy chodziło o publikowanie swoich prac. Porrasa doprowadzało do szału, że Sánchez pisał książki jednym tchem, ufając swojej pamięci (nawet jeśli się ma tak wspaniałą pamięć jak Luis Alberto Sánchez), nie sprawdzając faktów, cytując źródła, których nie czytał, myląc daty, tytuły, nazwiska, co często się zdarzało w jego licznych publikacjach. Nieścisłości i lekkomyślność Sáncheza – nawet bardziej niż częste w jego pracach złośliwości i odgrywanie się na przeciwnikach politycznych oraz osobistych wrogach – drażniły Porrasa z powodu, który zapewne lepiej rozumiem z perspektywy czasu, bo był o wiele głębszy niż zwykła rywalizacja pokoleniowa, jak mi się wtedy wydawało. Swoboda, na jaką Sánchez pozwalał sobie w pracy, zakładała bowiem, że jego czytelnicy są niedorozwinięci umysłowo, niezdolni, by zorientować się i potępić jego metody. A Porras – jak Basadre i Jorge Guillermo Leguía, a przed nimi Riva Agüero – chociaż niewiele napisał i opublikował, robił to zawsze tak, jakby jego naród był najlepiej wykształcony i poinformowany na świecie, więc wymagał od siebie rygoru i perfekcji, jak przystało na historyka, którego badania są analizowane przez najbardziej wymagających erudytów.

W tamtych latach głośna była polemika między Luisem Alberto Sánchezem i chilijskim krytykiem Ricardem A. Latchamem, który recenzując esej Sáncheza na temat powieści w Ameryce Łacińskiej – *Proceso y contenido de la novela hispanoamericana* (Rozwój i tematyka powieści hispanoamerykańskiej) – zasygnalizował pewne błędy i braki w książce. Sánchez odpowiedział zapalczywie i dowcipnie. Wtedy Latcham pognębił przeciwnika nieprawdopodobnie długim wykazem błędów – a były ich setki – ja natomiast pamiętam, że Porras czytał ten wykaz w jakimś chilijskim czasopiśmie i pomrukiwał: „Co za wstyd, jaki wstyd".

Sánchez przeżył o wiele lat Leguíę, Porrasa i Basadrego, więc dana mu była szansa utrwalenia swojej opinii o byłych adwersarzach z pokolenia urodzonego w XIX wieku – którego walory intelektualne już się w Peru nie powtórzą – i została ona uznana za niemalże kanoniczną. Jednak, prawdę mówiąc, jego ocena miała te same wady, w które obfitowały liczne książki tego sprawnego, ale niedorosłego pisarza, wydawane dla niedorozwiniętych czytelników. Myślę przede wszystkim o prologu, jaki napisał do pośmiertnie wydanej pracy Porrasa *Pizarro* (Lima 1978), którą opublikowała grupa jego uczniów. Składają się nań same uzupełnienia, brakuje niezbędnych odniesień, teksty wcześniej publikowane są pomieszane z ineditami, co tworzy kompletny chaos. Nie wiem, kto sprawdzał, a raczej dlaczego nie sprawdzono tego fatalnego wydania – pełnego komercyjnych ogłoszeń wtłoczonych między stronice – co perfekcjonista, jakim był historyk Porras, potraktowałby z oburzeniem, ale tym bardziej nie rozumiem, dlaczego napisanie prologu zamówiono u Luisa Alberta Sáncheza, który wierząc we własny geniusz i wierny swoim obyczajom, uczynił z tekstu subtelne arcydzieło intrygi, bo obok przesłodzonych deklaracji przyjaźni do „Raúla", wracał do tych epizodów, które najbardziej denerwowały Porrasa, takich jak poparcie dla generała Urety, a nie dla Bustamantego y Rivery w wyborach 1945 i niezrezygnowanie ze stanowiska ambasadora w Hiszpanii, na które mianował go Bustamante po wojskowym zamachu stanu Odríi w 1948.

Uczniowie i przyjaciele Porrasa Barrenechei, reprezentujący różne pokolenia i różne zawody – byli wśród nich historycy i profesorowie, a także dyplomaci – wszyscy przychodzili z wizytami na ulicę Colina, aby wypić wieczorną czekoladę, opowiedzieć garść dowcipów ze środowiska polityki, z Ministerstwa Spraw Zagranicznych albo z uniwersytetu, które gospodarz uwielbiał, ale przychodzili również prosić go o radę i wstawiennictwo. Najczęściej ze wszystkich bywał tu jego rówieśnik, także dyplomata, historyk regionu Piury i dziennikarz, Ricardo Vegas García. Krótkowidz, człowiek wytworny i raptus, don Ricardo miewał co pewien czas napady wściekłości, o których Porras opowiadał przezabawne anegdoty, na przykład o tym, jak jego przyjaciel roztrzaskał muszlę klozetową, bo miał trudności z pociągnięciem za łańcuch, albo jak pięściami rozwalił stół, o którego drewniany blat niecierpliwie uderzał dłońmi. Grzmiąc hałaśliwie jak trąba, don Ricardo Vegas García wkraczał do domu na ulicy Colina i zapraszał wszystkich na herbatę do Tiendecita Blanca, gdzie zawsze zamawiał lukrowane biszkopty. I biada temu, kto odmówił! Mimo swoich aroganckich wybuchów don Ricardo był człowiekiem wielkodusznym i sympatycznym, którego przyjaźń i lojalność Porras ogromnie sobie cenił i za którym będzie później bardzo tęsknił.

Częstymi gośćmi byli tutaj Jorge Puccinelli i Luis Jaime Cisneros, pojawiała się także wdowa po Césarze Vallejo, budząca strach Georgette, którą Porras opiekował się po śmierci jej męża w Paryżu. Bywało tu również wielu poetów, pisarzy i dziennikarzy ze świata kultury, a ich obecność stwarzała w domu na ulicy Colina atmosferę ciepłą i stymulującą, prowadzono dyskusje oraz intelektualne rozmowy naszpikowane dowcipami i złośliwościami – to znany w Peru obyczaj plotkarski, który Porras, stary limianin i wywodzący się z dobrego rodu (chociaż urodzony w Pisco) z powodzeniem kultywował. Towarzyskie spotkania przeciągały się zwykle do późnej nocy i kończyły w jakiejś kafejce w Miraflores – w El Violín Gitano albo Pizerría de la Diagonal – albo w El Triunfo w Surquillo, w małym barku o złej sławie, który Porras ochrzcił nowym imieniem Montmartre.

Moim pierwszym zadaniem w domu historyka Porrasa było czytanie kronik dotyczących konkwisty i sporządzanie fiszek o mitach i legendach Peru. Zachowuję wspomnienia z tych pasjonujących lektur tropiących ślady siedmiu miast Cibola, królestwa Gran Paititi, wspaniałości El Dorado, krainy Amazonii, także kraju Źródła Młodości i wszystkich starożytnych fantazji o utopijnych królestwach, czarodziejskich miastach, zagubionych kontynentach, jakie spotkanie z Ameryką wskrzesiło i utrwaliło w wyobraźni przybyłych tu Europejczyków, którzy podjęli ryzyko wyprawy i zostali oczarowani tym, co zobaczyli na ziemiach Tahuantinsuyo, a potem, chcąc to zrozumieć, odwoływali się do klasycznych mitologii i do arsenału średniowiecznych legend. Chociaż kroniki bardzo się różniły pod względem źródeł i poziomu, bo niektóre zostały napisane przez prostych ludzi, bez kultury i odrobiny intelektu, osoby, którymi powodowała tylko chęć pozostawienia świadectwa o tym, co robiły, widziały i słyszały, bo miały instynktowną pewność, że przeżywają coś doniosłego – zapisy te są zaczątkiem powstałej w hiszpańskiej Ameryce literatury, a dzięki szczególnemu pomieszaniu fantazji z realizmem, wybujałej wyobraźni z okrutnym weryzmem, a także dzięki swej bujności, malowniczości, epickiemu oddechowi, chęci opisania wszystkiego, zapoczątkowały już pewne cechy charakterystyczne dla przyszłej literatury Ameryki Łacińskiej. Niektóre kroniki, zwłaszcza pisane przez kronikarzy zakonnych, takich jak ojciec Calancha, mogą wydawać się rozwlekłe i nudne, ale inne, na przykład te, które pozostawili Inca Garcilaso albo Cieza de León, czytałem z prawdziwą przyjemnością, bo były niczym pomniki nowego gatunku, który łączy to, co najlepsze w literaturze i historii, ponieważ pisały je osoby mocno zanurzone w opisywanych wydarzeniach, a myślami wędrujące po świecie fikcji.

Spędzałem ciekawie te trzy godziny dziennie, nie tylko na czytaniu kronik. Pod pretekstem rozmaitych badań miałem również możliwość przysłuchiwania się rozważaniom Porrasa na temat postaci i epizodów z czasów konkwisty. Pamiętam, że pewnego popołudnia, kiedy Araníbar i ja o coś go zapytaliśmy, dał nam mistrzowski wykład dotyczący „herezji słońca", czyli wynaturzenia albo innowierstwa w stosunku do oficjalnej religii w cywilizacji Inków, co sam zrekonstruował za pomocą świadectw zawartych w kronikach i o czym zamierzał napisać artykuł (był to projekt, którego nie zdołał zrealizować, jak wielu innych). Porras znał wybitnych twórców literatury peruwiańskiej i wielu twórców literatury latynoamerykańskiej oraz hiszpańskiej, a ja słuchałem go z zachwytem, kiedy mówił o Césarze Vallejo, z którym spotykał się w Paryżu niedługo przed śmiercią poety i któremu wydał pośmiertnie *Poemas humanos*, albo o José Maríi

Egurenie, z którego delikatności i dziecięcej niewinności bezlitośnie się wyśmiewał, słuchałem, jak opowiadał o ostatnich apokaliptycznych latach życia Carlosa Oquendo de Amata, poety zniszczonego przez gruźlicę i napady szału, w hiszpańskim szpitalu, dokąd był wysłany przez Porrasa i markizę de la Conquista – sukcesorkę Pizarra – w przededniu wojny domowej.

Wprawdzie tylko Carlos Araníbar i ja pracowaliśmy w domu na ulicy Colina według rozkładu godzin i otrzymywaliśmy pensję (którą księgarz-wydawca Mejía Baca wypłacał nam pod koniec każdego miesiąca), ale wszyscy dawni i nowi uczniowie Porrasa – Félix Álvarez Brun, Raúl Rivera Serna, Pablo Macera i, później, Hugo Neyra i Waldemar Spinoza Soriano – bardzo często go odwiedzali. W tym gronie Porras wiązał największe nadzieje z osobą Pabla Macery, ale i ten drażnił go i doprowadzał do szału swoim sposobem bycia. Był o jakieś pięć albo sześć lat starszy ode mnie, ukończył studia, ale nigdy nie złożył pracy magisterskiej, mimo perswazji i ostrzeżeń Porrasa, który nie mógł doczekać się chwili, kiedy Macera zdyscyplinuje trochę swoje życie i wykorzysta swój talent do jakiejś wartościowej pracy. Talentu Pablowi nie brakowało i odczuwał wielką przyjemność, kiedy go trwonił, posuwając się do słownego ekshibicjonizmu, który często bywał porażający. Wpadał znienacka do biblioteki Porrasa i nie dając nam, Araníbarowi i mnie, czasu na przywitanie, proponował założenie Klubu Mężczyzn Peru inspirowanego doktrynami geopolitycznymi Karla Haushofera, ażeby, w koalicji z grupą przemysłowców, zawładnąć krajem na pięć lat i przekształcić go w arystokratyczną i oświeconą dyktaturę, której pierwszym celem byłoby przywrócenie inkwizycji i spalenie heretyków na placu broni. Następnego ranka, zapomniawszy o swojej obsesji na punkcie despotyzmu, perorował o potrzebie uprawomocnienia i propagowania bigamii albo o konieczności wznowienia rytuału składania ofiar z ludzi, albo o zamiarze ogłoszenia narodowego plebiscytu, żeby demokratycznie ustalić, czy Ziemia jest prostokątna czy okrągła. Najgorsze szaleństwa, najbardziej groteskowe paradoksy zamieniały się w ustach Macery w sugestywną rzeczywistość, bo posiadał tę wyjątkowo perwersyjną zdolność intelektualisty, o której mówi Arthur Koestler, że potrafi zademonstrować wszystko to, w co wierzy, i potrafi wierzyć we wszystko, co może zademonstrować. Pablo w nic nie wierzył, ale umiał przekazać każdą rzecz elokwentnie i błyskotliwie, no i cieszyło go, kiedy widział, jaką niespodziankę sprawiają nam jego obłędne teorie, paradoksy oraz kalambury, sofizmaty i nakazy. Jego intelektualny snobizm był tonowany wybuchami humoru. Zapalał papierosa za papierosem – marki Lucky Strike – i wyrzucał go po jednorazowym zaciągnięciu się, aby sprowokować komentarz zdumionego obserwatora, któremu udzielał odpowiedzi, rozkoszując się lubieżnie każdą wypowiadaną sylabą: „Palę n e r w o w o". Możliwość użycia tego przysłówka, której uzasadnienie bardzo drogo kosztowało, wywoływała w nim dreszcze rozkoszy.

Chwilami Porras także ulegał intelektualnemu czarowi Macery i z rozbawieniem słuchał jego zręcznych gierek słownych, ale szybko się denerwował i ogarniała go złość z powodu anarchii, snobizmu i demonstrowania przyjemności płynącej z popisywania się brakiem opanowania, które Pablo Macera pielęgnował z takim upodobaniem, z jakim inni hodują koty albo podlewają ogródek. W tamtych latach Porras przekonał Macerę, żeby wziął udział w konkursie ogłoszonym przez International Petroleum na esej historyczny i zamknął go na kilka tygodni w swojej bibliotece, żeby ukończył pracę. Książka, która otrzymała nagrodę – *Tres etapas en el desarrollo de la conciencia nacional* (Trzy etapy w rozwoju narodowej świadomości) – została potem zdyskredytowana przez samego Macerę, który wykreślił ją ze swojej bibliografii i teraz wspomina ją tylko wtedy, gdy ma kaprys popyskować na jej temat.

Chociaż później zmienił swoje postępowanie i w sposób do pewnego stopnia konsekwentny pracował na uniwersytecie San Marcos, gdzie, jak sądzę, nadal jeszcze wykłada, opublikował wiele prac na temat podróżników, historiografii i historii gospodarczej, jednak i on nie stworzył do dzisiaj swojego wielkiego, syntetycznego dzieła, którego mistrz Porras od niego oczekiwał, a do czego inteligencja, jaką jest obdarzony, w pewnej mierze go predysponuje. Słowa, które wypowiedział we wstępie do swoich rozmów z Jorge Basadrem na temat Luisa Valcárcela, Raúla Porrasa i Jorge Guillermo Leguíi, pasowały właśnie do niego jak ulał: „Nie zebrali swego dzieła w jedną całość i dokonali mniej, niż można było po ich wielkim talencie oczekiwać"*. Wydaje się, że podobnie jak zdarzyło się Porrasowi, życie intelektualne Macery rozmieniło się na drobne w niedokończonych przedsięwzięciach. Z drugiej strony, chociaż od wielu lat go nie widuję ani z nim nie rozmawiam, czytając wywiady, jakie wymuszają na nim pewne gazety, które trafiają czasem do moich rąk, myślę, że z biegiem lat wcale nie pozbył się swoich dawnych kompulsywnych zachowań i okropnych niezręczności, chociaż obecnie jego wypowiedzi sprawiają wrażenie przebrzmiałych i anachronicznych w świetle tego, co zdarzyło się na świecie, a zwłaszcza w Peru.

W tamtych latach, kiedy byliśmy dosyć zaprzyjaźnieni, chętnie go prowokowałem i zachwycony dyskutowałem z nim. Nie po to, żeby go w dyskusji pokonać – to byłoby zadanie trudne – ale żeby rozkoszować się jego dialektyczną metodą, zwodzeniem przeciwnika, zastawianiem pułapek, no i pogodną lekkością, z jaką potrafił zmieniać zdanie i zaprzeczać samemu sobie za pomocą tych samych żelaznych argumentów, którymi dopiero co posługiwał się, żeby bronić tezy przeciwnej.

Moja praca w domu Porrasa i to, czego tam się dowiadywałem, były wielkim bodźcem do rozwoju. W latach 1954 i 1955 pogrążałem się od rana do wieczora w pisaniu i w lekturach, przekonany, jak nigdy dotąd, że literatura jest moim prawdziwym powołaniem. Byłem zdecydowany: poświęcę się pisaniu i nauczaniu. Studia uniwersyteckie

* J. Basadre, P. Macera, *Conversaciones*, Lima 1974, s. 13.

stanowiły idealne dopełnienie mojego powołania, bo w systemie nauki na San Marcos zajęcia pozostawiały dużo wolnego czasu. Przestałem pisać poezję i sztuki teatralne, bo coraz bardziej pociągała mnie proza. Nie odważyłem się napisać długiej powieści, ale wprawiałem się, pisząc opowiadania o rozmaitej objętości i przede wszystkim o różnorodnej tematyce, które potem najczęściej niszczyłem.

Carlos Araníbar, gdy mu powiedziałem, że piszę opowiadania, zaproponował pewnego dnia, abym przeczytał jedno z nich na spotkaniu koła – jego animatorem był Jorge Puccinelli, profesor literatury i wydawca czasopisma, które wprawdzie ukazywało się z opóźnieniem, w zamieszaniu, albo bardzo rzadko, ale prezentowało wysoki poziom i stanowiło jedną z trybun młodych pisarzy: „Letras Peruanas". Zachęcony możliwością poddania się próbie, przeszukałem swoje papiery, wybrałem opowiadanie, które wydawało mi się najlepsze – nazywało się „La Parda" i traktowało o ciemnoskórej kobiecie, która wędrowała po kawiarniach, opowiadając historie z własnego życia – poprawiłem je i ustalonego wieczoru udałem się tam, gdzie tym razem odbywało się spotkanie: do El Patio, kawiarni uczęszczanej przez amatorów walki byków, artystów i cyganerię, mieszczącej się na placyku przy teatrze Segura. Doświadczenie tej pierwszej publicznej lektury mojego tekstu było katastrofalne. Zebrał się tam, przy długim stole, na drugim piętrze El Patio, przynajmniej tuzin osób, wśród których zapamiętałem, poza Puccinellim i Araníbarem, takie postacie jak Julio Macera, brat Pabla, Carlos Zavaleta, poeta i krytyk Alberto Escobar, Sebastián Salazar Bondy i, być może, Abelardo Oquendo, który po latach miał zostać moim bliskim przyjacielem. Lekko onieśmielony przeczytałem tekst. Po lekturze zapanowała złowroga cisza. Żadnego komentarza, żadnego znaku aprobaty albo krytyki, tylko deprymujące milczenie. Po przerwie, która trwała w nieskończoność, powrócono do rozmów na różne tematy, jakby się nic nie wydarzyło. Nieco później, kiedy mówił o innych sprawach i chciał dać do zrozumienia, że popiera prozę realistyczną i narodową, Alberto Escobar odniósł się z pogardą do tego, co nazwał „literaturą abstrakcyjną", wymieniając moje opowiadanie, którego tekst leżał gdzieś na środku stołu. Kiedy zebranie dobiegło końca i wszyscy się pożegnali, Araníbar, już na ulicy, wynagrodził mi krzywdę paroma komentarzami o mym sponiewieranym opowiadaniu. Ale ja, po powrocie do domu, podarłem je na strzępy i przysiągłem sobie, że już nigdy nie poddam się podobnemu eksperymentowi.

Środowisko literackie Limy było w tamtych czasach dosyć skromne, ale ja zachłannie je obserwowałem i starałem się do niego przyłączyć. Było w nim dwóch dramaturgów, Juan Ríos i Sebastián Salazar Bondy. Pierwszy żył zamknięty w swoim domu w Miraflores, ale drugiego widywało się bardzo często, kiedy snuł się po dziedzińcach uniwersytetu San Marcos w ślad za moją ładną koleżanką Rositą Zevallos, na którą czasem czekał przy wyjściu z sali wykładowej, trzymając w ręku romantyczną czerwoną różę. Patio wydziału literatury w San Marcos było głównym miejscem, na którym gromadzili się potencjalni i wirtualni krajowi poeci i prozaicy. Większość z nich opublikowała zaledwie jeden, może dwa cienkie zeszyciki wierszy i dlatego Alejandro Romualdo, który wrócił w tych dniach do Peru po dłuższym pobycie w Europie, wyśmiewał się z nich, mówiąc: „To mają być poeci? Niemożliwe! Toż to zaledwie embriony!". Najbardziej tajemniczy był Washington Delgado, którego uparte milczenie niektórzy interpretowali jako znak skrywanego geniuszu. „Kiedy otworzy usta – mówili – peruwiańska poezja zabrzmi wzniosłymi arpeggiami i trylami". (W rzeczywistości, kiedy trzy lata później te usta się otworzyły, peruwiańska poezja zabrzmiała naśladownictwem Bertolta Brechta). Właśnie wtedy pojawił się Pablo Guevara, irracjonalny poeta ze swoim *Retorno de la creatura*, którego wybujała poezja wydawała się nie mieć z nim nic wspólnego, podobnie jak on sam z książkami – po pewnym czasie odseparuje się, aby poświęcić się kinu – i zaczęli wracać do Peru z wygnania poeci, z których wielu – Manuel Scorza, Gustavo Valcárcel, Juan Gonzalo Rose – odmówili przynależności do partii APRA i przeistoczyli się w wojujących komunistów (jak Valcárcel) albo towarzyszy podróży. Najgłośniejsza była odmowa przystąpienia do APRA Scorzy, który z Meksyku skierował list otwarty do lidera tej partii, oskarżając go o zaprzedanie się imperializmowi – *„Good bye, Mr. Haya"*. List ten krążył po uniwersytecie San Marcos.

Wśród prozaików najbardziej szanowany, chociaż jeszcze bez dorobku, był Julio Ramón Ribeyro, który mieszkał w Europie, ale mimo to „Dominical", dodatek niedzielny do dziennika „El Comercio", oraz inne czasopisma publikowały czasem jego opowiadania (takie jak *Los gallinazos sin plumas* – Sępy bez piór – z tamtego okresu), które wszyscy komentowaliśmy z szacunkiem. Z obecnych najbardziej aktywny był Carlos Zavaleta, który poza wydaniem w tamtych latach swoich pierwszych opowiadań, przetłumaczył tom poezji Joyce'a *Muzyka kameralna* i był wielkim promotorem powieści Faulknera. Jemu niewątpliwie zawdzięczam, że odkryłem wówczas autora sagi o Yoknapatawpha County, który od pierwszej jego powieści, jaką przeczytałem – *Dzikie palmy* – w przekładzie Borgesa – zachwycił mnie do tego stopnia, że do tej pory nie opuszcza mnie stan olśnienia. Był pierwszym pisarzem, którego studiowałem z kartką papieru i z ołówkiem w ręku, robiłem notatki, aby nie pobłądzić w jego genealogicznych labiryntach, zmianach czasu i punktów widzenia, starałem się zgłębiać sekrety barokowej konstrukcji, jaką miała każda z jego historii, zawiłości języka, nieposzanowanie chronologii, tajemniczość i głębię, niepokojące dwuznaczności i subtelności psychologiczne, które taka forma nadawała jego opowieściom. Chociaż w tamtych latach czytałem wielu pisarzy północnoamerykańskich, takich jak Erskine Caldwell, John Steinbeck, Dos Passos, Hemingway, Waldo Frank – to kiedy przeczytałem *Azyl, Kiedy umierałem, Absalomie, Absalomie, Koniokradów, Intruza, These 13* i inne, odkryłem giętkość narracyjną i niezwykłe efekty, jakie można osiągać, opowiadając fikcję, gdy używa się tej formy z taką zręcznością. Obok Sartre'a Faulkner był autorem, którego najbardziej podziwiałem w latach moich studiów na San Marcos; to on uświadomił mi, że muszę pilnie nauczyć się angielskiego, żeby móc czytać jego prozę w oryginale. Innym prozaikiem, nieco zalęknionym, który pojawiał się jak błędny ognik na uniwersytecie San Marcos, był Vargas Vicuña. Jego subtelny zbiór opowiadań, *Nahuín*, wydany w tamtym czasie, pozwalał spodziewać się dzieła, które niestety nigdy nie powstało.

Ale ze wszystkich poetów i prozaików, których codziennie spotykałem na patiu wydziału literatury San Marcos, postacią najbardziej rzucającą się w oczy był Alejandro Romualdo. Malutki, o ruchach Tarzana, z bokobrodami tancerza flamenco, przed swoim wyjazdem do Europy na stypendium Instytutu Kultury Hiszpańskiej był dla podupadłych pisarzy peruwiańskich pomostem prowadzącym do szerokiego świata, był poetą wartościowym i muzykalnym, takim, którego nazywa się formalistą (w przeciwieństwie do poetów uspołecznionych), i wydał już piękną książkę *La torre de los alucinados* (Wieża oślepionych), która otrzymała Państwową Nagrodę Poetycką. Jednocześnie stał się sławny dzięki karykaturom politycznym, które zamieszczał dziennik „La Prensa". Romualdo – Xano dla przyjaciół – powrócił z Europy nawrócony na realizm, kompromis polityczny, marksizm i rewolucję. Ale nie stracił poczucia humoru ani inteligencji i bystrości umysłu, którymi tryskał w grach słownych i żartach na terenie San Marcos. „Tego abstrakcyjnego malarza dobrze nie u s ł y s z a ł e m – mówił, wypinając pierś. – Wierzę w materializm dialektyczny i moja żona mnie popiera". Przynosił oryginały tego, co miało się stać wspaniałą książką – *Poesía concreta* – były to wiersze zaangażowane, w duchu społecznej sprawiedliwości, dobrze napisane pod względem rzemiosła, świadczące o wrażliwym słuchu i pełne gier słownych i zaskakujących impertynencji z dziedziny moralności i polityki, wiersze podobne w charakterze do poezji Hiszpana Blasa de Otero, z którym Romualdo się przyjaźnił. Podczas recitalu, jaki odbył się na uniwersytecie San Marcos i w którym uczestniczyli różni poeci, Romualdo był gwiazdą i wywołał – zwłaszcza swoją efekciarską *Canto coral a Túpac Amaru, que es libertad* (Pieśnią chóralną ku czci Túpaca Amaru, który jest wolnością) – owacje, a te zamieniły salon uniwersytecki San Marcos nieomal w wiec polityczny. W rzeczywistości recital był takim wiecem. Odbył się zapewne pod koniec 1954, a może w początkach 1955 i wszyscy poeci czytali swoje utwory albo wypowiadali się w taki sposób, że można było interpretować ich wystąpienia jako ataki na dyktaturę. Była to jedna z pierwszych manifestacji rozwijającej się w kraju aktywności społecznej przeciwko ustrojowi, który od października 1948 panował arbitralnie i niszczył wszelkie próby krytyki.

Uniwersytet San Marcos był ośrodkiem i główną bazą protestów. Często przyjmowały one formę błyskawicznych manifestacji. Niezbyt liczne grupy, po sto, dwieście osób, umawiały się na spotkanie w miejscu bardzo uczęszczanym – takim jak obrzeża Unión, plac San Martín, La Colmena albo park Uniwersytecki – i w porze największego ruchu, na umówiony sygnał, wychodziły na środek ulicy i zaczynały skandować: „Wolność, wolność". Czasem mijaliśmy jedną albo dwie przecznice, zapraszając przechodniów, żeby się do nas przyłączyli, i rozchodziliśmy się, kiedy tylko pojawiała się policja konna albo samochody policyjne służące do rozpędzania manifestacji za pomocą sikawek z cuchnącą wodą, które Esparza Zañartu miał przygotowane w centrum miasta.

Z Javierem Silvą chodziliśmy na te wszystkie błyskawiczne manifestacje, na których on, z racji swojej tuszy, musiał dokonywać nadludzkich wysiłków, żeby nie zostawać w tyle, kiedy uciekaliśmy przed policją. W tych dniach jego polityczne zaangażowanie stawało się coraz bardziej widoczne, podobnie jak jego olbrzymia postać, starał się imać wszystkiego, być wszędzie i grać główną rolę w każdej konspiracji. Pewnego wieczoru poszedłem z nim do maleńkiego biura na obrzeżach Lampy, do Luciana Castillo, przewodniczącego niewielkiej Partii Socjalistycznej, który tak jak on pochodził z Piury. Po kilku minutach Javier wyszedł z biura rozpromieniony. Pokazał mi l e g i t y m a c j ę: nie tylko został zapisany do partii, ale także Luciano Castillo awansował go na sekretarza generalnego Młodzieży Socjalistycznej. Po pewnym czasie, w takim charakterze, odczytał wieczorem ze sceny teatru Segura, płomienne rewolucyjne przemówienie przeciwko reżimowi Odríi (które ja mu napisałem).

Ale jednocześnie konspirował z odradzającymi się członkami APRA i z nowymi grupami opozycyjnymi, które organizowały się w Limie i w Arequipie. Z tych grup cztery określiły się w ciągu kolejnych miesięcy, jedna z nich miała krótką egzystencję – była to Narodowa Koalicja, kierowana za pośrednictwem telewizji przez dziennik „La Prensa" i przez don Pedra Beltrána, który przeszedł do opozycji przeciw Odríi, a której lider, Pedro Roselló, był organizatorem innej grupy, także efemerydy, Stowarzyszenia Właścicieli – zaś pozostałe trzy: Chrześcijańska Demokracja, Społeczny Ruch Postępu i Narodowy Front Młodzieży (jednym z jego organizatorów był Eduardo Orrego, wówczas student architektury), załążek Akcji Ludowej, okazały się organizacjami politycznymi o dłuższej przyszłości.

W latach 1954 i 1955 dyktatura Odríi nieco złagodniała. Nie stosowano represyjnych praw – przede wszystkim tej aberracji prawnej, jaką była ustawa o bezpieczeństwie wewnętrznym, na podstawie której setki zwolenników APRA, komunistów i demokratów poszły do więzienia albo udały się na wygnanie w 1948 – ale reżim utracił wtedy oparcie w szerokich kręgach mieszczaństwa i tradycyjnej prawicy, która (szczególnie z racji swej wrogości do APRA) popierała go od momentu obalenia Bustamantego y Rivery. W tych kręgach główną siłą opozycyjną była gazeta „La Prensa", która po zerwaniu z Odríą przekształciła się w najbardziej doświadczoną opozycję. Jej właściciel i dyrektor Pedro Beltrán Espantoso (1897–1979), jak już mówiłem, był czarnym koniem lewicy w Peru. Miał wiele wspólnego z José de la Rivą Agüero. Podobnie jak tamten, należał do dobrze prosperującej tradycyjnej rodziny i otrzymał staranne wykształcenie w London

School of Economics. Tam przyswoił sobie zasady klasycznego liberalizmu ekonomicznego, który propagował w Peru od młodych lat. I tak jak Riva Agüero, Beltrán próbował dowodzić zorganizowanym przez siebie ruchem politycznym – tamten konserwatywnym, a ten liberalnym – przeciwstawiając się obojętności, żeby nie powiedzieć pogardzie ze strony własnej klasy społecznej, tak zwanych kręgów przywódczych, zbyt egoistycznych i niedouczonych, aby móc patrzeć nieco szerzej niż tylko na własne drobne interesy. Starania ich obu w młodych latach o zorganizowanie partii politycznych, aby móc działać w życiu publicznym, zakończyły się całkowitym niepowodzeniem. I okropne opętanie Rivy Agüero w dojrzałym już wieku – czego świadectwem jest dzieło *Opúsculos por la verdad, la tradición y la Patria* (Krótkie teksty w obronie prawdy, tradycji i Ojczyzny) – które odsunęło w niepamięć sens jego działalności intelektualnej, popchnęło go do tego, że bronił faszyzmu i stał się wyznawcą dziwacznej idei dumy rasowej, idei, która miała bez wątpienia wiele wspólnego z rozczarowaniem, jakie go spotkało, gdyż czuł się bezsilny, nie mogąc zmobilizować narodowej elity, która z pewnością nie reprezentowała nic elitarnego poza pieniędzmi, jakie prawie zawsze dziedziczyła albo zdobywała w niechlubny sposób.

W przeciwieństwie do Rivy Agüero, Pedro Beltrán był stale czynny w polityce, ale raczej nie bezpośrednio, tylko za pośrednictwem pisma „La Prensa", dzięki niemu w latach pięćdziesiątych gazety nowoczesnej, w której w rubryce „od redakcji" publikowała swoje teksty bardzo spójna i błyskotliwa grupa dziennikarzy, być może naj=lepszych, jakich miały nowoczesne pisma peruwiańskie (przywołam najznakomitszych: Juan Zegarra Russo, Enrique Chirinos Soto, Luis Rey de Castro, Arturo Salazar Larraín, Patricio Ricketts, José María de Romaña, Sebastián Salazar Bondy i Mario Miglio). Z tą ekipą i, być może, dzięki niej, don Pedro Beltrán odkrył w tamtych latach zalety demokracji w polityce, co do których dawniej nie był przekonany. Natomiast w przeciwieństwie do „La Prensa", wodzirej peruwiańskiego dziennikarstwa, czyli gazeta „El Comercio", bardzo ostro atakował rząd Bustamantego y Rivery, konspirował przeciwko niemu i poparł wojskowy zamach stanu generała Odríi w 1948 oraz farsę wyborczą w 1950, kiedy Odría ogłosił się prezydentem.

Od połowy lat pięćdziesiątych Pedro Beltrán bronił nie tylko rynku i prywatnej przedsiębiorczości, ale również wolności politycznej i demokratyzacji Peru*. I atakował cenzurę, którą przestano respektować, pozwalając sobie na coraz ostrzejszą krytykę przedstawicieli reżimu i sposobów rządzenia.

Esparza Zañartu, bez oporów i zwłoki, zamknął gazetę, wysyłając do niej swoich szpiegów i policjantów, a Pedro Beltrán i jego główni współpracownicy znaleźli się we Frontónie, na wyspie więzieniu w okolicach Callao. Wyszedł stamtąd trzy tygodnie później – dzięki silnym naciskom międzynarodowym, ażeby go uwolnić – jako walczący o wolność prasy bohater (takim go okrzyknęło SIP**) – z płomiennymi listami uwierzytelniającymi go jako zwolennika demokracji, której miał pozostać wierny aż do końca swoich dni.

Atmosfera zmieniała się bardzo szybko i Peruwiańczycy znowu mogli zajmować się polityką. Wracali wygnańcy z Chile, Argentyny, Meksyku, ukazywały się tygodniki i dwutygodniki o skromnej objętości, na wpół tajne, wszelkiej maści ideologicznej, z których wiele znikało po kilku numerach. Jednym z najbarwniejszych był głos Rewolucyjnej Partii Robotniczej (T od „trockistowski"), której lider i być może jedyny członek tej organizacji, Ismael Frías, świeżo przybyły z wygnania, prezentował swoją skomplikowaną osobowość codziennie koło południa na terenie uniwersytetu San Marcos,

---

* I, gwoli prawdy, trzeba przyznać, że zachowywał taką postawę aż do czasu, kiedy dyktatura Velasco wywłaszczyła gazetę „La Prensa" i sprostytuowała ją, zamieniając pismo w organ reżimowy. Pedro Beltrán spędził ostatnie lata życia na wygnaniu, aż do śmierci w 1979.

** Sociedad Interamericana de Prensa – Interamerykańskie Stowarzyszenie Prasy (przyp. tłum.).

przepowiadając nieuchronne powstanie sowietów robotniczych oraz rozlokowanie żołnierzy wzdłuż i wszerz Peru. Kolejne poważniejsze pismo, którego tytuł zmieniał się co roku – w latach 1956–1958 – należało do Genara Carnera Cheki, który mimo iż wyrzucono go z Partii Komunistycznej za to, że poparł zamach stanu Odríi, zanim został skazany przez niego na wygnanie, zawsze był powiązany z ZSRR i z krajami socjalistycznymi. W obecnym Kongresie – powstałym po oszukańczych wyborach 1950 roku – wielu z dotychczas zdyscyplinowanych posłów i senatorów, czując, że grunt usuwa się im pod nogami, zamieniło swój stary serwilizm na hasła niepodległościowe, a niektórzy z nich nawet na otwartą wrogość do swego pana. Po ulicach i placach krążyły nazwiska oraz informacje o szansach w wyborach prezydenckich w 1956.

Z nowych ugrupowań politycznych, które wyłaniały się z katakumb, najbardziej interesujące było to ugrupowanie, które później utworzyło Chrześcijańską Demokrację. Wielu z jej liderów, wywodzących się z Arequipy, takich jak Mario Polar, Héctor Cornejo Chávez, Jaime Rey de Castro i Roberto Ramírez del Villar – albo ich przyjaciele z Limy, Luis Bedoya Reyes, Ismael Bielich i Ernesto Alayza Grundy – współpracowało z rządem Bustamantego y Rivery, za co niektórzy cierpieli prześladowania i wygnanie. Byli jeszcze młodymi profesjonalistami, bez powiązań z wielkimi interesami ekonomicznymi, pochodzili z typowej klasy średniej, nie zostali zarażeni brudami obecnej i minionej polityki, wydawali się prezentować demokratyczne przekonania i jednoznaczną przyzwoitość, co w sposób tak rzetelny uosabiał Bustamante y Rivero przez trzy lata swoich rządów. Odkąd pojawił się ten ruch, myślałem, tak jak wielu, że chodzi o to, by Bustamante y Rivero, jego inspirator i lider, został jego kandydatem w najbliższych wyborach. To sprawiało, że uważałem go za bardziej atrakcyjny, bo mój podziw dla Bustamantego – z racji jego uczciwości i niemal religijnego kultu dla prawa, który partia APRA tak bardzo ośmieszyła, przezywając go „wspólnikiem prawa" – przetrwał nienaruszony nawet w czasie mojej walki w szeregach Cahuide. Ów podziw, widzę to teraz o wiele jaśniej, miał coś wspólnego właśnie z tym, co społeczeństwo peruwiańskie zwykło było opowiadać ze współczuciem o jego klęsce wyborczej: „Byłby dobrym prezydentem dla Szwajcarii, ale nie dla Peru". Rzeczywiście, w trakcie tych „trzech lat walki o demokrację w Peru" – jak głosi tytuł książki świadectwa, którą napisał na wygnaniu – Bustamante y Rivero sprawował rządy, jak gdyby kraj, który go wybrał, nie był barbarzyńskim gniazdem przemocy, ale miejscem zamieszkanym przez naród cywilizowany, przez obywateli odpowiedzialnych i szanujących instytucje oraz normy, które umożliwiają społeczne współżycie. Dlatego, że zadawał sobie trud, aby samemu pisać swoje przemówienia jasną i elegancką prozą z końca ubiegłego stulecia, że zawsze zwracał się do swoich współziomków bez cienia demagogii czy prostactwa, bo uważał, że pod względem intelektualnym wszyscy tworzą wymagające audytorium, dlatego właśnie widziałem w osobie Bustamantego y Rivery wzorowego człowieka, przedstawiciela władzy, którego Peruwiańczycy wspominaliby z wdzięcznością, bo gdyby wtedy został prezydentem Peru, to stałoby się ono dla niego takim krajem, jakim pragnął rządzić – to znaczy prawdziwą demokracją wolnych i wykształconych ludzi.

Z Javierem Silvą byliśmy obecni w teatrze Segura na wszystkich politycznych manifestacjach opozycji przeciw Odríi, na jakie tchórzliwa władza teraz pozwalała. Na manifestacji Koalicji Narodowej Pedra Roselló i Partii Socjalistycznej Luciana Castillo i na tej, jaką zorganizowała chrześcijańska demokracja, która, oceniając to z perspektywy czasu, była najbardziej udana ze wszystkich z uwagi na poziom uczestników i mówców. Przepełnieni entuzjazmem, razem z Javierem podpisaliśmy manifest wstępny grupy, który opublikowała „La Prensa".

I obaj udaliśmy się naturalnie na Córpac, aby powitać Bustamantego y Rivera, który mógł wrócić do Peru po siedmiu latach wygnania. Luis Loayza opowiada anegdotę na temat jego przyjazdu, nie wiem, czy prawdziwą, ale prawdopodobną. Zorganizowano grupę młodzieży, która miała ochraniać Bustamantego przy wysiadaniu z samolotu i eskortować go do hotelu Bolívar, bo obawiano się, że mogą zaatakować go rządowe zbiry albo osiłki z APRA (od niedawna znowu się pojawiali, by zakłócać wiece komunistów). Nam udzielono instrukcji, abyśmy stali w miejscu ze splecionymi ramionami i w ten sposób tworzyli łańcuch nie do rozerwania. Ale, według Loayzy, który prawdopodobnie też był częścią tej *sui generis* falangi ochroniarzy złożonej z dwóch kandydatów na pisarzy oraz z garstki przyzwoitych chłopców z Akcji Katolickiej, kiedy Bustamante y Rivero ukazał się na schodkach samolotu w swoim nieodłącznym, obszytym lamówką kapeluszu – i zdjął go ceremonialnie, aby pozdrowić witających – ja przerwałem żelazny kordon i rozgorączkowany pobiegłem mu na spotkanie, wołając: „Prezydencie, prezydencie". Wtedy kordon został przerwany, wszyscy zaczęli się tłoczyć i zanim Bustamante doszedł do samochodu, który miał go zawieźć do hotelu Bolívar, został wymiętoszony, tłum zwolenników popychał go i szarpał – a wśród nich był jego entuzjasta, wuj Lucho, któremu w ścisku tego zgromadzenia podarto marynarkę i koszulę. Bustamante przemówił krótko z jednego z balkonów, dziękując za przyjęcie, ale wcale nie wyjawił nawet najmniejszej chęci powrotu do czynnej polityki. I rzeczywiście przez następne miesiące Bustamante odmówił wstąpienia do Chrześcijańskiej Partii Demokratycznej i pełnienia jakiejkolwiek funkcji w polityce. Od tego czasu został wierny postawie, którą zachował aż do śmierci: postawie patrycjusza i mędrca, ponad sporami partyjnymi, a jego kompetencje w międzynarodowych zagadnieniach prawnych często były wykorzystywane w kraju i za granicą (nawet został przewodniczącym Międzynarodowego Trybunału Sprawiedliwości w Hadze); także w chwilach kryzysu wygłaszał odezwy do narodu nawołujące do spokoju.

Chociaż klimat w 1954 i 1955 był nieco lepszy niż ciężka i przytłaczająca atmosfera poprzednich lat, a pierwsze dozwolone manifestacje polityczne i nowe publikacje wytworzyły w kraju nastrój wolności, który zachęcał do działalności politycznej, ja poświęcałem więcej czasu na pracę intelektualną. Chodziłem na wykłady na uniwersytet San Marcos, prawie każdego ranka szedłem do Alliance Française, czytałem i od tamtego czasu pisałem wyłącznie opowiadania.

Myślę, że złe doświadczenie z opowiadaniem „La Parda" na spotkaniu zorganizowanym przez Jorge Puccinellego sprawiło, że oddalałem się stopniowo od tematów ponadczasowych i kosmopolitycznych, które dominowały dotąd w moich utworach pisanych w tamtych latach, i zajmowałem się teraz innymi, bardziej realistycznymi problemami, przy czym w sposób zamierzony wykorzystywałem własne wspomnienia. Właśnie odbywał się zorganizowany przez wydział literatury na San Marcos konkurs literacki, na który zgłosiłem dwa opowiadania, miejsce akcji obydwóch stanowiła Piura, przy czym jedno z nich, *Szczeniaki*, było zainspirowane nieudaną próbą strajku w gimnazjum San Miguel, a drugie, *Zielony Dom*, miało akcję usytuowaną w znajdującym się na obrzeżach miasta burdelu, który był atrakcją z czasów mego dzieciństwa. Opowiadania te nie otrzymały nawet wyróżnienia i kiedy odbierałem rękopis *Zielonego Domu*, odniosłem wrażenie, że to bardzo zły tekst, więc podarłem go (dopiero po latach podjąłem ten sam temat w mojej powieści), jednak opowiadanie *Szczeniaki*, ze swoją nieco epicką atmosferą, z odczuwalnym wpływem lektur Malraux i Hemingwaya, wydało mi się godne uwagi i przez następne miesiące przerobiłem je tak, by zasługiwało na opublikowanie.

Było zbyt długie dla dodatku „Dominical" gazety „El Comercio", w którym na pierwszej stronie zawsze drukowano jakieś opowiadanie z kolorową ilustracją, więc zaproponowałem swój tekst historykowi Césarowi Pacheco Velezowi, który był szefem „Mercurio Peruano". Zaakceptował go i wydrukował (w lutym 1957), po czym zrobił dla mnie pięćdziesiąt odbitek, które rozprowadziłem wśród przyjaciół. Było to moje pierwsze opowiadanie, jakie ukazało się w druku, i od niego wzięła tytuł moja pierwsza wydana książka. Zapowiadało wiele reguł, którymi później kierowałem się jako powieściopisarz: należy wykorzystywać osobiste doświadczenie jako punkt wyjścia do rozwinięcia fantazji; trzeba stosować formę, która pozoruje realizm, i wzbogacać tekst dokładnymi informacjami geograficznymi albo związanymi z topografią miasta; należy dążyć do obiektywizmu w dialogach i opisach konstruowanych z bezosobowego punktu widzenia i zacierać ślady autora, no i w końcu trzeba przyjmować krytyczną postawę wobec tej problematyki, która jest kontekstem albo linią graniczną dla anegdoty.

W tamtych latach zostały ogłoszone wybory rektora na uniwersytecie San Marcos. Nie pamiętam, kto wysunął kandydaturę Porrasa Barrenechei; on tę propozycję zaakceptował z dużą dozą nadziei, być może kierując się pewną kokieterią – bo w tamtych czasach bycie rektorem San Marcos wiele znaczyło – ale przede wszystkim z powodu serdecznych uczuć do swojej *Alma Mater*, której poświęcił tyle lat pracy i tak wiele swoich pasji. Zgłoszenie jego kandydatury okazało się fatalne i dla niego, i dla historii Peru. Okoliczności przeobraziły ją od początku w kandydaturę antyrządową. Jego rywal Aurelio Miró Quesada, jeden z właścicieli „El Comercio", uważany za osobę będącą jednym z symboli arystokracji, oligarchii i opozycji przeciw APRA (rodzina Miró Quesada nigdy nie wybaczyła partii APRA zabójstwa poprzedniego dyrektora „El Comercio", don Antonia Miró Quesady i jego małżonki), traktowany był jako kandydatura oficjalna. Organizacje studenckie kontrolowane przez APRA i przez lewicę poparły Porrasa, podobnie jak profesorowie apryści (wielu z nich, na przykład Sánchez, przebywało na wygnaniu). Raúl Porras i Aurelio Miró Quesada, którzy dotąd pozostawali w serdecznych stosunkach, teraz oddalili się od siebie w ostrej polemice listownej i publicystycznej, a „El Comercio" (obrzucony kamieniami przez manifestantów z San Marcos, którzy wychodzili na ulice w centrum miasta i wykrzykiwali slogany „Wolność" i „Porras rektorem") na pewien czas wykreślił nazwisko Porrasa Barrenechei ze swoich szpalt (słynna „śmierć cywilna", na którą „El Comercio" skazywał swoich przeciwników, była, jak się mówiło, bardziej okrutna niż prześladowania polityczne obywateli Limy).

My, którzy pracowaliśmy z Porrasem, oraz wszyscy jego uczniowie podjęliśmy odważne działania, aby go wybrano. Postanowiliśmy wywrzeć wpływ na profesorów mających prawo głosu i członków Rady Uniwersyteckiej; mnie i Pablowi Macerze przypadło w udziale odwiedzanie w tym celu profesorów z wydziału nauk ścisłych, medycyny i weterynarii w ich domach. Z wyjątkiem jednego wszyscy obiecali nam, że zagłosują. Kiedy w przededniu wyborów w jadalni na ulicy Colina zrobiliśmy wstępny sondaż, Porras miał za sobą dwie trzecie wyborców. Ale w Radzie Uniwersyteckiej, w tajnym głosowaniu, Aurelio Miró Quesada zwyciężył bez trudu.

W powyborczym przemówieniu na dziedzińcu wydziału, w obecności tłumu studentów, którzy brawami i oklaskami wynagradzali mu klęskę, Porras popełnił błąd, mówiąc, że chociaż przegrał, z zadowoleniem przyjmuje do wiadomości, iż głosowali na niego niektórzy z najznakomitszych profesorów uniwersytetu San Marcos, i wymienił kilka nazwisk osób, które obiecały, że oddadzą na niego swoje głosy. Potem wiele z nich wysłało listy do „El Comercio", dementując informację, że głosowali na Porrasa.

Zwycięstwo nie przyniosło Aureliowi Miró Quesadzie żadnej satysfakcji. Okrutne – i bardzo niesprawiedliwe – wrogie nastawienie polityczne studentów po jego sukcesie wyborczym sprawiło, że uczyniono z jego osoby ni mniej, ni więcej tylko symbol reżimu dyktatury, którym nigdy nie był, a to spowodowało, że nawet nie mógł wejść do głównych pomieszczeń uniwersytetu San Marcos i musiał załatwiać sprawy rektorskie, siedząc w jakimś dziwnym pomieszczeniu, narażony na ciągłą udrękę i konieczność znoszenia wrogości okazywanej mu przez niektórych członków senatu akademickiego, w którym na skutek złagodzenia represji, działające do tej pory tajnie siły APRA i lewicy teraz odzyskiwały inicjatywę i wkrótce miały zacząć kontrolować uczelnię. Po pewnym czasie taka atmosfera doprowadziła subtelnego i wyrafinowanego eseistę, jakim jest Aurelio Miró Quesada, do rezygnacji ze stanowiska rektora i do odejścia z uniwersytetu San Marcos.

Klęska wyborcza dotknęła Porrasa głęboko. Mam wrażenie, że zdobycie stanowiska rektora było jego największą ambicją – większą niż jakiekolwiek wyróżnienie polityczne – z racji dawnych i serdecznych więzów, które łączyły go z uniwersytetem, a to, że stanowiska nie zdobył, wywołało w nim frustrację i rozgoryczenie, co z kolei było przyczyną, że w wyborach w 1956 zgodził się kandydować na senatora z listy Frontu Demokratycznego (dzieło partii APRA), a w czasie rządów Prady, na ministra spraw zagranicznych, którym pozostał niemal do śmierci w 1960. Rzeczywiście był senatorem i ministrem znakomitym, ale zaangażowanie się w absorbującą politykę przerwało nagle jego pracę intelektualną i uniemożliwiło mu napisanie historii konkwisty, którą kiedy zacząłem z nim współpracę, był zdecydowany szybko ukończyć. Wtedy właśnie rozpoczęła się kampania wyborcza na stanowisko rektora. Pamiętam, że potem, przez wiele miesięcy, sporządzałem dla niego fiszki o mitach i legendach, a on polecił mi spisywać na maszynie, w jedną całość, wszystkie swoje monografie i opublikowane artykuły, a także niewydane rozdziały dotyczące Pizarra, które uzupełniał notatkami, poprawiał i do których dopisywał stronice tekstu.

Poparcie kandydatury na rektora w San Marcos przez partię APRA i przez lewicę – ciekawy paradoks, bo Porras nigdy nie był aprystą ani socjalistą, tylko raczej liberałem ze skłonnością do konserwatyzmu* – ściągnęło na niego zemstę reżimu i odtąd zaczęto go

---

* Chociaż w swoim ostatnim wystąpieniu publicznym jako minister spraw zagranicznych, na zebraniu szefów MSZ w Kostaryce w 1960, nawoływał przeciwko potępieniu Kuby, wbrew instrukcjom rządu Prady, i z tego powodu był zmuszony zrezygnować ze stanowiska. Wkrótce zmarł.

atakować w rządowych publikacjach, czasem w sposób obrzydliwy. „Clarín", tygodnik opowiadający się za rządami Odríi, opublikował przeciwko Porrasowi wiele artykułów pełnych niegodziwości. Wpadłem na pomysł zredagowania manifestu solidarności z jego osobą i zebrania podpisów wśród intelektualistów, profesorów i studentów. Zebraliśmy kilkaset podpisów, ale nie było wiadomo, gdzie je opublikować, więc ograniczyliśmy się tylko do tego, że wręczyliśmy je Porrasowi.

Dzięki temu manifestowi poznałem kogoś, kto wkrótce został jednym z moich najlepszych przyjaciół i wiele mi pomógł w stawianiu pierwszych kroków na pisarskiej niwie. Rozdawaliśmy kartki z manifestem różnym osobom po to, żeby je rozpowszechniały, i wtedy powiedziano mi, że pewien student z Uniwersytetu Katolickiego chce nam pomóc. Nazywał się Luis Loayza. Dałem mu jedną kartkę i w kilka dni później spotkaliśmy się w Cream Rica na alei Larco, gdzie miałem odebrać zebrane przez niego podpisy. Zdobył tylko jeden: swój własny. Był wysokim mężczyzną, wyglądał na zmęczonego i zniechęconego, był starszy ode mnie o dwa, może trzy lata, i chociaż studiował prawo, interesowała go wyłącznie literatura. Przeczytał wszystkie książki autorów, o których istnieniu nawet nie wiedziałem – takich jak Borges, którego często cytował, albo Meksykanie Rulfo i Arreola – i rozprawiał o nich godzinami, a kiedy spróbowałem zabłysnąć moim entuzjazmem dla Sartre'a i literatury zaangażowanej, zareagował jak ziewający krokodyl.

Spotkaliśmy się wkrótce u niego w domu na alei Petit Thouars, gdzie przeczytał mi fragmenty prozy, które zamierzał wkrótce opublikować w nieprzekupnym wydawnictwie El avaro (Lima 1955), po czym długo i nie licząc się z czasem, rozmawialiśmy w jego bogatej bibliotece. Luis Loayza i Abelardo Oquendo, którego poznałem później, zostali w tamtych latach moimi najlepszymi kolegami, najbliższymi pod względem intelektualnym. Wymienialiśmy książki, dyskutowaliśmy na ich temat, a także rozmawialiśmy o projektach literackich, no i tworzyliśmy nierozłączną paczkę. Mimo wspólnej pasji do literatury mieliśmy z Luchem odmienne poglądy w wielu sprawach, ale dzięki temu nigdy się nie nudziliśmy, bo zawsze był jakiś temat do polemicznych dyskusji. W odróżnieniu ode mnie, który zawsze interesowałem się polityką i byłem gotowy pasjonować się każdą sprawą oraz poświęcić się jej bez zastanowienia, Loayzę polityka wyraźnie nudziła, a wszelkie rodzaje entuzjazmu – z wyjątkiem tych dotyczących dobrej książki – zasługiwały na jego subtelny i szyderczy sceptycyzm. Naturalnie był przeciwny dyktaturze, ale raczej z przyczyn estetycznych niż politycznych. Czasem wyciągałem go na błyskawiczne manifestacje i na jednej z nich, w parku Uniwersyteckim, zgubił jeden but: pamiętam, jak biegł u mego boku, nie tracąc równowagi, kiedy uciekaliśmy przed konną szarżą policji, i zapytał półgłosem, czy angażowanie się w podobne sprawy jest a b s o l u t n i e k o n i e c z n e. Mój podziw dla Sartre'a i jego tezy o społecznym zaangażowaniu chwilami go nudził, a czasem irytował – wolał naturalnie Camusa, bo był lepszym artystą i pisał lepiej od Sartre'a – w takich chwilach urywał rozmowę z zagadkową ironią, która sprawiała, że chciałem krzyczeć z oburzenia. Mściłem się na nim, atakując jego ubóstwianego Borgesa, którego nazywałem artystą formy, zwolennikiem czystej sztuki i nawet *chien de garde* burżuazji. Nasze sartrowsko-borgesowskie dyskusje ciągnęły się godzinami i czasem sprawiały, że przestawaliśmy się widywać i nie odzywaliśmy się do siebie przez wiele dni. Pewnie to Loayza – a może Abelardo, nigdy się tego nie dowiedziałem – nadał mi przydomek, jakim mi odtąd dokuczano: waleczny obrońca Sartre'a.

Zachęcony przez Loayzę czytałem Borgesa, początkowo z pewną rezerwą – był nieskazitelnie i przesadnie intelektualny, co wydawało mi się bardzo dalekie od bezpośredniego doświadczenia życiowego i na samym wstępie odstręczało mnie od lektury – ale zdumienie i ciekawość powodowały, że zawsze do niego wracałem. I w końcu, stopniowo, wraz z upływem miesięcy i lat, dystans zamieniał się w podziw. Oprócz Borgesa czytałem wielu autorów latynoamerykańskich, których przed zaprzyjaźnieniem się z Loayzą nie znałem albo którymi pogardzałem z powodu zwykłej ignorancji. Ich lista była bardzo długa i figurowali na niej między innymi Alfonso Reyes, Adolfo Bioy Casares, Juan José Arreola, Juan Rulfo i Octavio Paz. Loayza znalazł pewnego dnia cienki zeszycik poezji tego ostatniego – *Kamień słoneczny* – który czytaliśmy na głos – i to spowodowało, że zaczęliśmy gorliwie poszukiwać jego książek.

Mój brak zainteresowania literaturą Ameryki Łacińskiej – z wyjątkiem Nerudy, którego zawsze czytałem z uwielbieniem – zanim poznałem Lucho Loayzę, był absolutny. Może nawet zamiast określenia brak zainteresowania powinienem użyć słowa wrogość. Wynikało to stąd, że jedyną współczesną literaturą latynoamerykańską, jaką studiowało się na uniwersytecie i o jakiej cokolwiek mówiono w czasopismach i dodatkach literackich, była literatura „tubylcza"* lub obyczajowa, autorów takich powieści jak *Raza de bronce* (Alcides Arguedas), *Huasipungo* (Jorge Icaza), *Wir* (José Eustasio Rivera), *Doña Bárbara* (Rómulo Gallegos) albo *Don Segundo Sombra* (Ricardo Güiraldes), a nawet książki Miguela Ángela Asturiasa.

Taki typ powieści i peruwiańską prozę tego gatunku czytałem z obowiązku na zajęciach w San Marcos i nienawidziłem jej, bo wydawało mi się, że jest prowincjonalna, że stanowi demagogiczną karykaturę tego, czym powinna być dobra powieść. W tych książkach krajobraz był ważniejszy od postaci z krwi i kości (w dwóch z nich, w książkach *Don Segundo Sombra* oraz *Wir*, przyroda w końcu pożera bohaterów), a ich autorzy wydawali się nie mieć pojęcia o elementarnych technikach, jakimi należy posługiwać się, opowiadając historię, począwszy od spójnego punktu widzenia: tutaj powieściopisarz zawsze się wtrącał i komentował bieg wydarzeń, nawet wtedy gdy zakładał, że nie można tego zauważyć, a poza tym książkowy, przeładowany styl – zwłaszcza w dialogach – sprawiał, że opowiadane

---

* O tematyce dotyczącej Indian (przyp. tłum.).

historie były do tego stopnia nierzeczywiste, iż miało się wrażenie, że toczą się wśród ludzi gruboskórnych i prymitywnych, że nigdy nie może się w nich narodzić iluzja. Cała tak zwana literatura indygenistyczna była wielkim zbiorem naturalistycznych komunałów i ubóstwa artystycznego, a czytelnik odnosił wrażenie, iż według jej autorów napisanie dobrej powieści polegało na znalezieniu „dobrego" tematu – jakichś niesłychanych i straszliwych wydarzeń – oraz na posługiwaniu się zaczerpniętym ze słowników językiem, który nie miał nic wspólnego z potoczną mową.

Lucho Loayza sprawił, że odkryłem inną literaturę latynoamerykańską, bardziej miejską i kosmopolityczną, także bardziej elegancką, która narodziła się głównie w Meksyku i w Argentynie. A potem, podobnie jak on, zacząłem co miesiąc czytać czasopismo „Sur" Victorii Ocampo. Było niczym okno otwarte na świat, a jego pojawienie się w Limie potężnie wstrząsnęło biednym miastem za pomocą ożywczego prądu idei, debat, poezji, opowiadań, esejów reprezentujących wszystkie języki i kultury, a nas, którzy to czasopismo pochłanialiśmy, przybliżało do samego centrum aktualności kulturalnych całego świata. To, czego dokonała Victoria Ocampo za pomocą czasopisma „Sur" – i naturalnie ci, którzy z nią współpracowali w tej wydawniczej przygodzie, poczynając od José Bianca – było osiągnięciem, którego my, Hispanoamerykanie z przynajmniej trzech pokoleń czytelników, nigdy nie potrafimy wystarczająco docenić. (Powiedziałem o tym Victorii Ocampo, kiedy poznałem ją w 1966, na kongresie Pen Clubu w Nowym Jorku. Zawsze będę pamiętał, z jaką radością dowiedziałem się po latach, że mój tekst ukazał się na łamach tego czasopisma; pozwalało to przeżywać co miesiąc złudzenie, że pod względem intelektualnym znajdujemy się w awangardzie epoki). W jednym z ostatnich, a może dawniejszych numerów „Sur", które Loayza kolekcjonował, przeczytałem słynną polemikę między Sartre'em i Camusem na temat istnienia obozów koncentracyjnych w Związku Radzieckim.

Przyjaźń z Luchem, która przeistoczyła się wkrótce w zażyłość, dotyczyła nie tylko książek i wspólnego literackiego powołania. Brała się także z jego bezinteresowności i z tego, że przyjemnie spędzało się czas w jego towarzystwie, słuchając, jak rozprawia o jazzie, który uwielbiał, albo o filmach – nigdy nie podobały się nam te same filmy – albo kiedy rywalizowaliśmy w wielkim narodowym sporcie *raje*, równie przyjemnie było obserwować, jak ten wątły i wyrafinowany esteta tworzy swoją prozę *au-dessus de la mêlée*, czym niekiedy lubił zabawiać przyjaciół. W pewnym okresie pojawiła się jego zabawna, ale bardzo kłopotliwa, cecha somatyczna, etyczna i estetyczna: wszystko, co wydawało mu się szpetne albo zasługiwało na pogardę, prowokowało mdłości. Było prawdziwym ryzykiem pójść z nim na wystawę, odczyt, recital, do kina albo po prostu przystanąć na środku ulicy, żeby z kimś porozmawiać, bo jeżeli osoba czy impreza mu się nie podobała, z miejsca zbierało mu się na wymioty.

Lucho poznał wielu autorów latynoamerykańskich przez profesora z Uniwersytetu Katolickiego, który niedawno przybył z Argentyny, a był nim Luis Jaime Cisneros. Chodziłem na jego wykłady z literatury hiszpańskiej na uniwersytecie San Marcos, ale dopiero o wiele później zostałem jego przyjacielem, dzięki Loayzie i Oquendowi. Luis Jaime Cisneros pasjonował się dydaktyką i organizował też wykłady poza uniwersytetem, w kąciku swojej biblioteki – w domku wiejskim w Miraflores, usytuowanym w pobliżu alei Pardo, gdzie zbierali się uczniowie rozmiłowani w filologii (jego specjalności) i w literaturze, którym wypożyczał książki (notując ich tytuły i datę wypożyczenia w olbrzymim zeszycie księgowego). Luis Jaime był chudy, delikatny, uprzejmy, ale wyglądał trochę na pedanta i niedołęgę w porównaniu ze swymi kolegami, co przysparzało mu przykrości w środowisku uniwersyteckim. Ja sam miałem fałszywe o nim mniemanie aż do chwili, kiedy zacząłem go odwiedzać i stałem się częścią niewielkiego kręgu osób, z którymi Luis Jaime dzielił się swoją kulturą i przyjaźnią.

Luis Jaime podpisał pierwszy manifest chrześcijańskich demokratów, a ludzie stawiający pierwsze kroki na drodze do utworzenia partii, poprosili go, aby pokierował organem prasowym grupy. Zapytał mnie, czy chciałbym mu w tym pomóc, a ja odpowiedziałem, że z wielką przyjemnością. Tak narodziło się pismo „Democracia", tygodnik tylko w teorii, bo ukazywał się wtedy, gdy zgromadziliśmy pieniądze na kolejny numer, czasem co dwa tygodnie, a czasami co miesiąc. Do pierwszego numeru napisałem długi artykuł o Bustamantem y Rivero i o zamachu, który go obalił. Redagowaliśmy pismo w bibliotece Luisa Jaimego i oddawaliśmy je za każdym razem do innej drukarni, bo wszystkie obawiały się, że Esparza Zañartu – któremu Odría powierzył stanowisko ministra spraw wewnętrznych, popełniając opatrznościowy błąd polityczny, który miał doprowadzić do przywrócenia demokracji w Peru – może zastosować wobec nich represje. Nie chcąc ryzykować swojej pracy na uniwersytecie, Luis Jaime wolał nie figurować jako redaktor naczelny pisma, więc zgodziłem się podpisywać je swoim nazwiskiem. Na pierwszej stronie znalazł się artykuł, chyba bez podpisu, którego autorem był Luis Bedoya Reyes, krytykujący zwolenników Prady, bo ci reorganizowali się po to, żeby znowu wysunąć kandydata na prezydenta w osobie byłego mandatariusza Manuela Prady.

Kiedy ukazała się „Democracia", zaraz zostałem wezwany przez ojca do jego biura. Miał siną twarz i wymachiwał egzemplarzem pisma, w którym figurowałem jako naczelny. Czyżbym zapomniał, że „La Crónica" należy do rodziny Prady? Że „La Crónica" ma wyłączność w International News Service? Że on jest dyrektorem w INS? Czy chcę, żeby „La Crónica" unieważniła mu kontrakt i żeby został bez pracy? Kazał usunąć z pisma moje nazwisko. Tak więc od drugiego, a może od trzeciego numeru zastąpił mnie jako fikcyjny naczelny – bo rzeczywistym był zawsze Luis Jaime – mój przyjaciel i kolega z San Marcos, Guillermo Carrillo Marchand. Ale po wydaniu kilku numerów i on miał z tą sprawą problemy, więc „Democracia" miała później naczelnego, którego nazwisko zaczerpnęliśmy z jednego z opowiadań Borgesa.

Chrześcijańscy demokraci odegrali zasadniczą rolę w doprowadzeniu do upadku Esparzy Zañartu, co przyspieszyło śmierć tego osiemdziesięciolatka. Gdyby pozostawał dalej na stanowisku szefa bezpieki w czasach dyktatury, to ta wydłużyłaby się pewnie aż do okresu po wyborach 1956 i manipulowałaby wyborami, jak to uczyniła w 1950, działając na rzecz Odríi albo na rzecz jakiegoś figuranta (a wielu czekało w kolejce, żeby podjąć się tej roli). Jednak upadek silnego człowieka reżimu osłabił władzę i pogrążył ją w chaosie, co opozycja wykorzystała, żeby zawładnąć ulicą.

Esparza Zañartu zajmował w czasach dyktatury stanowisko nieefektowne – jednego z członków rządu – co pozwalało mu pozostawać w cieniu, i chociaż podejmował wszelkie decyzje dotyczące bezpieczeństwa, oficjalnie były one przypisywane ministrowi spraw wewnętrznych. Prawdopodobną przyczyną ulokowania Esparzy Zañartu w ministerstwie przez Odríię, było to, że nikt inny nie chciał zająć tego marionetkowego stanowiska. Krąży legenda, że kiedy generał Odría wezwał go, aby powierzyć mu urząd, Esparza odparł, że powodowany lojalnością przyjmuje tę rolę, ale krok ten jest równoznaczny z samobójstwem reżimu. Tak też się stało. Kiedy Esparza Zañartu został bezdyskusyjnym szefem bezpieki, wycelowano w niego wszystkie armaty opozycji. Ostatecznym ciosem okazał się wiec Narodowej Koalicji Pedra Roselló w Arequipie, który Esparza chciał udaremnić, wysyłając, w charakterze przeciwników manifestacji, zaangażowanych płatnych morderców i policjantów w cywilu. Zostali rozpędzeni przez mieszkańców Arequipy, ale policja strzałami powstrzymała opozycjonistów, co spowodowało wiele ofiar. Wyglądało to na powtórkę dramatu z roku 1950, z okresu oszukańczych wyborów, kiedy obawiając się próby ulicznego buntu mieszkańców Arequipy, Odría doprowadził do masakry. Jednak tym razem reżim nie odważył się wysłać na ulice czołgów i żołnierzy z rozkazem strzelania do tłumu, czego podobno domagał się Esparza Zañartu. W Arequipie ogłoszono strajk generalny, do którego przyłączyło się całe miasto. Jednocześnie, zgodnie ze starym zwyczajem, dzięki któremu Arequipa zdobyła sobie nazwę miasta przywódcy (właśnie tam odbyła się większość rebelii i rewolucji republikańskich), mieszkańcy zrywali bruk z ulic i budowali barykady, na których wiele tysięcy mężczyzn i kobiet ze wszystkich warstw społecznych oczekiwało odpowiedzi reżimu na listę swoich żądań: odwołania Esparzy Zañartu, zniesienia ustawy o bezpieczeństwie wewnętrznym i ogłoszenia wolnych wyborów. Po trzech dniach ogromnego napięcia reżim poświęcił Esparzę Zañartu, który po podaniu się do dymisji szybko wyjechał za granicę. I chociaż dyktatura powołała rząd wojskowych, to dla wszystkich, zaczynając od Odríi, było jasne, że to mieszkańcy Arequipy – ziemi Bustamantego y Rivery – zadali mu cios śmiertelny.

W bohaterskich czynach społeczeństwa Arequipy – popartych przez studentów San Marcos w Limie błyskawicznymi manifestacjami, w których Javier Silva wraz ze mną staliśmy zawsze w pierwszym szeregu – rolę przywódczą odegrali Mario Polar, Roberto Ramírez del Villar, Héctor Cornejo Chávez, Jaime Rey de Castro oraz inni arequipańczycy z nowo narodzonej Chrześcijańskiej Demokracji. Byli wśród nich szanowani adwokaci, przyjaciele i nawet krewni rodziny Llosów, a jeden z nich, Mario Polar, był konkurentem, czy też, jak mówiła babcia Carmen, „wielbicielem" mojej matki, do której pisywał za młodu namiętne wiersze, ona zaś trzymała je w ukryciu przed moim ojcem, człowiekiem o niepohamowanej zazdrości.

Wszystkie te wydarzenia rozentuzjazmowały mnie do tego stopnia, że kiedy Chrześcijańska Demokracja ukonstytuowała się jako partia, zapisałem się do niej. Natychmiast zostałem wystrzelony niczym pocisk z katapulty, nie wiem jak ani przez kogo, do Komitetu Departamentu Limy, w którym byli również Luis Jaime Cisneros, Guillermo Carrillo Marchand i kilku szanowanych profesorów wyższych uczelni, takich jak prawnik Ismael Bielich i psychiatra

Honorio Delgado. Nowa partia ogłosiła w swoim statucie, że nie jest wyznaniowa, więc nie trzeba było być wierzącym, aby walczyć w jej szeregach, jednak to prawda, że lokal partii – stary dom o ścianach z trzciny ulepionej z gliny i ozdobiony balkonami – w alei Guzmána Blanco, bardzo blisko placu Bolognesi, był podobny do kościoła, a przynajmniej wyglądał jak zakrystia, bo znajdowali się tam wszyscy świątobliwi mężowie Limy, od don Ernesta Alayzy Grundy'ego aż po przywódców Akcji Katolickiej i UNEC*, przy czym wszyscy młodzi wyglądali na studentów Uniwersytetu Katolickiego. Zastanawiam się, czy w tamtym okresie w Chrześcijańskiej Demokracji był jeszcze jakiś inny student uniwersytetu San Marcos poza mną i poza Guillermem Carrillem (Javier Silva zapisze się dopiero po pewnym czasie).

Cóż, u diabła, tam robiłem, wśród ludzi w najwyższym stopniu szanowanych, ja, który w tych latach świetlnych byłem obrońcą Sartre'a wrogo usposobionym do księży, lewicowcem jeszcze niezupełnie wyleczonym ze wszystkich naleciałości marksizmu z czasów kółka szkoleniowego, bo za takiego nadal się uważałem? Nie potrafiłbym tego wytłumaczyć. Mój polityczny entuzjazm był o wiele silniejszy niż moja spójność ideologiczna. Ale pamiętam, że zawsze źle się czułem, kiedy musiałem logicznie wyjaśniać moją wojującą przynależność do Chrześcijańskiej Demokracji. A sytuacja ulegała pogorszeniu, gdy dzięki Antoniowi Espinozie przeczytałem pewne materiały dotyczące doktryny społecznej Kościoła i słynną encyklikę Leona XIII, *Rerum novarum*, którą chrześcijańscy demokraci zawsze cytowali jako przykład ich kompromisu w sprawach dotyczących sprawiedliwości społecznej oraz woli wprowadzania reformy ekonomicznej na rzecz biednych. W trakcie czytania słynna encyklika wypadała mi z rąk z powodu swojej paternalistycznej retoryki, nadętych sentymentów i niejasnej krytyki nadużyć kapitału. Pamiętam, że komentowaliśmy

---

* Unión Nacional de Estudiantes Católicos – Narodowy Związek Studentów Katolickich (przyp. tłum.).

to zagadnienie z Luisem Loayzą – który, jak myślę, też podpisał jakiś tekst chadecki albo zapisał się do tej partii – i powiedziałem mu, jak niekomfortowo czułem się po przeczytaniu tej słynnej encykliki, która wydawała mi się strasznie konserwatywna. On także próbował ją czytać i po kilku stronicach poczuł mdłości.

Jednak nie oddaliłem się od Chrześcijańskiej Demokracji (wystąpię z tej partii dopiero po latach, już mieszkając w Europie, z powodu jej opieszałości w obronie rewolucji kubańskiej, która była wtedy dla mnie zagadnieniem pasjonującym), jej walka przeciw dyktaturze i o demokratyzację kraju nie budziła bowiem zastrzeżeń, a ja nadal wierzyłem, że Bustamante y Rivero zostanie w końcu jej liderem i może nawet kandydatem tej partii na urząd prezydenta. Ale przede wszystkim dlatego, że wraz z gronem bardziej radykalnych młodych działaczy odkryliśmy wśród liderów Partii Chrześcijańsko-Demokratycznej pewnego adwokata z Arequipy, który chociaż był szanowany na równi z innymi, od początku wydawał się nam człowiekiem o poglądach bardziej postępowych i wybiegających w przyszłość niż te, które mieli jego koledzy, robił wrażenie kogoś zaangażowanego nie tylko w umoralnianie i demokratyzowanie polityki peruwiańskiej, ale także w realizację głębokiej reformy, położenia kresu bezprawiu, którego ofiarami byli biedni; taki był Héctor Cornejo Chávez.

Wiele osób nieźle się uśmieje z tego, że mówię teraz o nim w taki sposób, nie bacząc na to, jak obrzydliwie zachowywał się później w roli wojskowego doradcy Velasca, autora monstrualnej ustawy o konfiskacie wszystkich środków masowego przekazu i pierwszego naczelnego upaństwowionego pisma „El Comercio". Ale jest pewne, że w połowie lat pięćdziesiątych ten młody adwokat przybyły do Limy z rodzinnej Arequipy był wzorem politycznej uczciwości, człowiekiem ogarniętym płomienną żarliwością demokratyczną i głębokim oburzeniem na każdy przejaw niesprawiedliwości. Był sekretarzem Bustamantego y Rivery, a ja chciałem widzieć w nim człowieka odmłodzonego i bardziej radykalnego niż były prezydent, o takiej samej uczciwości moralnej i niezłomnym zaangażowaniu w sprawy demokratycznego i praworządnego systemu.

Doktor Cornejo Chávez mówił o reformie rolnej, o reformie przedsiębiorstwa z udziałem robotników w podziale zysków i w administracji, potępiał oligarchię, posiadaczy ziemskich, czterdzieści najbogatszych rodzin, i używał przy tym jakobińskiej retoryki. Nie był sympatyczny, to prawda, był raczej człowiekiem zgorzkniałym i zdystansowanym, wypowiadał się w sposób ceremonialny i lekko zapalczywy, co często spotyka się u ludzi z Arequipy (zwłaszcza tych, którzy mieli do czynienia z trybunałami), jednak cechująca jego życie skromność i powściągliwość sprawiały, że wielu z nas myślało, iż Chrześcijańska Demokracja pod jego przywództwem będzie mogła przeprowadzić transformację kraju.

Sprawy potoczyły się zupełnie inaczej. Cornejo Chávez został liderem partii – nie był nim w 1955 ani w 1956, kiedy ja do niej należałem – i został jej kandydatem na urząd prezydenta w wyborach 1962, w których uzyskał słaby wynik. Jego autorytaryzm i skłonności do personalizmu stopniowo wywoływały w jego własnej partii napięcia i walki frakcyjne, których kulminacją był rozpad Chrześcijańskiej Demokracji w 1965: większość przywódców i aktywnych członków opuściła jej szeregi razem z Luisem Bedoyą Reyesem na czele, aby utworzyć Chrześcijańską Partię Ludową, a zredukowana do minimum partia Cornejo Cháveza przetrwała w złym stylu aż do wojskowego zamachu stanu generała Velasca w 1968. Wtedy doktor Cornejo Chávez zorientował się, że wybiła jego godzina. To, czego nie mógł uzyskać głosami wyborców, teraz zdobył dzięki dyktaturze: pozyskał władzę, a wojskowi powierzyli mu zadania tak niedemokratyczne jak zakneblowanie ust środkom masowego przekazu i władzy sądowniczej (on też będzie odpowiedzialny za utworzenie Narodowej Rady Sądownictwa, instytucji, za pomocą której dyktatura podporządkowała sobie sędziów).

Po upadku Velasca – który na skutek pałacowego zamachu stanu w 1975 został zastąpiony przez generała Moralesa Bermudeza – Cornejo

Chávez, po okresie uczestnictwa w Zgromadzeniu Konstytucyjnym (w latach 1978–1979), wycofał się z polityki. Pozbawiona wpływów Partia Chrześcijańsko-Demokratyczna – garstka karierowiczów – figurowała tymczasem w życiu politycznym Peru, powiązana z Alanem Garcíą, który chcąc podtrzymywać fikcję otwarcia, zawsze miał jakiegoś chadeka w swoim rządzie. Po Alanie Garcíi Chrześcijańska Demokracja zakończyła swój żywot, a inaczej mówiąc, jej grono kierownicze, które uzurpowało sobie nazwę partii, poszło zimować w oczekiwaniu, że okoliczności przyczynią się kiedyś do odzyskania przez nie drobnych okruchów układu i wtedy zostanie pasożytem kolejnego władcy.

Tymczasem jesteśmy dopiero w roku 1955 i jeszcze nam do tego daleko. Kiedy lato dobiegło końca, a ja zaczynałem chodzić na wykłady trzeciego roku i dyskutowałem o literaturze z Luisem Loayzą, walczyłem w szeregach Chrześcijańskiej Demokracji, pisałem opowiadania i opracowywałem fiszki historyczne w domu Porrasa Barrenechei, pojawił się w Limie ktoś, kto spowodował kolejny wstrząs w moim życiu – była to „ciotka" Julia.

XIV. Tani intelektualista

26 października 1989 „El Diario", organ Świetlistego Szlaku, opublikował komunikat w imieniu fasadowej organizacji o nazwie Ruch Rewolucyjny w Obronie Narodu*, zwołując na 3 listopada „zbrojny strajk klasowy i bojowy" dla „poparcia walki ludu".

Następnego dnia kandydat Zjednoczonej Lewicy na burmistrza Limy i na urząd prezydenta, Henry Pease García, ogłosił, że w dniu wybranym przez Świetlisty Szlak na strajk zbrojny wyjdzie ze swoimi towarzyszami na ulicę, aby zademonstrować, „że demokracja jest silniejsza od akcji wywrotowych". Siedziałem wtedy razem z Álvaro w moim biurze – codziennie wczesnym rankiem, zanim zebrał się *kitchen cabinet*, analizowaliśmy program dnia – i usłyszałem tę wiadomość przez radio. W pierwszej chwili przyszło mi na myśl, że należy solidaryzować się z demonstrantami, wyjść na ulicę z moimi zwolennikami i w dniu 3 listopada zamanifestować sprzeciw wobec planowanej akcji Świetlistego Szlaku. Álvarowi spodobał się ten pomysł, więc żeby uniknąć skomplikowanych konsultacji z sojusznikami, nie tracąc czasu, ogłosiłem swój zamiar w wywiadzie telefonicznym dla audycji *Radioprogramas*. Pogratulowałem Henry'emu Pease i zaproponowałem, abyśmy razem wzięli udział w marszu.

---

* Movimiento Revolucionario en Defensa del Pueblo – MRDP (przyp. tłum.).

To wywołało sensację: oto z inicjatywą marksistowskiej lewicy solidaryzuje się ktoś, kto od lat jest „biały" wśród rodzimych postępowych intelektualistów, do jakich zalicza się Pease, zaś niektórym moim przyjaciołom krok ten wydawał się politycznym błędem. Obawiali się, że mój gest zostanie uznany za wsparcie kandydatury Pease'a (sondaże dawały mu poniżej dziesięciu procent głosów wśród tych, którzy deklarowali chęć pójścia do wyborów). Był to typowy przykład na to, jak względy etyczne mogą górować nad politycznymi. Świetlisty Szlak z każdym dniem rozwijał działalność coraz bardziej zuchwałą i o szerszym zasięgu; codziennie następowały zamachy i dokonywano zabójstw. W Limie obecność terrorystów spod tego znaku wzrosła w fabrykach, w szkołach i w osiedlach młodych, a ich ośrodki indoktrynacji działały jawnie na oczach wszystkich. Czy to będzie właściwy krok, jeśli społeczeństwo obywatelskie wyjdzie zamanifestować na rzecz pokoju tego samego dnia, w którym terroryści grożą strajkiem zbrojnym? Marsz pokoju spotkał się z falą poparcia ze strony partii politycznych, związków zawodowych, instytucji kulturalnych i społecznych, a także znanych osobistości. I przyciągnął olbrzymią rzeszę uczestników pragnących pokazać, że potępiają haniebną grozę, w jakiej pogrążało się Peru z powodu mesjanistycznego fanatyzmu mniejszości.

Pod presją środowiska przyłączyli się także kandydaci APRA (Alva Castro) i Umowy Socjalistycznej* (Barrantes Lingán), chociaż widoczny był ich brak entuzjazmu. Obaj zamanifestowali swoją obecność pod pomnikiem Miguela Graua na promenadzie Republiki i wycofali się ze swymi niewielkimi delegacjami, zanim my przybyliśmy tłumnie na miejsce, gdzie uformowały się kolumny Zjednoczonej Lewicy i Frontu Demokratycznego, które wyruszyły – pierwsza z placu 2 Maja, a nasza – spod pomnika Jorge Cháveza, w alei 28 Lipca.

Szliśmy z entuzjazmem, krokiem powolnym, zdyscyplinowanym i spotkaliśmy się naprzeciwko pomnika ku czci Graua. Tam Henry

---

* Acuerdo Socialista – Umowa Socjalistyczna (przyp. tłum.).

Pease i ja wymieniliśmy uściski. Złożyliśmy pod pomnikiem kwiaty i odśpiewaliśmy hymn narodowy. Uczestnikami olbrzymiego tłumu byli nie tylko walczący politycy, ale również ludzie bezpartyjni i niezainteresowani polityką, którzy czuli potrzebę potępienia zabójstw, porwań, rzucania bomb i innych form przemocy, które w ostatnich latach tak degradowały życie w Peru. W pobliżu pomnika Graua było wielu duchownych – biskupów, księży, zakonników, laickich chrześcijan – którzy wśród partyjnych okrzyków głosili swoje hasło: „Czujemy tu obecność Chrystusa".

Nie przyłączyłbym się do tego marszu pokoju, gdyby ta inicjatywa nie wyszła od Henry'ego Pease'a, przeciwnika, który wydawał mi się godny szacunku jako intelektualista i polityk. Istnieje wiele sposobów na zdefiniowanie tego, kto jest godny szacunku. Jeżeli o mnie chodzi, to uważam, że na szacunek zasługuje intelektualista lub polityk, który mówi to, w co wierzy, robi to, co mówi, i nie używa idei i słów jako szczebli do kariery.

W moim kraju tacy godni szacunku intelektualiści zbyt często się nie pojawiają. Mówię to ze smutkiem, ale z pełną świadomością. Temat ten od dawna nie dawał mi spokoju, aż w końcu pewnego dnia zrozumiałem, dlaczego wskaźniki moralnej nieuczciwości są wśród ludzi mego zawodu wyższe niż wśród Peruwiańczyków innego powołania. I dlaczego wielu intelektualistów w sposób tak efektywny przyczyniło się do rozkładu kulturalnego i politycznego Peru. Przedtem łamałem sobie głowę, próbując odgadnąć, dlaczego wśród naszych intelektualistów, zwłaszcza postępowych – a jest ich ogromna większość – pojawia się kanciarz, bezwstydnik, kłamca, łajdak, który może z całkowitym cynizmem żyć w etycznym rozdwojeniu jaźni, często zaprzeczając swoim prywatnym działaniem temu, co z głębokim przekonaniem głosi w swoich pismach i w publicznych wystąpieniach.

Czytając opinie antyimperialistycznych mędrców wyrażane w ich manifestach, artykułach, esejach, wykładach, konferencjach, każdy uwierzyłby, że nienawiść do Stanów Zjednoczonych to jakieś wielkie posłannictwo. A tymczasem prawie wszyscy ubiegali się o stypendia, pomoc, pieniądze na podróże, korzystali z zamówień i specjalnych zleceń fundacji północnoamerykańskich i wielu dosłownie z nich ż y ł o; wielu spędziło niejeden semestr i całe akademickie lata we „wnętrzu potwora" (jak to powiedział José Martí) na koszt Fundacji Guggenheima, Tinkera, Mellona, Rockefellera i tym podobnych. No i wszyscy gorliwie się starali, przy czym wielu naturalnie to osiągnęło, żeby zapraszano ich na stanowiska profesorów na uniwersytety tego kraju, który jak uczyli swoich studentów i czytelników, zasługiwał na nienawiść, bo był odpowiedzialny za wszelkie nieszczęścia Peru. Jak wytłumaczyć podobny masochizm środowiska intelektualistów? Skąd się bierze ten powszechny pęd do Stanów Zjednoczonych, które zaciekle oskarżają, a równocześnie na tych oskarżeniach w znacznej mierze budują swoje akademickie kariery i swój skromny prestiż socjologów, krytyków literackich, politologów, etnologów, antropologów, ekonomistów, archeologów lub poetów, dziennikarzy i powieściopisarzy?

Oto kilka kwiatków wybranych zupełnie przypadkowo z tego bukietu. Julio Ortega zaczął swoją karierę „intelektualisty", pracując w latach sześćdziesiątych na posadzie opłacanej przez Kongres na rzecz Wolności Kultury w Limie, właśnie wtedy, gdy ujawniono, że instytucja ta otrzymywała pieniądze z CIA, co spowodowało, że wielu pisarzy, którzy z nią współpracowali w dobrej wierze, wycofało się z działalności w Kongresie (ale nie on). Stał się więc dla kół postępowych trędowatym. Kiedy nastała wojskowa, rewolucyjna i socjalistyczna dyktatura generała Juana Velasco Alvarado, przeobraził się w rewolucjonistę i socjalistę, również opłacanego. W suplemencie kulturalnym do jednego z dzienników skonfiskowanych przez dyktaturę – „Correo" – którym kierował na zlecenie, poświęcał wiele czasu na to, żeby kapitalnym żargonem, w równych proporcjach ujawniającym intelektualną ciemnotę i polityczne łajdactwo, pyskować przeciwko tym, którzy nie godzili się na deportacje, wtrącanie do więzień, wywłaszczenia, cenzurę i nikczemności socjalizmu w stylu Velasca, i na przykład proponował, żeby policzkować dyplomatów źle się wyrażających o rewolucji. Kiedy dyktator, któremu się wysługiwał, stracił władzę na skutek wewnętrznego spisku własnych popleczników, wielu jemu podobnych intelektualistów straciło pracę. Dokąd uciekał ten skryba, żeby zarabiać na życie? Czy na Kubę, którą darzył miłością ideologiczną? Może do Korei Północnej? Do Moskwy? Nie. Do Teksasu. Najpierw na uniwersytet w Austin, a kiedy musiał się stamtąd wynosić – na bardziej tolerancyjny uniwersytet w Brown, gdzie do dzisiaj, jak podejrzewam, dalej toczy swoją batalię w imię antyimperialistycznej rewolucji przebiegającej wśród chrzęstu czołgów i szczęku wojskowych szabli. W czasie kampanii wyborczej przesyłał stamtąd artykuły do peruwiańskiego czasopisma „La República", z którego redakcją dobrali się jak w korcu maku, i doradzał swoim dalekim współziomkom, aby nie tracili okazji i głosowali na „opcję socjalistyczną".

Podam jeszcze inny przykład moralnego dziwactwa. Doktor Antonio Cornejo Polar, krytyk literacki i „katolik socjalista", jak lubił się przedstawiać – co jest sposobem na zaskarbianie sobie łaski w niebie bez utraty pewnych przywilejów w piekle – zrobił karierę uniwersytecką w bastionie radykalizmu i zwolenników Świetlistego Szlaku, jakim stał się uniwersytet San Marcos, gdzie doszedł do stanowiska rektora dzięki jedynym zasługom, które w tamtym czasie pozwalały – co niestety nadal jest aktualne – wspinać się tak wysoko, to znaczy dzięki poparciu polityków. Jego „poprawna" linia postępowa sprawiła, że zdobył niezbędną liczbę głosów, łącznie z tymi, które pochodziły od zacietrzewionych maoistów.

18 marca 1987, wygłaszając odczyt w Stanach Zjednoczonych, mówiłem o kryzysie państwowych uniwersytetów w Ameryce Łacińskiej i o tym, jak upolitycznienie i ekstremizm niszczą ich poziom akademicki, a w niektórych przypadkach – jak w mojej *Alma Mater* – przeobrażają je w instytucje, które już z trudem zasługują

na miano uniwersytetu. W łatwej do przewidzenia lawinie gwałtownych protestów, jakie odezwały się w Peru, jednym z najgorętszych był głos „katolickiego socjalisty", który w tamtym czasie odszedł ze stanowiska rektora, tłumacząc, że problemy w senacie akademickim postawiły go w bardzo trudnej, „przedzawałowej" sytuacji. Mój oburzony krytyk zadawał sobie pytanie, czy można atakować peruwiański ludowy i rewolucyjny uniwersytet z takiego miejsca jak Metropolitan Club w Nowym Jorku*. Dotąd wszystko wydawało się spójne. Jednakże wielkie było moje zdziwienie, kiedy wkrótce poproszono mnie, w imieniu rady akademickiej jednego z uniwersytetów imperialistycznego potwora, o raport na temat intelektualnych kompetencji tej właśnie osoby, ponieważ kandydowała ona na stanowisko lektora na wydziale języka hiszpańskiego (które oczywiście otrzymała). Przypuszczam, że działa tam do dzisiaj i jest żywym przykładem tego, jak należy postępować w życiu akademickim, wyznając poprawne poglądy polityczne we właściwym czasie.

Mógłbym przytoczyć jeszcze wiele przykładów będących rozmaitymi wariantami podobnej praktyki: można udawać p e r s o n ę publiczną, pozorować przekonania, idee i wartości pasujące do działalności zawodowej, a jednocześnie przeczyć im własnym postępowaniem. W życiu intelektualnym rezultatem takiego braku autentyczności są dewaluacja dyskursu, triumf stereotypów i próżnia retoryczna, martwy slogan i komunały w sprawach idei i kreatywności. Dlatego to nie przypadek, że w ostatnich trzydziestu, a może i czterdziestu latach nie narodziło się w Peru nic godnego uwagi w dziedzinie myśli, natomiast pojawił się gigantyczny śmietnik populistycznej, socjalistycznej i marksistowskiej gadaniny bez kontaktu z rzeczywistymi peruwiańskimi problemami.

W dziedzinie polityki konsekwencje były jeszcze gorsze. Ci bowiem, którzy z dwulicowości oraz ideologicznego oszustwa uczynili

---

* *La fobia de un novelista*, „Sí", 6 kwietnia 1987.

swój *modus vivendi*, sprawowali niemal absolutną kontrolę nad życiem kulturalnym Peru. I produkowali prawie wszystko to, co Peruwiańczycy czytali albo studiowali, całą ideologiczną strawę kraju, którą młode pokolenia zaspokajały swoją ciekawość lub koiły niepokoje. Wszystko było w ich rękach. Państwowe uniwersytety i gimnazja oraz wiele prywatnych; instytuty i ośrodki badawcze; czasopisma, ich suplementy i publikacje kulturalne, no i oczywiście podręczniki szkolne. Ze swym brakiem kultury i pogardą dla wszelkiej działalności intelektualnej środowiska konserwatywne, które do lat czterdziestych, a może i pięćdziesiątych, pełniły jeszcze rolę hegemona w życiu kulturalnym kraju – z błyskotliwym pokoleniem historyków, takich jak Raúl Porras Barrenechea i Jorge Basadre, filozofów, takich jak Mariano Iberico i Honorio Delgado – przegrały już dawno walkę i nie wyprodukowały ani indywidualnych talentów, ani zbiorowości zdolnych stawić czoła awansującym intelektualistom lewicy, którzy od czasów dyktatury generała Velasca zmonopolizowali życie kulturalne.

A jednak lewicowa myśl miała w Peru swego znakomitego prekursora: był nim José Carlos Mariátegui (1894–1930). W swoim krótkim życiu napisał imponującą liczbę esejów oraz artykułów upowszechniających idee marksizmu, opublikował analizy peruwiańskiej rzeczywistości i prace z dziedziny krytyki literackiej oraz aktualne komentarze polityczne, zwracające uwagę ostrością intelektualną, a często oryginalnością, pisał opracowania, w których uderza świeżość sądów i własny głos, jaki nigdy więcej nie pojawi się wśród jego osławionych następców. Chociaż wszyscy pragnęli nazywać się „wychowankami Mariateguiego", od najbardziej umiarkowanych, do najbardziej skrajnych (nawet Abimael Guzmán, założyciel i lider Świetlistego Szlaku, mówi, że jest jego uczniem), wykorzystując w tym celu Zjednoczoną Partię Uczniów Mariateguiego (PUM)*, okazało się, że po krótkim apogeum, które twórca ten zaprezentował w dziedzinie myśli socjalistycznej, ta

---

* Partido Unificado Mariáteguista (przyp. tłum.).

zaczęła chylić się w Peru ku upadkowi i osiągnęła dno w latach dyktatury wojskowej (1968–1980), kiedy to debata intelektualna ograniczyła się tylko do dwóch opcji: lewicowego oportunizmu oraz terroryzmu. Intelektualiści ponosili taką samą odpowiedzialność jak wojskowi, jeżeli chodzi o to, co się w Peru wydarzyło w tamtych latach, zwłaszcza przez pierwszych siedem lat – od 1968 do 1975, czyli za czasów panowania generała Velasca – kiedy przyjęto same błędne rozwiązania wielkich narodowych problemów, doprowadzając do pogorszenia sytuacji i pogrążając Peru w ruinie, po czym Alan García miał dolać jeszcze ostatnią kroplę oliwy do ognia. Klaskali nad siłowym zniszczeniem systemu demokratycznego, który jeżeli nawet ma błędy i bywa nieskuteczny, to jednak dopuszcza polityczny pluralizm, krytykę, działalność związkową i korzystanie z wolności. Posługiwali się argumentem, że „formalna" wolność jest połączona z okrutnym wyzyskiem, i tym usprawiedliwiali zakaz partii politycznych, zniesienie wyborów, konfiskatę ziemi oraz jej kolektywizację, upaństwowienie i etatyzację setek przedsiębiorstw, zniesienie wolności prasy i prawa do krytyki, zinstytucjonalizowanie cenzury, wywłaszczenie wszystkich kanałów telewizyjnych, dzienników i wielu stacji radiowych, uchwalenie ustawy, która zwasalizowała władzę sądowniczą i podporządkowała ją rządowi, usprawiedliwiali wtrącanie do więzień i deportację setek Peruwiańczyków oraz mordowanie pokaźnej ich liczby. W tamtych latach, mając władzę nad wszystkimi ważnymi środkami masowego przekazu, jakie istniały w kraju, zajęli się propagowaniem haseł przeciwko wartościom demokratycznym oraz liberalnej demokracji, a także w imię socjalizmu i rewolucji bronili nadużyć i niegodziwości dyktatury. No i naturalnie obrzucali obelgami tych, którzy nie podzielali entuzjazmu dla tego, co donosiciele Velasca nazywali „rewolucją socjalistyczną, powszechną i anarchistyczną", a opozycja nie dysponowała trybuną, aby przeciwstawić się ich propagandzie.

Niektórzy, pozostający w mniejszości, działali w taki sposób, ponieważ byli naiwni i naprawdę wierzyli, że upragnione reformy mające skończyć z biedą, niesprawiedliwością i zacofaniem, mogą być przeprowadzone przez wojskową dyktaturę, bo ta, w odróżnieniu od dawnych czasów, nie głosiła „chrześcijańskiej i zachodniej cywilizacji", tylko „socjalizm i rewolucję"*. Ci prostoduszni, tacy jak Alfredo Barrenechea albo César Hildebrandt, szybko wyzbyli się złudzeń i od razu przeszli do obozu potępiającego władzę. Jednak większość z nich nie stanęła po stronie dyktatury ani z powodu naiwności, ani z własnego przekonania, tylko, jak to pokazało ich późniejsze postępowanie,

---

* Włączam do nich Carlosa Delgado, cywila o znacznych wpływach za czasów Velasca, który napisał większość przemówień odczytywanych przez dyktatora. Byli przywódca partii APRA i byli sekretarz socjologa i politologa Haya de la Torre, Carlos Delgado wystąpił z APRA, kiedy partia ta paktowała z Odríą za pierwszego rządu Belaúndego Terry. Poparł wojskową rewolucję i przyczynił się w dużym stopniu do utkania jej zasłony ideologicznej, a jednocześnie dał impuls do wielu reform gospodarczych – takich jak wspólnota przemysłowa, reforma rolna, kontrole i subsydia, i tak dalej – przy czym wiele z nich było kopią tego, co znajdowało się w programie partii APRA. Carlos Delgado wierzył w to „trzecie stanowisko" i jego poparcie dla dyktatury było inspirowane złudzeniem, że wojsko może być instrumentem i z pomocą da się wprowadzić w Peru socjalizm demokratyczny, którego bronił. W „SINAMOS" (Sistema Nacional de Apoyo a la Mobilización Social – Narodowym Systemie Wsparcia Mobilizacji Społecznej) Carlos Delgado zgromadził grupę intelektualistów – byli wśród nich Carlos Franco, Héctor Béjar, Helan Jaworski, Jaime Llosa i tak dalej – którzy podzielali jego tezę i którzy, z tak dobrymi intencjami jak jego zamiary, w większości aktywnie współpracowali z reżimem przy nacjonalizowaniu i upowszechnianiu państwowego interwencjonizmu w gospodarce i w życiu społecznym. Ale głosy krytyki, na które zasługiwali, powinny być, zwłaszcza w przypadku Carlosa Delgado, poparte wyjaśnieniem: jego dobra wiara nie może być podawana w wątpliwość, podobnie jak spójność i przejrzystość jego działania. Dlatego zawsze wydawał mi się godny szacunku i mogłem różnić się z nim – i wiele dyskutować – bez zrywania naszej przyjaźni. Z drugiej strony wiem, że Carlos Delgado, używając swoich wpływów, zrobił, co mógł, aby zapobiec zdobyciu wszystkich głosów przez komunistów i ich bliskich z reżimowych instytucji, a także posłużył się swoimi wpływami, aby w miarę możności zapobiec przemocy. Kiedy czasopismo „Caretas" zostało zamknięte, a jego naczelny, Enrique Zileri był prześladowany, on umówił mnie na wywiad z generałem Velasco (jedyny, o jaki prosiłem) i poparł mnie, gdy zaprotestowałem przeciwko zamknięciu pisma i prześladowaniu jego naczelnego, wzywając do odwołania tej decyzji.

na skutek oportunizmu. Zostali p o w o ł a n i. Po raz pierwszy rząd Peru zaapelował do intelektualistów i ofiarował im odrobinę władzy. Wtedy bez wahania rzucili się w ramiona dyktatury, z zapałem i gorliwością, które często wykraczały poza to, czego od nich oczekiwano. Dlatego też, bez wątpienia, sam generał Velasco, człowiek nieznający się na subtelnościach, często wypowiadał się o reżimowych intelektualistach jak o swoich psach łańcuchowych, które trzymał, ażeby straszyć nimi mieszczuchów.

I rzeczywiście, taka była rola, do której zostali przez reżim sprowadzeni: mieli szczekać i gryźć – na łamach prasy, w stacjach radia i telewizji, ze swoich stanowisk w ministerstwach oraz w ich oficjalnych filiach – tych wszystkich, którzy sprzeciwiali się przemocy. To, co się stało z wieloma intelektualistami w Peru w tamtych latach, było dla mnie prawdziwym szokiem. Odkąd pod koniec lat sześćdziesiątych zerwałem z Kubą, stałem się obiektem ataków ze strony wielu z nich, ale nawet jeszcze wtedy miałem wrażenie, że postępują tak – stając po stronie tego, czego bronili – powodowani wiarą i ideałami. Jednak kiedy zobaczyłem przykłady moralnej degrengolady pokolenia peruwiańskich intelektualistów w latach dyktatury Velasca, odkryłem to, w co jeszcze dzisiaj wierzę: że tamte przekonania były dla większości z nich niczym innym, jak tylko rodzajem strategii, która pozwala przetrwać, robić karierę, prosperować. (W dniach upaństwowienia banku prasa aprystowska z wielkim hukiem rozpowszechniła frenetyczne deklaracje Julia Ramóna Ribeyry, z Paryża, oskarżające mnie o to, że „obiektywnie identyfikuję się z konserwatywnymi środowiskami Peru" i przeciwstawiam się „nieuniknionemu protestowi warstw ludowych". Ribeyro, pisarz bardzo uczciwy, do tej pory mój przyjaciel, został mianowany przez dyktatora Velasca dyplomatą przy UNESCO i był utrzymywany na tym stanowisku przez wszystkie kolejne rządy dyktatorskie oraz demokratyczne, którym służył posłusznie, bezstronnie i dyskretnie. Po niedługim czasie José Rosas-Ribeyro, pewien przebywający we Francji peruwiański ultralewicowiec, opisał go w artykule w piśmie „Cambio"*, jak drepcze po Paryżu z przedstawicielami rządu aprystów i zbiera podpisy pod manifestem na rzecz Alana Garcíi i upaństwowienia banku, który podpisała grupa „peruwiańskich intelektualistów" tam przebywających. Co zamieniło polityka i sceptyka Ribeyrę w nieoczekiwanie aktywnego socjalistę? Czy była to przemiana ideologiczna? Raczej dyplomatyczny instynkt przetrwania. On sam mnie o tym zawiadomił w przesłaniu skierowanym do mnie w tamtym czasie (a które wywarło na mnie o wiele gorsze wrażenie niż jego deklaracje), za pośrednictwem swego wydawcy, zaprzyjaźnionej ze mną Patrycji Pinilli: „Powiedz Mariowi, żeby nie przywiązywał wagi do tego, co mówię przeciwko niemu, bo to są tylko wypowiedzi k o n i u n k t u r a l n e.

Wtedy zrozumiałem jedno z najbardziej dramatycznych zjawisk niedorozwoju. Po prostu nie było sposobu, aby jakiś intelektualista z kraju takiego jak Peru mógł pracować, zarabiać na życie, publikować i w pewnym sensie ż y ć jak intelektualista, bez zaakceptowania postawy rewolucyjnej, przyznawania racji socjalistycznej ideologii i demonstrowania, w działalności publicznej – w pismach i w zachowaniu obywatelskim – że należy do lewicy. Aby zdobyć kierownicze stanowisko w jakimś wydawnictwie, aby piąć się w górę na etatach uniwersyteckich, otrzymywać stypendia, pieniądze na podróże, opłacone zaproszenia, trzeba było wykazać, że identyfikuje się z mitami i symbolami porządku rewolucyjnego i socjalistycznego. Kto nie postępował według tego niepisanego nakazu, skazywał się na pustkę: marginalizację i frustrację zawodową. Takie było wytłumaczenie. Stąd brał się brak autentyzmu – według formuły Jeana François Revela: „paraliż moralny" – w jakim żyli, powielając publicznie cały ten jałowy, defensywny spór o słowa – rodzaj rozpoznawczego hasła, aby zapewnić sobie stanowisko w establishmencie – co jednak nie odpowiadało żadnemu wewnętrznemu przekonaniu, było tylko zwykłą

---

* W dodatku „Unicornio", 25 października 1987, s. 5.

taktyką, którą można nazwać „obroną pozycji". Jednak kiedy żyjesz w taki sposób, nieunikniona okazuje się degeneracja myśli i języka. Dlatego książka Hernanda de Soto i jego ekipy z Instytutu Wolność i Demokracja – *El otro sendero* – napełniła mnie takim entuzjazmem: oto nareszcie ukazała się w Peru praca, która zwiastowała wysiłek niezależnego i oryginalnego myślenia o problematyce kraju, niszczyła wszelkie tabu i skostniałe schematy ideologiczne! Ale raz jeszcze, w kraju niespełnionych obietnic, również i w tym przypadku ledwie narodzona przemieniła się we frustrację.

Kiedy stwierdziłem, że znajduję wytłumaczenie tego, co Sartre nazywał s y t u a c j ą pisarza w Peru w czasach dyktatury, napisałem dla czasopisma „Caretas" kilka artykułów pod wspólnym tytułem *El intelectual barato* (Tani intelektualista*), co – tym razem słusznie – spotęgowało dawną niechęć do mnie tych, którzy w tanich intelektualistach odnaleźli samych siebie. Alan García, ze swoją niezawodną intuicją wyczuwający tego rodzaju działania, zwerbował wielu z nich po to, aby zostali jego psami gończymi, i wypuścił ich na mnie wyposażonych w broń, którą świetnie potrafili się posługiwać. Odegrali ważną rolę w czasie kampanii wyborczej i nie szczędzili wysiłków, by unurzać mnie w błocie.

Pierwszy został zwerbowany – co za paradoks – najemny dziennikarz, który wiernie służył Velascowi, kierując pismem „La Crónica"; była to osoba, o której można powiedzieć, bez obawy popełnienia błędu, że stanowi doskonały przykład tego, co zdegenerowanie dziennikarstwa spowodowało w Peru: chodzi o Guillerma Thorndike'a. Na łamach wspomnianego dziennika, z niewielką mafią współpracowników zwerbowanych w lokalnych literackich szambach (wyjątkiem był Abelardo Oquendo, jeden z moich najlepszych przyjaciół od młodzieńczych lat; nigdy nie mogłem zrozumieć, co tam robił

---

* Przedrukowane w: M. Vargas Llosa, *Contra viento y marea*, t. 2, Barcelona1990, s. 143–155.

w otoczeniu pismaków, intrygantów, ludzi z kompleksami, takich jak Mirko Lauer, Raúl Vargas, Tomás Escajadillo i jeszcze gorszych) – przerzucił się od schlebiania dyktatorowi i niezrozumiałej obrony jego działalności na podłą kampanię wymierzoną przeciwko tym przedstawicielom opozycji, którym nałożona na media cenzura uniemożliwiała udzielenie odpowiedzi. Jedną z największych ofiar tych wywodów była partia APRA, z której dyktatura Velasca przejęła nie tylko znaczną część programu rządzenia, ale zamierzała, za pośrednictwem SINAMOS, przejąć również masy. Po wydarzeniach z 5 lutego 1975, kiedy strajk policji przerodził się w ludowy bunt przeciwko reżimowi i wybuchł pożar w budynku Koła Wojskowego i w lokalu dziennika „Correo"*, pismo kierowane przez Thorndike'a obarczyło odpowiedzialnością za akty przemocy partię APRA i zatruło opinię publiczną, wszczynając przeciwko niej kampanię, wobec której polowania na czarownice organizowane przez prasę obywatelską przeciwko partii Haya de la Torre w latach trzydziestych były dziecinnymi igraszkami.

Niemniej, niewiele lat później, znalazłszy się w redakcji dziennika „La República" – to inny znakomity przykład bagna, w jakie wpadła prasa – Thorndike oddał się w służbę APRA i Alana Garcíi z takim samym entuzjazmem i posługując się takimi samymi niegodziwymi metodami, jakimi służył dyktatorowi Velasco. Po zwycięstwie wyborczym Alana Garcíi został w nagrodę wysłany do Waszyngtonu, na koszt peruwiańskich podatników (jego sympatyczna żona, o której nikt nigdy nie słyszał, żeby miała jakiekolwiek, nawet przypadkowe, związki z kulturą, została mianowana attaché kulturalnym przy OEA). Stamtąd prezydent Alan García szybko sprowadził sobie Guillermo Thorndike'a, w okresie walki o upaństwowienie banku, by uruchomił swoje metody zatruwania opinii publicznej i kampanię brudnej wojny z tymi, którzy się tej nacjonalizacji przeciwstawiali. „Biuro nienawiści"

---

* Zobacz moją kronikę na ten temat: *La revolución y los desmanes* (Rewolucja i akty przemocy), „Caretas", 6 marca 1975; przedrukowana w: *Contra viento i marea*, t. 1, dz. cyt., s. 311–316.

zostało zainstalowane w apartamencie hotelu Crillón. Stamtąd pod kierunkiem Thorndike'a wysyłano do dzienników, stacji radiowych i kanałów rządowych przygotowywane przez niego oskarżenia, insynuacje i najbardziej nikczemne ataki przeciwko mnie i mojej rodzinie (wśród najbardziej skandalicznych znalazło się pomówienie – według starej zasady: kiedy coś ukradłeś, wybiegnij pędem i krzycz: „Łapać złodzieja!" – że byłem zwolennikiem Velasca!). Dzięki wywodzącym się z szeregów aprystowskiego rządu nieoczekiwanym sojusznikom, którzy nam donieśli o działalności tego biura nienawiści, dziennik „Expresso" ujawnił jego istnienie i sfotografował Thorndike'a wychodzącego z hotelu Crillón, a wtedy jego działania nieco złagodniały. Później, zawsze gorliwy w służbie kolejnego mocodawcy, Thorndike opublikował hagiografię Alana Garcíi, a w czasie kampanii wyborczej García kazał mu wrócić do Peru i pokierować gazetą „Página Libre", która w końcowych miesiącach przed wyborami odegrała rolę, jaką łatwo sobie wyobrazić. (Niedługo przed pierwszą turą wyborów jakaś señora wiele razy telefonowała do mego domu, domagając się rozmowy ze mną albo z Patrycją, przy czym informowała, że tylko nam może wyjawić swoją tożsamość. W końcu Patrycja podeszła do telefonu, aby z nią porozmawiać. Z urodzenia Argentynka, ale Peruwianka dzięki zawartemu małżeństwu, owa señora była matką Guillermo Thorndike'a. Nie znaliśmy jej. Telefonowała do nas, żeby powiedzieć, że wstydzi się tego, co wyrabia jej syn na łamach redagowanej przez siebie gazety, że zdecydowała się głosować w wyborach, że zrobi to dla mnie w celu zadośćuczynienia i że możemy podać tę informację do wiadomości publicznej. Nie zdołaliśmy tego uczynić w tamtym czasie, ale robię to teraz z podziękowaniem za tę inicjatywę, która oczywiście mnie zadziwiła*).

---

* Od tego czasu Thorndike wzbogacił swoje CV nowymi bohaterskimi czynami. W 1990 redagował „Ayllu", paszkwilanckie pisemko sympatyzujące z ruchem terrorystycznym MRTA, w którym bezczelnie atakował swego byłego pracodawcę Alana Garcíę i przedstawiał s e n s a c y j n e dokumenty dotyczące jego przestępstw z czasów, kiedy był u władzy. Teraz (wrzesień 1992) kieruje gazetą „La Nación", pismem w służbie dyktatury wprowadzonej przez Alberta Fujimoriego 5 kwietnia 1992.

Nie są to tylko zwykłe anegdoty, ale dowody na istnienie rozpowszechnionego zjawiska, takiego stanu rzeczy, który wywiera wpływ na całe życie kulturalne Peru i ma konsekwencje w jego życiu politycznym. Jeden ze współczesnych mitów o Trzecim Świecie głosi, że często w krajach ujarzmianych przez despotyczne i skorumpowane dyktatury intelektualiści stanowią moralną rezerwę, która chociaż bezsilna wobec brutalnej, dominującej władzy, daje nadzieję jako źródło, z którego kiedy sytuacja zacznie się zmieniać, kraj będzie mógł czerpać idee, wartości i odpowiednich ludzi, co pozwoli na postępy na drodze ku wolności i sprawiedliwości. To nieprawda. Peru jest przykładem raczej tego, jak słaba jest warstwa inteligencji i jak łatwo staje się podatna na korupcję, cynizm i karierowiczostwo, kiedy zabraknie jej szansy, kiedy zagrozi jej niepewność, znikną perspektywy pracy, pozbawi się ją s t a t u s u społecznego oraz możliwości wywierania skutecznego wpływu.

Gdy aktywnie zająłem się w Peru polityką, byłem przygotowany na to, że będę musiał stawić czoła moim kolegom, których metody działania znałem z czasów, kiedy pod koniec lat sześćdziesiątych popadłem z nimi w konflikt, bo zacząłem krytykować rewolucję kubańską. Od tamtego czasu stałem się obiektem ostrych ataków z ich strony, pozornie z przyczyn ideologicznych, ale w rzeczywistości ze względu na rywalizację i zazdrość, co wydaje się nieuniknione, jeżeli ktoś zdobywa uznanie albo osiąga coś, co wygląda na sukces w oczach tych, którzy napotykają wiele trudności, aby być w zgodzie ze swoim powołaniem. Byłem więc przygotowany na to, żeby się spierać także z tymi peruwiańskimi intelektualistami, których od dawna postanowiłem wyłącznie czytać, ale nigdy się z nimi nie spotykać.

Dlatego byłem bardzo zdziwiony, kiedy wśród moich kolegów znaleźli się pisarze, profesorowie, dziennikarze i artyści, którzy wiedząc, że wystawiają się na złowrogie traktowanie przez środowisko, w jakim pracują, decydowali się przystąpić do Ruchu Wolność i pomagać mi przez całą kampanię. Nie mam na myśli przyjaciół takich jak Luis Moró Quesada Garland albo Fernando de Szyszlo, z którymi już o dawna toczyliśmy batalie polityczne, ale osoby takie, jak antropolog Juan Ossio, historyk i wydawca José Bonilla, eseiści Carlos Zuzunaga i Jorge Guillermo Llosa, powieściopisarz Carlos Thorne oraz liczne grono tych, którzy podobnie jak tamci pracowali wytrwale na rzecz zwycięstwa Frontu, myślę także o dziesiątkach profesorów uniwersyteckich, którzy weszli w skład naszych komisji Planu Rządzenia. Również o tych, którzy wprawdzie nie zapisali się do Ruchu Wolność, ale udzielali mi bezcennego poparcia w swoich publikacjach i wypowiedziach, a byli to: dziennikarze Luis Rey de Castro, Francisco Igartúa, César Hildebrandt, Mario Miglio, Jaime Bayly, Patricio Ricketts i Manuel d'Ornellas*, oraz aktor i reżyser teatralny Ricardo Blume, który odważnie i wspaniałomyślnie angażował się bez reszty, zawsze kiedy było trzeba, w obronę tego, w co obaj wierzyliśmy. Byli też intelektualiści, tacy jak Fernando Rospigliosi i Luis Pásara, oraz młodzi pisarze, na przykład Alfredo Pita, Alonso Cueto i Guillermo Niño de Guzmán, którzy z niezależnych i czasem wrogich w stosunku do mojego stanowiska pozycji, wykonywali w czasie trudów walki wyborczej szlachetne gesty w kierunku mojej osoby oraz do tego, co robiłem.

Również wśród przeciwników było kilku intelektualistów, których postawa zwróciła moją uwagę, ponieważ z powodów, o których już mówiłem, nie oczekiwałem od nich poprawności, jaką wykazywali nawet w najgorętszych momentach debaty politycznej. Taki był Henry Pease García, profesor uniwersytecki, socjolog, przez pewien czas dyrektor znanego instytutu badań społecznych DESCO, finansowanego przez niemiecką socjaldemokrację. Henry Pease był zastępcą burmistrza w magistracie Limy Alfonsa Barrantesa, i jego bliskim współpracownikiem przed zerwaniem, które doprowadziło ich obu, jako liderów

---

* Dwaj ostatni, co zasmuciło tych z nas, którzy uważali ich za przykładnych dziennikarzy demokratycznych, 5 kwietnia 1992 zaczęli w agresywny sposób bronić zamachu stanu inżyniera Fujimoriego, który zniszczył peruwiańską demokrację.

dwóch frakcji lewicy, do konfrontacji w prezydenckim pojedynku. Postępowanie Pease'a, który stał na czele bardziej radykalnego skrzydła, w jakim znaleźli się liczni „tani intelektualiści", było wzorowe. Dokładał starań, by prowadzić kampanię idei, promował swój program, nigdy nie posuwał się do ataków personalnych ani do chwytów niskiej próby i w każdej chwili działał logicznie oraz z umiarem, co kontrastowało z postępowaniem jego następców. Ponadto w osobistym życiu zawsze wydawał mi się równie konsekwentny, postępując zgodnie z tym, co pisał i czego bronił jako osoba publiczna. To był decydujący powód, ażeby towarzyszyć mu w marszu w obronie pokoju.

Po tej manifestacji cała uwaga publiczna i moja własna działalność skoncentrowały się na kampanii samorządowej. W końcu tygodnia, który nastąpił po marszu w obronie pokoju – 4 i 5 listopada – odwiedziliśmy razem z Juanem Inchausteguim i Lourdes Flores młode osiedla w Canto Chico, María Auxiliadora, San Hilarión, Huáscar oraz wiele innych w Chosica i Chaclacayo. W następnym tygodniu podróżowałem po różnych departamentach wewnątrz kraju – były to Arequipa, Moquegua, Tacna i Piura – uczestniczyłem w dziesiątkach wieców, pochodów, wywiadów, marszów na rzecz kandydatów Frontu Demokratycznego. W ostatnich dniach kampanii samorządowej wewnętrzne napięcia między siłami sojuszników wydawały się słabnąć i zdołaliśmy wytworzyć sytuację porozumienia oraz jedności, co prognozowało dobry wynik naszej pierwszej próby ognia w wyborach 12 listopada.

Jednak wybory samorządowe, wbrew sondażom, nie przyniosły nam przygniatającego zwycięstwa. Front zwyciężył w ponad połowie okręgów w kraju, ale sukces ten został przytłumiony klęską poniesioną w głównych miastach, takich jak Arequipa, gdzie został ponownie wybrany Luis Cáceres Velázquez z FRENATRACA*; Cuzco, gdzie

---

* Frente Nacional de Trabajadores y Campesinos – Narodowy Front Pracowników i Rolników (przyp. tłum.).

odniósł poważne zwycięstwo Daniel Estrada, były burmistrz reprezentujący lewicę; Tacna, gdzie Tito Chocano, były członek Chrześcijańskiej Partii Ludowej, zwyciężył w pierwszej turze; a przede wszystkim Lima, w której Ricardo Belmont zdobył ponad czterdzieści pięć procent głosów przeciw dwudziestu siedmiu procentom, jakie zdobył Incháustegui*.

Zaraz po ogłoszeniu wyników, tego samego wyborczego wieczoru udaliśmy się z Incháusteguim do hotelu Riviera w alei Wilsona, zamienionego w generalną kwaterę ruchu OBRAS, aby pogratulować Belmontowi i przed tłumem fotografów i kamerzystów, którzy wypełniali pomieszczenie, pozowałem między Belmontem i Inchausteguim, unosząc ich ramiona ku górze, chcąc uroczyście zaznaczyć, że do pewnego stopnia zwycięstwo „niezależnego" polityka Belmonta było również moim sukcesem, a klęska Inchausteguiego nie przynosiła mi szkody. Álvaro zrobił, co mógł, aby to zdjęcie rozpowszechnić w prasie i w telewizji.

W moich oświadczeniach mówiłem o „porażającym zwycięstwie" Frontu Demokratycznego, który zdobył trzydzieści samorządów w okręgach na terenie wielkiej Limy (przeciwko siedmiu Zjednoczonej Lewicy, dwom z listy niezależnych, jednemu Umowy Socjalistycznej i żadnemu z APRA).

Jednak, prawdę mówiąc, rezultaty wyborów samorządowych obudziły w nas duży niepokój: panowało zobojętnienie, które ogarniało wielkie masy społeczeństwa i graniczyło z niechęcią wobec ustanowionych sił politycznych, czy to na lewicy, czy na prawicy, dała się też zauważyć tendencja, by zaufanie i nadzieje łączyć z tymi, którzy reprezentowali coś innego niż establishment. Inaczej nie można wytłumaczyć sobie wspaniałego wyniku w głosowaniu na Belmonta,

---

* Daleko w tyle zostali Henry Pease ze Zjednoczonej Lewicy z wynikiem 11,54 procent; kandydatka partii APRA, Mercedes Cabanillas ze swymi 11,53 procent oraz kandydat Umowy Socjalistycznej (Acuerdo Socialista) Enrique Bernales, który zdobył zaledwie 2,16 procent.

którego główna zasługa – wyjąwszy jego popularność jako animatora radia i telewizji – zdawała się polegać wyłącznie na tym, że n i e b y ł p o l i t y k i e m, że p r z y c h o d z i ł s p o z a p o l i t y k i. Co ważniejsze, a na to wskazywał ostatni sondaż, chociaż w skali kraju zamierzało mnie poprzeć około czterdziestu pięciu procent wyborców, w warstwach dotąd lekceważonych widoczna była tendencja do coraz częstszego postrzegania mnie jako przedstawiciela zdyskredytowanej klasy politycznej.

Byłem świadom tego, że należy coś zrobić, aby ten wizerunek poprawić. Ale zawsze uważałem, że najlepszym sposobem będzie przedstawienie peruwiańskiemu narodowi mojego programu rządzenia. Program ten pokaże, że moja kandydatura oznacza radykalne zerwanie z tradycyjnym uprawianiem polityki. Był prawie gotowy i nadarzała się niebawem okazja, aby podać go do publicznej wiadomości: na zebraniu Dorocznej Konferencji Władzy Wykonawczej CADE.

Wybiegając trochę naprzód, pragnę zauważyć, że zwycięstwo Ricarda Belmonta w merostwie Limy obala twierdzenie tych, którzy po 10 czerwca tłumaczyli moją klęskę wyborczą wyłącznie problemami rasowymi. Gdyby to była prawda, jak mówiło wielu komentatorów – a wśród nich Mark Malloch Brown[*] – że nienawiść do „białego" i pewien rodzaj rasowej solidarności popychał liczne sektory ludowe do głosowania na „Azjatę", uważano bowiem – jak inżynier Fujimori z uporem to insynuował w swojej kampanii w drugiej turze wyborów – że „żółty" jest bliższy Indianinowi, Metysowi i Murzynowi aniżeli „biały" (kojarzony tradycyjnie z uprzywilejowaniem i wyzyskiwaniem), a więc jak wytłumaczyć miażdżące zwycięstwo rudego i modrookiego *gringo*, tego *Colorao* Belmonta, na którego, co sam przepowiedział, masowo głosowali wyborcy z sektorów C i D w Limie, w których przeważają Metysi, Indianie i Murzyni?

---

[*] *The Consultant*, „Granta" 1991, nr 36, s. 87–95.

Nie zaprzeczam, że czynnik rasowy – mroczne resentymenty i głębokie kompleksy związane z tym zagadnieniem rzeczywiście w Peru istnieją, czego ofiarami są wszystkie grupy etniczne naszej narodowej mozaiki – pojawiał się także w kampanii wyborczej. Rzeczywiście mógł wchodzić w rachubę, mimo moich wysiłków, aby go unikać, albo jeżeli już się pojawiał, to go eliminować. Jednak nie kolor skóry – mój czy Fujimoriego – był decydującym czynnikiem w wyborach, ale cała suma faktów, wśród których istnienie uprzedzeń rasowych stanowiło tylko jeden ze składników.

XV. Ciotka Julia

Pod koniec maja 1955 przyjechała do Limy Julia, młodsza siostra ciotki Olgi, aby w domu wuja Lucho spędzić kilkutygodniowe wakacje. Rozwiodła się niedawno ze swoim boliwijskim mężem, z którym przeżyła kilka lat w hacjendzie na płaskowyżu, a po separacji mieszkała w La Paz, z przyjaciółką z Santa Cruz.

Poznałem Julię w dzieciństwie, które spędziłem w Cochabambie. Była zaprzyjaźniona z moją mamą i często przychodziła do nas do domu na ulicę Ladislao Cabrery; pewnego razu pożyczyła mi romantyczną powieść w dwóch tomach – *Árabe* (Arab) i *El hijo del árabe* (Syn Araba) F.M. Hulla – którą byłem oczarowany. Zapamiętałem wysoką i wdzięczną postać przyjaciółki, którą moja matka i moi wujostwo nazywali „*rotita*"* (chociaż mieszkała w Boliwii, to urodziła się w Chile, jak ciocia Olga), tańczącą z ożywieniem na weselu wuja Jorgego i cioci Gaby, podczas gdy ja z moimi kuzynkami Nancy i Gladys przyglądaliśmy się tym tańcom z wysokości schodów do późnych godzin nocnych.

Wuj Lucho i ciocia Olga zajmowali mieszkanie w alei Armendáriz, w dzielnicy Miraflores, już bardzo blisko Quebrady, i z okien ich

---

* Od czasownika *rodar* – kręcić się, włóczyć. Tu w znaczeniu: włóczęga, latawiec, wiercipięta (przyp. tłum.).

salonu na drugim piętrze, widać było seminarium Jezuitów. Często chodziłem do wujostwa na obiady albo na kolacje i pamiętam, że raz wpadłem do nich w południe, po wyjściu z uniwersytetu, kiedy Julia dopiero co przyjechała i właśnie rozpakowywała walizki. Poznałem jej zachrypnięty, silny głos i szczupłą sylwetkę o długich nogach. Zażartowała, witając się ze mną – „Coś podobnego! To ty jesteś synkiem Dority, tym płaczliwym brzdącem z Cochabamby?" – zapytała, co robię, i zdziwiła się, kiedy wuj Lucho powiedział jej, że poza tym, iż studiuję literaturę i prawo, pisuję do gazet i nawet zdobyłem nagrodę literacką. „No a ile masz lat?" „Dziewiętnaście". Ona miała trzydzieści dwa, ale nie wyglądała na to, prezentowała się młodo i była ładna. Kiedy się żegnaliśmy, oznajmiła, żebym – jeśli moje *„pololas"* (podkochujące się we mnie dziewczyny) zostawią mi trochę wolnego czasu – poszedł z nią któregoś wieczoru do kina. Naturalnie ona zapłaci za bilety.

A ja już od dłuższego czasu nie miałem żadnej sympatii. Z wyjątkiem platonicznego uczucia, jakie żywiłem do Lei, moje życie w ostatnich latach było poświęcone pisaniu, czytaniu, studiowaniu i uprawianiu polityki. Moje kontakty z kobietami były przyjacielskie albo wojownicze, ale nie uczuciowe. Od czasów Piury nie chodziłem do burdelu ani nie miałem żadnego romansu. I nie sądzę, żeby ta wstrzemięźliwość zbytnio mi ciążyła.

Naprawdę jestem tego absolutnie pewien, jeżeli weźmie się pod uwagę późniejszy rozwój wypadków, że na pierwszym spotkaniu wcale się w Julii nie zakochałem ani zbyt wiele o niej nie myślałem, po tym jakeśmy się pożegnali i zapewne po dwóch lub trzech kolejnych spotkaniach, zawsze w domu u wujostwa Lucho i Olgi. Pewnego wieczoru, po wielogodzinnym zebraniu konspiracyjnym, jakie często odbywaliśmy w domu u Luisa Jaime Cisnerosa, wróciłem do domu na ulicy Porta i zastałem na łóżku kartkę z wiadomością od dziadka: „Wuj Lucho powiada, że jesteś dzikusem, bo obiecałeś, że pójdziesz z Julitą do kina i nigdy się nie pojawiłeś". Rzeczywiście, kompletnie o tym zapomniałem.

Nazajutrz pobiegłem do kwiaciarni w aleję Larco i posłałem Julii bukiet czerwonych róż z bilecikiem, na którym napisałem: „Proszę o wybaczenie". Kiedy tego popołudnia, zaraz po pracy u doktora Porrasa, poszedłem się usprawiedliwić, Julia wcale nie była na mnie obrażona i wciąż robiła sobie żarty z tego, że przysłałem jej czerwone róże.

Tego samego dnia, a może wkrótce potem, zaczęliśmy chodzić razem do kina na wieczorne seanse. Chodziliśmy prawie zawsze pieszo, często do kina Barranco, przecinając Quebradę de Armendáriz i mały ogród zoologiczny, który był wtedy położony wokół jeziorka. Albo do kina Leuro, na Benavides, a czasami nawet do kina Colina, co wymagało mniej więcej godzinnego spaceru. Za każdym razem sprzeczaliśmy się, bo ja nie pozwalałem jej płacić za bilety wstępu. Oglądaliśmy meksykańskie melodramaty, amerykańskie komedie, filmy kowbojskie i gangsterskie. Rozmawialiśmy o wielu rzeczach i zacząłem jej opowiadać, że chciałbym zostać pisarzem i że kiedy tylko będę mógł, pojadę do Paryża i tam zamieszkam. Ona przestała traktować mnie jak małego chłopca, ale z pewnością nie przychodziło jej do głowy, że kiedyś mógłbym zostać kimś innym niż jej towarzyszem w wyprawach do kina w wolne wieczory.

Albowiem zaraz po przyjeździe Julii zaczęli krążyć wokół niej natręci. Był między nimi wuj Jorge. Rozstał się z ciocią Gaby, która wyjechała do Boliwii z dwojgiem dzieci. Rozwód, którym bardzo się zmartwiłem, był ukoronowaniem okresu zamętu i skandalicznych romansów tego najmłodszego z moich wujów. Bardzo dobrze mu się powodziło, odkąd po powrocie do Peru zaczął pracować jako skromny urzędnik Casa Wiese. Kiedy został kierownikiem jakiegoś towarzystwa budowlanego, pewnego dnia zniknął. A nazajutrz, na stronie wiadomości towarzyskich dziennika „El Comercio", jego nazwisko pojawiło się wśród podróżujących pierwszą klasą na statku Reina del Mar płynącym do Europy. Obok figurowało nazwisko pewnej hiszpańskiej damy, z którą publicznie romansował.

Wybuchł wielki skandal w rodzinie i babcia Carmen rozpaczała. Ciocia Gaby wyjechała do Boliwii, a wuj Jorge pozostał przez kilka miesięcy w Europie i żył tam po królewsku, trwoniąc pieniądze, których nie miał. W końcu ugrzązł w Madrycie bez grosza na powrót. Wuj Lucho musiał dokonywać cudów, żeby sprowadzić go do Peru. Wrócił bez pracy, bez pieniędzy i bez rodziny, ale jego pomysłowość i zręczność, w połączeniu z sympatią, jaką budził, pozwoliły mu jeszcze raz dźwignąć się z upadku. Był właśnie w takiej sytuacji, kiedy przyjechała do Limy Julia. Został jednym z jej adoratorów, którzy zapraszali ją na spacery. Jednak ciocia Olga, która w kwestiach moralności i dobrych obyczajów była nieugięta, zabroniła wujowi Jorgemu wstępu do domu, bo uważała go za lekkomyślnego oszusta, i zastosowała ostry nadzór nad swoją siostrą, co wywoływało wybuchy śmiechu Julii. „Znowu mam piastunkę i muszę prosić ją o pozwolenie, żeby wyjść z domu" – mówiła do mnie. Mówiła też, że ciocia Olga oddycha z ulgą, kiedy ona chodzi do kina „w towarzystwie Marita" zamiast przyjmować zaproszenia od natrętów.

Ponieważ często wpadałem do ich domu, a wuj Lucho i ciocia Olga często gdzieś bywali, zabierali mnie ze sobą i tak okoliczności sprawiły, że zaczęliśmy stanowić z Julitą parę. Wuj Lucho był amatorem wyścigów konnych, więc kilka razy byliśmy na hipodromie, a urodziny cioci Olgi 16 czerwca obchodziliśmy we czwórkę w restauracji Grill Bolívar, gdzie można było zjeść kolację i potańczyć. Podczas jednego z tańców pocałowałem Julię w policzek, a kiedy ona odsunęła twarz, aby mi się przyjrzeć, pocałowałem ją raz jeszcze, tym razem w usta. Nic nie powiedziała, ale zrobiła zdumioną minę, jakby ujrzała jakieś widmo. Później, kiedy wracaliśmy do Miraflores samochodem wuja Lucho, wziąłem ją w ciemności za rękę, a ona jej nie cofnęła.

Poszedłem zobaczyć się z nią następnego dnia – umówiliśmy się, że pójdziemy do kina – a przypadek zrządził, że nikogo więcej w domu nie było. Przywitała mnie uśmiechnięta i zaintrygowana, no i przyglądała mi się tak, jakbym był jakąś inną osobą i jakby nie mieściło się jej w głowie to, że ją pocałowałem. W salonie zażartowała sobie ze mnie, mówiąc: „Nie mam odwagi poczęstować cię coca-colą. Chcesz whisky?".

Powiedziałem jej, że jestem w niej zakochany i pozwolę jej na wszystko, tylko niech mnie nie traktuje jak dzieciaka. Odpowiedziała, że popełniła w życiu wiele szaleństw, ale na romans się nie zdobędzie. A w dodatku z siostrzeńcem Lucha, synem Dority! Przecież nie jest uwodzicielką nieletnich. Pocałowaliśmy się i poszliśmy wieczorem do kina Barranco, tam usiedliśmy w ostatnim rzędzie na balkonie i całowaliśmy się przez cały seans.

Zaczął się emocjonujący okres potajemnych schadzek o różnych porach dnia, w śródmiejskich kafejkach albo w dzielnicowych kinach, gdzie rozmawialiśmy szeptem lub długo milczeliśmy, trzymając się za ręce, w stałym niepokoju, że nagle pojawi się ktoś z rodziny. Konspiracja i konieczność udawania przed wujem Lucho i ciocią Olgą, a także przed resztą krewnych, dodawała naszej miłości smaku ryzyka i przygody, co u niepoprawnego romantyka, jakim byłem, potęgowało przeżywane uczucie.

Pierwszą osobą, której zwierzyłem się z tego, co się dzieje, był niezawodny Javier. Zawsze pozostawał moim powiernikiem w sprawach miłosnych, a ja wysłuchiwałem zwierzeń o jego problemach. Był bez przerwy zakochany w mojej kuzynce Nancy, którą zadręczał zaproszeniami i prezentami, a ona, równie piękna jak kokieteryjna, bawiła się z nim jak kot z myszką. Będąc moim przyjacielem na całe życie, Javier łamał sobie głowę, jak ułatwić mi romans z Julią, organizował wyjścia do kina i do teatru, w których Nancy zawsze nam towarzyszyła. Pewnego wieczoru poszliśmy do teatru Segura na przedstawienie *Skąpca* Moliera w reżyserii Lucho Córdoby, przy czym Javier nie mógł opanować swoich ciągot do zbytku i wykupił lożę, więc cała publiczność w teatrze mogła nas oglądać.

Czy rodzina coś podejrzewała? Jeszcze nie. Podejrzenia pojawiły się pod koniec czerwca, podczas weekendowej wycieczki do hacjendy

Paramonga, w której mieliśmy odwiedzić wuja Pedro. Z jakiegoś powodu odbywała się tam fiesta i pojechaliśmy całą gromadą, wujostwo Lucho i Olga, wuj Jorge, nie jestem pewien, czy także wujostwo Juan i Laura, Julia i ja. Wuj Pedro i ciocia Rosi zainstalowali nas jak mogli najlepiej, u siebie w domu i w gościnnym budynku hacjendy, spędziliśmy tam przyjemne dni, spacerując po plantacjach trzciny cukrowej, oglądając tłocznie oraz inne urządzenia, a sobotniej nocy odbyła się zabawa, która przedłużyła się aż do niedzielnego ranka. Zapewne tam zaniedbaliśmy z Julią środki ostrożności, bo wymienialiśmy gorące spojrzenia, szeptaliśmy do siebie i tańczyliśmy w sposób budzący podejrzenia. Wuj Jorge wtargnął nagle do małego pokoiku, w którym siedzieliśmy z Julią i rozmawialiśmy, a kiedy nas zobaczył, uniósł kieliszek i zawołał: „Zdrowie narzeczonych!". Roześmieliśmy się wszyscy troje, ale jakiś prąd elektryczny przeszył pomieszczenie, poczułem się nieswojo i zdawało mi się, że wuj Jorge też poczuł się bardzo niezręcznie. Od tej chwili byłem pewien, że coś się będzie musiało wydarzyć.

W Limie nadal spotykaliśmy się po kryjomu w ciągu dnia, siadywaliśmy w śródmiejskich kafejkach w nerwowym nastroju, a wieczorami chodziliśmy do kina. Ale Julia podejrzewała, że jej siostra i szwagier musieli coś wyczuwać, bo dziwnie się jej przyglądali, zwłaszcza wtedy kiedy przychodziłem po nią, aby pójść do kina. A może była to tylko nasza obsesja, wynik nieczystego sumienia?

A jednak nie. Odkryłem to przez przypadek pewnego wieczoru, kiedy przyszło mi nagle do głowy wstąpić do domu wujostwa Juana i Lali, na ulicę Diego Ferré. Dochodząc do ich kamienicy, zobaczyłem oświetlony salon i przez zasłonki dojrzałem zebraną rodzinę. Wszyscy wujowie i ciotki, z wyjątkiem mojej mamy. Natychmiast pomyślałem sobie, że to my z Julią jesteśmy powodem tego poufnego zebrania. Wszedłem do domu i kiedy pojawiłem się w salonie, szybko zmieniono temat. Później kuzynka Nancy, bardzo wystraszona, potwierdziła, że rodzice zasypali ją pytaniami, żeby się dowiedzieć, „czy

Marito i Julia są parą zakochanych". Przerażało ich, że „chudzielec" mógł kochać się z rozwódką o dwanaście lat starszą od siebie, więc zebrali klan rodzinny, aby naradzić się, co począć.

Od razu wiedziałem, co nastąpi. Ciotka Olga wyśle swoją siostrę do Boliwii i poproszą moich rodziców, aby przypomnieli mi, że jeszcze jestem niepełnoletni. (Dorosłość osiągało się wtedy w wieku dwudziestu jeden lat). Tego wieczoru wstąpiłem po Julię pod pretekstem wyjścia do kina i poprosiłem ją, żeby wyszła za mnie za mąż.

Spacerowaliśmy długo po nabrzeżach Miraflores, między Quebrada de Armendáriz i parkiem Salazar, o tej porze zawsze opustoszałych. U podnóża wysokiego, urwistego brzegu szumiało morze, a my szliśmy bardzo wolno, wieczór był wilgotny, trzymaliśmy się za ręce i przystawaliśmy co chwila, żeby się całować. Najpierw Julia powiedziała mi wszystko, czego mogłem się spodziewać: że to szaleństwo, że jestem młokosem, a ona dorosłą i uczciwą kobietą, że nie skończyłem jeszcze studiów uniwersyteckich ani nie zacząłem samodzielnego życia, że nawet nie mam poważnej pracy ani dachu nad głową i że w takich okolicznościach wyjście za mnie za mąż byłoby nonsensem, na jaki nie zdecydowałaby się żadna rozsądna kobieta. Jednak ona mnie kocha i jeżeli ja jestem tak szalony, to ona również. I pobierzemy się natychmiast, żeby nas nie rozłączono.

Postanowiliśmy widywać się jak najrzadziej, a ja tymczasem miałem przygotować ucieczkę. Zabrałem się do dzieła następnego ranka, ani przez chwilę nie wątpiąc w sens tego, co mam zrobić, ani też nie zastanawiając się nad tym, co ze sobą poczniemy, mając już świadectwo ślubu w ręku. Poszedłem obudzić Javiera, który mieszkał teraz w odległości kilku przecznic od mego domu, w pensjonacie na rogu ulicy Porta i 28 Lipca. Zakomunikowałem mu ostatnie nowiny, a on, po zadaniu mi surowego pytania – czy to nie jest kosmiczny nonsens? – zapytał, w czym może mi pomóc. Trzeba znaleźć burmistrza w jakimś miasteczku niezbyt odległym od Limy, który zgodzi się dać nam ślub, mimo że nie jestem pełnoletni. Gdzie? Kto? Przypomniał mi się wtedy mój uniwersytecki kolega, z którym działałem w czasach przynależności do chrześcijańskiej demokracji, Guillermo Carrillo Marchand. Pochodził z Chinchy i spędzał tam wszystkie weekendy u swojej rodziny. Poszedłem z nim porozmawiać, a on zapewnił mnie, że nie będzie problemu, bo burmistrz Chinchy jest jego przyjacielem; woli jednak wszystko sprawdzić zawczasu, żebyśmy pojechali tam na pewniaka. Kilka dni później udał się do Chinchy i wrócił w optymistycznym nastroju. Sam burmistrz udzieli nam ślubu, a nasz pomysł ucieczki bardzo mu się spodobał. Guillermo przyniósł mi wykaz potrzebnych dokumentów: były to zaświadczenia, fotografie i podanie na ostemplowanym papierze. Ponieważ moją metrykę urodzenia przechowywała mama i nieostrożnie byłoby o nią prosić, zwróciłem się do mojej przyjaciółki Rosity Corpancho z uniwersytetu San Marcos, która pozwoliła mi wyciągnąć potrzebny dokument z moich akt, zrobiłem jego fotokopię i zalegalizowałem go. Julia miała swoje dokumenty pod ręką.

Nadeszły gorączkowe dni niekończącej się bieganiny i ekscytujących rozmów z Javierem, z Guillermem i z kuzynką Nancy, z której uczyniłem wspólnika, żeby pomogła mi znaleźć umeblowany pokoik albo jakiś pensjonat. Kiedy powiedziałem jej o planowanym ślubie, otworzyła szeroko oczy i zaczęła coś mamrotać, zasłoniłem jej jednak usta i oświadczyłem, że trzeba natychmiast zabrać się do roboty, żeby plan się powiódł, wobec czego ona, która bardzo mnie kocha, musi przystąpić do szukania miejsca, gdzie moglibyśmy zamieszkać. Po upływie dwóch, może trzech dni oznajmiła mi, że pewna señora, z którą współpracowała w ramach programu pomocy społecznej, ma kilka małych mieszkań w pobliżu ulicy Diagonal i jedno z nich będzie wolne pod koniec tego miesiąca. Kosztuje sześćset soli, trochę więcej, niż wynosi moja pensja u Porrasa Barrenechei. Będę więc musiał martwić się tylko o to, żebyśmy mieli co jeść.

Pewnej soboty rano Julia, Javier i ja wyjechaliśmy do Chinchy taksówką. Guillermo czekał na nas na miejscu już od poprzedniego dnia. Wyjąłem z banku wszystkie oszczędności, Javier pożyczył mi swoje i to miało wystarczyć na dwadzieścia cztery godziny, bo jak obliczyliśmy, tyle miała trwać cała przygoda. Mieliśmy zajechać prosto do merostwa, przenocować w Chinchy, w hotelu Sudamericano, w pobliżu głównego placu, i następnego dnia wrócić do Limy. Przyjaciel z San Marcos o nazwisku Carcelén miał za zadanie zadzwonić w sobotę po południu do wuja Lucho i przekazać mu krótki komunikat: „Mario i Julia wzięli ślub".

W Chinchy Guillermo oznajmił, że sprawa się opóźni, bo burmistrz ma nieprzewidziany obiad, a ponieważ uparł się, że osobiście udzieli nam ślubu, trzeba będzie parę godzin poczekać. Ale żebyśmy poszli na ten obiad, on nas zaprasza. Poszliśmy. Okna gospody wychodziły na wysokie palmy na skąpanym w słońcu głównym placu Chinchy. Było tam z dziesięć, może ze dwanaście osób, sami mężczyźni, którzy już od dłuższego czasu popijali piwo, byli więc podchmieleni, a niektórzy pijani, łącznie z młodym i sympatycznym burmistrzem, który zaczął wznosić toasty za zdrowie narzeczonych i po chwili prawił już Julii komplementy. Byłem wściekły i gotowy dać mu w łeb, ale powstrzymywały mnie względy praktyczne.

Kiedy przeklęty obiad dobiegł końca i mogliśmy z Javierem i Guillermem zabrać kompletnie pijanego burmistrza do merostwa, pojawiła się nowa przeszkoda. Szef urzędu, a może zastępca burmistrza, który przygotowywał ceremonię ślubu, oznajmił, że jeśli nie przedstawię poświadczonej notarialnie zgody rodziców na zawarcie małżeństwa, nie będę mógł się ożenić, bo jestem niepełnoletni. Zaczęliśmy go prosić i grozić mu, ale on nie ustępował, a tymczasem znajdujący się w stanie bliskim śpiączki burmistrz przysłuchiwał się naszej dyskusji ze szklanymi oczami, był obojętny i odbijało mu się po jedzeniu. W końcu człowiek od rejestru poradził nam, żebyśmy pojechali do Tambo de Mora. Tam nie będzie problemów. Takie sprawy można załatwić w małej wiosce, a nie w Chinchy, stolicy prowincji.

Zaczęliśmy więc wędrówkę po małych miejscowościach prowincji Chincha w poszukiwaniu wyrozumiałego burmistrza, co trwało całe popołudnie, cały wieczór i prawie cały następny dzień. Wspominam to jako coś upiornego i smutnego: bardzo stara taksówka, która woziła nas po pełnych kurzu drogach pełnych dziur i kamieni, wśród plantacji bawełny, winnic i terenów hodowli bydła, wśród pojawiających się znienacka widoków morza i między szeregami nędznych merostw, skąd zawsze wyrzucano nas za drzwi, kiedy dowiadywano się o moim wieku. Ze wszystkich burmistrzów oraz ich zastępców w tych małych osadach zapamiętałem tego z Tambo de Mora. Był to potężny Murzyn, bosy i brzuchaty, który wybuchnął śmiechem i zawołał: „A więc porywa pan dziewczynę!". Ale kiedy przeczytał moją metrykę urodzenia, podrapał się po głowie: „Nie będzie ślubu, za żadne skarby".

Wróciliśmy do Chinchy, kiedy się ściemniło, zniechęceni i wyczerpani, zdecydowani kontynuować poszukiwania następnego dnia rano. Tej nocy kochaliśmy się z Julią po raz pierwszy. Pokoik był ciasny, zamiast okna miał jeden świetlik, który skupiał światło z dachu, ściany były różowe, a na nich wisiały pornograficzne i religijne obrazki. Przez całą noc dochodziły do nas krzyki i pijackie śpiewy z baru hotelowego albo z jakiejś kantyny w sąsiedztwie. Jednak nie zwracaliśmy na to uwagi, szczęśliwi, że jesteśmy razem, kochaliśmy się i przysięgali sobie, że już nic nas nie może rozłączyć, nawet gdyby wszyscy burmistrzowie na świecie odmówili udzielenia nam ślubu. Kiedy zasypialiśmy, światło wpadało do pokoju z wysoka i słychać już było poranne hałasy.

Javier przyszedł obudzić nas koło południa. Od wczesnych godzin rannych on i Guillermo terkoczącą taksówką kontynuowali poszukiwania w okolicy, ale bez powodzenia. W końcu Javier znalazł rozwiązanie, rozmawiając z burmistrzem w Grocio Prado, który powiedział mu, że nie widzi przeszkód, aby udzielić nam ślubu, jeżeli na metryce zmienimy rok mego urodzenia, cofając datę z roku 1936 na 1934. Te dwa lata zrobią ze mnie dorosłego. Obejrzeliśmy metrykę i stwierdziliśmy, że to łatwe: natychmiast dodaliśmy do szóstki kreseczkę, która zamieniła ją w czwórkę. Zaraz potem udaliśmy się do Grocio Prado ścieżką pełną kurzu. Merostwo było zamknięte i należało chwilę poczekać.

Dla zabicia czasu zwiedziliśmy dom osoby, która przyniosła sławę tej wiosce i uczyniła z niej centrum pielgrzymek: była to błogosławiona Melchorita. Zmarła kilka lat wcześniej w tej samej zbudowanej z trzciny zlepionej gliną i pomalowanej na biało chacie, w której zawsze mieszkała, opiekując się biednymi, umartwiając się i modląc. Przypisywano jej cudowne uzdrowienia, rozmaite przepowiednie oraz to, że kiedy popadała w ekstazę, komunikowała się ze zmarłymi w dziwnych językach. Wokół fotografii, na której widać było jej metyską twarz i postać otuloną chłopską powłóczystą szatą, paliły się dziesiątki świeczek i modliło się wiele kobiet. Wioska była maleńka, piaszczysta, z obszernym otwartym terenem, który pełnił jednocześnie funkcję rynku i boiska do piłki nożnej, a był otoczony zagrodami i uprawnymi poletkami.

W końcu, wczesnym popołudniem pojawił się burmistrz. Formalności ciągnęły się bardzo powoli i były ogłupiające. Kiedy wszystko wyglądało już na gotowe, burmistrz powiedział, że brakuje jednego świadka, bo Javier jako niepełnoletni, nie może odegrać tej roli. Wyszliśmy na ulicę, aby zwerbować pierwszego lepszego przechodnia. Zgodził się jakiś robotnik rolny z okolicy, ale po chwili namysłu oznajmił, że nie może być świadkiem na ślubie, jeśli nie będzie choćby jakiegoś nędznego trunku na wypicie toastu za pomyślność narzeczonych. W związku z tym wyszedł i po chwili, która wydawała się wiecznością, wrócił ze swoim prezentem ślubnym w postaci dwóch butelek wina z Chinchy. Wznieśliśmy toast zaraz po tym, jak burmistrz przypomniał nam o prawach i obowiązkach małżonków.

Wróciliśmy do Chinchy, kiedy już się ściemniało i Javier wyjechał natychmiast do Limy, żeby spotkać się z wujem Lucho i uspokoić go. Spędziliśmy z Julią noc w hotelu Sudamericano. Przed pójściem spać zjedliśmy coś w małym barku hotelowym i ogarnął nas atak śmiechu, kiedy zdaliśmy sobie sprawę, że rozmawiamy bardzo cicho, jak konspiratorzy.

Nazajutrz obudził mnie pracownik hotelu i oznajmił, że mam telefon z Limy. Dzwonił Javier, bardzo zaniepokojony. W drodze powrotnej o mało nie doszło do wypadku, gdy taksówka zjechała z drogi, żeby uniknąć zderzenia. Rozmowa z wujem Lucho była poprawna „w granicach możliwości". Ale Javier przeżył swój największy wstrząs w życiu, kiedy nagle w jego pensjonacie zjawił się mój ojciec i przystawił mu do piersi pistolet, żądając, by wyjawił miejsce mego pobytu. „Kompletnie oszalał" – skomentował Javier.

Wstaliśmy i udaliśmy się na główny plac Chinchy w poszukiwaniu taksówki, która by nas zawiozła do Limy. Spędziliśmy w podróży dwie godziny, trzymając się za ręce, patrząc sobie w oczy, przerażeni, ale szczęśliwi. Pojechaliśmy prosto do domu wuja Lucho na aleję Armendáriz. Wuj powitał nas na górze schodów. Pocałował Julię i powiedział, wskazując na drzwi do sypialni: „Idź stawić czoła swojej siostrze". Był zmartwiony, ale nie złajał mnie ani nie powiedział, że popełniłem szaleństwo. Kazał mi obiecać, że nie porzucę uniwersytetu, że skończę studia. Przysiągłem mu, że tak zrobię, i oznajmiłem, że małżeństwo z Julią nie przeszkodzi mi w zostaniu pisarzem.

Kiedy rozmawialiśmy, słyszałem z daleka Julię i ciocię Olgę, obie zamknięte w sypialni, przy czym zdawało mi się, że ciocia podnosiła głos i płakała.

Potem poszedłem do mieszkania na ulicy Porta. Dziadkowie i Mamaé byli wzorem dyskrecji. Jednak spotkanie z matką, która tam przebywała, okazało się dramatyczne, z płaczem i krzykami z jej strony. Mówiła, że zrujnowałem sobie życie, że mi nie wierzy, kiedy przysięgam, że zostanę adwokatem i nawet dyplomatą (to było jej największą ambicją). W końcu, kiedy się trochę uspokoiła, oznajmiła mi, że ojciec stracił panowanie nad sobą i żebym go unikał, bo gotów mnie zabić. Chodzi ze swoim słynnym rewolwerem w kieszeni.

Wykąpałem się i ubrałem w pośpiechu, bo chciałem zobaczyć się z Javierem, ale kiedy wychodziłem, nadeszło wezwanie na policję. Ojciec wyznaczył mi spotkanie w komisariacie w Miraflores, ażebym złożył tam oświadczenie, iż na pewno się ożeniłem, oraz zeznał gdzie i z kim. Policjant w cywilu, który zadawał mi pytania, kazał literować sobie odpowiedzi, które zapisywał, stukając dwoma palcami w hałaśliwą, ciężką maszynę. Powiedziałem, iż rzeczywiście, ożeniłem się z doñą Julią Urquidi Illanes, ale nie podałem w jakim magistracie, bo bałem się, że ojciec będzie próbował unieważnić moje małżeństwo, i nie chciałem ułatwiać mu tego zadania. „Zadenuncjuje ją jako deprawatorkę nieletnich – ostrzegł mnie uprzejmie policjant. – Powiedział mi to, kiedy składał doniesienie".

Wyszedłem z komisariatu, znalazłem Javiera i razem poszliśmy zasięgnąć rady zaprzyjaźnionego z nim adwokata z Piury. Był bardzo uprzejmy, nawet nie wziął pieniędzy za konsultację. Powiedział nam, że przeróbka daty urodzenia w metryce nie jest powodem do anulowania małżeństwa, ale może być motywem do unieważnienia go, gdyby odbywał się proces w sądzie. Jeżeli nie, to za dwa lata małżeństwo będzie ważne bez zastrzeżeń. Jednak ojciec może złożyć doniesienie przeciwko Julii jako demoralizatorce nieletnich, chociaż biorąc pod uwagę mój wiek, dziewiętnaście lat, prawdopodobnie żaden sędzia nie potraktuje doniesienia serio.

Dni upływały nam niespokojnie i w sposób dosyć absurdalny. Ja spałem u dziadków, a Julia u cioci Olgi, i widywałem moją świeżo poślubioną żonę tylko przez kilka godzin dziennie, kiedy szedłem ją odwiedzić, podobnie jak to robiłem przed zawarciem małżeństwa. Ciocia Olga odnosiła się do mnie serdecznie, jak zawsze, ale twarz miała zachmurzoną. Ojciec przekazywał mi, za pośrednictwem matki, polecenia z pogróżkami: Julia musi wyjechać z kraju albo ponieść konsekwencje.

Na drugi, może na trzeci dzień otrzymałem od niego list. Był okropny i przerażający. Dawał mi kilkudniowy termin na to, żeby Julia wyjechała z własnej woli. Rozmawiał z jakimś ministrem z rządu Odríi, który był jego przyjacielem, i ten zapewnił go, że jeśli nie wyjedzie *motu proprio*, każe ją wydalić jako osobę niepożądaną. Im dalej, tym groźniejszego tonu nabierał list. Na zakończenie ojciec brutalnie oznajmiał, że jeśli go nie posłucham, to zabije mnie jak wściekłego psa. Pod swoim podpisem umieścił postscriptum, w którym dodał, że gotów jest iść na policję, aby prosić o pomoc, ale to nie będzie stanowiło przeszkody, żeby oddać do mnie pięć strzałów. I jeszcze raz się podpisał na dowód swojej determinacji.

Zastanawialiśmy się z Julią, co robić. Ja miałem pomysły nierealne: wyjechać z kraju (z jakim paszportem? skąd wziąć pieniądze?), albo gdzieś na prowincję, gdzie nie dosięgnie nas długa ręka ojca (ale z czego będziemy żyli? gdzie znajdziemy pracę?). W końcu ona zaproponowała bardziej praktyczne rozwiązanie. Wyjedzie do swoich rodziców do Chile. Kiedy ojciec się uspokoi, wtedy wróci. Tymczasem ja mógłbym zdobyć inne źródła zarobku i znaleźć jakiś pensjonat albo mieszkanie. Wuj Lucho opowiedział się za taką strategią. Była jedynym rozsądnym wyjściem, biorąc pod uwagę zaistniałe okoliczności. Chodziłem wściekły, pełen żalu i poczucia bezradności, ale po ataku rozpaczy musiałem pogodzić się z tym, że Julia wyjedzie.

Żeby kupić bilet do Antofagasty, sprzedałem wszystkie swoje ubrania i w lombardzie, który znajdował się na tyłach magistratu Limy, zastawiłem maszynę do pisania, zegarek i wszystko, co miałem wartościowego. W przeddzień wyjazdu Julii ciocia Olga i wuj Lucho, współczując nam, dyskretnie wycofali się do siebie po kolacji, abym mógł zostać sam na sam z żoną. Kochaliśmy się, oboje płacząc, i obiecaliśmy pisać do siebie listy, codziennie. Nie zmrużyliśmy oka przez całą noc. O świcie ciocia Olga, wuj Lucho i ja pojechaliśmy z Julią na lotnisko Limatambo. Był typowy poranek limskiej zimy z niewidoczną mżawką, która pokrywała wszystko wilgocią, i z tą opadającą mgłą, która wywarła tak silne wrażenie na Melville'u, że przypisywał uduchowione cechy fasadom domów, drzewom i wyglądowi ludzi. Moje serce wyło ze złości i z trudem powstrzymałem łzy, kiedy stojąc na tarasie, patrzyłem na Julię oddalającą się w kierunku schodków prowadzących do samolotu, którym miała odlecieć do Chile. Kiedy ją znowu zobaczę?

Tego dnia zacząłem okres szalonej aktywności, żeby znaleźć zajęcia, które pozwoliłyby mi zdobyć niezależność. Miałem pracę u Porrasa Berrenechei i drobne zlecenia w gazecie „Turismo". Dzięki Lucho Loayzie – który po zapoznaniu się z historią mego zwariowanego małżeństwa wygłosił nieprzychylny komentarz, że wyżej stawia małżeństwa angielskie, milczące i nierzeczywiste, nad latynoskimi, tak zdezorganizowanymi i przyziemnymi – otrzymałem cotygodniową kolumnę w dodatku „Dominical" do dziennika „El Comercio", w którym sekcją literacką kierował Abelardo Oquendo. Blisko zaprzyjaźniony z Loayzą Abelardo został przy tej okazji także moim przyjacielem. Zlecił mi cotygodniowe wywiady z peruwiańskimi pisarzami, które ilustrował znakomitymi rysunkami Alejandra Romualda, a ja za swoją pracę otrzymywałem tysiąc soli miesięcznie. Natomiast Luis Jaime Cisneros od razu zdobył dla mnie jeszcze inne zajęcie, którym było napisanie tomu o wychowaniu obywatelskim do serii podręczników, jakie Uniwersytet Katolicki przygotowywał dla swoich słuchaczy. Mimo że nie byłem studentem Uniwersytetu Katolickiego, Luis Jaime potrafił przekonać rektora tej uczelni, żeby zlecił mi napisanie tej książki (była pierwszą, jaką opublikowałem, chociaż nigdy nie ukazała się w mojej bibliografii).

Porras Barrenechea też postarał się dla mnie o kilka zleceń dość przyjemnych i bardzo dobrze płatnych. Moja z nim rozmowa była dosyć zaskakująca. Zacząłem od wyjaśnienia, dlaczego byłem nieobecny w pracy przez dwa–trzy dni, ale on mi przerwał: „Wiem o wszystkim. Był u mnie pański ojciec". Zrobił pauzę i elegancko naprawił swoją niezręczność: „Przyszedł bardzo zdenerwowany, to człowiek z charakterem, prawda?". Próbowałem sobie wyobrazić, jak mogła wyglądać ta rozmowa. „Uspokoiłem go argumentem, który mógł zrobić na nim wrażenie – dodał Porras z iskrą złośliwości, która pojawiała się zawsze w jego oku, kiedy mówił rzeczy niegodziwe. – Mimo wszystko zawarcie małżeństwa jest dowodem męstwa, panie Vargas. Potwierdzeniem męskości. Nie jest to więc takie straszne. Byłoby o wiele gorzej, gdyby pański syn okazał się homoseksualistą albo narkomanem, nieprawdaż?" Zapewnił mnie, że wychodząc z domu na ulicę Colina, ojciec robił wrażenie uspokojonego.

„Dobrze pan zrobił, nie przychodząc do mnie z opowieścią o swoich planach – powiedział mi Porras – bo próbowałbym wybić panu z głowy te niedorzeczności. Ale skoro już się tak stało, trzeba będzie znaleźć panu bardziej godziwe źródła zarobkowania".

Zrobił to od razu z taką samą szczodrością, z jaką własną wiedzę przekazywał swoim uczniom. Pierwsza była posada asystenta bibliotekarza w Klubie Narodowym, instytucji uważanej za symbol arystokracji i oligarchii Peru. Przewodniczący klubu, myśliwy polujący na drapieżniki i kolekcjoner złota Miguel Mujica Gallo, ulokował Porrasa w kierownictwie klubu jako bibliotekarza, natomiast moja praca polegała na spędzaniu kilku porannych godzin każdego dnia w pięknych salonach z angielskimi meblami i w bibliotece o mahoniowych boazeriach, żeby tam opracowywać fiszki z opisem nowych nabytków. A ponieważ kupowanie książek należało do rzadkości, mogłem poświęcić te kilka godzin na czytanie, studiowanie albo opracowywanie moich artykułów. Na pewno w latach między 1955 a 1958 dużo czytałem w godzinach porannych, w eleganckiej samotni Klubu Narodowego. Biblioteka klubowa prezentowała dosyć dobry poziom – była zasobna raczej w pozycje z dawnych czasów, bo w jakimś momencie jej budżet się skurczył – i miała wspaniałą kolekcję książek oraz czasopism o tematyce erotycznej, której sporą część przeczytałem, a przynajmniej przekartkowałem. Przede wszystkim pamiętam tomy z serii *Les maîtres de l'amour* (Mistrzowie miłości), wydawanej pod kierunkiem Apollinaire'a i z jego słowem wstępnym do wielu tytułów, dzięki czemu poznałem Sade'a, Aretina, Andreę de Nerciata, Johna Clelanda i, wśród wielu innych, barwnego i monotematycznego Restifa de la Bretonne, fantastę, który pracowicie zrekonstruował współczesny sobie świat w powieściach i w swojej autobiografii, zaczynając od obsesji związanej z fetyszem kobiecej stopy. Te lektury były bardzo ważne i przez dłuższy czas sądziłem, że erotyzm jest synonimem rebelii oraz wolności w sferze społecznej i artystycznej, a zarazem wspaniałym źródłem kreatywności. Taki był, jak się zdawało, przynajmniej w wieku XVIII, w dziełach i w postawach libertynów (słowo to, które lubił przypominać Roger Vailland, nie znaczy „rozpustnik", tylko „człowiek, który prowokuje Boga").

Ale nie potrzebowałem dużo czasu – to znaczy kilku lat – aby zrozumieć, że wskutek współczesnej tolerancji, w społeczeństwie otwartym i uprzemysłowionym naszych czasów, erotyzm zmienił swoje znaczenie i swoją treść, stając się artykułem przemysłowym i komercyjnym, konformistycznym i konwencjonalnym do granic możliwości i, prawie zawsze, prezentuje okropne ubóstwo artystyczne. Jednak odkrycie wartościowej literatury erotycznej, którego dokonałem nieoczekiwanie na półkach Klubu Narodowego, miało wpływ na moją twórczość i pozostawiło ślad na tym, co napisałem. Z drugiej strony rozgadany i płodny Restif de la Bretonne pomógł mi zrozumieć podstawową cechę charakterystyczną dla fikcji: służy ona powieściopisarzowi do odtwarzania świata na swój obraz i podobieństwo, do budowania go w sposób subtelny, w zgodzie z własnymi sekretnymi skłonnościami.

Inna praca, jaką dla mnie znalazł Porras Barrenechea, była zajęciem ponurym: miałem sporządzać dokumentację grobów w najstarszych kwartałach cmentarza kolonialnego Limy, Presbítero Maestro, których rejestry zaginęły. (Administracja cmentarza należała do Zakładu Dobroczynności Publicznej w Limie, instytucji w owym czasie prywatnej, a Porras zasiadał w jej zarządzie). Zaletą tego zajęcia było to, że mogłem je wykonywać bardzo wcześnie rano albo późnym popołudniem, w dni pracy albo w święta, przez parę godzin lub parę minut, to zależało ode mnie. Dyrektor cmentarza płacił mi za liczbę zarejestrowanych zmarłych. Za tę fuchę wyciągałem około pięciuset soli miesięcznie. Javier czasem towarzyszył mi w wędrówkach po cmentarzu, po którym chodziłem zaopatrzony w zeszyt, ołówki, drabinkę i łopatkę (do odgrzebywania skorupy ziemi, która pokrywała niektóre płyty nagrobne) i latarkę na wypadek, gdyby zastały mnie tam ciemności. Kiedy liczyłem swoich zmarłych i sumowałem codzienny zarobek, dyrektor cmentarza, sympatyczny i gadatliwy grubas, opowiadał mi anegdoty o uroczystościach w Kongresie związanych z przejmowaniem władzy przez wszystkich kolejnych prezydentów, bo nigdy, od wczesnego dzieciństwa, żadnej z nich nie opuścił.

Przed upływem kilku miesięcy miałem już sześć różnych zajęć (rok później będzie ich siedem, po rozpoczęciu działalności w Radio Panamericana), pomnażając pięciokrotnie swoje zarobki. Za trzy z tych zajęć – do trzech tysięcy pięciuset soli miesięcznie – już moglibyśmy się z Julią utrzymać, gdybyśmy znaleźli tanie miejsce do zamieszkania. Na szczęście zwolniło się mieszkanko, które obiecano kuzynce Nancy. Poszedłem je obejrzeć, spodobało mi się i od razu je wynająłem, a Esperanza La Rosa trzymała je dla mnie przez cały tydzień, aż do chwili kiedy, po rozpoczęciu nowych prac, mogłem zapłacić zadatek i pierwszy miesiąc czynszu. Mieszkanie znajdowało się w kwartale zabudowań koloru ochry, w domkach tak małych, że wyglądały jak zabawki, na końcu ulicy Porta, w miejscu gdzie ulica się zwężała i zamykał ją mur odgradzający ją wówczas od ulicy Diagonal. Mieszkanko miało dwa pokoje, kuchenkę i łazienkę, a pomieszczenia były tak maleńkie, że w każdym mogła przebywać tylko jedna osoba i to z wciągniętym brzuchem. Jednak mimo swej szczupłości i spartańskiego umeblowania miało w sobie coś sympatycznego dzięki wesołym zasłonom w oknach i maleńkiemu patio wysypanemu żwirem, z krzewami geranium, na które spoglądały okoliczne domki. Nancy pomogła mi je posprzątać i przystroić na przyjęcie żony.

Od wyjazdu Julii pisaliśmy do siebie codziennie i jeszcze dzisiaj wspominam babcię Carmen, podającą mi listy z przewrotnym uśmiechem i żartem na ustach: „Od kogo jest ten liścik, od kogo?". „Kto pisze tyle listów do mojego wnusia?" Po upływie czterech, czy może pięciu tygodni od wyjazdu Julii do Chile, kiedy już zdobyłem wszystkie zlecenia, zatelefonowałem do ojca i poprosiłem go o spotkanie. Nie widziałem się z nim od czasu, kiedy jeszcze byliśmy z Julią przed ślubem, i nie odpowiedziałem na jego list, w którym groził, że mnie zabije.

Tego ranka, kiedy szedłem do jego biura, byłem bardzo zdenerwowany. Po raz pierwszy w życiu zdecydowałem się powiedzieć mu, że może sobie strzelać z tego przeklętego rewolweru, ale teraz, kiedy już będę w stanie Julię utrzymać, nie będziemy żyli z żoną w separacji. Ale mimo wszystko obawiałem się, że kiedy nadejdzie ta chwila, ponownie stracę odwagę i poczuję się jak sparaliżowany wybuchem jego gniewu.

Zastałem go w dziwnym jak na niego nastroju – był opanowany i rozsądny. A ze względu na niektóre jego wypowiedzi oraz na pewne sprawy, które przemilczał, podejrzewam, że to właśnie rozmowa z doktorem Porrasem – na jej temat ani on, ani ja nie zrobiliśmy najmniejszej aluzji – wywarła na niego wpływ i pomogła mu pogodzić się z myślą o małżeństwie uknutym bez jego zgody. Był bardzo blady, wysłuchał mnie, nie odzywając się ani słowem, podczas gdy ja mu tłumaczyłem, jakie zdobyłem zajęcia, ile będę zarabiał, i zapewniłem, że moje dochody wystarczą na utrzymanie. Powiedziałem jeszcze, że mimo tylu różnych prac, których część będę mógł wykonywać wieczorami w domu, pozostanie mi dość czasu, by chodzić na niektóre wykłady i zdawać egzaminy na uniwersytecie. W końcu, przełykając ślinę, oznajmiłem mu, że Julia jest moją żoną i nie może być tak, że ona przebywa sama w Chile, a ja tutaj, w Limie.

Nie zrobił mi najmniejszej wymówki. Raczej mówił do mnie jak adwokat, używając fachowych określeń prawnych, które starannie sobie przyswoił. Miał kopię mojego oświadczenia dla policji, którą mi pokazał, poznaczoną czerwonym ołówkiem. W tym oświadczeniu przyznałem, że zawarłem małżeństwo, mając tylko dziewiętnaście lat. To wystarczy, żeby rozpocząć proces sądowy o unieważnienie ślubu. Ale nie będzie tego robił. Bo chociaż popełniłem głupstwo, jakim był ożenek, to mimo wszystko taki krok jest dla mężczyzny ważny, bo potwierdza jego męskość.

Potem, wyraźnie się starając, by mówić ugodowym tonem, jakiego sobie nie przypominam z naszych rozmów, nagle zaczął mi radzić, abym nie porzucał studiów, nie rujnował sobie kariery i przyszłości z powodu tego małżeństwa. Był pewien, że mogę zajść daleko, pod warunkiem że więcej nie będę popełniał żadnych szaleństw. Jeżeli on był zawsze wobec mnie surowy, to tylko dla mojego dobra, bo chciał naprawić to, co przez źle rozumianą czułość zmarnowała rodzina Llosów. Ale wbrew temu, co sobie myślę, on mnie kocha, bo przecież jestem jego dzieckiem, a jakże ojciec ma nie kochać własnego syna?

Ku memu zdumieniu rozpostarł ramiona, abym go uściskał. Zrobiłem to, ale go nie pocałowałem, zdezorientowany zakończeniem rozmowy, tylko podziękowałem mu za wypowiedziane słowa i zrobiłem to w taki sposób, żeby okazać możliwie jak najmniej hipokryzji.

(Ta rozmowa z połowy albo z końca sierpnia 1955 oznaczała moje ostateczne uniezależnienie się od ojca. Chociaż jego cień będzie zapewne towarzyszył mi aż do grobowej deski i chociaż jeszcze dzisiaj zdarza się, że nagłe wspomnienie jakiejś sceny, jakiegoś zdarzenia z tamtych lat, kiedy byłem przytłoczony jego autorytetem, wywołuje we mnie nieoczekiwane uczucie próżni w żołądku, to jednak od tamtej rozmowy nigdy już nie mieliśmy żadnej sprzeczki. Przynajmniej bezpośredniej. W rzeczywistości widywaliśmy się rzadko. I zarówno w latach, w których nadal mieszkaliśmy w Peru – aż do 1958 roku, kiedy wyjechałem do Europy, a on z moją matką do Los Angeles – a także później, kiedy spotykaliśmy się w Limie albo kiedy ja ich odwiedzałem w Stanach Zjednoczonych, wiele razy wykonywał gesty albo mówił coś takiego i podejmował pewne inicjatywy, żeby zmniejszyć dystans i wymazać złe wspomnienia, jakby chciał, abyśmy mogli utrzymywać bliskie i serdeczne stosunki, których nigdy między nami nie było. Jednak ja, w końcu jego nieodrodny syn, nigdy nie potrafiłem okazywać mu tego samego i chociaż zawsze starałem się być wobec niego uprzejmy, nigdy nie demonstrowałem więcej serdeczności niż ta, którą do niego czułem (czyli żadna). Okropny żal, głęboka nienawiść z czasów mego dzieciństwa znikały z biegiem lat, zwłaszcza w miarę jak odkrywałem prawdę o bardzo ciężkim życiu, którego doświadczyli wraz matką w pierwszych latach pobytu w Stanach Zjednoczonych, kiedy musieli pracować jako robotnicy – matka przez trzynaście lat jako tkaczka w manufakturze tekstylnej, a ojciec w fabryce obuwia – a potem jako portierzy i dozorcy w synagodze w Los Angeles. Naturalnie nawet w tych najgorszych czasach trudnej adaptacji do życia w nowej ojczyźnie duma nie pozwoliła ojcu prosić mnie o pomoc – ani zgodzić się na to, by uczyniła to matka, z wyjątkiem finansowania im biletów lotniczych do Peru, gdzie spędzali wakacje – i myślę, że dopiero w końcówce życia zaakceptował pomoc mego brata Ernesta, który opłacił mu mieszkanie w Pasadenie.

Kiedy się spotykaliśmy – co dwa, a czasem co trzy lata, zawsze tylko na kilka dni – nasze relacje były poprawne, ale chłodne. Dla ojca było czymś niepojętym, że stałem się znany dzięki moim książkom, choć pewnie sprawiało mu to przyjemność, że znajdował moją fotografię i moje nazwisko w czasopismach takich jak „Time" albo „Los Angeles Times"; jednak zaskakiwało go to, wręcz peszyło i dlatego nigdy nie rozmawialiśmy o moich powieściach, do czasu naszego ostatniego sporu, który spowodował, że zupełnie przestaliśmy się kontaktować aż do jego śmierci w styczniu 1979.

Był to spór, który prowadziliśmy zaocznie, nie zamieniając ani słowa, z odległości tysięcy kilometrów, z powodu powieści *Ciotka Julia i skryba*, w której znalazły się epizody autobiograficzne, a w nich pojawiał się ojciec autora zachowujący się podobnie jak on, kiedy ożeniłem się z Julią. Upłynęły miesiące od ukazania się tej książki i nieoczekiwanie otrzymałem od niego dziwny list – mieszkałem wtedy w Cambridge w Anglii – w którym dziękował mi za to, że w powieści przyznałem, iż był zawsze wobec mnie surowy, ale w gruncie rzeczy był taki dla mojego dobra, „bo zawsze mnie kochał". Na ten list nie odpowiedziałem. W jakiś czas potem, kiedy zadzwoniłem do Los Angeles, żeby porozumieć się z matką, ona zaskoczyła mnie informacją, że ojciec chce ze mną rozmawiać o powieści *Ciotka Julia i skryba*. Przewidując jakieś wymówki z jego strony, pożegnałem matkę, zanim podszedł do telefonu. Po wielu dniach otrzymałem od niego kolejny list, tym razem gwałtowny i oskarżający mnie o to, że jestem na niego obrażony, że zniesławiłem go w książce i nie dałem mu możliwości obrony, że chociaż jestem niewierzący, to on przepowiada, że spotka mnie kara Boża. Ostrzega mnie, że roześle ten list do wszystkich moich znajomych. I rzeczywiście, przez następne miesiące i lata dowiadywałem się, że porozsyłał dziesiątki, a może setki kopii swego listu do krewnych, przyjaciół i moich znajomych w Peru.

Nigdy go już nie zobaczyłem. W styczniu 1979 przyjechał z matką z Los Angeles, by spędzić kilka letnich tygodni w Limie. Pewnego popołudnia kuzynka Giannina – córka wuja Pedro – zatelefonowała do mnie z wiadomością, że podczas obiadu u niej w domu ojciec stracił przytomność. Wezwaliśmy karetkę pogotowia i zawieźliśmy go do Kliniki Amerykańskiej, już bez oznak życia. Tamtego wieczoru na żałobne czuwanie przyszli do domu żałoby, żeby go pożegnać, jeszcze żyjący wujowie i ciotki oraz liczni bratankowie i siostrzenice z rodziny Llosów, której tak nienawidził i z którą pod koniec życia zawarł pokój, odwiedzając ją i przyjmując od niej zaproszenia na krótkie pobyty, na jakie co pewien czas przyjeżdżał do Peru.

Tamtego dnia wyszedłem z biura mego ojca w stanie wielkiego podniecenia i wysłałem do Julii telegram z wiadomością, że wygnanie jest już skończone i wkrótce prześlę jej bilet lotniczy. Potem pobiegłem do domu wuja Lucho i cioci Olgi, żeby przekazać im tę dobrą nowinę. Chociaż byłem teraz bardzo zajęty z powodu wielu prac, których się podjąłem, zawsze ilekroć znajdowałem wolną chwilę, biegłem do domu w alei Armendáriz na obiad lub na kolację, bo wtedy mogłem porozmawiać z nimi o mojej przebywającej na wygnaniu żonie, a był to jedyny temat, który mnie interesował. Ciocia Olga także rozstała się już z myślą, że małżeństwo jej siostry jest niedopuszczalne, i ucieszyła się teraz, że możliwy jest powrót Julii.

Natychmiast zacząłem myśleć o zebraniu pieniędzy na bilet lotniczy. Zastanawiałem się, czy kupić go na raty czy wziąć z banku pożyczkę, ale wtedy otrzymałem od Julii telegram z wiadomością, że przylatuje następnego dnia. Ubiegła mnie, a bilet kupiła po sprzedaniu całej swojej biżuterii.

Pojechaliśmy po nią na lotnisko z wujem Lucho i z ciocią Olgą i kiedy ukazała się nam wśród pasażerów wychodzących z samolotu z Santiago, ciocia Olga wygłosiła zdanie, które mnie zachwyciło, bo oznaczało, że sytuacja rodzinna stała się normalna: „Popatrz, jak pięknie wyszykowała się twoja żona na wasze ponowne spotkanie".

Był to na pewno dzień bardzo szczęśliwy dla Julii i dla mnie. Mieszkanie na krańcach ulicy Porta czekało na nas gruntownie wysprzątane i przystrojone pachnącymi kwiatami na powitanie młodej żony. Dzień wcześniej przeniosłem tam wszystkie swoje książki i ubrania, mając nadzieję, że nareszcie zacznę niezależne życie we własnym domu (tak się mówi).

Miałem zamiar ukończyć studia na obu wydziałach, na które uczęszczałem, nie tylko dlatego, że obiecałem to rodzinie. Byłem przekonany, iż tylko dwa uniwersyteckie tytuły pozwolą mi na zapewnienie sobie takiego bytu, by móc się w przyszłości poświęcić pisaniu, w przeciwnym razie nigdy nie dotrę do Europy, do Francji, co było zawsze głównym celem mego życia. Jak nigdy dotąd, byłem zdecydowany zostać pisarzem i miałem przekonanie, że nie zostanę nim, jeżeli nie wyjadę z Peru i nie zamieszkam w Paryżu. Tysiące razy rozmawiałem o tym z Julią, a ona, ponieważ była odważna i lubiła nowości, nie szczędziła mi zachęt: tak, tak, musisz skończyć uniwersytet i postarać się o stypendium, które przyznają Bank Ludowy i uniwersytet San Marcos na studia podyplomowe w Hiszpanii. Potem pojedziemy do Paryża i tam napiszesz wszystkie powieści, jakie przyjdą ci do głowy. Ja ci w tym pomogę.

Pomogła mi wiele, od pierwszego dnia. Bez jej pomocy nie mógłbym wywiązywać się z moich siedmiu prac, znaleźć czas, by chodzić na niektóre wykłady na San Marcos, przygotowywać prace zadawane przez profesorów i, jakby tego było mało, pisać sporo opowiadań. Kiedy teraz próbuję zrekonstruować swój rozkład zajęć z tamtych trzech lat – od 1955 do 1958 – zdumiewa mnie, jak mogłem naraz robić tyle rzeczy i jednocześnie czytać wiele książek i pielęgnować znajomości z wieloma wspaniałymi przyjaciółmi, takimi jak Lucho i Abelardo, a także chodzić czasami do kina, no i jeść i spać. Spisane na papierze nie mieści się to w ciągu jednej doby. Ale ja dawałem sobie radę i mimo okropnej krzątaniny i niedoborów finansowych były to lata emocjonujące, pełne złudzeń, które wciąż się odradzały i wzbogacały, dzięki czemu na pewno nie żałowałem mego pochopnego ożenku.

Myślę, że Julia też nie żałowała. Kochaliśmy się, cieszyliśmy się sobą nawzajem i chociaż miewaliśmy nieuchronne sprzeczki, które niesie ze sobą codzienne życie, przez te trzy lata w Limie, przed wyjazdem do Europy, nasz związek był bogaty i stymulujący. Jednym ze źródeł naszych sporów była moja retrospektywna zazdrość, taka absurdalna, dręcząca złość, która gnębiła mnie, kiedy sobie uświadamiałem, że Julia miała w przeszłości jakieś życie uczuciowe, a zwłaszcza że po rozwodzie, aż do swego przyjazdu do Limy, przeżyła pasjonujący romans z pewnym argentyńskim śpiewakiem, który pojawił się w La Paz i wywołał spustoszenie wśród mieszkanek miasta. Z jakiegoś tajemniczego powodu – teraz się z tego śmieję, ale wtedy bardzo cierpiałem i dlatego zadawałem ból także Julii – romans mojej żony z argentyńskim śpiewakiem, o którym ona szczerze mi opowiedziała niedługo po naszym ślubie, spędzał mi sen z powiek i wydawało mi się, chociaż należał do przeszłości, że jest zagrożeniem, niebezpieczeństwem dla naszego małżeństwa, bo okrada mnie z pewnej części życia Julii, która zawsze pozostanie dla mnie niedostępna, dlatego nigdy nie będziemy mogli być całkowicie szczęśliwi. Domagałem się, żeby opowiadała mi ze wszystkimi szczegółami o tamtej swojej przygodzie i z tej racji miewaliśmy czasem gwałtowne sprzeczki, które zawsze kończyły się czułym pojednaniem.

Poza tym dobrze się bawiliśmy. Kiedy człowiek nie ma zbyt wiele czasu ani pieniędzy na rozrywki, wtedy one, dlatego że są rzadkie i skromne, nabierają cudownych treści, dają przyjemność, jakiej nie znają ci, którzy mogą z nich korzystać bez ograniczeń. Pamiętam dziecinne podniecenie, jakie przeżywaliśmy, kiedy szliśmy pod koniec miesiąca na obiad do niemieckiej restauracji Gambrinus, na ulicy La Esperanza, gdzie serwowano smakowity *Wiener-schnitzel*, na co przygotowywaliśmy się z radością i z wielodniowym wyprzedzeniem. Albo kiedy chodziliśmy wieczorami na pizzę i flaszeczkę wina do Pizzeríi, którą otworzyła na ulicy Diagonal para Szwajcarów. Lokal ten wyprowadził się ze skromnego garażu, w jakim zaczynał swoją działalność, i po pewnym czasie stał się jedną z najbardziej znanych restauracji w Miraflores. Przynajmniej raz w tygodniu chodziliśmy do kina. Oboje bardzo to lubiliśmy. W przeciwieństwie do tego, jak reaguję na książki – bo jeżeli są złe, to poza tym, że mnie nudzą, na dodatek jeszcze mnie irytują, ponieważ czuję, że tracę przy nich czas – złe filmy znoszę zupełnie dobrze i dopóki nie są pretensjonalne, bawią mnie. Tak więc chodziliśmy na pierwsze z brzegu filmy, przede wszystkim na okropne meksykańskie melodramaty z Marią Félix, Arturem de Cordobą, Agustínem Larą, Emiliem Tuerem, Mirtą Aguirre i tak dalej, do których razem z Julią mieliśmy szczególne upodobanie.

Julia była świetną maszynistką, w związku z czym dawałem jej do przepisywania wykaz zmarłych spoczywających na cmentarzu Presbítero Maestro, których nazwiska gryzmoliłem w moich zeszytach, a ona zamieniała go w przejrzyste fiszki. Przepisywała mi również reportaże i artykuły dla gazet „El Comercio", „Turismo" i dla czasopisma „Cultura Peruana", do którego w niedługim czasie zacząłem pisywać raz w miesiącu kolumnę poświęconą najważniejszym peruwiańskim myślicielom XIX i XX wieku, pod tytułem *Hombres, libros e ideas* (Ludzie, książki i idee). Przygotowywanie tej kolumny przez ponad dwa lata było bardzo zajmujące, bo dzięki bibliotekom Porrasa Barrenechei i Klubu Narodowego mogłem przeczytać prawie wszystkich, od Sancheza Carrióna i Vigila aż do Mariáteguiego i Rivy Agüero, poprzez Gonzaleza Pradę, którego złośliwe anarchizujące wywody wymierzone przeciwko instytucjom i wszelkiej maści przywódcom politycznym, pisane wyborną prozą, pełną blasku jak u parnasistów, wywarły na mnie wielkie wrażenie.

Cotygodniowe wywiady, które zamówił u mnie Abelardo dla dodatku „Dominical" do gazety „El Comercio", były bardzo pouczające, jeżeli chodzi o sytuację w literaturze peruwiańskiej, chociaż często mnie rozczarowywały. Pierwszym pisarzem, z którym przeprowadziłem wywiad, był José María Arguedas. Jeszcze nie wydał powieści *Głębokie rzeki* (*Los ríos profundos*), ale już wokół autora książek *Yawar fiesta* i *Diamantes y pedernales* (Diamenty i krzemienie) – ta ostatnia została wydana niedawno przez Mejía Bacę – wytworzył się pewien kult twórcy o subtelnym liryzmie i głębokiej znajomości świata Indian. Zadziwiła mnie jego nieśmiałość i skromność, duża nieznajomość współczesnej literatury oraz jego lęki i wahania. Prosił, abym mu pokazał wywiad już po zredagowaniu tekstu, poprawił wiele rzeczy, a potem wysłał list do Abelarda z prośbą, aby go nie drukował, bo nie chciałby nikomu sprawiać przykrości (chodziło o aluzje do przyrodniego brata, który dręczył go w czasach dzieciństwa). List przyszedł już po opublikowaniu wywiadu. Arguedas nie poczuł się tym dotknięty i po pewnym czasie przesłał mi serdeczną kartkę z podziękowaniem za to, że tak dobrze wyrażałem się o jego osobie i jego dziele.

Sądzę, że dla tej gazety przeprowadziłem wywiady z wszystkimi żyjącymi pisarzami peruwiańskimi, którzy wydali przynajmniej jedną powieść w Peru. Poczynając od żywej relikwii – staruszka Enrique Lopeza Albujary zamkniętego w swoim niewielkim domu w San Miguel, który mylił nazwiska, daty i tytuły książek oraz nazywał

„chłopcami" tych, co mieli po siedemdziesiąt lat – aż po najmłodszego Eleodora Vargasa Vicuñę, który miał zwyczaj przerywać rozmowę okrzykiem będącym jego dewizą („Niech żyje życie, do diabła!"), a po wydaniu swej pięknej prozy zatytułowanej *Nahuín* zniknął tajemniczo ze świata literatury. Rozmawiałem naturalnie z Piurczykiem o nazwisku Francisco Vegas Seminario, także z Arturem Hernandezem, autorem książki pod tytułem *Sangama*, i z dziesiątkami piszących mężczyzn i kobiet, którzy wydawali powieści kreolskie, indygenistyczne, metyskie, obyczajowe, murzyńskie, a ja niechętnie je czytałem, bo robiły wrażenie bardzo staroświeckich (nie antycznych, tylko staroświeckich) z powodu maniery, w jakiej zostały napisane, a przede wszystkim skonstruowane.

W tamtym czasie, po olśnieniu twórczością Faulknera, byłem zafascynowany techniką powieści i wszystkie, które wpadały mi do rąk, czytałem badawczo, analizując, jak się w nich przedstawia punkt widzenia autora, organizacja czasu, czy spójna jest funkcja narratora, czy występuje jakaś niezborność i czy zdarzają się potknięcia techniczne – na przykład czy użycie przymiotników nie rujnuje (uniemożliwia) prawdopodobieństwa. Wszystkich powieściopisarzy i autorów opowiadań, z którymi przeprowadzałem wywiady, pytałem o formę narracyjną, o ich problemy z techniką i zawsze mnie demoralizowały pogardliwe odpowiedzi na temat tych „formalizmów". Niektórzy mówili „to są formalizmy na modłę cudzoziemską, europejską", inni zaś mówili o telurycznym szantażu. „Dla mnie forma nie jest ważna, tylko samo życie". „Ja karmię moją literaturę peruwiańską treścią".

Od tamtego czasu nienawidzę słowa „teluryczny", którym szermują liczni pisarze i krytycy epoki, jakby to była największa cnota literacka i obowiązek każdego peruwiańskiego pisarza. Być „telurycznym" znaczyło pisać dzieła o korzeniach mocno tkwiących we wnętrzu ziemi, w naturalnym krajobrazie i obyczajowości, najlepiej andyjskiej, obnażać kacykostwo i feudalizm w regionach górskich, w dżungli i na wybrzeżu, używać okrutnych opowieści *mistis* (białych), w których występują gwałciciele wiejskich kobiet, pijane, złodziejskie władze oraz fanatyczni i skorumpowani księża głoszący, że Indianie są pogodzeni ze swoim losem. Ci, którzy pisali i promowali taką „teluryczną" literaturę, nie zdawali sobie sprawy, że w przeciwieństwie do ich intencji, powieści te są najbardziej konformistyczne i konwencjonalne na świecie, że powtarzają banały, że powstawały mechanicznie, a ich ludowy, zmanierowany i karykaturalny język oraz brak dbałości o konstrukcję opowieści stanowią kompletne wynaturzenie historyczno-krytycznego świadectwa, które miałoby je uwiarygodnić. Niewiele warte pod względem literackim były również oszukańczymi dokumentami społecznymi i, prawdę mówiąc, stanowiły malownicze fałszerstwo, banalne i pobłażliwe wobec skomplikowanej rzeczywistości.

Słowo „teluryczny" stało się dla mnie symbolem prowincjonalizmu i niedorozwoju w dziedzinie literatury, podstawową i powierzchowną wersją powołania naiwnego pisarza, który myśli, że można produkować dobre powieści, znajdując dobre „tematy", ale jeszcze się nie nauczył, że udana powieść to odważne przedsięwzięcie intelektualne, praca nad językiem, wysiłek, by znaleźć porządek narracji, organizację czasu, odpowiednią akcję, informację, no i pewne przemilczenia, od których zależy, czy fikcja będzie prawdopodobna czy fałszywa, wzruszająca czy śmieszna, poważna czy głupia. Nie wiedziałem, czy zostanę kiedyś pisarzem, ale od tamtego czasu byłem pewien, że nigdy nie zostanę pisarzem t e l u r y c z n y m.

Naturalnie nie wszyscy pisarze, z którymi prowadziłem wywiady, mieli tę ludową pogardę dla formy i nie wszyscy zasłaniali swoje lenistwo za pomocą tego przymiotnika. Jednym z wyjątków był Sebastián Salazar Bondy. Nie pisał powieści, tylko opowiadania – a także eseje, sztuki teatralne i poezje – i dlatego wywiad z nim pasował do naszej serii. Wtedy po raz pierwszy długo z nim rozmawiałem. Poszedłem po niego do maleńkiego biura redakcji dziennika „La Prensa", po czym zeszliśmy na dół napić się kawy w Cream Rica, w zaułku

Unión. Był człowiekiem szczupłym, wysokim i ostrym jak brzytwa, ogromnie sympatycznym i inteligentnym, no i rzeczywiście znał się na współczesnej literaturze, o której mówił ze swadą i przenikliwością, co wzbudziło mój szacunek. Jak każdy młody aspirant do zawodu pisarza, i ja praktykowałem ojcobójstwo, a Salazar Bondy, dzięki temu, że był aktywny i wszechstronny – zdawał się chwilami reprezentować całe życie kulturalne Peru – był „ojcem", którego moje pokolenie musiało pogrzebać, żeby ukształtować własną osobowość, a wtedy atakowanie go było bardzo modne. Ja też to robiłem, krytykując poważnie na łamach „Turismo" jego sztukę teatralną *No hay isla feliz* (Nie ma szczęśliwej wyspy), która mi się nie podobała. Chociaż dopiero o wiele później zostaliśmy bliskimi przyjaciółmi, zawsze pamiętam ten wywiad z powodu dobrego wrażenia, jakie na mnie wywarł Salazar Bondy. Rozmowa z nim była ozdrowieńczym przeciwieństwem w stosunku do innych wywiadów, ponieważ stanowił żywy dowód na to, że peruwiański pisarz nie musi być t e l u r y c z n y, że może mocno stąpać po glebie peruwiańskiego życia, być inteligentny i mieć otwartą głowę na dobrą literaturę świata.

Jednak ze wszystkich moich rozmówców najbardziej malowniczy i oryginalny był, patrząc z perspektywy, Enrique Congrains Martín, który w tamtym momencie znajdował się u szczytu popularności. Był młodzieńcem o kilka lat starszym ode mnie, wysportowanym blondynem, bardzo poważnym i myślę, że nawet kompletnie pozbawionym poczucia humoru. Miał stanowcze spojrzenie, trochę niepokojące, a cała jego postać tchnęła energią i wolą działania. Został pisarzem z powodów czysto praktycznych, co może wydawać się nieprawdopodobne. Od młodych lat był sprzedawcą rozmaitych produktów i mówiło się, że wynalazł środek do mycia naczyń i że jednym z jego fantastycznych projektów było zorganizowanie w Limie związku zawodowego kucharek, bo za pomocą tej organizacji (którą podobno manipulował) chciał wymóc zobowiązanie, że wszystkie gospodynie domowe w stolicy będą czyściły garnki płynem przez niego wynalezionym. Każdy może mieć szalone pomysły, jednak Enrique Congrains Martín posiadał zdolność – w Peru niezwykłą – wprowadzania ich w czyn. Sprzedawca mydła przeobraził się w sprzedawcę książek i pewnego dnia zdecydował, że sam napisze i wyda książkę, którą sprzeda, bo nikt nie oprze się jego argumentom: „Kup książkę, której jestem autorem. Spędzisz przyjemną chwilę i wesprzesz peruwiańską literaturę".

I tak napisał opowiadania *Lima, hora zero* (Lima, godzina zero), *Kikuyo* i w końcu powieść *No una, sino muchas muertes* (Nie jedna, lecz wiele śmierci), po czym zakończył swoją pisarską karierę. Wydawał i sprzedawał to, co napisał, krążąc po biurach i domach. Nikt nie mógł mu odmówić, bo temu, kto powiedział, że nie ma pieniędzy, oznajmiał, że może zapłacić w tygodniowych ratach, a każda w wysokości niewielu centów. Kiedy przeprowadziłem z nim wywiad, wprawił w zdumienie wszystkich peruwiańskich intelektualistów, którzy nie byli w stanie pojąć, jak można być jednocześnie tym wszystkim, czym był Enrique.

A tymczasem on dopiero zaczynał. Równie szybko, jak pojawił się w literaturze, oddalił się od niej i przeobraził w projektanta oraz sprzedawcę dziwacznych mebli o trzech nogach, potem w hodowcę i sprzedawcę karłowatych japońskich drzewek, a w końcu został tajnym, konspirującym trockistą, za co wsadzono go do więzienia. Wyszedł z niego złamany. Pewnego dnia zapadł się pod ziemię i przez długi czas nie miałem o nim wiadomości. Po latach dowiedziałem się, że mieszka w Wenezueli, gdzie jest dobrze prosperującym właścicielem szkoły szybkiego czytania wprowadzającej w praktykę metodę, którą naturalnie sam wynalazł.

Po kilku miesiącach od swego powrotu z Chile Julia zaszła w ciążę. Wiadomość ta niesłychanie mnie przeraziła, bo byłem wtedy całkowicie przekonany (w czym również przejawiał się wpływ Sartre'a?), że moje literackie powołanie można pogodzić z małżeństwem, ale nieodwracalnie zostanie ono zaprzepaszczone, jeżeli pojawią się dzieci, które trzeba będzie żywić, ubierać i kształcić. Żegnajcie marzenia o wyjeździe do Francji! Żegnajcie projekty pisania długich powieści! Czy można poważnie poświęcać się niedochodowej twórczości i jednocześnie pracować zarobkowo na utrzymanie rodziny? Jednak Julia wiązała z ciążą tak wielkie nadzieje, że musiałem ukrywać swój niepokój i, biorąc pod uwagę, że zostanę ojcem, nawet pozorować entuzjazm, którego nie odczuwałem.

W swoim poprzednim małżeństwie Julia nie miała dzieci i lekarze stwierdzili, że nie będzie mogła urodzić dziecka, co powodowało jej wielką frustrację. Obecna ciąża stanowiła niespodziankę, która dała jej poczucie szczęścia. Niemiecka lekarka, która się nią opiekowała, zaleciła bardzo surowy reżim przez pierwsze miesiące ciąży i stwierdziła, że Julia nie powinna chodzić. Moja żona zastosowała się do tych wskazówek z wielką dyscypliną, ale potem pojawiły się pewne powikłania i straciła dziecko. Stało się to na samym początku ciąży i wkrótce zdołała pogodzić się z tym nieszczęściem.

Myślę, że w tym właśnie czasie ktoś podarował nam pieska. Był zabawny i bardzo sympatyczny, chociaż nieco nerwowy. Nazwaliśmy go Batuque. Mały i ruchliwy witał się ze mną, skacząc do góry, i miał zwyczaj układać mi się na kolanach, kiedy czytałem. Jednak miewał napady niestosownej agresji i czasem rzucał się na jedną z naszych sąsiadek z ulicy Porta, poetkę i pisarkę Marię Teresę Llonę, która mieszkała sama i której łydki, nie wiedzieć czemu, kusiły i złościły Batuque. Sąsiadka przyjmowała to z wyrozumiałością, ale my czuliśmy się zawstydzeni.

Pewnego razu, kiedy wróciłem do domu w południe, zastałem Julię tonącą we łzach. Hycel porwał Batuque. Jadący ciężarówką ludzie wyrwali jej psa z rąk. Natychmiast wybiegłem, żeby go odnaleźć w samochodzie hycla, który właśnie dojeżdżał do mostu Ejército. Przybiegłem w samą porę i odzyskałem Batuque. Kiedy go wyciągnęli z klatki i kiedy wziąłem go na ręce, pies posiusiał się na mnie i zrobił kupę, drżąc w moich ramionach. Widok samochodu hycla był przerażający zarówno dla mnie, jak i dla Batuque: dwóch kulawych Mulatów pracujących dla hycla uderzeniami kija, na miejscu i na oczach innych psów umieszczonych w klatkach, zabijało te zwierzęta, po które ich właściciele przez kilka dni się nie zgłaszali. Poruszony tym, co zobaczyłem, poszedłem razem z pieskiem do pierwszej napotkanej kawiarenki. Nazywała się K a t e d r a. Tam przyszła mi do głowy myśl, że taką właśnie sceną rozpocznę powieść, jaką napiszę pewnego dnia, zainspirowany postacią Esparzy Zañartu i dyktaturą Odríi, która w 1956 roku była już bliska wydania ostatniego tchnienia.

XVI. Wielka zmiana

Jest taki zwyczaj, że na Dorocznej Konferencji Władzy Wykonawczej kandydaci na prezydenta przedstawiają swoje plany rządzenia. Te zebrania wzbudzają wielkie zainteresowanie, a mówcy występują przed audytorium tłumnie zapełnionym przedsiębiorcami, przywódcami politycznymi, autorytetami i dziennikarzami.

Z dziesięciu kandydatów CADE zaprosiła do wystąpienia tylko czterech, którzy w grudniu 1989 byli, jak wskazywały sondaże, jedynymi mającymi szanse w wyborach z ramienia Frontu Demokratycznego, APRA, Zjednoczonej Lewicy i Porozumienia Socjalistycznego. Na cztery miesiące przed wyborami Alberta Fujimoriego nie było w sondażach, a jeżeli się pojawiał, to konkurował do ostatniego miejsca, razem z prorokiem Ezequielem Ataucusim Gamonalem, założycielem Izraelskiego Kościoła Nowego Paktu Powszechnego.

Z niecierpliwością czekałem na okazję zaprezentowania mojego programu, który pokazałby narodowi peruwiańskiemu, co nowego wniesie moja kandydatura i jaki duch reform będzie jej towarzyszył. Przyszło mi zamykać CADE drugiego dnia po południu, po wystąpieniach Luisa Alvy Castro i Henry'ego Pease'a oraz Alfonsa Barrantesa, który wystąpił w sobotę 2 grudnia rano. To, że moje wystąpienie miało być ostatnie w kolejności, wydawało mi się dobrym sygnałem.

Uczestnikami mego panelu byli sympatyk Frontu Salvador Majful, przewodniczący Narodowego Stowarzyszenia Przemysłowców, oraz dwóch skromnych przeciwników: technik rolny Manuel Lajo Lazo i dziennikarz César Lévano, jeden z nielicznych rozsądnych marksistów w Peru.

Chociaż ekipa Planu Rządzenia nie zamknęła jeszcze programu, w ostatnim tygodniu listopada Lucho Bustamante przekazał mi szkic przemówienia, w którym znajdowały się główne wytyczne. Dokonując cudów w walce z czasem, były to bowiem dni polemiki z Alanem Garcíą dotyczącej sprawy funkcjonariuszy publicznych, zdołałem zamknąć się na całe dwa przedpołudnia, aby zredagować tekst i w przeddzień posiedzenia CADE odbyłem spotkanie z kierownictwem Planu Rządzenia, aby przećwiczyć nasze stanowisko wobec przewidywanych zastrzeżeń ze strony uczestników panelu i publiczności.

Po przedstawieniu stanu zubożenia Peru w ostatnich dekadach i wkładu rządów APRA w ten katastrofalny stan rzeczy („Ci, którzy uwierzyli słowom pana Alana Garcíi Pereza, jakie wypowiedział na tym samym forum w 1984 roku, i zainwestowali całe swoje oszczędności, zrobili smutny interes: dzisiaj zostaje im mniej niż dwa procent tego, co zaoszczędzili") rozwinąłem naszą propozycję, aby „ocalić Peru przed miernotą, demagogią, głodem, bezrobociem i terrorem". Na wstępie zreferowałem bez osłonek wyraźny kierunek reform: „Mamy już wolność polityczną. Tymczasem Peru nigdy nie próbowało wejść naprawdę na drogę prowadzącą do wolności gospodarczej, bez której wszelka demokracja jest niedoskonała i skazana na biedę... Wszystkie nasze wysiłki będą skierowane na przeobrażenie Peru z kraju o licznych rzeszach proletariuszy i bezrobotnych oraz garstce uprzywilejowanych, jakim jest dzisiaj, w kraj przedsiębiorców, właścicieli i obywateli równych wobec prawa".

Zobowiązywałem się walczyć z terroryzmem i mobilizować społeczeństwo obywatelskie do powoływania straży chłopskiej, obiecywałem starać się o to, by taki przykład samoobrony naśladowano w centrach produkcyjnych miast i wsi. Zapewniałem, że władze oraz instytucje obywatelskie przejmą kontrolę w rejonach zagrożenia przekazanych władzy wojskowej.

Te działania będą zdecydowane, ale w ramach prawa. Trzeba skończyć z gwałceniem praw człowieka przez siły porządkowe podczas akcji prowadzonych przeciwko elementom wywrotowym, bo od tego zależy legalność demokracji. Tłumaczyłem, że chłopi i biedni Peruwiańczycy nigdy nie będą wspierali rządu w zwalczaniu terrorystów, jeżeli będą czuli się zagrożeni przez policję i wojsko. Chcąc potwierdzić zdecydowanie mojego przyszłego rządu w kwestii nietolerowania tego rodzaju nadużyć, postanowiłem – i uprzedziłem o tym Iana Martina, sekretarza generalnego Amnesty International, który złożył mi wizytę 4 maja 1990 – mianować pełnomocnika do praw człowieka, który będzie miał swoje biuro w Pałacu Rządowym. Przez kolejne miesiące, po przeanalizowaniu wielu nazwisk, poprosiłem Lucho Bustamantego, aby porozmawiał z Diego Garcíą Sayánem, młodym adwokatem, który założył Andyjską Komisję Prawników i który mimo powiązań ze Zjednoczoną Lewicą wydawał się odpowiedni do bezstronnego podjęcia działań na tym stanowisku. Ten pełnomocnik nie miał pełnić funkcji dekoracyjnej, ale posiadać władzę niezbędną do rozpatrywania oskarżeń, do prowadzenia dochodzeń na własną rękę, do inicjowania działań wobec władzy sądowniczej i opracowywania projektów informacyjnych i edukacyjnych dla opinii publicznej, szkół, związków zawodowych, wspólnot wiejskich, koszar i komisariatów.

Poza nim miał być jeszcze inny pełnomocnik odpowiedzialny za narodowy program prywatyzacji, kluczową reformę programu, którą sam chciałem z bliska obserwować. Obaj pełnomocnicy będą mieli rangę ministrów. Na to drugie stanowisko wyznaczyłem Javiera Silvę Ruete, który stał na czele planu prywatyzacji.

Pierwszy rok powinien być najtrudniejszy z racji nieuniknionego recesywnego charakteru polityki antyinflacyjnej, której celem będzie zredukowanie wzrostu cen o dziesięć procent rocznie. Przez dwa następne lata, licząc od liberalizacji i wielkich reform, będziemy mieli umiarkowany wzrost w produkcji, zatrudnieniu i dochodzie. Ale w czwartym roku wkroczymy w okres bardzo dynamiczny, oparty na silnych podstawach. Peru rozpocznie marsz ku wolności połączonej z dobrobytem. Opisałem wszystkie reformy, począwszy od najbardziej kontrowersyjnych. Najpierw prywatyzacja przedsiębiorstw państwowych – rozpoczniemy ją w odniesieniu do siedemdziesięciu firm, wśród których znajdzie się Bank Kontynentalny, Towarzystwo Paramonga, Przedsiębiorstwo Górnicze Tintaya, AeroPerú, Entel Perú, Peruwiańskie Towarzystwo Telefoniczne, Bank Międzynarodowy, Bank Ludowy, Entur Perú, Towarzystwo Ubezpieczeniowe Ludowość i Przyszłość, EPSEP, Połączone Laboratoria i Reasekuracja Peruwiańska, przy czym działania prywatyzacyjne będą kontynuowane, dopóki sektor państwowy nie znajdzie się w całości w prywatnych rękach – aż do zredukowania o połowę istniejących ministerstw.

Jeżeli chodzi o edukację, zapowiedziałem całościową reformę, ażeby w końcu doprowadzić do równości szans. Ta będzie możliwa tylko wtedy, kiedy biednym dzieciom i uboższej peruwiańskiej młodzieży zapewni się wysoki poziom wykształcenia, aby mogły startować w urządzaniu sobie życia na równi z dziećmi i młodzieżą z rodzin o średnich i wysokich dochodach, które mogą uczyć się w prywatnych szkołach i na uniwersytetach. Chcąc podnieść poziom kształcenia, należy zreformować plany nauczania – zwracając uwagę na niejednorodność kulturalną, regionalną i językową peruwiańskiego społeczeństwa – zmodernizować kształcenie pracowników naukowych, przyznać im przyzwoite wynagrodzenie i udostępnić dobrze wyposażone zakłady naukowe, z bibliotekami, pracowniami i odpowiednią infrastrukturą. Czy bardzo biedne państwo peruwiańskie może sfinansować taką reformę? Oczywiście, że nie może. W tym celu zniesiemy, bez dyskryminacji, bezpłatne nauczanie. Od trzeciego roku szkoły średniej zostanie wprowadzony system stypendiów i kredytów, ażeby ci, którzy mają możliwości, częściowo albo całkowicie finansowali swoje wykształcenie. Nikt, kto będzie miał małe dochody, nie znajdzie się poza szkołą czy uniwersytetem; ale rodziny o średnich i wysokich dochodach będą pomagały w tym, żeby biedni mogli otrzymać taki zasób wiedzy, który przygotuje ich do wyjścia z biedy. Ojcowie rodzin będą uczestniczyli w administrowaniu szkołami i w ustalaniu wysokości czesnego.

Prawie natychmiast propozycja ta przekształciła się w najbardziej narowistego konia bojowego do walki przeciwko Frontowi. Apryści, socjaliści i komuniści ogłosili, że będą bronili jak własnego życia bezpłatnego nauczania, które chcemy zlikwidować po to, żeby nie tylko jedzenie i praca, ale także nauka była przywilejem bogatych. I w kilka dni po przemówieniu w CADE Fernando Belaúnde przyszedł do mnie do domu z memorandum, żeby mi przypomnieć, że bezpłatne nauczanie jest postulatem programowym Akcji Ludowej. Nie odstąpią od niego. Ludowi przywódcy zaczęli wygłaszać oświadczenia podobnej treści. Krytyka ze strony sojuszników przybrała takie rozmiary, że zwołałem zebranie wszystkich partii Frontu Demokratycznego w Ruchu Wolność, aby przedyskutować sprawę. Zebranie było burzliwe. Przewodniczący komisji do spraw nauczania, León Trahtenberg, był zasypywany ostrymi pytaniami przez ludowców Andrésa Cardó Franco, Gastóna Acurio i innych.

Ja też zabierałem głos w tej polemice, przy tej oraz przy innych okazjach, broniąc naszej propozycji. Postulowanie bezpłatnego nauczania jest demagogiczne, bo jego rezultat jest taki, że trzy czwarte dzieci uczy się w szkołach, które nie mają bibliotek, laboratoriów, łazienek, ławek szkolnych i tablic, a często nawet dachu i ścian, zaś nauczyciele otrzymują niepełne wykształcenie i mają głodowe zarobki, więc jedynie młodzi należący do klasy średniej i wyższej – którzy mogą opłacać dobre szkoły i dobre uniwersytety – zdobywają odpowiednie wykształcenie, które zapewnia im karierę zawodową.

W rozmowie z Belaúndem wypowiedziałem się bardzo jasno: nie odstąpię ani od tego, ani od innych punktów programu. Ustąpiłem, jeśli chodzi o wybory samorządowe i listy parlamentarne, dając pierwszeństwo Akcji Ludowej i Chrześcijańskiej Partii Ludowej, ale w Planie Rządzenia na ustępstwa nie pójdę. W ł a ś n i e   t e reformy są jedynym powodem, dla którego chcę być prezydentem. Reforma oświaty jest pomyślana po to, aby skończyć z jedną z najbardziej niesprawiedliwych form dyskryminacji kulturalnej, która wywodzi się z różnic w dochodach.

W końcu, choć niechętnie i nie mogąc uniknąć odzywających się co pewien czas głosów dysydentów w łonie sojuszu przeciwko reformie, osiągnęliśmy to, że Akcja Ludowa zobowiązała się ją tolerować. Jednak nasi przeciwnicy wciąż nas w tej sprawie bezlitośnie atakowali za pomocą kampanii publicystycznych oraz buntu związków i stowarzyszeń nauczycielskich stających w obronie „nauczania dla ludu". Kampania była tak ostra, że nawet León Trahtenberg przesłał mi list, w którym rezygnował z pracy w komisji (nie zaakceptowałem tej rezygnacji), i w początkach stycznia 1990 zaproponował, abyśmy cofnęli się o krok ze względu na negatywne reakcje. Z poparciem Lucho Bustamantego nalegałem na to, by nadal bronić koniecznej naszym zdaniem reformy, której przeprowadzenie uważamy za nasz obowiązek. Jednak mimo moich dotychczasowych wystąpień w tej kwestii – odtąd we wszystkich przemówieniach poruszałem ten temat – była to reforma, która najbardziej wystraszyła wyborców i wpłynęła na to, że głosowali przeciwko mnie.

Piszę te słowa w sierpniu 1991 i widzę, po wycinkach prasowych z Limy, że krajowi nauczyciele – trzysta osiemdziesiąt tysięcy – strajkują już od pięciu miesięcy, zdesperowani swoimi warunkami życia. Uczniowie szkół publicznych mogą stracić rok szkolny. A jeżeli nawet go nie stracą, to można sobie wyobrazić, co taka długa, pięciomiesięczna przerwa w roku szkolnym będzie dla nich znaczyła w nauce. Biskup Huaraz oświadcza na łamach jednego z czasopism, że to skandal, iż średnie wynagrodzenie nauczyciela w niewielkim stopniu przewyższa sto dolarów miesięcznie, bo to oznacza głodowe bytowanie dla niego i jego rodziny. Od pięciu miesięcy na skutek strajku wszystkie szkoły państwowe są zamknięte, a odkąd nowy rząd przejął władzę, państwo nie wybudowało ani jednej klasy szkolnej z powodu braku środków. Mimo to nauczanie pozostaje bezpłatne i należy sobie pogratulować, że ta wielka zdobycz ludu nie została zniszczona!

Spór ten był dla mnie bardzo pouczający, jeżeli chodzi o siłę ideologii mitu, która jest w stanie całkowicie zastąpić rzeczywistość. Albowiem bezpłatne szkolnictwo publiczne, którego z takim zapałem bronili moi przeciwnicy, nie istniało, było martwe. Od dłuższego już czasu katastrofalny stan skarbu państwa nie pozwalał budować szkół i ogromna większość klas szkolnych powstających w dzielnicach zmarginalizowanych i w osiedlach młodych, gdzie rosło zapotrzebowanie, była budowana przez samych mieszkańców. A ojcowie rodzin dbali również o utrzymanie, czystość oraz o zapewnienie posiłków w szkołach podstawowych i w gimnazjach publicznych, bo państwo nie było w stanie pokrywać tych kosztów.

Za każdym razem, kiedy przyjeżdżałem do biednej dzielnicy, w Limie albo na prowincji, odwiedzałem różne szkoły. „Czy to rząd wybudował wam te klasy?" „Nie! My sami!" „A kto wykonał ławki, tablice? Rząd czy ojcowie rodzin?" „Ojcowie rodzin!" „A kto czyści, maluje, zamiata szkołę i reperuje walące się ściany? Wy czy rząd?" „My sami!" Z powodu kryzysu gospodarczego państwo, od dłuższego czasu, płaci tylko pensje nauczycielom. Ojcowie rodzin wypełnili lukę i wzięli na swoje barki zadanie zbudowania i utrzymania szkół we wszystkich dzielnicach i okręgach o najniższych dochodach w kraju. Zawsze podkreślałem w swoich przemówieniach, że przez kilka lat Akcja Solidarna zbudowała, dzięki darom, pracy ochotniczej i współpracy sąsiedzkiej, więcej żłobków dla dzieci oraz klas szkolnych niż peruwiańskie państwo. Poza tym Enrique Ghersi odkrył, że ten sam rząd partii APRA, który dniem i nocą powtarzał groźby przeciwko bezpłatnemu szkolnictwu, wydał dyspozycje zobowiązujące stowarzyszenia rodziców, aby zapisywali oni dzieci do szkół państwowych i wnosili „opłaty", które zasilą państwowy fundusz na oświatę. Podobnie jak wiele innych mrzonek, bezpłatność nauki, która służyła tylko do wyrządzania biednym krzywdy, powodując wzrost dyskryminacji, została w praktyce, siłą rzeczy, uprawomocniona.

Pokładałem wielkie nadzieje w reformie oświaty. Byłem przekonany, że najskuteczniejszym sposobem zaprowadzenia sprawiedliwości w Peru jest szkolnictwo publiczne na wysokim poziomie. Nieraz wspominałem, że sam uczyłem się w szkołach państwowych, takich jak szkoła wojskowa Leoncia Prady i gimnazjum San Miguel w Piurze oraz uniwersytet San Marcos, więc znam braki tego systemu nauczania (chociaż jeszcze się pogorszyły od czasów mojej nauki). Jednak wszelkie wysiłki, aby przekonać moich współobywateli, że nasza reforma szkolnictwa opiera się na dobrych podstawach, były bezcelowe, bo przeważali ci, którzy oskarżali mnie o to, że chcę pogrążyć naród w ciemnocie.

Dwie kolejne reformy, jakie zapowiedziałem na spotkaniu CADE, również stały się obiektem zażartych ataków: reforma rynku pracy i nowy kształt państwa. Pierwsza została przez moich przeciwników nazwana podstępem i miała pozwolić na to, by przedsiębiorcy zwalniali swoich pracowników, a drugą nazwano projektem wyrzucenia na ulicę pół miliona funkcjonariuszy państwowych. (Na wyprodukowanym przeciwko nam wideo, które powielało obrazy z *The Wall* zespołu Pink Floyd, rząd przedstawiał mnie jako postać zdeformowaną kłami Drakuli i wywołującą apokalipsę: oto zamyka się fabryki, ceny pędzą do stratosfery, dzieci są wyrzucane ze szkół, a robotnicy ze swoich miejsc pracy, no i w końcu cały kraj eksploduje na skutek wybuchu nuklearnego).

Podobnie jak bezpłatna nauka, tak i stabilność zatrudnienia jest oszukańczą zdobyczą socjalną, która zamiast chronić dobrego pracownika przed arbitralnym zwolnieniem, zamieniła się w mechanizm opieki nad pracownikiem niewydajnym, przeszkadzający w tworzeniu miejsc pracy dla tych, którzy pracy potrzebują (w Peru, pod koniec 1989, siedmiu na każdych dziesięciu dorosłych). Tak zwana stabilizacja pracownicza faworyzowała jedenaście procent ludności aktywnej zawodowo. A więc był to dochód dla niewielkiej mniejszości, co utrwalało brak zatrudnienia dla bezrobotnych. Prawa chroniące pracownika znaczyły tyle, że po trzymiesięcznym okresie próbnym zamieniał się we właściciela swojego stanowiska, z którego w praktyce nie można go było usunąć, bo „słuszne motywy" w kwestii jego zwolnienia, na co powołuje się Konstytucja, zostały sprowadzone przez obowiązujące prawo do „poważnego przewinienia", jakiego prawie nie sposób dowieść. W rezultacie przedsiębiorstwa funkcjonowały z minimalnym personelem i ograniczały swój rozwój w obawie, że nadmierne zatrudnienie przyniesie im finansową klęskę. W kraju, w którym bezrobocie i ukryte zatrudnienie dotykają dwie trzecie ludności i w którym tworzenie miejsc pracy jest najpilniejszą potrzebą, należało przede wszystkim nadać stabilizacji sens naprawdę socjalny.

Wyjaśniłem, że będę respektował nabyte wcześniej prawa – reformy dotkną tylko nowo zatrudnionych – na spotkaniu CADE wymieniłem główne działania zmierzające do złagodzenia negatywnych skutków stabilizacji pracowniczej: mała produktywność zostanie zaliczona do „słusznych motywów" zwolnienia, przedłużony będzie okres próbny, żeby ocenić możliwości pracownika, przedsiębiorstwom przedstawi się obszerny schemat zatrudnienia okresowego, co pozwoli dostosować siłę roboczą do zmian na rynku, a do zwalczania bezrobocia wśród młodych opracowane zostaną wzory kontraktów dotyczące dokształcania i doskonalenia zawodowego, pracy okresowej oraz takie, które będą dotyczyły zmian na stanowiskach i odchodzenia na wcześniejszą emeryturę. Poza tym umożliwi się pracownikowi zakładanie indywidualnej i autonomicznej firmy, która oferowałaby swoje usługi zatrudniającemu go przedsiębiorcy. W tym pakiecie działań znajdzie się demokratyzacja prawa do strajku, które dotąd było zmonopolizowane przez kierownictwa związków zawodowych, a te w wielu przypadkach narzucały swoje decyzje reszcie pracowników przez wymuszenie. Decyzje o strajkach będą podejmowane w głosowaniu tajnym, bezpośrednim i powszechnym, a strajki, które dotykałyby ważnych dla życia usług publicznych oraz strajki popierające inne stowarzyszenia czy przedsiębiorstwa zostaną zakazane, karana będzie praktyka brania zakładników i zajmowania lokali w celu wspierania strajków związkowych.

(W marcu 1990, w czasie naszego kongresu Rewolucja Wolności, sir Alan Walters, który był doradcą Margaret Thatcher, zapewnił mnie, że powyższe kroki odniosą skutek, jeżeli chodzi o tworzenie miejsc pracy. Zrobił mi naturalnie wymówkę, że nie jestem wystarczająco radykalny w sprawie minimalnego wynagrodzenia, które zamierzamy utrzymać. „Wam się wydaje, że to akt sprawiedliwości – powiedział mi. – Ale jest nim tylko wobec t y c h, k t ó r z y p r a c u j ą. Natomiast minimalna płaca jest niesprawiedliwa w stosunku do tych, którzy pracę stracili albo wchodzą na rynek pracy i zastają zamknięte drzwi. Chcąc dopomóc bezrobotnym, a przecież to oni najbardziej potrzebują sprawiedliwości społecznej, musimy uznać, że minimalna płaca jest niesprawiedliwa, że jest przeszkodą, która zamyka im drogę do zatrudnienia. Kraje, w których jest najwięcej pracy, to takie, w których jest bardziej wolny rynek").

Wyjaśniałem, zwłaszcza podczas wizyt w fabrykach, że pracownik skuteczny jest tak bardzo wartościowy, że przedsiębiorstwa nie chcą się go pozbywać, mówiłem, że nasze reformy nie będą znosiły praw już nabytych, że będą dotyczyły tylko n o w y c h pracowników, tych milionów Peruwiańczyków żyjących bez zatrudnienia albo utrzymujących się z nędznie opłacanej pracy, wobec których mamy obowiązek pomocy poprzez szybkie tworzenie nowych możliwości zatrudnienia. Pracownicy otumanieni populistycznymi hasłami są wrogo usposobieni do reform dlatego, że ich nie rozumieją, a jeśli nawet je rozumieją, to się ich boją, co jest dla mnie zrozumiałe. Ale to, że większość bezrobotnych, dla których dobra reformy zostały przygotowane, głosuje masowo przeciwko t y m zmianom, wiele mówi o niesłychanie negatywnym wpływie populizmu, skłaniającego najbardziej dyskryminowanych i wyzyskiwanych do głosowania za systemem, który jest przyczyną ich biedy.

Jeśli chodzi o sprawę pół miliona funkcjonariuszy państwowych, warto zrelacjonować tę historię, bo podobnie jak zagadnienie bezpłatnej oświaty wywołała skrajnie nieprzychylny stosunek do mnie biednych warstw ludności, co pokazuje, jak skuteczne mogą być w polityce niegodziwe metody postępowania. Wiadomość o tym, że zaraz po objęciu władzy wyrzucę na bruk pięćset tysięcy biurokratów, pojawiła się w wielkiej fali kłamstw na łamach gazety „La República"*, w postaci oświadczenia, jakie Enrique Ghersi, „młody Turek" z Ruchu Wolność, miał przekazać w Chile pewnemu tamtejszemu dziennikarzowi**. W rzeczywistości Ghersi wcale nie powiedział tego, co mu przypisywano, i zaraz po powrocie do Peru pospiesznie zdementował tę informację w prasie*** i w telewizji. Jakiś czas potem chilijski dziennikarz Fernando Villegas przyjechał do Limy i też zdementował tę nieprawdę w peruwiańskich gazetach**** i w kanałach telewizyjnych. Ale w tym stanie rzeczy szum informacyjny wokół pięciuset tysięcy urzędników, jaki powstał w gazetach „La República", „Hoy", „La Crónica", w stacjach radiowych i w rządowych kanałach TV, już okazał się niewzruszoną prawdą. Nawet przywódcy Frontu Demokratycznego, moi sojusznicy, byli o tym przekonani, a niektórzy z nich, na przykład członek PPC Ricardo Amiel i populista Javier Alva Orlandini, zamiast zdementować

---

* W numerze z 9 sierpnia 1989, s. 3.

** Wywiad z Ghersim ukazał się 4 sierpnia 1989 w „El Diario", w dziale Finanse – Gospodarka – Handel, w Santiago, i jest w nim ogólnie mowa o zredukowaniu biurokracji, ale nie wymienia się żadnych liczb.

*** „Expreso", 10 sierpnia 1989, s. 4.

**** „Ojo", 22 grudnia 1989.

fałszywą wiadomość, potwierdzili ją, krytykując Ghersiego za przypisywane mu pomówienie*!

Naprawdę ani Ghersi, ani nikt z Frontu nie był w stanie powiedzieć czegoś podobnego. Nie można ustalić, jak wielkie są przerosty zatrudnienia wśród funkcjonariuszy państwowych, bo nawet nie sposób się dowiedzieć, ilu ich mamy. Front Demokratyczny powołał komisję pod przewodnictwem doktor Maríi Reynafarje, która próbowała oszacować sytuację i doszła już do ponad miliona osób (wyłączając członków sił zbrojnych), ale obliczanie było jeszcze w toku. Oczywiście przerosty biurokracji musiały być drastycznie redukowane, tak aby państwo miało jedynie tylu urzędników, ilu rzeczywiście potrzebuje. Ale przepływ z sektora publicznego do prywatnego dziesiątków albo setek tysięcy zbędnych osób nie może dokonywać się za pomocą niewczesnych zwolnień. Byliśmy świadomi skali bezrobocia i mój rząd, nie tylko ze względów prawnych i etycznych, ale również praktycznych, nie mógłby popełnić takiego szaleństwa zaraz na początku sprawowania władzy i nie wyolbrzymiałby tego problemu. Naszym celem było bezbolesne przemieszczanie się zbędnych kadr biurokracji. Proces ten musiałby dokonywać się wtedy, gdy dzięki reformom rozpocząłby się rozwój gospodarczy, powstawałyby nowe przedsiębiorstwa, a już istniejące pracowałyby pełną parą. Mój rząd przyspieszałby go różnymi zachętami, aby doprowadzać do zwolnień dobrowolnych albo przechodzenia na wcześniejsze emerytury. Nie gwałcąc niczyich praw, pilnując, by rynek regulował przemieszczanie się pracowników, osiągnęlibyśmy to, że do sektora prywatnego przeszłaby duża część biurokratów.

Jednak fikcja zwyciężyła rzeczywistość. Wkrótce po ukazaniu się kłamliwego tekstu w „La República" (z wielkim tytułem na pierwszej stronie), rząd rozpoczął w sposób świetnie zsynchronizowany,

---

* Zobacz deklarracje Ricarda Amiela w „La República" i w „La Crónica" z 6 sierpnia 1989 oraz deklaracje Javiera Alvy Orlandiniego w „El Nacional" z 30 listopada 1989.

w państwowych stacjach radiowych i TV oraz w sprzyjających mu kanałach telewizyjnych, akcję rozprowadzania po kraju milionów ulotek i codziennie powtarzał na wszelkie możliwe sposoby, ustami wszystkich swoich rzeczników, od przywódców partyjnych po najbardziej złowieszczych redaktorów piśmideł, że będę rozpoczynał swoje rządy od zwolnienia pół miliona ludzi. Na nic nie zdały się wyjaśnienia, dementowanie, tłumaczenie przeze mnie, przez Ghersiego i grupę kierującą Planem Rządzenia.

Od najmłodszych lat byłem fikcją zafascynowany, bo moje literackie powołanie uczyniło mnie bardzo wrażliwym na to zjawisko. I od dawna obserwowałem, jak królestwo fikcji szeroko opanowuje literaturę, kino i sztuki piękne, gatunki, w których jest na swoim miejscu. Być może dlatego, że powszechnie uważa się z całą pewnością za konieczne, by ludzie każdym sposobem dążyli do zaznania spokoju, nawet niewyobrażalnymi metodami, więc fikcja pojawia się wszędzie, w religii, w nauce i w działaniach z pozoru najbardziej na nią uodpornionych. Polityka, głównie w krajach, w których ignorancja i namiętności odgrywają w jej dziedzinie tak ważną rolę jak w Peru, jest czymś w rodzaju żyznego pola, na którym może zapuścić korzenie wszystko to, co fikcyjne i wyimaginowane. Miałem wiele okazji, by się o tym przekonać w czasie kampanii, a przede wszystkim w sprawie pół miliona biurokratów zagrożonych moim liberalnym toporem.

Lewica przyłączyła się natychmiast do tej akcji, pojawiły się związkowe porozumienia, manifesty z protestami i wyrazami niechęci, publiczne manifestacje urzędników i pracowników państwowych, na których palono moją podobiznę albo obnoszono trumny z moim nazwiskiem.

Szczytem wszystkiego było wniesienie do sądu oskarżenia przeciwko mnie przez CITE*, organizację kontrolowaną przez lewicę, która od dłuższego czasu starała się o legalizację: Alan García pospieszył

---

* Conferedación Intersectorial de Trabajadores Estatales – Międzyresortowa Konfederacja Pracowników Państwowych (przyp. tłum.).

się, by ją w tych dniach i dla swoich celów zalegalizować. CITE zapoczątkowała to, co w żargonie procesowym nazywa się „gorliwym przygotowaniem zeznań" dla władzy sądowniczej z powodu „ryzyka, jakie ponoszą jej członkowie zagrożeni utratą zatrudnienia". Zostałem wezwany przez 26 Oddział Sądu Cywilnego w Limie. Poza tym, że wyglądało to na groteskę, sprawa była obciążona błędem prawnym, co potwierdzili nawet moi przeciwnicy, tacy jak senator socjalista Enrique Bernales i deputowany z APRA Héctor Vargas Haya.

W Komitecie Wykonawczym i w Komisji Politycznej Ruchu Wolność dyskutowaliśmy, czy powinienem stawić się przed sędzią, czy też to oznaczałoby współpracę z makiawelizmami Alana Garcíi, bo pozwolilibyśmy wrogiej prasie na rozpętanie w Pałacu Sprawiedliwości wielkiej wrzawy wokół mnie jako pozwanemu przed trybunał przez pracowników zagrożonych zwolnieniem. Zdecydowaliśmy, że stawi się tylko mój adwokat. Powierzyłem tę misję Enrique Chirinosowi Soto, członkowi Komisji Politycznej Ruchu Wolność, do której go zaprosiłem jako doradcę. Enrique, senator niezależny, dziennikarz, historyk, konstytucjonalista, był jednym z dawnych liberałów, takich jak Arturo Salazar Larraín, ukształtowany u boku don Pedra Baltrána. Dziennikarz z werwą, wnikliwy analityk polityczny, konserwatysta bez kompleksów i solidny katolik Enrique to jeden z polityków inteligentnych – chociaż dosyć nierozważny – jakich ma Peru w osobie tego syna Arequipy, który potrafi podtrzymywać tradycję prawniczą swego kraju. Prawie zawsze brał udział w posiedzeniach Komisji Politycznej, miał zwyczaj siedzieć milcząco i nieruchomo, roztaczając wokół siebie zapach szkockiej whisky dobrej marki, pogrążony w czymś w rodzaju dobrowolnego zobojętnienia. Od czasu do czasu coś go budziło z tej głębokiej drętwoty i zmuszało do zabrania głosu: jego wystąpienia były światłe i bardzo pomocne w rozwiązywaniu przez nas skomplikowanych problemów. Niekiedy przypominał sobie o pełnionej funkcji doradcy i słał do mnie krótkie liściki, które czytałem z rozkoszą: były to opisy jakiegoś zdarzenia w polityce, rady taktyczne albo po prostu uwagi dotyczące tego, co się dzieje, które pisał z przenikliwością i z humorem. (Jednak żaden z jego licznych talentów nie przeszkodził mu, między pierwszą a drugą turą wyborów, w popełnieniu monstrualnej gafy). Przed sądem Enrique z łatwością wykaże prawną niestosowność tych działań.

2 stycznia sędzia 26 Oddziału Sądu Cywilnego w Limie wycofał się ze swej decyzji nakazującej mi stawienie się przed sądem i uznał wniosek CITE za nieważny i niedopuszczalny. Ten złożył apelację i 16 stycznia 1990 Chirinos Soto miał okazję popisać się swoim ustnym wystąpieniem przed Pierwszym Oddziałem Cywilnym Sądu Najwyższego w Limie, który utrzymał tę decyzję*.

Dla zamknięcia tego epizodu przytoczę ciekawy zbieg okoliczności. W czasie rządów Alana Garcíi, z powodu inflacji połączonej z recesją – tak zwanej hiperinflancji – analitycy obliczyli, że w Peru utracono około pięciuset tysięcy miejsc pracy, a była to taka sama liczba, którą przytaczano w pomówieniach kierowanych przeciwko mnie, bo rzekomo zamierzałem zlikwidować tyle miejsc pracy w administracji państwowej. Temat byłby dobrym materiałem do eseju o teorii Freuda dotyczącej transferencji i, naturalnie, do powieści o fikcji politycznej.

Nie wywołała natomiast większych reperkusji inna z radykalnych reform, jakie ogłosiłem na posiedzeniu CADE: zmiana obowiązującej wciąż reformy rolnej, którą przeprowadził generał Velasco. To, że nasi przeciwnicy również i w tej sprawie nie rozpętali wielkiej kampanii, zawdzięczałem, być może, temu, iż stan peruwiańskiej wsi – zwłaszcza w sektorze publicznym spółdzielni i Stowarzyszeń Rolniczych Interesu Społecznego SAIS** – był w tak oczywisty sposób przez chłopów odrzucany, że trudniej byłoby obronić *status quo* w tej dziedzinie. A może dlatego, że głosy chłopskie – na skutek masowej migracji ludności wiejskiej do miast w ostatnich dekadach – reprezentują teraz zaledwie trzydzieści pięć procent elektoratu narodowego (i absencja wyborcza jest wyższa na wsi niż w mieście).

---

* Raport Chirinosa Soto został opublikowany w „El Comercio", 23 stycznia 1990.
** SAIS – Sociedades Agrarias de Interés Social (przyp. tłum.).

Również w rolnictwie proponowaliśmy wprowadzenie sprywatyzowanego rynku, ażeby transfer do społeczeństwa obywatelskiego przedsiębiorstw państwowych i w połowie upaństwowionych posłużył do powstawania grupy właścicieli i niezależnych przedsiębiorców. Duża część tej reformy była w toku dzięki samym chłopom, którzy, jak powiedziałem, zaczęli r o z p a r c e l o w y w a ć grunty spółdzielni – dzieląc je na prywatne działki indywidualne – mimo iż prawo tego zabraniało. Ich działania dotknęły dwie trzecie gruntów wiejskich, ale nie miały prawnego znaczenia. Ruch parcelujących, który narodził się w sposób niezależny, przeciwko partiom lewicowym i związkom zawodowym, był dla mnie od wielu lat, podobnie jak powstawanie nieformalnych przedsiębiorstw, sygnałem budzącym nadzieję. To, że najbiedniejsi z biednych optowali za prywatną własnością, aby uniezależnić się od kurateli państwa, było, chociaż oni sami tego nie wiedzieli, niezbitym dowodem, że ciężko doświadczony naród peruwiański odrzucił doktryny kolektywizmu i etatyzmu i odkrywa teraz wyższość demokracji liberalnej. Dlatego 4 czerwca 1989, kiedy na placu broni w Arequipie ogłoszono moją kandydaturę, ze zwolenników parcelacji i nieformalnych przedsiębiorców uczyniłem bohaterów mego przemówienia; powołałem się na nich, twierdząc, że są awangardą transformacji, o której poparcie w wyborach zwracam się do Peruwiańczyków.

(Moja strategia w kampanii wyborczej opierała się w dużej mierze na założeniu, że zwolennicy parcelacji ziemi i nieformalni przedsiębiorcy staną się główną podporą mojej kandydatury. To znaczy, że zdołam ich przekonać, iż to, co robią w miastach i na wsiach, koresponduje z reformami, które chcę przeprowadzić. Przegrałem bez okoliczności łagodzących: oto ogromna większość zwolenników parcelacji i nieformalnych przedsiębiorców głosowała przeciwko mnie (raczej niż n a mojego przeciwnika) wystraszona moim wystąpieniem przeciwko populizmowi, to znaczy, że oddała głos w obronie populizmu, przeciwko któremu pierwsza się zbuntowała).

Naprawienie reformy rolnej miało polegać na nadaniu tytułów własności członkom spółdzielni, którzy zdecydowali się sprywatyzować skolektywizowane ziemie, oraz na stworzeniu prawnych mechanizmów, aby pozostali spółdzielcy mogli pójść w ich ślady. Prywatyzacja nie byłaby obowiązkowa. Ci, którzy zechcieliby pozostać we wspólnocie na dotychczasowych warunkach, mogli to zrobić, ale bez subwencji państwowych. Jeżeli chodzi o wielkie cukrownie na wybrzeżu – takie jak Casagrande, Huando, Cayaltí – rząd miał udostępnić im doradztwo techniczne w celu przekształcania ich w spółki niejawne, a spółdzielców – w akcjonariuszy.

Opłakany stan tych cukrowni – dawniej były głównymi eksporterami zdobywającymi dla Peru dewizy – to rezultat niewydolności i korupcji wprowadzonej do nich przez system etatystyczny. W prywatnym i konkurencyjnym reżimie mogłyby dźwignąć się z ruiny i stać się dla wsi motorem zatrudnienia i rozwoju, bo miały najbogatsze ziemie, o najlepszej w kraju komunikacji.

Reforma własności ziemskiej miała stworzyć tysiące nowych właścicieli i przedsiębiorców, którzy rozwijaliby się dzięki systemowi otwartemu, bez przeszkód i dyskryminacji, a tej wieś zawsze padała ofiarą w relacji z miastem. Miała zniknąć kontrola cen produktów rolnych, która całe regiony skazała na ruinę – albo wpłynęła na wzrost produkcji koki – bo chłopi musieli sprzedawać swoje produkty poniżej kosztów ich wytwarzania i w konsekwencji Peru importuje teraz dużą część artykułów spożywczych. (Powtarzam, że system ten umożliwił znaczne łajdactwa: uprzywilejowani licencjami importowymi spryciarze, którzy otrzymywali dolary poniżej ich wartości, mogli za pomocą jednej z takich operacji pozostawić miliony dolarów za granicą na zaszyfrowanych kontach. Właśnie teraz, gdy to piszę, limskie czasopismo „Oiga"* donosi, że jeden z ministrów rolnictwa Alana Garcíi, członek jego najbliższego otoczenia, Remigio Morales

---

* W numerze z 12 sierpnia 1991.

Bermúdez – syn byłego dyktatora – zdeponował w Atlantic Security Bank w Miami, w okresie swego urzędowania, ponad dwadzieścia milionów dolarów!) W systemie gospodarki rynkowej rolnicy mieli uzyskiwać za swoje produkty sprawiedliwe ceny określane podażą i popytem, ponadto zaistniałyby niezbędne zachęty do inwestowania w rolnictwo, unowocześniania techniki upraw, więc zaczęłyby powstawać dochody, które pozwoliłyby państwu na polepszenie infrastruktury drogowej, która podupadła, a nawet zanikła w niektórych regionach. Już nie powtórzyła się taka sytuacja, powszechna w ostatnich latach rządów APRA, że tony ryżu wyprodukowanego przez zubożałych rolników departamentu San Martín gniją w magazynach, podczas gdy Peru wydaje dziesiątki milionów dolarów na import ryżu, a po drodze bogaci się pewna grupa wpływowych w polityce osobistości.

To był kolejny stały temat moich przemówień, zwłaszcza do audytoriów chłopskich: reformy natychmiast polepszą los milionów Peruwiańczyków, którzy żyją biednie z uprawy ziemi; liberalizacja przyniesie szybki rozwój rolnictwa, hodowli, przemysłu rolnego i zmianę struktury społecznej na wsi na korzyść najbiedniejszych. Jednak w moich niezliczonych podróżach do rejonów s i e r r y i na zbocza górskie zawsze dostrzegałem opór chłopstwa, zwłaszcza najbardziej prymitywnego, które nie dawało się przekonać. Zapewne taki był skutek wiekowej nieufności i frustracji, a także tego, że nie potrafiłem formułować mojego przesłania w sposób przekonujący. Miejsca, w których nawet w okresach największej popularności mojej kandydatury dostrzegałem najsilniejszy opór, to były regiony chłopskie. Szczególnie Puno, jeden z najbiedniejszych departamentów w kraju (i najbogatszych, jeśli chodzi o historię i piękno przyrody). Wszystkie moje podróże po departamencie Puno spotykały się z gwałtownymi manifestacjami sprzeciwu. 18 marca 1989 w mieście Puno Beatriz Merino, po wygłoszeniu przemówienia, nie przestraszyła się tłumu, który na nią gwizdał i krzyczał do niej „Precz, ciotko

Julio!" (oklaskiwała nas mała garstka członków PPC, bo Akcja Ludowa zbojkotowała mityng), ale padła zemdlona z wrażenia oraz pod wpływem czterech tysięcy metrów wysokości i musieliśmy natychmiast, w kąciku estrady, podawać jej tlen. Następnego dnia, 19 marca, w Juliace, Miguel Cruchaga i ja nie byliśmy w stanie zabrać głosu z racji gwizdów i okrzyków ("Precz, Hiszpanie!"). W innej podróży, 10 i 11 lutego 1990, nasi przywódcy zmusili mnie do pojawienia się na stadionie podczas święta Matki Boskiej Gromnicznej i, jak już mówiłem, przywitał nas deszcz pocisków, które dzięki refleksowi profesora Oshiry nie wyrządziły mi krzywdy, ale w haniebny sposób powaliły na ziemię. Manifestacja na zamknięcie kampanii, 26 marca 1990, na placu broni, zgromadziła tłumy ludzi i grupy prowokatorów nie zdołały jej zakłócić. Jednak było to zwyczajne złudzenie, bo zarówno w pierwszej, jak i w drugiej turze wyborów najniższy procent głosów otrzymałem właśnie w tym departamencie.

Na posiedzeniu CADE zapowiedziałem także prywatyzację usług pocztowych i celnych, reformę podatków, a z braku czasu jedynie wspomniałem o wielu innych sprawach. Wśród nich największe znaczenie przywiązywałem do prywatyzacji. Od pewnego czasu pracowałem nad nią razem z Javierem Silvą Ruetem.

Javier, którego czytelnicy moich książek do pewnego stopnia już znają – z tą różnicą, jaka oddziela fikcję od rzeczywistości – bo posłużył mi jako wzór dla postaci Javiera z moich pierwszych opowiadań i z powieści *Ciotka Julia i skryba*, zrobił nieprzeciętną karierę jako ekonomista i zajmował ważne stanowiska polityczne. Po otrzymaniu dyplomu na uniwersytecie San Marcos dokształcał się we Włoszech i pracował w Centralnym Banku Rezerw. Był najmłodszym ministrem w pierwszym rządzie Belaúndego Terry – należał wówczas do Chrześcijańskiej Demokracji – a potem był sekretarzem generalnym Paktu Andyjskiego. Po obaleniu generała Velasca przez rewolucję pałacową, jego następca, generał Morales Bermúdez, mianował Silvę Rueta ministrem gospodarki i jego działania złagodziły niektóre zjawiska z okresu rządów Velasca, takie jak inflacja i spory z instytucjami międzynarodowymi. Z grupy, która razem z Javierem zarządzała w tym czasie gospodarką, powstało małe polityczne ugrupowanie fachowców Solidarność i Demokracja, które należało do Frontu Demokratycznego (Manuel Moreyra był prezesem Banku Centralnego, kiedy Silva Ruete był ministrem). Ludzie z SODE, tacy jak Moreyra, Alonso Polar, Guillermo van Ordt, sam Raúl Salazar i kilku innych, odegrali ważną rolę w opracowywaniu naszego Planu Rządzenia i zawsze znajdowałem u nich wsparcie dla reform i sojuszników w sprzeciwianiu się oporowi, jaki okazywały wobec reform Akcja Ludowa i Chrześcijańska Partia Ludowa.

Chcąc doprowadzić do tego, aby Akcja Ludowa zaakceptowała przyłączenie SODE do Frontu Demokratycznego, musiałem dokonać cudu, bo Belaúnde Terry i populiści byli temu mocno przeciwni. Dlatego że współpracowali z wojskową dyktaturą i ze względu na to, że członkowie SODE, a zwłaszcza Manolo Moreyra i Javier Silva, byli w ostrej opozycji wobec drugiego rządu Belaúndego Terry. Również dlatego, że współpracowali z Alanem Garcíą podczas jego kampanii wyborczej, przez pewien czas byli jego sojusznikami i z jego list parlamentarnych zostali wybrani do Kongresu dwaj członkowie: Javier do Senatu i Aurelio Loret de Mola do Izby Deputowanych. Ponadto Silva Ruete doradzał Alanowi Garcíí przez pierwszy rok jego rządów. Ale ja autoryzowałem wobec Belaúndego sposób, w jaki SODE zerwało z partią APRA od czasu upaństwowienia banku i poparło naszą kampanię, więc przekonałem go, że w naszym rządzie jest nam niezbędna profesjonalna ekipa na wysokim poziomie. Belaúnde i Bedoya w końcu ustąpili, ale nigdy nie byli zadowoleni z tego sojusznika.

Obydwaj źle się z tym czuli, bo Javier Silva Ruete był jednym z właścicieli dziennika „La República". Pismo powstało pod kierownictwem specjalisty Guillerma Thorndike'a jako tabloid niezmordowany w pogoni za sensacją albo w jej fabrykowaniu – zbrodnie, plotki, donosy, zarazy, perwersyjne ujawnianie ludzkich brudów.

„La República" przekształciła się potem, nie przestając eksploatować tych tematów, w tubę APRA i zarazem Zjednoczonej Lewicy, rzadki przypadek schizofrenii politycznej, nie do pomyślenia w żadnym innym kraju poza Peru. Wytłumaczenie tej hybrydy było, jak się wydaje, takie, że spośród właścicieli gazety „La República" równorzędne siły posiadali senator Gustavo Mohme (komunista) i nowobogacki Carlos Maraví (zwolennik APRA), którzy dopracowali się formuły *à la* Goldoni: informacje i artykuły redakcyjne w piśmie będą służyły dwóm panom, którzy nie są dla siebie przyjaciółmi. Rola Javiera w tej gmatwaninie i wśród takich osób – figurował jako przewodniczący zarządu firmy – zawsze była dla mnie zagadkowa. Nigdy go nie pytałem, dlaczego tak postępował, ani nie rozmawialiśmy na ten temat, bo zarówno on, jak i ja chcieliśmy zachować przyjaźń, która dla nas obu od dzieciństwa wiele znaczyła, i staraliśmy się nie wystawiać jej na próbę przez zainfekowanie zdradziecką polityką.

Widywaliśmy się rzadko, kiedy on był ministrem w czasach wojskowej dyktatury i kiedy doradzał Alanowi Garcíi. Ale gdy spotykaliśmy się w jakimś towarzyskim gronie, wzajemne uczucia zawsze były między nami widoczne i okazywały się silniejsze od wszystkich innych problemów. Po wypadkach w Uchuraccay i po raporcie komisji, który napisałem i którego publicznie broniłem, „La República" rozpętała przeciwko mnie kampanię, która trwała wiele tygodni i w której po sfałszowanych faktach i kłamstwach pojawiły się obelgi posunięte do ekstremalnych granic monomanii. Ma się rozumieć, iż mniejszą przykrość sprawiało mi to, co się dzieje, aniżeli to, że odbywa się to na łamach pisma, którego właścicielem był jeden z moich najbliższych przyjaciół. Jednak nasza przyjaźń przetrwała i to doświadczenie. Ten argument wykorzystałem w rozmowach z Belaúndem y Bedoyą do poparcia sprawy przyłączenia SODE do Frontu Demokratycznego: przecież wobec niewielu osób „La República" była tak okrutna jak wobec mnie. Trzeba więc odsunąć na bok podejrzenia i zaufać temu, że Javier i jego grupa będą zachowywali się lojalnie wobec Frontu.

Zmiana postawy SODE nastąpiła z powodu sprawy upaństwowienia banku. Manuel Moreyra był jednym z pierwszych, którzy potępili ten krok, z Arequipy, gdzie wtedy przebywał, i zwielokrotnił swoje deklaracje, odczyty i artykuły na ten temat. Jego zdecydowana postawa pociągnęła za nim wszystkich jego kolegów i przyspieszyła zerwanie SODE z partią APRA. Dwaj parlamentarzyści, Silva Ruete i Loret de Mola, walczyli w Kongresie przeciwko tej decyzji. Odtąd między SODE i Ruchem Wolność rozwinęła się dobra współpraca.

Powierzyłem Javierowi komisję prywatyzacyjną ze względu na jego kompetencje i pracowitość. W pierwszych miesiącach 1989, kiedy prowadziliśmy u niego gabinecie rozmowę, zapytałem go, czy byłby gotów podjąć się zadania na następujących warunkach: prywatyzacja powinna objąć cały sektor publiczny i być traktowana w taki sposób, jaki umożliwi pojawianie się nowych właścicieli wśród robotników i pracowników prywatyzowanych przedsiębiorstw oraz odbiorców ich usług. Zgodził się. Głównym celem przenoszenia własności publicznych przedsiębiorstw na społeczeństwo obywatelskie nie będzie problem techniczny – jak zredukować deficyt fiskalny i przysporzyć państwu środków finansowych – ale społeczny: jak pomnożyć w kraju liczbę prywatnych akcjonariuszy i zapewnić dostęp do własności milionom Peruwiańczyków o mniejszych dochodach. Ze swoim charakterystycznym entuzjazmem Javier powiedział mi, że od tej chwili rezygnuje ze wszystkich innych zajęć, aby ciałem i duszą poświęcić się temu programowi.

Z niewielką ekipą ludzi, w oddzielnym biurze i z funduszami pochodzącymi z budżetu kampanii pracował przez cały rok, dokonując wnikliwej analizy prawie dwustu przedsiębiorstw publicznych i szkicując system i kolejność w procesie prywatyzacji, która miała zacząć się dokładnie 28 czerwca 1990. Javier zasięgał rady we wszystkich krajach mających doświadczenie w prywatyzowaniu, takich jak Wielka Brytania, Chile, Hiszpania i wiele innych, prowadził też rozmowy z Funduszem Walutowym, z Bankiem Światowym i Międzyamerykańskim Bankiem Rozwoju. Co pewien czas on i jego ekipa przygotowywali dla mnie informacje o postępie prac i kiedy program był już gotowy, poprosiłem o opinię zagranicznych ekonomistów, takich jak Hiszpan Pedro Schwartz i Chińczyk José Piñera. W rezultacie powstało opracowanie solidne i całościowe, które rygor techniczny i wolę transformowania łączyło z twórczą odwagą. Odczuwałem prawdziwą satysfakcję, czytając te grube tomy i stwierdzając, że powstało wspaniałe narzędzie do złamania kręgosłupa jednej z głównych przyczyn korupcji i niesprawiedliwości w Peru.

Javier, który zaakceptował moją propozycję bycia odpowiedzialnym za prywatyzację, zgodził się także na to, by nie kandydować do Kongresu i poświęcić cały swój czas na przeprowadzenie tej reformy.

Reakcją mediów i opinii publicznej na moje wystąpienie w CADE była konsternacja wobec doniosłości reform i szczerości, z jaką zostały zreferowane, spotkało mnie także duże uznanie za to, że z czwórki mówców byłem jedynym, który przedstawił całościowy plan rządzenia (pismo „Caretas" nazwało go „*El Vargazo*")*. 5 grudnia miałem robocze śniadanie w hotelu Sheraton z setką dziennikarzy i zagranicznych korespondentów, którym przekazałem nowe szczegóły dotyczące programu rządzenia.

Moje wystąpienie w CADE powinno było zostać poprzedzone, a potem utrwalane za pomocą kampanii reklamowej w gazetach, radiu i telewizji, aby upowszechnić wiedzę o reformach. Ta kampania, która zaczęła się bardzo dobrze w pierwszych miesiącach 1989, została później przerwana z wielu powodów, a jednym z nich były kłótnie i napięcia w samym Froncie Demokratycznym, natomiast inną przyczyną był nieszczęsny spot telewizyjny, w którym pojawiała się siusiająca małpka.

Jorge Salmón był odpowiedzialny za kampanię w mediach i bardzo dobrze współpracował z moim szwagrem Lucho Llosą, który był

---

* „Rzeczywiście przemówienie Vargasa Llosy wywarło wrażenie w CADE, ale już niejeden drży". „Caretas", 4 grudnia 1989.

doświadczonym filmowcem i producentem telewizyjnym, więc go poprosiłem o doradztwo w tych sprawach. Podczas kampanii przeciwko etatyzmowi i na początku działalności Ruchu Wolność obaj zajęli się całą reklamą. Później, kiedy ukonstytuował się Front Demokratyczny, szef kampanii Freddy Cooper, który nie darzył sympatią Salmóna ani Lucha, zaczął rezerwować coraz więcej miejsca na reklamy przedsiębiorstwa braci Ricarda i Daniela Winitzkych, którzy także przygotowywali spoty telewizyjne na własną rękę. (Dodam, że podobnie jak Jorge Salmón, również bracia Winitzky robili to z chęci udzielenia nam pomocy i nie pobierali od nas honorariów). Od tego czasu na newralgicznym polu reklamy nastąpiło rozdwojenie albo dwutorowość, co w pewnym momencie przerodziło się w anarchię i poważnie zaszkodziło kampanii idei, którą powinniśmy byli doprowadzić do końca.

Na początku 1989 Daniel Winitzky, chcąc zareklamować idee Ruchu Wolność, zaplanował serię spotów telewizyjnych z użyciem wizerunków zwierząt. Pierwszy, wykorzystujący żółwia, wypadł zabawnie i wszystkim się podobał. Drugi, z rybą, w którym mieliśmy uczestniczyć Patrycja, nasze dzieci i ja, nigdy nie został sfilmowany: ryby się dusiły, chmury zasłaniały słońce, burze piaskowe uniemożliwiały ujęcia na pustej plaży w Villi, gdzie próbowaliśmy filmować o świcie. Przy trzecim nastąpiła katastrofa z powodu małpki. Chodziło o wymyślony przez Daniela króciutki spot, który pokazywałby spustoszenie wywołane przerostem biurokracji. Pojawiał się w nim, pod postacią małpki, urzędnik państwowy, który siedział przy biurku i, zamiast pracować, czytał gazetę, ziewał, próżnował i nawet zrobił sobie na biurku miejsce do siusiania. Freddy pokazał mi ten spot pewnego bardzo intensywnego popołudnia, między wywiadami i zebraniami, a ja nie zauważyłem w nim niczego niestosownego z wyjątkiem tego, że wydał mi się trochę wulgarny, co zapewne nie rozgniewałoby publiczności, do jakiej był adresowany, więc go zaakceptowałem. Tę lekkomyślność można było bez wątpienia poprawić, gdyby rzeczony spot został przeanalizowany przez osoby odpowiedzialne za media, przez

Jorgego Salmóna albo Lucha Llosę, ale na skutek osobistych antypatii, które czasem zakłócały jego działalność, Freddy omijał ich obu i zwracał się wprost do mnie o aprobatę reklam. W tym przypadku drogo nas to kosztowało.

Siusiająca małpka wywołała olbrzymi skandal, rozgniewała naszych zwolenników i przeciwników, a członkowie APRA dobrze to wykorzystali. Oburzone señory wysyłały listy do dzienników i czasopism albo pojawiały się w telewizji, protestując przeciwko „ordynarnemu" charakterowi ogłoszenia, a przedstawiciele rządu występowali na małym ekranie z wyrazami ubolewania, że w taki sposób szykanuje się pełnych poświęcenia urzędników państwowych, porównywanych do zwierząt. Vargas Llosa tak ich będzie traktował, kiedy zostanie prezydentem, będą dla niego jak małpy albo psy, albo szczury, albo jeszcze coś gorszego. Pojawiły się artykuły od redakcji, organizowano manifestacje domagające się zadośćuczynienia dla biurokratów, a w moim domu oraz w siedzibie Ruchu Wolność odebrano wiele telefonów od naszych zwolenników nawołujących do zdjęcia tego spotu z programów telewizyjnych. Naturalnie to nastąpiło już wcześniej, kiedy tylko zdaliśmy sobie sprawę, do jakiego stopnia niezamierzony efekt wywoływał, jednak rząd postarał się o to, by utrzymywać go przez wiele dni w programie telewizji. Kanał państwowy TV wciąż go emitował, aż do dnia poprzedzającego wybory.

Krytyka małpki nadeszła także ze strony naszych sojuszników i nawet Lourdes Flores w jednym ze swoich publicznych przemówień upominała nas za brak taktu. Absurd osiągnął szczyty kiedy w piśmie „Caretas" skrytykowano Jorge Salmóna za zapowiedź o tej reklamie, która nawet nie była konsultowana. Ale Jorge, zarówno w tym przypadku, jak i przy okazji innych nieprzyjemnych zdarzeń, których padał ofiarą w czasie kampanii, wykazał się wielką szlachetnością i pozostał lojalny wobec mojej osoby.

Po pewnym czasie, kiedy próbowaliśmy zainicjować kampanię idei, żeby przygotować opinię publiczną do wylansowania programu,

Jorge Salmón i bracia Winitzky – Daniel już odzyskał siły po niepowodzeniu z siusiającą małpką – przedstawili mi, każdy oddzielnie, swoje projekty spotów. Projekt Jorgego był polityczny i ostrożny, unikał konfrontacji i polemiki oraz precyzyjnych danych na temat reform, kładł przede wszystkim nacisk na pozytywne ich aspekty: konieczność zachowania spokoju, pracy, modernizacji. Ja pojawiałem się jako odnowiciel idei współdziałania i braterstwa między Peruwiańczykami. Natomiast projekt braci Winitzkych był ciągiem obrazów, w którym każdy spot w sposób bardzo zręczny, ale również bardzo ostry przedstawiał nieszczęścia, którym chcieliśmy zapobiegać – inflacja, etatyzm, biurokracja, międzynarodowa izolacja, terroryzm, dyskryminacja biednych, nieskuteczna oświata – oraz środki zaradcze, takie jak dyscyplina podatkowa, reorganizacja państwa, prywatyzacja, reforma oświaty, mobilizacja ludności wiejskiej. Projekt ten bardzo mi się spodobał i zaaprobowałem go, co Salmón przyjął ze zdrowym rozsądkiem jako grający *fair*. I Lucho Llosa pokierował filmowaniem spotów kampanii społecznych.

Obydwa były doskonałe i sondaże, które przeprowadziliśmy, żeby zweryfikować celność ich uderzenia w sektory C i D społeczeństwa, okazały się zachęcające. Pierwszy ukazywał straty spowodowane inflacją uderzające w ludzi żyjących z jednej pensji oraz sposób, jak z tym skoczyć – drastycznie ograniczając emisję pustych pieniędzy – drugi zaś prezentował paraliżujące skutki, które powodował interwencjonizm państwowy, dławiąc prywatne przedsiębiorstwa i uniemożliwiając powstawanie nowych, oraz wskazywał, jak w warunkach wolnego rynku mogą powstawać bodźce do tworzenia miejsc pracy.

Dlaczego ta sekwencja zdarzeń została przerwana po moim przemówieniu w CADE, skoro propagowanie reform było tak potrzebne? Mogę przytoczyć tylko jedno przybliżone wytłumaczenie tego, co, jak się okazało, było poważnym błędem.

Myślę, że w pierwszej chwili zawiesiliśmy filmowanie nowych spotów zaplanowanych przez braci Winitzkych na skutek tego, że zbliżały się święta związane z końcem roku. Złożyliśmy okolicznościowe życzenia z okazji Bożego Narodzenia, a Patrycja i ja nagraliśmy, każde z nas oddzielnie, specjalne pozdrowienia. Potem, w styczniu 1990, kiedy mieliśmy podjąć na nowo kampanię idei, zostaliśmy zaatakowani niesłychaną ilością reklam dyskredytujących rzekome wynaturzenia naszych propozycji, przy czym towarzyszyły temu ataki na moją osobę przedstawiające mnie jako ateistę, zwolennika pornografii, związków kazirodczych, wspólnika morderców z Uchuraccay, oszusta podatkowego i przypisujące mi wiele innych bezeceństw.

Było błędem, że próbowaliśmy odpowiadać na tę kampanię za pomocą ogłoszeń telewizyjnych, zamiast ograniczyć się do upowszechniania wiedzy o naszych reformach. Daliśmy się wciągnąć w polemikę, w której byliśmy na straconych pozycjach, i uzyskaliśmy jedynie to, że mój wizerunek został zubożony przez pospolite politykierstwo. Mark Malloch Brown trafił w samo sedno sprawy, nalegając, abyśmy nie przywiązywali wagi do b r u d n e j   w o j n y. Ja podzielałem tę opinię, ale od pierwszych dni stycznia byłem już zaangażowany w taką bieganinę i w tyle zajęć, że nie miałem głowy do naprawiania błędu. Zresztą w tym stanie rzeczy było już za późno na podejmowanie działania, zaczęło się bowiem coś, co zadało Frontowi kolejny poważny cios: chaotyczna i rozrzutna kampania telewizyjna naszych kandydatów do parlamentu.

Organy kierownicze Ruchu dały mi możliwość podjęcia decyzji dotyczących kolejności proponowania naszych kandydatów oraz wyznaczenia niewielkiej liczby deputowanych i senatorów. Jeżeli chodzi o ich uplasowanie, to na czele listy kandydatów na senatorów postawiłem Miguela Cruchagę, sekretarza generalnego i aktywistę Ruchu Wolność od pierwszej chwili jego istnienia, a spośród deputowanych wyznaczyłem Rafaela Reya, który był sekretarzem okręgowym w Limie. Wszyscy zaakceptowali ten wybór, bo z małymi wyjątkami uzyskiwali taki sam procent głosów, jaki mieli w wyborach wewnętrznych. Jedynym, który zareagował negatywnie, bo poczuł się dotknięty swoim czwartym miejscem – po takich osobach jak Cruchaga, Miguel Vega i Lucho Bustamante – był Raúl Ferrero, który po odczytaniu przeze mnie kolejności kandydatur oświadczył przed Komisją Polityczną, że rezygnuje z kandydowania. Jednak po kilku dniach namysłu zmienił decyzję.

Wśród osób, które zaprosiłem do grona naszych kandydatów, znaleźli się Francisco Belaúnde Terry do grupy deputowanych, a do grupy senatorów – przedsiębiorca Ricardo Vega Llona popierający nas od momentu, w którym zaczęła się kampania przeciwko etatyzmowi. Jako przedsiębiorcę Vegę Llonę cechuje taki nowoczesny i liberalny duch, jaki chcieliśmy upowszechniać wśród przedsiębiorców w Peru, jest człowiekiem, który ma dosyć merkantylizmu, który zdecydowanie opowiada się za gospodarką rynkową i nie ma skłonności do przesądów społecznych ani do zarozumialstwa arystokratów i snobów, które charakteryzują wielu peruwiańskich ludzi biznesu. Zaprosiłem również, jako kandydatów na senatorów, Jorge Torresa Vallejo, odsuniętego od APRA z racji krytyki Alana Garcíi, który – tak myśleliśmy – jako były burmistrz Trujillo mógłby pozyskać głosy dla Frontu w tej twierdzy aprystów, zaprosiłem także dziennikarza, który bronił naszych idei na swojej kolumnie w dzienniku „Expreso”: Patricia Rickettsa Reya de Castro. A jeżeli chodzi o naszych własnych aktywistów, uległem prośbom mego przyjaciela Maria Roggero, który pragnął być kandydatem na deputowanego, mimo że nie uczestniczył w wyborach wewnętrznych. Włączyłem go do naszej listy za dobrą pracę, którą wykonywał jako sekretarz krajowy Stowarzyszeń Ruchu, organizując działy profesjonalistów, techników i rzemieślników, a nie mogłem przewidzieć, że zaraz po swoim wyborze rozpocznie nielojalną działalność w stosunku do tych, którzy go wynieśli na ten stołek; najpierw pomagał Alanowi Garcíi w jego podróży za granicę, która pozwoliła mu uniknąć głosowania w Kongresie, kiedy dyskutowano o możliwości osądzenia go jako odpowiedzialnego za kryminalną masakrę, jaka wydarzyła się w czerwcu 1986, a później przeszedł do kokietowania reżimu, wobec którego partia i jego koledzy byli w opozycji*.

Jednak znajdujemy się dopiero w ostatnich tygodniach 1989. Pewnego z tamtych dni – konkretnie 15-ego grudnia – miało miejsce krótkie zdarzenie literackie w tej nieustannej bieganinie politycznej: w Alliance Française odbyła się prezentacja mojego przekładu *Un coeur sous une soutane* Rimbauda, którego dokonałem trzydzieści lat wcześniej i który pozostawał niewydany do czasu, aż Guillermo Niño de Guzmán oraz entuzjastyczny attaché kulturalny ambasady Francji Daniel Lefort zdecydowali się go opublikować. Miałem wrażenie, że to coś nieprawdopodobnego, że przez kilka godzin słucham innych wypowiedzi i sam mówię o poezji i o literaturze oraz o poecie, który przed laty był jednym z moich ulubionych autorów czytanych przed zaśnięciem lektur.

W ostatnich dniach grudnia wyruszyłem znowu w podróż po kraju, by rozdzielać prezenty i zabawki, jakie w całym Peru zostały zebrane przez komitet, na czele którego stały Gladys Urbina i Cecilia Castro, małżonka sekretarza generalnego Wolności w Cajamarce oraz młodzi z Mobilizacji. Setki osób uczestniczyły w tym przedsięwzięciu, które miało na celu nie tylko wręczenie małego upominku tysiącom biednych dzieci – to kropla wody na pustyni – ale także

---

* Jego przypadek nie był jedyny. Z piętnastu senatorów i deputowanych z Ruchu Wolność czterech zdezerterowało z Ruchu po półtora roku urzędowania nowego rządu, podając rozmaite preteksty, a byli to: senatorowie Raúl Ferrero i Beatriz Merino oraz deputowani Luis Delgado Aparicio i Mario Roggero. Jednak w odróżnieniu od trójki pierwszych, którzy zachowywali później, po swym odejściu, postawę dyskretną i nawet przyjacielską wobec Ruchu, Roggero poświęcił się atakowaniu go w komunikatach i deklaracjach publicznych. Odpowiadał w ten sposób na szczodrą decyzję Komisji Politycznej, która, zamiast wykluczyć go z Ruchu Wolność z powodu nieobecności na tamtym głosowaniu w Kongresie, zadowoliła się delikatnym napomnieniem. Kilka miesięcy później wycofał się także deputowany Rafael Rey, po tym jak został skrytykowany przez przywódców Ruchu z racji swoich zachowań i deklaracji na rzecz dyktatury zaprowadzonej przez Fujimoriego 5 kwietnia 1922, której służy od tego czasu.

wypróbowanie naszej zdolności do tego rodzaju akcji. Myśleliśmy o przyszłości: w okresie najtrudniejszej walki przeciwko inflacji trzeba będzie podejmować wielkie wysiłki, aby dostarczyć do wszystkich zakątków Peru pomoc w postaci artykułów żywnościowych i lekarstw, które ulżyłyby w przetrwaniu tej ciężkiej próby. Czy będziemy w stanie zorganizować na wielką skalę akcje cywilne w nagłych przypadkach, takich jak katastrofy naturalne, albo rozmaite kampanie w rodzaju promocji samoobrony, alfabetyzacji czy podstawowej higieny?

Rezultatów mieliśmy, z tego punktu widzenia, ile dusza zapragnie, a to dzięki znakomitej pracy wykonanej przez Patrycję, Gladys, Cecylię, Charo i wiele innych ochotniczek. Z wyjątkiem Huancaveliki, do wszystkich stolic departamentów i do wielu stolic prowincji przybyły skrzynie, torby i paczki z darami, które zebraliśmy z pomocą fabryk, centrów handlowych oraz osób indywidualnych. Wszystko odbywało się terminowo: magazynowanie, pakowanie, transport, dystrybucja. Dary jechały ciężarówkami, autobusami, samolotem, towarzyszyły im dziewczęta i chłopcy z Mobilizacji, a w każdym mieście przyjmował je komitet Ruchu Wolność, który także zbierał dary i prezenty w swoim regionie. Wszystko było gotowe tak, żeby podział darów odbył się 21 grudnia. W ostatnich dniach odwiedziłem kilkakrotnie Akcję Solidarnościową na ulicy Bolivara, był tam tłum, atmosfera jak w ulu, na ścianach wisiały wykresy, harmonogramy, wokoło stały załadowane po brzegi furgonetki i ciężarówki, które przyjeżdżały bądź odjeżdżały. W tych dniach prawie nie widywałem Patrycji, bo poświęcała tej operacji po osiemnaście godzin na dobę, więc powiedziałem jej tego ranka, kiedy wyruszaliśmy do Ayacucho, żeby rozpocząć tam całą akcję, że gdyby wszystko tak funkcjonowało we Froncie, mielibyśmy zwycięstwo w kieszeni.

Wyjechaliśmy o świcie 21 grudnia razem z moją córką Morganą, która była na wakacjach, a w Ayacucho czekał na nas, wraz z przedstawicielami komitetu departamentalnego, mój drugi syn Gonzalo, który od kilku lat poświęcał swoje zimowe i letnie wakacje – studiował na uniwersytecie w Londynie – na niesienie pomocy opiekunowi dzieci Andresowi Vivanco Amorinowi. Instytucja opieki nad dziećmi powstała jako konsekwencja wojny rewolucyjnej Świetlistego Szlaku, która wybuchła w tym regionie. W rezultacie Ayacucho było pełne opuszczonych dzieci, które żebrały na ulicy i spały na ławkach albo w podcieniach placu broni. Stary nauczyciel gimnazjum, biedny jak mysz kościelna, ale o złotym sercu, don Andrés Vivanco, zabrał się do roboty. Pukał do różnych drzwi, żebrał po biurach instytucji publicznych i prywatnych, zdobył lokal, w którym umieścił sporą liczbę tych dzieci i rozdawał im po kawałku chleba. Taki sierociniec powstał dzięki heroicznym wysiłkom Violety Correi, małżonki prezydenta Belaúndego, która w początkowym okresie bardzo go wspierała. Dzięki niej dom dziecka otrzymał teren na obrzeżach miasta. W 1985 podarowałem don Andresowi Vivanco pięćdziesiąt tysięcy dolarów, które otrzymałem jako nagrodę Ritz Paris Hemingway za powieść *Wojna końca świata*, a Patrycja pozyskała wsparcie od Stowarzyszenia Pogotowie Ayacucho, które z inicjatywy Anabelli Jourdan, żony ambasadora Stanów Zjednoczonych, i jej grona przyjaciółek powstało na początku lat osiemdziesiątych, by nieść pomoc udręczonej ziemi Ayacucho.

Od tego czasu Gonzalo pasjonował się sprawami sierocińca. Organizował zbiórki wśród znajomych i przyjaciół i w czasie każdych wakacji przywoził żywność, ubrania oraz łakocie zakonnicom, które zajęły się prowadzeniem tej instytucji. Gonzalo, w przeciwieństwie do swego brata Álvaro, nigdy nie interesował się polityką i kiedy rozpocząłem kampanię wyborczą, on nadal jeździł do Ayacucho kilka razy w roku i jak gdyby nigdy nic zawoził tam artykuły spożywcze dla sierocińca.

Rozdzielanie darów w Ayacucho odbyło się sprawnie, więc nie mogliśmy nawet przeczuwać tego, co wydarzy się w innych miastach. Poszedłem złożyć kwiaty na grobie don Andrésa Vivanca, odwiedziłem ludową jadłodajnię w San Francisco, uniwersytet w Huamandze i pospacerowałem po głównym targowisku. Zjedliśmy obiad z liderami Ruchu Wolność w małej restauracji na tyłach Hotelu Turystycznego i tutaj po raz ostatni widziałem Juliána Huamani Yauli, który w niedługim czasie został zamordowany.

Z Ayacucho polecieliśmy do dżungli, do Puerto Maldonado, gdzie po rozdzieleniu darów na Boże Narodzenie była zaplanowana uliczna manifestacja. Instrukcje przekazane komitetom Ruchu Wolność były bardzo klarowne: rozdzielanie darów miało być uroczystością w e-w n ę t r z n ą Ruchu w celu przekazania skromnych upominków dzieciom aktywistów, ale nie przewidywaliśmy organizowania jej dla wszystkich mieszkańców, bo nie mieliśmy prezentów dla milionów biednych dzieci w Peru. Tymczasem w Puerto Maldonado wiadomość o darach obiegła całe miasto i kiedy przybyłem do lokalu strażaków, których wybrano na tę uroczystość, stały tam w kolejkach tysiące dzieci i matek z maleństwami w ramionach i na plecach, tłoczących się i zdesperowanych, żeby zdobyć dla siebie miejsce, bo przewidywały, co rzeczywiście miało nastąpić, że prezenty skończą się wcześniej niż kolejki.

Widok ten zranił mnie do głębi. Od wczesnego ranka dzieci i matki stały tu stłoczone, po cztery, pięć i sześć godzin, w upalnym słońcu Amazonii, żeby otrzymać – te, dla których starczyło – plastikowe wiaderko, drewnianą laleczkę, czekoladę albo torebkę cukierków. Tamtego popołudnia czułem się kompletnie rozbity, kiedy stałem w gronie młodych chłopców i kobiet z Ruchu Wolność, którzy usiłowali wytłumaczyć ogromnej masie dzieci i bosych matek odzianych w łachmany, że zabawki już się skończyły, że muszą wracać do domu z pustymi rękami. Obraz tych smutnych albo rozgniewanych twarzy nie opuszczał mnie ani na moment, kiedy przemawiałem na wiecu, odwiedzałem lokale Ruchu Wolność i wieczorem, kiedy z naszymi przywódcami, w Hotelu Turystycznym, mając za plecami hałaśliwą dżunglę jako zasłonę, dyskutowałem o strategii wyborczej w Madre de Dios.

Następnego rana polecieliśmy do Cuzco, gdzie komitet departamentalny Ruchu Wolność, któremu przewodniczył Gustavo Manrique Villalobos, zorganizował rozdawnictwo darów w sposób rozsądniejszy, tylko w lokalach Ruchu i dla rodzin naszych członków i sympatyków. Był to komitet złożony z ludzi młodych, nowych w polityce i pokładałem w nich wiele nadziei. W przeciwieństwie do innych komitetów wydawało mi się, że tutaj, wśród wchodzących w jego skład kobiet i mężczyzn, panują zrozumienie i przyjaźń. Tamtego ranka odkryłem, że jestem w błędzie. W momencie naszego odjazdu dwóch liderów z Cuzco przekazało mi, każdy oddzielnie, swoje listy, które przeczytałem w samolocie, lecąc do Andahuaylas. Obydwa zawierały wzajemne ostre oskarżenia ze znanymi zarzutami – o nielojalność, oportunizm, nepotyzm, intrygi – więc nie zdziwiło mnie, że przy ustalaniu kandydatur do parlamentu nasz komitet w Cuzco również stosował podziały.

W Andahuaylas po manifestacji na placu broni zawieziono Patrycję i mnie do miejsca, w którym miało się odbyć rozdzielanie darów bożonarodzeniowych. Zamarłem z przerażenia, widząc, że i tutaj, podobnie jak w Puerto Maldonado, wszystkie dzieci i matki z miasta zgromadziły się w kolejkach pozakręcanych w spiralę. Zapytałem przyjaciół z Ruchu Wolność w Andahuaylas, czy nie byli zbyt optymistyczni, zwołując całe miasto na odebranie prezentów, których nie wystarczy nawet dla dziesiątej części zgromadzonych tutaj osób. Ale oni, skacząc z radości z powodu wiecu, którego uczestnicy zapełnili cały plac, śmiali się z moich obaw. Rozpoczęliśmy rozdawanie darów i w chwilę później odjechaliśmy razem z Patrycją, a opuszczając to miejsce, widzieliśmy, jak dzieci i matki, pośród nieopisanego bałaganu, tłoczą się, żeby zdobyć prezent, jak przewracają barierki ustawione przez młodzież z Mobilizacji. Kobiety i dziewczęta, które rozdzielały dary, widziały wyciągnięty ku nim las pożądliwych rąk. Nie przypuszczam, by to Boże Narodzenie zdobyło dla nas choćby jeden głos w Andahuaylas.

Pragnąc mieć kilka dni całkowitego wypoczynku przed ostatnim etapem kampanii, Patrycja i ja, w towarzystwie moich szwagrów i dwóch par przyjaciół, wyjechaliśmy spędzić cztery ostatnie dni 1989 roku na małą wysepkę na Karaibach. Niedługo później, już wracając do Limy, znalazłem groźny artykuł redakcyjny w limskim czasopiśmie „Caretas"*, w którym krytykowano mnie za to, że wyjechałem do Miami, by spędzić tam koniec roku, i zinterpretowano moją podróż jako poparcie dla wojskowej interwencji Stanów Zjednoczonych w Panamie, żeby obalić Noriegę. (Ruch Wolność potępił tę interwencję w komunikacie, który zredagowałem i który Álvaro przeczytał całej prasie. Nasze niedwuznaczne potępienie tej wojskowej interwencji nie wykluczało oskarżeń pod adresem dyktatury generała Noriegi, którego od dawna krytykowałem, i to akurat w tym czasie, kiedy prezydent García zaprosił dyktatora Panamy do Limy i odznaczył go orderem. Ponadto nasza solidarność z demokratyczną opozycją przeciwko Noriedze została podana do publicznej wiadomości przed wieloma miesiącami, 8 sierpnia 1989, na manifestacji Ruchu Wolność, na którą zaprosiliśmy Ricarda Ariasa Calderóna i Guillerma Fortę, dwóch wiceprezydentów wybranych razem z Guillermem Endarą w wyborach, których Noriega nie uznał, ja natomiast rozmawiałem z Enrique Ghersim o tym zdarzeniu. Poza tym, w czasie moich króciutkich wakacji nie byłem w Miami ani nie dotknąłem stopą terytorium Stanów Zjednoczonych). Skromna nota od redakcji połączyła nieścisłe wiadomości ze złą wolą w sposób, który mnie zadziwił, zwłaszcza w tym piśmie. Albowiem przez wiele lat byłem współpracownikiem „Caretas" i uważałem jego właściciela i szefa, Enrique Zileriego, za przyjaciela. Kiedy pismo było prześladowane, a on sam dręczony przez wojskową dyktaturę, podejmowałem odważne kroki, aby rozgłosić wieści o tym w kraju i za granicą, posunąłem się nawet do tego, że poprosiłem generała Velasca o audiencję, mimo niechęci,

---

* W numerze z 8 stycznia 1990.

jaką jego osoba we mnie wzbudzała, bo chciałem interweniować w tej sprawie, której sens był jak najbardziej legalny na świecie: chodziło o wolność prasy. Kiedy „Caretas" zbliżało się do Alana Garcíi, bo to przynosiło pismu korzyści w postaci ogłoszeń państwowych albo, jak mówiono, Zileri dał się uwieść jego gadatliwości i pochlebstwom, nadal figurowałem wśród współpracowników pisma. Później, w maju 1989, zgodziłem się na jego prośbę przemawiać w Berlinie na kongresie międzynarodowego instytutu prasowego, którego Zileri był przewodniczącym. Już wtedy pismo „Caretas" dawało przykłady niechęci do mojej działalności politycznej i do Ruchu Wolność, ale nie posługiwało się metodami nie do pogodzenia z tradycją tygodnika.

Dlatego przyjąłem to z rezygnacją, chociaż przyznaję, że z pewnym żalem, bo przez wiele lat była to moja trybuna w Peru, a teraz nie będę mógł liczyć na żadne poparcie ze strony „Caretas" w najbliższych miesiącach i raczej będę miał do czynienia z wrogim nastawieniem pisma, co bliskie wybory jeszcze zaostrzą. Jednak nigdy sobie nie wyobrażałem, że pismo to – jedno z niewielu w kraju prezentujące pewien poziom intelektualny – przeobrazi się w instrument tak bardzo uległy Alanowi Garcíi, jeżeli chodzi o manipulowanie opinią publiczną przeciwko Frontowi Demokratycznemu, Ruchowi Wolność i przeciw mojej osobie. Nastąpiło coś takiego, jakby zdjęto maskę z pisma „Caretas"*, takiego jakie znaliśmy; odtąd, aż do zakończenia pierwszej tury wyborów – bo w drugiej pismo zmieniło swoją postawę – jego informacje były tendencyjne, miały na celu zaostrzać rozdźwięki wewnątrz Frontu, nadawać pozory powagi wielu związanym z moją osobą lękom, które rozbudziła APRA, albo w obłudny sposób podawać do wiadomości publicznej pewne informacje, żeby zwrócić na nie uwagę, a potem im zaprzeczać i jednocześnie deprecjonować lub ignorować każdą wiadomość, która mogłaby nam przynieść korzyści.

---

* Gra słów: *caretas* – maski (przyp. tłum.).

W takich przypadkach zachowywano pewne formy i nie uciekano się do nikczemności prezentowanych przez takie pisma jak „La República" albo „Página Libre"; „Caretas" wyspecjalizowało się w sianiu zamętu i zniechęcaniu do mojej kandydatury środowisk klasy średniej, z których rekrutują się czytelnicy tego pisma, bo słusznie przypuszczano, że to oni są skłonni darzyć pismo względami, więc należało oddziaływać na nich z większą elegancją niż na konsumentów dziennikarskich brudów.

Chociaż radzono mi, abym tego nie robił, po ukazaniu się wspomnianego artykułu redakcyjnego spowodowałem, że wykreślono moje nazwisko z listy współpracowników tygodnika, który w czasach jego założycieli – Dorís Gibson i Francisca Igartúy – z pewnością nie odegrałby takiej roli, jaką popisał się w czasie kampanii wyborczej. Mój list do Zileriego z 10 stycznia 1990* zawierał jedno zdanie: „Proszę skreślić moje nazwisko z listy współpracowników pisma, bo już współpracownikiem nie jestem".

---

* „Caretas", 15 stycznia 1990.

XVII. Ptak – mitra

Odkąd się ożeniłem, zajęcia na uniwersytecie i prace zarobkowe nie pozwalały mi zajmować się intensywnie polityką, chociaż, od czasu do czasu, uczestniczyłem w zebraniach Chrześcijańskiej Demokracji i współpracowałem ze sporadycznie ukazującymi się numerami pisma „Democracia". (Po trzecim roku studiów przestałem chodzić do Alliance Française, ale wtedy już swobodnie czytałem po francusku; poza tym na kursie doktoranckim na wydziale literatury uniwersytetu San Marcos wybrałem francuski jako język obcy). Ale polityka znowu wkroczyła do mojego życia latem 1956 w sposób zupełnie nieoczekiwany – jako zajęcie przynoszące dochód.

Kampania przed wyborami, które położyły kres dyktaturze Odríi, była w toku i pojawili się trzej kandydaci jako konkurenci do prezydentury: doktor Hernando de Lavalle, człowiek majętny, arystokrata i wpływowy w Limie adwokat, następnie były prezydent Manuel Prado, który niedawno wrócił z Paryża, gdzie mieszkał, odkąd przestał być prezydentem w 1945, i trzeci, który wydawał się słabym kandydatem z racji braku środków finansowych i ze względu na cechującą go młodzieńczą improwizację – był to architekt i profesor uniwersytecki Fernando Belaúnde Terry.

Proces wyborczy przebiegał w sposób bardzo dyskusyjny pod względem prawnym, na mocy niekonstytucyjnej Ustawy o bezpieczeństwie wewnętrznym zaaprobowanej przez Kongres i będącej dziełem dyktatury, która stawiała poza prawem partię APRA i Partię Komunistyczną i zabraniała im wystawiać własnych kandydatów. Liczba zwolenników Partii Komunistycznej była znikoma; natomiast decydujące były głosy zwolenników APRA, partii masowej o zdyscyplinowanej strukturze, którą potrafiła utrzymać w konspiracji. Lavalle, Prado i Belaúnde od początku szukali ugody z aprystami w poufnych negocjacjach, czasem niezupełnie tajnych.

APRA od razu odrzuciła kandydaturę Belaúndego Terry, trafnie przeczuwając, że w jego osobie Haya de la Torre nie będzie miał sprzymierzeńca, tylko konkurenta. (Tak poważnego, że zwycięży partię APRA w wyborach w 1963 i w 1980). A za niemożliwe uważała poparcie dla Manuela Prady, który w czasie sprawowania urzędu prezydenta od 1939 do 1945 utrzymywał APRA poza prawem, a jej członków – w więzieniu albo na wygnaniu, i prześladował wielu aprystów.

Tak więc Hernando de Lavalle wydawał się kandydatem uprzywilejowanym. APRA domagała się praworządności i Lavalle zobowiązał się podyktować statut dla partii politycznych, który pozwoliłby APRA ponownie włączyć się do życia obywatelskiego. W celu negocjowania nowych zasad powróciło z wygnania wielu przywódców APRA, między nimi Ramiro Prialé, wielki budowniczy tego, co stanie się reżimem współżycia (1956–1961).

Raúl Porras Barrenechea pracował nad zbliżeniem między Hernandem de Lavalle i APRA. Chociaż nigdy nie był członkiem tej partii ani jej zwolennikiem – statut dotyczył znacznej liczby Peruwiańczyków średniego i nawet bogatego mieszczaństwa – Porras, który należał do tego samego pokolenia co Haya de la Torre i Luis Alberto Sánchez i był z nimi przynajmniej w pozornej przyjaźni, zgodził się kandydować na senatora z listy przyjaciół APRA, na której pierwsze miejsce zajmował poeta José Gálvez, którego ta partia popierała w wyborach w 1956.

Bliski przyjaciel Hernanda de Lavalle, a także jego kolega ze studiów uniwersyteckich, Porras, sprzyjał bliskiemu sojuszowi albo obywatelskiej koalicji, w której ten pragnął umocnić swoją kandydaturę. Między tymi siłami figurowały stary i prawie dogorywający Związek Rewolucyjny Luisa A. Floresa i Chrześcijańska Demokracja, z którą trwały zaawansowane rozmowy.

Pewnego popołudnia Porras Barrenechea zaprosił mnie oraz Pabla Macerę i zaproponował nam pracę z doktorem Lavalle'em poszukującym dwóch „intelektualistów", którzy by mu pisali przemówienia i raporty polityczne. Wynagrodzenie było dosyć dobre, a zajęcie nie miało stałych godzin. Porras zaprowadził nas tego wieczoru do domu Hernanda de Lavalle – eleganckiej rezydencji otoczonej ogrodem i wysokimi drzewami, w alei 28 Lipca, w dzielnicy Miraflores – abyśmy poznali kandydata. Hernando de Lavalle był człowiekiem miłym i eleganckim, bardzo dyskretnym, dosyć nieśmiałym; przyjął nas, Pabla i mnie, z wielką uprzejmością i wyjaśnił nam, że grupa intelektualistów pod kierunkiem młodego i wybijającego się profesora filozofii Carlosa Cueto Fernandiniego przygotowywała mu program rządzenia, w którym położony zostanie duży nacisk na działalność kulturalną. Pablo i ja mielibyśmy pracować oddzielnie, tylko z samym kandydatem.

Chociaż w wyborach w 1956 nie głosowałem na niego, tylko na Fernanda Belaúndego Terry – później wyjaśnię dlaczego – w tych miesiącach, kiedy pracowałem u jego boku, nabrałem szacunku i poważania dla Hernanda de Lavalle. W młodych latach postanowił sobie, że pewnego dnia zostanie prezydentem Peru. Wywodzący się ze starej rodziny doktor Lavalle był niegdyś świetnym studentem na uniwersytecie i został wziętym adwokatem. Dopiero teraz, już po przekroczeniu sześćdziesiątki, zdecydował – a raczej nakłoniono go do tego – aby wkroczyć do polityki, do działalności, do której jak się wtedy okazało, nie miał predyspozycji.

Zawsze wierzył w to, co powiedział mnie i Pablowi Macerze tego wieczoru, kiedy go poznaliśmy: że jego kandydowanie ma na celu przywrócić w Peru życie demokratyczne i obywatelskie instytucje po ośmiu latach reżimu wojskowego, więc potrzebna jest wielka koalicja Peruwiańczyków wszystkich zapatrywań oraz skrupulatne szanowanie praworządności.

„Szalony de Lavalle chce c z y s t o wygrać wybory", słyszałem, jak pewnego dnia żartował sobie ktoś z przyjaciół Porrasa Barrenechei na jednym z wieczornych spotkań przy czekoladzie u historyka. „Wybory w 1956 zostały sfałszowane, żeby on je wygrał; ale ten wyniosły i górnolotny osobnik chciał wygrać c z y s t o. I dlatego przegrał!" Rzeczywiście coś takiego się wydarzyło. Jednak doktor Lavalle nie chciał czysto wygrać wyborów dlatego, że był wyniosły i pretensjonalny, ale dlatego, że był człowiekiem uczciwym i tak prostodusznym, że wierzył, iż może zwyciężyć w wyborach według wszelkich reguł prawa, które dyktatura od samego początku wypaczała.

Pabla i mnie umieszczono w jakimś odrealnionym biurze – nigdy nie było w nim nikogo poza nami – na drugim piętrze w La Colmena, w samym centrum Limy. Doktor Lavalle wpadał tam znienacka, aby nas prosić o naszkicowanie mu przemówienia albo przygotowanie ulotek. Na pierwszym zebraniu Macera w typowym dla siebie porywie wystrzelił w niego następującą impertynencją: „Masy zdobywa się lekceważeniem albo pochlebstwem. Którą metodę mamy zastosować?". Zobaczyłem, że żółwia twarz doktora Lavalle pobladła za okularami.

Po chwili usłyszałem, jak zmieszany tłumaczy Macerze, że istnieją inne, dalekie od ekstremalnych formy zdobywania sobie przychylności opinii publicznej. Wolał formę bardziej umiarkowaną i pozostającą w zgodzie ze swoim temperamentem. Gwałtowne reakcje i ekstrawagancje Macery przerażały doktora – w przygotowywanych przemówieniach chciał czasem nakłonić go do zacytowania Freuda albo Georga Simmela, albo kogoś, kogo właśnie czytał – ale jednocześnie był nimi zafascynowany. Słuchał z podziwem szalonych teorii – Pablo wygłaszał ich wiele każdego dnia, wszystkie sprzeczne ze sobą, a potem natychmiast o nich zapominał – i pewnego dnia zwierzył mi się: „Co za inteligentny chłopak, ale jaki nieprzewidywalny!".

W Chrześcijańskiej Demokracji zapoczątkowana została wewnętrzna debata nad stanowiskiem partii w wyborach w 1956. Skrzydło zwolenników Bustamantego, najbardziej konserwatywne, proponowało poprzeć Hernanda de Lavalle, podczas gdy w wielu innych kręgach, zwłaszcza młodych, sympatyzowano z Belaúndem Terry. Kiedy sprawę dyskutowano w komitecie obwodowym, poinformowałem, że pracuję z doktorem Lavalle, ale jeżeli partia postanowi poprzeć Belaúndego, uszanuję tę decyzję i zrezygnuję z pracy. W pierwszym momencie idea poparcia mojego pracodawcy przeważyła.

Kiedy zamknięte zostały zgłoszenia kandydatów do wyborów prezydenckich, po Limie zaczęła krążyć plotka, że Państwowy Sąd Wyborczy odrzuci zgłoszenie Belaúndego pod pretekstem, że nie zebrał wymaganej liczby podpisów. Belaúnde natychmiast zwołał na 1 czerwca 1956 manifestację – gestem, jaki w pewien sposób przeobrazi nieliczne grono jego entuzjastów w wielki ruch, z którego później narodzi się Akcja Ludowa – chcąc ją poprowadzić aż pod bramy Pałacu Rządowego. W zaułku Unión zarówno on sam, jak i te kilka tysięcy osób, które za nim podążały (jedną z nich był Javier Silva, którego nie mogło zabraknąć na żadnej manifestacji), zostali zatrzymani przez policję za pomocą sikawek i gazów łzawiących. Belaúnde stawił czoła policyjnej szarży, posługując się uniesioną w górę peruwiańską flagą, i gest ten przysporzył mu sławy.

Tego samego wieczoru doktor Hernando de Lavalle z dyskretną elegancją powiadomił generała Odríę, że jeśli Państwowy Sąd Wyborczy nie wpisze Belaúndego na listę, to on wycofa swoją kandydaturę i zaskarży przebieg procesu wyborczego. „Dureń nie zasługuje na to, żeby zostać prezydentem Peru" – westchnął podobno Odría po otrzymaniu tej wiadomości. Dyktator i jego doradcy myśleli, że

Lavalle ze swoją ideą wielkiej koalicji, w której nawet partia Odríi – nazywana wtedy Partią Odnowy – mogłaby znaleźć miejsce, odwróciłby się od nich plecami, gdyby przyszły parlament upierał się przy zbadaniu przestępstw popełnionych w okresie ośmiu lat dyktatorskich rządów. Ten gest pokazał im, że nieśmiały, konserwatywny arystokrata nie jest odpowiednią osobą do pełnienia takiej misji. Los Hernanda de Lavalle został przypieczętowany.

Odría polecił Państwowemu Sądowi Wyborczemu, aby dopuścił wpisanie Belaúndego na listę wyborczą, a ten na wielkim mityngu na placu San Martín podziękował za to „społeczeństwu Limy". Na skutek słynnego zdarzenia z flagą i skandalu z polewaniem manifestantów sikawkami zaczynało się wydawać, że będzie mógł skutecznie współzawodniczyć z Manuelem Pradą i Hernandem de Lavalle, którzy jednak dzięki kosztownej reklamie oraz zapleczu politycznemu, na jakie mogli liczyć, zdawali się mieć większe szanse.

Tymczasem Manuel Prado poufnie negocjował sprawę poparcia ze strony APRA, której zaoferował natychmiastową legalizację, z pominięciem formalności związanych ze statutem partii politycznych, co proponował Lavalle. Nigdy nie zostało potwierdzone, czy był to krok decydujący, czy też pojawiły się inne obietnice albo łapówki ze strony Prady, o czym krążyły słuchy. Faktem jest, że doszło do porozumienia na niewiele dni przed wyborami. Rozporządzenie partii APRA skierowane do jej aktywistów, żeby zamiast głosować na Lavalle'a, oddali swe głosy na byłego prezydenta, który działał w partii poza prawem, więził i prześladował jej członków, zostało posłusznie wykonane, co było jeszcze jednym dowodem żelaznej dyscypliny w szeregach APRA, której głosy zapewniły zwycięstwo Manuelowi Pradzie.

Lavalle został ostatecznie pogrążony, bo publicznie zaakceptował poparcie dla Partii Odnowy i, zaraz po udzieleniu mu przez tę partię za pośrednictwem Davida Aguilara Cornejo swojej rekomendacji, powiedział, że „będzie kontynuował patriotyczne dzieło generała Odríi". Chrześcijańska Partia Demokratyczna natychmiast wycofała poparcie i zostawiła swoim członkom swobodę w głosowaniu. Wielu niezależnych ludzi, którzy byliby na niego głosowali, ulegając wizerunkowi człowieka kompetentnego i uczciwego, teraz poczuło się zawiedzionych tą deklaracją, która oznaczała uwikłanie się w akceptację dyktatury. Jak większość chrześcijańskich demokratów głosowałem na Belaúndego, który zdobył znaczącą liczbę głosów oraz popularność potrzebną do założenia, kilka miesięcy później, partii Akcja Ludowa.

Po stracie pracy u doktora Lavalle moje dochody mocno ucierpiały, ale nie na długo, bo prawie natychmiast znalazłem dwa inne zajęcia, jedno realne i drugie teoretyczne. Realne było w czasopiśmie „Extra", którego właściciel, don Jorge Checa, były prefekt Piury, znał mnie od dziecka. Zatrudnił mnie, kiedy pismo było na progu bankructwa. Pod koniec każdego miesiąca redaktorzy przeżywali chwile niepokoju, ponieważ otrzymywali pensje tylko ci, którzy pierwsi przychodzili do administracji, a innym wręczano weksle na przyszłość. Ja pisałem cotygodniowe krytyki filmowe i artykuły o tematyce kulturalnej. Kilka razy też zostałem bez pensji. Ale nie zabierałem maszyn do pisania ani mebli z redakcji „Extra", jak to robili niektórzy moi koledzy, bo czułem sympatię dla Jorgego Cheki. Nie wiem, ile pieniędzy postradał rozrzutny don Jorge w tej wydawniczej przygodzie; ale stracił je z nonszalancją wielkiego pana i mecenasa, nie skarżąc się ani nie porzucając gromady dziennikarzy, którą częściowo utrzymywał, przy czym wielu z nich bardzo cynicznie go ograbiało. Sprawiał wrażenie, że zdaje sobie sprawę z tego wszystkiego, ale to nie miało znaczenia, dopóki dobrze się bawił. I z pewnością bawił się dobrze. Miał zwyczaj zabierać dziennikarzy z redakcji „Extra" do swojej kochanki, pięknej seńory, której urządził mieszkanie na ulicy Jesús María, i tam organizował obiady, które kończyły się orgiami. Pierwsza poważna scena zazdrości, jaką urządziła mi Julia po półtora roku naszego małżeństwa, wydarzyła się po jednym z takich obiadów, już w końcowych tygodniach istnienia pisma „Extra", po którym wróciłem do domu w niezbyt przyzwoitym stanie i ze śladami szminki na chusteczce.

Pokłóciliśmy się bardzo ostro i już więcej nie miałem ochoty wracać na burzliwe obiady don Jorgego. A w dodatku nie pozostało już wiele okazji, bo w kilka tygodni później dyrektor pisma, inteligentny i wytworny Pedro Álvarez del Villar wymknął się z Peru z kochanką don Jorgego, a nieopłaceni redaktorzy tygodnika rozgrabili ostatnie resztki mebli i pozabierali maszyny do pisania, „Extra" umarło więc z wycieńczenia. (Zawsze będę wspominał don Jorgego Checę, kiedy sprawował urząd prefekta w Piurze, a ja byłem uczniem piątej klasy w San Miguel; pewnego wieczoru w Klubie Grau zadysponował: „Marito, ty, który jesteś na wpół intelektualistą, wejdź na scenę i przedstaw publiczności zespół Los Churumbeles z Hiszpanii". Pojęcie, jakie don Jorge wyrobił sobie o intelektualistach, dotyczyło zapewne tych, których miał okazję poznać i zatrudniać).

Porrasa Barrenechę wybrano w Limie na senatora z listy przyjaciół APRA i w pierwszym głosowaniu w Izbie został pierwszym wiceprzewodniczącym Senatu. Na tym stanowisku miał prawo zatrudniać dwóch opłacanych pomocników i do tej pracy mianował Carlosa Aranibara i mnie. Zajęcie było teoretyczne, ponieważ jako pomocnicy Porrasa nadal z nim pracowaliśmy w jego domu przy badaniach historycznych i tylko zaglądaliśmy do Kongresu pod koniec każdego miesiąca, żeby pobrać skromne wynagrodzenie. Po upływie sześciu miesięcy Porras ostrzegł nas, że nasze stanowiska zostały zlikwidowane. Ta półroczna praca urzędnika państwowego była moim pierwszym i ostatnim doświadczeniem tego rodzaju.

W tym czasie Julia i ja przeprowadziliśmy się z malutkiego domku w rejonie Porta do obszerniejszego mieszkania o dwóch sypialniach – jedną z nich zamieniłem w miejsce do pisania – na Las Acacias, w odległości niewielu przecznic od mieszkania wujostwa Lucho i Olgi. Budynek był nowoczesny, położony bardzo blisko nadbrzeżnego bulwaru i morza w Miraflores, ale miał tylko jedno okno od ulicy i dlatego musieliśmy spędzać całe dnie przy świetle elektrycznym.

Mieszkaliśmy tam ponad dwa lata i myślę, że pomimo mego wyczerpującego rytmu pracy był to okres wielu satysfakcji, z których największą okazała się niewątpliwie przyjaźń z Luisem Loayzą i Abelardem Oquendo. Tworzyliśmy nierozłączny triumwirat. Spędzaliśmy razem każdy weekend u mnie w domu albo w domu u Abelarda i Pupi, na alei Angamos, albo też chodziliśmy na kolację do jakiejś knajpy, a do tych wyjść dołączali się czasem inni przyjaciele, tacy jak Sebastián Salazar Bondy, José Miguel Oviedo – który stawiał pierwsze kroki jako krytyk literacki – hiszpański przyjaciel Loayzy José Manuel Muñoz, Pablo Macera, aktor Tachi Hilbck lub Baldomero Cáceres, przyszły psycholog, wówczas bardziej zajęty teologią niż nauką i dlatego Macera nadał mu przydomek Chrystus Cáceres.

Ale Abelardo, Lucho i ja widywaliśmy się także w ciągu tygodnia. Szukaliśmy jakiegokolwiek pretekstu, aby spotkać się w centrum Limy, wypić kawę i porozmawiać chociaż przez kilka minut między wykładami a pracą, te spotkania, na których komentowaliśmy książki, przekazywaliśmy sobie plotki polityczne, literackie lub uniwersyteckie, pobudzały nas bowiem do działania i wynagradzały wiele nudnych i mechanicznych spraw codziennych.

Zarówno Lucho, jak i Abelardo przerwali studiowanie literatury na uniwersytecie, aby poświęcić się adwokaturze. Abelardo zrobił dyplom i pracował w swoim zawodzie w biurze szwagra. Lucho był już na ostatnim roku prawa i praktykował w biurze Carlosa Ledgarda, patriarchy wśród zwolenników Prady. Ale wystarczyło ich poznać, aby zdać sobie sprawę, że to, do czego naprawdę, a może nawet wyłącznie przywiązywali wagę, to była literatura, która wkraczała w ich życie zawsze wtedy, kiedy próbowali się od niej oddalić. Myślę, że wówczas Abelardo pragnął się od niej odsunąć. Ukończył wydział literatury i spędził rok w Hiszpanii jako stypendysta, aby napisać rozprawę doktorską na temat przysłów w twórczości Ricarda Palmy. Nie wiem, czy na skutek tych jałowych i wypreparowanych badań – w tym czasie bardzo modnych w ramach tej maniery, która sprawowała dyktatorskie rządy na uniwersyteckich wydziałach literatury – poczuł się zmęczony i zniechęcony perspektywą kariery akademickiej. A może porzucił literaturę z przyczyn praktycznych, mówiąc sobie, że świeżo po ślubie i wobec bliskiego powiększenia rodziny należy pomyśleć o sprawach bardziej przyziemnych, aby zarobić na życie. Rzeczywiście porzucił pracę doktorską i uniwersytet. Ale nie literaturę. Dużo czytał i z ogromną wrażliwością wypowiadał się o tekstach literackich, przede wszystkim o poezji, do której miał oko chirurga i wyborny smak. Czasem pisywał komentarze o książkach, zawsze bardzo wnikliwe, wręcz modelowe w swoim rodzaju, ale nigdy ich nie podpisywał, więc czasami zastanawiałem się, czy Abelardo, na skutek swego zmysłu krytycznego, nie postanowił zrezygnować z pisania po to, by zostać tylko tym, w czym mógł osiągnąć doskonałość, jakiej poszukiwał, to znaczy – czytelnikiem. Często studiował klasyków Złotego Wieku, a ja zawsze ciągnąłem go za język, bo kiedy słuchałem jego opinii na temat pieśni rycerskich, Queveda albo Góngory, szczerze mu zazdrościłem.

Jego delikatność i niechęć do wszelkiego rodzaju retoryki, jego maniakalna dbałość o formy – w sposobie ubierania się, mówienia, zachowania wobec przyjaciół – wszystko to pozwalało sądzić, że jest duchowym arystokratą, który na skutek pomyłki losu znalazł się, jak zagubiony, w ciele młodzieńca z klasy średniej, w świecie praktycznym i szorstkim, gdzie żyło mu się bardzo trudno. Kiedy rozmawialiśmy o nim sam na sam z Loayzą, nazywaliśmy go Delfin.

Oprócz Borgesa Lucho pasjonował się wtedy Henrym Jamesem, lecz ja tej pasji nie podzielałem. Był zachłannym czytelnikiem książek angielskich, które kupował albo zamawiał w księgarni języków obcych, na ulicy Belén, i zawsze mnie zaskakiwał nowym tytułem albo właśnie odkrytym autorem. Pamiętam, jak w starej księgarni w centrum znalazł wspaniałe tłumaczenie pięknej książki Marcela Schwoba *Żywoty urojone*, którą tak się entuzjazmował, że wykupił wszystkie egzemplarze, żeby je rozdawać przyjaciołom. Nasze upodobania literackie często się różniły, co dawało pretekst do fantastycznych dyskusji. Dzięki Luchowi odkryłem pasjonujące książki, takie jak *Pod osłoną nieba* Paula Bowlesa oraz *Inne głosy, inne ściany* Trumana Capote'a. Jedna z naszych gwałtownych dyskusji literackich zakończyła się w komiczny sposób. Temat: *Pokarmy ziemskie* Gide'a, które on podziwiał, a ja ich nie cierpiałem. Kiedy oznajmiłem, że książka wydaje mi się przegadana, a proza zmanierowana i pełna dłużyzn, odpowiedział mi, że nie możemy kontynuować dyskusji, jeżeli nie pojawi się tutaj Baldomero Cáceres, fanatyk Gide'a. Udaliśmy się na poszukiwanie Baldomera i Lucho prosił, abym mu powtórzył, co myślę o *Pokarmach ziemskich*. Powtórzyłem to, a Baldomero zaczął się śmiać. Śmiał się długo, wydobywał z siebie głębokie salwy śmiechu, zwijał się w pół, chwytał za brzuch, jakby ktoś go łaskotał albo jakby opowiedziano mu najzabawniejszy dowcip na świecie. Takie argumenty zamknęły mi usta.

Naturalnie marzyliśmy o wydawaniu czasopisma literackiego, które byłoby naszą trybuną i widomym znakiem naszej przyjaźni. Pewnego dnia Lucho zakomunikował nam, że sfinansuje pierwszy numer z pensji zarobionej w biurze Ledgarda. Tak narodziła się „Literatura", która miała zaledwie trzy numery (ostatni, kiedy Lucho i ja byliśmy już w Hiszpanii). Pierwszy był hołdem dla Césara Moro, którego poezję właśnie odkryłem i którego wewnętrzna emigracja intrygowała mnie i uwodziła tak samo jak jego wiersze. Po powrocie z Francji i z Meksyku, z krajów, w których spędził wiele lat, Moro wiódł w Peru życie tajemnicze, na obrzeżach głównego nurtu, nie nawiązywał kontaktów z pisarzami, prawie nie publikował, pisał przeważnie po francusku i czytał swoje teksty w małym kółku przyjaciół. André Coyné dał nam nieopublikowane poematy Mora do numeru naszego czasopisma, z którym współpracowali także Sebastián Salazar Bondy, José Durand i młody peruwiański poeta, którego kilka pięknych wierszy Lucho odkrył w zapomnianym numerze „Mercurio Peruano". Był to Carlos Germán Belli. Numer zawierał podpisany przez naszą trójkę apel przeciwko karze śmierci, wywołany rozstrzelaniem w Limie przestępcy („potwora z Armendáriz"), co stało się pretekstem do odrażającej fety: ludzie tłoczyli się na pasażu Repúblika, aby o świcie usłyszeć strzały egzekucji. W numerze znalazł się piękny szkic Loayzy o Ince Garcilaso de la Vedze. Wydawanie niewielkiego czasopisma liczącego zaledwie kilka stronic było dla mnie pasjonującą przygodą, bo towarzysząca temu krzątanina oraz rozmowy z Luchem i Abelardem sprawiały, że czułem się pisarzem, chociaż złudzenie to nie miało wiele wspólnego z rzeczywistością, w jakiej wówczas żyłem zaabsorbowany zarobkowaniem.

Myślę, że to ja, z moim upodobaniem do nowinek, które mnie nie opuszczało – i jeszcze teraz mnie nie opuszcza – uwikłałem przyjaciół latem 1957 w seanse spirytystyczne. Zwykle urządzaliśmy je u mnie w domu. Z Boliwii przyjechała kuzynka Julii i Olguity, też o imieniu Olga, która była naszym medium. Odwiedzała zaświaty z dużym wdziękiem. Tak dobrze odgrywała swoją rolę podczas seansów, że nie sposób było nie uwierzyć, iż duchy przemawiają jej ustami, a raczej jej ręką. Był jednak pewien problem, ponieważ wszystkie duchy, które reagowały na jej wezwanie, robiły te same błędy ortograficzne. Mimo to przeżywaliśmy chwile podniecającego napięcia nerwowego, a później nie mogłem zasnąć przez całą noc i przewracałem się w łóżku z powodu tych kontaktów z zaświatami.

Na jednym z takich seansów spirytystycznych Pablo Macera uderzył pięścią w stół i zawołał: „Proszę o ciszę, to moja babcia". Pobladł i nie ulegało wątpliwości, że w to wierzy. „Zapytaj, czy to ja ją zabiłem złością, którą jej okazywałem" – wybełkotał. Duch babci nie chciał rozwiać tej wątpliwości i Pablo przez dłuższy czas żywił do nas urazę, mówiąc, że nasza swawola uniemożliwiła mu wyzwolenie się z tej dręczącej go niepewności.

W bibliotece Klubu Narodowego znalazłem także kilka książek o satanizmie, ale moi przyjaciele stanowczo odmówili przywoływania diabła z zastosowaniem obrzydliwych wskazówek z tych podręczników. Zgodzili się tylko na to, abyśmy kilka razy udali się o północy na romantyczny cmentarz w Surco, gdzie Baldomero poddał się nastrojowi i w stanie egzaltacji zaczął nagle tańczyć przy świetle księżyca, skacząc między grobami.

Zebrania w moim domu na ulicy Las Acacias przedłużały się w soboty aż do świtu i bywały bardzo zabawne. Czasem uprawialiśmy okropną i na wpół histeryczną grę, która polegała na prowokowaniu innych do śmiechu. Przegrywający musiał prowokować do śmiechu inne osoby za pomocą błaznowania. Ja miałem bardzo skuteczny sposób: naśladując chód kaczki, przewracałem oczami i gęgałem: „Oto ptak-mitra, ptak-mitra, ptak-mitra!". Zarozumialcy, jak Loayza i Macera, niewymownie cierpieli, kiedy przyszło im udawać błaznów, a jedyny dowcip, który przychodził temu ostatniemu do głowy, polegał na zaciskaniu ust tak, jak to robi małe dziecko, i pomrukiwaniu: brr, brr. Czymś o wiele bardziej niebezpiecznym była gra w prawdę. Na jednej z takich sesji zbiorowego ekshibicjonizmu usłyszeliśmy nagle nieśmiałego Carlosa Germána Belliego – mój podziw dla jego wierszy spowodował, że poszedłem go szukać na jego bardzo skromnym stanowisku kopisty, jakie piastował w Kongresie – który wygłosił zaskakujące wyznanie: „Chodziłem do łóżka z najbrzydszymi kobietami w Limie". Carlos Germán był surrealistą o nieugiętym morale, na wzór Césara Moro, i został wtłoczony w gorset dobrze wychowanego i nieśmiałego chłopca, ale pewnego dnia zdecydował, że porzuci swoje opory wobec kobiet i po wyjściu z pracy stanął na rogu uliczki Unión, komplementując przechodzące dziewczęta. Jednak nieśmiałość odbierała mu głos na widok ładnych dziewczyn i tylko w obecności brzydkich zaczynał mówić...

Innym uczestnikiem naszych zebrań był Fernando Hilbck, kolega Lucha z wydziału prawa i aktor. Loayza opowiadał, że pewnego dnia, na ostatnim roku studiów, pierwszy raz w ciągu siedmiu lat Tachi zainteresował się jednym z wykładów: „Jak to, profesorze, są r ó ż n e kodeksy? Czy wszystkie prawa nie są zawarte w jednej księdze?". Profesor wezwał go na rozmowę na osobności: „Powiedz ojcu, żeby pozwolił ci zostać aktorem, nie warto, abyś nadal tracił czas na prawie". Ojciec Tachiego uległ, ale żałował, że jego syn nie zostanie gwiazdą sądownictwa, co było jego marzeniem. Wysłał go do Włoch i dał mu dwa lata na zdobycie sławy w filmie. Widziałem Tachiego w Rzymie niedługo przed upływem tego złowieszczego terminu. Zdołał pozyskać tylko rolę tajemniczego rzymskiego centuriona w jakimś filmidle, ale był szczęśliwy. Potem wyjechał do Hiszpanii, gdzie zrobił karierę w filmie i w teatrze, a w końcu – jeszcze jeden Peruwiańczyk z tych, którzy wybrali tajemniczą egzystencję – rozpłynął się. Na seansach spirytystycznych albo podczas gry w rozśmieszanie Tachi Hilbck był nie do pokonania: jego zdolności aktorskie zamieniały każdą sesję w szaleńczy spektakl.

Przypadek zrządził, że do mieszkania sąsiadującego z naszym na ulicy Las Acacias wprowadzili się Raúl i Teresa Deustuowie, świeżo przybyli ze Stanów Zjednoczonych, gdzie Raúl przez wiele lat pracował jako tłumacz w Organizacji Narodów Zjednoczonych. Należący do pokolenia Sebastiána Salazara Bondy'ego, Javiera Sologurena i Eduarda Eielsona Raúl był, podobnie jak oni, poetą i autorem jedynej sztuki teatralnej pod tytułem „Judith", która nigdy nie została wydana. Człowiek inteligentny i oczytany, zwłaszcza w literaturze angielskiej i francuskiej, był jedną z tych postaci w środowisku kultury peruwiańskiej, które unikają trudnych problemów, zjawiają się na krótko, potem się ulatniają i znikają jak duchy, bo wyjeżdżają za granicę i zrywają wszelkie więzy z Peru czy też, jak César Moro, wybierają wewnętrzną emigrację, oddalając się od wszystkich i od wszystkiego, co mogłoby przypominać szybki marsz po terenach sztuki, myśli lub literatury. Zawsze mnie fascynowali Peruwiańczycy, którzy na skutek pewnego rodzaju tragicznej lojalności wobec swego powołania, jakie z trudem daje się pogodzić ze środowiskiem, zrywają z nim oraz, pozornie, z tym, co mają najlepszego – ze swą wrażliwością, inteligencją i kulturą – aby nie narażać się na poniżające ustępstwa lub kompromisy. Raúl przestał publikować (w rzeczywistości opublikował bardzo mało), ale nie przestał pisać i rozmowa z nim była w najwyższym stopniu literacka. Zaprzyjaźniliśmy się, a jemu bardzo się podobało, że grono młodych entuzjastów literatury zna jego utwory, że go poszukiwało i włączyło do swoich zebrań. Miał dobry zbiór książek i czasopism francuskich, które nam wspaniałomyślnie pożyczał i dzięki temu mogłem przeczytać wiele dzieł surrealistycznych i kilka pięknych numerów „Minotaure". Przetłumaczył *Fusées* (Race) oraz *Mon coeur mis á nu* (Moje obnażone serce) Baudelaire'a i spędziliśmy wiele godzin z nim i z Loayzą nad korektą tego przekładu. Sądzę, że nigdy go nie opublikowano, podobnie jak dużej części jego wierszy oraz *Diario de Chosica*, który miał zwyczaj nam czytać.

Nie wiem, dlaczego Raúl Deustua wrócił do Peru. Może z powodu tęsknoty za starym krajem i w nadziei, że znajdzie dobrą pracę. Pracował w wielu miejscach, w Radio Panamericana i w Ministerstwie Spraw Zagranicznych, dokąd zabrał go Porras Barrenechea, ale nie znalazł tam wytchnienia, którego pragnął. Po upływie kilku miesięcy zrezygnował i znowu wyjechał, tym razem do Wenezueli. Teresita, która zaprzyjaźniła się z Julią, była wówczas w ciąży i została w Limie, żeby tu urodzić dziecko. Była bardzo sympatyczna, a fantazje ciążowe wywoływały u niej niezwykłe zachcianki: „Chciałabym zjeść odrobinę zupki wantan". Szliśmy z Lucho Loayzą do jakiejś knajpy, aby ją dla niej kupić. Kiedy dziecko się urodziło, małżonkowie Deustua poprosili mnie na ojca chrzestnego, więc musiałem nieść je w ramionach do chrzcielnicy.

Przed wyjazdem do Caracas Raúl zapytał mnie, czy nie chciałbym zająć jego miejsca w Radio Panamericana. Była to praca na godziny, jak inne moje zajęcia, więc propozycję przyjąłem. Zabrał mnie w górne rejony ulicy Belén, gdzie mieściła się stacja, i tak poznałem braci Genaro i Héctora Delgado Parkerów. Zaczynali wtedy swoją karierę, dzięki której, jak mówiłem, zaszli wysoko. Ich ojciec był założycielem Radio Central i przekazał synom Radio Panamericana, stację, która, w przeciwieństwie do tego pierwszego – popularnego, specjalizującego się w teatrze radiowym i w programach rozrywkowych – było wtedy adresowane do publiczności elitarnej ze swymi programami muzyki amerykańskiej lub europejskiej, bardziej wyrafinowanymi i trochę snobistycznymi. Dzięki rozmachowi i ambicji Genara ta mała radiostacja przeznaczona dla słuchaczy na pewnym poziomie w krótkim czasie przekształciła się w jedną z najbardziej wpływowych w kraju i stała się punktem startu do tego, co z biegiem lat stało się prawdziwym imperium audiowizualnym (na skalę peruwiańską). W jaki sposób potrafiłem łączyć tę nową pracę o pompatycznej nazwie – dyrektor działu informacji w Radio Panamericana – z mnóstwem innych zajęć, które już wykonywałem? Nie wiem jak, ale mi się to udało. Myślę, że niektóre z moich dawnych prac – zajęcia na cmentarzu, w piśmie „Extra", w Senacie, praca nad podręcznikiem wychowania obywatelskiego dla Uniwersytetu Katolickiego już dobiegły końca. Jednak zajęcia popołudniowe u Porrasa Barrenechei oraz pisanie artykułów dla „El Comercio" i „Cultura Peruana" trwały nadal. Także wykłady na wydziale prawa i literatury, chociaż rzadko na nie chodziłem i ograniczałem się do zdawania egzaminów. Obowiązki w Radio Panamericana zajmowały mi wiele godzin, więc w następnych miesiącach zrezygnowałem ze współpracy z niektórymi pismami, aby skoncentrować się na programach radiowych, które odkąd zacząłem pracować, szybko się rozwijały i nawet powstał nocny serwis informacyjny *El Panamericano*.

Wykorzystałem wiele wspomnień z Radio Panamericana w mojej powieści *Ciotka Julia i skryba*, w której splatają się z innymi wspominkami i z elementami fantazji, no i teraz mam wątpliwości, gdzie jest między nimi granica; bardzo możliwe, że między prawdziwe wydarzenia wkradła się jakaś fikcja, ale podejrzewam, że można ją również traktować jako autobiograficzną.

Moje biuro znajdowało się na drewnianej mansardzie, pod płaskim dachem i dzieliłem je z osobą tak mizerną, że prawie niewidoczną. Był nią Samuel Pérez Barreto, zdumiewająco płodny w pisaniu wszystkich komercyjnych radiowych reklam. Z otwartymi szeroko ustami patrzyłem, jak Samuel, pisząc dwoma palcami na maszynie, z papierosem w ustach i opowiadając mi bez przerwy o Hermannie Hessem, bez chwili zastanowienia produkuje całe serie radosnych wykrzykników na temat kiełbasek albo chusteczek higienicznych, wymyśla zagadki dotyczące soków owocowych albo zakładów krawieckich lub zachęca do kupna samochodów, napojów, zabawek albo losów na loterię. Oddychał reklamą, którą tworzył podświadomie, za pomocą ruchu palców. Jego pasją życiową był w tamtych latach Hermann Hesse. Czytał go bez przerwy albo wracał do ponownej lektury i mówił o nim z ożywieniem zaraźliwym do tego stopnia, że pod wpływem Samuela zatopiłem się w lekturze powieści *Wilk stepowy* i niemal się nią zatrułem. Czasem przychodził tutaj jego wielki przyjaciel José León Herrera, student sanskrytu, i wtedy słuchałem, jak obaj oddają się ezoterycznym rozmowom, podczas gdy niezmordowane palce Samuela zapełniały kolejne kartki reklamowymi ogłoszeniami.

Moja praca w Radio Panamericana zaczynała się bardzo wcześnie, bo pierwszy dziennik radiowy był nadawany o siódmej rano. Potem kolejne nadawano co godzina, każdy przez pięć minut, aż do południa, kiedy to informacje dziennika trwały kwadrans. Po południu wznawiano dziennik o szóstej i tak było aż do dziesiątej, bo wtedy następował *El Panamericano* trwający pół godziny. Spędzałem dzień w taki sposób, że rano przychodziłem do radia i po każdym dzienniku wychodziłem albo do biblioteki Klubu Narodowego, albo na jakiś wykład w San Marcos, albo na zajęcia u Porrasa. Po południu i wieczorem spędzałem w radiu po cztery godziny.

Prawdą jest, że polubiłem pracę w Radio Panamericana. Zaczęła się jako zajęcie zarobkowe, ale w miarę jak Genaro zachęcał mnie, abyśmy wprowadzali jakieś innowacje, ulepszali programy i zdobywali coraz więcej słuchaczy oraz wpływów, praca ta zmieniała się w zaangażowanie, stawała się zajęciem, które starałem się wykonywać w sposób kreatywny. Zaprzyjaźniliśmy się z Genarem, który mimo że był głównym szefem, zwracał się do wszystkich w sposób bezpośredni oraz interesował się pracą każdego z nas, nawet najmniej ważnego pracownika. Chciał, by stacja zdobyła trwały prestiż, żeby stała się czymś więcej niż rozrywką, i dlatego popierał programy o filmie z Pepe Ludmirem, wywiady i dyskusje o aktualnościach z Pablem de Madalengoitią – *Pablo y sus Amigos* – oraz znakomite komentarze na temat polityki międzynarodowej hiszpańskiego republikanina o nazwisku Benjamín Núñez Bravo – *Día y noche*.

Zaproponowałem mu program o Kongresie, w którym transmitowalibyśmy część obrad, z krótkimi, napisanymi przeze mnie komentarzami. Zaakceptował. Porras załatwił nam pozwolenie na nagrywanie obrad i w ten sposób narodził się program *El Parlamento en Sintesis*, który cieszył się pewnym powodzeniem, ale długo nie przetrwał. Nagrywanie obrad oznaczało, że często zostawały na taśmach nie tylko przemówienia ojców ojczyzny, ale również komentarze, okrzyki, przekleństwa, pomruki i tysiące wypowiedzi o intymnym charakterze, które opracowując audycję, starałem się kasować. Ale pewnego razu Pascual Lucen puścił w programie bardzo pikantne i grubiańskie słowa jednego ze zwolenników Prady, senatora Torresa Belóna, z okręgu Puno, w tamtym czasie przewodniczącego Senatu. Następnego dnia zabroniono nam nagrywać obrady i to był koniec programu radiowego.

Wtedy nadawaliśmy już wiadomości serwisu *El Panamericano*, który zrobił długotrwałą karierę w radiu, a później również w telewizji. A dział informacji, którym kierowałem, miał już ten przywilej, że pracowało w nim trzech albo czterech redaktorów, pierwszorzędny wydawca Luis Rey de Castro i gwiazda wśród radiowych spikerów Humberto Martínez Morosini.

Kiedy zacząłem pracę w Radio Panamericana, moim jedynym współpracownikiem był zazwyczaj staranny i lojalny, ale niekiedy bardzo niebezpieczny Pascual Lucen. Potrafił zjawić się o siódmej rano w stanie upojenia alkoholowego, zasiąść przy swojej maszynie do pisania i przeglądać wiadomości z gazet, które mu zakreśliłem, przy czym nie drgnął mu ani jeden muskuł na twarzy, natomiast wstrząsały nim gwałtowne ataki czkawki i tak mu się odbijało, że szyby drżały w oknach. Po chwili atmosfera naszej mansardy stawała się nasycona wyziewami alkoholowymi. Ale on niczym niewzruszony, dalej wystukiwał wiadomości, które często musiałem gruntownie przerabiać, zanim je przekazałem spikerom. Przez najmniejszą nieuwagę z mojej strony Pascual Lucen mógł przemycić do dziennika katastroficzne wiadomości. Do powodzi, trzęsień ziemi, wypadków drogowych żywił niemal seksualną namiętność; ekscytowały go i rozpalały mu ogień w oczach, kiedy mi je pokazywał – depeszę z France Presse albo wycinek z gazety – z niesłychanym podnieceniem. I jeżeli się z nim zgadzałem i mówiłem: „W porządku, niech pan to zmieści na jednej czwartej strony", był mi z całej duszy wdzięczny.

Do pomocy Pascualowi Lucenowi przybył wkrótce Demetrio Túpac Yupanqui, pochodzący z Cuzco profesor języka keczua, który pewien czas spędził w seminarium duchownym, więc teraz, jeżeli nie byłem wystarczająco uważny, pakował do dzienników wiadomości religijne. Nigdy nie zdołałem doprowadzić do tego, by ceremonialny Demetrio – niedawno ze zdziwieniem zobaczyłem w jakimś hiszpańskim czasopiśmie jego fotografię w stroju Inki, na samej górze Machu Picchu, z podpisem, że to bezpośredni potomek Inki Tupaca Yupanqui – o biskupach nie wypowiadał się inaczej niż p u r p u - r a c i. Trzecim redaktorem był tancerz z baletu i miłośnik rzymskich hełmów – ponieważ w Peru trudno je było zdobyć, wyrabiał mu je pewien zaprzyjaźniony blacharz – więc między dziennikami radiowymi prowadziliśmy ze sobą rozmowy o literaturze.

Potem pracę zaczął Carlos Paz Cafferata, który wraz z upływem lat zrobił niezwykłą karierę u boku Genara. Już wtedy był kimś, kto nie wyglądał na dziennikarza (przynajmniej peruwiańskiego) z powodu swojej powściągliwości, skłonności do milczenia i pewnego rodzaju metafizycznej apatii w stosunku do świata i zaświatów. Był znakomitym redaktorem, miał niezawodne wyczucie w odróżnianiu wiadomości ważnej od drugoplanowej, w podkreślaniu albo lekceważeniu tego, co należało, ale nie pamiętam, żebym kiedykolwiek widział go, jak się czymś albo kimś entuzjazmuje. Był typem buddyjskiego mnicha zen, który osiągnął stan nirwany i wznosi się ponad emocje wobec dobra lub zła. Zapalczywego i niezmordowanego rozmówcę, jakim był Samuel Pérez Barreto, doprowadzały do szału milczenie i powściągliwość intelektualna Carlosa Paza i ciągle wynajdywał fortele, żeby go rozweselić, podniecić albo rozzłościć. Nigdy mu się to nie udawało.

Radio Panamericana konkurowało z Radio América o tytuł najlepszego radia krajowego. Współzawodnictwo między obydwiema stacjami było zażarte i Genaro poświęcał dni i noce na wymyślanie nowych programów oraz zapowiedzi, chcąc wyprzedzić rywala. W tamtym okresie kupił kilka stacji przekaźnikowych, które zainstalowano w różnych punktach terytorium Peru, żeby radio było słyszalne w dużej części kraju. Otrzymać zezwolenie rządu na zainstalowanie stacji przekaźnikowych było poważnym wyczynem, a ja byłem świadkiem, jak Genaro zaczął rozwijać swoje zdolności handlowe w tej dziedzinie. Zapewne bez nich ani Genaro, ani żaden inny przedsiębiorca nie zdołałby odnieść w Peru najmniejszego sukcesu. Załatwianie formalności nigdy nie miało końca. Blokowały je na każdym etapie wpływy konkurencji albo żądni łapówek biurokraci. Genaro musiał zatem szukać wpływów wymierzonych w jego rywali i całymi miesiącami mnożyć starania i wchodzić w różne układy, żeby zdobyć zwyczajne pozwolenie mające się przyczynić do poprawy wewnętrznej łączności oraz integracji kraju.

W ostatnich dwóch latach, jakie spędziłem w Peru, opracowując bieżące wiadomości dla Radio Panamericana, załatwiłem sobie jeszcze jedną pracę: asystenta w katedrze literatury peruwiańskiej na uniwersytecie San Marcos. Wprowadził mnie tam Augusto Tamayo

Vargas, profesor i wykładowca, który od pierwszego roku moich studiów odnosił się do mnie bardzo przychylnie. Był dawnym przyjacielem moich wujów (i za młodu pretendentem do ręki mojej matki, co wykryłem któregoś dnia na podstawie pewnych wierszy miłosnych, które ona przechowywała w domu dziadków), a ja chodziłem na jego wykłady na pierwszym roku z wielkim zaangażowaniem. Do tego stopnia, że zaraz na początku Augusto, który przygotowywał poszerzone wydanie swojej książki o literaturze peruwiańskiej, zaprosił mnie do współpracy w niektóre popołudnia w ciągu tygodnia. Pomagałem mu w opracowywaniu bibliografii i przepisywałem na maszynie rozdziały z rękopisu. Pewnego razu dałem mu do przeczytania moje opowiadania, które zwrócił mi z zachęcającym komentarzem.

Tamayo Vargas był kierownikiem wykładów dla cudzoziemców na uniwersytecie San Marcos i kiedy rozpocząłem trzeci rok studiów, powierzył mi cykl wykładów o autorach peruwiańskich, które wygłaszałem raz w tygodniu i za które dostawałem pewną zapłatę. W 1957, kiedy rozpoczynałem ostatni rok studiów na wydziale literatury, zapytał mnie o plany na przyszłość. Odpowiedziałem, że chcę zostać pisarzem, ale skoro pisaniem nie można zarobić na życie, po ukończeniu uniwersytetu poświęcę się dziennikarstwu albo pracy dydaktycznej. Chociaż w teorii byłem jednocześnie słuchaczem na wydziale prawa – chodziłem tam na trzeci rok studiów – byłem pewien, że nigdy nie będę uprawiał zawodu adwokata. Augusto poradził mi pracę na uniwersytecie. Nauczanie literatury można pogodzić z pisaniem, bo zostawia więcej wolnego czasu niż inne zajęcia. Warto, abym zaraz rozpoczął. Zaproponował, że utworzy na wydziale stanowisko asystenta swojej katedry. Czy mógłby zasugerować moje nazwisko?

Z trzech godzin wykładów literatury peruwiańskiej Tamayo Vargas powierzył mi jedną, którą przygotowywałem w nerwowym podnieceniu, w bibliotece Klubu Narodowego albo między jednym a drugim dziennikiem radiowym na poddaszu. Ta krótka godzina tygodniowo zmuszała mnie do czytania i powrotu do lektury pewnych autorów peruwiańskich, a przede wszystkim do formułowania własnych komentarzy racjonalnym i zwięzłym językiem, gdy robiłem fiszki i notatki. Polubiłem to zajęcie i z niecierpliwością czekałem na dzień mego wykładu, na który czasami przychodził sam Tamayo Vargas, aby sprawdzić, jak się rozwijam. (Alfredo Bryce Echenique był jednym z moich studentów).

Chociaż, odkąd się ożeniłem, moja obecność na wykładach nie była zbyt często, zawsze czułem się uczuciowo związany z uniwersytetem San Marcos, a zwłaszcza z wydziałem literatury. Natomiast moja niechęć do wykładów na wydziale prawa była bezwzględna. Chodziłem na nie na skutek inercji, chciałem skończyć coś, co już rozpocząłem, i miałem niejasną nadzieję, że tytuł adwokata przyda mi się później do jakiejś pracy zarobkowej.

Ale na różne wykłady kursu doktoranckiego z literatury chodziłem dla czystej przyjemności. Na przykład na zajęcia z łaciny do profesora Fernanda Toli, który był jedną z najbardziej interesujących osobistości na wydziale. Zaczął za młodu jako wykładowca języków nowoczesnych: francuskiego, angielskiego i niemieckiego, które później rzucił dla greki i łaciny. A kiedy ja byłem jego studentem, już pasjonował się sanskrytem, sam się go nauczył i prowadził wykład, którego jedynym słuchaczem był, zdaje się, José León Herrera, przyjaciel Samuela Pereza Barreto. Niesforny Porras Barrenechea żartował: „Podobno doktor Tola zna sanskryt. Ale kto to może sprawdzić?".

Tola, który należał do kręgów nazywanych dobrym towarzystwem, stał się w tym czasie bohaterem niesłychanego skandalu, bo opuścił ślubną żonę i jawnie związał się ze swoją sekretarką. Dzielił z nią małe mieszkanko w alei Benavides w Miraflores, zapchane książkami, które pożyczał mi bez ograniczeń. Był wspaniałym profesorem i jego wykłady z łaciny często przeciągały się poza ustaloną godzinę. Rozkoszowałem się nimi i pamiętam, że spędzałem całe noce w natchnieniu i podnieceniu, tłumacząc inskrypcje z rzymskich kamieni nagrobnych na jego zajęcia. Czasem odwiedzałem go wieczorami w małym mieszkanku w alei Benavides, gdzie przesiadywałem godzinami, słuchając, jak rozprawia na swój ulubiony temat sanskrytu, który był jego obsesją. Przez trzy lata moich studiów nauczyłem się u niego o wiele więcej niż tylko łaciny; a na podstawie lektury książek o rzymskiej cywilizacji, które profesor Tola polecił mi przeczytać, powziąłem pewnego dnia zamiar napisania powieści o Heliogábalu, ale projekt ten, jak wiele innych z tamtych lat, pozostał tylko w zarysie.

W swoim instytucie językoznawstwa doktor Tola wydawał skromną kolekcję dwujęzycznych tekstów, więc zaproponowałem mu, że przetłumaczę tekst Rimbauda *Un coeur sous une soutane*, który doczekał się publikacji dopiero po trzydziestu latach, w pełni kampanii wyborczej. Po latach spotkałem doktora Tolę w Paryżu, gdzie przez pewien czas doskonalił swoją znajomość sanskrytu na Sorbonie. Później wyjechał do Indii, gdzie spędził wiele lat i ożenił się tam po raz trzeci, z miejscową kobietą, profesorem sanskrytu. Potem dowiedziałem się, że jego żona ścigała go po Ameryce Łacińskiej, bo ten perypatetyk i wiecznie młody mężczyzna osiadł wreszcie w Argentynie (tam ożenił się po raz czwarty, a kto wie, czy nie po raz dziesiąty). Był już wtedy międzynarodowym autorytetem, jeśli chodzi o znajomość tekstów wedycznych[*], autorem licznych traktatów i przekładów z sanskrytu oraz z języka hindi. Rozumiem, że od kilku lat zaniedbuje Indie, bo zainteresował się językiem chińskim i japońskim...

Inne seminaria, na które uczęszczałem z entuzjazmem na wydziale literatury, to zajęcia, które prowadził Luis Alberto Sánchez po powrocie z uchodźstwa w 1956, i dotyczyły literatury peruwiańskiej i hispanoamerykańskiej. Pamiętam przede wszystkim te ostatnie, bo dzięki nim odkryłem Rubéna Daría, którego twórczość doktor Sánchez objaśniał z takim zapałem i z taką znajomością rzeczy, że po wyjściu z wykładu pędziłem do biblioteki i prosiłem o książki, które

---

[*] Wedyzm – najstarsza religia w Indiach opierająca się na zasadach zawartych w świętych księgach – Wedach; z czasem przekształciła się w braminizm (przyp. tłum.).

nam komentował. Jak wielu czytelników, przed pójściem na to seminarium uważałem Daría za poetę przegadanego podobnie jak inni moderniści, byłem zdania, że jego twórczość pod warstwą słownej ekwilibrystyki, pięknych i melodyjnych, sfrancuziałych poetyckich obrazów nie miała w sobie nic głębszego poza konwencjonalnymi myślami zapożyczonymi od parnasistów. A tymczasem na seminarium poznałem prawdziwego i odważnego Daría, inicjatora nowoczesnej poezji hiszpańskiej, bo przecież bez jego wielkiej rewolucji w słownictwie byliby nie do pomyślenia tacy wielcy twórcy jak Juan Ramón Jiménez i Antonio Machado w Hiszpanii oraz hispanoamerykańscy Vallejo i Neruda.

W odróżnieniu od Porrasa, Sánchez rzadko przygotowywał swoje wykłady. Ufał własnej wspaniałej pamięci, więc improwizował, ale był bardzo oczytany i kochał książki, a jeżeli chodzi o twórczość Daría, to znał ją do głębi i był w stanie zaprezentować poetę w całej jego tajemniczej wielkości, którą w dużym stopniu ukrywa modernistyczna fasadowość.

Dzięki temu seminarium zdecydowałem, że moja praca dyplomowa z literatury będzie dotyczyła twórczości Daría i od 1957 roku zacząłem w wolnych chwilach robić notatki i sporządzać fiszki. Dyplom był mi potrzebny, skoro miałem zamiar robić karierę profesora uniwersytetu, a dzięki Augustowi Ramayo Vargasowi wykonałem już pierwszy krok w tym kierunku. Poza tym musiałem w terminie skończyć studia na wydziale literatury i przedstawić pracę dyplomową, żeby starać się o stypendium Javiera Prady na zrobienie doktoratu w Hiszpanii.

Marzenie o tym stypendium nigdy mnie nie opuszczało. Był to jedyny sposób, abym mógł pozwolić sobie na wyjazd do Europy teraz, kiedy już byłem żonaty. Inne stypendia literackie, te z Instytutu Kultury Hiszpańskiej, pozwalały przeżyć z trudem jednej osobie, a nie małżeństwu. Natomiast stypendium Javiera Prady obejmowało jeden bilet lotniczy do Madrytu, który można było rozłożyć na dwa trzeciej klasy na statku, i miesięcznie dostawało się sto dwadzieścia dolarów, co w Hiszpanii w latach pięćdziesiątych stanowiło fortunę.

Myśl o wyjeździe do Europy tkwiła mi w głowie przez te wszystkie lata, nawet wówczas, kiedy dzięki miłości lub przyjaźni żyłem intensywnie i czułem się szczęśliwy. Jakiś mały robak trawił moje sumienie następującymi pytaniami: Czy zostaniesz pisarzem? Kiedy zaczniesz nim być? Chociaż moje artykuły i opowiadania, które publikowano w dodatku „Dominical" do dziennika „El Comercio", w „Cultura Peruana", albo w „Mercurio Peruano", dawały mi chwilowe wrażenie, że już zacząłem być pisarzem, jednak wkrótce otwierały mi się oczy. Nie, nie byłem pisarzem. Teksty powstające mimochodem, w przerwach, kiedy byłem bez reszty zajęty innymi pracami, stwarzały tylko pozory. Zostanę pisarzem jedynie wtedy, gdy poświęcę się pisaniu rano, po południu i wieczorem, wkładając w to zajęcie całą energię, którą teraz marnotrawię na tyle innych prac. I jeśli będę czuł, że otoczenie mnie stymuluje, że żyję w środowisku, w którym pisanie nie jest postrzegane jako działalność ekstrawagancka i błaha, ciesząca się niewielkim szacunkiem w moim kraju. Takie otoczenie było dla mnie ważne. Czy pewnego dnia będę mógł zamieszkać w Paryżu? Popadałem w wielkie przygnębienie, kiedy myślałem sobie, że jeśli nie otrzymam stypendium Javiera Prady, które pomogłoby mi wyjechać do Europy, to nigdy nie dotrę do Francji i będę żył sfrustrowany jak tylu innych Peruwiańczyków, których literackie powołanie nigdy nie wykroczyło poza początkową fazę.

Trzeba przy tym powiedzieć, że był to stały temat rozmowy z Luchem i Abelardem. Zwykle wpadali na moje poddasze w Radio Panamericana po wiadomościach o szóstej i do następnego dziennika mogliśmy razem spędzać chwilę czasu, wypić kawę w jednym ze starych lokali na placu broni albo w La Colmena. Zachęcałem ich do wyjazdu do Europy. Razem łatwiej nam będzie dać sobie radę z problemami utrzymania; no i tam napiszemy upragnione tomy. Celem byłby Paryż, ale gdyby to się nie udało, zatrzymalibyśmy się w Monte

Carlo, w księstwie Monako. Wciąż powtarzana nazwa tego miejsca zamieniła się w hasło i odzew naszej trójki i czasem, kiedy byliśmy w towarzystwie innych przyjaciół, jeden z nas wymawiał symboliczną formułę – Monte Carlo, księstwo Monako – a reszta towarzystwa czuła się zaskoczona.

Lucho był zdecydowany na wyjazd. Myślę, że prawnicza praktyka przekonała go ostatecznie, że zawód ten budzi w nim taką samą niechęć jak we mnie i myśl o spędzeniu jakiegoś czasu w Europie dodawała mu otuchy. Ojciec obiecał wspomóc go finansowo, kiedy obroni dyplom. To ożywiło jego zapał do rozpoczęcia przygotowań do pracy dyplomowej, by zakończyć studia.

Wyjazd Abelarda był bardziej skomplikowany, bo właśnie urodziła mu się córeczka. A z rodziną sprawa wyjazdu była ryzykowna i kosztowna. Jednak Abelardowi udzielał się czasem mój entuzjazm i także zaczynał fantazjować: poprosi o stypendium, jakie przyznają władze włoskie na studia doktoranckie z dziedziny prawa. Stypendium i trochę oszczędności wystarczy na podróż. On też pojechałby do Europy *des anciens parapets* i stawiłby się na honorowe spotkanie literackie w Monte Carlo, w księstwie Monako.

Obok wspólnych projektów i marzeń do umocnienia przyjaźni przyczyniały się również pewne lokalne perypetie literackie. Pamiętam zwłaszcza jedną, bo byłem jej detonatorem. Od czasu do czasu pisywałem recenzje książek dla suplementu „Dominical" dziennika „El Comercio". Abelardo dał mi do zrecenzowania antologię poezji hispanoamerykańskiej, zebraną i przetłumaczoną na francuski przez hispanistkę Mathilde Pomès. W recenzji, o zgrozo, nie poprzestałem na krytyce książki, ale popełniłem błąd, wystawiając, ogólnie rzecz biorąc, surowe oceny pisarzom peruwiańskim, zwłaszcza tym *telúricos*, indygenistom, regionalistom i autorom utworów obyczajowych, a przede wszystkim moderniście José Santosowi Chocanowi.

Odpowiedziało mi wielu pisarzy – między nimi Alejandro Romualdo w artykule zamieszczonym w piśmie „1957", który nosił tytuł

No solo los gigantes hacen la historia (Nie tylko giganci tworzą historię), i poeta Francisco Bendezú, wielki promotor „*huachaferíai*"* w literaturze i w życiu, który oskarżył mnie o to, że znieważyłem honor narodu, bo obraziłem znakomitego barda Santosa Chocana. Odpowiedziałem mu długim artykułem, do którego Lucho Loayza dołączył się ze swoją lapidarną wypowiedzią. Sam Augusto Tamayo Vargas napisał tekst w obronie literatury peruwiańskiej, przypominając mi, że „należałoby wreszcie wyrosnąć z młodzieńczego wieku". Wówczas przypomniałem sobie, że jestem asystentem w katedrze tej literatury, którą atakuję (myślę, że w moich artykułach uratowali się przed ludobójstwem tylko César Vallejo, José María Eguren i César Moro), więc się przestraszyłem, że wskutek tak niestosownego zachowania Augusto odbierze mi posadę. Ale był zbyt uczciwy, aby tak postąpić, i z pewnością pomyślał, że z czasem będę miał więcej szacunku i przychylności dla rodzimych pisarzy (tak też się stało).

Te drobne polemiki oraz kłótnie literackie i artystyczne – zdarzały się często – chociaż miały bardzo ograniczone reperkusje, dawały wyobrażenie o tym, że życie kulturalne, choćby nie wiem jak skromne, jednak w tamtym czasie w Limie istniało. Były ku temu warunki, ponieważ rządy Prady przyniosły krajowi pomyślność gospodarczą i na pewien czas Peru otworzyło się na wymianę ze światem. Naturalnie działo się tak bez wprowadzania zmian systemowych – biedny Peruwiańczyk nadal był pogrążony w biedzie i miał niewielkie możliwości zdobycia lepszej pozycji – ale rządy Prady przyniosły okres prosperity klasie średniej i wyższej. Była to głównie zasługa jednej z odważnych i zaskakujących inicjatyw tego kreolskiego polityka, bardzo zręcznego i sprawnego, jakim był Manuel Prado (tymczasem nazywają go w Peru wielkim bojaźliwym tchórzem!). Najostrzejszym krytykiem jego rządów był właściciel pisma „La Prensa", Pedro Beltrán, który w swojej gazecie codziennie atakował politykę gospodarczą rządu.

---

* Słowo *huachafería* – w Peru oznacza śmieszność, zły gust (przyp. tłum.).

Pewnego dnia Prado wezwał Beltrána i zaproponował mu stanowisko ministra finansów oraz premiera, dając wolną rękę, aby robił to, co uzna za stosowne. Beltrán tę propozycję zaakceptował i przez dwa lata prowadził konserwatywną politykę monetarystyczną, której nauczył się w latach swoich studiów w London School of Economics: rygor podatkowy, zrównoważony budżet, otwarcie się na międzynarodową konkurencję, świeże powietrze dla przedsiębiorstw i dla prywatnych inwestycji. Gospodarka wspaniale zareagowała na tę kurację: pieniądz się umocnił – nigdy już nie był tak wypłacalny jak w owym czasie – inwestycje krajowe i zagraniczne rozmnożyły się, wzrosło zatrudnienie i przez kilka lat kraj żył w klimacie optymizmu i bezpieczeństwa.

Na polu kultury efekty były takie, że ze wszystkich stron napływały do Peru książki, przyjeżdżali muzycy i zespoły teatralne oraz wystawy zagraniczne – Instytut Sztuki Współczesnej utworzony przez prywatną grupę działaczy, którym przez pewien czas kierował Sebastián Salazar Bondy, sprowadzał najwybitniejszych artystów kontynentu, między nimi znaleźli się Matta i Lam, wielu z Ameryki Północnej i z Europy – możliwe było wydawanie książek i czasopism kulturalnych („Literatura" to jedno z nich, ale było ich o wiele więcej, nie tylko w Limie, ale również w takich miastach jak Trujillo i Arequipa). Poeta Manuel Scorza zainicjował w tamtych latach popularne edycje książek, które miały ogromne powodzenie i pozwoliły mu zgromadzić niewielką fortunę. Cechująca go socjalistyczna odwaga uległa jednak osłabieniu, bo w jego postawie można było doszukać się cech najdzikszego kapitalizmu: wypłacał autorom – o ile to robił – nędzne tantiemy i argumentował, że powinni ponosić ofiary na rzecz kultury, a tymczasem sam jeździł najnowszym buickiem w kolorze purpury, z biografią Onassisa w kieszeni. Chcąc mu dokuczyć, kiedy byliśmy razem, miałem zwyczaj recytować najmniej chwalebny z jego wierszy: „Peru, na próżno wypluwam twe imię".

Jednakże nikt poza małą grupą dziennikarzy, którzy pracowali z nim w „La Prensa", nie doceniał pracy Beltrána w kierowaniu polityką gospodarczą. Nawet nie doczekał się przychylnych ocen tego, co zdziałał w tamtych latach w dziedzinie polityki rynkowej, prywatnej przedsiębiorczości i międzynarodowego otwarcia. Wręcz przeciwnie. Wizerunek Beltrána był nieustannie i bezpardonowo atakowany przez lewicę. W tamtym czasie socjalizm zaczął burzyć bunkry, w których trwał okopany na zesłaniu, i zdobywać sobie przestrzeń w opinii publicznej. Populistyczna filozofia na rzecz gospodarczego nacjonalizmu, wzrostu roli państwa i interwencjonizmu państwowego, co do tej pory było monopolem APRA i słabej marksistowskiej lewicy, teraz szerzyła się i rozmnażała w innych wersjach z poparciem Belaúndego Terry, który stworzył partię Akcja Ludowa i w tamtym okresie obwoził swoje przesłanie z miasteczka do miasteczka, po całym Peru; udzieliła mu także poparcia Chrześcijańska Demokracja, w której radykalna tendencja Cornejo Chaveza wciąż przybierała na sile, a także grupa nacisku – Społeczny Ruch Postępowy – uformowana przez lewicowych intelektualistów, która, chociaż w masowej skali była niczym, miała duże znaczenie dla kultury politycznej epoki.

(Po upływie ponad dwóch lat przepracowanych w rządzie Prady z przekonaniem, że sukces jego polityki gospodarczej przyniósł mu popularność, Pedro Beltrán zrezygnował ze stanowiska ministra, aby rozpocząć akcję polityczną z zamiarem wystartowania w wyborach prezydenckich w 1962 roku. Jego próba nie powiodła się na skutek skandalicznego wydarzenia po jego pierwszym wyjściu na ulicę. Manifestacja, którą Beltrán zwołał do budynku gimnazjum na La Recoleta, została rozgromiona przez bojówki aprystowskie nazywane „bawołami" i żałośnie się zakończyła. Beltrán nie otrzymał już żadnego politycznego stanowiska, a kiedy nastały czasy dyktatury Velasca, jego dziennik został skonfiskowany, podobnie jak hacjenda Montalbán, a dom z epoki kolonialnej, w którym mieszkał w centrum Limy, został zburzony pod pretekstem konieczności wytyczenia nowej ulicy. Beltrán wyjechał za granicę, a ja poznałem go w Barcelonie w latach siedemdziesiątych dzięki dziennikarce Elsie Arana Freire.

Był już wtedy starym człowiekiem, który wypowiadał się z patetyczną nostalgią o swoim starym kolonialnym domu w Limie zburzonym przez złośliwość i głupotę jego politycznych nieprzyjaciół).

Z taką samą odwagą, z jaką mianował Beltrána swoim ministrem finansów, prezydent Prado pewnego pięknego dnia powierzył Porrasowi Barrenechei stanowisko ministra spraw zagranicznych. Odkąd został senatorem, Porras rozwijał znakomitą działalność w parlamencie. Razem z innymi niezależnymi senatorami, zarówno z Akcji Ludowej, jak i z Chrześcijańskiej Demokracji, przewodził kampanii na rzecz zbadania przez parlament przestępstw politycznych i gospodarczych popełnionych przez dyktaturę Odríi. Inicjatywa nie powiodła się, bo większość, jaką mieli zwolennicy Prady wraz ze swymi sojusznikami z opozycji (prawie wszyscy pochodzący z listy, z której wywodził się Porras), a także sami zwolennicy Odríi, zablokowali te starania. To sprawiło, że Porras Barrenechea stał się senatorem opozycji przeciw rządom Prady i w tej roli działał sprawnie i bezceremonialnie. Z tego powodu jego nominacja na stanowisko ministra była dla wszystkich zaskoczeniem, łącznie z samym Porrasem, który pewnego popołudnia, kompletnie oszołomiony, przekazał tę wiadomość mnie i Carlosowi Araníbarowi: w rozmowie telefonicznej, która trwała dwie minuty, prezydent właśnie ofiarował mu ministerstwo.

Przypuszczam, że zaakceptował tę propozycję na skutek pewnej dozy próżności, a także jako rekompensatę za niezdobyte stanowisko rektora, co stanowiło bolesną ranę w jego życiu. Na skutek działalności ministerialnej jego praca nad książką o Pizarze została całkowicie sparaliżowana.

Niedługo po tej akcji prezydent Prado przeprowadził inną, równie spektakularną, która rozpaliła do czerwoności plotkarskie kręgi w Limie: zdołał uzyskać stwierdzenie nieważności swego kościelnego ślubu po czterdziestu latach współżycia z żoną (i matką swoich dzieci), a to z powodu „formalnego błędu" (przekonał Watykan, że ożeniono go bez jego zgody). I natychmiast – przecież był człowiekiem zdolnym do każdego czynu, przy czym, jak wszyscy niegodziwcy na świecie, był czarujący – poślubił w Pałacu Rządowym swoją wieloletnią kochankę. Tego wieczoru, kiedy odbywał się ślub, widziałem na własne oczy, krążąc po placu broni w Limie, naprzeciwko Pałacu Rządowego, że zupełnie jak w jednej z tradycyjnych opowieści Ricarda Palmy o czasach wicekrólestwa, grupa dam wywodzących się z najznakomitszych rodów w Limie, ubranych w eleganckie mantyle, z różańcami w ręku, podtrzymywała wielki plakat z napisem „Niech żyje nierozerwalność małżeństwa katolickiego".

XVIII. Brudna wojna

8 stycznia 1990 zamknięto listy kandydatów do parlamentu narodowego. A następnego dnia zaczęła się telewizyjna promocja naszych kandydatów do Senatu oraz na miejsca deputowanych, której skutki były wyniszczające, zwłaszcza jeżeli chodzi o to, o czym mówiłem od sierpnia 1987.

W Peru istnieje głosowanie preferencyjne. Poza wyborem określonej listy na senatorów i posłów, głosujący może zaznaczyć swoje poparcie dla dwóch kandydatów na każdej liście. Do Kongresu wchodzi liczba senatorów i posłów proporcjonalna do procentu głosów otrzymanych na danej liście. Kolejność, z jaką wchodzą do Izby, określa głosowanie preferencyjne.

Argument na rzecz tego systemu był taki, że chciano pozwolić wyborcom na zweryfikowanie decyzji partyjnych co do kolejności na listach. Myślano, że w ten sposób powstrzyma się wysuwanie kandydatów na pierwsze miejsca i zostawi się wyborcy możliwość oczyszczenia partyjnych metod selekcji kandydatów. Jednak w praktyce głosowanie preferencyjne okazało się systemem przewrotnym, który przesuwał rywalizację wyborczą do wewnątrz list parlamentarnych, bo każdy kandydat starał się zdobyć przewagę nad swoimi towarzyszami.

Aby osłabić złe skutki tej praktyki, opracowaliśmy przewodnik z wytycznymi, punktując newralgiczne tematy programu, po czym rozprowadziliśmy go wśród naszych kandydatów w Ruchu Wolność. Lucho Bustamante, Jorge Salmón, Freddy Cooper i ja prosiliśmy, by nie obiecywano niczego ani nie uciekano się do kłamstw i udzielania sprzecznych informacji. Od czasów CADE cała kampania wyborcza była wielkim obciążeniem, bo apryści i socjaliści sprzeciwiali się naszemu programowi, a my nie mogliśmy stwarzać przeciwnikom okazji, aby burzyli to, co zdołaliśmy wybudować. Ważne było także, by niczego nie roztrwonić. Jorge Salmón zrobił wykład o ryzyku, jakie niesie ze sobą zbytnie przeładowanie ekranów telewizyjnych propagandowymi spotami.

Było tak, jakby usłyszano padający deszcz. Zaledwie garstka – mniej niż dziesięciu w każdym razie – zadała sobie trud zorganizowania własnej kampanii, dostosowując to, co głosili, do naszego programu rządzenia. Nie wykluczam z tego kandydatów Ruchu Wolność, z których wielu ponosiło odpowiedzialność za takie praktyki.

Od 9 stycznia, kiedy dzienniki w Limie ukazały się ze zdjęciem na całą stronę twarzy Alberta Borei Odríi, kandydata Ludowej Partii Chrześcijańskiej do godności senatora, aż do końca marca – to znaczy niemal do wyborów – kampania naszych kandydatów na rzecz głosowania preferencyjnego rozwijała się w sposób przedziwny i anarchiczny, dochodząc do skrajności, co budziło śmiech i sprzeciwy. „Jeżeli to, co robią, budzi we mnie taką odrazę – mówiłem wielokrotnie do Patrycji – to jaka może być reakcja przeciętnego człowieka na podobne widowisko?"

Wszystkie prywatne kanały telewizyjne od rana do nocy wypluwały z siebie twarze naszych kandydatów z tekstami propagandowymi, w których marnotrawstwo często szło w parze z bezguściem, a wiele z nich głosiło wszystko, co tylko można było sobie wyobrazić, i niestety pozostawało w krzyczącej sprzeczności z najbardziej elementarnymi zasadami naszej liberalnej filozofii. Jedni obiecywali prace publiczne, inni kontrolę cen i tworzenie nowych usług, ale większość nie odnosiła się do żadnej idei, tylko ograniczała do promocji własnej twarzy i swojego numeru na liście, w sposób hałaśliwy i denerwujący. Pewnego kandydata na senatora reklamowano za pomocą arii operetkowej w wykonaniu jakiegoś barytona, a jeden z kandydatów na posła, chcąc pokazać swoje uczucia dla ludu, zjawiał się w otoczeniu Mulatek o tłustych pośladkach tańczących rytmy afro; inny płakał w otoczeniu staruszków i drżącym głosem wyrażał współczucie dla ich doli.

Propaganda kandydatów Frontu opanowała media audiowizualne i w lutym oraz na początku marca stwarzała wrażenie, że istnieją tylko oni. Kandydaci z innych list zupełnie zniknęli albo zjawiali się w mediach tak rzadko, że wyglądali jak pigmeje w konkurencji z olbrzymami albo, mówiąc bardziej precyzyjnie, jak przymierający głodem wobec milionerów.

Alan García wystąpił w telewizji, aby wytłumaczyć, że dokonał obliczeń, z których wynikało, iż wielu kandydatów na senatorów i posłów z Frontu Demokratycznego wydało już na telewizyjne spoty więcej pieniędzy, niż będą w stanie zarobić przez pięć lat swojej kadencji, jeżeli zostaną wybrani. Albowiem są sponsorowani przez grupy oligarchów, których interesów będzie bronił Kongres przeciwko interesom peruwiańskiego narodu. Jakże inaczej ci parlamentarzyści mieliby wynagrodzić swoich szczodrych mecenasów?

Chociaż prezydent García nie wydawał się osobą najbardziej odpowiednią do głoszenia podobnych zastrzeżeń, wielu ludziom musiało utkwić w głowie, że taka przesadna propaganda ukrywa coś niejasnego. A innym wyborcom, których jest bardzo wielu, tym, którzy nie analizują, tylko działają pod wpływem impulsów, musiała po prostu nie podobać się taka arogancka demonstracja siły ekonomicznej i zapewne gasiła entuzjazm, który początkowo odczuwali wobec tego, co wydawało się propozycją nową i czystą. Wielu spośród kandydatów nie było nowymi osobami, stanowili raczej samą śmietankę kreolskich politykierów i o prawie żadnym z nich nie można było powiedzieć, że jest czysty, bo jego działalność w poprzednich rządach pozostawiła karygodne plamy.

Już w pierwszych sondażach, które przeprowadziła Sawyer/Miller Group, był widoczny negatywny wpływ takiej rozbuchanej propagandy na wyborców o niskich dochodach, czyli na tych, których oficjalna propaganda zadręczała hasłem, że jestem kandydatem bogatych. Czy może być bardziej ostentacyjny pokaz bogactwa niż to, co oglądano w telewizorach? Wszystko, co można było osiągnąć przez minione półtora roku na rzecz liberalnej reformy dzięki moim wystąpieniom, straciliśmy w ciągu tych dni i tygodni na skutek lawiny obwieszczeń i plakatów propagandowych, które zdominowały ekrany telewizji, stacje radiowe, mury, gazety i czasopisma. W tym zamęcie, w którym szermowano emblematem Frontu Demokratycznego – schody o prehiszpańskim profilu – w celu promowania najbardziej sprzecznych tez i sformułowań, moje przesłanie straciło swoje reformatorskie oblicze. I moja osoba została pomylona z postaciami zawodowych polityków, a także z tymi, którzy zachowywali się, jakby nimi byli.

W lutym sondaże zarejestrowały spadek liczby tych, którzy mieli zamiar na mnie głosować. O niewiele punktów, jednak oddalały mnie od pięćdziesięciu procent, których koniecznie potrzebowałem w pierwszej turze. Freddy Cooper zwołał zebranie kandydatów do parlamentu z Frontu Demokratycznego. Wytłumaczył im, co się dzieje, i zaproponował, aby zaprzestali nadawać spoty propagandowe. Tylko garstka wzięła udział w zebraniu. A Freddy był zmuszony stawić czoła pewnego rodzaju rebelii; kandydaci Ludowej Partii Chrześcijańskiej i Akcji Ludowej wyraźnie i bez ogródek oznajmili, że nie spełnią jego prośby, bo to sprzyjałoby kandydatom Ruchu Wolność, którzy zaczęli swoją kampanię wcześniej niż sojusznicy.

Podczas gdy działo się to wszystko, ja podróżowałem po departamencie Lambayeque, na północy kraju, tak więc dopiero po powrocie do Limy zostałem o sprawie poinformowany. Spotkałem się z Belaúndem i Bedoyą, których zapewniłem, że jeśli nie położymy kresu rozpasaniu propagandowemu, przegramy wybory. Obaj prosili, aby przedyskutować sprawę w Radzie Wykonawczej Frontu, co oznaczało stratę wielu dni.

Na zebraniu Rady wyszła na jaw wewnętrzna słabość sojuszu. Wyjaśnienia szefa kampanii, z sondażami w ręku, o fatalnych skutkach promocji głosowania preferencyjnego, nie poruszyły członków Rady, z których prawie wszyscy byli kandydatami do Senatu albo na deputowanych. W imieniu Ludowej Partii Chrześcijańskiej senator Felipe Osterling wytłumaczył, że wielu kandydatów jego partii czeka do ostatnich tygodni z rozpoczęciem swojej propagandy wyborczej i że stawianie im teraz przeszkód byłoby niesprawiedliwe i dyskryminujące, a ponadto ryzykowalibyśmy, że nas nie posłuchają. A w imieniu Akcji Ludowej senator Gastón Acurio szermował podobnymi argumentami oraz dodatkowo takim, z którym zgodziło się wielu obecnych: ograniczenie naszej reklamy oznaczałoby pozostawienie wolnej drogi dla niezależnych kandydatów, na których czele stał bankier Francisco Pardo Mesones i którzy także uprawiali wiele propagandy. Lista Pardo Mesonesa reklamowała się hasłem „Jesteśmy wolni", a Acurio rozśmieszył Radę Wykonawczą swoim hasłem „Jesteśmy bogaci". Czy mielibyśmy uciszyć naszych kandydatów i przygotować parlamentarne legowisko bankierom spod hasła „Jesteśmy bogaci"? W rezultacie przyjęto łagodne porozumienie zachęcające kandydatów do złagodzenia ich propagandy.

Tego samego dnia, w niedzielę, w wywiadzie telewizyjnym, którego udzieliłem Césarowi Hildebrandtowi, powiedziałem, że wybryki naszych kandydatów są w oczach Peruwiańczyków wyrazem ofensywnego marnotrawstwa, a poza tym rozmazują idee zawarte w naszym programie, więc nawoływałem, by się opamiętali. Jeszcze trzykrotnie to zrobiłem, ale kandydaci Ruchu Wolność nawet nie zwrócili na mnie uwagi. Trzeba przyznać, że jedynym wyjątkiem był

Miguel Cruchaga, który tego samego dnia, kiedy wygłosiłem swoje oświadczenie, przerwał propagandę wyborczą. A kilka tygodni później na konferencji prasowej Alberto Borea oznajmił, że szanuje moje upomnienia i kończy swoją kampanię. Jednak do wyborów pozostało już tylko niewiele dni i wyrządzone szkody były nie do naprawienia. Nie wszyscy nasi kandydaci przekraczali rozsądną miarę, bo nie wszyscy mieli na to środki. Jednak niektórzy zachowywali się w tak nieobliczalny sposób, że złe wrażenie szkodziło całemu Frontowi, a przede wszystkim mnie. To był powód spadku poparcia o dwadzieścia procent, co według sondaży poprawiło notowania inżyniera Alberta Fujimoriego, który w styczniu i w lutym, a nawet jeszcze w pierwszej dekadzie marca, miał tylko niezmienne jednoprocentowe poparcie.

Mimo przeładowanego kalendarza zajęć, z którego usiłowałem wywiązywać się każdego dnia, zaistniałe okoliczności kazały mi zastanowić się poważnie nad tym, co może oznaczać w przyszłości moja wygrana w wyborach. Nasz sojusz trzymał się na glinianych nogach, a poparcie przez jego przywódców głoszonych przeze mnie idei, zasad moralnych i propozycji było podporządkowane wyłącznie politycznym interesom. Nic nie gwarantowało mi zgody większości parlamentarnej – gdybyśmy ją zdobyli – na wprowadzenie reform liberalnych. Można byłoby ją zdobyć tylko za pomocą silnej presji opinii publicznej. Dlatego wszystkie moje wysiłki skoncentrowały się, począwszy od stycznia, na zdobywaniu poparcia społeczeństwa w takich prowincjach oraz regionach interioru, których do tej pory nie odwiedziłem albo przejechałem przez nie w dużym pośpiechu.

W czasie objazdu departamentu Lambayeque odwiedziłem po raz pierwszy spółdzielnie rolnicze w Cayaltí i Pomalce, uważane za silne przyczółki apryzmu. Jednak w obydwóch miejscach mogłem przemawiać bez przeszkód, wyjaśniając, na czym będzie polegała prywatyzacja ziemi i przekształcanie kompleksów rolnych w prywatne przedsiębiorstwa, w których spółdzielcy staną się akcjonariuszami. Nie wiem, czy mnie zrozumiano, ale zarówno w Cayaltí, jak i w Pomalce widziałem przychylne uśmiechy na twarzach rolników i robotników, którzy mnie słuchali, kiedy mówiłem, że będą mieli szczęście uprawiać żyzne ziemie i że bez kontroli cen, bez państwowych monopoli pierwsi odczują dobrodziejstwo liberalizacji. A tymczasem w cukrowniach w Ferreñafe, w Lambayeque, w Sañi, na wielkim wiecu w Chiclayo, także w gorących małych miasteczkach departamentu moja kampania przyjęła w tych dniach postać hałaśliwej fiesty z nieodzownymi tańcami i piosenkami z północy kraju, które otwierały i zamykały wiece. Wesołość i entuzjazm ludzi były najlepszym lekiem na zmęczenie. A także czymś, co pozwalało zapominać na chwilę o złowrogiej twarzy kampanii: o przemocy.

9 stycznia były minister obrony, generał wojska Enrique López Albújar został zamordowany na ulicach Limy przez terrorystyczne komando; nigdy nie wyjaśniono, dlaczego tamtego ranka, kiedy dokonano zamachu, generał nie miał ochrony. Ponieważ siostry generała Lopeza Albujara były aktywistkami Ruchu Wolność w Tacnie, przerwałem swoją podróż po północnych rejonach Peru i wróciłem do Limy, aby uczestniczyć w egzekwiach. To morderstwo zapoczątkowało eskalację zbrodni politycznych, za pomocą których Świetlisty Szlak i MRTA próbowały udaremnić proces wyborczy. W styczniu i w lutym ponad sześćset osób zginęło na skutek politycznej przemocy i zarejestrowano około trzystu zamachów.

Także wśród tych, którzy działali w zgodzie z prawem, bliskość wyborów powodowała pojawienie się wynaturzonych zachowań. APRA, wracając do metod, które uczyniła sławnymi w peruwiańskiej historii – ich symbolem stały się kamień, pistolet i pałka – zaczęła atakować nasze wiece za pomocą grup osiłków, którzy mieli za zadanie rozpędzać zgromadzenia. Często dochodziło do potyczek, które kończyły się odwożeniem rannych do szpitali. Nigdy nie uniemożliwiono nam manifestacji, ale w czasie jednej z podróży w głąb departamentu La Libertad miały miejsce wypadki, które omal nie zakończyły się tragedią.

W tym północnym departamencie, który był kolebką i bastionem partii APRA, znajdują się najważniejsze spółdzielnie wybrzeża, takie jak Casagrande i Cartavio, które postanowiłem odwiedzić. W Casagrande, chociaż wroga manifestacja osiłków wzniecała piekielny hałas – ulokowali się na dachach i u wylotów ulic na plac – były senator, który dawniej należał do APRA, Torres Vallejo i ja zdołaliśmy przemówić z platformy ciężarówki, a nawet dokonać pieszego obchodu tego miejsca przed odjazdem. Ale w Cartavio przygotowano na nas zasadzkę. Wiec przebiegł bez incydentów. Zaraz po jego zakończeniu, kiedy karawana naszych samochodów przygotowywała się do odjazdu, zostaliśmy zaatakowani przez hordę uzbrojoną w kamienie, białą broń, a niektórzy napastnicy mieli pistolety i rzucali w nas płonące opony. Ja już siedziałem w furgonetce, która podobno była opancerzona, ale jedna z szyb została stłuczona kamieniami; mimo chwilowego chaosu zdołałem złapać za rękę jednego z moich ochroniarzy, kiedy spostrzegłem, że z przerażenia i wściekłości zamierza z bardzo bliska strzelać do napastników, na czele których stali przywódcy z miejscowej APRA – Benito Dioces Briceño i Silverio Silva. Cztery samochody naszej karawany zostały zniszczone i spalone, a jednym z rannych był angielski dziennikarz Kevin Rafferty, który jeździł za mną po północnych terenach Peru i który, jak mi opowiadano, zachował najbardziej niewzruszony spokój, kiedy krew spływała mu po twarzy. Podobną równowagę ducha okazali mój szwagier Luis Llosa, który zawsze zostawał w tyle, by sprawdzić, czy ekipy telewizji i nagłośnienie są pilnowane, i Manolo Moreyra, przywódca SODE, który jak zwykle został na miejscu, by skontrolować teren po zakończeniu manifestacji. Atak nie dał im czasu na dotarcie do samochodów. Wtedy zmieszali się z napastnikami, którzy na szczęście ich nie rozpoznali, i dzięki temu zdołali uniknąć niezłego lania. Epizod ten wywołał wiele protestów, a prezydent García pogorszył jeszcze sytuację, mówiąc w telewizji, że nie warto robić tyle hałasu „z powodu kilku kamyków, które spadły na Vargasa Llosę".

Rzeczywiście kamienie były sprawą drugorzędną w brudnej wojnie przygotowanej przeciwko mnie przez Garcíę i jego zwolenników na ostatnim etapie kampanii. Podstawowe znaczenie miały akcje dyskredytujące moją osobę, a od stycznia poświęcał się im cały rząd pod kierunkiem ministra gospodarki. Były coraz częstsze i coraz intensywniejsze aż do wyborów. Można by je wyliczać w nieskończoność, ale warto wskazać te najbardziej jaskrawe, bo pokazują złoża brudu, a czasem i niezamierzonej śmieszności, do jakiej ich prowodyrzy sprowadzili proces wyborczy.

28 stycznia 1990 minister gospodarki, César Vásquez Bazán – najbardziej niekompetentny wśród bezwartościowych typków, jakim Alan García powierzył ministerialne teki w swoim rządzie – wystąpił w telewizji w programie *Panorama* Kanału 5, wzywając mnie, abym pokazał moje deklaracje podatkowe od 1984 roku i dowiódł, że zapłaciłem podatki. Następnego dnia pewien senator ze Zjednoczonej Lewicy, Javier Díez Canseco, pokazał w telewizji owe deklaracje, zapewniając, że zawarte w nich dane, „z wyjątkiem wpływów z praw autorskich", budzą wątpliwości. Twierdził, że zaniżyłem wartość mego domu w Barranco, aby uniknąć zapłaty podatków.

W ten sposób zaczęła się zataczająca z dnia na dzień coraz szersze kręgi kampania, w której uczestniczyli domniemani przeciwnicy – rząd aprystowski i ekstremalna lewica reprezentowana przez PUM – mająca na celu pokazanie krajowi, że przez ostatnie pięć lat uchylałem się od swoich obowiązków wobec fiskusa. Pamiętam przemożne uczucie wstrętu, które ogarniało mnie przy tych rzadkich okazjach, kiedy mogłem zobaczyć Vásqueza Bazána (dzisiaj jest zbiegiem przed peruwiańskim wymiarem sprawiedliwości) na ekranie telewizji, gdy formułował swoje kłamstwa. Chociaż był kłamcą do szpiku kości, masowa i zsynchronizowana propaganda, która towarzyszyła mu przez wiele miesięcy, i posługiwanie się instytucjami państwowymi do fałszowania prawdy były tak potężne, że przypisały kłamstwu główną rolę w końcowym okresie wyborów.

To bardzo trudne, a nawet niemożliwe, by pisarz uchylał się od płacenia podatków od dochodów otrzymywanych z tytułu praw autorskich. Są potrącane w kraju, w którym wydaje się jego książki, przez samego wydawcę. Utrzymywanie się z praw autorskich jest bardzo rzadkie wśród pisarzy peruwiańskich i dlatego przekonsultowałem moją sytuację na wiele lat przed kampanią wyborczą z najgłośniejszym w kraju adwokatem specjalizującym się w prawie podatkowym, a ponadto moim bliskim przyjacielem, Robertem Dañino. To on – a raczej jego kancelaria, zwłaszcza doktor Julio Gallo – zajmował się od dłuższego czasu moimi deklaracjami podatkowymi. Bardzo dobrze wiedziałem, że odkąd zaangażowałem się w politykę, wszystko w moim życiu będzie dokładnie sprawdzane w poszukiwaniu słabych punktów, więc byłem wyjątkowo ostrożny przy składaniu władzom skarbowym oświadczeń o moich dochodach.

Moje książki nie były wydawane w Peru, zatem płaciłem podatki w krajach, w których je tłumaczono i publikowano. Prawo peruwiańskie dopuszcza, by podatnik odliczał od podatków do zapłacenia w Peru kwotę przekazaną przez niego fiskusowi z dochodów uzyskiwanych za granicą. Ale zamiast stosować się do tej procedury, ja posługiwałem się w Peru – gdzie nie miałem dochodów – prawem do zwolnienia z opodatkowania dzieł uznanych za wartość artystyczną. Taką ustawę przedstawiła w Kongresie partia APRA w 1965 roku[*] i zaakceptował ją parlament, który w większości składał się z będących sojusznikami członków APRA i zwolenników Odríi. (Przypomnę, że mój program rządzenia rozważał wyeliminowanie w s z y s t k i c h ulg podatkowych, zaczynając właśnie od tej ustawy). Chcąc, aby moje książki były włączone do kategorii wartości artystycznych, musiałem przejść z każdą z nich przez odpowiednią procedurę w Narodowym Instytucie Kultury i w Ministerstwie Edukacji, które ostatecznie wydawało stosowne postanowienie. Rząd Alana Garcíi przeprowadził tę

[*] Ustawa 15792 z 14 grudnia 1965.

procedurę odnośnie do moich trzech ostatnich książek. Gdzież więc było uchylanie się od podatków?

Otoczony dziennikarzami i fotoreporterami adwokat z APRA, Luis Alberto Salgado, zwrócił się do Generalnej Dyrekcji do Spraw Podatkowych z prośbą, aby wszczęto proces w celu określenia moich oszustw względem państwa peruwiańskiego. Posłuszne temu wezwaniu władze podatkowe wytoczyły mi nie jeden, ale mnóstwo procesów. W ten sposób utrzymywały stan nieustannej gorączki. Każde z zastrzeżeń Naczelnej Administracji, które podobno winny być chronione tajemnicą, przedostawało się do prasy aprystowskiej i lewicowej wcześniej aniżeli do mnie i było publikowane w skandalizującym tonie, aby sprawić wrażenie, że już znaleziono winnego i mój dom w Barranco wkrótce zostanie skonfiskowany.

Każde zgłoszone zastrzeżenie – powtarzam, że były ich dziesiątki – wymagało ogromnej pracy sekretarek, które musiały znaleźć udokumentowane uzasadnienie, ustalić cenę biletów potrzebnych do odbycia podróży na dany uniwersytet w celu wygłoszenia tam odczytu, a potem były zmuszone wysyłać listy i teleksy do tych uniwersytetów z prośbą o potwierdzenie, że zapłacono mi tysiąc albo tysiąc pięćset dolarów wymienionych w mojej deklaracji podatkowej w danym roku. Kancelaria adwokacka Roberto Dañino nie ustawała w kompletowaniu dokumentacji, która miała wyjaśnić każde pojedyncze zastrzeżenie, a tymczasem już wpływało następne, albo wiele naraz, a wszystkie wymagały kuriozalnego sprawdzania danych dotyczących moich podróży, odczytów, artykułów z ostatnich pięciu lat, aby zweryfikować, czy nie ukryłem jakiegoś dochodu. W żadnej sprawie nie dopatrzono się uchybień, więc nie można było potwierdzić ani jednego błędu z mojej strony.

Ileż to pracy dla kolegów z kancelarii Roberta Dañino wymagało stawianie czoła temu zalewowi dochodzeń podatkowych zarządzonych przez prezydenta Garcíę jako metoda prowadzenia brudnej wojny wyborczej? Gdybym musiał płacić im honoraria, prawdopodobnie nie mógłbym tego uczynić, bo jedną z konsekwencji poświęcenia trzech lat aktywnej polityce było to, że moje dochody prawie wygasły i musiałem żyć z oszczędności. Ale Bobby i jego koledzy nie chcieli wynagrodzenia za wysiłki, jakie musieli włożyć w udowodnienie, że nie naruszyłem prawa, którym aprystowski rząd posługiwał się w tak bezwstydny sposób.

Pewnego dnia Óscar Balbi przyniósł mi nagranie rozmowy telefonicznej między dyrektorem gazety „Página Libre" Guillermo Thorndikiem i dyrektorem urzędu podatkowego, w której obaj dyskutowali kolejne kroki, jakie należało podjąć w kampanii dezawuującej moje zeznania podatkowe. Każda inicjatywa w tej sprawie była bowiem zaplanowana odpowiednio do publicystycznej strategii prasy brukowej. Wielkimi tytułami opatrywano wiadomości o wyjeździe do Europy kontrolerów podatkowych, gdy władze zostały właśnie poinformowane, że jestem głównym akcjonariuszem wydawnictwa Seix Barral, właścicielem Agencji Literackiej Carmen Balcells i nieruchomości w Barcelonie oraz na Costa Azul. Pewnego ranka, kiedy szedłem z jednego zebrania na drugie, a każde odbywało się w innym pokoju mego domu, zobaczyłem, że matka i teściowa siedzą pochylone nad odbiornikiem radiowym i słuchają, jak spiker Radio Nacional oznajmia, że emisariusze władzy sądowniczej udają się właśnie w kierunku Barranco, aby dokonać zajęcia mego domu i wszystkiego, co się w nim znajduje, w obronie zagrożonych interesów narodowych.

Gorliwymi współpracownikami rządu w tej kampanii byli przywódcy ekstremalnej lewicy, zwłaszcza senator Díez Canseco, który na telewizyjnym ekranie szermował moimi deklaracjami podatkowymi przekazywanymi mu przez APRA jako obciążającymi mnie dowodami. I któregoś dnia usłyszałem, jak w pewnym radiu Ricardo Letts, także z PUM, nazywał mnie „łajdakiem". Letts, którego znam od wielu lat i z którym byłem długo w bliskiej przyjaźni mimo sporów ideologicznych, nie wydawał mi się do tej opory zdolny do rzucania oszczerstw na przyjaciela po to, aby osiągnąć korzyści polityczne. Ale na tym etapie kampanii wiedziałem już, że mamy w Peru niewielu polityków, których ta uwodzicielska Kirke, jaką jest polityka, nie zamienia w świnie.

Sprawa podatków była jedną z wielu kompromitujących akcji, jakimi rząd próbował uniemożliwić to, co jeszcze wydawało się złudnym sukcesem Frontu Demokratycznego*. Jedna z tych akcji przedstawiała mnie jako człowieka zdeprawowanego, lubującego się w pornografii, czego dowodem miała być moja powieść *Pochwała macochy*, którą czytano w całości, po jednym rozdziale dziennie, w Kanale 7 telewizji państwowej, w godzinach największej oglądalności. Prezenterka TV udramatyzowanym głosem ostrzegała gospodynie domowe i matki rodzin, aby nie pozwalały dzieciom słuchać tych bezeceństw. Wtedy pojawiał się spiker i zaczynał czytać kolejny rozdział, modulując melodramatycznie głos w erotycznych fragmentach tekstu. Potem następowała debata, w której psychologowie, seksuolodzy i socjolodzy z APRA poddawali moją powieść analizie. Krzątanina, w jakiej płynęło moje życie, była taka, że nie mogłem sobie oczywiście pozwolić na oglądanie tych programów, ale raz zdołałem zobaczyć jeden z nich i wydał mi się tak zabawny, że nie mogłem oderwać się od telewizora, słuchając, jak generał z APRA, Germán Parra wypowiada następującą myśl: „Według Freuda, doktor Vargas Llosa powinien leczyć sobie rozum".

Innym koniem bojowym partii APRA był mój „ateizm". „Peruwiańczyku! Czy chcesz mieć ateusza za prezydenta?" – zapytywano w spocie telewizyjnym, w którym pojawiała się na wpół monstrualna twarz – moja twarz – wydająca się ucieleśnieniem zła i wszelkich niegodziwości. Badacze z urzędu nienawiści znaleźli w jednym moim artykule na temat *huachafería* – formy złego smaku, który jest naszą skłonnością narodową – zatytułowanym *Un champaneito, hermanito?*

---

* W marcu sondaż CPI dawał mi 43% na poziomie krajowym, przeciwko 14,5% dla Alvy Castro, 11,5% dla Barrantesa i 6,8% dla Pease'a.

(Szampaniku, mój braciszku?), jedno żartobliwe zdanie o procesji ku czci Boga Cudotwórcy. Alan García, chcąc zaprezentować narodowi swoją pobożność, przywdział w październiku pokutniczą szatę i dźwigał feretron z wyrazem skruszonego grzesznika, a teraz pospieszył z oświadczeniem dla prasy, że znieważyłem poważnie Kościół i najcenniejsze uczucia religijne peruwiańskiego ludu. Faworyci prezydenta wtórowali mu chórem i przez wiele dni można było znaleźć w gazetach, w programach radiowych i telewizyjnych fotografie ministrów z rządu oraz posłów przeistoczonych w krzyżowców broniących wiary i próbujących naprawić krzywdę wyrządzoną Bogu Cudotwórcy. Pamiętam zapalczywą minister Mercedes Cabanillas, z rozedrganą z oburzenia twarzą, przemawiającą niczym Joanna d'Arc gotowa pójść na stos w obronie swojej religii. (Nie bez wdzięku było to, że zachowywała się tak partia założona przez Hayę de la Torre, który rozpoczął swoją polityczną karierę w 1923 roku, przeciwstawiając się wyniesieniu na tron Najświętszego Serca Jezusowego i w Limie był oskarżany przez większość życia o to, że jest wrogiem Kościoła, ateistą i masonem).

Na widok tych piruetów brudnej wojny ogarniało mnie ciekawe uczucie. Nie wiem, czy było to zmęczenie z powodu wielkiego fizycznego i umysłowego wysiłku, jakiego wymagało codzienne realizowanie programu spotkań, podróży, wieców, wywiadów i dyskusji, czy też rozwinął się we mnie jakiś obronny mechanizm psychologiczny, ale obserwowałem cały ten cyrk, jakby chodziło o kogoś innego, na kim koncentrowała się cała negatywna kampania coraz bardziej wypierająca wszelką racjonalną debatę. Jednak wobec ekstremalnych wybryków tej farsy i zwielokrotnionych aktów przemocy zaczęła ogarniać mnie myśl, że się pomyliłem, opierając swoją strategię na mówieniu prawdy i na programie reform. Wydawało się bowiem, że idee, inteligencja, logika, a przede wszystkim uczciwość, znaczą coraz mniej w kampanii.

Jaka była postawa Kościoła w przeddzień pierwszej tury wyborów? Skrajna ostrożność. Do 8 kwietnia Kościół powstrzymał się od udziału w debacie, nie dając się do niej wciągnąć w czasie kampanii wymierzonej w mój „ateizm" i w moje drwiny z pokutującego Chrystusa, ale także nie okazywał najmniejszej sympatii dla mojej kandydatury. Na początku 1990 kardynał Juan Landázuri Ricketts, arcybiskup i prymas Kościoła w Peru, przeszedł na emeryturę z powodu wieku – miał siedemdziesiąt sześć lat – i zastąpił go o dziesięć lat młodszy jezuita Augusto Vargas Alzamora. Obydwóm złożyłem protokolarne wizyty, nie podejrzewając, jak bardzo ważną rolę odegra Kościół w drugiej turze wyborów. Kardynał Landázuri pochodził z Arequipy i był spokrewniony z moją rodziną ze strony matki, spotykałem go kilkakrotnie na spotkaniach u krewnych. To on dał dyspensę, abym mógł się ożenić z kuzynką Patrycją w 1956, bo wuj Lucho i ciocia Olga zażądali, abym wziął ślub kościelny, ale to nie ja o tę dyspensę prosiłem, tylko moja matka i ciocia Laura udały się do niego z taką prośbą. Kardynałowi Landázuri przypadło w udziale przewodzić peruwiańskiemu Kościołowi od maja 1955, prawdopodobnie w najtrudniejszym okresie w całej jego historii z racji podziału wywołanego przez teologię wyzwolenia oraz ideologię komunistyczną i rewolucyjną wśród znacznej liczby zakonników i księży, a także proces sekularyzacji w społeczeństwie, który w tamtym okresie nasilił się bardziej aniżeli we wszystkich dotychczasowych stuleciach. Człowiek bardzo ostrożny, pozbawiony wielkiej inicjatywy i odwagi intelektualnej, ale skrupulatny rozjemca i bardzo zręczny dyplomata, kardynał Landázuri, potrafił utrzymać jedność w instytucji Kościoła osłabionej poważnymi rozdźwiękami. Poszedłem złożyć mu wizytę 18 stycznia, razem z Miguelem Cruchagą, i rozmawialiśmy dłuższą chwilę o Arequipie, o mojej rodzinie – pamiętał, że był szkolnym kolegą wuja Lucho, i opowiedział mi anegdoty o mojej matce z czasów, kiedy była małą dziewczynką – ale unikał tematów politycznych i oczywiście tematu kampanii przeciwko mojemu ateizmowi, która osiągnęła wtedy swoje apogeum. Dopiero przy pożegnaniu mrugnął do mnie i szepnął, wskazując na towarzyszącego mu księdza: „Ten ojciec jest fanatykiem FREDEMO".

Monseñora Vargasa Alzamory nie znałem. Poszedłem pogratulować mu nominacji, a towarzyszyli mi Álvaro oraz Lucho Bustamante, który, jak już mówiłem, jest typem jezuity *ad honorem*. Arcybiskup przyjął nas w małym biurze Kolegium Niepokalanej i od pierwszej chwili rozmowy wywarły na mnie wrażenie jego żywa inteligencja i jasność umysłu, z jaką oceniał problemy Peru. Chociaż nie wspomnieliśmy o kampanii wyborczej, wiele mówiliśmy o zacofaniu, nędzy, przemocy, anarchii oraz o braku równowagi i nierównościach społecznych w Peru, a jego informacje o tych problemach były tak solidne jak słuszna ich ocena. Drobny i delikatny, o starannym sposobie wypowiadania się, *monseñor* Vargas Alzamora zdradzał jednakże bardzo silny charakter. Sprawił na mnie wrażenie człowieka nowoczesnego, przekonanego o swoim posłannictwie i bardzo twardego pod pozorem uprzejmego zachowania; zapewne miał się okazać najlepszym sternikiem dla peruwiańskiego Kościoła w nadchodzących czasach. Przy pożegnaniu powiedziałem o tym Luchowi Bustamantemu. Nie miałem pojęcia, że następnym razem zobaczę nowego arcybiskupa Limy w dość niezwykłych okolicznościach.

Tymczasem odbywałem nieustanne podróże po Peru, odwiedzając po cztery, sześć, a czasem i więcej miejscowości dziennie, bo starałem się być po raz ostatni w dwudziestu czterech departamentach, a w każdym z nich w największej liczbie prowincji i okręgów. Kalendarz ułożony przez Freddy'ego Coopera i jego ekipę – czuwał nad nim skuteczny Pier Fontanor z siedziby dowództwa kampanii – został zrealizowany perfekcyjnie i muszę powiedzieć, że problemy logistyczne związane z wiecami, przejazdami, połączeniami, zakwaterowaniem, wyżywieniem rzadko się zdarzały, co biorąc pod uwagę stan kraju i nasze cechy narodowe, było wyczynem niezwykłym. Samoloty, helikoptery, łodzie, furgonetki, a nawet konie, były pod ręką i we wszystkich wioskach czy osadach zawsze czekało na nas niewielkie podium oraz dwoje lub troje dziewcząt i chłopców z Mobilizacji, którzy przyjeżdżali wcześniej, aby sprawdzić funkcjonowanie mikrofonów i głośników, a także podstawowego systemu bezpieczeństwa. Freddy miał wielu pomocników zajmujących się wyłącznie wspieraniem go w wykonywaniu tych zadań i jeden z nich, Carlos Lozada, którego nazywaliśmy Woody Allen, bo był podobny do niego, a także do Groucho Marxa, zaintrygował mnie swoją wszechobecnością. Wyglądał, jakby był przyodziany w nie wiadomo co, nosił dziwną czapkę-kask zaopatrzoną w nauszniki, co mi przypominało Charlese'a Bovary, marynarkę i plecak, z którego wyjmował kanapki, kiedy nadchodziła pora jedzenia, był zaopatrzony w przenośne radia, żeby uzyskać połączenie, napoje na wypadek pragnienia, rewolwery dla ochroniarzy, akumulatory do furgonetek, a nawet gazety codzienne, żeby nie tracić kontaktu z rzeczywistością. Zawsze w biegu, mówiący do małego zawieszonego na szyi mikrofonu służącego do bezustannego porozumiewania się z jakąś tajemniczą centralą, której przekazywał sprawozdania albo od której otrzymywał instrukcje. Odnosiłem wrażenie, że ten nieprzerwany monolog Woody'ego Allena organizował moją egzystencję, że to on ustalał, gdzie będę przemawiał, spał, podróżował i kogo spotkam albo z kim się nie zobaczę w czasie podróży. Jednak nigdy nie zamieniłem z nim ani słowa. Potem dowiedziałem się, że był publicystą, który po rozpoczęciu w profesjonalny sposób pracy na rzecz kampanii odkrył swoje prawdziwe powołanie i tajemniczy geniusz organizatora życia politycznego. Naprawdę robił to wspaniale, rozwiązywał wszystkie problemy i nie stwarzał żadnego. Kiedy dostrzegałem go z daleka w miejscach, do których przyjeżdżałem – w gęstwinie dżungli, wśród skalistych Andów albo w miejscowościach położonych na piaszczystych terenach wybrzeża – widok jego ekstrawaganckiej postaci: grube okulary krótkowidza, kolorowe koszule i ów rodzaj sprzętu domowego w pokrowcach, jaki nosił na plecach, ta puszka Pandory, z której wyciągał niewyobrażalne rzeczy, dawał mi poczucie ulgi, uspokajające przekonanie, że w tym miejscu wszystko będzie przebiegało zgodnie z planem. Pewnego ranka, zaraz po przybyciu do Ilo i przed udaniem się na manifestację, która czekała na mnie na placu, postanowiłem pójść do portu, gdzie wyładowywano jakiś statek. Poszedłem tam, aby porozmawiać z dokerami, którzy stali na mostku i pilnowali załadunku oraz wyładunku przez „*puntos*" (pracowników wynajmowanych do tej pracy), i nagle, gdzieś w górze, włączony do grupy, jakby był jednym z robotników, zamaskowany pod swoją czapką i marynarką, mówiący wciąż do mikrofonu, pojawił się Woody Allen.

Wśród mego podróżnego pędu po całym Peru zdołałem tak się zorganizować, by na jeden dzień udać się do Brazylii na zaproszenie świeżo wybranego prezydenta Fernanda Collora de Mello. Jego zwycięstwo wydawało się sukcesem radykalnego programu liberalnego, podobnego do tego, jaki miałem ja, przeciwnego ideom merkantylizmu, etatyzmu oraz interwencjonizmu Luli da Silvy, więc dlatego, a także z racji znaczenia, jakie Brazylia ma dla Peru – jest sąsiadem graniczącym z nami na długości ponad trzech tysięcy kilometrów – w kierownictwie Frontu Demokratycznego zdecydowano, że powinienem odbyć tę podróż. Zabrałem ze sobą Lucha Bustamantego, aby nawiązał kontakt z już mianowaną przez Collora minister gospodarki – późniejszą sławną Zelią Cardoso – i Miguela Vegę Alveara, który był związany z Programem Rozwoju i w jego ramach opracował liczne projekty współpracy gospodarczej z Brazylią. Jeden z tych projektów bardzo mnie rozentuzjazmował, kiedy mi go przedstawiono, i odtąd zachęcałem, bo go przygotowywać. Chodziło o połączenie wybrzeży Pacyfiku i Atlantyku węzłem systemu dróg w obu krajach, wzdłuż osi Río Branco–Asís–Ipanaro–Ilo–Matarani, co równocześnie satysfakcjonowałoby dawne aspiracje Brazylijczyków – handlowe wyjście na Pacyfik, w kierunku rozwijających się gospodarek azjatyckich – a także dałoby ogromny impuls gospodarczy do rozwoju całego południowego regionu Peru, zwłaszcza takich miejscowości jak Moquegua, Puno i Arequipa.

Sympatyczny Collor – któż by w tych dniach pomyślał, że zostanie obalony z powodu oskarżenia go o złodziejstwo – powitał mnie w stolicy, Brasilii, w domu pełnym ogrodów w hollywoodzkim stylu – czaple i łabędzie krążyły wokół nas podczas obiadu – takim zachęcającym zdaniem: „*Eu estou torciendo por socé, Mario*" (Trzymam za pana kciuki, Mario), i zaskoczył niespodzianką w osobie dawnego przyjaciela, którego nie spodziewałem się tutaj spotkać: José Guillermo Merquiora, wówczas ambasadora Brazylii przy UNESCO. Merquior, eseista i liberalny filozof, uczeń Raymonda Arona i Isaiaha Berlina, u których studiował na Sorbonie i w Oxfordzie, był myślicielem, który z największą dyscypliną i stałością bronił zasad rynku oraz indywidualnej niezależności w Ameryce Łacińskiej, w czasach gdy wpływ kolektywizacji i etatyzmu wydawał się monopolizować kulturę kontynentu. Jego obecność u boku Collora wydawała mi się doskonałym sygnałem, czym będą mogły stać się jego rządy (niestety, rzeczywistość nie potwierdziła tego przypuszczenia). Merquior już czuł się źle, cierpiał na chorobę, która w niedługim czasie miała spowodować jego śmierć, ale nic mi o tym nie powiedział i raczej znalazłem go w nastroju optymistycznym, żartował ze mną o tym, jakie zaszły zmiany od czasu, kiedy przed dziesięcioma laty, w Londynie, nasze kraje wydawały się nam kompletnie uodpornione na zapotrzebowanie na kulturę wolności.

Spotkanie z Collorem de Mello było bardzo serdeczne, ale niezbyt owocne, podczas obiadu większą część rozmowy zdominował bowiem Pedro Pablo Kuczynski, jeden z moich doradców gospodarczych. Opowiadał żarty i wygłaszał porady, które czasem wydawały się przypominać polecenia dla nowego brazylijskiego prezydenta na temat tego, co powinien, a czego nie powinien robić. Pedro Pablo, były minister do spraw źródeł energii i kopalnictwa w drugim rządzie Belaúndego – najlepszy z ministrów w tym rządzie – był prześladowany przez dyktaturę wojskową Velasca i to chyba na swoje szczęście. Życie na wygnaniu pozwoliło mu bowiem awansować z pozycji skromnego funkcjonariusza Centralnego Banku Rezerw Peru na kierownicze stanowisko w nowojorskiej First Boston Corporation, której szefem został po krótkim okresie współpracy z Belaúndem. W ostatnich latach podróżował po całym świecie – zawsze podkreślał, że lata prywatnymi samolotami, a jeżeli nie ma innego wyjścia, to samolotem Concorde – prywatyzując przedsiębiorstwa i doradzając rządom o rozmaitych ideologiach i pod każdą szerokością geograficzną, które chciały się dowiedzieć, czym jest gospodarka rynkowa i jakie kroki należy podjąć, aby do niej dojść. Talent Pedra Pabla w dziedzinie gospodarczej jest ogromny (uprawia także jogging, gra na fortepianie, na flecie i na lutni oraz opowiada kawały), ale największa jest jego próżność, która dała tutaj znać o sobie, bo gadał jak najęty, zrobił nam wykład i oferował swoje usługi w razie potrzeby. Przy deserze Collor de Mello wziął mnie pod ramię i zaprowadził do sąsiedniego pokoju, gdzie mogliśmy przez chwilę porozmawiać sam na sam. Ku memu zdziwieniu powiedział, że projekt połączenia wybrzeży Atlantyku i Pacyfiku zapewne spotka się z oporem i, być może, z otwartym sprzeciwem Stanów Zjednoczonych, bo kraj ten obawia się, że gdyby taki projekt został zrealizowany, ucierpiałaby na tym jego wymiana handlowa z krajami azjatyckimi w rejonie Pacyfiku.

Po pewnym czasie często wspominałem coś, co mi powiedział Collor w czasie obiadu, kiedy Kuczynski dał nam chwilę wytchnienia: „Oby pan zwyciężył w pierwszej turze i nie musiał przejść przez to samo co ja". I wyjaśnił, że druga tura wyborów w Brazylii przyniosła tak nieznośne napięcie, że po raz pierwszy w życiu zwątpił w swoje powołanie do polityki.

Byłem bardzo wdzięczny Collorowi de Mello – a także prezydentowi Urugwaju Sanguinettiemu – za zaproszenie w pełni kampanii wyborczej, wiedząc, że nie spodobało się ono prezydentowi Alanowi Garcíi i że mogłoby być źle odebrane przez przyszłego prezydenta Peru, gdybym ja wybory przegrał. Żałuję, że ten młody i energiczny prezydent, który wydawał się tak dobrze przygotowany do przeprowadzenia liberalnej rewolucji w swoim kraju, zrealizuje ją tylko w sposób fragmentaryczny i pełen sprzeczności, a co gorsza, popierając korupcję, co doprowadzi do katastrofalnego rezultatu.

Po powrocie do Limy zostałem zaproszony przez CGTP*, komunistyczną centralę związkową, do przedstawienia mego planu rządzenia na IV Krajowej Konferencji Pracowników, która miała się odbyć w Centrum Obywatelskim w Limie. Dyskusja została zorganizowana po to, by udzielić błogosławieństwa Henry'emu Pease Garcíi ze Zjednoczonej Lewicy, jako kandydatowi robotniczemu, i miała również stanowić przeciwwagę dla spotkania z CADE. Podobnie jak na tamto spotkanie, i tym razem zostali zaproszeni tylko czterej kandydaci mający, jak się wydawało, jakieś szanse w wyborach, ale Alfonso Barrantes znalazł pretekst, żeby nie przyjść, bał się bowiem, że może zostać upokorzony przez tych, którzy uważają go za burżuja i rewizjonistę. Natomiast kandydat APRA, Luis Alva Castro, przyszedł i wytrzymał głośne docinki. Uważałem, że i ja powinienem tam pójść, właśnie dlatego, że przywódcy centrali komunistycznej byli pewni, iż nie zdobędę się na odwagę i nie pojawię się w paszczy wilka. Byłem poza tym ciekawy reakcji na moje propozycje ze strony związkowych delegatów nasyconych marksizmem-leninizmem.

Zwołałem w pośpiechu przewodniczących komisji pracy i prywatyzacji – obowiązkowymi tematami były tam reforma pracownicza oraz kapitalizm ludowy – i 22 lutego po południu, w towarzystwie Álvara pojawiliśmy się w Centrum Obywatelskim. Lokal był zapełniony setkami delegatów, a grupa ekstremistów ze Świetlistego Szlaku, która okopała się w kącie, powitała mnie okrzykami „Uchuraccay! Uchuraccay!". Jednak służby porządkowe CGTP uciszyły ich i mogłem wygłosić swój trwający ponad godzinę wykład, którego mi nie przerywano, a słuchano z uwagą, o jakiej studenckie audytorium

---

* Central General de Trabajadores del Perú – Generalna Centrala Pracowników Peru (przyp. tłum.).

mogłoby pomarzyć. Mam nadzieję, że niektórzy ze słuchaczy przekonali się, że diabeł nie taki straszny, jak go malują.

Powiedziałem im, że związki zawodowe są w demokracji niezbędne i że tylko w niej funkcjonują jak autentyczni obrońcy robotników, bo w krajach totalitarnych są wyłącznie polityczną biurokracją i pasem transmisyjnym dla nakazów władzy. I że dlatego w Polsce robotniczy związek zawodowy Solidarność, w którego obronie zwołałem marsz protestacyjny na ulicach Limy w 1981 roku, stanął na czele walki o demokratyzację kraju.

Co się tyczy Peru, zapewniłem ich, że chociaż to pozostaje w sprzeczności z ich najsilniejszymi przekonaniami, nasz kraj jest o wiele bliższy swemu ideałowi etatystycznemu i kolektywistycznemu, ze swą masą przedsiębiorstw państwowych i rozpowszechnionym interwencjonizmem państwa, aniżeli systemowi kapitalistycznemu, z którego zna jedynie niewiele wartą formę, jaką jest merkantylizm. Reforma, jaką proponuję, ma na celu wstrząsnąć wszystkimi instrumentami dyskryminacji i wyzysku biednych przez garstkę uprzywilejowanych, a jej skutkiem ma być sprawiedliwość, której towarzyszyć będzie pomyślność. Taki stan rzeczy nie narodzi się z redystrybucji istniejącego bogactwa – bo to oznaczałoby rozsiewanie biedy – ale z systemu, w którym wszyscy będą mogli mieć dostęp do rynku, który ceni przedsiębiorczość i szanuje własność prywatną.

Z pomocą Javiera Silvy Ruetego, który mi towarzyszył, wyjaśniliśmy, że prywatyzacja przedsiębiorstw państwowych dokona się w taki sposób, by robotnicy i pracownicy mogli przeobrazić się w akcjonariuszy – dawaliśmy konkretne przykłady w odniesieniu do takich przedsiębiorstw jak Petroperú, wielkie banki albo górnictwo Peru – i że obrona, w imię sprawiedliwości społecznej, przedsiębiorstw takich jak Siderperú, na którego nienaturalny żywot nasz kraj musi wydać ogromne środki, jest zaprzeczeniem logiki, bo marnowane pieniądze, z których czerpie korzyści garstka biurokratów i polityków, można by przeznaczyć na budowę szkół i szpitali, tak bardzo potrzebnych biednym.

Pierwszym obowiązkiem rządu w naszym kraju jest skończyć z biedą milionów Peruwiańczyków, a w tym celu trzeba zachęcić inwestorów i pobudzić tworzenie nowych przedsiębiorstw, a także rozwijać już istniejące i likwidować przeszkody, które to uniemożliwiają. Stabilność zatrudnienia jest jedną z nich. Korzystający z niej pracownicy stanowią zdecydowaną mniejszość, podczas gdy ci, którzy pracy potrzebują, są w ogromnej większości. Nie jest przypadkiem, że kraje o najwyższej ofercie zatrudnienia na świecie, takie jak Szwajcaria albo Hongkong czy Tajwan, mają bardziej elastyczne prawa pracownicze. A Víctor Ferro z komisji pracy wyjaśnił, dlaczego zniesienie stabilności zatrudnienia nie będzie mogło posłużyć za usprawiedliwienie pogwałcenia prawa.

Nie wiem, czy kogoś przekonaliśmy, ale odczuwałem satysfakcję, kiedy mówiłem o tych problemach do tak licznego audytorium. Nie mieliśmy wiele możliwości, by pozyskać tych słuchaczy dla naszej sprawy, ale wierzyłem, że przynajmniej niektórzy zrozumieją to, iż nasz program rządzenia proponuje reformę bez precedensu w peruwiańskim społeczeństwie, a także i to, że warunki życia robotników, pracowników nielegalnych, zmarginalizowanych i, ogólnie rzecz biorąc, warstw o niskich dochodach, znajdują się w centrum mojej uwagi. Na zakończenie zebrania rozległy się kurtuazyjne oklaski i nastąpiła wymiana zdań z sekretarzem generalnym CGTP i członkiem Komitetu Centralnego Partii Komunistycznej Valentinem Pacho, którą Álvaro przytoczył w książce *El diablo en campaña* (Diabeł w kampanii): „Widzi pan, doktorze Vargas Llosa, że nie trzeba bać się pracowników". „Widzi pan, señor Pacho, że pracownicy nie powinni obawiać się wolności". W mediach publicznych moja obecność na konferencji CGTP została pominięta milczeniem, ale zaprzyjaźniona prasa dosyć szeroko ją komentowała, a „Caretas" i „Sí" nawet przyznały, że wykazałem odwagę.

Następnego dnia bardzo podniecony Álvaro przerwał spotkanie u mnie w domu z Markiem Mallochem Brownem, aby przekazać mi wyniki wyborów w Nikaragui: wbrew wszelkim przewidywaniom Violeta Chamorro pokonała Daniela Ortegę i zakończyła dziesięcioletni okres rządów sandynistów. Po tym, co zdarzyło się w Brazylii, zwycięstwo Violety potwierdzało zmianę prądów ideologicznych na kontynencie. Zadzwoniłem do niej z gratulacjami – poznałem ją w 1982 roku i obserwowałem, jak stawia czoła temu, co wydawało się nie do powstrzymania, w swoim domu w Managui pobazgranym obelżywymi napisami „hołoty" – a w sztabie mojej kampanii znaleźli się tacy, którzy byli zdania, że powinienem odbyć błyskawiczną podróż do Nikaragui, aby sfotografować się z Violetą, tak jak to zrobiłem z Collorem de Mello. Miguel Vega Alvear znalazł nawet sposób na przeprowadzenie tej operacji w dwadzieścia cztery godziny. Jednak nie zgodziłem się, bo 26 lutego miałem spotkanie z wojskowymi peruwiańskimi w CAEM*.

Ważną bronią w brudnej wojnie był mój „antymilitaryzm" i „antynacjonalizm". Przede wszystkim partia APRA, ale również część lewicy – która w czasach dyktatury Velasca przeszła na pozycje militarystyczne – pamiętały, że w 1963 wojsko spaliło publicznie moją powieść *Miasto i psy*, uważając ją za obrazę sił zbrojnych. Szperając teraz w mojej biografii, biuro nienawiści znalazło różne wypowiedzi i cytaty z artykułów oraz wywiadów, w których atakowałem nacjonalizm jako jedno z „wynaturzeń człowieka, które w historii było przyczyną największego przelewu krwi" – przy czym zdanie to rzeczywiście podtrzymuję – i rozpowszechniała je masowo w formie anonimowych ulotek, drukowanych jednak w Wydawnictwie Narodowym. W jednej z nich ostrzegano wyborców, że wojsko nie pozwoli, aby „jego wróg" objął władzę, i jeżeli wygra on wybory, to dojdzie do wojskowego zamachu stanu.

Tego również obawiali się przywódcy Frontu Demokratycznego, którzy doradzali mi, abym występował publicznie i spotykał

---

* Centro de Altos Estudios Militares – Ośrodek Wyższych Studiów Wojskowych.

się prywatnie z dowódcami wojskowymi, aby ich uspokoić co do „antymilitaryzmu" moich książek i pewnych moich postaw sprzed dwudziestu lub trzydziestu lat (na przykład poparcia dla rewolucji kubańskiej i dla próby zamachu partyzanckiego ze strony MIR na Luisa de la Puente i Guillermo Lobatóna w 1965).

Siły zbrojne miały odegrać decydującą rolę w wyborach, bo na nich spoczywał obowiązek czuwania nad ich przebiegiem i od nich zależało, czy Alan García ośmieli się podjąć próbę sfałszowania wyniku. Koniecznie trzeba było zapewnić sobie ich bezstronność oraz prowadzić otwarty dialog z wojskowymi instytucjami, z którymi nazajutrz przyjdzie nam rządzić. Jednak spotykać się z wysokimi dowódcami nie było łatwo; obawiali się represji ze strony prezydenta, gdyby zauważył ich sympatię dla kandydata Frontu Demokratycznego. I słusznie, bo Alan García prowokował wewnętrzne wstrząsy w instytucjach wojskowych, przeprowadzając zmiany na stanowiskach, wysyłając na emerytury i awansując oficerów, aby zapewnić sobie, że ludzie jemu wierni będą zajmowali kluczowe pozycje. Marynarka oparła się tym wstrząsom, utrzymując pewien instytucjonalny umiar w promocjach i rotacjach stanowisk, ale lotnictwo i zwłaszcza wojska lądowe przeżyły koszmar z powodu nominacji dokonywanych przez Pałac Rządowy.

We Froncie Demokratycznym mieliśmy komisję obrony i porządku wewnętrznego, której przewodził Johnny Jochamowitz, a w jej skład wchodziło kilku generałów i admirałów. Funkcjonowała w sposób raczej poufny, aby chronić swoich członków przed akcjami terrorystycznymi i represjami. Za każdym razem, kiedy się z nimi spotykałem, miałem wrażenie, że przechodzę do podziemia z racji środków ostrożności, jakie trzeba było podejmować – zamiana samochodów, kierowców, domów – ale każda przekazywana przez nich informacja – na ogół przez generała Sinesia Jaramę, eksperta w sprawach walki rewolucyjnej – pokazywała, jak ciężko pracują. Od pierwszego spotkania mówiłem im, że celem naszej polityki obronnej powinno być odpolitycznienie sił zbrojnych, przysposobienie ich do celów obrony społeczeństwa obywatelskiego i demokracji oraz ich unowocześnienie. Reforma powinna zagwarantować, żeby politycy nie mieszali się więcej do instytucji wojskowych, a wojskowi do życia politycznego kraju. Ta komisja oraz druga, do spraw pokoju i praw człowieka, którą kierowała Amalia Ortiz de Zevallos i z którą współpracowało także kilku wojskowych, miały na początku między sobą pewne utarczki, ale w końcu potrafiły skoordynować swoją działalność, zwłaszcza w dziedzinie akcji terrorystycznych.

Za pośrednictwem członków tych komisji albo przyjaciół, a czasem na ich prośbę, odbyłem wiele spotkań z dowódcami wojskowymi w sprawie działalności Świetlistego Szlaku i Rewolucyjnego Ruchu im. Tupaca Amaru. Najbardziej oficjalne ze wszystkich odbyło się 18 września 1989 w siedzibie organizacji Pro-Desarrollo, z ministrem spraw wewnętrznych i najbliższym współpracownikiem Alana Garcíi Agustínem Mantillą, który przyszedł w towarzystwie grupy generałów i pułkowników policji. Mnie i małej grupie członków Ruchu Wolność przedstawił bardzo szczerą informację dotyczącą Świetlistego Szlaku, jego usadowienia na wsi i w miastach i opowiedział o trudnościach, jakie napotykano, wprowadzając szpiegów w jego szeregi, i w próbach uzyskiwania danych o tej tak hermetycznej organizacji, która była zbudowana na zasadzie piramidy i używała brutalnych metod. Przy okazji dodam, że minister Mantilla wydał mi się bardziej inteligentny i rozmowny, niż można było się spodziewać po człowieku, który przez całe życie dowodził płatnymi mordercami i bandytami. Opowiedział nam w szczegółach o najświeższej operacji w pewnej górskiej wiosce położonej w pobliżu Limy, gdzie Świetlisty Szlak, zgodnie ze swymi metodami, wymordował wszystkich przedstawicieli miejscowych władz, przejął kontrolę nad wioską przy pomocy komisarzy politycznych i zamienił ją w bazę pomocy dla partyzantki. Oddział komandosów do zwalczania działalności terrorystycznej dotarł tam po całonocnym marszu przez skaliste Andy, pojmał i rozstrzelał komisarzy.

Ale bojownicy posterunku Świetlistego Szlaku zdołali uciec. Minister Mantilla nie owijał w bawełnę i powiedział nam zdecydowanie, że jest to jedyny możliwy sposób działania w śmiertelnej walce rozpętanej przez Świetlisty Szlak, w której, przyznał, terroryści odnoszą sukcesy. Na zakończenie odszedł ze mną na bok, aby powiedzieć, że prezydent przesyła mi pozdrowienia. (Poprosiłem, aby mu je w moim imieniu odwzajemnił).

Jakiś czas przedtem, 7 czerwca 1989, służby wywiadu marynarki, które jak się powszechnie uważa, są najlepiej zorganizowane – instytucjonalna rywalizacja nie pozwoliła na utworzenie zintegrowanych służb wywiadowczych – zorganizowały dla Belaúndego, dla Bedoi, dla mnie i dla niewielkiej grupy z Frontu Demokratycznego wielogodzinny wykład na ten sam temat, w jednym ze swoich lokali. Przedstawiający informacje oficerowie byli swobodni i, z pozoru, dobrze przygotowani. Mieli wykonane w Paryżu zdjęcia osób odwiedzających centrum operacyjne zainstalowane tam przez Świetlisty Szlak dla celów propagandowych i dla zbierania funduszy w całej Europie. Dlaczego więc walka z terrorystami była tak mało skuteczna? Według naszych informatorów, na skutek słabego wyszkolenia i braku ekwipunku potrzebnego do tego typu walki, bo siły zbrojne były wciąż przygotowywane i wyposażane na potrzeby wojny konwencjonalnej, no i również z powodu słabego wsparcia ze strony ludności cywilnej, która zachowywała się tak, jakby walka odbywała się między terrorystami i wojskiem, a jej samej nie dotyczyła.

Mimo dyskrecji, którą nam zalecono, wiadomości o tym spotkaniu szybko się rozeszły, co miało swoje konsekwencje, bo prezydent García zażądał zastosowania sankcji wobec osób za nie odpowiedzialnych. Odtąd spotkania z oficerami służby czynnej odbywałem sam, po wędrówkach niemal jak w filmie, bo wiele razy zmieniano mi domy i samochody, jakby osoby, z którymi miałem rozmawiać, nie były godnymi szacunku dowódcami sił zbrojnych, tylko przestępcami, za których głowy wyznaczono nagrodę. Największy absurd polegał na tym, że prawie wszystkie te spotkania były bezowocne, bo nie rozmawiano o ważnych sprawach, tylko opowiadano sobie dowcipy polityczne albo mówiono o dziwnych manewrach, które rząd mógł podejmować, aby mi przeszkodzić w wygraniu wyborów. Myślę, że niejednokrotnie takie pompatyczne spotkania były organizowane przez wojskowych, którzy byli ciekawi zobaczenia mnie z bliska. Wrażenia, jakie z nich wyniosłem, były rozczarowujące. Z racji kryzysu ekonomicznego i ogólnego narodowego rozkładu kariera wojskowa przestała być atrakcyjna dla utalentowanej młodzieży, co obniżyło poziom kadry oficerskiej do niebezpiecznych rozmiarów. Niektórzy oficerowie, z jakimi rozmawiałem, prezentowali nieprawdopodobny brak kultury i patrzyli na mnie jak na dziwoląga, kiedy im wyjaśniałem, jaka według mnie powinna być funkcja wojska w nowoczesnym i demokratycznym społeczeństwie. Niektórzy byli sympatyczni i dobroduszni, jak pewien pułkownik artylerii, który nagle zapytał, zaraz po tym jak zostaliśmy sobie przedstawieni: „Jak tam u ciebie z piciem?". Odpowiedziałem, że bardzo kiepsko. „A więc się nie nadajesz" – stwierdził. Według niego Alan García zdobył sobie sympatię i szacunek jego kolegów, zwyciężając w „wyścigu z przeszkodami", który organizował w Pałacu Rządowym dla wysokich dowódców, po defiladzie wojskowej w dzień święta narodowego. Czym był wyścig z przeszkodami? Na wielkim stole stały szeregi szklanek i kieliszków, na zmianę, z piwem, whisky, pisco, winem, szampanem i wszelkimi możliwymi napojami. Prezydent wyznaczał przeciwników i sam stawał do zawodów. Zwyciężał ten, kto pokonał najwięcej przeszkód i nie walił się na ziemię jak opój. Zapewniłem pułkownika, że piję niewiele i mam alergię na pijaków, więc obchody święta narodowego w Pałacu będą za moich rządów bardziej wstrzemięźliwe.

Ze wszystkich spotkań zachowuję najlepsze wspomnienie z rozmowy z generałem Jaime Salinasem Sedó, ówczesnym szefem Drugiego Regionu, siedziby Dywizji Pancernej, z której zawsze brały początek wojskowe zamachy stanu. Dopóki ten generał pozostaje na swoim stanowisku, demokracja wydaje się zapewniona. Wykształcony, uprzejmy w rozmowie, o eleganckich manierach, zdawał się bardzo zaniepokojony tradycyjnym w Peru brakiem porozumienia między społeczeństwem obywatelskim i wojskiem, co, jak mówił, stanowi ciągłe zagrożenie dla rządów zgodnych z prawem. Mówił mi o konieczności lepszego wyposażenia technicznego i unowocześnienia sił zbrojnych, wykorzenienia z nich polityki i bezwzględnego karania przypadków korupcji, tak częstych w ostatnich latach; dodał, że instytucje wojskowe powinny cieszyć się w kraju prestiżem takim, jaki mają we Francji albo w Wielkiej Brytanii. Zarówno on, jak i admirał Alfonso Panizo, ówczesny szef sztabu generalnego, z którym również odbyłem kilka prywatnych spotkań, zdecydowanie zapewniali mnie, że wojsko nie pozwoli na oszustwo wyborcze[*].

Przemówienie w CAEM jest jednym z trzech, które napisałem i opublikowałem w czasie kampanii[**]. Wydawało mi się ważne, by dogłębnie przedstawić elitom instytucji wojskowych główne tematy dotyczące reformy liberalnej w Peru, jakie będą dotyczyły sił zbrojnych.

W odróżnieniu od tego, co się dzieje w nowoczesnych demokracjach, w Peru nigdy nie było dyskretnego poczucia solidarności między siłami zbrojnymi i społeczeństwem obywatelskim, a to z powodu wojskowych zamachów stanu i prawie całkowitego braku komunikacji między wojskiem a cywilami. Aby to osiągnąć, konieczna była apolityczność i profesjonalizm, absolutna niezależność oraz bezstronność sił zbrojnych wobec podziałów i kłótni politycznych. Wojsko powinno być świadome tego, że w sytuacji ekonomicznej Peru środki

---

[*] Wierny tym ideom generał Salinas Sedó, już na emeryturze, próbował uruchomić działania konstytucyjne dla przywrócenia w Peru demokracji, 13 listopada 1992 roku, po siedmiu miesiącach od autorytarnego zamachu z 5 kwietnia. Ale poniósł klęskę, w rezultacie której on sam wraz z grupą oficerów, która go poparła, znajdują się w więzieniu, teraz, kiedy robię korektę szpalt tej książki.

[**] *Civiles y militares en el Perú de la libertad* (Cywile i wojskowi w wolnym Peru) – przemówienie do oficerów piechoty, marynarki i lotnictwa w CADE, Lima, 26 lutego 1990.

na uzbrojenie będą w najbliższej przyszłości znikome, z wyjątkiem wyposażenia go w sprzęt dostosowany do walki z terroryzmem. Walka ta będzie wygrana tylko wtedy, gdy ludność cywilna i wojsko będą walczyć ramię w ramię przeciwko tym, którzy już spowodowali zniszczenia szacowane na dziesięć miliardów dolarów. Jako prezydent będę kierował tą walką, do której zostaną wezwani chłopi i robotnicy w uzbrojonych patrolach, wspomagani przez wojskowych. I nie będę tolerował gwałcenia praw człowieka, nie do pogodzenia z państwem prawa, wywołującego przeciwny skutek, gdy chce się zdobyć poparcie ludności.

Mieszanie nacjonalizmu z patriotyzmem jest błędem. Ten ostatni to autentyczne uczucie miłości do ziemi, na której człowiek się urodził; natomiast pierwszy jest restrykcyjną i przestarzałą, dziewiętnastowieczną doktryną, która w Ameryce Łacińskiej wywoływała bratobójcze wojny między naszymi krajami i zrujnowała nasze gospodarki. Wzorując się na przykładzie Europy, trzeba skończyć z tą nacjonalistyczną tradycją i pracować nad integrowaniem się sąsiadów, zniesieniem granic i rozbrojeniem na całym kontynencie. Mój rząd od pierwszego dnia będzie się starał obalać wszelkie bariery ekonomiczne i polityczne, które uniemożliwiają ścisłą współpracę i przyjaźń z krajami latynoamerykańskimi, zwłaszcza z naszymi sąsiadami. Moje przemówienie kończyło się anegdotą z czasów, kiedy uczyłem w King's College na uniwersytecie w Londynie. Tam pewnego dnia odkryłem, że dwaj najpilniejsi z moich uczniów są młodymi oficerami brytyjskiego wojska, którym przyznano stypendia na uzyskanie stopnia naukowego w dziedzinie studiów latynoamerykańskich: „Od nich się dowiedziałem, że wstąpienie do Sandhurst albo do Szkoły Morskiej czy do Szkoły Wojsk Lotniczych w Wielkiej Brytanii jest przywilejem zarezerwowanym dla najzdolniejszej i najpracowitszej młodzieży – podobnie jak studia na najsławniejszych uniwersytetach – a wykształcenie, jakie młodzi ludzie tam otrzymują, nie tylko przygotowuje ich do dźwigania ciężarów wojny (chociaż, to jasne, że również i w tej dziedzinie), ale także kształci na czasy pokoju: to znaczy, że mają skutecznie służyć swemu krajowi jako naukowcy, badacze, technicy, jako humaniści". Do tego celu zmierzać będzie reorganizacja sił zbrojnych w Peru.

Dwa, może trzy dni po spotkaniu w CAEM Sawyer/Miller Group miała już rezultaty nowego sondażu krajowego, najważniejszego, jaki do tej pory został przeprowadzony, jeżeli chodzi o liczbę osób i miejsc objętych ankietą. Ja osiągałem znaczną większość: 41 do 42 procent osób zamierzało głosować na mnie. Alva Castro zdołał powiększyć wynik do 20 procent, podczas gdy Barrantes zatrzymał się na 15 procentach, a Pease na 8 procentach. Rezultaty nie wydały mi się złe, bo oczekiwałem raczej spadku notowań na skutek propagandy na rzecz głosowania preferencyjnego. Ale nie zaakceptowałem propozycji Marka Mallocha Browna, aby zrezygnować z podróży po kraju i skoncentrować się na kampanii w mediach i na odwiedzaniu zmarginalizowanych dzielnic Limy. W stolicy znano mnie i mój program, podczas gdy w wielu miejscach na prowincji kraju jeszcze nie.

W tym właśnie tygodniu, kiedy w rzadkich wolnych chwilach, które spędzałem w samolotach albo w furgonetkach pomiędzy wiecami, szkicowałem przemówienie, które miałem wygłosić na spotkaniu z liberalnymi intelektualistami z różnych krajów, organizowanym przez Ruch Wolność w terminie od 7 do 9 marca, dotarła do mnie wiadomość o zamordowaniu naszego przywódcy z Ayacucho, Juliána Huamaní Yauli. Natychmiast pojechałem, aby wziąć udział w pogrzebie i przybyłem tam, kiedy już czuwano przy zwłokach w małej, jasno oświetlonej kaplicy znajdującej się na drugim piętrze starego i ciemnego budynku gimnazjum księgowości. Obecność w tym miejscu wywarła na mnie dziwne wrażenie, kiedy patrzyłem na roztrzaskaną przez kule Świetlistego Szlaku głowę tego skromnego obywatela Ayacucho, który w czasie każdego mojego pobytu na tej ziemi zawsze towarzyszył mi w podróży, z ceremoniałem i dyskrecją, bo tak zachowują się zwykle jego krajanie. Morderstwo było typowym przykładem irracjonalności i głupiego okrucieństwa w strategii terrorystów, którzy w osobie najskromniejszego i dotychczas apolitycznego Juliána Huamaní nie zamierzali nikogo karać za przemoc, wyzysk albo jakieś nadużycia, tylko, po prostu, za pomocą tej zbrodni chcieli przestraszyć tych, którzy wierzyli, że wybory mogą zmienić sytuację w Peru. To był pierwszy przywódca Ruchu Wolność, którego zabito. Ilu będzie następnych? Zadawałem sobie to pytanie, kiedy ulicami Ayacucho nieśliśmy zwłoki do kościoła, z poczuciem winy, które zwłaszcza w drugiej turze wyborów ogarniało mnie za każdym razem, gdy otrzymywałem wiadomość, że życie naszych bojowników albo naszych kandydatów zostało unicestwione przez terrorystów.

Wkrótce po zabójstwie Juliána Huamaní Yauli, 23 marca, inny kandydat Frontu na stanowisko posła, populista José Gálvez Fernández, został zamordowany, kiedy wychodził z gimnazjum, którego był dyrektorem w Comas, jednym z okręgów Limy. Prostolinijny i sympatyczny, był jednym z lokalnych przywódców Akcji Ludowej, którzy włożyli najwięcej pracy w realizację skutecznego współdziałania między siłami Frontu. Kiedy tamtego wieczoru poszedłem do lokalu Akcji Ludowej, gdzie odbywało się czuwanie przy zwłokach, spotkałem Belaúndego i Violetę bardzo poruszonych morderstwem ich zwolennika.

Wśród tych krwawych wydarzeń w ostatnich dniach kampanii zaistniało coś zupełnie innego, coś, co podnosiło na duchu: spotkanie Rewolucji dla Wolności. Od wielu miesięcy zamierzaliśmy zebrać w Limie intelektualistów z wielu krajów, których idee przyczyniły się do nadzwyczajnych zmian politycznych i kulturalnych na świecie, bo chcieliśmy pokazać, że to, czego pragniemy dokonać w Peru, jest częścią procesu przywracania demokracji, do którego przyłączało się coraz więcej krajów z całego świata. I żeby nasi współobywatele wiedzieli, że najbardziej nowoczesna jest myśl liberalna.

Spotkanie trwało trzy dni, odbywało się w El Pueblo, w okolicach Limy, tam miały miejsce konferencje, dyskusje przy okrągłym stole, debaty, a potem wieczory serenad i fiesty, w których masowo uczestniczyła młodzież z Ruchu, co dodawało im wiele kolorytu. Mieliśmy nadzieję, że przybędzie do nas Lech Wałęsa. Miguelowi Vedze, który pojechał spotkać się z nim w Gdańsku, lider Solidarności obiecał, że zrobi wszystko, co w jego mocy, aby do nas dołączyć, ale w ostatniej chwili wewnętrzne sprawy zatrzymały go w kraju, więc skierował do nas przesłanie za pośrednictwem dwóch działaczy polskiego związku, Stefana Jurczaka i Jacka Chwedoruka – ich obecność na estradzie, wieczorem, kiedy ten list czytali, wywołała wybuch entuzjazmu. (Pamiętam jak Álvaro, bardziej podniecony niż zwykle, skandował nazwisko Wałęsy co sił w płucach, z rękami uniesionymi do góry).

Spotkania kulturalne zwykle bywają nudne, ale w tym przypadku było inaczej, przynajmniej dla mnie i myślę, że także dla młodych, których ściągnęliśmy z całego kraju, aby posłuchali, co mówimy o ofensywie liberalnej, która obiega świat. Wielu z nich po raz pierwszy słyszało o sprawach, o których tam była mowa. Być może z racji dotychczasowego całkowitego zanurzenia się w stereotyp języka walki wyborczej, przez te trzy dni miałem wrażenie, że rozkoszuję się wspaniałym zakazanym owocem, kiedy słuchałem słów niepodszytych przebiegłością polityczną oraz służalczą postawą wobec współczesnego świata, wsłuchiwałem się w osobisty ton języka używanego, aby wytłumaczyć znaczenie zmian już zachodzących albo tych, które miały się pojawić w krajach, jakie same się reformowały i dążyły do głębokiej wolności politycznej i gospodarczej – taki był temat wystąpienia Javiera Tusella – albo po prostu opisywać teoretycznie właściwości rynku, jak to zrobił Israel Kirzner. Pamiętam wspaniałe wystąpienia Jeana François Revela i sir Alana Waltersa będące najatrakcyjniejszymi momentami spotkania, a także referat wygłoszony przez José Piñerę o reformach gospodarczych, które wprowadziły Chile na drogę rozwoju i demokratyzacji. Dodawało nam to wiele otuchy, zwłaszcza dzięki wystąpieniom Kolumbijczyka Plinia Apuleyo Mendozy, Meksykanów Enrique Krauzego i Gabriela Zaida,

Gwatemalczyka Armanda de la Torre i innych, ponieważ znajdowaliśmy potwierdzenie, że na całym kontynencie znajdują się intelektualiści bliscy naszym ideom, którzy patrzą na naszą kampanię z nadzieją, bo jeśli uda się w Peru, to liberalna rewolucja zarazi także ich kraje.

Wśród uczestników spotkania znaleźli się dwaj pierwszoliniowi bojownicy kubańscy: Carlos Franqui i Carlos Alberto Montaner. Obaj od wielu lat, odkąd poczuli, że rewolucja, dla której walczyli, została zdradzona, prowadzili walkę przeciwko dyktaturze Fidela Castro w imię swoich niezachwianych przekonań demokratycznych. Zamykając spotkanie, sądziłem, że powinienem publicznie wyrazić solidarność z ich walką i powiedzieć, że wolność Kuby jest także hasłem widniejącym na naszych sztandarach i że, jeśli zwyciężymy, wolni Kubańczycy będą mieli w Peru sojusznika w swojej walce przeciwko jednej z ostatnich pozostałości totalitaryzmu na świecie. Uczyniłem to przed odczytaniem mojego przemówienia*, wywołując oczekiwany gniew kubańskiego dyktatora, który dwa, może trzy dni później odpowiedział mi typowymi dla siebie obelgami.

Octavio Paz, który nie mógł do nas przyjechać, nadesłał wideo z nagranym przesłaniem, tłumacząc, dlaczego teraz popiera mój wybór, podczas gdy przed dwoma laty w Londynie odradzał mi kandydowanie. Miguel Vega Alvear miał kłopot ze zdobyciem wystarczającej liczby aparatów telewizyjnych, żeby wszyscy uczestnicy mogli wysłuchać tego przesłania. Udało mu się i dzięki temu Octavio Paz był w tych dniach razem z nami. Jego wsparcie było teraz dla mnie bardzo ważne, bo, prawdę mówiąc, od czasu do czasu dźwięczały mi w uszach argumenty, które przytaczał przed dwoma laty, kiedy rozmawialiśmy w jego londyńskim hotelu na Sloane Street, przy tradycyjnej herbacie ze *scones*, a on tłumaczył mi, abym nie angażował się w aktywną politykę, bo nie można jej pogodzić z pracą intelektualną,

---

* *El país que vendrá* (Kraj, który nadejdzie) – przemówienie na zakończenie spotkania Rewolucja dla Wolności, Lima, 9 marca 1990.

gdyż oznacza utratę niezależności, manipulacje ze strony zawodowych polityków i w końcu doprowadza do frustracji oraz do poczucia, że zmarnowało się wiele lat życia. W swoim przesłaniu Octavio, z subtelnością, z jaką zawsze rozwijał swoje rozumowanie, najlepiej charakteryzującą jego intelekt, podobnie jak elegancja najwyraźniej cechuje jego prozę, wycofał się z poprzedniej argumentacji i przeciwstawił jej inną, bardziej aktualną, usprawiedliwiając moje zaangażowanie i wiążąc je z wielką, liberalną i demokratyczną mobilizacją sił w Europie Wschodniej. W tym momencie czułem się wzmocniony, słysząc z ust osoby, którą podziwiałem od młodości, argumenty, które były mymi własnymi. W niedługim czasie nadeszła jednak chwila, która pokazała, jak słuszna była jego pierwsza reakcja i jak szybko peruwiańska rzeczywistość zdolna jest zaprzeczyć słuszności obecnej jego postawy.

Jeszcze bardziej niż ze względów intelektualnych te trzy dni spotkania były dla mnie ważne jak prawdziwe wakacje, ponieważ mogłem obcować z przyjaciółmi, których od dłuższego już czasu nie widywałem, a także poznać wspaniałe osoby, które przyjechały do nas, przywożąc ze sobą idee i świadectwa odświeżające kraj o zablokowanej i zmarginalizowanej kulturze, w jaki bieda i przemoc zamieniły Peru. Z wyjątkiem silnej obstawy, którą było otoczone miejsce spotkania, zagraniczni jego uczestnicy nie zauważyli oznak przemocy, w jakiej żyje się w naszym kraju, i nawet mogli zakosztować rozrywki, oglądając peruwiańskie spektakle muzyczne i taneczne, które dwie osoby o spontanicznym usposobieniu, Ana i Pedro Schwarzowie, wzbogacały pieśniami i tańcami z Sewilli. (Zapisuję to dla historii, bo za każdym razem, kiedy o tym opowiadam, nikt mi nie wierzy, że wybitny hiszpański ekonomista był zdolny do podobnego wyczynu).

Te trzy dni względnego odprężenia dodały mi poza tym energii na ostatni miesiąc kampanii, który upływał w gorączkowym pośpiechu. Wznowiłem kampanię w niedzielę 11 marca wiecami w Huaral, Huacho, Barranca, Huarmey, Casma i odtąd, aż do manifestacji zamykającej kampanię 5 kwietnia w Arequipie, odwiedzałem codziennie kilka miast i miasteczek, przemawiając, przewodnicząc przemarszom, występując wszędzie na konferencjach prasowych, a potem prawie każdego wieczoru odlatywałem do Limy, żeby spotkać się z krajowym dowództwem kampanii Frontu, ekipą Planu Rządzenia oraz małą grupką doradców *kitchen cabinet*, w którym uczestniczyła także Patrycja koordynująca mój kalendarz.

Manifestacje były prawie zawsze masowe, a w ostatnich tygodniach wewnętrzne rywalizacje zdawały się zanikać, więc Front przedstawiał sobą obraz spójny i solidny, no i zwycięstwo wydawało mi się pewne. Wskazywały na to sondaże, chociaż wszystkie już wykluczały rozstrzygnięcie w pierwszej turze. Mógł być remis, a ja w drugiej turze wolałem współzawodniczyć z kandydatem z APRA, bo wyobrażałem sobie, że sprzeciw wobec tej partii w niektórych kręgach lewicy pozwoli mi zdobyć głosy i z tej strony. Jednak w głębi duszy nie traciłem nadziei, że w ostatnim momencie naród peruwiański zgodzi się 8 kwietnia powierzyć mi mandat, o który go prosiłem.

28 marca, w dniu moich urodzin, przyjęcie w Iquitos było nadzwyczajne. Od lotniska aż do miasta eskortował mnie ogromny tłum ludzi i razem z Patrycją, która towarzyszyła mi w odkrytej furgonetce, patrzyliśmy z wielkim wzruszeniem, jak ze wszystkich domów wychodzą nowe grupy entuzjastów, by przyłączać się do gęstego tłumu, który ani na chwilę nie przestawał skandować haseł Frontu, śpiewać i tańczyć z radością oraz z zapałem nie do opisania (w Amazonii wszystko zamienia się w fiestę). Na trybunie czekał na mnie ogromny tort z pięćdziesięcioma pięcioma świeczkami i chociaż chwilami gasło światło i mikrofony źle działały, doniosłość tego wiecu była taka, że razem z Patrycją czuliśmy się ogromnie podnieceni.

Tam spędziłem noc, śpiąc może trzy lub cztery godziny, bo tak ustaliła się moja porcja snu, i następnego ranka, bardzo wcześnie poleciałem do Cuzco, gdzie zaczynając od Sicuani, Urcos, Urubamby i Calki, rozpocząłem objazd, który miał osiągnąć swoją kulminację dwa dni później, o piątej po południu, na placu broni dawnej stolicy imperium Inków. Ze względów historycznych i także politycznych Cuzco, ta tradycyjna twierdza lewicy, ma w Peru znaczenie symboliczne. A jego plac broni, na którym kamienie dawnych inkaskich pałaców służą za fundament świątyń i budynków kolonialnych, jest jednym z najpiękniejszych i najbardziej okazałych, jakie znam. Również jednym z największych. Miejscowy komitet Ruchu Wolność obiecał mi, że tego popołudnia plac zapełni się po brzegi i że ani apryści, ani komuniści nie zdołają zakłócić wiecu. (Próbowali nas atakować w czasie wszystkich poprzednich podróży po tym departamencie).

Przygotowywałem się do wyjścia na wiec, kiedy z Limy zadzwonił do mnie Álvaro. Zauważyłem, że jest bardzo zdenerwowany. Był w biurze dowództwa kampanii razem z Markiem Mallochem Brownem, Jorge Salmónem, Luisem Llosą, Pablem Bustamante i analitykami sondaży. Właśnie otrzymali ostatnie wyniki i spotkała ich ogromna niespodzianka: w dzielnicach peryferyjnych i w młodych osiedlach Limy – razem zamieszkuje je 60 procent mieszkańców stolicy – notowania kandydata Alberto Fujimoriego w ostatnich dniach w zawrotny sposób poszły w górę, a jeśli chodzi o zamiar oddania na niego głosu, zdystansowały partię APRA i lewicę, przy czym widać było, że jego popularność rośnie „jak na drożdżach, z minuty na minutę". Według analityków było to zjawisko ograniczone do najbiedniejszych dzielnic Limy i do sektorów C i D, bo w pozostałych dzielnicach oraz w reszcie kraju utrzymywała się zrównoważona proporcja sił. Jednak Mark uważał, że to bardzo poważne zagrożenie, i doradzał mi, abym przerwał podróżowanie, łącznie z wiecem w Cuzco, i wrócił natychmiast do Limy, aby już od dzisiaj aż do samych wyborów skoncentrować wszystkie wysiłki na okręgach i dzielnicach peryferyjnych stolicy, w celu powstrzymania tego procesu.

Odpowiedziałem Álvarowi, że chyba oszaleli, jeżeli myślą, iż wystawię do wiatru mieszkańców Cuzco, i że nazajutrz wrócę do Limy, po wiecach w Quillabambie i w Puerto Maldonado. Udałem się na plac broni w Cuzco i tamtejszy spektakl sprawił, że zapomniałem o wszystkich obawach dowództwa kampanii. Miało się ku wieczorowi i purpurowe słońce rzucało blask na stoki górskiego łańcucha i na zbocze Carmenca. Pokrycia dachów w San Blas oraz pochodzące z prehiszpańskich budowli kamienie kościołów i klasztorów błyszczały płomiennym światłem. Na przeczystym błękicie nieba nie było chmur i już zaczynały pojawiać się pierwsze gwiazdy. Gęsty tłum na olbrzymim placu sprawiał wrażenie, jakby miał za chwilę wybuchnąć entuzjazmem, a w przezroczystym górskim powietrzu ogorzałe twarze mężczyzn i żywe kolory strojów kobiecych, a także plakaty i sztandary, którymi poruszał ten las rąk, były bardzo wyraziste i zdawały się tak bliskie, jakby na wyciągnięcie ręki dla każdego, kto z estrady zbudowanej przed katedrą chciałby ich dotknąć. Nigdy nie czułem się tak wzruszony w czasie całej kampanii jak tamtego popołudnia w Cuzco, na starym pięknym placu, na którym mój nieszczęsny kraj przeżywał swoje najwznioślejsze momenty chwały i gdzie czasami bywał kulturalny i szczęśliwy. Powiedziałem to, ze ściśniętym gardłem, architektowi Gustavovi Manrique Villalobosowi z komitetu Ruchu Wolność, kiedy z wilgotnymi oczyma szeptał do mnie, wskazując na to imponujące zgromadzenie: „Spełniłem obietnicę, Mario".

Wieczorem, w czasie kolacji w Hotelu Turystycznym, zapytałem, kim jest i skąd przychodzi ten Alberto Fujimori, który dopiero na dziesięć dni przed wyborami zaistniał jako kandydat. Nie wydaje mi się, abym do tej pory choć raz z nim się zetknął albo usłyszał o nim od kogoś, kto wspominałby go w analizach procesu wyborczego, jakie robiliśmy w łonie Frontu i w Ruchu Wolność. Kilka razy, jadąc przez miasto, widziałem dziwne plakaty nieznanej organizacji, która zgłosiła jego kandydaturę, organizacji o nazwie Cambio 90, pasożytującej na naszym haśle – Wielka z m i a n a ku wolności – i malownicze zdjęcia tego osobnika, którego strategia w kampanii wyborczej polegała na tym, że jeździł na traktorze, czasem w indiańskim *chullo**

---

* Wełniana podobna do pilotki czapka, jaką noszą Indianie w Peru (przyp. tłum.).

okalającym jego azjatycką twarz i powtarzał slogan – Uczciwość, Technologia i Praca – który zawierał całą jego propozycję rządzenia. Ale ten folklorystyczny ekscentryk, pięćdziesięciodwuletni inżynier, syn Japończyków, o podwójnym nazwisku – Fujimori Fujimori – nie dzierżył palmy pierwszeństwa wśród dziesięciu kandydatów na prezydenta zarejestrowanych przez Państwową Komisję Wyborczą, bo lepsze miejsce zyskiwali nawet señor Ataucusi Gamonal albo prorok Ezequiel.

Prorok Ezequiel był założycielem nowej religii, Izraelskiego Kościoła Nowego Paktu Powszechnego, powstałego na wysokościach Andów, z pewnymi wpływami we wspólnotach wiejskich i peryferyjnych dzielnicach miast. Człowiek ubogi, urodzony w małej wiosce La Unión (Arequipa), wychowany przez ewangelicką sektę z centralnej s i e r r y, oddalił się od niej po doznaniu objawienia w Tarmie i założył własną religię. Jego wyznawców można było rozpoznać po tym, że kobiety chodziły owinięte w siermiężne tuniki i w chustkach na głowie, a mężczyźni mieli bardzo długie paznokcie i włosy, bo jednym z przykazań jego wiary było nie ingerować w rozwój porządku naturalnego. Żyli we wspólnotach, uprawiając ziemię, dzielili między siebie wszystkie jej plony i miewali starcia ze Świetlistym Szlakiem. Na początku kampanii Juan Ossio, który badał ich jako antropolog i miał z nimi dobre relacje, zaprosił mnie na obiad do swego domu razem z prorokiem Ezequielem i z szefem jego apostołów, bratem Jeremíasem Ortizem Arcosem, bo myślał, że poparcie sekty może nam pomóc w pozyskaniu głosów ludności wiejskiej. Zachowuję zabawne wspomnienie z tego obiadu, na którym całą rozmowę prowadził ze mną brat Jeremías, silny i chytry Metys z podzielonymi przedziałkiem włosami ujętymi w zaplecione warkoczyki i o wystudiowanych pozach, podczas gdy prorok siedział w milczeniu, pogrążony w czymś w rodzaju mistycznej ekstazy. Dopiero przy deserze, po tym jak żarłocznie się najadł, powrócił na ziemię. Poszukał mego wzroku i chwyciwszy mnie swoimi czarnymi łapami za ramię, wypowiedział takie kategoryczne zdanie: „Posadzę pana na tronie, doktorze". Zachęceni tym, co odczytaliśmy jako obietnicę wsparcia w wyborach, Juan Ossio i Freddy Cooper poszli na obiad z prorokiem Ezequielem oraz jego apostołami do ich namiotu na jednym z osiedli w Limie. Freddy zapamiętał ten bankiet jako jedno z najmniej strawnych doświadczeń w swojej krótkotrwałej politycznej karierze. Poza tym niepotrzebne, bo wkrótce prorok Ezequiel zdecydował się posadzić na tronie siebie samego, lansując własną kandydaturę. Chociaż w sondażach nigdy nie osiągnął więcej niż jeden procent, analitycy z Frontu czasem spekulowali na temat możliwości przerzucenia głosów mieszkańców wsi na proroka, co destabilizowałoby panoramę polityczną. Ale żaden nie przeczuwał, że niespodzianka nadejdzie ze strony inżyniera Fujimoriego.

Po powrocie do Limy po południu 30 marca zastałem ciekawą wiadomość. Nasza ekipa do spraw bezpieczeństwa wpadła na trop rozkazu wydanego poprzedniego dnia przez prezydenta Alana Garcíę do wszystkich korporacji rozwoju regionalnego, aby natychmiast przeorientowały swoje poparcie logistyczne – środki transportu, komunikacji i reklamy – z kandydata partii APRA Alvy Castro na organizację Cambio 90. Jednocześnie od tego dnia wszystkie media podległe rządowi i bliskie Garcíi – zwłaszcza Kanał 5 telewizji, programy radiowe i czasopisma „La República", „Página libre" oraz „La Crónica" – systematycznie wspierały kandydaturę, o której dotąd zaledwie wspominały. Jedynym człowiekiem, który nie wydawał się zdziwiony tymi wiadomościami, okazał się Fernando Belaúnde, z którym spotkałem się jeszcze tego samego wieczoru, po powrocie do Limy. „Kandydatura Fujimoriego jest typowym manewrem partii APRA, aby odebrać nam głosy" – zapewnił mnie były prezydent. „Zrobili to samo wobec mnie w 1963, wynajdując kandydaturę inżyniera María Samamé Boggia, który głosił to samo co ja, był profesorem na tym samym uniwersytecie co ja i w końcu zdobył mniej głosów, niż wynosiła liczba podpisów, z jakimi znalazł się w rejestrze wyborczym". Czy ten kandydat w indiańskiej pilotce i na traktorze był epifenomenem Alana Garcíi? W każdym razie Mark Malloch Brown się zaniepokoił. Sondaże – robiliśmy jeden dziennie, w Limie – potwierdzały, że w młodych dzielnicach szanse tego „chinito"* rosły w szybkim tempie.

Kim był? Skąd się wziął? Był profesorem matematyki oraz rektorem Uniwersytetu Rolniczego i z tego względu przez pewien czas przewodniczył Narodowemu Zgromadzeniu Rektorów. Ale jego kandydatura musiała być bardzo słaba. Na swojej liście nie zdobył nawet limitu głosów senatorów i posłów. Wśród jego zwolenników było wielu pastorów Kościołów ewangelickich i wszyscy, bez wyjątku, byli nieznani. Później odkryliśmy, że umieścił wśród nich własnego ogrodnika oraz jedną wróżkę i chiromantkę zamieszaną w proces o narkotyki, Madame Carmelí. Ale najlepszym dowodem, do jakiego stopnia jego kandydatura była niepoważna, jest to, iż sam Fujimori też figurował jako kandydat do godności senatora. Konstytucja peruwiańska pozwala na takie podwójne kandydowanie, co wykorzystują liczni pretendenci do parlamentu, którzy dla zdobycia większego rozgłosu wpisują się jednocześnie na listę kandydatów na prezydenta. Nikt z rzeczywistymi możliwościami zostania prezydentem nie wysuwa jednocześnie swojej kandydatury do godności senatora, bo obydwa stanowiska są, według konstytucji, nie do pogodzenia.

Chociaż nie skreśliłem całej reszty zaplanowanych na ostatnie dni podróży – celem ich były Huancauo, Jauja, Trujillo, Huaraz, Chimbote, Cajamarca, Tumbes, Piura i Callao – prawie każdego ranka, przed wyjazdem na prowincję, robiłem objazd młodych dzielnic Limy, gdzie Fujimori zdawał się lepiej usadowiony, i zrealizowałem serię spotów telewizyjnych, w których rozmawiałem z ludźmi z sektorów C i D zadających mi pytania o najczęściej atakowane punkty mego programu. Ze świeżym wsparciem rządowych samolotów

---

* Mieszaniec (przyp. tłum.).

i furgonetek Fujimori rozpoczął serię podróży po prowincji, skąd napływały do nas informacje wskazujące na to, że we wszystkich jego wiecach uczestniczyło bardzo wielu biednych Peruwiańczyków, których „chinito" ubrany w poncho, indiańską pilotkę i jeżdżący na traktorze oraz krytykujący wszystkich polityków zdawał się coraz bardziej oczarowywać.

W piątek 30 marca nowy burmistrz Limy, Ricardo Belmont, poparł moją kandydaturę. Zrobił to z mego domu w Barranco, po rozmowie, która była dla mnie bardzo pouczająca. Start Fujimoriego bardzo go zaniepokoił, człowiek ten bowiem nie tylko powtarzał wszystko to, co Belmont powiedział w swojej kampanii samorządowej – „nie jestem politykiem", „wszyscy politycy przegrali", „nadeszła pora dla niezależnych" – ale także komitety jego własnej organizacji OBRAS w peryferyjnych dzielnicach Limy zaczęły być wchłaniane przez Cambio 90. Ich lokale zmieniały flagi, a plakaty z twarzą Belmonta zastępowano innymi, z twarzą „chinito". Belmont nie miał najmniejszej wątpliwości: Fujimori był tworem APRA. I opowiedział mi, że Jorge del Castillo, były burmistrz Limy wywodzący się z APRA, starał się dołączyć Fujimoriego do swojej listy radców miejskich, czego on nie zrobił, ponieważ był to człowiek zupełnie nieznany. Sześć miesięcy wcześniej pretendent do urzędu prezydenta z ramienia Cambio 90 usiłował zostać jedynie radnym w zarządzie jakiegoś miasta.

Ricardo Belmont mówił to wcześniej do Álvara, z którym odbył wiele spotkań wcześniejszych niż rozmowa ze mną i z którym się zaprzyjaźnił, zapewnił mnie w czasie naszego spotkania: „Powstrzymam Fujimoriego". I w ciągu ostatnich ośmiu dni kampanii zrobił co było w jego mocy, aby poprzeć moją kandydaturę na konferencji prasowej, w programie telewizyjnym, jaki w tym celu zaplanował, i ogłaszając poparcie dla mnie w przemówieniu w czasie wiecu 4 kwietnia, na Paseo de la República, którym zakończyliśmy kampanię w Limie. To jednak nie pomogło powstrzymać czegoś, co dziennikarze ochrzcili później mianem tsunami, ale w mojej pamięci pozostawiło sympatyczny obraz Belmonta, któremu przyszły rząd peruwiański kazał drogo zapłacić za taki krok, nękając merostwo Limy brakiem środków i skazując je na znikomy zakres działania*. 3 kwietnia wydarzyły się dwie dobre rzeczy. Urodziwa Gisella Valcárcel, która z artystki variété przeobraziła się w dziennikarkę prowadzącą jeden z najpopularniejszych programów telewizyjnych, po wywiadzie z Fujimorim i w jego obecności oświadczyła swoim telewidzom, że będzie na mnie głosowała. Był to odważny gest, bo Kanał 5 już wcześniej próbował uniemożliwić Giselli uczestnictwo w festiwalu, jaki Akcja Solidarność zorganizowała na Boże Narodzenie. Mimo to udała się na stadion i była animatorką fiesty – nawet zachęciła mnie do tańca *huayno* – a teraz w przeddzień wyborów ogłosiła swoje poparcie, starając się zachęcić publiczność do głosowania na moją kandydaturę. Zadzwoniłem do niej z podziękowaniem i z życzeniami, aby to zachowanie nie sprowadziło na nią represji, które szczęśliwie nie nastąpiły.

Drugą dobrą wiadomością były wyniki ostatniego krajowego sondażu, które Mark i jego analitycy Paul, Ed i Bill przynieśli mi do domu po południu w tamtą środę: utrzymywałem przeciętną 40 procent poparcia wyborców, którzy zamierzali na mnie głosować; atak Fujimoriego, który obejmował nie tylko Limę, ale także resztę Peru – z jedynym wyjątkiem Amazonii – odbierał głosy przede wszystkim partii APRA i Zjednoczonej Lewicy, co spychało oba ugrupowania odpowiednio na trzecie i czwarte miejsce i to prawie we wszystkich departamentach. Wzrost poparcia dla Fujimoriego w peryferyjnych dzielnicach stolicy zdawał się utrzymywać; natomiast w okręgach takich jak San Juan de Lurigancho i Comas ja odzyskałem kilka punktów.

Setki dziennikarzy z całego świata przyjechały do Limy na dzień wyborów w niedzielę 8 kwietnia i dowództwo kampanii obawiało się,

---

* Po sfingowanym zamachu stanu z 5 kwietnia 1992 rywalizacja burmistrza Limy Belmonta ze słynnym dyktatorem zamieni się w pasjonującą idyllę.

że obliczona na tysiąc pięćset osób sala przeznaczona na uroczystości w hotelu Sheraton nie będzie wystarczająca. Mój dom w Barranco był oblężony dniem i nocą przez fotografów i operatorów filmowych, a ochrona miała kłopoty z powstrzymaniem tych, którzy chcieli wspinać się na mur albo wskakiwać do ogrodu. Chcąc zachować naszą prywatność, musieliśmy pozamykać okiennice, zasunąć zasłony i zarządzić, by odwiedzające nas osoby wjeżdżały samochodem prosto do garażu, jeżeli nie chcą być nękane przez tłum dziennikarzy. Prawo wyborcze nie pozwalało publikować wyników sondaży na piętnaście dni przed wyborami, ale zagraniczne dzienniki już podały wiadomość o zdumiewającym pojawieniu się w ostatniej chwili przed wyborami w Peru pewnego czarnego konia japońskiej proweniencji.

Ja nie czułem niepokoju takiego jak w dniach wzmożonej propagandy medialnej naszych kandydatów do parlamentu – która w ostatnich tygodniach zmalała do rozmiarów już nie tak spektakularnych – chociaż nie mogłem przestać myśleć, że między tamtym zjawiskiem a fenomenem Fujimoriego istniał związek naczyń połączonych. Popis braku ekonomicznej skromności w wykonaniu osobnika reklamującego się biednym Peruwiańczykom jako jeszcze jeden biedny, czujący odrazę do klasy politycznej, która nigdy nie rozwiązywała problemów kraju. Niemniej sądziłem, że na Fujimoriego zagłosuje – co będzie dla nas karą – nie więcej niż 10 procent wyborców pochodzących z warstwy najsłabiej poinformowanej i niewykształconej. Bo któż inny, jak nie ci ludzie, mógłby oddać głos na osobę nieznaną, bez programu, bez ekipy przygotowanej do rządzenia, bez najmniejszej wiarygodności politycznej, na kogoś, kto prawie nie prowadził kampanii poza Limą, kogoś pojawiającego się niespodziewanie, z dnia na dzień, jako kandydat? Choćby nie wiem co mówiły sondaże, nie mieściło mi się w głowie, że taka kandydatura pozbawiona idei i bez zaplecza politycznego może wchodzić w rachubę w zestawieniu z ogromnym wysiłkiem, jaki my włożyliśmy przez prawie trzy lata pracy. A po cichu, nie mówiąc o tym nawet Patrycji, wciąż żywiłem nadzieję, że

Peruwiańczycy powierzą mi tej niedzieli mandat do przeprowadzenia „wielkiej zmiany ku wolności".

To złudzenie było w dużej mierze oparte na mylnym rozumieniu sensu ostatnich wieców, bo wszystkie, zaczynając od tego na placu broni w Cuzco, były niezwykłe. Taki był również wiec 4 kwietnia na Paseo de la República w Limie, na którym wystąpiłem, mówiąc w osobistym, konfidencjonalnym tonie o sobie i swojej rodzinie, wyjaśniałem, wbrew propagandzie, która przedstawiała mnie jako osobę uprzywilejowaną, że wszystko to, czym jestem i co posiadam, zawdzięczam własnej pracy. Wspaniały był również ostatni wiec w Arequipie 5 kwietnia, w którym obiecałem moim współziomkom, że będę „prezydentem buntowniczym i niespokojnym", takim, jaką była moja rodzinna ziemia w historii Peru. Tak dobrze zorganizowane wiece, widok tych placów i alei rozgrzanych tłumem w najwyższym stopniu podnieconym i zachrypniętym od skandowania naszych haseł – przede wszystkim przez rzesze młodych chłopców i dziewcząt – wszystko to sprawiało wrażenie przebudzenia się ludności, pozyskanej dla idei Frontu. Przed ostatnim wiecem razem z Patrycją oraz z trojgiem naszych dzieci przejechaliśmy ulicami miasta w otwartym samochodzie, przy czym przejażdżka trwała kilka godzin, bo w każdym zakątku Arequipy zbierało się coraz więcej ludzi z bukietami kwiatów albo z konfetti, w atmosferze prawdziwego szaleństwa. Podczas jednej z tych przejażdżek po Arequipie miało miejsce najpiękniejsze zdarzenie, jakie mnie spotkało w tamtych latach. Młoda kobieta podeszła do samochodu, podała mi swoje kilkumiesięczne dziecko, żebym je pocałował i zawołała do mnie: „Jeżeli zwyciężysz, urodzę drugie dziecko, Mario!".

Jednak każdy, kto usiadłby choć na chwilę, by w spokoju dokonać oceny sytuacji, i uważnie przyjrzał się temu, jaki typ ludzi brał udział w przemarszach i wiecach, doszedłby do przekonania, że ci, którzy się tutaj zbierali, reprezentują tylko jedną trzecią część Peruwiańczyków, tych o najwyższych dochodach. Chociaż oni są w narodzie w mniejszości, jednak stanowią wystarczającą siłę, by zapełnić place w peruwiańskich miastach, zwłaszcza teraz, kiedy, co rzadko się zdarzało w naszej historii, klasa średnia i wyższa przyłączyły się razem do naszego projektu politycznego. Jednak pozostałe dwie trzecie narodu, Peruwiańczycy biedniejsi i bardziej sfrustrowani upadkiem kraju w ostatnich dziesięcioleciach, ci, których część zdołała się na początku kampanii zainteresować moimi propozycjami, później się od nich zdystansowali ze strachu, na skutek zamętu, niechęci wobec tego, co nagle pojawiło się przed nimi jako dawne Peru, elitarne i aroganckie, Peru ludzi białych i bogatych – a przyczyniła się do tego zarówno nasza publicystyka, jak i kampania naszych przeciwników – tak więc, kiedy przewodniczyłem tamtym patetycznym wiecom, które pozwalały odnosić wrażenie, że utrzymuję prawie absolutną większość, jaką przypisywały mi sondaże, już wtedy zaczął się decydować inny wynik wyborów.

Przybyło do Peru z zagranicy kilku przyjaciół, takich jak Carmen Balcells, moja literacka agentka z Barcelony i wspólniczka w wielu perypetiach; mój angielski wydawca Robert McCrum oraz kolumbijski pisarz i dziennikarz Plinio Apuleyo Mendoza. Zdołałem się z nimi spotkać w przeddzień wyborów, pośród morderczej serii wywiadów z zagranicznymi korespondentami, które wypełniały mój kalendarz. Niespodzianką było pojawienie się mego wydawcy z Finlandii, Erkki Reenpaa i jego żony Sulamity, których śnieżnobiałe skandynawskie twarze jakby za dotknięciem czarodziejskiej różdżki wyłoniły się nagle z tłumu na wiecu w Piurze, a ja nie mogłem pojąć, jak to możliwe, że tych dwoje przyjaciół z Helsinek zjawiło się aż na krańcach Peru. Potem dowiedziałem się, że jeździli za mną po różnych miastach, dokonując cudów, by wynajmować samochody, wsiadać do samolotów i być na wszystkich moich ostatnich wiecach. A tego wieczoru czekała na mnie w domu depesza nadesłana z Genewy przez bliskiego przyjaciela z młodości, Luisa Loayzę, z którym nie widziałem się od wielu lat. Wzruszyła mnie jej treść: „Uściski, dzielny obrońco Sartre'a".

W niedzielę 8 kwietnia razem z Patrycją, Álvarem i Gonzalem poszliśmy głosować wcześnie rano do budynku gimnazjum Mercedes Indacochea, w Barranco, a niepełnoletnia Morgana towarzyszyła nam targana zazdrością, że jej bracia już mogą brać udział w głosowaniu. Potem, przed udaniem się do hotelu Sheraton, sprawdziłem, jak funkcjonują w całym kraju te dziesiątki tysięcy mężów zaufania w lokalach wyborczych, które od wielu miesięcy ekipa pod kierunkiem Miguela i Cecilii Cruchaga przygotowywała na ten dzień. Wszystko było w porządku; transport funkcjonował i nasi przyjaciele znajdowali się od świtu na swoich stanowiskach.

Zarezerwowaliśmy kilka pięter w Sheratonie na dzień wyborów. Na pierwszym piętrze mieściły się biura dla prasy Frontu, dla Álvara i jego ekipy, a na drugim zainstalowano faksy, telefony i biurka dla korespondentów prasowych, była tu również sala, w której miałem przemawiać po zapoznaniu się z wynikami wyborów. Na osiemnastym piętrze zainstalowało się biuro komputerowe, w którym Mark Malloch Brown i jego ludzie odbierali wiadomości o przebiegu głosowania, informacje od naszych mężów zaufania i wyniki sondaży przeprowadzanych wśród ludzi wychodzących z lokali wyborczych; te ostatnie docierały do komputerów, które Miguel Cruchaga zainstalował w tajemnicy w San Antonio. Miały mi dostarczyć około południa pierwszą informację o wynikach.

Piętro dziewiętnaste było zarezerwowane dla mojej rodziny i bliskich przyjaciół, a służba bezpieczeństwa otrzymała polecenie, by nie wpuszczać tam nikogo więcej. Zamknąłem się sam w jednej *suite* około jedenastej rano. Oglądałem w telewizji, jak głosują przywódcy różnych partii politycznych, słynni sportowcy i piosenkarze i nagle zaniepokoiła mnie myśl, że prawdopodobnie przez najbliższe pięć lat nie przeczytam ani nie napiszę żadnego tekstu literackiego. Wtedy usiadłem i w notesiku, który zawsze noszę w kieszeni, napisałem ten przyjemny wiersz, który krążył mi po głowie, odkąd przeczytałem pewną książkę Alfonsa Reyesa o Grecji:

ALCYDES

Mam w myślach potężnego Alcydesa,
Którego także nazywają Herkulesem.
Był bardzo silny. Jeszcze w kołysce
zdusił dwa węże, jednego po drugim.
Będąc młodzieńcem, odważnie zabił lwa.
Okryty jego skórą jak pielgrzym
wyruszył dzielnie w świat.
Wyobrażam go sobie
muskularnego, o gładkim ciele,
polującego na lwa z Nemei.
A na rozgrzanym placu Lidii
służy jako niewolnik i zabawia
królową Omfalię. W przebraniu kobiecym
ten przybysz z Grecji prządł i tkał,
a jego wdzięczne przebranie rozweselało
dwór.
Tam go zostawiam
niezwyciężonego młodego gracza:
w zabawnym stroju
I od razu o nim zapominam.

Około pierwszej przyszli zobaczyć się ze mną Mark, Lucho i Álvaro z pierwszą projekcją wyników: ja otarłem się o 40 procent, a Fujimori miał 25 procent. Czarny koń potwierdzał swoją godną uwagi pozycję w całym kraju. Mark wytłumaczył mi, że zgodnie z obserwowaną tendencją moje notowania powinny rosnąć, ale kiedy spojrzałem na jego twarz, wiedziałem, że nie mówi prawdy. Jeżeli te liczby się potwierdzą, to elektorat nie udzieli mi mandatu i większość parlamentarna będzie wrogo nastawiona do naszego programu.

Zszedłem na dół, żeby porozmawiać z matką, wujami, ciotkami, kuzynkami i przyjaciółmi, zjadłem z nimi kilka kanapek, nic nie mówiąc o tym, co już wiedziałem. Nawet wuj Lucho był z nami mimo swego częściowego paraliżu, uśmiechnięty, chociaż unieruchomiony i milczący, ale pragnął towarzyszyć mi w tak ważnym dniu. Wróciłem do mego apartamentu na dziewiętnastym piętrze, gdzie o drugiej trzydzieści dotarła do mnie druga, bardziej dokładna informacja z terenu kraju. Natychmiast zauważyłem tę katastrofę: straciłem trzy punkty – miałem 36 procent – Fujimori utrzymywał swoje 25 procent, APRA ocierała się o 20 procent, a obydwie partie lewicowe miały razem 10 procent. Nie były potrzebne żadne zdolności jasnowidza, żeby przewidzieć przyszłość: odbędzie się druga tura, w której apryści, socjaliści i komuniści połączą swoje głosy i oddadzą je na Fujimoriego, zapewniając mu łatwe zwycięstwo.

Álvaro został przez chwilę ze mną sam na sam. Był bardzo blady, z podkrążonymi niebieskimi oczami, które kiedy był dzieckiem, oznaczały jego silne zdenerwowanie. Z trojga moich dzieci jest najbardziej do mnie podobny w swojej pasji i entuzjazmie, w bezgranicznym oddaniu bez zastrzeżeń i kalkulacji, w swoich uczuciach miłości i nienawiści. Miał dwadzieścia cztery lata i kampania była nadzwyczajnym doświadczeniem w jego życiu. To nie był mój pomysł, tylko Freddy'ego Coopera, żeby mianować go naszym rzecznikiem prasowym, bo był już dziennikarzem, ogromnie się przejmował problemami Peru, miał bardzo zbliżone do moich poglądy i całkowicie identyfikował się z liberalnymi ideami. Kosztowało nas trochę pracy, żeby się zgodził. Freddy'emu i mnie odmówił, ale w końcu Patrycja, która jest jeszcze bardziej uparta niż on, przekonała go, ale byliśmy oskarżani o nepotyzm i przez prasę aprystowską zostaliśmy ochrzczeni mianem „rodziny królewskiej". Álvaro bardzo dobrze wykonywał swoje obowiązki, a było jasne, że musi wykłócać się z wieloma ludźmi, żeby nie iść na najmniejsze ustępstwa i nie godzić się na coś, czego moglibyśmy później żałować, no więc robił to, o co go prosiłem. Przez cały ten czas nauczył się o wiele więcej niż przez trzy lata studiów w London School of Economics, o swoim kraju, o ludziach i polityce, realizując pasję, którą zaraził się w młodości i która go odtąd pochłaniała, podobnie jak w dzieciństwie fascynowała go religia. (Do dzisiaj zachowuję zadziwiający list, który napisał do mnie z internatu w wieku trzynastu lat, zawiadamiając o swojej decyzji porzucenia katolicyzmu i przyjęcia bierzmowania w Church of England). „Wszystko zamieniło się w gówno – powiedział teraz cały siny ze złości. – Już nie będzie liberalnej reformy. Peru się nie zmieni i pozostanie takie jak zawsze. Najgorsze, co mogłoby cię teraz spotkać, to zwycięstwo". Ale ja wiedziałem, że podobne ryzyko nie wchodzi w rachubę.

Poprosiłem go, żeby zlokalizował naszego męża zaufania w Państwowej Komisji Wyborczej i kiedy Enrique Elías Laroza przybył na dziewiętnaste piętro, zapytałem go, czy pod względem prawnym byłoby możliwe, aby jeden z dwóch kandydatów finalistów zrezygnował z drugiej tury wyborów i od razu ustąpił drugiemu urząd prezydenta. W afektowany sposób zapewnił mnie, że tak*. I jeszcze zachęcał: „Oczywiście, niech pan zaoferuje Fujimoriemu jedno albo ze dwa ministerstwa i niech to on zrezygnuje z udziału w drugiej turze". Jednak ja już zastanawiałem się nad tym, czy nie zaoferować memu rywalowi czegoś o wiele bardziej pożądanego niż kilka tek ministerialnych, a mianowicie wstęgi prezydenckiej. W zamian za niektóre kluczowe punkty naszego programu gospodarczego i za kilka ekip zdolnych zrealizować je w praktyce. W tej chwili zacząłem się bowiem obawiać, że za pośrednictwem podstawionej osoby Alan García i APRA będą nadal sprawować rządy w Peru i klęska ostatnich pięciu lat nadal będzie trwała, aż do rozpadu peruwiańskiego społeczeństwa.

Po tej drugiej informacji o wynikach już nie miałem najmniejszych wątpliwości co do sposobu zakończenia wyborów ani złudzeń

---

* Coś podobnego zdarzyło się w wyborach w 1985 roku, w których Alan García otrzymał niewiele mniej niż 50 procent, zwyciężając Alfonsa Barrantesa, który był drugi. Miała się odbyć druga tura wyborów, ale uniknięto jej dzięki wycofaniu się kandydata Zjednoczonej Lewicy.

co do możliwości mojego zwycięstwa w drugiej turze. W minionych miesiącach i latach mogłem odczuwać nienawiść, jaką żywili do mnie apryści i komuniści, bo dla nich moje wtargnięcie do peruwiańskiego życia politycznego, obrona zasad liberalnych, gromadzenie ludzi na placach, mobilizacja klasy średniej, która dawniej była nieśmiała albo zagubiona, możliwość zapobieżenia nacjonalizacji systemu finansowego i odzyskania tego, co zamienili w tabu – demokracji „formalnej", własności prywatnej i przedsiębiorstw prywatnych, kapitalizmu, rynku – mogły unicestwić im to, co uważali za swój bezpieczny monopol władzy politycznej i przyszłości Peru. Pojawiające się w ciągu prawie trzech lat sondaże, które wskazywały, że nie ma legalnego sposobu zatrzymania intruza wskrzeszającego „prawicę", który dojdzie do władzy z poparciem tłumów, pobudziły jeszcze bardziej ich nienawiść, a rozwścieczeni intrygami, które prowadził z Pałacu Alan García, nasilili jeszcze swoją złość na mnie i to do obłąkańczych rozmiarów. Pojawienie się w ostatniej chwili Fujimoriego było darem losu dla APRA i dla lewicy, stało się więc oczywiste, że obie siły oddadzą się ciałem i duszą pracy na rzecz jego zwycięstwa, nie myśląc ani przez chwilę o ryzyku, jakie wiąże się z wyniesieniem do władzy kogoś tak źle przygotowanego do jej sprawowania. Zdrowy rozsądek, rozum – to egzotyczne kwiaty w peruwiańskim życiu politycznym i jestem pewien, że nawet gdyby po upływie dwudziestu miesięcy po tym, jak oddali na niego głos, wiedzieli, że Fujimori wykończy demokrację, zamknie Kongres, stanie się dyktatorem i zacznie gnębić aprystów i lewicowców, też by na niego głosowali, żeby zagrodzić drogę temu, kogo nazywali wrogiem numer jeden.

Cała ta refleksja przyszła mi na myśl po rozmowie z Elíasem Larozą i zanim po zamknięciu głosowania telewizja zaczęła podawać pierwsze informacje o wynikach, dowiedziałem się, że rezultat był jeszcze gorszy od przewidywanego: otrzymałem od 28 do 29 procent głosów, a Fujimori zaledwie o pięć procent mniej, to znaczy 24 procent. APRA i partie lewicowe zdobyły razem trzecią część głosów.

Nakreśliłem w myślach plan działania. Negocjować jak najszybciej z Fujimorim i od razu zrezygnować z kandydowania na urząd prezydenta w zamian za to, że zgodzi się na reformę gospodarczą: na położenie kresu inflacji, na obniżenie ceł, otworzenie gospodarki na konkurencję, renegocjowanie z Funduszem Walutowym i Bankiem Światowym ponownego wprowadzenia Peru do międzynarodowego systemu finansowego i, być może, prywatyzację niektórych publicznych przedsiębiorstw. My mieliśmy fachowców i kadry, których jemu brakowało. Mój główny argument byłby taki: „Więcej niż połowa Peruwiańczyków głosowała za zmianą. To oczywiste, że brakuje większości opowiadającej się za zmianą radykalną, jaką ja proponuję. Natomiast wyniki wskazują, że większość skłania się ku zmianom umiarkowanym, stopniowym, za takim konsensusem, który, o czym zawsze mówiłem, oznaczałby paraliż i niekonsekwencję wobec zasad. Jasne, że nie jestem odpowiednią osobą, aby realizować taką politykę. Ale byłoby kpiną z decyzji większości społeczeństwa, gdyby Cambio 90 miało służyć kontynuacji rządów APRA w Peru, kiedy jest oczywiste, że tylko 19 procent Peruwiańczyków chce takiej kontynuacji".

O szóstej trzydzieści zjechałem na drugie piętro, żeby porozmawiać z prasą. W hotelu panowała żałobna atmosfera. Na korytarzach, na schodach, w windach widziałem tylko wydłużone twarze, zapłakane oczy, wyraz niewymownego zdziwienia, a u niektórych także złości. Sala była zapchana dziennikarzami, kamerami i reflektorami oraz ludźmi z Frontu Demokratycznego, którzy mimo przygnębienia zdobyli się na wysiłek i zgotowali mi owację. Kiedy mogłem już mówić, podziękowałem wyborcom za mój „triumf" i pogratulowałem Fujimoriemu wysokiego wyniku. Powiedziałem, że taki rezultat jest wyraźną decyzją większości Peruwiańczyków na rzecz zmiany i dlatego trzeba zaoszczędzić krajowi ryzyka i napięć związanych z drugą turą wyborów i wynegocjować formułę pozwalającą od razu stworzyć rząd, który zabierze się do pracy.

W tym momencie Miguel Vega przerwał mi i szepnął do ucha, że Fujimori przybył do hotelu. Czy może wejść? Odpowiedziałem, że tak, więc się pojawił, wszedł na podium i stanął obok mnie. Był jeszcze niższy, niż wyglądał na zdjęciach, i kompletnie japoński, nawet w swoim sposobie mówienia po hiszpańsku. Potem dowiedziałem się, że kiedy ukazał się w drzwiach hotelu Sheraton, grupa zwolenników Frontu próbowała go zaatakować, ale inna grupa powstrzymała tamtą i pomogła ochroniarzom osłonić go i doprowadzić do sali prasowej. Wymieniliśmy uścisk dla fotografów i powiedziałem mu, że musimy pilnie porozmawiać, od razu nazajutrz rano.

Dziewiętnaste piętro zapełniło się przyjaciółmi i moimi zwolennikami, którzy kiedy tylko dowiedzieli się o wynikach, przybiegli do hotelu i przerwali barierę ochronną. Pokój robił wrażenie miejsca żałoby, a chwilami nawet domu dla obłąkanych. Twarze przybyłych wyrażały zdumienie, konsternację i wielkie rozgoryczenie z powodu nieoczekiwanych wyników. Radio i telewizja zaczęły rozsiewać pogłoski, że zamierzam zrezygnować z dalszego udziału w wyborach, a przywódcy APRA i lewicy dawali do zrozumienia, że w drugiej turze poprą „kandydaturę ludową" inżyniera Fujimoriego. Właściciele gazety „El Comercio", Alejandro i Aurelio Miró Quesadowie przybyli pierwsi i bardzo nalegali, żebym w żadnym wypadku nie rezygnował z drugiej tury, bo mam jeszcze duże szanse. Niewiele późnej pojawili się Fernando Belaúnde Terry i Violeta oraz Lucho Bedoya Reyes i Laura, a także przywódcy Frontu. Pozostałem na miejscu prawie do dziesiątej wieczorem, prowadząc banalne rozmowy, czym ja i moi przyjaciele, moi krewni oraz moi zwolennicy staraliśmy się ukryć ogarniające nas rozczarowanie.

Kiedy wychodziliśmy z hotelu Sheraton, Patrycja bardzo nalegała, abym wysiadł z samochodu i powiedział parę słów do kilkuset młodych ludzi z Ruchu Wolność, którzy zgromadzili się przed hotelem, intonując chórem przyśpiewki i pieśni. Rozpoznałem Johnny'ego Palaciosa i entuzjastę Felipe Lena, sekretarza generalnego Młodzieżówki, który był obecny na wszystkich wiecach w Peru, zawsze stał u mego boku i swoim gromkim głosem rozgrzewał każdą manifestację. Miał wilgotne oczy, ale starał się uśmiechać. A po powrocie do domu, mimo że dochodziła północ, spotkałem się także z tłumem dziewcząt i chłopców, którym musiałem powiedzieć, że dziękuję im za to, że mnie poparli.

Zostaliśmy z Patrycją sami, kiedy już świtało. Przed pójściem spać zredagowałem jeszcze szkic listu wyjaśniającego Peruwiańczykom, dlaczego rezygnuję z udziału w drugiej turze wyborów, i zachęcającego wyborców z Frontu do poparcia Fujimoriego w ubieganiu się o prezydenturę. Miałem zamiar pokazać ten list memu przeciwnikowi następnego dnia jako wabik, który miałby go nakłonić do zaakceptowania umowy pozwalającej ocalić niektóre punkty programu zmian dla wolnego Peru.

XIX. Podróż do Paryża

Pewnego wrześniowego, a może październikowego dnia 1957 Luis Loayza przyniósł mi nieprawdopodobną wiadomość: jedno z francuskich czasopism ogłosiło konkurs na opowiadanie, w którym nagrodą jest wyjazd na piętnaście dni do Paryża.

„La Revue Française", bardzo luksusowy periodyk poświęcony sztuce i kierowany przez Monsieur Prouverelle'a, wydawał numery monograficzne poświęcone wybranym krajom. Konkurs na opowiadanie z wymarzoną nagrodą był jednym z takich numerów. Tego rodzaju okazja sprawiła, że natychmiast pognałem do swojej maszyny do pisania i zagłębiłem się w całą żyjącą peruwiańską literaturę, no i w ten sposób narodziło się *Wyzwanie*, opowiadanie o starym człowieku, który w suchym korycie rzeki Piura widzi, jak jego syn ginie w pojedynku na noże. Opowiadanie to znajduje się w mojej pierwszej książce *Szczeniaki* z 1958. Wysłałem je na konkurs, w którym miało orzekać jury pod przewodnictwem Jorgego Basadre, a zasiadali w nim krytycy i pisarze – Héctor Velarde, Luis Jaime Cisneros, André Coyné i Sebastián Salazar Bondy – po czym starałem się myśleć o innych sprawach, żeby rozczarowanie nie było zbyt wielkie, gdyby zwyciężył ktoś inny. Po upływie kilku tygodni, pewnego popołudnia, kiedy przygotowywałem wiadomości do dziennika o szóstej, Luis

Loayza pojawił się w drzwiach mego poddasza w Radio Panamericana, cały w euforii: „Jedziesz do Francji!". Był tak zadowolony, jakby to on zdobył nagrodę.

Wątpię, czy kiedykolwiek, przedtem lub potem, jakaś wiadomość rozentuzjazmowała mnie tak bardzo jak właśnie ta. Postawię stopę na ziemi wymarzonego miasta, w mitycznym kraju, ojczyźnie tylu pisarzy, których najbardziej podziwiałem. „Poznam Sartre'a, podam rękę Sartre'owi" – powtarzałem tej nocy Julii oraz wujostwu Luchowi i Oldze, z którymi poszliśmy uczcić to wydarzenie. Z pewnością przez całą noc nie zmrużyłem oka i podniecony do najwyższych granic skakałem w łóżku ze szczęścia.

Oficjalny werdykt ogłoszono w Alliance Française i była tam obecna moja kochana nauczycielka francuskiego Madame del Solar, bardzo zadowolona, że jej były uczeń wygrał konkurs „La Revue Française". Poznałem Monsieur Prouverelle'a, z którym uzgodniliśmy, że wyjadę po egzaminach uniwersyteckich i świętach przypadających pod koniec roku. Ostatnie dni 1957 były bardzo burzliwe, robiono o mnie reportaże w gazetach, a przyjaciele przychodzili, żeby mi gratulować. Doktor Porras wydał czekoladowe przyjęcie dla uczczenia mojej nagrody.

Poszedłem dziękować kolejno wszystkim jurorom i dzięki temu poznałem Jorgego Basadre, ostatnią nieprowincjonalną postać peruwiańskiego intelektualisty. Nigdy przedtem z nim nie rozmawiałem. Opowiadał mniej anegdot i dowcipów niż Porras Barrenechea, ale był o wiele bardziej od niego zainteresowany ideami, doktrynami i filozofią, przy czym miał całościową wizję problematyki historycznej i głęboką kulturę literacką. Ład i dyskretna elegancja jego domu wydawały się odzwierciedlać zorganizowany intelekt historyka i jasność jego umysłu. Nie było w nim próżności i nie robił najmniejszego wysiłku, aby błyszczeć; był powściągliwy, uprzejmy i bardzo solidny. Spędziłem z nim dwie godziny, słuchając, jak mówi o wielkich powieściach, które go poruszyły, a sposób, w jaki wypowiadał się o *Czarodziejskiej górze* Tomasza Manna, był taki, że po wyjściu z jego domu w San Isidro pobiegłem do księgarni, aby ją kupić. Sebastián Salazar Bondy, który niedawno spędził we Francji kilka miesięcy, mówił mi z zazdrością: „Zdarzyło ci się coś najwspanialszego, co może przytrafić się komuś na świecie: Wyjazd do Paryża!". Przygotował mi listę nieodzownych rzeczy, które należy zrobić i zobaczyć w stolicy Francji.

André Coyné przetłumaczył *Wyzwanie* na francuski, ale potem Georgette Vallejo sprawdziła i wypolerowała tłumaczenie, pracując razem ze mną. Znałem wdowę po Césarze Vallejo, bo przychodziła często z wizytą do Porrasa, jednak dopiero w tych dniach, kiedy pomagałem w sprawdzaniu przekładu w jej mieszkaniu na ulicy Dos de Mayo, staliśmy się przyjaciółmi. Potrafiła być fascynującą osobą, kiedy opowiadała anegdoty o słynnych pisarzach, których znała, chociaż opowieści te zawsze były podszyte ukrytymi namiętnościami. Wszyscy ci, którzy studiowali twórczość Césara Vallejo, zamieniali się w jej śmiertelnych wrogów. Nie cierpiała ich, jakby to, że zbliżają się do dorobku poety, oznaczało, że coś mu odbierają. Była drobna i chuda jak fakir i miała okropny charakter. Na słynnej konferencji w San Marcos, kiedy subtelny poeta Gerardo Diego powiedział żartem, że Vallejo umarł, nie oddawszy mu kilku peset, cień słynnej wdowy podniósł się z miejsca w audytorium i na publiczność oraz w kierunku mówcy posypały się monety, a jednocześnie powietrze przeszył okrzyk: „Vallejo zawsze spłacał swoje długi, nędzniku!". Neruda, który jej nie znosił, podobnie jak ona jego, przysięgał, że Vallejo tak się bał Georgette, że wymykał się przez dach albo przez okno ze swego paryskiego mieszkania, żeby spotkać się z przyjaciółmi. Georgette żyła wtedy bardzo skromnie, dawała prywatne lekcje francuskiego i pielęgnowała swoją nerwicę bez najmniejszego skrępowania. Kładła łyżeczki z cukrem mrówkom w swoim mieszkaniu, nigdy nie zdejmowała czarnego turbana, w którym ją zawsze widywałem, dramatycznym tonem wyrażała współczucie kaczkom, którym ścinano głowy w chińskiej restauracji sąsiadującej z jej domem, i kłóciła się do upadłego – pisała bardzo ostre listy, które dostawały się potem do publicznej wiadomości – z wszystkimi wydawcami, którzy już opublikowali albo zamierzali opublikować poezje Césara Vallejo. Żyła nad wyraz oszczędnie i pamiętam, że kiedy pewnego razu zaprosiliśmy ją razem z Julią na obiad do pizzerii na ulicy Diagonal, ze łzami w oczach złajała nas dlatego, że zostawiliśmy jedzenie na talerzu, podczas gdy na świecie jest tylu głodnych ludzi. Nie panowała nad nerwami, ale jednocześnie była wielkoduszna: gorąco pragnęła pomagać poetom komunistom, którzy mieli kłopoty finansowe albo polityczne, i niekiedy, w czasach prześladowań, ukrywała ich u siebie w domu. Przyjaźń z nią była tak trudna jak chodzenie po rozżarzonych węglach, bo najdrobniejsza, nieoczekiwana sprawa mogła ją obrazić i wywołać jej gniew. Mimo to została naszą bardzo dobrą przyjaciółką i mieliśmy zwyczaj chodzić po nią, zabierać do naszego domu, a w niektóre soboty odbywać z nią wspólne spacery. Później, kiedy wyjechałem na dłużej do Europy, prosiła mnie o różne przysługi – abym podjął pewne należności z tytułu praw autorskich, przesłał jej jakieś leki homeopatyczne z apteki na Carrefour de l'Odéon, której od młodości była klientką – aż w końcu z powodu jednego z podobnych zamówień doszło między nami do listownego sporu. I chociaż później zawarliśmy ugodę, już nie spotykaliśmy się zbyt często. Ostatni raz, kiedy z nią rozmawiałem w księgarni Mejía Baca, niedługo przed rozpoczęciem okropnego, końcowego etapu jej życia – całe lata spędziła w szpitalu, wegetując jak roślina – w czasie ostatniego spotkania zapytałem ją, jak się miewa: „Jak może się miewać kobieta w kraju, w którym ludzie z każdym dniem stają się gorsi, brzydsi i coraz bardziej brutalni?" – odpowiedziała, grasejując z upodobaniem.

W Radio Panamericana dostałem miesiąc wakacji, a wuj Lucho załatwił mi w swoim banku tysiąc dolarów pożyczki, abym mógł zostać w Paryżu o dwa tygodnie dłużej na własny koszt. Wuj Jorge wydobył swoje stare szare palto, które przechowywał od młodych lat i którego mole Limy za bardzo nie zniszczyły, no i pewnego styczniowego ranka 1958 rozpocząłem wielką przygodę. Poza Julią przyszli pożegnać mnie na lotnisku wuj Lucho, Abelardo i Pupi oraz Luis Loayza. Z dużą dozą zarozumiałości wiozłem w walizce sporo egzemplarzy nowiutkiego pierwszego numeru pisma „Literatura", aby pokazać je francuskim pisarzom.

Odbyłem w życiu wiele podróży i prawie o wszystkich zapomniałem, ale pamiętam ze szczegółami tamten dwudniowy lot samolotem linii Avianca, a także tę magiczną myśl, która mnie nie opuszczała: „Poznam Paryż". Tym samym samolotem podróżował peruwiański student medycyny, który wracał do Madrytu, i dwie kolumbijskie dziewczyny, które wsiadły na postoju w Barranquilli i z którymi obaj zrobiliśmy sobie zdjęcia na Azorach. (Rok później Peruwiańczyk Lucho Garrido Lecca w jakiejś knajpie w Madrycie pokazał Julii to zdjęcie i wywołał ogromną scenę zazdrości). Samolot czekał godzinami na każdym postoju – w Bogocie, w Barranquilli, na Azorach, w Lizbonie – i w końcu, o świcie, w deszczowy zimowy dzień wylądował na Orly – wówczas było to lotnisko mniejsze i skromniejsze od portu lotniczego w Limie. Czekał na mnie ziewający Monsieur Prouverelle.

Kiedy jego samochód Dauphine jechał Polami Elizejskimi w kierunku Łuku Triumfalnego, odnosiłem wrażenie, że to cud. Wstawał zimny świt i na wielkiej alei nie było pojazdów ani pieszych, ale wszystko prezentowało się imponująco, jakież tu były harmonijne fasady domów, wystawy sklepowe, jaki majestatyczny i wspaniały Łuk. Monsieur Prouverelle objechał w koło plac Gwiazdy, abym mógł podziwiać perspektywę, zanim zawiózł mnie do hotelu Napoleon, w alei Friedland, gdzie miałem spędzić piętnaście dni przewidzianych moją nagrodą. Był to hotel luksusowy i Lucho Loayza powiedział później, że opisałem moje wejście do Napoleona tak, jak „dzicy" przywiezieni przez Kolumba do Hiszpanii opowiadali o swoim wejściu na dwór królów Kastylii i Aragonii.

Przez ten miesiąc pobytu w Paryżu prowadziłem życie, które nie miało nic wspólnego z tym, jakie wiodłem później przez prawie siedem lat spędzonych we Francji, kiedy prawie zawsze musiałem egzystować w świecie *rive gauche*. Natomiast w początkach roku 1958 przez cztery tygodnie byłem mieszkańcem dzielnicy *seizième* i, sądząc po moim wyglądzie, każdy mógł mnie wziąć za południowoamerykańskiego fircyka przybyłego do Paryża, żeby się zabawić. W hotelu Napoleon dali mi pokój z balkonikiem od strony ulicy, skąd mogłem oglądać z daleka Łuk Triumfalny. Naprzeciw mego pokoju mieszkała laureatka innej nagrody, której częścią też był pobyt w Napoleonie, i okazało się, że to miss Francji 1958. Nazywała się Annie Simplon i była dziewczyną o złocistych włosach i talii osy; przedstawił mi ją dyrektor hotelu, Monsieur Makovsky, który pewnego wieczoru zaprosił nas oboje na kolację i na tańce do modnej *boîte*, o nazwie L'Éléphant Blanc. Uprzejma Annie Simplon zaproponowała mi przejażdżkę po Paryżu samochodem Dauphine, który wygrała wraz ze swoją koroną, i jeszcze dzisiaj bolą mnie uszy od wybuchów jej śmiechu, jakie podczas tego popołudnia wywoływał u niej mój język francuski, w którym, jak sądziłem, potrafiłem nie tylko czytać, ale również rozmawiać.

W hotelu Napoleon była restauracja, Chez Pescadou, której elegancki wystrój onieśmielał mnie do tego stopnia, że wchodziłem do niej na palcach. Moja francuszczyzna nie pozwalała na rozszyfrowanie wszystkich nazw wyśmienitych dań i byłem tak zmieszany obecnością maître'a, który stojąc obok mnie, wyglądał na królewskiego szambelana w stroju ceremonialnym, że wybierałem menu na chybił trafił, wskazując je palcem. I tak pewnego dnia spotkała mnie w czasie obiadu niespodzianka, bo przyniesiono mi siatkę na ryby. Zamówiłem pstrąga i musiałem sam wyłowić go z sadzawki znajdującej się za rogiem restauracji. „To świat Prousta" – pomyślałem oszołomiony, chociaż jeszcze nie przeczytałem ani jednej linijki *À la recherche du temps perdu*.

Następnego ranka po przyjeździe, kiedy tylko się obudziłem, a było to koło południa, wyszedłem na spacer na Pola Elizejskie. Teraz było tu już pełno ludzi i samochodów, a za szklanymi parawanami na tarasach *bistrots* widać było mnóstwo mężczyzn i kobiet, którzy palili papierosy i rozmawiali. Wszystko wydawało mi się piękne, niezrównane, olśniewające. Byłem bezwstydnym *métèque*. Ale czułem, że to moje miasto: tu będę żył, tu będę pisał, tu zapuszczę korzenie i tu zostanę na zawsze. W tamtych czasach włóczyli się po ulicach centrum jacyś syryjscy Libańczycy, którzy kupowali i sprzedawali dolary – była to nieuchronna konsekwencja kontroli wymiany – a ja nie rozumiałem, co mi proponują ci osobnicy, którzy co pewien czas podchodzili do mnie i wykonywali jakieś tajemnicze gesty. Aż wreszcie jeden z nich, który mówił łamanym językiem zbliżonym do portugalskiego, wyjaśnił, o co chodzi. Wymienił mi kilka dolarów po lepszej cenie niż w banku, ale popełniłem błąd, podając mu nazwę mojego hotelu. Potem telefonował wiele razy, proponując mi przeróżne rozrywki w towarzystwie *„mushashas muito bonitas"*.

Monsieur Prouverelle przygotował mi program pobytu, który przewidywał wizytę w merostwie Paryża, gdzie wręczono mi dyplom, a podczas wizyty towarzyszył mi attaché kulturalny ambasady Peru. Ten starszy pan, który już dawno przeżył swoją chwilę sławy na Generalnej Konferencji UNESCO, na której wygłosił krytyczną mowę pod adresem Picassa – tłumaczył, że przedstawiona przez niego krytyka ma charakter „od malarza do malarza", bo sam malował pejzaże w okresach bezczynności dyplomatycznej – stał się teraz tak wytworny (albo był tak roztargniony), że całował po rękach wszystkie portierki w merostwie, ku zdumieniu Monsieur Prouverelle'a, który zadał mi pytanie, czy w Peru mamy taki zwyczaj. Nasz attaché kulturalny żył w Europie od zamierzchłych czasów i Peru dawno już zatarło mu się w pamięci, a może nigdy w niej nie zaistniało. Pamiętam moje zdziwienie, jakie wywołał tego popołudnia, kiedy go poznałem – szliśmy napić się kawy po wizycie w merostwie, do bistra na Châtelet, i usłyszałem, jak mówi: „Mieszkańcy Limy są tak lekkomyślni, że w każdą niedzielę spacerują tam i z powrotem po pasażu Kolumba". Kiedy limianie odbywali niedzielne spacery po tym zrujnowanym pasażu w śródmieściu? Z pewnością ze trzydzieści albo czterdzieści lat temu. Ale rzeczywiście, ten kawaler mógł mieć z tysiąc lat.

Monsieur Prouverelle spowodował, że przeprowadzono ze mną wywiad opublikowany w „Le Figaro" i wydał koktajl na moją cześć w hotelu Napoleon, a przy tej okazji zaprezentował numer czasopisma „La Revue Française", w którym ukazało się moje opowiadanie. Byłem, jak powiedział, *„un chauvin raisonné"*, bo bawił go i sprawiał mu przyjemność mój frenetyczny entuzjazm, z jakim oglądałem wszystko wokół siebie, a także mój podziw dla książek i francuskich autorów. Był zdumiony, że chodząc po Paryżu, nieustannie rozpoznaję pomniki, ulice, miejsca i kojarzę je z powieściami i wierszami, które znam na pamięć.

Podjął odważne starania, by załatwić mi spotkanie z Sartre'em, ale nie udało mu się to. Dotarliśmy nawet do człowieka, który był wówczas jego sekretarzem, Jeana Cau, ale ten, wykonując dobrze swoją pracę, tak długo nas zwodził, aż w końcu zmęczyliśmy się dalszym naleganiem. Jednak zdołałem spotkać Alberta Camusa, podać mu rękę i zamienić z nim kilka słów. Monsieur Prouverelle dowiedział się, że Camus doglądał wznowienia jednej ze swoich sztuk w teatrze na Wielkich Bulwarach, więc poszedłem tam pewnego ranka, aby z tupetem moich dwudziestu jeden lat wykorzystać tę okazję. Po krótkiej chwili oczekiwania pojawił się Camus w towarzystwie aktorki Maríi Casarès. (Od razu ją poznałem, bo widziałem ją w filmie, który oglądałem dwa razy i który bardzo mi się podobał, ale rozczarował Lucho Loayzę: w *Komediantach* Marcela Carné). Podszedłem do niego i wyjąkałem moją kiepską francuszczyznę, że bardzo go podziwiam i pragnę mu podarować pewne czasopismo, a on ku mojemu zdumieniu powiedział kilka miłych zdań poprawnie po hiszpańsku

(jego matka była Hiszpanką z Oranu). Miał na sobie płaszcz nieprze-
makalny znany z fotografii i, jak zwykle, trzymał w palcach papierosa.
Oboje powiedzieli coś jakby „*le Pérou*", a w tamtym czasie słowo to
jeszcze kojarzono we Francji z pojęciem pomyślności („*Ce n'est pas
le Pérou!*").

Na drugi dzień po moim przyjeździe Monsieur Prouverelle zaprosił mnie na aperitif do Rhumerie Martiniquaise na Saint-Germain
i na kolację do Le Fiacre, uprzedzając, że zabiera mnie tam, ponieważ
to wyśmienita restauracja, jednak bar na pierwszym piętrze może
mnie zaszokować. Myślałem, że jestem pozbawiony wszelkich uprzedzeń, ale rzeczywiście po wejściu do tego baru, w którym lubieżni
panowie w zaawansowanym wieku wyglądali na bardzo zadowolonych w towarzystwie dorastających młokosów, na oczach wszystkich
obcałowywali ich i beztrosko obmacywali, poczułem się zakłopotany:
co innego o tym czytać, a co innego takie rzeczy oglądać.

Natomiast restauracja Le Fiacre była niesłychanie poważna i tam
dowiedziałem się, że Monsieur Prouverelle był wojskowym, zanim został wydawcą czasopisma „La Revue Française". Rozstał się z mundu-
rem, bo przeżył wielkie rozczarowanie, nie wiem, czy polityczne czy
osobiste, ale powiedział to takim tonem, że byłem pod wrażeniem, bo
sprawa wydała mi się dramatyczna i całkowicie zrewolucjonizowała
jego egzystencję. Ze zdziwieniem słuchałem, że pozytywnie wypowiada się o rządzie Salazara, który według niego skończył z anarchią,
jaka przedtem panowała w Portugalii, więc pospieszyłem obalić tę tezę,
oburzony, że ktoś może uwierzyć, iż tacy dyktatorzy jak Salazar lub
Franco zrobili coś dobrego dla swoich krajów. On nie obstawał przy
swoim zdaniu, a po chwili oznajmił, że nazajutrz przedstawi mi pewną
dziewczynę, córkę swoich przyjaciół, która będzie mogła mi towarzyszyć w zwiedzaniu muzeów i w poznawaniu Paryża.

Tak więc zawarłem znajomość z Bernadette, z którą odtąd spędzałem całe godziny, aż do dnia poprzedzającego mój powrót do Limy.
Dzięki temu dowiedziałem się, że mogło mnie spotkać coś jeszcze

przyjemniejszego niż to dobro, które już było moim udziałem: miałem dwadzieścia jeden lat i poznałem sympatyczną i ładną Francuzeczkę, z którą odkrywałem wspaniałości Paryża.

Bernadette miała krótką czuprynę kasztanowych włosów, żywe niebieskie oczy i bladą cerę, która oblewała się rumieńcem, kiedy się śmiała albo była zawstydzona, i wtedy jej twarz nabierała wdzięku i werwy. Miała chyba z osiemnaście lat i była idealnym typem *demoiselle du seizième*, dziewczynką *comme il faut*, zawsze stateczną, dobrze wychowaną i ułożoną. Ale była również inteligentna, zabawna, niepozbawiona eleganckiej i mądrej kokieterii, więc kiedy na nią patrzyłem, kiedy jej słuchałem albo czułem obecność jej wdzięcznej postaci u mego boku, dreszczyk przebiegał mi po plecach. Uczyła się w Szkole Sztuk Pięknych, znała Luwr, Wersal, Oranżerię i Jeu de Paume jak własną kieszeń, dzięki czemu zwiedzanie z nią muzeów było podwójną przyjemnością.

Spotykaliśmy się bardzo wcześnie rano i zaczynaliśmy wędrówkę po kościołach, galeriach i księgarniach według szczegółowego planu. Wieczorami chodziliśmy do teatru albo do kina, a czasem po kolacji do jakiejś *cave* na *rive gauche*, by posłuchać muzyki i potańczyć. Mieszkała na bocznej ulicy odchodzącej od alei Victora Hugo, razem z rodzicami i starszą siostrą, kilka razy zaprosiła mnie do domu na obiad i na kolację. Podobne zaproszenie nie spotkało mnie później przez długie lata spędzone we Francji, nawet ze strony moich najlepszych francuskich przyjaciół.

Kiedy po kilku latach wróciłem do Paryża, ażeby tu zamieszkać, a zwłaszcza na początku tego okresu, gdy miałem duże kłopoty finansowe, zawsze wspominałem tamten bajeczny miesiąc spędzony w towarzystwie ładnej Bernadette, nasze wyprawy każdego wieczoru na spektakle i do restauracji, czas, w którym jedynym moim codziennym problemem było zwiedzanie galerii, oglądanie ciekawostek Paryża czy kupowanie książek. Monsieur Prouverelle zdobył dla nas zaproszenia do Comédie-Française i do TNP pod dyrekcją Jeana

Vilara, a tam na scenie zobaczyłem Gérarda Philipe'a w przedstawieniu *Książę Homburgu* Kleista. Inne pamiętne przedstawienie teatralne to sztuka Szekspira, z Pierre'em Brasseurem, na którego filmy zawsze polowałem. Oczywiście obejrzeliśmy także *Łysą śpiewaczkę* i *Lekcję* Ionesco w małym teatrzyku La Huchette (gdzie spektakl dotąd jest grany, chociaż upłynęło już czterdzieści lat), i tamtego wieczoru, po teatrze, odbyliśmy bardzo długi spacer po nabrzeżach Sekwany. Wtedy usiłowałem prawić jej jakieś komplementy, posługując się niedoskonałą składnią, a Bernadette mnie poprawiała. Poznałem także Archiwum Filmowe na ulicy Ulm, w którym spędziliśmy cały dzień, oglądając cztery filmy Maxa Ophülsa, a wśród nich *Madame de...* z piękną Danielle Darrieux.

Moja nagroda gwarantowała mi piętnaście dni zakwaterowania w hotelu Napoleon, więc na następne dwa tygodnie zarezerwowałem sobie w Dzielnicy Łacińskiej pokój w hoteliku, który polecił mi Salazar Bondy. Tymczasem kiedy poszedłem się pożegnać z dyrektorem hotelu Napoleon, pan Makovsky powiedział, żebym tutaj został i płacił tyle, ile miałbym wydać w hotelu Seine. Tak więc mogłem nadal cieszyć się widokiem Łuku Triumfalnego do końca mego pobytu.

Inną atrakcją Paryża byli dla mnie bukiniści nad Sekwaną i małe antykwaryczne księgarnie w Dzielnicy Łacińskiej, gdzie zaopatrzyłem się w wiele książek, które potem trudno mi było zapakować do walizki. W ten sposób zdołałem skompletować kolekcję „Les Temps Modernes" od pierwszego numeru, z inauguracyjnym manifestem Sartre'a na rzecz kompromisu, który znałem na pamięć.

Po latach, kiedy już mieszkałem we Francji, odbyłem pewnej nocy długą rozmowę o Paryżu z Juliem Cortázarem, który także kochał to miasto. Kiedyś oznajmił mi, że wybrał je dlatego, „że bycie nikim w mieście, które jest wszystkim, jest tysiąc razy lepsze niż sytuacja odwrotna". Opowiedziałem mu o wczesnej w moim życiu miłości do tego mitycznego miasta, które znałem jedynie z literackich opowieści i plotek, ale kiedy porównałem je z rzeczywistością przez miesiąc spędzony tu niczym w baśni z tysiąca i jednej nocy, zamiast przeżyć rozczarowanie, jeszcze bardziej byłem nim zauroczony. (Trwało to do 1966). Cortázar również czuł, że Paryż dał mu w życiu coś głębokiego i nieocenionego, możliwość postrzegania tego, co najlepsze w doświadczeniu człowieka, pewien namacalny sens piękna. Tajemnicze skojarzenie historii, literackiej inwencji, technicznej biegłości, naukowej wiedzy, mądrości architektonicznej i plastycznej, a także, w wielkiej dawce, szczęśliwy traf przypadku, wszystko to otrzymywałeś od tego miasta, w którym spacerowanie po mostach i nad brzegami Sekwany albo obserwowanie w określonych godzinach rzeźbionych portali i chimer katedry Notre Dame, albo zapuszczanie się w głąb niektórych placów czy w labirynt mrocznych uliczek dzielnicy Marais – to emocjonująca przygoda duchowa i estetyczna, podobna do zanurzania się w lekturze grubej księgi. „To jest tak jak wtedy, kiedy człowiek wybiera sobie kobietę i jednocześnie jest przez nią wybierany albo nie, podobnie dzieje się z wyborem miasta – mówił Cortázar. – My wybraliśmy Paryż i Paryż wybrał nas".

Cortázar już w tym czasie mieszkał we Francji, jednak w styczniu 1958 jeszcze go nie znałem i nie sądzę, abym mógł wtedy poznać któregoś z wielu żyjących tu malarzy i pisarzy latynoamerykańskich (biedni ludzie w Paryżu – nazwie ich w swoim tomie opowiadań Sebastián Salazar Bondy, który inspirował się ich egzystencją), z wyjątkiem peruwiańskiego poety Leopolda Chariarse, o którym słyszałem wiele zabawnych anegdot opowiadanych przez Abelarda Oquendo (na przykład oświadczył publicznie, że jego powołanie do poezji zrodziło się pewnego dnia, gdy został jako dziecko zgwałcony przez Murzynkę). Chariarse, który później grał na lutni, został orientalistą, był guru i ojcem duchowym pewnej sekty oraz dyrektorem aśramy w Niemczech, wtedy był surrealistą i cieszył się dużym prestiżem małej sekty, do jakiej został zredukowany ruch Bretona. Francuscy surrealiści przypuszczali, że był rewolucjonistą prześladowanym przez dyktaturę w Peru (gdzie rządził wtedy bardzo ugodowy Manuel Prado), i nie podejrzewali, że to jedyny poeta w historii Peru, który otrzymał stypendium na wyjazd do Europy na mocy ustawy Kongresu.

Dowiedziałem się o tym wszystkim od poety Benjamina Pereta, którego odwiedziłem w bardzo skromnym mieszkaniu, a poszedłem do niego z nadzieją, że poda mi pewne dane o Césarze Moro, bo wśród moich ówczesnych projektów było napisanie o nim eseju. Przez wiele lat Moro należał we Francji do grupy surrealistów – współpracował z „Le surréalisme au service de la Révolution" i z „Hommage à Violette Nozière" – a potem, razem z Peretem i Bretonem, zorganizował Międzynarodową Wystawę Surrealizmu w Meksyku. Jednak w oficjalnej historii tej grupy rzadko o nim wspominano. Péret zachował się pokrętnie, bo albo sobie Césara Moro nie przypominał, albo miał jakieś inne powody, i niewiele mi powiedział o najbardziej autentycznym surrealiście urodzonym w Peru i, być może, w Ameryce Łacińskiej. Dopiero Maurice Nadeau naprowadził mnie na trop wyjaśniający przyczyny tego ostracyzmu, na który Moro został skazany przez Bretona i jego przyjaciół. Poszedłem zobaczyć się z Maurice'em Nadeau na prośbę Georgette Vallejo, aby pobrać pieniądze za kilka wierszy jej męża, które ukazały się w „Les Lettres Nouvelles". Nadeau, którego *Histoire de surréalisme* już znałem, przedstawił mnie goszczącemu u niego młodemu powieściopisarzowi francuskiemu – Michelowi Butorowi – i kiedy go zapytałem, dlaczego surrealiści postanowili ukarać Maurice'a Moro, odpowiedział, że prawdopodobnie stało się tak z racji jego homoseksualizmu. Breton zachęcał do wszystkich „złych nawyków" i tolerował je, z wyjątkiem tego jednego, od czasu gdy w latach dwudziestych surrealiści zostali oskarżeni o to, że są pedałami. Taka była niewiarygodna przyczyna, dla której Moro też został wewnętrznym emigrantem w łonie ruchu, którego moralność i filozofię potrafił prezentować z uczciwością i z talentem na pewno bardziej oryginalnym niż znaczna część osób namaszczonych przez Bretona.

W czasie miesięcznego pobytu w Paryżu po raz pierwszy zacząłem w głębokiej tajemnicy zastanawiać się nad tym, czy zbyt pochopnie się nie ożeniłem. Nie dlatego żebyśmy żyli z Julią w niezgodzie, bo nie kłóciliśmy się częściej niż każde przeciętne małżeństwo, a z pewnością Julia pomagała mi w pracy i zamiast utrudniać, zachęcała mnie do realizacji mego literackiego powołania. Jednak początkowa namiętność gasła, zamieniała się w domową rutynę i poczucie obowiązku, co chwilami zaczynało mi ciążyć jak niewola. Czy nasze małżeństwo miało przetrwać? Zamiast zmniejszać różnicę wieku, czas ją pogłębiał i w końcu nasz związek stawał się nienaturalny. Wcześniej czy później przepowiednie rodziny miały się spełnić i nasze romantyczne uczucie miało prawdopodobnie lec w gruzach.

Takie ponure myśli narodziły się we mnie w tamtych dniach paryskich spacerów i flirtu z Bernadette. Ona zasypywała mnie pytaniami o Julię – kobieca ciekawość była silniejsza od rygorystycznego wychowania – i chciała, abym pokazał jej fotografię. W towarzystwie młodziutkiej dziewczyny ja także czułem się młody i w pewnym sensie przez te tygodnie odżyło moje dzieciństwo spędzone w Miraflores i miłosne utarczki na ulicy Diego Ferré. Odkąd przestałem być trzynastoletnim czy czternastoletnim młokosem, nie miałem żadnej sympatii ani nie marnowałem w sposób tak przyjemny czasu, przeznaczając go na spacery i rozrywki, jak w ciągu tych czterech tygodni w Paryżu. Przez ostatnie dni, kiedy mój powrót do Peru zbliżał się nieuchronnie, ogarniał mnie głęboki smutek i pokusa pozostania we Francji, zerwania z Peru, z moją rodziną i natychmiastowego rozpoczęcia nowego życia w tym mieście, w kraju, w którym bycie pisarzem wydawało się możliwe, gdzie wszystko sprawiało wrażenie przychylnego sprzysiężenia się ku zadowoleniu człowieka.

Wieczór pożegnania z Bernadette był bardzo czuły. Zrobiło się późno, siąpił deszcz, a my nie byliśmy w stanie powiedzieć sobie do widzenia przed drzwiami jej domu. Całowałem jej ręce, a w jej pięknych oczach widziałem błyszczące łzy. Następnego dnia, kiedy wyjeżdżałem na lotnisko, rozmawialiśmy jeszcze przez telefon. Potem kilka razy pisaliśmy do siebie, ale nigdy więcej jej nie spotkałem.

(Trzydzieści lat później, w najgorętszym momencie kampanii wyborczej, nagle ktoś, kogo nigdy nie zidentyfikowałem, wsunął mi pod drzwi list od niej).

Podróż do Limy, która miała trwać kilka dni, ciągnęła się przez tydzień. Pierwszy odcinek z Paryża do Lizbony odbyliśmy bez problemu i wystartowaliśmy stamtąd punktualnie. Ale po niedługim czasie lotu nad Atlantykiem pilot samolotu Super Constellation linii Avianca zakomunikował nam, że zepsuł się jeden z silników. Zawróciliśmy. Spędziliśmy dwa dni w Lizbonie na koszt towarzystwa lotniczego, oczekując na samolot, który miał nas stamtąd zabrać, a to pozwoliło mi rzucić okiem na tę piękną i smutną stolicę. Skończyły mi się pieniądze i byłem zależny od porcji, jakie Avianca serwowała nam na obiady i kolacje, ale kolumbijski towarzysz podróży zaprosił mnie jednego dnia do malowniczej restauracji, abym spróbował dorsza *à la Gomes de Sá*. Był to chłopak należący do Partii Konserwatywnej. Patrzyłem na niego jak na dziwoląga – chodził zawsze w wielkim skrzydlatym sombrero i wymawiał słowa z pretensjonalną starannością mieszkańców Bogoty – a ja często go drażniłem, powtarzając pytanie: „Jak można być młodym i konserwatystą?".

W końcu po dwóch dniach wsiedliśmy do innego samolotu. Dolecieliśmy na Azory, ale zła pogoda nie pozwalała lądować. Zboczyliśmy na jakąś wyspę, której nazwy nie pamiętam, gdzie po fatalnym lądowaniu pilot miał nieszczęście uszkodzić koło, co sprawiło, że przeżyliśmy chwile paniki. Kiedy dotarłem do Bogoty, okazało się, że mój samolot do Limy odleciał przed trzema dniami, więc poszkodowana Avianca musiała mnie zakwaterować i wyżywić w tym mieście jeszcze przez kilka dni. Zaraz po zainstalowaniu się w hotelu Tequendama wyszedłem na spacer po jednej z alei śródmieścia. Oglądałem właśnie wystawy jakiejś księgarni, kiedy zauważyłem, że w moim kierunku biegną szamoczący się ludzie. Zanim zrozumiałem, co się dzieje, usłyszałem strzały i zobaczyłem policjantów oraz żołnierzy, którzy rozdawali ciosy na prawo i lewo, a wtedy sam puściłem się biegiem, nie wiedząc ani dokąd, ani z jakiego powodu i pomyślałem sobie, cóż to za miasto, w którym dopiero co wylądowałem i już chcą mnie zabić.

W końcu doleciałem do Limy, pełen energii, z postanowieniem jak najszybszego ukończenia pracy dyplomowej gotów dokonać cudów, aby uzyskać stypendium Javiera Prady. Julii, Luchowi i Abelardowi oraz wujostwu opowiadałem o mojej podróży do Paryża z szalonym entuzjazmem i delektowałem się, przywołując w pamięci wszystko to, co tam robiłem i oglądałem. Ale nie miałem dużo czasu na tęsknotę. Rzeczywiście zabrałem się do roboty nad pracą dyplomową na temat opowiadań Rubéna Darío i każdą wolną chwilę spędzałem w bibliotece Klubu Narodowego, między godzinami nadawania wiadomości w Radio Panamericana, a nocami pracowałem w domu, gdzie czasem zdarzało mi się zasnąć nad maszyną do pisania.

Mój rytm pracy został przerwany na skutek pewnego kłopotu. Któregoś ranka zaczął mi dokuczać ból w pachwinie, ale to, co uważałem za pachwinę, okazało się ślepą kiszką. Poszedłem zbadać się do lekarza na San Marcos. Zapisał mi jakieś lekarstwa, które nic nie pomogły, i wkrótce potem Genaro Delgado Parker, który widział, że kuleję, wsadził mnie do swego auta i zawiózł do Kliniki Międzynarodowej, z którą Radio Panamericana miało podpisane odpowiednie porozumienie. Musieli natychmiast mnie zoperować, bo ślepa kiszka była już bardzo opuchnięta. Według Lucho Loayzy, kiedy obudziłem się z narkozy, wypowiadałem grubiańskie słowa, czym moja matka była tak zgorszona, że zakrywała mi usta, natomiast Julia przeciwko temu protestowała: „Udusisz go, Dorita". Chociaż radio opłaciło połowę kosztów mojej operacji, to resztę musiałem pokryć sam i wydatek ten oraz zwrot do banku pożyczki w kwocie tysiąca dolarów zachwiały moim budżetem. Musiałem spłacać te koszty pisaniem dodatkowych artykułów do suplementu „El Comercio", opracowywać recenzje książek dla czasopisma „Cultura Peruana", którego uprzejmy dyrektor José Flórez Aráoz pozwalał mi wykorzystywać jednocześnie dwie kolumny i publikować noty lub artykuły bez podpisu.

Pracę dyplomową ukończyłem przed połową roku i nadałem jej tytuł, który uważałem za poważny – „Podstawy interpretacji twórczości Rubéna Darío" – i zacząłem dręczyć moich profesorskich recenzentów – Augusta Tamayo Vargasa i Jorgego Puccinellego – żeby jak najszybciej zredagowali swoje opinie, abym mógł otrzymać dyplom. Pewnego czerwcowego, a może lipcowego ranka 1958 zostałem wezwany przez historyka Luisa E. Valcárcela, ówczesnego dziekana wydziału literatury, do obrony pracy. Cała moja rodzina była obecna, a uwagi i pytania profesorów, którzy wchodzili w skład komisji w salonie nadawania stopni uniwersyteckich, były życzliwe. Pracę oceniono *cum laude* i z sugestią, aby ją opublikować w czasopiśmie wydziałowym. Opóźniałem jednak jej publikację, bo miałem zamiar udoskonalić mój esej, czego nigdy nie zrobiłem. Napisana w pośpiechu, w wolnych momentach między obowiązkami związanymi z zarobkowaniem na życie, była niewiele warta, a pozytywną jej ocenę tłumaczyć należy raczej dobrą wolą członków komisji i obniżeniem poziomu naukowego na San Marcos niż jej wartością. Jednakże praca ta sprawiła, że przeczytałem znaczną część twórczości poety o niewiarygodnym bogactwie słownictwa. Jego inspiracji i zręczności język hiszpański zawdzięcza jedną z rewolucji w swojej historii. To wraz z Rubénem Darío – punktem wyjścia każdej przyszłej awangardy – poezja w Hiszpanii i Ameryce Łacińskiej zaczęła być nowoczesna.

W moim podaniu o stypendium Javiera Prady na studia doktoranckie na Uniwersytecie Madryckim przedstawiłem projekt kontynuacji moich badań w Archiwum Rubéna Darío, jakie pewien profesor madryckiego uniwersytetu Antonio Oliver Belmas, odnalazł w tamtym czasie, więc jeżeli okoliczności na to pozwolą, będę szczęśliwy, mogąc zrealizować ten projekt. Pojawiły się przeszkody nie do pokonania w korzystaniu z tego archiwum, więc na pracy dla San Marcos zakończył się mój krytyczny zapał dotyczący Daría. Ale nie wygasło moje przekonanie, że pozostanę jego wiernym czytelnikiem, i od tamtej pory, czasem po długich przerwach, wracam do lektury jego wierszy i zawsze przeżywam te cudowne chwile, jakich dostarczyła mi jego poezja czytana po raz pierwszy. (W przeciwieństwie do powieści, do którch mam słabość nie do przezwyciężenia, zwłaszcza jeśli chodzi o tak zwany realizm, bo w poezji zawsze wolałem lubujący się w przepychu brak realizmu, zwłaszcza jeżeli towarzyszyły temu odrobina pretensjonalności i dobry rytm wiersza).

Loayza zrobił dyplom niedługo przede mną albo po mnie, i też był zdecydowany wyjechać do Europy. Aby skonkretyzować plany podróży, obaj czekaliśmy na decyzję jury do spraw stypendium Javiera Prady. Rano w zapowiedzianym dniu, pełen obaw poszedłem na uniwersytet San Marcos. Rosita Corpancho, która lubiła przekazywać dobre wiadomości, gdy tylko mnie ujrzała, wstała zza biurka, wołając: „Przyznali ci!". Popędziłem na złamanie karku do Julii, aby jej powiedzieć, że jedziemy do Madrytu. Kiedy biegłem po La Colmena w kierunku placu San Martín, aby wsiąść do taksówki i udać się do Miraflores, moja radość była tak wielka, że miałem ochotę wznosić okrzyki Tarzana.

Natychmiast zaczęliśmy przygotowania do podróży. Sprzedaliśmy nasze meble, żeby zabrać ze sobą trochę pieniędzy, i pochowaliśmy wszystkie moje książki do pudeł i skrzyń, wrzucając do środka kulki naftaliny i porozrywane paczki czarnego tytoniu, bo zapewniono nas, że to dobry sposób chroniący przed molami. Ale okazało się, że nie. W 1974, kiedy wróciłem do Peru po szesnastu latach nieobecności – w tym czasie przyjeżdżałem tu tylko na krótkie pobyty, z jednym wyjątkiem w 1972, kiedy zostałem przez sześć miesięcy – i otworzyłem te skrzynie oraz pudła, które do tej pory były składowane w domu moich dziadków i wujostwa, wiele z nich przedstawiało okropny widok: zielona warstwa pleśni pokrywała książki, w których widać było dziurki jak w sitku, a przez nie wędrowały mole, by dalej siać spustoszenie. Wiele z tych pudeł zamieniło się w pył pomieszany ze szkodnikami i trzeba było wyrzucić je na śmietnik. Tylko mniej niż jedna trzecia mojej biblioteki ocalała przed wynikającym z ciemnoty brakiem litości ze strony Limy.

W tym samym czasie kontynuowałem wszystkie moje prace i razem z Luchem oraz Abelardem przygotowywaliśmy drugi numer pisma „Literatura", w którym ukazał się mój artykuł o Césarze Moro i w którym oddaliśmy skromny hołd Kubańczykom z Ruchu 26 Lipca, którzy z romantycznym partyzantem na czele – taki wydawał się nam wtedy Fidel Castro – walczyli przeciwko tyranii Batisty. W Limie przebywało grono kubańskich uchodźców i jeden z nich, czynny w ruchu oporu, pracował w Radio Panamericana. Informował mnie o *barbudos*, z którymi, co tu ukrywać, utożsamiałem się uczuciowo. Ale w ostatnim roku pobytu w Limie, poza emocjonalną przynależnością do ruchu oporu przeciwko Batiście, nie prowadziłem żadnej działalności politycznej i nie miałem kontaktu z Chrześcijańską Demokracją, mimo że przez kilka miesięcy byłem do niej zapisany, a po zwycięstwie Fidela, rozczarowany słabym poparciem, jakie mu okazali peruwiańscy chrześcijańscy demokraci, wystąpiłem formalnie z partii, już po wyjeździe do Europy.

Całą energię i cały swój czas w ostatnich miesiącach pobytu w Limie poświęcałem na pracę, aby zebrać pieniadze, i na przygotowania do podróży. Chociaż miała w teorii trwać jeden rok – taki był czas trwania stypendium – byłem zdecydowany, że zostanę za granicą na zawsze. Po pobycie w Hiszpanii rozejrzę się, w jaki sposób można jechać do Francji i tam pozostać. W Paryżu stanę się pisarzem i gdybym miał wrócić do Peru, to tylko z wizytą, bo w Limie nigdy nie będę niczym innym jak tylko namiastką pisarza, czym zresztą dotąd byłem. Rozmawialiśmy o tym bardzo poważnie z Julią, która godziła się na zamieszkanie za granicą. Także ona wiązała nadzieje z naszą europejską przygodą, była absolutnie przekonana, że zostanę powieściopisarzem, i obiecywała, że mi pomoże w osiągnięciu tego celu i zdecyduje się na poświęcenia, jeżeli zajdzie potrzeba. Kiedy słuchałem tego, co mówiła, nawiedzały mnie gorzkie wyrzuty sumienia z powodu tego, że w Paryżu dałem się zwodzić złym myślom. (Nigdy nie byłem dobry w uprawianiu powszechnego sportu, który polega na przyprawianiu sobie rogów, co praktykowała wokół mnie większość moich przyjaciół z całkowitą swobodą i naturalnością; ja natomiast zakochiwałem się naprawdę i jakakolwiek niewierność z mojej strony zawsze wywoływała we mnie etyczne i uczuciowe wyrzuty sumienia).

Jedyną osobą, której zwierzyłem się z zamiaru niewracania więcej do Peru, był wuj Lucho, który jak zawsze zachęcał mnie do tego, abym robił to, co uznam za najlepsze dla swojego powołania. Inni wiedzieli, że wybieram się w podróż w celu zrobienia doktoratu i Augusto Tamayo Vargas załatwił, że urlopowano mnie na uniwersytecie San Marcos, dzięki czemu po powrocie mógłbym prowadzić wykłady na wydziale literatury. Porras Barrenechea pomógł mi w zdobyciu dwóch biletów gratis na lot brazylijskim samolotem pocztowym z Limy do Rio de Janeiro (podróż trwała trzy dni, bo samolot miał nocne lądowania w Santa Cruz i w Campo Grande), więc musieliśmy, Julia i ja, zapłacić tylko za podróż trzecią klasą na statku z Rio do Barcelony. Lucho Loayza poleciał na swój koszt do Brazylii i stamtąd podróżowaliśmy razem. Przykre było to, że Abelardo nie jechał z nami, ale zapewnił nas, Lucha i mnie, że postara się o stypendium do Włoch. Tak więc za parę miesięcy miał zrobić nam niespodziankę i pojawić się w Europie.

Kiedy przygotowania do podróży były już bardzo zaawansowane, pewnego dnia na wydziale literatury Rosita Corpancho zapytała mnie, czy nie miałbym ochoty pojechać do Amazonii. Miał pojawić się w Peru meksykański antropolog pochodzenia hiszpańskiego, Juan Comas, i z tego powodu Letni Instytut Lingwistyki wraz z uniwersytetem San Marcos organizowały ekspedycję do regionu Alto Marañón, gdzie żyły plemiona Aguarunów i Huambisów, którymi się interesował. Zgodziłem się pojechać i dzięki tej krótkiej podróży poznałem peruwiańską dżunglę, zobaczyłem krajobraz i ludzi, usłyszałem opowieści, które potem stały się materiałem wykorzystanym przynajmniej w trzech moich książkach – były to: *Zielony Dom*, *Pantaleon i wizytantki* oraz *Gawędziarz*.

Nigdy w moim życiu, a naprawdę dużo po świecie wędrowałem, nie odbyłem tak płodnej podróży, która potem przywołałaby tyle wspomnień i obrazów zachęcających do obmyślania historii. Jeszcze po trzydziestu czterech latach, od czasu do czasu powracają mi w pamięci niektóre wydarzenia z tamtej ekspedycji po terenach wówczas prawie dziewiczych i po zapadłych wioskach, gdzie życie wyglądało zupełnie inaczej niż w innych regionach Peru, które znałem, czy też, jak w małych osadach Huambisów, Shaprów i Aguarunów, dokąd docieraliśmy, gdzie prehistoria była ciągle żywa, gdzie zmniejszano głowy i praktykowano animizm. Ale właśnie ze względu na to, że ta podróż okazała się tak ważna dla mojej pracy pisarza i że tak wiele czerpałem z niej korzyści, ciągle czuję się niepewnie, powołując się na to doświadczenie, bardziej niż na jakiekolwiek inne, bo żadne nie wymieszało się z takim bogactwem fantastycznych wątków, które we wszystkim naruszają porządek. Poza tym tyle napisałem i naopowiadałem na temat tej pierwszej mojej podróży do dżungli, że – jestem tego pewien – gdyby ktoś zadał sobie trud i porównał te wszystkie świadectwa i wywiady, to zauważyłby subtelne i pewnie także gwałtowne zmiany, jakie moja podświadomość i fantazja włączały do wspomnień z tamtej ekspedycji[*].

Jestem o tym przekonany: byłem zachwycony odkryciem potęgi jeszcze nieoswojonego krajobrazu Amazonii i awanturniczego, prymitywnego, dzikiego świata, w którym panuje poczucie wolności

---

[*] Pisałem o niej po raz pierwszy w artykule *Crónica de un viaje a la selva* (Kronika z podróży do dżungli) w limskim czasopiśmie „Cultura Peruana", wrzesień 1958; potem w odczycie *Sekretna historia pewnej powieści*, Barcelona 1971; także w rozdziale IV mojej powieści *Gawędziarz* z 1987; ponadto w niezliczonych reportażach i artykułach.

nieznane w miejskim Peru. Poznałem także, w sposób głęboko zapadający w pamięć, skrajności tego, co dzikie, oraz absolutną bezkarność, do jakiej może doprowadzić niesprawiedliwe traktowanie niektórych Peruwiańczyków. Ale jednocześnie podróż ta roztoczyła przede mną taki świat, w którym, jak w wielkich powieściach, życie może stać się przygodą bez granic, świat, w którym występuje niewyobrażalna zuchwałość i gdzie istnienie prawie zawsze oznacza ryzyko i ustawiczną zmianę. Wszystko to na tle lasów, rzek i zatok, które sprawiają wrażenie ziemskiego raju. Tysiące razy świat ten powracał w moich wspomnieniach przez następne lata i był niewyczerpanym źródłem inspiracji twórczej.

Najpierw byliśmy w Yarinacochy, w pobliżu Pucallpy, gdzie znajdowała się baza Letniego Instytutu Lingwistyki i tam poznaliśmy jej założyciela, doktora Townsenda, który stworzył tę placówkę w celach zarówno naukowym, jak i religijnym: chciał, by jego lingwiści – będący jednocześnie protestanckimi misjonarzami – uczyli się języków oraz prymitywnych dialektów, aby tłumaczyć na nie Biblię. Potem pojechaliśmy do plemion Alta Marañon i byliśmy w Urakusie, Chicais, Santa María de Nieva i w wielu wioskach i osadach – spaliśmy tam w hamakach i na plecionych matach – do których czasem, po opuszczeniu hydroplanu, musieliśmy przemieszczać się w kruchych kanu indiańskich przewoźników. Kacyk jednej z nich, ze szczepu Shapra, o imieniu Tariri, objaśnił nam technikę zmniejszania głów, co do tej pory praktykowano w jego osadzie. Mieli tam więźnia z sąsiedniego plemienia, z którym prowadzili wojnę, ale mężczyzna chodził na wolności wśród tych, którzy go pojmali, natomiast jego psa trzymano w klatce. W Urakusie poznałem kacyka Jum, na krótko przed naszą wizytą poddanego torturom przez żołnierzy i władze w Santa María de Nieva, których też poznaliśmy. Jego postać próbowałem przywołać w powieści *Zielony Dom*. We wszystkich miejscach, do których docieraliśmy, dowiadywałem się nieprawdopodobnych rzeczy, tak więc tamten region pozostał mi w pamięci jako niewyczerpane źródło materiałów literackich.

Poza Juanem Comasem podróżowali z nami w małym wodno-płatowcu antropolog José Matos Mar, z którym wtedy się zaprzy-jaźniłem, dyrektor czasopisma „Cultura Peruana" José Flórez Aráoz i Efrain Morote Best, antropolog i znawca folkloru z Ayacuchy, którego musieliśmy odchudzić, aby nasz samolocik zdołał wystartować. Morote Best był wizytatorem dwujęzycznych szkół i odwiedzał różne plemiona, podróżując w wymagających heroizmu warunkach, ciągle bombardował Limę doniesieniami o przemocy i bezprawiu, jakie musieli znosić tubylcy. Ci przyjmowali go w wioskach z wielką serdecznością, przedstawiali mu swoje skargi i opowiadali o swoich problemach. Wyrobiłem sobie jego obraz jako człowieka uczciwego i wielkodusznego, utożsamiającego się głęboko z ofiarami tego kraju ofiar, jakim jest Peru. Nigdy sobie nie wyobrażałem, że ten spokojny i nieśmiały doktor Morote Best, z czasem uwiedziony przez maoizm, w latach kiedy był rektorem uniwersytetu w Ayacucho, otworzy wrota przed fundamentalistycznym maoizmem Świetlistego Szlaku – a ich mentora, Abimaela Guzmána, zatrudni tam jako profesora – i będzie uważany za kogoś w rodzaju ojca duchowego ekstremistycznego ruchu, który był najkrwawszym ruchem w historii Peru.

Kiedy wróciłem do Limy, zabrakło mi już czasu na napisanie kroniki z podróży, którą obiecałem Florezowi Aráozowi (wysłałem mu ją z Rio de Janeiro, będąc już w drodze do Europy). Ostatnie dni w Peru spędziłem na pożegnaniach z przyjaciółmi oraz krewnymi, segregowałem papiery i notesy, które miałem zabrać ze sobą. Ogarnął mnie wielki smutek tamtego ranka, kiedy żegnałem się z dziadkami i z Mamaé, bo nie wiedziałem, czy jeszcze kiedyś zobaczę tych troje staruszków. Wuj Lucho i ciocia Olga przyjechali na lotnisko Córpac, żeby się z nami pożegnać, ale my z Julią byliśmy już wewnątrz brazylijskiego wojskowego samolotu, który zamiast foteli miał ławki dla spadochroniarzy. Popatrzyliśmy na wujostwo przez okienko i pomachaliśmy na pożegnanie, nie wiedząc, czy mogą nas zauważyć. Jeśli chodzi o nich, to byłem pewien, że znowu ich zobaczę i że nastąpi to wtedy, gdy w końcu zostanę pisarzem.

XX. Ostatnia runda

Następnego dnia po pierwszej turze wyborów, w poniedziałek 9 kwietnia 1990 zadzwoniłem wcześnie do Alberta Fujimoriego do hotelu Crillón, gdzie miał swój sztab, i powiedziałem mu, że muszę z nim porozmawiać jeszcze tego dnia i to bez świadków. Odpowiedział, że poda mi godzinę i miejsce spotkania i przekazał to nieco później: adres w pobliżu kliniki San Juan de Dios, dom przylegający do stacji benzynowej i warsztatu mechanicznego.

Nieoczekiwane wyniki wyborcze z poprzedniego dnia spowodowały atmosferę konsternacji, a Lima stała się gniazdem plotek, między innymi o nieuchronnym zamachu stanu. Po frustracji i zdumieniu zapanowała złość, która ogarnęła zwolenników Frontu, a w ciągu dnia stacje radiowe podały wiadomości o zajściach w Miraflores i w San Isidro, gdzie na ulicy znieważano Japończyków albo wyrzucano ich z restauracji. Taka reakcja, poza tym, że głupia, była ogromnie niesprawiedliwa, bo niewielka wspólnota japońska w Peru okazała mi wiele dowodów poparcia od początku kampanii. Grono przedsiębiorców i fachowców pochodzenia japońskiego spotykało się co pewien czas z Pipo Thorndikiem, aby przekazywać dary materialne dla Frontu. Rozmawiałem z nimi trzykrotnie, bo chciałem wytłumaczyć im nasz program i wysłuchać ich sugestii. A Ruch Wolność wybrał jednego z japońskich rolników z Chancay jako kandydata na posła z departamentu Limy. (Stracił życie niedługo przed wyborami, bo wystrzeliła mu broń, którą czyścił).

Miałem wiele sympatii dla wspólnoty peruwiańsko-japońskiej, ponieważ tworzyli ją ludzie pracowici i wydajni – w latach dwudziestych i trzydziestych rozwinęli rolnictwo na północ od Limy – i padali ofiarą grabieży oraz nadużyć za pierwszych rządów Manuela Prado (1939–1945), który po wypowiedzeniu wojny Japonii wywłaszczył ich i wyrzucił z kraju, chociaż byli już Peruwiańczykami w drugim lub trzecim pokoleniu. Również za dyktatury Odríi Peruwiańczycy pochodzenia azjatyckiego byli nękani jako wrogowie, odbierano im paszporty i zmuszano do emigracji. Początkowo myślałem, że informacje o znieważaniu i przemocy wobec Japończyków są chwytami propagandowymi APRA i że w ten sposób partia rozpoczyna kampanię na rzecz Fujimoriego przed drugą turą wyborów. Jednak miały swoje podłoże. Przesądy rasowe – czynnik wybuchowy, który nigdy dotąd nie występował tak otwarcie w naszych wyborach, chociaż zawsze był obecny w peruwiańskim życiu – w najbliższych tygodniach miały odegrać rolę wręcz podstawową.

Wynik wyborów wywołał prawdziwą traumę we Froncie Demokratycznym i w Ruchu Wolność. Ich przywódcy przez pierwsze godziny nie mieli odwagi reagować, unikali prasy albo udzielali wymijających i niejasnych odpowiedzi na pytania korespondentów. Nikt nie potrafił wytłumaczyć wyniku. Plotki o tym, że miałem odmówić udziału w drugiej turze – co powtarzały radio i telewizja – wywołały lawinę telefonów do mego domu, a także niekończącą się kolejkę gości, ale nikogo nie przyjąłem. Wielu przyjaciół dzwoniło z zagranicy – między innymi Jean François Revel – nie rozumiejąc, co się stało. Niedługo przed południem liczni zwolennicy zgromadzili się na nabrzeżu przed moim domem. Jedni się zmieniali, inni stali tam przez cały dzień, aż do zmroku. Trwali w milczeniu, ze smutkiem na twarzach albo intonując śpiewy, które wyrażały rozczarowanie i złość.

Wiedziałem, że spotkanie z moim przeciwnikiem skończy się niepowodzeniem, jeżeli będzie się odbywało w otoczeniu tłumu dziennikarzy, więc razem z Luchem Llosą zorganizowaliśmy konspiracyjny wyjazd z domu jego samochodem, wyprowadzając w pole nawet służbę ochrony. Wsiedliśmy do samochodu w garażu, ja przykucnąłem przy tylnym siedzeniu, więc manifestanci, fotografowie i ochroniarze zobaczyli tylko, że wyjeżdża sam Lucho siedzący za kierownicą. Kiedy za następną przecznicą mogłem się już wyprostować i stwierdziłem, że nikt za nami nie jedzie, poczułem wielką ulgę. Przypomniałem sobie, jak się jeździ po Limie bez obstawy i bez tłumu reporterów.

Wskazany budynek znajdował się blisko wyjazdu na Carretera Central, był ukryty za murem, za stacją benzynową i warsztatem mechanicznym. Wyszedł otworzyć mi sam Fujimori, a ja ze zdziwieniem ujrzałem, że w tej skromnej dzielnicy, za osłoną wysokich murów, znajduje się ogród japoński z karłowatymi drzewami, sadzawkami, drewnianymi mostkami i lampionami oraz elegancka rezydencja urządzona w stylu wschodnim. Miałem wrażenie, że znalazłem się w jakimś lokalu albo w tradycyjnym domu w Kioto czy w Osace, a nie w Limie.

Poza nami nie było nikogo, przynajmniej nikogo nie było widać. Fujimori zaprowadził mnie do saloniku z oknem wychodzącym na ogród i posadził przy stole, na którym stała butelka whisky i dwie szklanki po obu stronach blatu, jakby przygotowane do pojedynku. Był człowiekiem drobnym i nieco sztywnym, trochę młodszym ode mnie, a jego małe oczy badały mnie zza okularów z dokuczliwą przenikliwością. Nie mówił swobodnie, popełniał błędy w składni, wypowiadał się miękko i precyzyjnie, nieco defensywnie, co leży w charakterze Kreolów.

Oznajmiłem, że chcę podzielić się z nim moją interpretacją wyniku pierwszej tury wyborów. Dwie trzecie Peruwiańczyków głosowało za zmianą – wielką zmianą Frontu i jego Cambio 90 – to znaczy przeciwko kontynuacji i polityce populistycznej. Jeżeli on, chcąc wygrać w drugiej turze, zostanie więźniem partii APRA i lewicy, to wyrządzi krajowi wielką krzywdę i zdradzi większość wyborców, którzy pragną czegoś innego niż to, co mieli przez ostatnie pięć lat.

Jedna trzecia głosów, jakie otrzymałem, jest niewystarczająca, by zrealizować program radykalnych reform, których według mnie Peru potrzebuje. Większość Peruwiańczyków wydaje się skłaniać ku stopniowym zmianom, ku zgodzie poprzez kompromisy uzyskiwane dzięki obopólnym ustępstwom, a taka polityka, moim zdaniem, nie będzie w stanie zlikwidować inflacji, wprowadzić z powrotem Peru na arenę świata i zorganizować peruwiańskie społeczeństwo na nowoczesnych podstawach. On wydaje się skłaniać raczej ku porozumieniu narodowemu; ja nie czuję się zdolny do popierania polityki, w którą nie wierzę. Chcąc być konsekwentny wobec przesłania wyborców, Fujimori powinien starać się o oparcie na tych wszystkich siłach, które w jakiś sposób reprezentują „zmianę", to znaczy Cambio 90 i zmiany Frontu Demokratycznego oraz umiarkowanej lewicy. Należałoby zaoszczędzić Peru napięć i marnotrawstwa energii drugiej tury. Dlatego ja, wraz z ogłoszeniem mojej decyzji o nieuczestniczeniu w drugiej turze, zachęcę tych, którzy mnie poparli, do pozytywnej odpowiedzi na wezwanie mego rywala do współpracy. Współdziałanie jest niezbędne, by jego rządy nie doznały porażki, co okaże się możliwe, jeżeli on zaakceptuje niektóre podstawowe idee moich propozycji, przede wszystkim w dziedzinie gospodarki. Zapanował klimat wielkiego napięcia, niebezpieczny dla ocalenia demokracji, tak więc nowa ekipa powinna natychmiast zabrać się do pracy, aby przywrócić w kraju zaufanie po tak długiej i gwałtownej kampanii wyborczej.

Przyglądał mi się przez dłuższą chwilę, jakby mi nie wierzył albo jakby w tym, co mu powiedziałem, był ukryty jakiś podstęp. W końcu, otrząsnąwszy się ze zdziwienia, zaczął wyrażającym wahanie tonem chwalić mój patriotyzm i moją wielkoduszność, ale przerwałem mu, zachęcając, abyśmy wypili drinka i porozmawiali o sprawach praktycznych. Nalał do szklanek whisky na grubość jednego palca i zapytał, kiedy ogłoszę swoją decyzję. Nazajutrz rano. Byłoby wskazane, abyśmy pozostawali w kontakcie, tak żeby zaraz po upowszechnieniu mego listu Fujimori mógł zareagować i wezwać partie do współpracy. Tak postanowiliśmy.

Rozmawialiśmy jeszcze przez chwilę w sposób bardziej konkretny. Zapytał, czy sam podjąłem tę decyzję, czy też ją z kimś konsultowałem. Zapewnił mnie, że on wszystkie ważne decyzje zawsze podejmuje w samotności, nie dyskutując z nikim na ich temat, nawet z żoną. Zapytał, kto wśród moich doradców jest najlepszym ekonomistą, więc odpowiedziałem mu, że Raúl Salazar i że po tym, co zaszło, najbardziej żałuję tego, że wobec wyniku głosowania Peruwiańczycy pozostaną bez ministra gospodarki o takich kwalifikacjach. Ale – dodałem – Fujimori może tę stratę naprawić, zapraszając Salazara do współpracy. Po jego pytaniach zorientowałem się, że nie rozumie pojęcia m a n d a t u, o jaki prosiłem wyborców; wydawał się sądzić, że oznacza *carte blanche* do rządzenia bez hamulców. Odparłem, że wręcz przeciwnie, że chodzi o pakt między mandatariuszami a większością wyborców dotyczący realizowania specjalnego programu rządzenia, niezbędnego, jeśli chce się przeprowadzić głębokie reformy w demokratycznym państwie. Rozmawialiśmy jeszcze o niektórych przywódcach umiarkowanej lewicy, takich jak senator Enrique Bernales, którego – jak powiedział – włączy do porozumienia.

Nie upłynęły trzy kwadranse od mego przybycia, kiedy podniosłem się z miejsca. Odprowadził mnie do wyjścia na ulicę, a ja dla żartu pożegnałem się tak, jak to robią Japończycy, którzy kłaniają się i szepczą: „*Arigato gozaima su*". On podał mi rękę, ale się nie uśmiechnął.

Wjechałem do domu ukryty w samochodzie Lucha, po czym w moim studiu zebrała się „rodzina królewska" – Patrycja, Álvaro, Lucho i Roxana – na poufnym zebraniu opowiedziałem o moim spotkaniu z Fujimorim i przeczytałem swój list dotyczący rezygnacji z udziału w drugiej turze wyborów. Na zewnątrz, na bulwarze nadmorskim wzrosła liczba manifestantów. Było ich kilkuset. Domagali się, abym do nich wyszedł, i skandowali hasła Ruchu Wolność i Frontu. Przy ich akompaniamencie dyskutowaliśmy – po raz pierwszy z takim zapałem – bo tylko Álvaro zgadzał się z moją odmową; Lucho i Patrycja uważali, że siły Frontu nie zaakceptują współpracy z Fujimorim, a on jest już za bardzo zależny od Alana Garcíi i APRA, ażeby mój gest mógł zburzyć ten sojusz. Poza tym wierzyli, że moglibyśmy zwyciężyć w drugiej turze.

W tym momencie usłyszałem, że zebrani przed domem manifestanci zaczęli skandować hasła o charakterze rasistowskim i nacjonalistycznym – „Mario to Peruwiańczyk", „Chcemy Peruwiańczyka" – poza tym wznosili inne obraźliwe okrzyki, więc oburzony wyszedłem, żeby do nich przemówić z tarasu przez megafon. To nie do pojęcia, że ci, którzy mnie popierali, dyskryminują Peruwiańczyków z racji koloru skóry. Wspólnota tylu ras i kultur jest naszym największym bogactwem, tym co łączy Peru z czterema stronami świata. Można być Peruwiańczykiem, będąc białym, Indianinem, Chińczykiem, Murzynem albo Japończykiem. Inżynier Fujimori był takim samym Peruwiańczykiem jak ja. Operatorzy Kanału 2 telewizji byli tam obecni i zdołali wychwycić tę część mego wystąpienia dla wiadomości *Noventa Segundos*.

Następnego dnia, we wtorek 10 kwietnia, mieliśmy z Álvarem wcześnie rano zwyczajowe zebranie robocze, na którym zastanawialiśmy się nad planem rozpowszechnienia mego listu z rezygnacją. Postanowiliśmy zrobić to za pośrednictwem Jaimego Bayly, który podczas całej kampanii popierał mnie w sposób bardzo stanowczy i którego programy miały wielkie audytorium. Zaraz po tym jak poinformuję Komisję Polityczną Ruchu Wolność, którą umówiłem na jedenastą, w Barranco, udamy się na spotkanie z Baylym do Kanału 4.

Kiedy niewiele przed dziesiątą rano tego pamiętnego dnia pojawili się u mnie kandydaci na wiceprezydentów, Eduardo Orrego i Ernesto Alayza Grundy, na nabrzeżu zebrał się już tłum dziennikarzy przepychający się z ochroniarzami, po czym zaczęły napływać pierwsze grupy ludzi, którzy w południe mieli zamienić okolice mego domu w miejsce manifestacji. Świeciło mocne słońce, ranne powietrze było przejrzyste, bardzo gorące.

Przekazałem Eduardowi i don Ernestowi moje racje, żeby nie uczestniczyć w drugiej turze wyborów i przeczytałem im mój list. Przewidywałem, że obaj będą próbowali odwodzić mnie od podjętej decyzji, co rzeczywiście nastąpiło. Jednak zaskoczyło mnie kategoryczne stwierdzenie Alayzy Grundy'ego, który jako prawnik zapewnił mnie, że to krok niekonstytucyjny. Kandydat nie może zrezygnować z udziału w drugiej turze wyborów. Powiedziałem mu, że konsultowałem to z naszym mężem zaufania z Państwowej Komisji Wyborczej i że Enrique Elías Laroza zapewnił mnie, iż nie istnieją przeszkody prawne. W obecnych okolicznościach moja rezygnacja była jedynym wyjściem, jeżeli nie chcemy, by Fujimori stał się zakładnikiem APRA, i pragniemy zapewnienia przynajmniej częściowej zmiany tej polityki, która rujnowała Peru. Czy to nie jest poważniejsza racja niż jakakolwiek inna? Czy przypadkiem nie znaleziono technicznych kruczków prawnych, aby Alfonso Barrantes ustąpił na rzecz Alana Garcíi w 1985? Eduardo Orrego dowiedział się o moim zamiarze rezygnacji dzisiaj o świcie z rozmowy telefonicznej od Fernanda Belaúnde, który brał udział w jakimś kongresie w Moskwie. Były prezydent powiedział do Eduarda Orrego, że Alan García zatelefonował do niego z Limy „zaniepokojony, bo doszły do niego słuchy, że Vargas Llosa zamierza zrezygnować, co unieważniłoby całe wybory". Skąd prezydent Alan García miał wiadomość o mojej rezygnacji? Z jedynego możliwego źródła, którym był Fujimori. Po spotkaniu ze mną pobiegł do prezydenta, aby skomentować naszą rozmowę i prosić go o radę. Czy to nie był najlepszy dowód, że Fujimori pozostaje w zmowie z Garcíą? Moja rezygnacja nie jest potrzebna. Wręcz przeciwnie, gdybyśmy dowiedli, że Fujimori reprezentuje kontynuację obecnych rządów, moglibyśmy pokazać w innym świetle, czym była dezercja tylu niezależnych wyborców, którzy, na skutek naiwności czy ignorancji, wierzyli że Fujimori jest osobą niepowiązaną z APRA.

Byliśmy w trakcie dyskusji, kiedy usłyszeliśmy tumult w drzwiach domu. Nieoczekiwanie pojawił się tam Fujimori, przy czym ochrona usiłowała bronić go przed dziennikarzami wypytującymi o powody tej wizyty, a także przed moimi zwolennikami, którzy próbowali go wygwizdać. Wprowadziłem go do salonu, a tymczasem Ernesto i Eduardo wyszli, żeby poinformować Akcję Ludową i Ludową Partię Chrześcijańską o naszej dyskusji.

W przeciwieństwie do poprzedniego dnia, kiedy robił wrażenie bardzo spokojnego, teraz zauważyłem, że Fujimori jest ogromnie spięty. Zaczął od podziękowania mi za to, że potępiłem rasistowskie hasła z poprzedniego wieczoru (oglądał moje wystąpienie w Kanale 2 TV) i, nie kryjąc zakłopotania, dodał, że mogą pojawić się konstytucyjne problemy związane z moją rezygnacją. Taka decyzja jest niekonstytucyjna i może unieważnić wybory. Odpowiedziałem mu, że sądzę, iż tak nie jest, ale na wszelki wypadek upewnię się, ażeby nie wywoływać kryzysu, który otworzyłby drogę do zamachu stanu. Odprowadziłem go do drzwi, ale nie wyszedłem z nim na ulicę.

W tym czasie mój dom zamienił się w rozdygotane mrowisko, podobnie jak przyległe do niego ulice. Przyszli członkowie Komisji Politycznej Ruchu Wolność – myślę, że był to jedyny raz, kiedy nikogo z nich nie brakowało – oraz kilku bardzo bliskich doradców, takich jak Raúl Salazar. Również Jaime Bayly zaalarmowany przez Álvara. Patrycja miała na patio spotkanie ze sporą grupą przywódców Akcji Solidarnej. Usadowiliśmy w salonie na pierwszym piętrze, jak tylko się dało, trzydzieści osób i, pomimo duchoty, zamknęliśmy okna i zaciągnęliśmy żaluzje, żeby zgromadzeni na zewnątrz dziennikarze i nasi sympatycy nie mogli nas usłyszeć.

Wytłumaczyłem powody, dla których druga tura wydawała mi się niepotrzebna i niebezpieczna, a mając na względzie wyniki z niedzieli, uważałem za słuszne, by siły Frontu doszły do jakiegoś porozumienia z Fujimorim. Należało uniemożliwić kontynuację polityki Alana Garcíi i teraz sprawa ta była dla nas priorytetem. Naród peruwiański odrzucił mandat, o jaki prosiliśmy, więc nie będzie można realizować naszych reform – nawet w hipotetycznym przypadku naszego zwycięstwa w drugiej turze, bo będziemy mieli przeciwko sobie większość parlamentarną – a zatem powinniśmy zaoszczędzić krajowi nowej kampanii, której rezultat już znamy, bo było oczywiste, że APRA i lewica poprą mojego przeciwnika. Później przeczytałem zebranym mój list.

Myślę, że wszyscy obecni zabrali głos, wielu z nich w dramatycznej formie, i wszyscy, z wyjątkiem Enrique'a Ghersiego, apelowali, abym nie rezygnował. Jedynie Ghersi zaznaczył, że w zasadzie nie odrzuca idei negocjowania z Fujimorim, jeżeli to pozwoli ocalić niektóre punkty naszego programu; ale i on również wątpił w niezależność kandydata Cambio 90, jeśli chodzi o podejmowanie decyzji, bo podobnie jak reszta obecnych uważał, że jest uzależniony od Alana Garcíi.

Jedno z najbardziej porywających wystąpień miał Enrique Chirinos Soto, którego niespodziewany wynik wyborczy wydobył z ospałości i wprawił w stan *paroxismo lúcido*. Przytoczył wiele racji technicznych, aby wykazać, że rezygnacja z drugiej tury pozostaje w sprzeczności z literą i duchem Konstytucji; ale za jeszcze groźniejsze uważał wycofanie się z walki i pozostawienie wolnego pola improwizatorowi bez programu, bez idei, bez ekipy, typowemu awanturnikowi politycznemu, który po objęciu władzy będzie mógł doprowadzić ustrój demokratyczny do upadku. Nie wierzył w moją tezę, że w drugiej turze zapanuje święte przymierze apro-socjalistyczno--komunistyczne popierające Fujimoriego; był pewien, że naród peruwiański nie zagłosuje na „Peruwiańczyka w pierwszym pokoleniu, który nie ma ani jednego przodka pochowanego w peruwiańskiej ziemi"*. Taki argument usłyszałem po raz pierwszy, ale nie ostatni.

---

* 5 kwietnia 1992 Chirinos Soto uzbroi się w argumenty konstytucyjne, aby uzasadnić zamach stanu inżyniera Fujimoriego i zaatakować nas, którzy go potępiali. Mnie oskarża teraz jako marksistę!

Często będę go słyszał z ust moich zwolenników tak światłych i inteligentnych jak Enrique: dlatego że był synem Japończyków, że nie miał korzeni w peruwiańskiej ziemi, że jego matka była cudzoziemką, która nawet nie nauczyła się hiszpańskiego, Fujimori był mniej peruwiański niż ja i ci wszyscy – Indianie lub biali – którzy od wielu pokoleń żyjemy w Peru. Wiele razy w ciągu dwóch następnych miesięcy musiałem oświadczać, że pragnąłbym, by Fujimori wygrał wybory, bo właśnie z tego rodzaju argumentów biorą się dwa wynaturzenia, przeciwko którym wypowiadałem się i pisałem przez całe swoje życie: nacjonalizm i rasizm (dwie aberracje, które w rzeczywistości są jednym).

Alfredo Barnechea przedstawił wizję dotyczącą peruwiańskiego kryzysu i dekadencji, która według niego, doszła w ostatnich latach do punktu krytycznego, a to mogło grozić katastrofą nie do naprawienia, nie tylko jeśli chodzi o demokrację, ale także o losy narodu. Nie wolno oddawać rządów w kraju komuś, kto reprezentuje tylko kreolską przebiegłość, czy też jest prawdopodobnie marionetką w rękach Alana Garcíi; tak więc moja rezygnacja nie zostanie odczytana jako gest wielkoduszny, ułatwiający zmianę obecnej sytuacji. Będzie uważana za ucieczkę człowieka próżnego, któremu zraniono jego miłość własną. Ponadto mogę popaść w śmieszność. Skoro moja rezygnacja jest konstytucyjnie bezprawna, to Państwowa Komisja Wyborcza może ogłosić drugą turę i pozostawić moje nazwisko na kartach wyborczych nawet wbrew mojej woli.

W tym momencie Patrycja przerwała nasze zebranie i przyszła powiedzieć mi na ucho, że przybył arcybiskup Limy, żeby się ze mną dyskretnie zobaczyć. Czeka na górze w moim gabinecie. Przeprosiłem zebranych i zdumiony poszedłem na górę, aby przyjąć znakomitego gościa. W jaki sposób się tu dostał? Jak zdołał przebrnąć przez kordon dziennikarzy oraz manifestującego tłumu i nie zostać rozpoznany?

Krążyło wiele wersji dotyczących tej wizyty, która rzeczywiście była decydująca, jeśli chodzi o moje wycofanie się z zamiaru nieuczestniczenia w drugiej turze. Prawdziwą wersję poznałem dopiero teraz dzięki Patrycji, która chcąc, żeby w mojej książce znalazła się prawda, odważyła się w końcu powiedzieć mi, co naprawdę się wydarzyło. Nazajutrz po wyborach kilkakrotnie dzwoniono do mego domu z arcybiskupstwa z informacją, że *monseñor* Vargas Alzamora chce się ze mną spotkać. W panującym wówczas zamieszaniu nikt nie przekazał mi tej wiadomości. Tamtego ranka, w czasie dyskusji z Komisją Polityczną, Lucho Bustamante, Pedro Cateriano i Álvaro wiele razy wychodzili, żeby poinformować Patrycję i przywódców Akcji Solidarnej zebranych w ogrodzie o przebiegu naszych rozmów: „Nie ma sposobu, aby go przekonać. Mario zrezygnuje z drugiej tury". Wtedy Patrycja, która pamiętała, jak wspaniałe wrażenie zrobił na mnie *monseñor* Vargas Alzamora w dniu, kiedy go poznałem, wpadła na taki pomysł. „Niech arcybiskup tu przyjdzie i z nim porozmawia. On może go przekonać". Porozumiała się w tajemnicy z Lucho Bustamantem, ten zadzwonił do *monseñora* Vargasa Alzamory, wyjaśnił mu, co się dzieje, i arcybiskup zgodził się przyjechać do mego domu. Nie chcąc, by go rozpoznano, Lucho pojechał po niego swoim samochodem z zaciemnionymi szybami, którym ja też się poruszałem, i dyskretnie wjechał nim do garażu.

Kiedy wszedłem do gabinetu – tu również były zasłonięte żaluzje dla uniknięcia spojrzeń z ulicy – arcybiskup czekał na mnie, rzucając okiem na regały z książkami. Te pół godziny, a może trzy kwadranse, które spędziliśmy na rozmowie, pozostało mi w pamięci jakby pomieszane z jakimiś niezwykłymi epizodami z dobrych powieści. Chociaż rozmowa miała, co było oczywiste, charakter polityczny, subtelna osobowość *monseñora* Vargasa Alzamory tak nią pokierowała, by uczynić z niej wymianę myśli na tematy zaczerpnięte z socjologii, historii i wzniosłej duchowości.

Najpierw sympatycznie skomentował swój niezwykły przyjazd samochodem w skulonej pozycji, a potem opowiedział mi, że co rano, zaraz po wstaniu, czyta zawsze kilka stron Biblii, otworzywszy ją na chybił trafił. Zdumiało go tym razem, jaki tekst przypadek podsunął jego oczom dzisiejszego ranka: wyglądało to na komentarz o aktualnej sytuacji w Peru. Czy mam pod ręką Biblię? Podałem mu tę z Jerozolimy, a on wskazał mi rozdział i odpowiednie wersety. Przeczytałem je na głos i obaj roześmialiśmy się. Tak, to prawda, intrygi i podsycane niegodziwości Złego ze świętej księgi przypominały knowania kogoś innego, tego, który chodzi blisko nas, po naszej ziemi.

Czy było dla niego niespodzianką, że w wyborach sprzed dwóch dni wyłoniono dwudziestu posłów i senatorów ewangelików z list inżyniera Fujimoriego? Naturalnie że tak, jak i dla całego Peru. Chociaż arcybiskupstwo wcześniej miało od proboszczów wiadomości o bardzo aktywnej mobilizacji pastorów w kościołach ewangelickich, w młodych osiedlach, w wioskach i w osadach górskich, w celu poparcia kandydatury Fujimoriego. Rozwinęli oni szeroką działalność w zmarginalizowanych warstwach peruwiańskiego społeczeństwa, wypełniając próżnię pozostawioną na tych obszarach przez Kościół katolicki z powodu braku księży. Nikt nie chciał wzniecać wojen religijnych, dawno już zakończonych i pogrzebanych. Kościół żył w zgodnej harmonii z historycznymi gałęziami reformy w obecnych czasach tolerancji i ekumenizmu. Ale czy odłamy te, często bardzo małe i czasami o ekstrawaganckich doktrynach i praktykach, które występowały w swoich macierzystych gniazdach w Tampie i w Orlando, nie wpłyną na podział w społeczeństwie tak zróżnicowanym i już podzielonym, jakim jest społeczeństwo w Peru? Przede wszystkim wynika to z wojowniczych deklaracji niektórych nowych posłów i senatorów ewangelickich rzucających wezwanie do wojny przeciwko katolikom. (Pewien z nich oświadczył, że teraz powstanie jeden kościół protestancki obok każdej świątyni papieskiej w Peru). Mimo rozmaitych obserwacji i krytycyzmu, z jakim można oceniać jego działalność, Kościół katolicki jest jedną z najbardziej rozgałęzionych instytucji, jeżeli chodzi o utrzymywanie spójności między Peruwiańczykami różniącymi się pod względem przynależności etnicznej, języka i statusu ekonomicznego. Jest jednym z niewielu łączników przeciwstawiających się siłom odśrodkowym, które siały nienawiść i jątrzyły we wzajemnych stosunkach jednych wobec drugich. Byłaby to wielka szkoda, gdyby religia zamieniła się w kolejny czynnik rozłamu wśród Peruwiańczyków. Czy nie podzielam tego zdania?

Skoro tyle rzeczy już zostało utraconych albo szło w złym kierunku, te dobre, które jeszcze pozostają, powinny być otoczone ochroną jak drogocenne przedmioty. Na przykład demokracja. Nie można pozwolić, żeby została zniszczona jeszcze raz w naszej historii. Nie wolno dawać pretekstów tym, którzy chcą z nią skończyć. Oto jedna ze spraw, które chociaż oficjalnie nie należą do jego kompetencji, on bierze sobie głęboko do serca. W ostatnich godzinach krążą alarmujące plotki o zamachu stanu i arcybiskup uważa za swój obowiązek, aby mi o tym zakomunikować. Moje wycofanie się z walki wyborczej mogłoby stanowić pretekst do tego, aby ci, którzy tęsknią za dyktaturą, teraz uderzyli, argumentując, że przerwanie procesu wyborczego wywoła brak stabilizacji oraz anarchię.

Wczoraj miał spotkanie z kilkoma biskupami i wymienili opinie na te tematy, przy czym wszyscy podzielali pogląd, który mi przed chwilą przedstawił. Spotkał się z ojcem Gustavem Gutierrezem, moim przyjacielem, który także radził kontynuować pojedynek wyborczy.

Podziękowałem *monseñorowi* Vargasowi Alzamorze za wizytę i zapewniłem go, że głęboko zastanowię się nad tym, co od niego usłyszałem. I tak się stało. Do momentu jego pojawienia się w moim domu byłem przekonany, że najlepsze, co mogę zrobić, to zrezygnować z udziału w drugiej turze i dzięki temu stworzyć realną sytuację, w której zaistnieją ogromne możliwości, aby Fujimori zawarł przymierze z Frontem Demokratycznym, co przysporzy wiarygodności przyszłemu rządowi i zapobiegnie temu, by okazał się zwykłą kontynuacją rządów Alana Garcíi. Ale ostrzeżenie arcybiskupa, że to mogłoby sprowokować zamach stanu – „mam wystarczające przesłanki, żeby o tym mówić" – sprawiło, że zacząłem się wahać. Wśród tylu katastrof, jakie mogłyby zawisnąć nad Peru, najgorsze byłoby ponowne cofnięcie się do epoki wojskowych puczów.

Odprowadziłem *monseñora* Vargasa Alzamorę do samochodu, który stał w garażu, skąd też wyjechał zakonspirowany. Wróciłem do gabinetu zabrać zeszyt z notatkami i wtedy zobaczyłem, że ze znajdującej się obok małej łazienki wychodzi, niemal lewitując, tęga María Amelia Fort de Cooper. Przyjazd arcybiskupa zaskoczył ją w tym pomieszczeniu i siedziała tam skulona i milcząca, słuchając naszej rozmowy. Usłyszała wszystko. Wydawała się oszołomiona. „Czytałeś Biblię z arcybiskupem – szeptała pełna zachwytu. – Słyszałam to i mogłabym przysiąc, że przeleciał tędy go-łą-b". María Amelia, która ma cztery namiętności w życiu – teologię, teatr i psychoanalizę, ale nade wszystko wafle czekoladowe z lukrem i kremem chantilly – na wieczornym wiecu na placu San Martín w 1987 wdrapała się na dach budynku, przy którym stała trybuna, z workiem konfetti i sypała mi je na głowę, kiedy wygłaszałem swoje przemówienie. Na wiecu w Arequipie rzucanie butelkami przez aprystów i maoistów ocaliło mnie od nowych porcji tej wywołującej swędzenie mieszanki, bo Maria Amelia musiała schować się razem z Patrycją pod tarczą jakiegoś policjanta; ale na wiecu w Piurze udoskonaliła swoje metody i zdobyła coś w rodzaju małego działka przeciwczołgowego i ze strategicznego stanowiska na trybunie strzelała do mnie garściami konfetti, przy czym jeden z tych pocisków w momencie końcowych braw trafił mnie prosto w usta i o mało się nie udusiłem. Przekonałem ją, żeby w dalszym ciągu kampanii zapomniała o konfetti i raczej pracowała w Komisji Kultury Ruchu Wolność, co w rezultacie robiła, zapraszając do niej znakomite grono intelektualistów i animatorów kultury. Tak jak inni wojujący katolicy tego Ruchu żywiła nadzieję, że powrócę do religijnej owczarni. Dlatego to, co się wydarzyło w moim gabinecie, wprawiło ją w zachwyt.

Zszedłem na dół do salonu i poinformowałem moich przyjaciół z Komisji Politycznej o przeprowadzonej rozmowie i prosiłem, żeby zachowali tę wiadomość w tajemnicy. Potem, chcąc rozładować napięcie, zażartowałem sobie z tych nieprawdopodobnych zdarzeń w naszym nieprawdopodobnym kraju, gdzie nagle okazuje się, że nadzieje Kościoła katolickiego, który przeciwstawia się ofensywie ewangelików, spoczywają na barkach agnostyka.

Przez dłuższą chwilę kontynuowaliśmy wymianę myśli i w końcu zgodziłem się odłożyć moją decyzję. Wezmę kilka dni wolnych na odpoczynek poza Limą. W tym czasie będę unikał prasy. Chcąc uspokoić dziennikarzy zgromadzonych przed bramą, poprosiłem Enrique Chirinosa Sota, aby z nimi porozmawiał. Powinien ograniczyć się do zakomunikowania im, że dokonujemy oceny wyników wyborczych. Ale Enrique chyba zrozumiał, że zrobiłem go moim rzecznikiem prasowym na stałe, więc zarówno po wyjściu z mego domu, jak i w Nowym Jorku, a potem w Hiszpanii, dokąd w tych dniach wyjechał, wygłaszał niemądre deklaracje w imieniu Frontu – nawet najinteligentniejszy człowiek nie jest taki przez dwadzieścia cztery godziny na dobę – oświadczając, że Peru nigdy nie miało prezydenta, który byłby Peruwiańczykiem dopiero w pierwszym pokoleniu, że depesze rozwścieczyły Peru, bo przedstawiały mnie jako zwolennika poglądów przedpotopowych i rasistowskich. Álvaro pospiesznie to zdementował zmartwiony, że musi tak postąpić, bo odnosił się z szacunkiem i z wdzięcznością do Chirinosa, który uczył go dziennikarstwa w „La Prensa", a ja również tak postępowałem, kiedy słyszałem wokół siebie podobne argumenty wymierzone w mego przeciwnika.

Jednak to nie przeszkodziło, żeby podczas tych ciężkich sześćdziesięciu dni między 8 kwietnia a 10 czerwca obydwie kwestie, które pojawiły się tego ranka na zebraniu w moim domu, przeobraziły się w głównych bohaterów wyborów, a były to rasizm i religia. Odkąd sprawa przyjęła taki obrót, czułem się wplątany w pajęczynę nieporozumień.

Tego samego dnia wyjechaliśmy z Patrycją – Álvaro oburzony tym, że uległem naciskom, nie chciał nam towarzyszyć – na wybrzeże na południu, do domu przyjaciół, w nadziei, że spędzimy tam kilka dni w samotności. Jednak mimo skomplikowanych wybiegów, jakich użyliśmy, prasa jeszcze tego popołudnia odkryła, że jesteśmy w Los Pulpos, i otoczyła kordonem dom, w którym zamieszkałem. Nie mogłem wyjść na taras, by poopalać się na słońcu, bo zaraz atakowali mnie operatorzy, fotografowie i reporterzy, którzy przyciągali ciekawskich i zamieniali to miejsce w cyrk. Ograniczyłem się więc do rozmowy z przyjaciółmi, którzy przyszli się ze mną zobaczyć, oraz do zrobienia notatek dotyczących drugiej tury wyborów, w której trzeba będzie naprawić błędy, jakie najbardziej przyczyniły się w ostatnich tygodniach do gwałtownego spadku społecznego poparcia.

Następnego ranka pojawił się na plaży Genaro Delgado Parker, żeby się ze mną zobaczyć. Podejrzewając, w jakim celu przyjechał, odmówiłem spotkania. Rozmawiał z nim Lucho Llosa i, jak przypuszczałem, okazało się, że przywozi posłanie od Alana Garcíi, który proponuje mi poufną rozmowę. Nie zgodziłem się na to i podobnie zachowałem się następne dwa razy, kiedy prezydent wystąpił z taką samą propozycją za pośrednictwem innych osób. Jaki mógł być cel spotkania? Negocjować poparcie głosów APRA w drugiej turze? Takie poparcie miało cenę, której nie byłem gotów zapłacić, a mój brak zaufania do tej osoby o nieprawdopodobnych zdolnościach do intryg był tak duży, że na wstępie uniemożliwiał jakiekolwiek porozumienie. Niemniej, kiedy po kilku dniach pojawiła się formalna propozycja partii APRA, żeby nawiązać dialog z Frontem, wytypowałem Pipo Thorndike'a i Miguela Vegę Alveara, którzy spotkali się wielokrotnie z Ablem Salinasem i byłym burmistrzem Limy Jorgem del Castillo (obaj byli bardzo blisko Garcíi). Dialog do niczego nie doprowadził.

Ledwie wróciłem do Limy podczas weekendu 14 i 15 kwietnia, zacząłem przygotowania do drugiej tury. Na plaży doszedłem do przekonania, że nie ma alternatywy, bo moja rezygnacja, poza tym, że tworzy konstytucyjny impas, który mógłby posłużyć za alibi dla zamachu stanu, jest bezużyteczna: wszystkie siły Frontu upierały się, żeby dojść do jakiegoś porozumienia z Fujimorim, który ich zdaniem był zbyt mocno uwikłany w sprawy APRA. Należało robić dobrą minę do złej gry i próbować podnieść morale moich zwolenników, które od 8 kwietnia poszło w dół. Należało przynajmniej przegrać z honorem.

Krytyka i szukanie winnych z powodu wyników pierwszej tury często pojawiały się w naszych szeregach; w mediach mnożyły się oskarżenia wymierzone w rozmaitych kozłów ofiarnych. Jeśli chodzi o Freddy'ego Coopera jako szefa kampanii, to wściekali się na niego Tyrrenowie i Trojanie, także na Álvara, a Patrycję oskarżano, że była szarą eminencją i nadużywała wpływu na mnie, natomiast Lucha Llosę i Jorgego Salmóna potępiano za to, w jaki sposób wykorzystywali media w celach informacyjnych. Nie brakowało krytyki wymierzonej we mnie za to, że dopuściłem do klęski propagandowej naszych kandydatów do parlamentu i za wiele innych rzeczy. Jedne były całkowicie usprawiedliwione, inne wynikały z oczywistego, pojmowanego na opak rasizmu. Dlaczego wybraliśmy tylu białych przywódców i kandydatów do Frontu, zamiast zrównoważyć ich z Indianami, Murzynami i Metysami? Dlaczego piosenkarka Roxana Valdivieso, blondynka o niebieskich oczach uświetniała wiece, śpiewając hymn Frontu, podczas gdy powinna to robić jakaś Metyska z wybrzeża albo Indianka z gór, z którymi lepiej mogłyby identyfikować się ciemnoskóre masy narodu? Chociaż takie przejawy paranoi i masochizmu później uległy osłabieniu, to jednak nadal się pojawiały i dawały znać o sobie w naszych szeregach przez całe dwa miesiące dzielące nas od drugiej tury.

Freddy Cooper przedstawił mi swoją rezygnację, ale jej nie przyjąłem. Przekonałem również Álvara, żeby został na stanowisku rzecznika prasowego, mimo że nadal był zdania, iż popełniłem błąd, podtrzymując swoją kandydaturę. Aby uspokoić zbyt wrażliwych, Roxana nie śpiewała już na naszych wiecach, a Patrycja, chociaż nadal dużo pracowała w Akcji Solidarnej i na rzecz Programu Akcji

Społecznej (PAS), nie udzielała więcej wywiadów, nie uczestniczyła w publicznych imprezach Frontu ani nie towarzyszyła mi w podróżach po interiorze (taka była jej decyzja, nie moja).

Pod koniec tego tygodnia zebrałem *kitchen cabinet* zredukowany teraz tylko do osób odpowiedzialnych za kampanię wyborczą, za finanse, za media i do rzecznika prasowego, a dodatkowo była z nami Beatríz Merino, która miała doskonały publiczny wizerunek i otrzymała dobry wynik w głosowaniu preferencyjnym. Na tym zebraniu wytyczyliśmy nową strategię. Oczywiście nie dokonamy najmniejszych zmian w programie. Ale będziemy mniej mówić o poświęceniach, a więcej o możliwych zdobyczach PAS oraz innych programów pomocowych, które zaczęliśmy wprowadzać w czyn. Moja kampania będzie teraz zorientowana na podkreślanie aspektu solidarnościowego i społecznego reform i skoncentruje się na osiedlach młodych, na ubogich warstwach społeczeństwa Limy i na głównych aglomeracjach miejskich w kraju. Propaganda zostanie ograniczona do minimum, a zaoszczędzone dzięki temu środki będą przeznaczone na Program Akcji Społecznej. Ponieważ Mark Malloch Brown i jego doradcy kategorycznie twierdzili, że konieczna jest kampania negatywna przeciwko Fujimoriemu, którego prawdziwe oblicze należało obnażyć przed szeroką publicznością i domagać się, aby przedstawił swój program rządzenia, po czym wskazać na jego słabe punkty, więc oświadczyłem, że będę akceptował jedynie to, co będzie równoznaczne z wiarygodną informacją. Jednak od tego zebrania zacząłem wyczuwać całe pokłady wulgarnych obelg, na jakie narażałem się ja, nasi zwolennicy i przeciwnicy przez następne tygodnie.

W poniedziałek 16 kwietnia spotkałem się na ulicy Tycjana, w kwaterze głównej, z zespołem opracowującym plan rządzenia i z przewodniczącymi głównych komisji. Zachęciłem ich, aby nadal pracowali tak, jakbyśmy bez względu na wszystko mieli objąć władzę 28 lipca i poprosiłem Lucha Bustamantego i Raúla Salazara, aby mi przedstawili propozycję składu rady ministrów. Lucho miałby zostać premierem, a Raúl zajmowałby się gospodarką. Koniecznie należało doprowadzić do tego, ażeby w każdej dziedzinie administracji była przygotowana ekipa do zmiany warty. Z drugiej strony należało oszacować współzależność sił w Kongresie wybranym 8 kwietnia i wytyczyć politykę wobec władzy ustawodawczej, począwszy od 28 lipca, aby móc zrealizować choćby zasadnicze jądro programu.

Tego samego popołudnia w siedzibie Pro-Desarrollo uczestniczyłem w zebraniu Komitetu Wykonawczego Frontu Demokratycznego, na którym byli obecni Bedoya i Belaúnde Terry oraz Orrego i Alayza. Było to zebranie osób o zasmuconych twarzach, skrywanych pretensjach i widocznej podejrzliwości. Nawet najbardziej doświadczeni wśród tych starych polityków nie potrafili zrozumieć fenomenu Fujimoriego. Podobnie jak Chirinosa Soto, tak i Belaúndego z jego zakorzenioną ideą metyskiego, indiańsko-hiszpańskiego Peru niepokoiło to, że prezydentem zostanie ktoś, kto ma wszystkich zmarłych krewnych pogrzebanych w Japonii. Jak mógł nawiązać głębokie porozumienie z krajem ktoś, kto był właściwie cudzoziemcem? Te argumenty, jakie słyszałem w kółko z ust wielu moich zwolenników, między innymi od grupy emerytowanych oficerów marynarki wojennej, którzy złożyli mi wtedy wizytę, sprawiały, że czułem się w sytuacji kompletnie absurdalnej.

Jednak zebranie dało pewien pozytywny rezultat: między siłami Frontu pojawiła się współpraca w duchu braterstwa, którego przedtem brakowało. Odtąd, aż do 10 czerwca, populiści, członkowie PPC, anarchiści i zwolennicy SODE pracowali zjednoczeni, bez kłótni, bez ciosów poniżej pasa i bez złośliwości z lat poprzednich, prezentując zupełnie inny obraz niż ten, jaki dotąd oglądaliśmy. Na skutek bolesnego ciosu, jakim była dla wszystkich niska frekwencja wyborcza, również dlatego, że zapewne przeczuwano ryzyko, którym mogło być dla Peru dojście do władzy wziętego znikąd osobnika, co oznaczało skok w próżnię albo kontynuację rządów Garcíi za pośrednictwem podstawionego człowieka, a być może wskutek wyrzutów sumienia z powodu frakcyjnego egoizmu panującego przez długi czas w naszej koalicji, czy też po prostu dlatego, że nie było stołków do podziału – z tych wszystkich względów wrogość, zazdrość, zawiść i urazy znikły na tym drugim wyborczym etapie. Zarówno ze strony przywódców, jak i aktywistów partii należących do Frontu zaistniała wola współpracy, która chociaż spóźniona, by zmienić końcowy wynik, pozwoliła mi skupić wszystkie siły na przeciwniku i nie rozpraszać się na sprawach wewnętrznych, które przyprawiły mnie o tyle bólu głowy w pierwszej turze.

Freddy Cooper utworzył małe dowództwo składające się z liderów Akcji Ludowej, Ludowej Partii Chrześcijańskiej, Ruchu Wolność i SODE, po czym połączone ekipy wyjechały do różnych regionów, aby ożywić mobilizację. Prawie żaden z zaproszonych nie odmówił wyjazdu i wielu przywódców przez długie dni, a nawet tygodnie, wędrowało po prowincjach i okręgach interioru, starając się odzyskać stracone głosy. Eduardo Orrego wyjechał do Puno, Manolo Moreyra do Tacny, Alberto Borea z PPC, Raúl Ferrero z Wolności i Edmundo del Águila z Akcji Ludowej do strefy zagrożenia i myślę, że nie zostawiliśmy ani jednego departamentu czy regionu, do którego nie przyjechałby ktoś, aby podnieść podupadłego ducha naszych zwolenników. Wszystko to działo się w atmosferze wzrastającej przemocy, bo od dnia wyborów Świetlisty Szlak i Ruch Rewolucyjny im. Tupaca Amaru rozpętały nową ofensywę, której rezultatem były dziesiątki rannych i zabitych w całym kraju.

Akcja Ludowa przysparzała najwięcej trudności przywódcom i aktywistom Ruchu Wolność w pierwszym etapie koordynowania kampanii. Teraz, wręcz przeciwnie, to Akcja Ludowa okazała mi najwięcej dowodów poparcia i przede wszystkim oddała do dyspozycji swego młodego i inteligentnego sekretarza departamentu Limy Raúla Díez Canseco, który od połowy kwietnia do dnia wyborów dniem i nocą poświęcał się pracy u mego boku, organizując codzienne wizyty w osiedlach młodych i skupiskach ludności na peryferiach Limy.

Słabo znałem Raúla i wiedziałem o nim tylko tyle, że bez wątpienia na wiecach angażuje się w dysputy z aktywistami Ruchu Wolność – był zaufanym człowiekiem Belaúndego do spraw mobilizacji – ale przez te dwa miesiące zacząłem naprawdę cenić go za sposób, w jaki poświęcił się walce, bo w rzeczywistości nie miał już żadnego osobistego powodu, by to robić, gdyż zapewnił już sobie mandat poselski. Był jedną z najbardziej entuzjastycznych i oddanych mi osób, dwoił się i troił, załatwiając sprawy organizacyjne, rozwiązywał problemy, podnosił morale tych, którzy się zniechęcali, i wszystkich zarażał swoim przekonaniem o możliwościach zwycięstwa, które – realne czy pozorowane – działało niczym lek na ogarniające ludzi zmęczenie i kapitulanctwo. Codziennie przychodził do mnie do domu, bardzo wcześnie rano, z wykazem placów, skrzyżowań ulic, rynków, szkół, spółdzielni, gdzie rozpoczęto prace Programu Akcji Społecznej, które mieliśmy odwiedzać, i przez cały czas tego naszego podróżowania miał zawsze uśmiech na twarzy, robił sympatyczne uwagi i był blisko mnie na wypadek jakiejkolwiek agresji.

Chcąc zniszczyć obraz człowieka wyniosłego i oddalonego od ludu, jakiego według sondaży Marka Mallocha Browna dorobiłem się u biednych, zdecydowano, że teraz, w drugim etapie, nie będę już odbywał spacerów po ulicach w otoczeniu ochroniarzy. Będą chodzili za mną w pewnym oddaleniu, rozproszeni wśród tłumu, który będzie mógł się do mnie zbliżyć, podać mi rękę, dotknąć i uścisnąć, a nawet urwać mi skrawek ubrania albo przewrócić na ziemię i poturbować, jeśli będzie miał na to ochotę. Dostosowałem się do tych wskazówek, ale wyznam, że za cenę heroicznej dobrej woli. Nie lubiłem – nie lubię – takiego zanurzania się w tłumie, więc musiałem dokonywać cudów, żeby ukryć niechęć, jaką wywoływały we mnie te wszystkie na wpół histeryczne popychania, szturchańce, pocałunki, uszczypnięcia i obmacywanie, a przy tym musiałem uśmiechać się nawet wtedy, kiedy czułem, że te objawy czułości grożą mi połamaniem gnatów albo pozrywaniem mięśni. Ponadto zawsze istniało niebezpieczeństwo agresji – w wielu naszych podróżach musieliśmy stawiać czoła grupom zwolenników Fujimoriego i już wcześniej opowiadałem, jak przytomność umysłu mego przyjaciela Enrique Ghersiego, który zawsze mi towarzyszył, zatrzymała w jednej z tych wędrówek lawinę kamieni wymierzoną prosto w kierunku mojej twarzy – i Raúl Díez Canseco tak się zawsze urządzał, żeby jeśli zajdzie potrzeba, stać naprzeciw agresora. Wieczorem wracałem do domu wyczerpany i obolały, kąpałem się i zmieniałem ubranie, bo w nocy miałem zebrania z ekipą od planu rządzenia albo z dowództwem kampanii i czasem musiałem nacierać arniką ciało pełne siniaków. Zdarzało mi się wtedy, że wspominałem groźne stronice studium *Tak zwane zło* Konrada Lorenza, w którym autor opowiada, że dzikie kaczki w czasie swoich namiętnych lotów miłosnych potrafią nagle dostać szału i wzajemnie się zabijać. Wiele razy czułem, zanurzony w tłumie nadmiernie podnieconych ludzi, którzy mnie szarpali i ściskali, że jestem o krok od złożenia ofiary.

Kiedy 28 kwietnia rozpocząłem w sposób oficjalny drugą turę wyborów swoim przesłaniem telewizyjnym zatytułowanym *De nuevo en campaña* (Ponownie w kampanii), miałem za sobą dwa miesiące intensywnej pracy związanej z wizytami w dzielnicach peryferyjnych Limy. W tym przesłaniu obiecałem, że zrobię „wszystko, co możliwe, aby dotrzeć nie tylko do inteligencji, ale także do serc Peruwiańczyków".

W ramach nowej strategii należało propagować pracę Akcji Solidarnej i zwłaszcza Programu Akcji Społecznej, który w owym czasie miał dziesiątki obiektów w budowie na peryferiach Limy. Stojąc naprzeciwko klas szkolnych, boisk sportowych, żłobków, kuchni dla ubogich, studni, rowów nawadniających, czy dróg budowanych przez organizację, której przewodniczyła Patrycja, wyjaśniałem, że mój rząd ma ustalony obszerny program pomocy, z myślą o tym aby Peruwiańczycy o niskich dochodach ponosili najmniejsze ofiary podczas wychodzeniu z zawiłości etatyzmu oraz inflacji. PAS nie działał dla rozgłosu. Nie chciałem o nim mówić, zanim nie zostanie zbudowana podstawowa struktura i nie będzie absolutnej gwarancji ze strony dwóch odpowiedzialnych za jej uruchomienie – Jaimego Crosby'ego i Ramóna Barúyę – że przyznanie miliarda sześciuset milionów dolarów potrzebnych na zrealizowanie w ciągu trzech lat dwudziestu tysięcy obiektów małego formatu w zmarginalizowanych miejscowościach i osadach w Peru będzie zagwarantowane dzięki organizacjom międzynarodowym, krajom zaprzyjaźnionym i przedsiębiorcom peruwiańskim. Program Akcji Społecznej stał się rzeczywistością w kwietniu i maju 1990 i mimo że pomoc docierała do nas powoli – zależała od uruchomienia naszego programu przez rząd, zwłaszcza od pomocy Banku Światowego – byliśmy pod wrażeniem, widząc rzesze specjalistów, inżynierów i setki robotników realizujących projekty wybrane przez miejscową ludność jako te, które są jej najpilniej potrzebne. We wszystkich moich przemówieniach połowę czasu poświęcałem temu, by wykazać, że nasza praca zadaje kłam opiniom oskarżającym mnie o brak wrażliwości społecznej. Liczą się czyny, nie słowa.

Wielu przywódcom Frontu i zwolennikom Ruchu Wolność nowa strategia, skromniejsza i bardziej strawna, mniej ideologiczna i polemiczna, wydawała się słuszną drogą do naprawy sytuacji i myśleli, że tym sposobem odzyskamy utracony elektorat, ten, który głosował na Fujimoriego. Oczywiście nikt nie robił sobie złudzeń co do głosowania aprystów oraz ugrupowania socjalistycznego i komunistycznego. Również więcej otuchy dodawało nam coraz bardziej zdecydowane poparcie Kościoła. Czy Peru nie było krajem katolickim do szpiku kości?

Ostatnią rzeczą, którą mógłbym sobie wyobrazić, było przeistoczenie się Kościoła katolickiego, z dnia na dzień, w mego sojusznika w walce wyborczej. To jednak nastąpiło, kiedy tylko wznowiono kampanię i kiedy stało się jasne, że wśród senatorów i posłów wybranych z partii Cambio 90, jest przynajmniej piętnastu pastorów ewangelickich (między nimi drugi wiceprezydent Fujimoriego, Carlos García y García, który przewodniczył Narodowemu Konsylium Ewangelickiemu Peru). Nerwowość hierarchii katolickiej wobec tego nagłego awansu politycznego dotychczas marginalnych organizacji zaostrzyła się na skutek nieostrożnych deklaracji niektórych wybranych pastorów – na przykład Guillermo Yoshikawa (poseł z Arequipy) skierował do swoich wiernych list nawołujący do głosowania na Fujimoriego i argumentował, że kiedy on zostanie prezydentem, ewangelickie szkoły i kościoły otrzymają od państwa takie samo uznanie i takie same subsydia jak Kościół katolicki. Arcybiskup Arequipy, wielebny Fernando Vargas Ruiz de Somocurcio wystąpił w telewizji 18 kwietnia i zganił pana Yoshikawę za używanie w kampanii argumentów religijnych i za jego prowokacyjną postawę wymierzoną przeciwko religii wyznawanej przez większość peruwiańskiego społeczeństwa.

Dwa dni później, 20 kwietnia, peruwiańscy biskupi ogłosili deklarację stwierdzającą, że „nieuczciwe jest manipulowanie religią dla partyjnych celów politycznych" i że jako instytucja Kościół nie udziela poparcia żadnej kandydaturze. Ten list pasterski episkopatu miał złagodzić lawinę krytyki, jaką wywołał w mediach zależnych od rządu – było w nich bardzo wielu postępowych katolików – wywiad, którego arcybiskup Limy udzielił programowi *Panorama* Kanału 5, w niedzielę wielkanocną (15 kwietnia). Kiedy dziennikarz zadał prałatowi pytanie dotyczące mojego agnostycyzmu, wielebny Vargas Azamora w swojej polemicznej interpretacji teologicznej rozwinął długie rozważania, aby wykazać, że agnostyk nie jest człowiekiem bez Boga, tylko kimś stojącym za Panem Bogiem, człowiekiem, który nie wierzy, ale chciałby posiadać wiarę, osobnikiem ogarniętym ginącymi poszukiwaniami w stylu Unamuna, a u kresu tych poszukiwań znajduje się, być może, powrót do wiary. Aprystowskie i lewicowe media już prowadziły swoją wypróbowaną kampanię na rzecz Fujimoriego i robiły arcybiskupowi wyrzuty za jego jawne poparcie kandydata „agnostyka", zaś „lewicowy intelektualista" Carlos Iván Degregori stwierdził w swoim artykule, że taką definicją agnostyka *monseñor* Vargas Alzamora „zaprzeczył treściom ze Wstępu do Teologii".

19 kwietnia, wczesnym popołudniem, przybył do mego domu, także ukryty w samochodzie, który wjechał prosto do garażu – bo

tłum dziennikarzy nie zniknął z tego miejsca aż do 10 czerwca – arcybiskup Arequipy. Niskiego wzrostu i o potężnym głosie, tryskający życzliwością i kreolskim wdziękiem, niepozbawiony dobrego humoru wielebny Vargas Ruiz de Somocurcio podarował mi kilka bardzo zabawnych chwil – nielicznych, jeśli nie jedynych podczas tych miesięcy – bo powiedział, abym na chwilę zapomniał o „takich błahostkach jak nazywanie się agnostykiem", bo przecież ja, syn katolików, któremu udzielono chrztu i poślubiony w katolickim Kościele, mający ochrzczone dzieci, jestem katolikiem p o d k a ż d y m p r a k-t y c z n y m w z g l ę d e m, czy się z tym godzę czy nie. A jeżeli chcę wygrać wybory, to nie mogę z uporem stale powtarzać całej prawdy o koniecznych wyrzeczeniach ekonomicznych, bo to oznacza działanie na korzyść przeciwnika, zwłaszcza kiedy tamten mówi tylko to, co mu przysparza głosów. Jasne, że wystrzeganie się kłamstwa jest bardzo dobre; ale mówić w s z y s t k o w kampanii wyborczej oznacza popełnianie *harakiri*.

Pomijając żarty, arcybiskup Arequipy był bardzo zaniepokojony ofensywą sekt ewangelickich w osiedlach młodych i w biednych dzielnicach Arequipy opowiadających się za Fujimorim, przy czym kampania ta miała wyraźny kierunek religijny, czasem antykatolicki, z powodu sekciarstwa niektórych pastorów, tych, co nie szczędzili krytyki Kościołowi, a nawet w swoich kazaniach atakowali papieża, świętych i Dziewicę Maryję. Podobnie jak wielebny Vargas Alzamora, on też uważa, że taka wojna religijna może przyczynić się do dezintegracji społeczeństwa Peru. Chociaż Kościół nie może wyraźnie opowiadać się za mną, to przyznał mi, że w swojej diecezji zachęcał wiernych, by nie słuchali wezwań ewangelików i zdecydowali się udzielić mi w kampanii swego poparcia.

Odtąd walka wyborcza przybierała oblicze wojny religijnej, w której naiwne lęki, przesądy i uczciwe metody mieszały się z brudami, z ciosami poniżej pasa i z najbardziej perfidnymi chwytami z jednej i z drugiej strony, dochodząc do skrajności, które graniczyły z farsą i surrealizmem. Przed kilkoma laty, zaraz na początku kampanii, pewna aktywistka Akcji Solidarnej, Regina de Palacios, która pracowała w osiedlu młodych San Pedro de Choque, zamknęła mnie w pokoju siedziby Ruchu Wolność z dwudziestoma mężczyznami i kobietami z tego osiedla, nie uprzedzając, o co chodzi. Kiedy zostaliśmy sami, jeden z nich zaczął przemawiać w natchnieniu, cytować z pamięci Biblię, a reszta wtórowała mu w tym kazaniu, wykrzykując „Aleluja! Aleluja!", wstając i unosząc ręce ku niebu. Jednocześnie nalegali, abym ich naśladował, bo właśnie zstąpił do nas Duch Święty, więc chcą, abym ukłąkł na znak pokory wobec świeżo przybyłego. Kompletnie zdezorientowany i nie wiedząc, jaką przyjąć postawę wobec nieprzewidzianego happeningu – niektórzy zaczęli płakać, inni modlili się na kolanach, z zamkniętymi oczami i ramionami wzniesionymi ku górze – przewidywałem wrażenie, jakie odniosłyby delegacje, które zawsze krążyły po korytarzach siedziby Ruchu Wolność w poszukiwaniu miejsca, gdzie można się zebrać, gdyby po otwarciu drzwi ujrzały ten spektakl. W końcu uczestnicy modłów się uspokoili, opanowali emocje i wychodząc, zapewnili mnie, że jestem namaszczony i że wybory wygram.

Myślę, że było to moje pierwsze bezpośrednie doświadczenie związane z penetracją sekt ewangelickich w biednych warstwach społeczeństwa. Ale chociaż miałem później wiele innych doświadczeń, a niektóre były zdumiewające, podobnie jak to pierwsze, przyzwyczaiłem się w czasie wszystkich moich wizyt w osiedlach miejskich do tego, że w drzwiach nędznych chat i szałasów wiszą niezawodne sztandary zielonoświątkowców, baptystów, Chrześcijańskiego i Misyjnego Przymierza, Ludu Bożego oraz dziesiątków innych wyznań o nazwach nacechowanych niekiedy malowniczym synkretyzmem, ale dopiero w drugiej turze wyborów zdałem sobie sprawę ze znaczenia tego zjawiska. To prawda, w wielu biednych miejscowościach Peru, gdzie Kościół katolicki nie był wystarczająco obecny, bo brakowało księży, a przemoc terrorystów wobec proboszczów (wielu zostało zamordowanych przez Świetlisty Szlak) zmuszała ich do wyjazdu, wtedy puste miejsca zajmowali protestanccy kaznodzieje. Właśnie ci mężczyźni i kobiety prawie zawsze pochodzący z ubogich warstw społecznych, ożywieni niezmordowanym i żarliwym zapałem pionierów, żyli w takich samych nędznych warunkach jak sąsiedzi tych wiosek i doprowadzali do wielu nawróceń na rzecz tych wyznań, które wymagały całkowitego oddania i nieustannego apostolstwa – tak różnego od zgniłego kompromisu, tylko czasem mającego w katolicyzmie podłoże społeczne – i to paradoksalnie okazywało się atrakcyjne dla ludzi, którzy wiedli niepewną egzystencję i w sektach znajdowali poszukiwany ład oraz poczucie bezpieczeństwa. Podczas gdy katolicyzm został uznany w Peru przez tradycję i obyczajowość za religię oficjalną – formalną – Kościoły ewangelickie zaczęły reprezentować religię nieformalną i zjawisko to rozpowszechniło się, być może podobnie jak w gospodarce niezalegalizowana działalność handlarzy i przedsiębiorców, których Fujimori chytrze zachęcał do popierania swojej kandydatury, mianując pierwszym wiceprezydentem Máxima San Romána, skromnego mieszkańca Cuzco, niezarejestrowanego przedsiębiorcę, przewodniczącego FENAPI Perú*, która od 1988 zrzeszała główne organizacje prowincjonalne działających nielegalnie przedsiębiorców.

Nie czułem żadnej antypatii do ewangelików, raczej podziwiałem sposób, w jaki ich pastorzy narażali życie, działając w górach i w młodych dzielnicach (gdzie stawali się ofiarami zarówno terrorystów, jak i represji wojskowych), a także podzielałem ich poglądy na temat liberalnej demokracji i gospodarki rynkowej, które prawie zawsze wyróżniały na świecie ich ewangelicką postawę. Ale fanatyzm i brak tolerancji, nieodzowne według niektórych z nich w ich posłannictwie, przeszkadzały mi tak samo jak u katolików czy u polityków. W czasie

---

* Federación de Asociaciones de Pequeñas Empresas Industriales del Perú – Federacja Stowarzyszeń Małych Przedsiębiorstw Przemysłowych Peru.

trwania kampanii miałem różne spotkania z pastorami i z przywódcami Kościołów protestanckich, ale nigdy nie chciałem ustanowić żadnej formy organicznej zależności między nimi i moją kandydaturą ani też nie złożyłem im innej obietnicy poza tą, że podczas moich rządów będzie przestrzegane w Peru prawo do wolności wyznania. Właśnie przedstawieniu siebie jako agnostyka zawdzięczam to, że kwestia religii przez trzy lata nie była włączona do mojej kampanii, chociaż nigdy nie odmawiałem spotkań z duchownymi reprezentującymi różne wyznania, którzy pragnęli się ze mną zobaczyć. Przyjąłem ich dziesiątki, reprezentujących wyznania o najróżniejszych nazwach, i po rozmowach z nimi za każdym razem stwierdzałem, że nic nie wywołuje u ludzi takiej obsesji (ani tak ich nie ekscytuje) jak religia. Pewnego popołudnia mój syn Gonzálo przybiegł zaniepokojony i chciał wywołać mnie z zebrania: „Co się dzieje z mamą?". Otworzyłem drzwi i zobaczyłem ją leżącą z zamkniętymi oczami i złożonymi dłońmi, a przy niej dziwnego osobnika skaczącego wokoło jak jakiś czerwonoskóry i uderzającego ją lekko po głowie. Był to czarodziej, pastor uzdrawiający za pomocą nakładania rąk, Jesús Linares, protegowany przez senatora Rogera Cáceresa z FRENATRACA, który nalegał, abym przyjął tego człowieka, i zapewniał mnie, że chodzi o jasnowidza o nadprzyrodzonych zdolnościach, który zawsze mu pomagał w walkach wyborczych. Nie miałem czasu się tym zająć i zamiast mnie zrobiła to Patrycja, którą pastor przekonał, by poddała się temu dziwacznemu rytuałowi, z którego – jak twierdził – wywodzi się zdrowy duch i zwycięstwo przy urnach*. To był jeden z najbardziej oryginalnych osobników o tajemnych mocach, którzy chcieli pracować na rzecz mojej kandydatury – ale nie jedyny. Inną osobą była wróżka, która na krótko przed drugą turą przesłała mi list

---

* Osobnik ten odwiedził także Álvara, który podobnie jak Patrycja zgodził się poddać nakładaniu rąk i opisał ten epizod w książce *El diablo en campaña*, Madryt 1991, s. 180–181.

z propozycją, abym w celu wygrania wyborów wziął razem z Patrycją astralną kąpiel (nie precyzując, na czym miałaby ona polegać).

W takich okolicznościach wydawało się zupełnie możliwe, że rozzuchwaleni wysoką liczbą głosów uzyskaną przez Fujimoriego w pierwszej turze i liczbą ewangelików wybranych do Kongresu, niektórzy z najbardziej egzaltowanych i rozszalałych pastorów zaatakują Kościół, czy też powiedzą albo napiszą rzeczy, które ten uzna za obraźliwe. I tak się stało. Kiedy słynny ewangelicki kaznodzieja hiszpański ze Stanów Zjednoczonych, brat Pablo – jego programów radiowych słuchał cały kontynent – został przywieziony z Kalifornii do Peru i zaczął zapełniać wiele prowincjonalnych stadionów, prowadząc otwartą kampanię na rzecz Fujimoriego, wtedy w Arequipie, w Limie, w Chimbote, w Huancayo, w Huancavelice zaczęły krążyć ulotki, w których zachęcano chrześcijan do głosowania na mego przeciwnika i twierdzono, że kiedy zostanie prezydentem, skończy się monopol „papieski", natomiast Kościół oskarżano o to, że paktuje z wyzyskiwaczami i z bogaczami oraz że jest przyczyną wielu nieszczęść w Peru. I jakby tego było mało, na murach kościelnych pojawiły się nagle obelżywe napisy przeciwko katolicyzmowi, przeciwko świętym i Dziewicy Maryi.

Udzieliłem wyraźnych instrukcji dowództwu kampanii i przywódcom Ruchu Wolność, żeby nie dali się sprowokować i zakazali naszym aktywistom wszelkich działań z użyciem tego rodzaju brudnych chwytów, ponieważ są niemoralne, a także dlatego, że rozpętanie wojny religijnej może wywołać skutki odwrotne do zamierzonych. Jednak nie było sposobu, żeby tego uniknąć. Później dowiedziałem się, że chłopcy z Mobilizacji i z Ruchu Wolność jeździli po miasteczkach i placach targowych, udając ewangelików popierających Fujimoriego, i opowiadali okropne rzeczy o katolikach. Bez wątpienia oni byli odpowiedzialni za niektóre z takich intryg. Ale nie za wszystkie. Wprawdzie to wydaje się nieprawdopodobne – chociaż nie ma nic nieprawdopodobnego, jeśli chodzi o fanatyzm – ale niektóre ewangelickie organizacje, zwłaszcza te najbardziej dziwaczne, były przekonane, że po sukcesie uzyskanym przez ich kandydatów do parlamentu nadeszła pora wypowiedzenia otwartej wojny „zwolennikom papieża". Na przykład w Ancash synowie Jehowy (nie mylić ze świadkami Jehowy, także aktywnie walczącymi na rzecz Fujimoriego) kolportowali ulotkę, którą, ku oburzeniu miejscowego biskupa, Ramóna Gurruchagi, rozprowadzali nawet wśród zakonnic po klasztorach, głosząc, że dla narodu peruwiańskiego nadeszła pora wyzwolenia się z poddaństwa „pogańskiemu i fetyszyzującemu Kościołowi", uwolnienia dzieci ze szkół wyznaniowych, które „uczą oddawania czci bożkom". Ulotki o podobnym, a nawet jeszcze bardziej agresywnym charakterze krążyły w Huancayo, Tacnie, Huancavelice, Huánuco i, przede wszystkim, w Chimbote, gdzie przed wielu laty w dzielnicach rybaków i robotników zatrudnionych w fabrykach mączki rybnej zagnieździły się kościoły ewangelickie[*]. Mobilizacja ewangelików w Chimbote miała tak ostre konotacje antykatolickie, że biskup, wielebny Luis Bambarén – człowiek wyróżniający się postępowymi poglądami w peruwiańskim Kościele – włączył się do polemiki, wygłaszając energiczne deklaracje przeciwko sektom, które „rzucają epitetami wymierzonymi w wiarę katolicką" i poparł arcybiskupa[**].

Sprawa religii znalazła się w centrum debaty wyborczej. Wyzwoliła zaciekłość, prowokacje, dysputy i spektakularne przedsięwzięcia albo komiczne nieporozumienia, jakie nie miały precedensu w historii Peru, bo tutaj – inaczej niż w Kolumbii czy w Wenezueli, gdzie toczyły się wojny religijne – dziewiętnastowieczna rywalizacja między Kościołem i liberalizmem nigdy nie była krwawa. W trzecim tygodniu maja arcybiskup Vargas Alzamora ogłosił list pasterski do katolików Limy, oznajmiając w nim, że „miłosierdzie nakazuje nam

---

[*] Zobacz wnikliwy opis tego procesu w pośmiertnie wydanej powieści J.M. Arguedasa *Lis z Gór i Lis z Nizin*, tłum. Z. Wasitowa, Warszawa 1980.
[**] „Expreso", 28 maja 1990.

przerwać milczenie", że czuje się zobowiązany potępić „podstępną kampanię przeciwko naszej wierze" rozpętaną przez ewangelickie sekty „zmotywowane zdobytą w ostatnich wyborach parlamentarnych władzą polityczną".

Nie dając się zastraszyć lawiną krytyki, jaką list wywołał w publikacjach APRA i lewicy, które oskarżały go o to, że „założył sobie opaskę" (aktywiści Ruchu Wolność używali opasek na wiecach), *monseñor* Vargas Alzamora wystąpił na konferencji 23 maja, by ogłosić, że nie może milczeć – „bo ten, kto milczy, ten udziela przyzwolenia" – wobec publikacji, które obrażają Dziewicę Maryję i papieża i nazywają Kościół „pogańskim, niegodziwym i fetyszystą". Powiedział, że za te ataki nie obarcza odpowiedzialnością wszystkich grup ewangelickich, tylko niektóre, przy czym ich obelgi „powinny mieć granice". I zapowiedział, że 31 maja wizerunek Boga Cudotwórcy, najpopularniejszy w Limie obiekt kultu, będzie obnoszony na procesji po ulicach śródmieścia, żeby towarzyszyć, dla zadośćuczynienia, obrazowi Dziewicy Maryi i zademonstrować, że naród jest katolicki. Wcześniej w Arequipie arcybiskup Vargas Ruiz de Somocurcio zwołał na 26 maja, także z tych samych powodów, procesję z obrazem najbardziej czczonym na południu kraju: Matki Bożej z Chapi.

Pamiętam, że w porannych podsumowaniach, jakie robiliśmy z Álvarem w moim biurze, powiedziałem mu w tamtych dniach, że zaczynam wierzyć w działanie realizmu magicznego z racji nieprawdopodobnego zasięgu, jakiego nabierają spory religijne, że moi zwolennicy mylą się, uważając, iż wizerunek obrońcy katolicyzmu przeciwko sektom ewangelickim, który mi przyklejano bez mojej woli i moich starań, może przynieść mi wyborcze zwycięstwo. Kościół katolicki w Peru był głęboko podzielony od czasów pojawienia się teologii wyzwolenia i znałem wystarczająco liczne rzesze postępowych kreolskich katolików, ażeby wiedzieć, iż są o wiele bardziej postępowi niż katoliccy. Byli poirytowani postawą hierarchów przychylną mojej kandydaturze, więc ze świętym zapałem i w imię swojego statusu ludzi wiary, którą bez trudu zamieniliby w polityczny handel, zaczęli nawoływać wiernych, żeby nie pozwalali „reakcyjnej hierarchii" sobą manipulować i żeby głosowali na Fujimoriego w imię „Kościoła ludowego". W każdym razie nie tylko przegram w ten sposób wybory, ale na dodatek przegram je w złym stylu, w atmosferze ideologicznego zamieszania, religijnych nieporozumień i politycznego absurdu.

I tak się sprawy potoczyły. Biskup Cajamarki, *monseñor* José Dammert, postępowy człowiek Kościoła, pojawił się 28 maja w redakcji „La República" i skrytykował arcybiskupa Limy, który według niego dał się Frontowi zmanipulować – i potępił tendencję do wskrzeszania „katolicyzmu krucjaty i konkwisty, tego, co w Hiszpanii nazywają katolicyzmem narodowym". W ten sposób ów hierarcha interpretował decyzję arcybiskupa, aby wyprowadzić z procesją, razem z wizerunkiem Boga Cudotwórcy, obraz Matki Bożej Ewangelizującej przywieziony do Peru przez konkwistadorów. (Inni postępowcy zastanawiali, czy to znaczy, że *monseñor* Vargas Alzamora chce wskrzesić inkwizycję). Tymczasem wiele osobistości oraz instytucji uważanych w Kościele za konserwatywne – takich jak Akcja Katolicka, Konsorcjum Katolickich Ośrodków Edukacyjnych, Opus Dei, Sodalicja Mariańska, Legion Maryi – zwierało szeregi razem z prymasem Kościoła, a w mediach rządowych i lewicowych mnożyły się krytyki hierarchii ze strony znanych postępowych katolików, takich jak senator Rolando Ames („La República", 30 maja 1990), protestujących przeciwko mieszaniu się do polityki, co chciał czynić popierający mnie episkopat, pozostający jego zdaniem w zmowie „z niektórymi biskupami, którzy oponują przeciwko jednej kandydaturze na prezydenta". W „Página Libre" codziennie ukazywały się wykazy „postępowych katolików" nawołujących do głosowania na Fujimoriego i ogłoszenia, że tysiące skromnych kobiet należących do klubów matek i „do Kościoła katolickiego, apostolskiego i rzymskiego" wysłały do papieża sto dwadzieścia stron podpisów, by zamanifestować swój protest przeciwko władzom Kościoła, które nakłaniają wiernych do głosowania przeciwko Fujimoriemu, „kandydatowi ludu" (1 czerwca 1990).

Prezydent Alan García ogłosił, że weźmie udział w procesji zadośćuczynienia Dziewicy Maryi, ponieważ od dziesięciu lat jest członkiem „Dziewiątego Oddziału Bractwa pod wezwaniem Ciemnoskórego Chrystusa", natomiast nie mają prawa uczestniczyć w procesji „ci, którzy uważają, że to w złym guście, i deklarują, że są agnostykami". Jeżeli chodzi o niezamierzony humor, to porównywalna do tych deklaracji była sformułowana z całą powagą propozycja, jaką otrzymałem na pewnym zebraniu dowództwa kampanii Frontu, żeby autoryzować pewien cud w czasie trwania procesji. Chodziło o to, by za pomocą elektronicznych sztuczek Bóg Cudotwórca otworzył usta w kulminacyjnym momencie uroczystości i wymówił moje imię. „Jeśli indiański Chrystus przemówi, to zwyciężymy" – żartował Pipo Thorndike.

Oczywiście ani ja, ani Patrycja, ani Álvaro nie zamierzaliśmy wziąć udziału w procesji (chociaż uczestniczyła w niej moja matka szczerze zaniepokojona tym, że ewangelickie demony mogą zawładnąć Peru), nie wzięli w niej udziału także najwięksi aktywiści katoliccy spośród przywódców Ruchu Wolność szanujących apel wielebnego Vargasa Alzamory skierowany do politycznych liderów, aby powstrzymali się od wypaczania sensu tej ceremonii. Tego dnia ogromny tłum zapełnił plac broni, równie masowy był udział ludzi, którzy w Arequipie eskortowali Matkę Bożą z Chapi.

Od początku swej kampanii Fujimori działał zręcznie, dziękował arcybiskupowi i biskupom za wszystkie ich wystąpienia, ogłosił się katolikiem z przekonania i przechrztą – jego dzieci uczyły się w szkole Ojców Augustianów – obiecywał, że w jego rządzie w najmniejszym stopniu nie zostaną zmienione relacje między Kościołem katolickim a państwem i wyraził zadowolenie, że „obraz naszego czcigodnego Boga Cudotwórcy" wyjdzie na ulicę niezależnie od dnia swojego święta – jego procesja przypada na październik – a podobnych słów

„nie mógł wypowiedzieć agnostyk"*. Odtąd nie przepuścił okazji, by nie dać się sfotografować albo sfilmować w kościele, czy też pokazać z dumą zdjęcia swojego syna Kenjiego przystępującego do Pierwszej Komunii. Wydawało się, że zapomniał o dzielnych sprzymierzeńcach ewangelikach, od których miał zaraz po objęciu władzy z wielkim pośpiechem się odwrócić**.

Wśród tego religijnego zamieszania, w którym czułem się zagubiony, bo nie wiedziałem, jak postępować, żeby nie dolewać oliwy do ognia, nie sprawiać wrażenia oportunisty i cynika i nie zaprzeczać własnym słowom, że jestem lub nie jestem wierzący, otrzymałem od nuncjusza apostolskiego dyskretną prośbę o rozmowę. Spotkaliśmy się w mieszkaniu Alfreda Barnechei i tam purpurat – takiego określenia zawsze używał mój dawny redaktor Demetrio Túpac Yupanqui – subtelny włoski dyplomata, w oględny sposób powiadomił mnie, że Kościół jest zaniepokojony dążeniem sekt ewangelickich do władzy politycznej, w kraju tradycyjnie katolickim, jakim jest Peru. Czy nie można podjąć jakiegoś działania? Zażartowałem, że robię wszystko, co możliwe, aby temu zapobiec, ale że wygranie drugiej tury wyborów nie zależy tylko ode mnie. Kilka dni później Freddy Cooper przyszedł do mnie do domu i zakomunikował, że za trzy dni papież Jan Paweł II przyjmie mnie w Rzymie na specjalnej audiencji. Mógłbym pojechać, wziąć udział w spotkaniu i wrócić po czterdziestu ośmiu godzinach z okładem, a więc grafik kampanii nie byłby naruszony. Spotkanie z papieżem rozwiałoby ostatecznie dąsy, jakie mogą powstawać wbrew temu, co się dzieje, pewnych peruwiańskich katolików starego typu, którzy nie byli dotąd skłonni

---

* Przesłanie telewizyjne do narodu peruwiańskiego z 30 maja 1990.
** Trzeba powiedzieć, że ewangeliccy posłowie i senatorowie w swojej krótkotrwałej działalności parlamentarnej zachowywali się dyskretnie i z szacunkiem wobec Kościoła katolickiego. A kiedy Fujimori po dwudziestu miesiącach sprawowania władzy rozwiązał Kongres i ogłosił się dyktatorem, prawie wszyscy, zaczynając od drugiego wiceprezydenta Carlosa Garcíi, potępili to, co się zdarzyło, i potraktowali jako wspólną sprawę opozycję demokratyczną przeciwko zamachowi stanu.

głosować na agnostyka. Taka była również opinia wielu członków dowództwa kampanii i *kitchen cabinet*. Ale mimo że przez chwilę taka perspektywa wydawała się kusząca – bardziej z ciekawości, jeśli chodzi o osobę papieża, aniżeli dlatego, że wierzyłem w skuteczność wyborczą podobnego spotkania – zdecydowałem, że nie pojadę. Byłoby to przedsięwzięcie tak jaskrawo oportunistyczne, że wszystkich nas napełniłoby wstydem.

Jednocześnie ze sprawą religii pojawił się nagle w kampanii inny temat, również nieoczekiwany i jeszcze bardziej złowrogi: rasizm, przesądy etniczne, uprzedzenia społeczne. Wszystkie te zjawiska istnieją w Peru od czasów poprzedzających przybycie Europejczyków, od zawsze cywilizowani indiańscy górale Keczua głęboko pogardzali słabymi i prymitywnymi kulturowo Indianami Yunga z wybrzeża, co było źródłem przemocy i poważną przeszkodą w integracji społeczeństwa peruwiańskiego przez cały czas trwania Republiki. Jednak problem ten nigdy nie pojawił się w sposób tak drastyczny jak w drugiej turze wyborów, wydobywając na światło dzienne jedną z najgorszych przywar narodowych.

Kiedy mowa o przesądach rasowych, od razu przychodzi na myśl coś, co dodaje poczucia wyższości temu, kto zajmuje uprzywilejowaną pozycję w stosunku do drugiego, który jest dyskryminowany i wyzyskiwany, co w przypadku Peru znaczy, że myślę o postawie białego wobec Indianina, Murzyna i różnych wariantów mieszanych (Metys, Mulat, mieszaniec murzyńsko-indiański, potomek Murzyna i Mulatki i tak dalej). To sprowadza się w uproszczeniu – a jeśli chodzi o ostatnie dziesięciolecia, to w dużym uproszczeniu – do stwierdzenia, że naprawdę siła ekonomiczna koncentruje się zwykle w rękach niewielkiej mniejszości tych, którzy mają przodków europejskich, a bieda i nędza – i to bez wyjątku – jest udziałem peruwiańskich tubylców i ludności pochodzenia afrykańskiego. Niewielka mniejszość, biała lub wybielona dzięki pieniądzom i awansowi społecznemu, nigdy nie ukrywała swojej pogardy dla Peruwiańczyków o innym kolorze skóry i o innej kulturze, do tego stopnia, że słowa takie jak „Indianin", „Metys", „Murzyn", „Mulat", „Chińczyk" zawsze są związane z konotacją negatywną. Chociaż taka postawa nigdzie nie jest zapisana ani nie jest poparta żadnym przepisem prawnym, zawsze na jej niewielkim białym wierzchołku istniało ciche porozumienie dyskryminujące innych Peruwiańczyków, co czasem wywoływało przejściowe skandale, tak jak na przykład słynna w latach pięćdziesiątych historia o tym, jak w Klubie Narodowym przegłosowano zakaz wstępu do tej instytucji wybitnemu rolnikowi i przedsiębiorcy z Iquitos, Pedrowi Guimoyemu, z racji jego azjatyckiego pochodzenia, albo jak w marionetkowym Kongresie za czasów dyktatury Odríi pewien parlamentarzysta o nazwisku Faura usiłował doprowadzić do uchwalenia ustawy, na mocy której ludzie z gór (w rzeczywistości Indianie) musieliby prosić o list żelazny, aby móc przyjechać do Limy. (W mojej rodzinie, kiedy byłem dzieckiem, ciocia Eliana podlegała dyskretnej segregacji dlatego, że wyszła za mąż za Azjatę).

Tymczasem, równolegle z takimi resentymentami i kompleksami, istnieją przesądy i urazy innych grup etnicznych albo społecznych dotyczące białych, a także związane z wewnętrznymi podziałami, nakładają się na nie i krzyżują się z nimi postawy lekceważące, inspirowane lojalnością lokalną. (Po konkwiście centrum życia politycznego i gospodarczego Peru przeniosło się z gór na wybrzeże, więc mieszkaniec wybrzeża zaczął pogardzać mieszkańcem gór i spoglądać na niego jak na kogoś gorszego). Nie będzie przesadą stwierdzenie, że jeśli głęboko prześwietlimy społeczeństwo peruwiańskie, wyłączając te formy, które pozostają w ukryciu, a które są mocno zakorzenione niemal we wszystkich mieszkańcach tego „starożytnego kraju", w jakim żyjemy – starożytność jest zawsze formą i rytuałem, to znaczy zatajeniem i fikcją – ukaże się nam prawdziwa otchłań nienawiści, uraz i przesądów, w której biały pogardza Indianinem i Murzynem, Indianin Murzynem i białym, a Murzyn białym i Indianinem, bo każdy Peruwiańczyk stojący na swojej skromnej pozycji społecznej, etnicznej, rasowej i ekonomicznej, dowartościowuje sam siebie, pogardzając tym, kogo uważa za niższego, a swoje zawistne urazy kieruje w stronę tego, którego ma ponad sobą. To, co występuje, w mniejszym lub większym stopniu, we wszystkich krajach Ameryki Łacińskiej o różnych rasach i kulturach, w Peru przybiera ostrzejsze formy, ponieważ w przeciwieństwie na przykład do Meksyku czy Paragwaju mieszanie się dokonywało się wśród nas powoli, a różnice społeczne i ekonomiczne utrzymywały się powyżej średniej kontynentalnej. Klasa średnia, która jest wielkim społecznym regulatorem, do połowy lat pięćdziesiątych rosła, a później, w latach sześćdziesiątych, popadła w stan stagnacji i zaczęła słabnąć. W 1990 była już bardzo nieliczna i niezdolna do zamortyzowania ogromnego napięcia występującego między ekonomicznym wierzchołkiem – składającym się w ogromnej większości z ludności białej – a milionami ciemnych, biednych, żyjących w wielkim ubóstwie i nędzy Peruwiańczyków.

Tego rodzaju napięcia i podskórne podziały narastały w Peru od czasów dyktatury Velasca, która w wyraźny sposób wykorzystywała przesądy rasowe i resentymenty etniczne w swoich kampaniach propagandowych, ażeby wyrobić sobie wizerunek reżimu peruwiańskich Metysów i Indian. Nie osiągnęła tego, bo nigdy nie zdołała głębiej zapuścić korzeni w warstwach najbardziej poniżanych, nawet wtedy gdy wprowadzała reformy populistyczne, które obudziły ich oczekiwania – takie jak upaństwowienie hacjend i przedsiębiorstw oraz nacjonalizacja przemysłu naftowego – sporne, dotąd hamowane w pewnej mierze procesy ujawniły się z całą siłą i zaczęły teraz ciążyć o wiele bardziej niż w przeszłości na życiu publicznym, kurczącym się i degenerującym, na skutek czego, w dużym stopniu przez błędne reformy, Peru stawało się coraz uboższe, cofało się w rozwoju, a nierówności materialne między Peruwiańczykami rosły. W kwietniu i maju 1990 wszystko to wylało się niczym lawina błota w walce wyborczej.

Już mówiłem, że niektórzy z moich zwolenników pierwsi przyjęli rasistowskie postawy, co zmusiło mnie do przypomnienia wieczorem

10 kwietnia, że Fujimori jest Peruwiańczykiem tak samo jak ja. Kiedy następnego ranka złożył mi nieoczekiwaną wizytę i podziękował za to, co powiedziałem, oznajmiłem mu, że powinniśmy dołożyć starań, aby kwestia rasowa znikła z kampanii, bo stanowi materiał wybuchowy w kraju o tak dużej skali przemocy, jakim jest Peru. Zapewnił mnie, że podziela mój pogląd. Ale przez następne tygodnie odwoływał się do niej z pożytkiem dla siebie.

Wobec tego, że po wznowieniu kampanii nadal zdarzały się incydenty, w których Azjaci stawali się obiektami szykan lub obelg, w drugiej połowie kwietnia wykonałem wiele gestów, aby zbliżyć się do wspólnoty japońskiej i okazać jej solidarność. Spotkałem się z jej przywódcami w siedzibie Ruchu Wolność 20 i 25 kwietnia i w obu przypadkach zaprosiłem prasę, żeby w jej obecności potępić wszelką dyskryminację w kraju o takim bogactwie ras i kultur. 20 kwietnia rozmawiałem ze wszystkimi reporterami i korespondentami wysłanymi pilnie z Tokio do obsługi drugiej tury naszych wyborów, w której po raz pierwszy w historii Japończyk miał szansę dojść do stanowiska szefa państwa niebędącego Japonią.

16 maja kolonia japońska wydała komunikat z protestem przeciwko incydentom i górnolotnie stwierdziła, że nie opowiada się zdecydowanie za żadnym z dwóch kandydatów, natomiast ambasador Japonii Masaki Seo – zawsze zachowywał się wobec mnie i wobec Frontu wyjątkowo przyjaźnie – wygłosił oświadczenie, w którym zaprzeczył temu, że jego kraj poczynił jakiekolwiek obietnice jednemu z kandydatów. (Fujimori zapowiadał, że jeśli zostanie wybrany, spadnie na Peru deszcz darów i kredytów z Japonii).

Myślałem, że w ten sposób kwestia rasowa zniknie i debata wyborcza będzie mogła skupić się na dwóch sprawach, w których ja miałem przewagę, to znaczy na programie rządzenia i programie akcji socjalnych PAS.

Tymczasem kwestia rasowa na razie jedynie wychyliła głowę zza węgła. Wkrótce na boisku miała się pojawić w całej okazałości, wepchnięta tam szturchańcami i przez główną bramę, tym razem przez mojego adwersarza. Od swojej pierwszej manifestacji publicznej Fujimori powtarzał to, co odtąd stało się lejtmotywem jego kampanii: „Mały Azjata i czterech małych Metysów". Tak właśnie myślą zwolennicy Vargasa Llosy o jego kandydaturze; tymczasem on i jego ludzie nie wstydzą się, że są tacy sami jak miliony Peruwiańczyków: mieszańcy niskiego wzrostu, Metysi, Indianie, Murzyni. Czy to sprawiedliwe, żeby Peru należało tylko do białych? Peru należy do mieszańców takich jak on i do Metysów takich jak kandydat na jego pierwszego wiceprezydenta. I wtedy przedstawiał sympatycznego Máxima San Romána, który z uniesionymi do góry ramionami prezentował publiczności swoją krzepką twarz Metysa z Cuzco. Kiedy pokazano mi wideo z wiecu w Villa el Salvador z 9 maja, na którym Fujimori w niedopuszczalny sposób posługiwał się kwestią rasową – robił to już wcześniej w Tacnie – przedstawiając biednym masom Indian i Metysów z osiedli młodych walkę wyborczą jako konfrontację między białymi i ciemnoskórymi, ubolewałem nad tym, podsycanie w taki sposób przesądów rasowych oznaczało bowiem igranie z ogniem, ale sądziłem, że to przysporzy mu sporo głosów wyborczych. Urazy, resentymenty, sfrustrowani, przez wieki eksploatowani i marginalizowani ludzie, którzy w białym widzieli bogatego wyzyskiwacza, mogli być wspaniałym materiałem do manipulacji dla demagoga, jeżeli powtarzał coś, co mimo wszystko było prawdą: że biali Peruwiańczycy zdawali się jednomyślnie popierać moją kandydaturę.

W ten sposób kwestia rasowa zajęła w kampanii centralne miejsce. Ta rasistowska operacja zdezorientowała moich zwolenników i sprawiła, że przeżywali bardzo trudne chwile. Pamiętam, że oglądałem w telewizji wywiad z jednym z przywódców Akcji Ludowej, który pracował w komisjach nad planem rządzenia i był ministrem rolnictwa w gabinecie zaproponowanym przez Lucha Bustamantego i Raúla Salazara. Był to Jaime de Althaus, który protestował przeciw zarzutom dziennikarza z Kanału 5, że moja kandydatura reprezentuje wyłącznie białych, a tymczasem wśród naszych przywódców byli także Metysi o bardzo skromnym pochodzeniu i o tak ciemnej skórze jak prawie każdy zwolennik Fujimoriego. Można było odnieść wrażenie, że Jaime usiłuje przepraszać za to, iż ma jasne włosy i niebieskie oczy. Na tej drodze byliśmy zgubieni. Oczywiście moglibyśmy pokazać, że we Froncie są nie tylko ludzie biali, ale setki tysięcy ciemnoskórych Peruwiańczyków we wszystkich możliwych do wyobrażenia odcieniach. Ale n i e o t o c h o d z i ł o, bo dla mnie była jednakowo odrażająca niechęć do Peruwiańczyków pochodzenia japońskiego albo indiańskiego i do Peruwiańczyków białych i mówiłem to za każdym razem, kiedy byłem zmuszony poruszać ten temat. Był już stale obecny w kampanii i nieokreślona – myślę, że wysoka – liczba wyborców była przekonana, że głosowanie na żółtego przeciwko białemu (a taki zdaje się jestem w tej rasowej mozaice w Peru) stanowi spełnienie aktu solidarności i zadośćuczynienia etnicznego.

Jeżeli walka wyborcza w pierwszej turze była brudna, to teraz stała się plugawa. Dzięki spontanicznym informacjom, które do nas docierały z różnych źródeł i dzięki dociekaniom podjętym przez ludzi Frontu Demokratycznego oraz przez dziennikarzy i media, popierające moją kandydaturę, takie jak dzienniki „Expreso”, „El Comercio”, „Ojo”, Kanał 4, czasopismo „Oiga”, a przede wszystkim program telewizyjny Césara Hildebrandta *En Persona*, tajemnica otaczająca inżyniera Fujimoriego zaczynała się rozwiewać. Wyłaniała się rzeczywistość dosyć odmienna od tej mitologicznej, w jaką ubrały go media kontrolowane przez APRA i lewicę. Tymczasem kandydat biednych nie był wcale biedny i cieszył się majątkiem o wiele solidniejszym od mojego, sądząc po dziesiątkach domów i nieruchomości, jakie posiadał, które kupił, sprzedawał i odsprzedawał w ostatnich latach w różnych dzielnicach Limy, zaniżając ich ceny w rejestrze własności, aby zmniejszyć płatności podatkowe, jak to wykazał niezależny poseł Fernando Olivera, który skupił się na walce o moralność w całym swoim działaniu i wniósł karne oskarżenie przeciwko kandydatowi

Cambio 90 w 32 Prokuraturze o „przestępstwo w postaci defraudacji podatkowej i przeciwko zaufaniu publicznemu". Naturalnie oskarżenie to nie miało żadnego skutku*.

Z drugiej strony ujawniono, że Fujimori był właścicielem rolnej posiadłości ziemskiej o powierzchni dwunastu hektarów – Pampa Bonita – przydzielonej mu bezpłatnie przez rząd APRA i położonej w rejonie urodzajnych ziem w Sayán, w bliskiej odległości na północ od Limy; dla usprawiedliwienia tej cesji szermowano postanowieniami ustawy o reformie rolnej, które dotyczyły bezpłatnego podziału ziemi dla biednych rolników! Nie było to jedyne jego powiązanie z rządem APRA. Przez cały rok Fujimori miał co tydzień program w państwowym kanale telewizji przyznany mu na polecenie prezydenta Garcíi; przewodniczył rządowej komisji poświęconej sprawom ekologii; doradzał kandydatowi APRA w kampanii w 1985 roku w sprawach rolnych, poza tym APRA często korzystała z jego usług, zlecając mu różne funkcje. (Na przykład prezydent García wysłał go jako delegata rządu na regionalny kongres w departamencie San Martín). Chociaż nie był aktywistą APRA, inżynier Fujimori otrzymywał od rządu tej partii zlecenia i przywileje możliwe tylko w stosunku do zaufanego człowieka. Jego wypowiedzi przeciwko tradycyjnym partiom i jego upór w prezentowaniu siebie jako człowieka bez skazy w politycznej trajines to była tylko wyborcza poza.

O tym wszystkim donosiła sprzyjająca nam prasa, ale rekord rewelacyjnych wiadomości pobił César Hildebrandt w swoim niedzielnym programie telewizyjnym *En persona*. Znakomity dziennikarz, wytrwały i wytrawny detektyw, pilny i niezmordowany badacz, w znacznym stopniu lepiej wykształcony niż jego koledzy, zuchwale odważny Hildebrandt jest także człowiekiem o bardzo trudnym charakterze, podejrzliwym, hipochondrycznym, a jego niezależność przysporzyła

* Deputowany Olivera, lider FIM (Frente Independiente Moralizador – Niezależny Front na recz Moralności), nie należał do Frontu Demokratycznego ani nie popierał mojej kandydatury.

mu wielu wrogów i była powodem wszelkiego rodzaju sporów z właścicielami lub dyrektorami czasopism, dzienników i stacji telewizyjnych, w których przyszło mu pracować, z wszystkimi zrywał kontakty (chociaż zdarzało się, że później się z nimi przyjaźnił, aby ponownie te przyjaźnie zrywać), zawsze wtedy gdy czuł, że jego wolność jest ograniczona albo zagrożona. Oczywiście takie zachowanie przysparzało mu wielu wrogów i w końcu musiał z Peru wyjechać. Jednak cieszył się też prestiżem i miał w wypowiadaniu opinii i w krytyce zagwarantowaną niezależność i moralną swobodę, jakiej nigdy przedtem nie pozyskał żaden program telewizyjny w Peru (obawiam się, że przez długi czas już się taki program nie zdarzy). Chociaż był przyjacielem i człowiekiem pewnych kół lewicowych, którym zawsze udzielał głosu w swoich programach, Hildebrandt okazywał w trakcie kampanii i w jej pierwszej turze oczywistą sympatię dla mojej kandydatury, co mu naturalnie nie przeszkadzało krytykować mnie i moich współpracowników, kiedy uważał to za konieczne.

Ale w drugiej turze Hildebrandt uznał za swój moralny obowiązek robić to, co było w jego mocy, aby zapobiec temu, co nazywał skokiem w próżnię, bo uważał, że triumf osobnika, który improwizację łączy z łajdactwami i brakiem skrupułów, może być jak cios sztyletem zadany przez politykę doprowadzonemu w ostatnich latach do ruiny krajowi, tak podzielonemu i wstrząsanemu przemocą jak nigdy przedtem w swojej historii. Program *En persona* każdej niedzieli przytaczał coraz więcej dowodów i poważnych oskarżeń dotyczących osobistych interesów Fujimoriego, jego zakamuflowanych powiązań z Alanem Garcíą i jego charakteru osoby autorytarnej i manipulanta, czego dał dowody w działaniu w rektoracie Narodowego Uniwersytetu Rolniczego w La Molina. Wielu kolegów Fujimoriego z tej uczelni też się zmobilizowało w obawie, że zostanie wybrany. Dwie delegacje profesorów i pracowników Uniwersytetu Rolniczego przyjechały zobaczyć się ze mną (19 maja i 4 czerwca) i zadeklarowały mi swoje poparcie, a na ich czele stał nowy rektor Alfonso Flores Mere (wtedy miałem okazję spotkać ponownie mego przyjaciela z dzieciństwa, Baldomera Caceresa, profesora tej uczelni, a teraz wytrwałego obrońcę uprawy koki z powodów historycznych i etnicznych). Na tych spotkaniach profesorowie z La Molina przytoczyli mnóstwo racji – niektórzy przedstawili w programie Hildebrandta – dotyczących ryzyka, w jakie może popaść kraj, jeżeli wybierze na prezydenta kogoś, kto, jako rektor ich uniwersytetu, zaprezentował autorytarny temperament.

Czy z powodu tych wszystkich ujawnionych rewelacji rozczarowali się do Fujimoriego ci skromni Peruwiańczycy, którzy w pierwszej turze głosowali na niego, bo identyfikowali się z jego wizerunkiem osoby niezależnej, biednej, uczciwej i dyskryminowanej pod względem rasowym, na tego Dawida, który stawiał czoła Goliatowi utożsamianemu z milionerami i wszechwładzą białych? Oznaki, że tak nie będzie – wbrew nadziejom Chirinosa Soto oraz prezydenta Belaúndego, ubodzy Peruwiańczycy nie mieli najmniejszych oporów, żeby identyfikować się z tym Peruwiańczykiem w pierwszym pokoleniu, a nie z innym, od wieków zakorzenionym w kraju – a więc oznaki, że tak nie będzie, miałem już pod koniec maja, bo pewnego dnia Mark Malloch Brown i Freddy Cooper zawieźli mnie do agencji publicystycznej, abym się przyjrzał, nie będąc zauważony, jednemu z okresowych badań, jakie robiono o nastrojach panujących w elektoracie sektorów C i D. Brakowało dwóch, może trzech tygodni do wyborów, a ja już od ponad miesiąca jeździłem po osiedlach młodych w stolicy, inaugurując setki budowli wzniesionych w ramach Programu Wsparcia Społecznego. Sądząc po tym, co zobaczyłem i usłyszałem w czasie tej sesji, moje wysiłki nie przyniosły żadnych owoców. Zgromadzone osoby w liczbie około dwunastu to były kobiety i mężczyźni wybrani spośród najbiedniejszych warstw z ubogich dzielnic Limy. Sesję prowadziła pewna señora, która ze swadą zdradzającą długą praktykę zachęcała zebranych do gadania jak papugi. Utożsamianie się tych ludzi z Fujimorim było całkowite i, mogę tu użyć tego wyrażenia, irracjonalne. Nie przywiązywali żadnej wagi do ujawnionych informacji o jego interesach związanych z nieruchomościami i jego majątkiem ziemskim, a nawet byli zadowoleni i zaliczali to na jego korzyść. „Pewnie, że z niego wielki drań" – twierdził jeden z mężczyzn, otwierając szeroko oczy pełne uwielbienia. Inny wyznał, że gdyby udowodniono, że Fujimori jest instrumentem w rękach Alana Garcíi, poczułby się zaniepokojony. Ale dodał, że i tak by na niego głosował. Kiedy mistrzyni ceremonii zapytała, co w programie Fujimoriego wywiera na nich największe wrażenie, jedyną osobą, która odważyła się odpowiedzieć, była jakaś kobieta w ciąży. Pozostali patrzyli na siebie ze zdziwieniem, jakby mówiono im o rzeczach niezrozumiałych; jedna z osób wspomniała, że ten ciemnoskóry rozda po pięć tysięcy dolarów wszystkim studentom, którzy zrobią dyplom, aby mogli założyć własny interes. Kiedy ich zapytano, dlaczego nie zagłosują na mnie, widać było, że są zdezorientowani, bo musieliby wyjaśnić coś, o czym nawet nie pomyśleli. W końcu jeden wymienił oskarżenia, jakie kierowano pod naszym adresem: terapia szokowa i edukacja biednych. Ale odpowiedź, która zapewne najlepiej wyrażała nastrój wszystkich, brzmiała: „Za nim stoją bogaci, prawda?".

W środku brudnej wojny zdarzały się też epizody pełne chorobliwego komizmu. Zebrała oklaski informacja, która ukazała się 30 maja w dzienniku partii APRA, „Hoy". Przytaczano w niej dosłownie tajny raport CIA dotyczący kampanii wyborczej, w którym atakowano mnie takimi argumentami, które były bardzo podobne do tego, co mówiła miejscowa lewica. Skoro darzę sympatią Stany Zjednoczone i zajmuję krytyczną postawę wobec Kuby oraz reżimów komunistycznych, gdybym doszedł do władzy, to mógłbym spowodować w kraju niebezpieczną polaryzację i wzmocnić nastroje antypółnocnoamerykańskie. Stany Zjednoczone nie powinny popierać mojej kandydatury, bo to jest niekorzystne dla interesów Waszyngtonu w regionie. Ledwie rzuciłem okiem na artykuł opublikowany pod skandalizującym tytułem *Soberbia y obstinación de M.V.L.* teme

Estados Unidas (Stany Zjednoczone obawiają się wyniosłości i uporu MVLL), bo naturalnie uważałem, że to jedno z kłamstw, które wymyśliła prasa rządowa. Jakież było moje zdumienie, kiedy 4 czerwca przyszedł do mnie ambasador Stanów Zjednoczonych, aby mi przedstawić kłopotliwe wyjaśnienia dotyczące tego tekstu. A więc to nie były wymysły? Ambasador Anthony Quainton wyjawił mi, że tekst był autentyczny. Chodziło o opinię CIA, a nie ambasady ani Departamentu Stanu, więc przyszedł mi to powiedzieć. Skomentowałem, że dobrą stroną całej sprawy jest to, iż komuniści nie będą już mogli oskarżać mnie, że jestem agentem słynnej organizacji CIA.

Podczas kampanii nie miałem wielu kontaktów z administracją Stanów Zjednoczonych. Informacja o moich propozycjach była w tym kraju wyczerpująca i uważałem, że zarówno w Departamencie Stanu, jak i w Białym Domu oraz w instytucjach politycznych i ekonomicznych związanych z Ameryką Łacińską istnieje sympatia dla modelu społeczeństwa demokratycznego i liberalnego o silnym poczuciu solidarności z krajami zachodnimi. Kontakty z organami finansowymi i ekonomicznymi w Waszyngtonie – z Bankiem Światowym, z Międzynarodowym Funduszem Walutowym i z Między--amerykańskim Bankiem Rozwoju, w których rząd północnoamerykański miał wpływ decydujący – utrzymywali Raúl Salazar i Lucho Bustamante oraz ich współpracownicy i to oni informowali mnie na bieżąco o tym, co wydawało się dobrym wzajemnym zrozumieniem. Przed kampanią, po artykule, jaki napisałem na temat Nikaragui dla „The New York Times", sekretarz stanu George Schultz zaprosił mnie do swego biura w Waszyngtonie na obiad i na tym spotkaniu rozmawialiśmy o stosunkach między Stanami Zjednoczonymi i Ameryką Łacińską, a także o specyficznych problemach Peru. Przy okazji tej podróży, dzięki dyrektorce protokołu Białego Domu, pani ambasador Selwie Roosevelt, od dawna ze mną zaprzyjaźnionej, otrzymałem zaproszenie do Białego Domu na połączoną z tańcami kolację, na której w bardzo krótkiej rozmowie przedstawiła mnie prezydentowi

Reaganowi. (Nasza rozmowa nie dotyczyła polityki, tylko pisarza Louisa l'Amoura, którego prezydent podziwiał). Przy innej okazji zostałem zaproszony do Departamentu Stanu przez Elliota Abramsa, zastępcę podsekretarza stanu do spraw międzyamerykańskich, na wymianę poglądów o problemach latynoamerykańskich, z nim i z innymi urzędnikami zajmującymi się sprawami subregionu. W czasie samej kampanii byłem trzykrotnie w Stanach Zjednoczonych z krótkimi wizytami, aby przemawiać do wspólnot peruwiańskich w Miami, Los Angeles i Waszyngtonie, ale dopiero podczas trzeciej wizyty spotkałem się z przywódcami partii w Kongresie, aby wyjaśnić im to, co próbujemy robić w Peru i czego będziemy oczekiwać od Stanów Zjednoczonych, jeżeli zwyciężymy w wyborach. Senator Edward Kennedy, który w tym czasie był nieobecny w stolicy, zatelefonował do mnie i poinformował, że obserwuje moją kampanię i życzy mi powodzenia. Takie były moje związki ze Stanami Zjednoczonymi w okresie tych trzech lat. Front nie otrzymał ani grosza pomocy ekonomicznej od żadnej północnoamerykańskiej instytucji, a w USA, jak donosi ów dokument CIA, znalazły się nawet agencje, które chcąc zbyt wyraźnie bronić demokracji liberalnej, uważały, że jestem zagrożeniem dla interesów Stanów Zjednoczonych na tej półkuli.

Nie wszystkie inne epizody brudnej wojny były tak zabawne jak ten. Poza codziennymi wiadomościami o zabójstwach aktywistów Frontu w różnych miejscowościach kraju, które pojawiały się nagle w drugiej turze wyborów, rząd, chcąc powstrzymać doniesienia o majątku i interesach Fujimoriego, rozwinął swoją kampanię w sprawie domniemanego uchylania się przeze mnie od płacenia podatków, w czym pośredniczył dyrektor biura podatkowego, pracowity generał dywizji Jorge Torres Aciego (którego Fujimori wynagrodził później za wyświadczone mu usługi nominacją na ministra obrony, a potem na ambasadora w Izraelu); człowiek ten codziennie przekazywał swoim funkcjonariuszom nieprawdopodobne uwagi dotyczące moich notarialnie poświadczonych deklaracji z poprzednich lat i robił to ze spektakularnym rozgłosem. Rozpowszechniano na ulicach Limy i na prowincji ulotki z najdziwniejszymi doniesieniami, po prostu niewyobrażalnymi, i Álvaro nie mógł znaleźć dosyć czasu, by prostować wszystkie bezpodstawne oskarżenia, a nawet by przeczytać dziesiątki, a może i setki kartek i paszkwili rozrzucanych w tej akcji zatruwania opinii publicznej przez Hugona Otero, Guillerma Thorndike'a i pozostałych pismaków reklamowych Alana Garcíi, którzy w ostatnich tygodniach przewyższali całą resztę w fabrykowaniu takiego drukowanego gówna. Álvaro wybierał niektóre perełki z tych rozpowszechnianych śmieci i na naszych porannych zebraniach komentowaliśmy, czasem ironizując, moje wzniosłe aspiracje do prowadzenia kampanii idei. Jedna z ulotek pisała o mojej słabości do narkotyków, inna przedstawiała mnie w otoczeniu nagich kobiet w wywiadzie spreparowanym na zamówienie „Playboya" i zadawała sobie pytanie: „Czy dlatego jest ateistą?"; jeszcze inna cytowała wymyśloną deklarację Narodowego Komitetu Dam Katolickich nawołującą do zwarcia szeregów przeciwko ateiście, a jeszcze inna reprodukowała informację z gazety „La República" datowaną w La Paz, w Boliwii, w której „ciotka Julia", moja pierwsza żona, wzywała Peruwiańczyków, aby nie głosowali na mnie, tylko na Fujimoriego, bo sama zamierzała tak postąpić. (Lucho Llosa zadzwonił do niej z pytaniem, czy rzeczywiście złożyła taką deklarację, a ona zaprzeczyła i napisała do nas pełen oburzenia list). Kolejna ulotka miała być rzekomym listem ode mnie do aktywistów Ruchu Wolność, w którym odwołując się do szczerości, jaką zawsze się szczyciłem, oznajmiałem im, że oczywiście będziemy zmuszeni zwolnić milion pracowników, ażeby transformacja okazała się sukcesem i że zapewne wiele tysięcy Peruwiańczyków umrze z głodu w pierwszych miesiącach reform, ale później nadejdą czasy dobrobytu; że chociaż, na skutek reformy oświaty, setki tysięcy biednych zostaną bez możliwości nauczenia się czytania i pisania, to dla ich dzieci i wnuków sytuacja się poprawi, no i wreszcie to prawda, że ożeniłem się najpierw z ciotką, a potem z kuzynką i, być może, ożenię się z bratanicą, czego wcale się nie wstydzę, bo temu służy wolność. Taka kampania osiągnęła szczyty dwa dni przed wyborami, gdy zgodnie z prawem już nie można było uprawiać żadnej propagandy wyborczej, kiedy państwowy kanał telewizyjny ogłosił, że w Huancayo zaczęły umierać dzieci „zatrute produktami żywnościowymi z Programu Pomocy Społecznej, którym kieruje pani Patrycja".

Naturalnie było też sporo ulotek atakujących mego przeciwnika i niektóre robiły to w sposób tak prymitywny, że zastanawiałem się, czy my mogliśmy być ich autorami, czy też zostały wymyślone przez APRA, żeby za pomocą takich falsyfikatów usprawiedliwić rzucanie na nas rasistowskich oskarżeń. Odwoływały się prawie zawsze do japońskiego pochodzenia Fujimoriego, do rzekomych burdeli, na których jego szwagier dorobił się fortuny, oskarżały go o gwałty na nieletnich oraz o inne okropności. Álvaro i Freddy Cooper zapewniali mnie, że ulotki te nie pochodzą z naszego biura prasowego ani z dowództwa kampanii, ale jestem pewien, że autorstwo znacznej ich części należy przypisać rozwścieczonym działaczom Fronu.

Punktem kulminacyjnym drugiej tury wyborów miała być moja debata z Fujimorim. Przygotowywaliśmy się do niej metodycznie i z odpowiednim wyprzedzeniem jej terminu. Już na początku kampanii oświadczyłem, że nie wezmę udziału w debacie w pierwszej turze – bo to niepotrzebne marnowanie czasu dla kogoś, kto prowadzi we wszystkich sondażach – ale zrobię to, jeśli odbędzie się druga tura. Odkąd wznowiłem swój udział w kampanii, w połowie kwietnia, dozowaliśmy oczekiwanie dotyczące tej debaty, w której miałem nadzieję przedstawić w sposób rozstrzygający wyższość propozycji Frontu, jego programu, jego planów rozwoju i jego ekipy specjalistów nad pomysłami Fujimoriego. On, świadomy swojej słabej pozycji w debacie publicznej, w której musiałby mówić o konkretnych planach, próbował osłabić to ryzyko, wzywając mnie nie do jednej, ale do wielu debat – najpierw do czterech, potem do sześciu – na rozmaite tematy i w różnych miejscach kraju, a jednocześnie manipulował wszelkiego rodzaju wykrętami, aby debaty uniknąć. Jednak w tej sytuacji dopomogła nam dziennikarska pasja i niecierpliwość opinii publicznej, która domagała się spektaklu na ekranach telewizorów. Oświadczyłem, że zgodzę się tylko na jedną debatę, kompletną, integralną, na wszystkie tematy dotyczące programu i wyznaczyłem do wynegocjowania szczegółów komisję, w skład której wchodził Álvaro, Luis Bustamante i Alberto Borea, bojowy lider PPC. Wymówki przedstawicieli Fujimoriego, którzy robili co w ich mocy, aby utrudnić debatę, policzył z uśmiechem Álvaro*, a ponieważ były upowszechniane dzień po dniu przez środki masowego przekazu, przyczyniły się do stworzenia tego, czego oczekiwaliśmy: wspaniałego audytorium. Nastrój przygotowań był taki, że prawie wszystkie kanały telewizji i stacje radiowe kraju transmitowały debatę na żywo.

Debata odbyła się pod patronatem Uniwersytetu Pacyfiku i jezuita Juan Julio Wicht dokonał prawdziwie bohaterskich czynów, ażeby wszystko funkcjonowało nienagannie. Miała miejsce wieczorem 3 czerwca w Centrum Obywatelskim w Limie. Sala zapełniła się trzystoma dziennikarzami, którzy musieli akredytować się z wyprzedzeniem, a poza tym każdy z kandydatów mógł zaprosić dwadzieścia osób. Debatę prowadził dziennikarz Guido Lombardi, który nie miał wiele pracy, bo właściwie nie zdołała wywiązać się żadna polemika. Inżynier Fujimori przyniósł swoje wystąpienia na piśmie (po sześć minut każde), na wszystkie uzgodnione tematy – przywrócenie narodowego pokoju, program gospodarczy, rozwój rolnictwa, oświata, praca i nieformalne zatrudnienie oraz rola państwa – i chociaż to wydaje się nieprawdopodobne, miał też napisane trzyminutowe odpowiedzi i jednominutowe repliki, do jakich każdy z nas miał prawo. Mam wrażenie, że w czasie tak zwanej debaty czułem się niczym szachista rozgrywający partię z robotem lub komputerem. Ja mówiłem, a on

---

* *El diablo en campaña*, dz. cyt., s. 195–204.

wyciągał kartki i czytał, nawet nie pozwalał sobie na żadną pomyłkę, jeśli chodzi o temat albo numer jakiegoś zdania. Ci, którzy mu te kartki napisali, próbowali ukryć pustkę propozycji programowej Cambio 90 przez powtarzanie *ad nauseam* wszystkich ciosów brudnej wojny: straszliwy *shock*, milion Peruwiańczyków tracących pracę (pół miliona z pierwszej tury podwoiło się w drugiej turze), likwidacja oświaty dla biednych, no i zwyczajne ataki na moją osobę (bezwstydnik, narkoman, Uchuraccay). Widok tego nędznego człowieka, spiętego i pomarszczonego, który czytał monotonnym głosem, nie mając odwagi oderwać się od tekstu, jaki miał napisany grubymi literami na białych kartkach, mimo że się starałem, by odpowiadał na konkretne pytania albo specyficzne zarzuty związane z jego propozycją rządzenia – taki widok miał w sobie coś pośredniego między komizmem a patetycznością i chwilami sprawiał, że wstydziłem się za niego i za siebie. (Pięć minut, jakie każdy z nas miał na wypowiedzenie ostatniego słowa do narodu peruwiańskiego, Fujimori wykorzystał w ten sposób, że pokazał egzemplarz dziennika „Ojo", który już wcześniej opublikował swoje wydanie z ogłoszeniem, że to ja odniosłem w debacie zwycięstwo).

Z pewnością nie na taką karykaturalną debatę zasłużył naród, który przygotowywał się do skorzystania z najważniejszego prawa w demokracji: do wyboru rządzących. A jednak, może właśnie tak? Może to było nieuchronne w kraju takim jak Peru? Niemniej nie we wszystkich biednych krajach o wielkich nierównościach ekonomicznych i kulturowych uprawianie demokracji osiąga tak krańcowe dno, nie wszędzie każdy wysiłek, aby kampania wyborcza toczyła się na pewnym poziomie przyzwoitości intelektualnej, bywa pokonany przez niesłychaną falę demagogii, brak kultury, prostactwo i podłość. Wielu rzeczy nauczyłem się podczas kampanii wyborczej, jednak najgorszą było odkrycie, że kryzysu peruwiańskiego nie należy mierzyć tylko biedą, spadkiem poziomu życia, pogłębieniem kontrastów, degeneracją instytucji, gwałtownym wzrostem przemocy, ponieważ wszystko to w sumie stworzyło warunki, w których funkcjonowanie demokracji stawało się rodzajem parodii, w jakiej najwięksi cynicy i niegodziwcy muszą zawsze odnieść zwycięstwo.

Co powiedziawszy, uważam, że gdybym miał wybrać z trzech lat kampanii jeden epizod, którym czuję się usatysfakcjonowany, byłaby to moja prezentacja w debacie. Chociaż szedłem na nią, nie robiąc sobie złudzeń co do wyniku wyborów, mogłem wówczas, pomimo obecności mego przeciwnika, a może raczej dzięki niej, przedstawić narodowi peruwiańskiemu w ciągu dwóch i pół godziny, powagę naszego programu reform i dominującą rolę, jaką miała w nim odgrywać walka z biedą, wysiłki podejmowane po to, by przesunąć przywileje, które w Peru skupiały się jedynie wokół prosperującej garstki społeczeństwa, podczas gdy większość narodu pogrążała się coraz bardziej w zacofaniu.

Przygotowania były drobiazgowe i zabawne. W Chosice spędziliśmy kilka dni w odosobnieniu i tam odbyłem wiele sesji treningowych z zaprzyjaźnionymi dziennikarzami takimi jak Alfonso Baella, Fernando Viaña i César Hildebrandt, którzy (zwłaszcza ten ostatni) okazali się solidniejsi i ostrzejsi od zawodnika, z jakim miałem się zmierzyć. Ponadto, walcząc z upływającym czasem, przygotowałem syntetyczne riposty, możliwie najbardziej dydaktyczne, na temat tego, czego zamierzaliśmy dokonać w rolnictwie, w oświacie, w gospodarce, w zatrudnianiu, w kwestii bezpieczeństwa publicznego i trzymałem się tych kwestii, mimo że chwilami musiałem się rozpraszać i odpierać osobiste ataki, na przykład wtedy, kiedy zapytałem mego konkurenta, dlaczego chełpi się swoją wyższością technokraty, albo co takiego uczynił krowom z Uniwersytetu Rolniczego, że w czasie, kiedy był rektorem, w dziwny sposób obniżyły swoją wydajność z 2400 litrów mleka dziennie do 400, albo czemu niepokoi się tym, iż w wieku czternastu lat miałem do czynienia z narkotykami, i poradziłem mu, żeby zajął się sprawą bardziej współczesną i sobie bliską, a mianowicie sprawą astrolożki Madame Carmelí, która była kandydatką na posłankę z ramienia partii Cambio 90, mimo że skazano ją na dziesięć lat więzienia za handel narkotykami.

Tamtego wieczoru bardzo wiele osób z Frontu zebrało się u mnie w domu – byli członkowie Chrześcijańskiej Partii Ludowej, populiści i zwolennicy SODE pomieszani z anarchistami, a wszyscy w nastroju, który wydawał się niemożliwy jeszcze parę tygodni temu – i wszyscy chcieli poznać wraz ze mną wynik sondaży dotyczących debaty. Skoro wszystkie uznawały mnie za zwycięzcę, a niektóre dawały mi piętnaście albo dwadzieścia punktów przewagi, wielu myślało, że dzięki debacie zapewniliśmy sobie zwycięstwo 10 czerwca.

Chociaż, jak już zaznaczyłem, prawie całe swoje siły w drugiej turze skoncentrowałem na objeździe peryferii Limy – osiedli młodych i dzielnic zmarginalizowanych, które wyrosły na pustynnych obszarach i na wzgórzach, tworząc gigantyczny pas biedy i nędzy, który zaciskał się coraz bardziej wokół starej Limy – odbyłem także dwie podróże w głąb kraju, do departamentów, które najczęściej odwiedzałem w ciągu tych trzech lat i z którymi czułem się najbardziej związany, to jest do Arequipy i do Piury. Wyniki pierwszej tury w obu regionach bardzo mnie zmartwiły, bo serdeczność, jaką zawsze do nich żywiłem, i poświęcenie, z jakim prowadziłem tam kampanię, pozwalało oczekiwać, że na zasadzie wzajemności głosowanie mieszkańców Piury i Arequipy będzie dla mnie korzystne. Jednak w Arequipie zdobyliśmy tylko 32,53 procent przeciwko bardzo wysokiemu wynikowi 31,68 procent dla partii Cambio 90, a w Piurze APRA zwyciężyła w pierwszej turze z wynikiem 26,09 procent wobec naszych 25,91 procent. Mając na względzie wysokie zagęszczenie ludności w obu tych regionach, Front zdecydował, że należy pojechać tam ponownie, zwłaszcza po to, by wytłumaczyć mieszkańcom Piury i Arequipy osiągnięcia PAS. Program Wsparcia Społecznego zaczął już działać w obydwu regionach i podczas mojej podróży do Arequipy byłem obecny przy podpisaniu między władzami miasta Cayma i PAS z Arequipy umowy dotyczącej zakładania apteczek lekarskich i ośrodków ubezpieczalni dzięki finansom i profesjonalnej pomocy tego programu. (W kwietniu i w maju prawie pięćset popularnych apteczek zostało założonych przez PAS w biednych osiedlach Limy i wewnątrz kraju).

Obydwie podróże bardzo się różniły od tych, które odbyłem w pierwszej turze. Nie było wielobarwnych wieców na placach ani nocnych kolacji i przyjęć, odwiedzałem tylko place targowe, spółdzielnie, stowarzyszenia pozarządowe, wędrownych sprzedawców, prowadziłem rozmowy i odbywałem spotkania ze związkowcami, współwłaścicielami, przywódcami dzielnicowymi i miejskimi oraz wszelkiego rodzaju organizacjami. Spotkania zaczynały się o świcie i kończyły wraz z pojawieniem się pierwszych gwiazd na niebie, przeważnie na wolnym powietrzu, przy zapalonych świecach, a ja – wszędzie, dziesiątki, setki razy, aż do utraty głosu i zdolności widzenia, próbowałem odwoływać kłamstwa na temat oświaty i miliona bezrobotnych. Osiągnąłem taki stopień zmęczenia, że chcąc zachować resztki pozostającej we mnie energii, milczałem w czasie przejazdów z miejsca na miejsce i chociaż były to krótkie przerwy trwające niewiele minut, zwykle je przesypiałem. Jednak nie mogłem nic poradzić na to, że pośród niekończącej się wymiany pytań i odpowiedzi, na centralnym placu targowym w Arequipie straciłem na kilka minut przytomność. Zabawne było to, że kiedy po chwili oszołomienia odzyskałem świadomość, perorowała nadal ta sama przywódczyni, zdając sobie sprawę z tego, co się ze mną dzieje.

Zdenerwowanie, jakie wywołała konfrontacja wyborcza, zauważyłem przede wszystkim w departamencie Piury – przy czym ziemia ta jest uważana raczej za spokojną – bo objazdu miasteczek i wsi, które oddzielają Sullanę od kolonii San Lorenzo, musiałem dokonywać w atmosferze groźnej przemocy, a moje wystąpienia miały często za tło donośne krzyki przeciwników manifestacji albo obelgi i ciosy, jakie wymieniali wokoło moi zwolennicy i przeciwnicy. Najbardziej złowieszcze wspomnienie z tamtych dni dotyczy pewnego upalnego ranka, kiedy przybyłem do małej miejscowości położonej między Ignacio Escudero i Crucetą, w dolinie Chiry. Uzbrojona w kije, kamienie i wszelkiego rodzaju twardą broń wyszła mi na spotkanie horda rozwścieczonych mężczyzn i kobiet o twarzach wykrzywionych nienawiścią, a wyglądali tak jakby przybywali z zamierzchłej prehistorii, w której można było nie odróżnić istoty ludzkiej od zwierzęcia, bo dla obu gatunków życie polegało na ślepej walce o przetrwanie. Na wpół nadzy, z bardzo długimi włosami i pazurami, które nigdy nie oglądały nożyczek, otoczeni wychudzonymi jak szkielety dziećmi o dużych brzuchach, wyli i wrzeszczeli, aby dodać sobie animuszu, po czym rzucili się na karawanę naszych samochodów jak ci, co walczą o ocalenie życia albo chcą je złożyć w ofierze, z odwagą i dzikością mówiącymi wszystko o niesłychanym poziomie zacofania, do jakiego spadła egzystencja milionów Peruwiańczyków. Co takiego atakowali? Przed czym się bronili? Jakie upiory kryły się za ich groźnymi kijami i nożami? W nędznej wiosce nie było wody ani światła, ani pracy, ani punktu medycznego, mała szkółka nie funkcjonowała z braku nauczyciela. Jaką szkodę mógł wyrządzić słynny *shock*, nawet gdyby był tak apokaliptyczny, jak go malowała propaganda, tym ludziom, którzy nie mieli już nic do stracenia? Czy mogli zostać pozbawieni bezpłatnej oświaty ci, przed którymi narodowa nędza już zamknęła ich jedyną szkołę? Ze swoją straszliwą bezbronnością byli najlepszym dowodem, że Peru nie może dłużej egzystować w populistycznej bredni, z zakłamanym podziałem bogactwa, które z każdym dniem stawało się coraz bardziej niewystarczające, a wyraźniejsza okazywała się oczywistość, że koniecznie należy zmienić kierunek, tworzyć miejsca pracy i budować dobrobyt w błyskawicznym tempie, zmienić politykę, która z każdym dniem spychała nowe masy Peruwiańczyków do poziomu prymitywizmu, jaki (wyłączając Haiti) nie ma już równego sobie w Ameryce Łacińskiej. Nie było sposobu, aby im to wytłumaczyć. Mimo deszczu kamieni, który profesor Oshiro i jego koledzy próbowali zatrzymać za pomocą swoich kurtek rozciągniętych niczym zasłona nad moją głową, podejmowałem wiele prób, by do nich coś powiedzieć przez megafon, z platformy ciężarówki, ale krzyki i szamotanina miały takie natężenie, że musiałem zrezygnować. Tego wieczoru w Hotelu Turystycznym w Piurze twarze i pięści rozwścieczonych tutejszych mieszkańców, którzy daliby wszystko za to, żeby móc mnie zlinczować, sprawiły, że przez dłuższy czas, zanim zapadłem w niespokojny jak zwykle sen, myślałem o bezsensowności mojej politycznej przygody i z coraz większą niecierpliwością marzyłem o 10 czerwca jak o dniu wyzwolenia.

29 maja 1990, zaraz po dziewiątej wieczorem, północno-wschodni region Peru nawiedziło trzęsienie ziemi, powodując zniszczenia w departamentach amazońskich San Martín i w Amazonii. Zginęło około stu pięćdziesięciu osób i przynajmniej tysiąc zostało rannych w miejscowościach rejonu San Martín, takich jak Moyobamba, Rioja, Soritor i Nueva Cajamarca, a także w Rodriguez de Mendoza (Amazonia), gdzie ponad połowa domów została zburzona lub uszkodzona. Tragedia ta pozwoliła mi zaobserwować, jaką dobrą robotę wykonali Ramón Carúa i Jaime Crosby w ramach Programu Wsparcia Społecznego PAS, który uruchomiliśmy zaraz po nadejściu wiadomości o trzęsieniu ziemi, dla zmobilizowania wszelkiej możliwej pomocy. Następnego ranka po katastrofie Patrycja i były prezydent Fernando Belaúnde udali się do tych miejscowości, które najwięcej ucierpiały, samolotem z piętnastoma tonami lekarstw, odzieży i żywności. To była pierwsza pomoc, jaka tam przybyła, i myślę, że jedyna, bo w tydzień później, 6 czerwca, kiedy objeżdżałem ten region, przywożąc kolejny transport w samolocie załadowanym namiotami, skrzynkami z surowicą i apteczkami pełnymi leków, nieliczni lekarze, pielęgniarki i asystenci, którzy starali się pomagać rannym i ludziom, którzy przeżyli, mogli jedynie liczyć na wsparcie PAS. Ten program utworzony dzięki ograniczonym środkom jednej z sił opozycji, do której rząd był wrogo usposobiony, zdołał, w zaistniałych okolicznościach, zorganizować własnymi siłami to, czego nie było w stanie zapewnić państwo

peruwiańskie. Zdjęcia z Soritoru, Rioi i Rodriguez de Mendoza były ponure: setki rodzin spały pod gołym niebem, pod drzewami, po stracie wszystkiego, co posiadały, zarówno mężczyźni, jak i kobiety rozgarniali ruiny w poszukiwaniu zaginionych. W Soritorze nie ocalał ani jeden dom, w którym można byłoby zamieszkać, a te, które się nie zawaliły, miały pozrywane dachy i popękane ściany i w każdej chwili mogły popaść w ruinę. Jakby terroryzm i polityczny obłęd miały nie wystarczyć, to jeszcze natura demonstrowała swoje okrucieństwo wobec peruwiańskiego ludu.

Pogodna i sympatyczna cecha drugiej tury – niczym błysk słońca na niebie zasnutym ponurymi chmurami albo wstrząsanym przez grzmoty i błyskawice – to kilka popularnych postaci radia, telewizji i sportu, które w ostatnich tygodniach kampanii opowiedziały się za moją kandydaturą i towarzyszyły mi w moich wizytach w osiedlach młodych i biednych dzielnicach, w których nasza obecność wywoływała wzruszające sceny. Słynne siatkarki z reprezentacji narodowej, która zdobyła tytuł wicemistrza świata – Cecilia Tait, Lucha Fuentes, a zwłaszcza Irma Cordero – nie miały innego wyjścia w każdej odwiedzanej miejscowości jak tylko zademonstrować pokaz gry w piłkę, a Gisellę Valcárcel do tego stopnia oblegali jej admiratorzy, że ochroniarze często musieli spieszyć z pomocą. Od 10 maja, kiedy do Barranco przybył futbolista Teófilo Cubillas, by ofiarować mi swoje publiczne poparcie, działo się tak aż do dnia poprzedzającego wybory i stało się to poranną rutyną. Przyjmowałem delegacje śpiewaków, kompozytorów, sportowców, aktorów, komików, spikerów, specjalistów od folkloru, tancerzy, którym po krótkiej rozmowie towarzyszyłem do drzwi prowadzących na ulicę, by tam, w obecności prasy, zachęcali swoich kolegów do oddania na mnie głosu. To Lucho Llosa wpadł na pomysł tych publicznych deklaracji i zorganizował pierwsze z nich; kolejne następowały w sposób spontaniczny i były tak liczne, że zostałem zmuszony, z braku czasu, przyjmować tylko te osoby, które mogły mieć znaczący wpływ na elektorat.

Ogromna część tego poparcia miała charakter bezinteresowny, bo w przeciwieństwie do pierwszej tury doświadczałem go wtedy, kiedy już nie prowadziłem w sondażach i logika wskazywała, że przegram drugą turę. Ci, którzy zdecydowali się na wspieranie mnie, uczynili to, wiedząc, że ryzykują swoją zawodową karierę i narażają się na represje w swoich miejscach pracy, bo ludzie, którzy w Peru dochodzą do władzy, zwykle są pamiętliwi i chcąc się zemścić, liczą na pomoc długiej ręki państwa, które nie jest zdolne do udzielenia pomocy ofiarom trzęsienia ziemi, ale jest gotowe przyczynić się do wzbogacenia swoich przyjaciół i zubożenia przeciwników – bardzo słusznie Octavio Paz nazwał takie państwo potworem filantropii.

Jednak nie wszystkie deklaracje poparcia mojej kandydatury miały tak czysty charakter jak w przypadku Cecilii Tait albo Giselli Valcárcel. Niektóre osoby zamierzały coś wynegocjować i obawiam się, że w pewnych przypadkach musiały po drodze pojawiać się jakieś pieniądze, mimo że prosiłem tych, którzy byli odpowiedzialni za ekonomiczną stronę kampanii, żeby nie wydawali na to ani grosza.

Jeden z najbardziej popularnych animatorów telewizyjnych, Augusto Ferrando, zaprosił mnie publicznie, w jednej z edycji programu *Trampolín a la Fama* (Trampolina do sławy), abyśmy zawieźli dar w postaci żywności więźniom osadzonym w Lurigancho, którzy napisali do niego list z protestem przeciwko nieludzkim warunkom odbywania kary. Zgodziłem się i PAS przygotował ciężarówkę z żywnością, którą zawieźliśmy do Lurigancho wczesnym popołudniem 29 maja. Miałem smutne wspomnienie z wizyty w tym więzieniu, jaką odbyłem kilka miesięcy wcześniej[*], ale tym razem sytuacja wydawała się jeszcze gorsza, bo w gmachu zbudowanym dla półtora tysiąca więźniów przebywało teraz prawie sześć tysięcy, a wśród nich spora liczba oskarżonych o terroryzm. Wizyta była niespokojna, bo podobnie jak społeczeństwo na zewnątrz, więźniowie byli podzieleni na

---

[*] *Una visita a Lirigancho*, w: *Contra viento y marea*, t. 2, Barcelona 1983.

zwolenników Fujimoriego i Vargasa Llosy. Kiedy razem z Ferrandem przebywaliśmy wśród nich przez godzinę, podczas gdy rozładowywano przywiezioną przez nas żywność, więźniowie obrzucali się obelgami, a dla rozładowania atmosfery skandowali banały i slogany na całe gardło. Władze więzienia nie weszły na patio, na które wpuściliśmy zwolenników Frontu, podczas gdy nasi przeciwnicy stali na dachach i na murowanych ogrodzeniach pawilonów, powiewając banderolami i plakatami pełnymi zniewag. Kiedy przemawiałem, używając megafonu, widziałem straż republikańską trzymającą w pogotowiu broń wycelowaną w stojących na dachach zwolenników Fujimoriego, na wypadek gdyby stamtąd padł jakiś strzał albo rzucono kamieniem. Ferrando założył sobie stary zegarek z nadzieją, że mu go sprzątną, i czuł się zawiedziony, że żaden ze zwolenników Vargasa Llosy, z którymi zmieszaliśmy się w tłumie, nie zrobił tego, więc w końcu podarował zegarek jednemu z ostatnich więźniów, który go za to uściskał.

Augusto Ferrando przyszedł pewnego wieczoru do mnie, niedługo po tamtej wizycie, aby mi powiedzieć, że w swoim programie oglądanym przez miliony telewidzów z młodych osiedli, jest gotów oświadczyć, iż odejdzie z telewizji i opuści Peru, jeżeli ja nie wygram wyborów. Był przekonany, że na skutek takiej groźby niezliczone rzesze biednych Peruwiańczyków, dla których jego program był we wszystkie soboty niczym manna z nieba, zapewnią mi zwycięstwo. Naturalnie bardzo mu podziękowałem, ale zamilkłem, kiedy w sposób bardzo niejasny dał mi do zrozumienia, że robiąc to, znajdzie się w przyszłości w bardzo drażliwej sytuacji. Po wyjściu Augusta prosiłem usilnie Pipa Thorndike'a, aby pod żadnym pozorem nie zawierał ze słynnym animatorem programów telewizyjnych umowy, która pociągałaby za sobą konieczność wypłaty jakiegokolwiek honorarium. I mam nadzieję, że mnie posłuchał. A Ferrando rzeczywiście następnej, a może jeszcze kolejnej soboty oznajmił, że zakończy swój program i wyjedzie z Peru, jeżeli przegram wybory. (Po wyborach 10 czerwca dotrzymał słowa i udał się do Miami. Ale na żądanie swojej publiczności wrócił i wznowił program, z czego byłem zadowolony, bo czułbym się źle, gdyby tak popularny program miał zniknąć z anteny).

Publicznego poparcia mojej kandydatury, które wywarło na mnie największe wrażenie, udzieliły mi dwie osoby nieznane szerokiej publiczności, które przeżyły wielką osobistą tragedię i solidaryzując się ze mną, wystawiały na niebezpieczeństwo własny spokój i własne życie: były to Cecilia Martínez de Franco, wdowa po męczenniku APRA Rodrigu Franco, i Alicia de Sedano, wdowa po Jorge Sedanie, jednym z dziennikarzy zamordowanych w Uchuraccay.

Kiedy sekretarki poinformowały mnie, że wdowa po Rodrigu Franco prosi o spotkanie, aby mi zaoferować poparcie w wyborach, byłem zdumiony. Jej mąż, młody przywódca partii APRA, człowiek będący bardzo blisko Alana Garcíi, piastował w rządzie stanowiska wielkiej wagi i kiedy 29 sierpnia 1987 został zamordowany przez bojówkę terrorystyczną, był prezesem Narodowego Przedsiębiorstwa Komercjalizacji Nadwyżek, jednej z wielkich państwowych instytucji. Jego zabójstwo wywołało w kraju wstrząs z powodu okrucieństwa, z jakim zostało dokonane – jego żona i mały synek znaleźli się o krok od śmierci w okrutnej strzelaninie wymierzonej w ich dom w Ñaña – i z racji osobistych cech ofiary, która mimo że była politykiem partyjnym, cieszyła się powszechnym szacunkiem. Ja go osobiście nie znałem, ale wiele o nim słyszałem od przywódcy Ruchu Wolność, Rafaela Reya, który był jego przyjacielem i towarzyszem w Opus Dei. Jakby tragiczna śmierć nie była dla Rodriga Franco wystarczająca, pośmiertnie okryto hańbą jego imię, bo przyjęła je jako swoje paramilitarna siła rządu APRA, która dokonała wielu zabójstw i zamachów na osoby oraz lokale skrajnej lewicy jako „Komando Rodriga Franco".

5 czerwca rano przyszła do mnie Cecilia Martínez de Franco, której także przedtem nie znałem, ale wystarczyło mi tylko na nią spojrzeć, aby zauważyć, jak straszne naciski musiała pokonać, aby zrobić ten krok. Własna rodzina próbowała jej to odradzać. Jednak ona, z trudem pokonując wzruszenie, powiedziała mi, że uważa za swój

obowiązek, by wygłosić tę publiczną deklarację, bo jest pewna, że w obecnych okolicznościach jej mąż zrobiłby to samo. Poprosiła mnie, abym wezwał prasę. Zwracając się do tłumu reporterów i operatorów, którzy wypełnili salon, oznajmiła wielkodusznie swoją decyzję, co prawdopodobnie naraziło ją na to, że później grożono jej śmiercią, obrzucano kalumniami w rządowych gazetach i nawet spotykały ją osobiste obelgi ze strony prezydenta Garcíi, który nazwał ją handlarką zwłokami. Mimo to, dwa dni później, w programie Césara Hildebrandta powtórzyła swe słowa i wezwała Peruwiańczyków, aby na mnie głosowali, a zrobiła to z godnością, która chwilami zdawała się nieoczekiwanie nobilitować tę nieszczęsną maskaradę, w jaką zamieniła się kampania.

Deklaracja Alicii de Sedano miała miejsce 8 czerwca, dwa dni przed wyborami, bez wcześniejszego uprzedzenia. Jej niespodziewane przybycie do mego domu z dwoma synami zaskoczyło dziennikarzy i mnie samego, albowiem od tamtej tragedii w styczniu 1983, w której jej mąż, fotograf pisma „La República", Jorge Sedano, został zamordowany z siedmioma kolegami przez tłum hołoty z Iquitos, na wysokości Huanty, w miejscowości o nazwie Uchuraccay, wdowa często była wykorzystywana, jak wszystkie wdowy lub rodzice ofiar, przez lewicową prasę, do ataków i oskarżeń o umyślne sfałszowanie faktów w raporcie komisji badającej to zdarzenie, której byłem członkiem, by uwolnić siły zbrojne od odpowiedzialności za zbrodnię. Nieopisany poziom kłamstw i brudu, jaki osiągnęła ta długa kampania w artykułach Mirka Lauera, Guillerma Thorndike'a oraz innych zawodowców w posługiwaniu się intelektualnym błotem, przekonał Patrycję o bezcelowości angażowania się w politykę w kraju takim jak nasz i dlatego próbowała odwieść mnie od zamiaru wejścia na podium tamtego wieczoru 21 sierpnia 1987, na placu San Martín. „Wdowy po męczennikach z Uchuraccay" podpisywały publiczne protesty przeciwko mnie, pojawiały się zawsze ubrane na czarno na wszystkich manifestacjach Zjednoczonej Lewicy, były bez litości wykorzystywane przez prasę komunistyczną i w czasie drugiej tury wyborów stały się narzędziem na rzecz kampanii Fujimoriego, który posadził je w pierwszym rzędzie w Centrum Obywatelskim tamtego wieczoru, kiedy odbywała się nasza debata.

Co skłoniło wdowę po Sedanie, by dokonać takiego zwrotu i poprzeć moją kandydaturę? To, że nagle poczuła odrazę do wykorzystujących ją prawdziwych handlarzy zwłokami. To mi powiedziała w obecności Patrycji i swoich synów, zapłakana, drżącym z oburzenia głosem. Przelała się czara goryczy po wydarzeniach, jakie nastąpiły w czasie naszej wieczornej debaty w Centrum Obywatelskim, bo poza tym, że wymuszono ich obecność, to zobowiązano je, aby przyszły ubrane na czarno – ona wraz z innymi wdowami i krewnymi dziennikarzy – bo w ten sposób miały być lepiej widoczne dla prasy. Podziękowałem za jej gest i skorzystałem z okazji, aby ją poinformować, że jeśli doszedłem do sytuacji, w jakiej się obecnie znajduję, walcząc o fotel prezydenta, o co nigdy przedtem nie zamierzałem się ubiegać, to w dużej mierze dlatego, że w moim życiu tamta tragedia, której ofiarą padł Jorge Sedano (jeden z dziennikarzy znanych mi osobiście wśród zamordowanych w Uchucarray), stanowiła straszliwe doświadczenie. Kiedy badałem tę sprawę, aby poznać prawdę, pośród tylu konfabulacji i kłamstw, jakie otaczały to, co się wtedy wydarzyło na górzystych terenach Ayacucho, mogłem z bliska zobaczyć – także usłyszeć i dosłownie dotknąć – głębię przemocy i niesprawiedliwości w Peru, bestialstwa, w jakim upływało życie tylu Peruwiańczyków, a to przekonało mnie do konieczności zrobienia czegoś konkretnego i pilnego, aby nasz kraj w końcu obrał inny kurs.

Spędziłem w domu dzień poprzedzający wybory, pakując walizki, bo mieliśmy zarezerwowane bilety na wyjazd we środę do Francji. Obiecałem Bernardowi Pivotowi wziąć w tym tygodniu udział w jego programie *Apostrophes* – przedostatnim z serii liczącej piętnaście lat – i byłem zdecydowany dotrzymać tej obietnicy, zarówno jeżeli zwyciężę, jak i jeśli wybory przegram. Byłem przekonany, że nastąpi klęska i moja podróż będzie trwała dosyć długo, więc przez wiele godzin wybierałem papiery i fiszki, które będą mi potrzebne w przyszłości do pracy z dala od Peru. Czułem się bardzo zmęczony, ale również zadowolony, że wszystko naresczie dobiega końca. Freddy, Mark Malloch Brown i Álvaro przynieśli mi tego popołudnia ostatnie wyniki sondaży z różnych agencji i wszystkie wskazywały na to, że Fujimori i ja idziemy w równym tempie i że każdy z nas może zwyciężyć. Tego wieczoru poszliśmy na kolację do restauracji w Miraflores z Patrycją, Lucho i Roxaną oraz z Álvarem i jego narzeczoną. Ludzie zajmujący inne stoliki zachowywali przez cały wieczór niezwykłą dyskrecję, unikając zwyczajowych demonstracji. Wyglądało na to, że oni także odczuwali zmęczenie i pragnęli, aby ta bardzo długa kampania dobiegła końca.

Wczesnym rankiem 10 czerwca poszedłem głosować z moją rodziną w Barranco, a potem przyjąłem delegację zagranicznych obserwatorów, którzy przyjechali przyglądać się przebiegowi wyborów. W przeciwieństwie do pierwszej tury zdecydowaliśmy, że tym razem zamiast spotkać się z prasą w hotelu, udam się, gdy już będzie znany wynik wyborów, do siedziby Ruchu Wolność. Przed samym południem zaczęły napływać do ustawionego na moim biurku komputera wyniki wyborów w krajach europejskich i azjatyckich. We wszystkich odnosiłem zwycięstwo – nawet w Japonii – z jednym wyjątkiem Francji, gdzie Fujimori miał lekką przewagę. W swoim pokoju oglądałem w telewizji jeden z ostatnich meczów mistrzostw świata w piłce nożnej, kiedy około pierwszej przyszli Mark i Freddy ze wstępnymi rezultatami. Sondaże były błędne, bo Fujimori zyskiwał nade mną przewagę dziesięciu punktów w całym kraju, z wyjątkiem Loreto. Ta różnica powiększyła się, kiedy podano pierwsze wyniki w telewizji, koło trzeciej po południu, a także kilka dni później, gdy Państwowa Komisja Wyborcza ogłosiła werdykt o zwycięstwie Fujimoriego dwudziestoma trzema punktami procentowymi (57 procent przeciwko 34 procentom).

O piątej po południu poszedłem do siedziby Ruchu Wolność, a przed jej drzwiami zgromadził się wielki tłum moich zasmuconych zwolenników, przed którymi przyznałem się do porażki, pogratulowałem zwycięzcy i podziękowałem aktywistom kampanii. Niektórzy ludzie płakali rzewnymi łzami, a kiedy podawaliśmy sobie ręce i wymienialiśmy uściski, wielu przyjaciół z Ruchu Wolność nadludzkim wysiłkiem powstrzymywało się od łez. Kiedy obejmowałem Miguela Cruchagę, widziałem, że jest tak wzruszony, iż ledwie może mówić. Stamtąd udałem się do hotelu Crillón w towarzystwie Álvara, aby przywitać się z moim przeciwnikiem. Zaskoczyła mnie swoją skromnością manifestacja jego zwolenników, rzadki tłum ludzi dosyć apatycznych, którzy ożywili się, dopiero kiedy mnie rozpoznali, i zaczęli krzyczeć: „Precz, *gringo!*". Życzyłem Fujimoriemu powodzenia i wróciłem do domu, a tam przez wiele godzin defilowali przyjaciele i przywódcy wszystkich sił politycznych Frontu. Na ulicy do samej północy trwała manifestacja młodych ludzi skandujących swoje hasła. Wrócili następnego popołudnia i jeszcze kolejnego, i pozostawali przed moim domem do późnej nocy, nawet wtedy gdy pogasiliśmy światła.

Tylko mała grupka przyjaciół z Ruchu Wolność i z Akcji Solidarnej dowiedziała się o godzinie naszego wyjazdu i pojawiła się u stóp samolotu, którym Patrycja i ja odlatywaliśmy do Europy rankiem 13 czerwca 1990. Kiedy maszyna wzbiła się w powietrze i nieprzeniknione chmury nad Limą zasłoniły nam widok miasta, a po chwili zostaliśmy otoczeni błękitnym niebem, pomyślałem sobie, że podróż ta jest podobna do tamtej z 1958 roku, w tak zasadniczy sposób zaznaczającej koniec pewnego etapu w moim życiu i rozpoczynającej inny etap, w którym główne miejsce zajmie literatura.

Zakończenie

Większa część tej książki została napisana w Berlinie, gdzie, dzięki szczodrości doktora Wolfa Lepeniesa, spędziłem rok jako *fellow* w Wissenschaftskolleg. Pobyt ten stanowił ozdrowieńczy kontrast z poprzednimi latami, bo cały swój czas mogłem poświęcić na lekturę, pisanie, rozmowy z kolegami z Kollegu i na walkę ze skomplikowaną składnią języka niemieckiego.

O świcie 6 kwietnia 1992 obudził mnie telefon z Limy. Dzwonili Luis Bustamante Belaunde i Miguel Vega Alvear, którzy na drugim kongresie Ruchu Wolność, w sierpniu 1991, zastąpili mnie i Miguela Cruchagę na stanowisku przewodniczącego i sekretarza generalnego. Alberto Fujimori ogłosił właśnie w telewizji, w zaskakującej formie, swoją decyzję o rozwiązaniu Kongresu, zawieszeniu władzy sądowniczej, Trybunału Gwarancji Konstytucyjnych, Narodowej Rady Sądownictwa, o zawieszeniu Konstytucji i rozpoczęciu rządów za pomocą dekretów prawnych. Siły zbrojne natychmiast poparły jego decyzję.

W ten sposób system demokratyczny wznowiony w Peru w 1980 roku, po dwunastu latach dyktatury wojskowej, znowu przestawał istnieć na skutek działalności człowieka, którego dwa lata wcześniej naród peruwiański wybrał na prezydenta i który obejmując ten urząd 28 lipca 1990, przysiągł szanować Konstytucję i instytucję państwa prawa.

Dwadzieścia miesięcy rządów Fujimoriego zdecydowanie różniło się od tego, czego obawiano się, patrząc na jego improwizację w działaniu w okresie kampanii wyborczej. Kiedy został wybrany, zaraz pozbył się doradców ekonomicznych, których między pierwszą i drugą turą wyborów zaangażował z kręgów umiarkowanej lewicy, i poszukał sobie nowych współpracowników w środowisku prawicowych przedsiębiorców. Tekę gospodarki powierzył dezerterowi z Akcji Ludowej – inżynierowi Juanowi Hurtado Millerowi – zaś moi najnowsi doradcy i współpracownicy z Frontu Demokratycznego zostali obsadzeni na ważnych stanowiskach publicznych. Człowiek, który z potępienia mojego programu uczynił temat swojej kampanii w walce wyborczej, na początku sprawowania rządów zamroził ceny i w tym samym czasie jednym pociągnięciem obniżył taryfy importowe oraz wydatki publiczne. Później proces ten uległ jeszcze przyspieszeniu za następcy Hurtado Millera Carlosa Bolońi, który nadał polityce gospodarczej kierunek wyraźnie antypopulistyczny, popierał prywatną przedsiębiorczość, inwestycje zagraniczne i rynek oraz rozpoczął program prywatyzacji i redukował biurokrację państwową. Wszystko to z aprobatą Międzynarodowego Funduszu Walutowego i Banku Światowego, z którymi rząd zaczął prowadzić rozmowy w sprawie powrotu Peru do międzynarodowej wspólnoty, renegocjując warunki spłaty długu i jego finansowania.

Wtedy w Peru, w wielu różnych środowiskach zaczęto mówić, że chociaż poniosłem klęskę przy urnach wyborczych, odniosłem ciche zwycięstwo – słynne triumfy „moralne", które zasłaniają peruwiańskie niepowodzenia – ponieważ prezydent Fujimori przywłaszczył sobie moje idee i wprowadzał w czyn mój program rządzenia. Mówili tak jego najnowsi krytycy z prowincji, APRA i partie lewicowe, to samo mówiła prawica, a głównie środowisko przedsiębiorców, którzy odetchnęli z ulgą po zwrocie dokonanym przez nowego prezydenta, bo w końcu poczuli się uwolnieni od niepewności z okresu rządów Alana Garcíi. Tak więc ta teza – raczej ta fikcja – przeistoczyła się w bezdyskusyjną prawdę.

Myślę, że to właśnie było moją prawdziwą klęską – a nie zdarzenie z 10 czerwca – bo wypaczano wiele z tego, co zrobiłem, i wszystko to, co chciałem dla Peru zrobić. Taka teza już była fałszywa przed 5 kwietnia i widać to było jeszcze wyraźniej w momencie demonstracji siły, za pomocą której Fujimori pozbawił władzy senatorów i posłów, wybranych tak samo legalnie jak on, i pod nową maską przypominającą melodramaty teatru *kabuki*, w których ten sam aktor pozostaje pod osłoną masek różnych postaci, przywrócił tradycje władzy autorytarnej, główną przyczynę naszego zacofania i barbarzyństwa.

Program, z którym zwróciłem się do narodu, prosząc go o mandat, program, który Peruwiańczycy odrzucili, zawierał propozycję uzdrowienia finansów publicznych, zniesienia inflacji, otwarcia peruwiańskiej gospodarki na świat i była to część projektu całościowego, który miał rozmontować sprzyjającą dyskryminacji strukturę społeczeństwa, zmienić system przywilejów w taki sposób, aby miliony biednych i żyjących na marginesie obywateli mogły w końcu mieć dostęp do tego, co Hayek nazywa nieodłączną trójcą cywilizacji, czyli do praworządności, wolności i własności*. Chciałem to realizować z aprobatą i z udziałem Peruwiańczyków, nie w ukryciu i perfidnie, to znaczy umacniać, a nie podważać i korumpować początkującą kulturę demokratyczną kraju w procesie reform gospodarczych. Mój projekt przewidywał prywatyzację, ale nie jako prosty sposób na zlikwidowanie deficytu finansów i napełnienie pieniędzmi pustego skarbca państwowego, tylko jako najszybszą drogę do stworzenia grupy nowych akcjonariuszy i kapitalizmu o ludowych korzeniach, do otwarcia rynku i do produkcji dóbr dla tych milionów Peruwiańczyków, których system merkantylizmu wyklucza i dyskryminuje. Obecne reformy uzdrowiły gospodarkę, ale nie zaprowadziły sprawiedliwości, bo w najmniejszym stopniu nie zwiększyły możliwości tych, którzy mają za mało, aby konkurować w równości startu z tymi,

---

* Friedrich Hayek, *Law, Legislation and Liberty*, t. 1, Chicago 1973, s. 107.

którzy mają więcej. Dystans między dokonaniami rządu Fujimoriego i moją propozycją dla gospodarki to raczej przepaść, podobnie jak między polityką konserwatywną i liberalną oraz między dyktaturą i demokracją.

Mimo wszystko powstrzymanie rozpasanej inflacji i zaprowadzenie porządku tam, gdzie demagogia rządu APRA wytworzyła anarchię i straszliwą niepewność jutra, zdobyły prezydentowi Fujimoriemu znaczną popularność, nagłaśnianą przez media, które z ulgą poparły jego nieoczekiwany zwrot. Entuzjazm szedł w parze z postępującą utratą autorytetu przez wszystkie partie, które zdezorientowane irracjonalnym pomieszaniem poglądów zaczęły być atakowane przez nowego prezydenta od pierwszego dnia po objęciu przez niego władzy, bo – jak twierdził – to partie ponoszą odpowiedzialność za wszelkie nieszczęścia narodowe, kryzys gospodarczy, korupcję w administracji, nieskuteczność instytucji, częste i paraliżujące politykierstwo parlamentarne.

Tego rodzaju kampania przygotowująca zamach stanu 5 kwietnia została, jak widać, zaplanowana jeszcze przed objęciem prezydentury, a dokonał tego mały krąg doradców Fujimoriego, przy czym zamach został wprowadzony w czyn pod kierownictwem osobliwego człowieka, jakby wydobytego z jakiejś powieści, człowieka podobnego do Esparzy Zañartu za dyktatury Odríi: to Vladimiro Montesinos – były kapitan wojska, były szpieg, były przestępca, były adwokat broniący handlarzy narkotyków i ekspert od operacji specjalnych. Jego szybka niczym lot meteoru (ale sekretna) kariera polityczna zaczęła się, mam wrażenie, między pierwszą i drugą turą wyborów, kiedy dzięki swoim wpływom i kontaktom spowodował, że usunięto wszelkie ślady przestępstwa z rejestrów publicznych i archiwów prawnych dotyczące wątpliwych operacji kupna i sprzedaży nieruchomości, o które oskarżano Fujimoriego. Montesinos został doradcą i prawą ręką prezydenta, a jego powiązania ze służbami wywiadu wojskowego, instytucji, która już wcześniej, ale zwłaszcza po nieudanej próbie rebelii konstytucyjnej generała Salinasa Sedó z 11 listopada 1992, stała się kręgosłupem władzy w Peru.

Zamiast powszechnego potępienia w imię obrony demokracji, zamach z 5 kwietnia spotkał się z poparciem szerokich kręgów społecznych, od warstw najbardziej upokorzonych – miejskiego lumpenproletariatu i nowych przybyszy z gór – aż do wysokich elit i klasy średniej, które wydawały się mobilizować wszystkie swoje siły po stronie „mocnego człowieka". Według sondaży popularność Fujimoriego osiągnęła w tym czasie niesłychany wzrost i najwyższy wynik (ponad 90 procent), zwłaszcza kiedy schwytano przywódcę Świetlistego Szlaku Abimaela Guzmána, w czym wielu ludzi naiwnie widziało bezpośrednią konsekwencję zastąpienia nieskutecznej i zwodniczej demokracji zręcznymi metodami świeżo wprowadzonego reżimu „pogotowia i narodowej odbudowy". Grono tanich intelektualistów posługujących się sprawnym piórem i wywodzących się z kręgów liberalnych, a tym razem nawet i z konserwatywnych – na ich czele znaleźli się moi dawni zwolennicy Enrique Chirinos Soto, Manuel d'Ornellas i Patricio Ricketts – pośpiesznie wyprodukowało odpowiednie uzasadnienia etyczne i prawne zamachu stanu i przeistoczyło się w nową dziennikarską sforę psów łańcuchowych obecnego rządu.

Ci, którzy w imię demokracji potępili to, co się stało, szybko znaleźli się w kompletnym politycznym osamotnieniu i stali się ofiarami kampanii obelg rzucanych przez redaktorów pism reżimowych, którzy cieszyli się poparciem sporej części opinii publicznej.

Taki był mój przypadek. Odkąd wyjechałem z Peru 13 czerwca 1990, postanowiłem nie angażować się więcej w profesjonalną politykę, jak to robiłem w latach od 1987 do 1990, i powstrzymywać się od krytykowania nowego rządu. Postępowałem tak z jedynym wyjątkiem krótkiego przemówienia, jakie wygłosiłem podczas mojej błyskawicznej podróży do Limy w sierpniu 1991 w celu przekazania kierownictwa Ruchu Wolność w ręce Lucha Bustamantego. Ale po 5 kwietnia, z rozdartym sercem i wewnętrznym obrzydzeniem, jakie działalność polityczna pozostawiła mi w pamięci, poczułem się zobowiązany do potępienia w artykułach i w wywiadach tego, co wydawało mi się dla Peru tragedią: likwidacji praworządności i powrotu czasów „mocnych ludzi", rządów, których legalność opiera się na sile wojskowej i na badaniach opinii publicznej. Zgodnie z tym, co mówiłem w czasach kampanii wyborczej, oraz moimi deklaracjami co do tego, jaka będzie polityka mego rządu wobec każdej dyktatury lub zamachu stanu w Ameryce Łacińskiej, zwróciłem się teraz do krajów demokratycznych i do organizacji międzynarodowych z apelem o ukaranie obecnego rządu za pomocą sankcji dyplomatycznych i ekonomicznych – jak postąpiono wobec Haiti, kiedy wojsko obaliło tam legalny rząd – aby w ten sposób wesprzeć peruwiańskich demokratów i zniechęcić potencjalnych zamachowców w innych krajach latynoamerykańskich, którzy (już to widzieliśmy w Wenezueli) mogliby poczuć się zachęceni do naśladowania przykładu Fujimoriego.

Naturalnie moja postawa wywołała w Peru falę gwałtownych oskarżeń nie tylko ze strony reżimu, zdradzieckich dowódców wojskowych oraz ich skorumpowanych dziennikarzy, ale również ze strony wielu lojalnych obywateli, a wśród nich licznych byłych sprzymierzeńców Frontu Demokratycznego, którym prośba o sankcje ekonomiczne wobec reżimu wydawała się aktem zdrady Peru, bo nie potrafili zaakceptować najbardziej oczywistej nauki płynącej z naszej historii: że dyktatura, jakąkolwiek przybrałaby formę, zawsze jest najgorszym złem i powinna być zwalczana wszelkimi sposobami, bo im krócej będzie trwała, tym więcej szkód i cierpień zaoszczędzi się krajowi. Nawet w tych kręgach i wśród tych osób, które wydawały się najmniej skłonne do działania pod wpływem odruchów warunkowych, dostrzegałem niesłychane zdziwienie tym, co uważali za mój brak patriotyzmu, postawę podyktowaną nie przekonaniami i zasadami, tylko urazą z powodu wyborczej klęski.

To mi snu z powiek nie spędza. I, być może, utrata popularności w przyszłości spowoduje, że cały swój czas i energię poświęcę na pisanie, do czego, jak sądzę – tu pukam w niemalowane drzewo – mam więcej predyspozycji niż do niewdzięcznej (ale niezbędnej) polityki.

Ostatnia refleksja w tej książce nie jest optymistyczna i niełatwo mi o tym pisać. Nie podzielam powszechnej aprobaty, jaka, mam wrażenie, zapanowała wśród Peruwiańczyków, którzy uważają, że po wyborach do Zgromadzenia Ustawodawczego i zmianach w samorządzie miast, jakie nastąpiły w Peru po 5 kwietnia, praworządność została przywrócona, a rząd odzyskał swoją demokratyczną wiarygodność. Wręcz przeciwnie, myślę, że to raczej spowodowało, iż Peru cofnęło się o krok w kategoriach politycznych, albowiem przy błogosławieństwie Organizacji Państw Amerykańskich OPA oraz wielu zachodnich ministerstw spraw zagranicznych odbudowano w kraju, z lekkim makijażem, bardzo starą tradycję autorytarną: tradycję kacyków, władzy wojska stojącego ponad społeczeństwem obywatelskim, tradycję siły oraz intryg rządzącej kliki usytuowanej nad instytucjami i prawem.

Od 5 kwietnia 1992 rozpoczęła się w Peru epoka zamętu i znanych paradoksów, bardzo pouczająca, jeśli chodzi o nieprzewidywalność historii, jej śliską naturę i zadziwiające meandry. Nowa mentalność przeciwna etatyzmowi i kolektywizacji rozpowszechniła się w szerokich warstwach społeczeństwa, zarażając wielu spośród tych, którzy w 1987 bezwzględnie walczyli o nacjonalizację systemu finansowego, a teraz z entuzjazmem popierają prywatyzację i otwarcie gospodarki na świat. Ale jak tu nie żałować, że taki postęp zostaje równocześnie obciążony społecznym odrzuceniem partii politycznych, instytucji systemu przedstawicielskiego i jego władz autonomicznych, które wzajemnie się kontrolują i równoważą, a co gorsza, że szerokie kręgi obywateli okazują entuzjazm dla autorytaryzmu i dla opatrznościowego kacyka? Czemu może służyć zdrowa reakcja obywateli przeciwna niszczeniu tradycyjnych partii, jeżeli pociąga za sobą rozpanoszenie się tej agresywnej formy braku okrzesania, którą nazywa się „kulturą chichy", oznacza pogardę dla idei i moralności oraz zastąpienie ich prostactwem, uciskiem, łajdactwem, cynizmem, ordynarnym żargonem i ekstrawagancją i co, sądząc po wyborach do samorządów miejskich w styczniu 1993, wydaje się stanowić atrybuty najbardziej cenione przez „nowe Peru"?

Poparcie dla reżimu jest uwikłane w cały splot przeciwieństw. Przedsiębiorcy i prawica witają w osobie prezydenta kogoś w rodzaju Pinocheta, upragnionego w skrytości ducha, a tęskniący za zamachem stanu wojskowi odnajdują go w pierwszej lepszej miernocie, podczas gdy warstwy najbardziej skonsternowane i sfrustrowane, do których przeniknęła rasistowska demagogia i nastroje przeciwne establishmentowi, czują się do pewnego stopnia wytłumaczone ze swoich fobii i kompleksów z racji przemyślnych obelg, jakimi Fujimori obrzuca „skorumpowanych" polityków, dyplomatów „homoseksualistów", a także na skutek prostactwa i wulgarności, które dają im złudzenie, iż to w końcu „lud" sprawuje rządy.

Piewcy reżimu – zgromadzeni przede wszystkim wokół dziennika „Expreso" i usadowieni w stacjach telewizyjnych – rozprawiają o nowym etapie peruwiańskiej historii, o odnowie społecznej, o zmianie politycznych obyczajów, o końcu partii reprezentujących zbiurokratyzowane i wyizolowane elity ślepe i głuche na głos „realnego kraju", opowiadają o tym, że to lud gra główną i ożywczą rolę w życiu obywatelskim, lud, który teraz komunikuje się bezpośrednio z przywódcą, bez pokrętnej mediacji zgniłej klasy politycznej. Czy to nie brzmi jak stara śpiewka, wieczny szyderczy ton wszystkich antydemokratycznych prądów we współczesnej historii? Czy nie taki był w Peru argument generała Sáncheza Cerry, kacyka, który podobnie jak Fujimori zyskał szerokie poparcie „uczciwych ludzi" i „plebsu"? Czy nie posługiwał się nim generał Odría, który zdelegalizował partie polityczne po to, by zaistniała autentyczna demokracja? A może inne były ideologiczne racje generała Velasca, który chciał zastąpić zgniłą władzę partyjną społeczeństwem uczestniczącym, uwolnionym od tej hałastry, czyli od polityków? Nie ma nic nowego pod słońcem, z wyjątkiem być może tego, że odrodzona autorytarna mowa jest teraz bliższa faszyzmowi niż komunizmowi i może liczyć na więcej posłuchu i na więcej poparcia niż stare dyktatury. Czy to powinno nas cieszyć, czy może raczej przerażać, kiedy myślimy o przyszłości?

W nowej politycznej łamigłówce zaistniałej po 5 kwietnia 1992 wielu wcześniejszych przeciwników znalazło się nagle w tych samych okopach i stanęło wobec takich samych problemów. APRA i lewica, które otworzyły Fujimoriemu drzwi do pałacu, stały się potem jego głównymi ofiarami i jego kapitałem wyborczym, który – choć zjednoczony – nie osiągnął w Limie 10 procent głosów w wyborach do samorządów miejskich w styczniu 1993. Wielki architekt intryg i podstępnych chwytów, które ułatwiły Fujimoriemu triumf wyborczy, Alan García, po zrujnowaniu połowy Peru i ostatecznym zdyskredytowaniu swojej partii teraz przebywa na wygnaniu, podobnie jak wielu jego przyjaciół i współpracowników, ścigany różnymi procesami o kradzież i korupcję. Zjednoczona Lewica rozpadła się, podzieliła i po ostatnim starciu wydaje się kompletnie unicestwiona.

Nie mniej dramatyczne było osłabienie sił politycznych połączonych we Froncie Demokratycznym, między nimi Ruchu Wolność, które zostały ciężko ukarane przez wyborców za swoją zdecydowaną obronę Konstytucji i odrzucenie zamachu stanu z 5 kwietnia.

Poddany trudnym próbom, odkąd zaczął życie na własny rachunek, Ruch Wolność, który narodził się przy masowym poparciu 21 sierpnia 1987, pod czarownym urokiem obrazów Fernanda de Szyszlo, znajduje się obecnie w krytycznym momencie swojej egzystencji. Nie tylko dlatego, że klęska z czerwca 1990 uszczupliła jego szeregi, ale także i z tej racji, że ewolucja polityki peruwiańskiej spycha go teraz do swego rodzaju ekscentrycznej roli, jak i resztę partii politycznych. Prześladowany albo zbywany milczeniem przez media, które z nielicznymi – godnymi podziwu – wyjątkami, służą reżimowi, jakby były kompletnie zniewolone, pozbawiony środków i z ograniczoną siłą walki, Ruch Wolność przeżył jednak dzięki ofiarności niewielkiego grona idealistów, którzy wbrew wszystkiemu, w tych nieżyczliwych czasach, nadal bronią idei i moralności, jakie przed sześcioma laty zaprowadziły nas na plac San Martín, chociaż wtedy nie przewidywaliśmy tylu ogromnych trudności, które miały wyniknąć z tego zarówno dla kraju, jak i dla życia wielu pojedynczych osób*.

Princeton, New Jersey, luty 1993

---

* Alberto Fujimori objął urząd prezydenta Peru w 1990 roku i sprawował go do roku 2000. W czasie swoich rządów wprowadził bardzo radykalny program ekonomiczny, tak zwany *Fujishock*. Rozwiązał parlament i stworzył nową konstytucję, która pozwoliła na jego reelekcję.

W 2000 roku uciekł do Japonii, oskarżany o korupcję oraz łamanie praw człowieka. Stamtąd wysłał do peruwiańskiego Kongresu faks z rezygnacją, ale parlament ją odrzucił i zdjął go formalnie z urzędu. Odtąd poszukiwany listem gończym, w 2005 roku został aresztowany w Chile. W 2009 roku skazano go na 25 lat więzienia (przyp. red.).

Spis treści

Książki Maria Vargasa Llosy w Znaku